中华人民共和国治安管理处罚法

释 义
—— 与 ——
实务指南

主编 许永安

中国法治出版社
CHINA LEGAL PUBLISHING HOUSE

前　　言

2025年6月27日，第十四届全国人大常委会第十六次会议审议通过了新修订的《中华人民共和国治安管理处罚法》（以下简称《治安管理处罚法》）。新修订的《治安管理处罚法》自2026年1月1日起施行。

《治安管理处罚法》是社会治安领域的基础性法律。自2006年3月1日施行以来，在维护社会治安秩序，保障公共安全，保护公民、法人和其他组织的合法权益等方面发挥了重要作用。本次修订对施行近二十年的《治安管理处罚法》作出重要修改完善，坚持贯彻体现宪法规定、原则和精神，坚持实践问题导向，总结近二十年来社会治安综合治理工作经验，将新出现的影响社会治安的行为纳入处罚范围，合理设定处罚措施和幅度，优化完善办案程序，为维护社会秩序稳定、保障公共安全、确保人民群众安居乐业提供更为完善的法治保障。

新修订的《治安管理处罚法》共六章一百四十四条，包括总则、处罚的种类和适用、违反治安管理的行为和处罚、处罚程序、执法监督和附则。与原法相比新增二十八条，修改九十六条，删除三条。删除的三条，其中两条是关于偷越国（边）境相关违法行为及其处罚，《中华人民共和国出境入境管理法》已作规定；另外一条是关于强制性教育措施，即"劳动教养"，劳动教养制度已于2013年12月28日被废止，本次修订删除了有关条文。

为方便从事治安管理工作的部门及相关部门、单位中的从业人员以及广大人民群众学习掌握修订后的《治安管理处罚法》，参与本次《治安管理处罚法》修订工作的全国人大常委会法制工作委员会刑法室的同志撰写了本书。本书从条文主旨、立法背景、条文释义和实践中需要注意的问题等多角度对条文规定作了详细阐释和介绍，力求全面体现立法原意、准确解读条文内容，反映实践中需要注意的问题，以期帮助读者准确理解、执行和遵守《治安管理处罚法》。

本书由全国人大常委会法制工作委员会刑法室副主任许永安同志担任主编，参与编写工作的有雷建斌、王宁、张义健、陈远鑫、黄星、伊繁伟、王瑞、马曼、骆程、张金勇、王雷、董晴、刘筱彤、纪文哲、张宇翔等同志。

书中难免有不妥之处，敬请广大读者批评指正。

编　者

2025 年 7 月

目　　录

第一章　总　　则 ··· 001
 第 一 条　【立法目的和根据】································· 001
 第 二 条　【党的领导和综合治理】····························· 005
 第 三 条　【违反治安管理行为与犯罪行为的界分】············ 008
 第 四 条　【治安管理处罚的程序】····························· 012
 第 五 条　【适用范围】··· 015
 第 六 条　【治安管理处罚的原则】····························· 017
 第 七 条　【主管部门和管辖】·································· 022
 第 八 条　【民事责任、不得以罚代刑】························ 024
 第 九 条　【治安案件的调解】·································· 026
第二章　处罚的种类和适用 ·· 032
 第 十 条　【治安管理处罚的种类】····························· 032
 第十一条　【涉案财物的处理】·································· 034
 第十二条　【未成年人违反治安管理的处罚】···················· 037
 第十三条　【精神病人、智力残疾人违反治安管理的处罚】······ 043
 第十四条　【盲人、聋哑人违反治安管理的处罚】··············· 047
 第十五条　【醉酒的人违反治安管理的处罚】···················· 050
 第十六条　【数种违法行为的并罚】····························· 053
 第十七条　【共同违反治安管理和教唆、胁迫、诱骗他人违反
      治安管理的处罚】··································· 056
 第十八条　【单位违反治安管理的处罚】························ 060
 第十九条　【为免受不法侵害而采取的制止行为】··············· 064
 第二十条　【从轻、减轻或者不予处罚的情形】················· 068

第二十一条　【认错认罚从宽处理】 …………………………… 073
　　　第二十二条　【从重处罚的情形】 ………………………………… 075
　　　第二十三条　【不执行行政拘留处罚的情形与例外】 …………… 078
　　　第二十四条　【未成年人矫治教育等措施】 ……………………… 084
　　　第二十五条　【追究时效】 ………………………………………… 087
第三章　违反治安管理的行为和处罚 …………………………………… 092
　第一节　扰乱公共秩序的行为和处罚 ………………………………… 092
　　　第二十六条　【扰乱单位、公共场所、公共交通、选举等
　　　　　　　　　秩序】 ……………………………………………… 092
　　　第二十七条　【扰乱国家考试秩序】 ……………………………… 098
　　　第二十八条　【扰乱大型群众性活动秩序】 ……………………… 104
　　　第二十九条　【以虚构事实、投放虚假危险物质，扬言危害
　　　　　　　　　公共安全方式扰乱公共秩序】 …………………… 109
　　　第 三 十 条　【寻衅滋事】 ………………………………………… 112
　　　第三十一条　【邪教、会道门及相关非法活动】 ………………… 117
　　　第三十二条　【扰乱无线电管理秩序】 …………………………… 121
　　　第三十三条　【危害计算机信息系统安全】 ……………………… 127
　　　第三十四条　【组织、领导传销活动，胁迫、诱骗他人参加传
　　　　　　　　　销活动】 …………………………………………… 134
　　　第三十五条　【扰乱国家重要活动，亵渎英雄烈士，宣扬美化
　　　　　　　　　侵略战争等行为】 ………………………………… 137
　第二节　妨害公共安全的行为和处罚 ………………………………… 145
　　　第三十六条　【非法从事与危险物质相关活动】 ………………… 145
　　　第三十七条　【危险物质被盗、被抢、丢失不报告】 …………… 151
　　　第三十八条　【非法携带枪支、弹药或者管制器具】 …………… 154
　　　第三十九条　【盗窃、损毁重要公共设施，妨碍国（边）境标
　　　　　　　　　志、界线走向管理】 ……………………………… 157
　　　第 四 十 条　【妨害航空器飞行安全，妨害公共交通工具行驶
　　　　　　　　　安全】 ……………………………………………… 164
　　　第四十一条　【妨害铁路、城市轨道交通运行安全】 …………… 167
　　　第四十二条　【妨害列车行车安全】 ……………………………… 171

第四十三条　【擅自安装使用电网，道路施工妨碍行人安全，破坏道路施工安全设施，破坏公共设施，违反规定升放升空物体妨害消防安全，高空抛物】……… 173

第四十四条　【举办大型活动违反安全规定】……… 178

第四十五条　【公共活动场所违反安全规定】……… 181

第四十六条　【违规飞行民用无人驾驶航空器、航空运动器材或者升空物体妨害空域管理】……… 185

第三节　侵犯人身权利、财产权利的行为和处罚 ……… 189

第四十七条　【组织、胁迫、诱骗进行恐怖表演，强迫劳动，非法限制人身自由，非法侵入住宅，非法搜查人身】……… 189

第四十八条　【组织、胁迫未成年人有偿陪侍】……… 194

第四十九条　【胁迫、诱骗、利用他人乞讨，以滋扰他人的方式乞讨】……… 196

第五十条　【恐吓、侮辱、诽谤、诬告陷害、打击报复证人、滋扰他人、侵犯隐私等侵犯人身权利行为】…… 199

第五十一条　【殴打他人，故意伤害他人身体】……… 205

第五十二条　【猥亵他人，公然裸露隐私部位】……… 208

第五十三条　【虐待家庭成员，虐待被监护人和被看护人，遗弃被扶养人】……… 211

第五十四条　【强迫交易】……… 214

第五十五条　【煽动民族仇恨、民族歧视，刊载民族歧视、侮辱内容】……… 217

第五十六条　【违反规定出售或者提供个人信息】……… 220

第五十七条　【侵犯通信自由】……… 222

第五十八条　【盗窃、诈骗、哄抢、抢夺、敲诈勒索】……… 226

第五十九条　【故意损毁公私财物】……… 231

第六十条　【对学生欺凌的处理】……… 234

第四节　妨害社会管理的行为和处罚 ……… 239

第六十一条　【阻碍依法执行公务】……… 239

第六十二条　【招摇撞骗】……… 244

第六十三条	【伪造、变造、买卖、出租、出借公文、证件、证明文件、印章，伪造、变造、倒卖有价票证、船舶户牌等】	247
第六十四条	【船舶擅自进入、停靠国家禁止、限制进入的水域或者岛屿】	252
第六十五条	【非法社会组织活动，擅自经营需公安许可的行业】	254
第六十六条	【煽动、策划非法集会、游行、示威】	261
第六十七条	【旅馆业工作人员违反治安管理规定】	264
第六十八条	【房屋出租人违反治安管理规定】	269
第六十九条	【特定行业经营者未按照规定登记信息】	273
第七十条	【非法安装、使用、提供窃听、窃照专用器材】	277
第七十一条	【典当业、废旧物品收购业违反治安管理规定】	280
第七十二条	【妨害行政执法秩序，违反刑事监督管理规定】	286
第七十三条	【违反有关机关依法作出的禁止性决定】	291
第七十四条	【脱逃】	294
第七十五条	【故意损坏文物、名胜古迹】	296
第七十六条	【偷开他人车、船、航空器，无证驾驶航空器、船舶】	300
第七十七条	【破坏他人坟墓、尸骨、骨灰，违法停放尸体】	303
第七十八条	【卖淫、嫖娼，拉客招嫖】	305
第七十九条	【引诱、容留、介绍卖淫】	307
第八十条	【制作、运输、复制、出售、出租淫秽物品，传播淫秽信息】	311
第八十一条	【组织播放淫秽音像，组织或者进行淫秽表演，参与聚众淫乱活动】	317
第八十二条	【为赌博提供条件，赌博】	321
第八十三条	【违反毒品原植物规定的行为】	328
第八十四条	【非法持有、向他人提供毒品，吸毒，胁迫、欺骗开具麻醉药品、精神药品】	332
第八十五条	【引诱、教唆、欺骗、强迫、容留他人吸食、注射毒品，介绍买卖毒品】	341

第八十六条　【非法生产、经营、购买、运输用于制造毒品
　　　　　　　　的原料、配剂】……………………………………… 346
　　第八十七条　【为吸毒、赌博、卖淫、嫖娼人员通风报信或
　　　　　　　　者提供其他条件】……………………………………… 351
　　第八十八条　【社会生活噪声干扰他人】…………………………… 355
　　第八十九条　【饲养动物干扰他人，违法出售、饲养危险动物，
　　　　　　　　饲养动物致人伤害，驱使动物伤害他人】…………… 359

第四章　处罚程序 ……………………………………………………… 368
　第一节　调　　查 …………………………………………………… 368
　　第九十条　　【立案调查】…………………………………………… 368
　　第九十一条　【严禁非法收集证据】………………………………… 373
　　第九十二条　【收集、调取证据】…………………………………… 376
　　第九十三条　【其他案件证据材料的使用】………………………… 379
　　第九十四条　【保密义务】…………………………………………… 381
　　第九十五条　【人民警察的回避】…………………………………… 385
　　第九十六条　【传唤与强制传唤】…………………………………… 387
　　第九十七条　【询问查证时限和通知家属】………………………… 391
　　第九十八条　【制作询问笔录，询问未成年人】…………………… 396
　　第九十九条　【询问被侵害人和其他证人】………………………… 400
　　第一百条　　【代为询问、远程视频询问】………………………… 404
　　第一百零一条【询问聋哑人和不通晓当地通用的语言文字的人】… 407
　　第一百零二条【检查和提取、采集生物信息或样本】……………… 412
　　第一百零三条【对有关场所、物品及人身的检查】………………… 417
　　第一百零四条【检查笔录的制作】…………………………………… 421
　　第一百零五条【对物品的扣押】……………………………………… 425
　　第一百零六条【鉴定】………………………………………………… 431
　　第一百零七条【辨认】………………………………………………… 435
　　第一百零八条【两人执法、一人执法及录音录像】………………… 437
　第二节　决　　定 …………………………………………………… 441
　　第一百零九条【治安管理处罚的决定机关】………………………… 441
　　第一百一十条【行政拘留的折抵】…………………………………… 444

第一百一十一条	【本人陈述的证据地位】	447
第一百一十二条	【告知义务、陈述与申辩权】	450
第一百一十三条	【治安案件调查结束后的处理】	457
第一百一十四条	【法制审核】	462
第一百一十五条	【处罚决定书的内容】	466
第一百一十六条	【处罚决定书的宣告、通知和送达】	470
第一百一十七条	【听证】	473
第一百一十八条	【办案期限】	480
第一百一十九条	【当场处罚】	484
第一百二十条	【当场处罚的程序】	487
第一百二十一条	【行政复议和行政诉讼】	493

第三节 执 行 … 499

第一百二十二条	【行政拘留处罚的执行】	499
第一百二十三条	【罚款处罚的执行】	502
第一百二十四条	【上交当场收缴的罚款】	507
第一百二十五条	【专用票据】	510
第一百二十六条	【暂缓行政拘留和出所】	514
第一百二十七条	【担保人的条件】	520
第一百二十八条	【担保人的义务及法律责任】	523
第一百二十九条	【保证金的没收】	525
第一百三十条	【保证金的退还】	528

第五章 执 法 监 督 … 531

第一百三十一条	【执法原则】	531
第一百三十二条	【禁止性规定】	534
第一百三十三条	【社会监督】	536
第一百三十四条	【治安处罚与政务处分衔接】	541
第一百三十五条	【罚款决定与罚款收缴分离】	544
第一百三十六条	【治安违法记录封存】	548
第一百三十七条	【同步录音录像运行安全管理】	551
第一百三十八条	【个人信息保护】	553
第一百三十九条	【违法行为及其处罚】	556

第一百四十条　【赔偿责任】 564
第六章　附　　则 568
　　第一百四十一条　【相关法律的衔接适用】 568
　　第一百四十二条　【海警机构海上治安管理职责与职权】 572
　　第一百四十三条　【"以上、以下、以内"的含义】 574
　　第一百四十四条　【施行日期】 575

附录 581

中华人民共和国主席令 581
　　（2025 年 6 月 27 日）

中华人民共和国治安管理处罚法 582
　　（2025 年 6 月 27 日）

关于《中华人民共和国治安管理处罚法（修订草案）》的说明 611
　　（2023 年 8 月 28 日）

全国人民代表大会宪法和法律委员会关于《中华人民共和国治安管理处罚法（修订草案）》审议结果的报告 614
　　（2025 年 6 月 24 日）

全国人民代表大会宪法和法律委员会关于《中华人民共和国治安管理处罚法（修订草案）》修改情况的汇报 616
　　（2024 年 6 月 25 日）

全国人民代表大会宪法和法律委员会关于《中华人民共和国治安管理处罚法（修订草案三次审议稿）》修改意见的报告 619
　　（2025 年 6 月 26 日）

《中华人民共和国治安管理处罚法》新旧对照表 621

第一章 总 则

第一条 为了维护社会治安秩序，保障公共安全，保护公民、法人和其他组织的合法权益，规范和保障公安机关及其人民警察依法履行治安管理职责，根据宪法，制定本法。

▌ 条文主旨

本条是关于立法目的和根据的规定。

▌ 立法背景

1. 2005年《治安管理处罚法》①的规定。第一条规定："为维护社会治安秩序，保障公共安全，保护公民、法人和其他组织的合法权益，规范和保障公安机关及其人民警察依法履行治安管理职责，制定本法。"本条对《治安管理处罚法》的立法目的作出了明确规定。制定《治安管理处罚法》的目的包括维护社会治安秩序，保障公共安全，保护公民、法人和其他组织的合法权益，规范和保障公安机关及其人民警察依法履行治安管理职责四个方面。这四个方面是存在内在有机联系的。维护社会治安秩序是《治安管理处罚法》的总的目的；保障公共安全，保护公民、法人和其他组织的合法权益是维护社会治安秩序的重要内容；规范和保障公安机关及其人民警察依法履行治安管理职责则是顺利实现维护社会治安秩序这一总目的的前提条件和重要保证。

2. 2025年修订后的《治安管理处罚法》的规定。2025年修订本条时增加了制定本法的根据，即"根据宪法"。我国《宪法》第二十八条规定，国家维护社会秩序，镇压叛国和其他危害国家安全的犯罪活动，制裁危害社会治安、破坏社会主义经济和其他犯罪的活动，惩办和改造犯罪分子。作为维护社会秩序的基础性法律，《治安管理处罚法》增加"根据宪法"的规定，有利于在修订完善过程中坚持尊重和保障人权、过罚相当等原则，确保符合宪法规定、原

---

① 本书正文中除"相关规定"部分外，引用的法律法规文件名称中的"中华人民共和国"字样予以省略。

则和精神，也有利于保障公安机关在治安管理处罚执法过程中规范执法、依法履职，坚持教育和处罚相结合，切实担负起维护社会治安秩序，保障公共安全，维护公民、法人和其他组织的合法权益的责任。

▶ 条文释义

本条规定了两个方面的内容。第一个方面是关于《治安管理处罚法》立法目的的规定。制定《治安管理处罚法》的目的包括维护社会治安秩序，保障公共安全，保护公民、法人和其他组织的合法权益，规范和保障公安机关及其人民警察依法履行治安管理职责四个方面。

第一，维护社会治安秩序是制定本法的首要目的。良好的社会治安秩序是社会稳定、有序的基础，而稳定、有序的社会秩序则是社会不断进步发展的重要前提。我国之所以能取得经济快速发展和社会长期稳定两个奇迹，一个很重要的原因就是比较好地把握了改革、发展和稳定的关系，比较好地维护了包括治安秩序在内的整个社会秩序的稳定、有序。《治安管理处罚法》作为维护社会治安秩序的基础性法律，在这个过程中起到了重要作用。随着全面依法治国的深入推进、社会治安形势的发展变化，《治安管理处罚法》在施行多年后及时作出修改完善，有利于为维护社会治安秩序提供法治保障。2025年修订本法时，及时将一些危害行为纳入治安管理处罚范围，如妨碍公共交通工具安全驾驶，高空抛物，组织、胁迫未成年人有偿陪侍等，为公安机关执法提供了法律依据。

维护社会治安秩序工作的重要内容，就是依法惩治严重危害社会治安的刑事犯罪活动和处罚各种违反社会治安管理的违法活动。这些被纳入处罚范围的违法活动，会随着社会治安的变化而不断调整变化。打击刑事犯罪活动的法律依据是《刑法》，而处罚各种违反治安管理的违法活动的法律依据则是《治安管理处罚法》。违反治安管理的违法行为相对于犯罪活动而言，社会危害性相对较轻，但论其对社会治安秩序的影响和危害性，相对于其他行政违法行为，则是比较严重的，必须予以足够的重视。这是因为相对于犯罪活动而言，违反治安管理行为数量较多，涉及的面也非常广泛。而且，违反治安管理的行为发生在广大群众身边，如果大量发生，就会严重影响群众的正常生活，使群众缺乏安全感，无法做到安居乐业。如盗窃、敲诈勒索、"飞车抢夺"少量财物、随意殴打他人、聚众斗殴、寻衅滋事等行为，往往严重影响群众的安全感。要维护良好的社会治安秩序，必须依法加强社会治安管理工作，采取有效措施，预防和打击各种违反社会治安管理的违法行为。

违反治安管理的行为与危害社会治安的犯罪活动之间存在密切联系：侵犯的客体都是社会治安秩序；行为的表现形式相同或者类似。虽然社会危害程度不同，但违法和犯罪之间并没有不可逾越的鸿沟，对违反治安管理行为人如不及时予以教育和惩戒，使其改正错误，其将来很可能会走上犯罪道路。同时，对于因违反治安管理行为引起的矛盾和纠纷，如不及时依法妥善解决，就有可能激化社会矛盾，甚至酿成犯罪。从这种意义上讲，依法加强社会治安管理也是预防犯罪的重要措施。

第二，保障公共安全是维护社会治安秩序的重要内容，也是本法的立法目的之一。公共安全涉及不特定多数人的人身、财产安全，妨害公共安全的违法行为都具有较大的危险性，可能给人民的生命、财产造成无可挽回的巨大损失，为了保障公共安全，必须将危险消除在萌芽状态。因此，本法中专门规定了"妨害公共安全的行为和处罚"一节，而且构成其中规定的妨害公共安全的违法行为，不要求造成实际后果，同追究刑事责任的情形区别开来。只要实施了本法规定的妨害公共安全的违法行为，如涉及爆炸性、毒害性、放射性、腐蚀性物质和传染病病原体等危险物质的违法行为，妨害驾驶安全，妨害铁路、城市轨道交通行车安全，高空抛物，违反规定举办大型活动等，即使尚未造成实际后果，或者危害后果尚不严重，也要依法予以处罚。

第三，保护公民、法人和其他组织的合法权益也是维护社会治安秩序的重要内容和本法的立法目的之一。《治安管理处罚法》保护公民、法人和其他组织的合法权益的目的，是通过对各种侵犯公民、法人和其他组织的合法权益的违法行为予以处罚来体现的。《治安管理处罚法》专门规定了"侵犯人身权利、财产权利的行为和处罚"一节，对各种侵犯公民、法人和其他组织的人身、财产权利的违法行为，如殴打、伤害、猥亵他人，非法限制人身自由、侵入住宅、搜查、侮辱、诽谤、诬告陷害他人，盗窃、骗取、抢夺、哄抢、敲诈勒索、故意损坏公私财物等，规定了相应的治安管理处罚。此外，对于其他侵犯公民、法人和其他组织的合法权益的违法行为，在"扰乱公共秩序的行为和处罚""妨害社会管理的行为和处罚"两节中也作了明确规定，如扰乱机关、团体、企事业单位秩序，散布谣言、谎报险情、警情、疫情，妨害公务，冒充国家机关工作人员招摇撞骗，偷开他人机动车等。

第四，规范和保障公安机关及其人民警察依法履行治安管理职责，是本法的重要目的之一，具体包括规范和保障两层含义。依法行政是全面依法治国的基本要求，依法行政的基本含义是行政权的设定必须有法律依据，行政权的行使必须依法进行，不得超越法定权限，也不得违反法定程序。本法作为治安管理工作方面的一部基础性法律，规范公安机关及其人民警察依法履行治安管理职责是其基本内容。职责是职权和责任的结合，所谓依法履行治安管理职责，既包括行使治安管理权力应当符合法律的实体和程序性规定，也包括应当积极履行法律赋予的职责，不得怠于履行职责。本法对公安机关及其人民警察依法履行治安管理职责的规范作用主要体现在以下三个方面：

一是赋予公安机关治安管理处罚权。本法第七条明确规定，治安管理工作的主管部门是国务院公安部门和地方各级人民政府公安机关。另外，本法还规定了各种违反治安管理的行为和相应的治安管理处罚，以及公安机关可以依法采取的强制措施，如扣押、追缴、传唤等。

二是设定了公安机关行使治安管理处罚权的具体程序。本法在处罚程序一章详细规定了公安机关及其人民警察在办理治安案件时应当遵守的各项程序性规定。2025年修订本法时，增加了对情节复杂或者重大违法行为给予治安管理处罚的集体讨论决定程序、法制审核程序等；进一步扩大有权要求听证的案件范围；规定了执法过程中的同步录音录像等。这些规定有利于推进公安机关不断巩固和提高执法规范化建设成果。

三是规定了对公安机关依法行使职权的监督内容。这主要体现在"执法监督"一章。2025年修订本法时，增加了人民警察在办理治安案件时，依法给予处分的违法行为种类。很多关于程序的规定也体现了监督的含义，如第九十条规定，公安机关对报案、控告、举报或者违反治安管理行为人主动投案，以及其他国家机关移送的违反治安管理案件，应当立即立案并进行调查；认为不属于违反治安管理行为的，应当告知报案人、控告人、举报人、投案人，并说明理由。第一百零三条规定，公安机关对与违反治安管理行为有关的场所或者违反治安管理行为人的人身、物品可以进行检查。检查时，人民警察不得少于二人，并应当出示人民警察证。

本法的另一个作用就是保障公安机关及其人民警察依法履行治安管理职责。保障与规范实际上是一个问题的两个方面，规范也是为了保证公安机关及其人民警察正确行使职权。如上所述，职责是职权与责任的结合，要保证职责得以履行，就必须赋予必要的职权。根据本法的规定，作为治安管理工作的主管部门，各级公安机关负有依法查处违反治安管理行为，维护社会治安秩序的职责。为了保证公安机关完成法律赋予的任务，就必须给予其必要的治安管理职权。《治安管理处罚法》关于公安机关实施各项处罚的权限、采取强制措施的权限的规定，正是公安机关及其人民警察依法履行治安管理职责的法律保障。

第二个方面是关于本法立法根据的规定。《治安管理处罚法》的立法根据是《宪法》。《治安管理处罚法》的目的是维护社会治安秩序，保障公共安全，保护公民、法人和其他组织的合法权益。《宪法》中对维护社会秩序、保护公民和组织的财产安全作了规定。我国《宪法》第二十八条规定，国家维护社会秩序，镇压叛国和其他危害国家安全的犯罪活动，制裁危害社会治安、破坏社会主义经济其他犯罪的活动，惩办和改造犯罪分子。第三十三条规定，国家尊重和保障人权。第三十七条规定，中华人民共和国公民的人身自由不受侵犯。禁止非法拘禁和以其他方法非法剥夺或者限制公民的人身自由，禁止非法搜查公民的身体。制定并不断修改完善《治安管理处罚法》，是加强《宪法》实施，贯彻落实《宪法》规定、原则和精神的具体举措。《治安管理处罚法》的规定和内容，具有宪法依据，有必要增加《宪法》作为立法根据，并根据《宪法》的规定、原则和精神指导开展具体的治安管理处罚工作。需要注意的是，相比其他行政处罚，治安管理处罚具有特殊严厉性，特别是《治安管理处罚法》规定的行政拘留的处罚措施，涉及公民人身自由权利。在执法过程中，公安机关要遵循过罚相当原则，以事实为依据，充分考虑违反治安管理行为的事实、性质、情节以及社会危害程度，按照比例原则的要求，准确运用《治安管理处罚法》规定的警告、罚款、拘留等各种处罚，并充分保障公民依法享有的救济权利。

● 相关规定

《中华人民共和国宪法》第二十八条、第三十三条、第三十七条；《中华人民共和国行政处罚法》第一条；《中华人民共和国行政强制法》第一条；《公安机关办理行政案件程序规定》第一条

第二条 治安管理工作坚持中国共产党的领导，坚持综合治理。

各级人民政府应当加强社会治安综合治理，采取有效措施，预防和化解社会矛盾纠纷，增进社会和谐，维护社会稳定。

▶ 条文主旨

本条是关于党的领导和综合治理的规定。

▶ 立法背景

1. 2005 年《治安管理处罚法》的规定。第六条规定："各级人民政府应当加强社会治安综合治理，采取有效措施，化解社会矛盾，增进社会和谐，维护社会稳定。"社会治安问题是社会各种矛盾的综合反映。加强社会治安综合治理，是维护我国社会治安稳定的根本途径，需要动员和组织全社会的力量，并运用政治的、法律的、行政的、经济的、文化的、教育的等多种手段，从根本上预防和减少违法犯罪，以维护社会秩序，保障社会稳定，并作为全社会的共同任务，长期坚持下去。各级人民政府应当切实担负起社会治安综合治理工作职责，协调、指导有关部门、方面齐抓共管，积极参与，做好社会治安综合治理工作。

2. 2025 年修订后的《治安管理处罚法》的规定。本次修订对原《治安管理处罚法》第六条作了修改完善并前移作为第二条。主要作了以下修改：一是增加"坚持中国共产党的领导，坚持综合治理"作为第一款，贯彻落实坚持党的领导入法入规的要求，加强党对治安管理工作的领导。二是在第二款中增加预防社会矛盾纠纷的规定，将"化解社会矛盾"修改为"预防和化解社会矛盾纠纷"，在及时化解矛盾纠纷的同时，体现注重预防社会矛盾纠纷的理念，"防患于未然"，及早及小预防和化解矛盾纠纷。

▶ 条文释义

本条共分为两款。第一款是关于治安管理工作坚持党的领导，坚持综合治理的规定。

治安管理工作涉及人民群众生产、生活的方方面面，并非公安机关一家之责。仅仅依靠公安机关，也做不好社会治安管理工作。治安管理工作离不开党的领导，离不开各方一起努力。党的领导是我国独有的政治优势、制度优势，也是我国长期以来社会治理成功实践的基本经验。充分发挥党的领导的优势和作用，明确规定治安管理工作坚持中国共产党的领导，坚持综合治理，就是要在各级党委的统一领导下，各部门、各单位协调一致，齐抓共管。各部门、各单位积极参与，发挥好各自的职能作用，做好配合，才能将治安管理工作做好，最终创造人民群众安居乐业的安全、良好社会环境。坚持综合治理要依靠人民群众，运用政治的、法律的、行政的、经济的、文化的、教育的等多种手段，解决社会治安问题，预防和惩治违法犯罪，维护社会治安秩序，保障社会稳定。

第二款是关于各级人民政府加强社会治安综合治理的规定，是对第一款规定的落实。

一是坚持综合治理有深刻的社会背景。维护社会治安秩序要坚持综合治理的方针。我国经济和社会发展取得了很大进步，但也不断面临新的矛盾和问题，社会治安问题就是其中之一。我国社会治安形势总体上是好的，但也存在一些不容忽视的突出问题，如一些地方，严重危害社会治安的刑事犯罪活动和违反社会治安管理的违法行为发案数较多，不时还有极少数极端案件发生，人民群众的安全感、获得感、幸福感受到影响。针对我国社会治安方面存在的问题，早在1991年，中共中央和全国人大常委会就在总结改革开放以来维护社会治安秩序工作基本经验的基础上，分别作出了《关于加强社会治安综合治理的决定》。各地区、各部门积极探索综合治理的措施，调动各方面的积极性，注重从源头上解决关系社会治安秩序的各类问题，形成了各方面齐抓共管，共同维护治安秩序、维护社会稳定的良好局面。这些年来维护社会治安工作的经验证明，必须继续坚持社会治安综合治理的方针，进一步创新社会治安综合治理的措施和工作方法，完善社会治安综合治理工作机制，才能维护社会治安稳定、有序。

二是各级人民政府要采取各种措施，预防和化解社会矛盾纠纷，增进社会和谐，维护社会稳定。社会治安问题不仅是一个重大的社会问题，也是一个重大的政治问题。加强社会治安综合治理，关系到社会稳定的大局，关系到国家的长治久安，关系到人民群众的切身利益。经过长时间的努力，我国法治建设、治安管理等方面工作取得长足进步，我国已经成为世界上最安全的国家之一。成果来之不易，各级人民政府要继续提高对社会治安综合治理工作重要性的认识，切实加强组织领导，担负起维护社会治安和稳定、保一方平安的政治责任，扎扎实实地抓好社会治安综合治理工作。要积极探索新形势下做好社会治安综合治理工作的新方法，采取各种有效措施，动员全社会的资源和力量，妥善处理和解决各种不利于社会稳定的矛盾，消除各种消极因素，增进社会和谐，维护社会稳定。具体来说：

第一，各级人民政府要坚持综合治理理念、方针等，重视加强治安防范工作，切实解决好影响社会稳定和社会治安的重点、难点问题，进一步加强群防群治工作，建立和完善全社会防控体系，做好预防和减少违法犯罪的工作。第二，各级人民政府要充分发挥"枫桥经验"等先进经验的作用，加强基层基础建设，把社会治安综合治理各项措施落实到基层，把矛盾纠纷化解在基层。第三，要进一步健全和完善全社会齐抓共管的社会治安综合治理工作机制，针对社会治安的新特点，对社会治安实行动态管理，建立快速反应机制，及时堵塞违法犯罪漏洞，减少和消除各种引发社会治安问题的诱因，保证社会治安综合治理的各项措施落到实处。

相关规定

《全国人民代表大会常务委员会关于加强社会治安综合治理的决定》

第三条 扰乱公共秩序，妨害公共安全，侵犯人身权利、财产权利，妨害社会管理，具有社会危害性，依照《中华人民共和国刑法》的规定构成犯罪的，依法追究刑事责任；尚不够刑事处罚的，由公安机关依照本法给予治安管理处罚。

条文主旨

本条是关于违反治安管理行为与犯罪行为的界分的规定。

立法背景

本条是2005年《治安管理处罚法》第二条的规定，2025年修订时未作修改。

本条规定包括两个方面的内容。一是明确违反治安管理的行为是具有社会危害性的行为，分为四类：(1)扰乱公共秩序；(2)妨害公共安全；(3)侵犯人身权利、财产权利；(4)妨害社会管理。二是明确犯罪行为与违反治安管理行为的界分，根据对社会危害程度的不同，对刑事责任与治安处罚的适用作了区分。危害社会治安秩序的行为依照《刑法》规定构成犯罪的，依法追究刑事责任；尚不够刑事处罚，应当予以治安管理处罚的，依照本法给予治安管理处罚。

条文释义

根据本条规定，违反治安管理行为是指各种扰乱社会秩序，妨害公共安全，侵犯人身权利、财产权利，妨害社会管理，尚不构成犯罪的行为。违反治安管理行为具有以下三个特征：

一是违反治安管理行为具有一定社会危害性。法律总是以保护特定的利益为目的，法律保护特定利益的基本方式就是给予违法行为一定的惩罚性后果，即由违法行为人承担相应的法律责任。法律对违法行为给予惩罚性后果的内在根据在于违法行为侵犯了法律规范所保护的特定利益。违法行为对法律所保护的这种特定利益的侵犯，实际上就是该违法行为的社会危害性所在。行为的社会危害性应当是认定一个行为是否违法的实质性标准。因此，具有社会危害性，即侵犯了《治安管理处罚法》等有关治安管理的法律、法规所保护的特定的利益，是违反治安管理行为的一个本质特征。同时，违反治安管理行为的社会危害性在程度上又是有一定限定的。违反治安管理行为只是侵犯了《治安管理处罚法》所保护的利益，在性质上属于一种违法行为，因而其社会危害性是有限度的，超过了这一限度，就会成为犯罪行为。

二是违反治安管理行为是违反治安管理方面的行政法律、法规的违法行为。首先，违反治安管理行为是一种违反行政法律、法规的行为，这是其区别于犯罪的一个特征。从《治安管理处罚法》规定的各种具体的违反治安管理的行为来看，其侵犯的客体，主要是正常的社会秩序、公共安全、公民的人身权利、公私财产权利四个方面。这四个方面与《刑法》规定的相应的几类犯罪行为所侵犯的客体性质是相同的，区别是侵害的程度不同。其次，违反治安管理行为是违反治安管理方面的法律、法规的违法行为，并不是所有的侵犯上述几类客体的行为都属于违反治安管理行为，也不是所有的违反公安机关作为主管部门的法律、法规的违法行为都属于违反治安管理行为。治安管理工作只是公安机关诸多行政管理工作的一个方面，治安管理方面的法律、法规只限于那些与社会治安秩序直接相关的法律、法规。

三是违反治安管理行为具有应受治安管理处罚性。任何违法行为都要承担相应的法律后果，但不同性质的违法行为所应当承担的法律后果是不同的：民事违法行为要承担民事责任；刑事违法行为要承担刑事责任；而违反治安管理行为应当承担的是行政责任，具体说就是予以治安管理处罚，如警告、罚款、拘留。如果行为情节显著轻微，不应当予以治安管理处罚的，也就不属于违反治安管理行为；如果行为情节严重，应当予以刑罚处罚的，那就已经属于犯罪行为，而不是违反治安管理行为。

违反治安管理行为的上述三个特征是具有内在有机联系的统一体，一定程度的社会危害性是违反治安管理行为最基本的属性，是违反治安管理法律、法规的内在根据，也是应当予以治安管理处罚的基础；违反治安管理法律、法规是违反治安管理行为的社会危害性的法律表现，也是应当予以治安管理处罚的法律依据；应当予以治安管理处罚则是行为的违法性和社会危害性的当然法律后果。

关于违反治安管理行为的范围，可分为四大类：扰乱公共秩序，妨害公共安全，侵犯人身权利、财产权利，妨害社会管理。本法第三章违反治安管理的行为和处罚，下设四节分别对扰乱公共秩序的行为和处罚，妨害公共安全的行为和处罚，侵犯人身权利、财产权利的行为和处罚，以及妨害社会管理的行为和处罚作出了具体规定。

违反治安管理行为的范围随着我国经济社会的发展和法律法规体系的不断完善等不断发展变化：

第一，关于治安管理法律的立法过程。新中国成立后，为了保护人民的利益，保障社会主义建设的秩序，对一些扰乱公众秩序、妨害公共安全、侵犯公民人身权利、损害财产等违反法纪、败坏道德的行为，实行必要的强制性的行政处罚，1957年10月22日，一届全国人大常委会第八十一次会议通过《治安管理处罚条例》，自公布之日起施行。该条例共三十四条，规定了对扰乱公共秩序、妨害公共安全、侵犯公民人身权利、损害公有财产或者公民财产、违反交通管理、违反户口管理、妨害公共卫生或者市容整洁等行为的处罚和处罚程序。

随着我国政治经济和社会情况的变化，特别是党的十一届三中全会以来，随着对外开放和对内搞活经济方针的贯彻执行，以城市为重点的经济体制改革的深入发展，治安管理工作出现了许多新的情况、新的问题，1957年的《治安管理处罚条例》已经不能适应形势发展的需要。1983年起，公安部着手对《治安管理处罚条例》进行修改。1986年9月5日，六届全国人大常委会第十七次会议通过了新的《治安管理处罚条例》，同时在新条例的最后一条明确规定废止1957年公布的《治安管理处罚条例》。新条例分总则、处罚的种类和运用、违反治安管理行为和处罚、裁决与执行和附则五章四十五条，自1987年1月1日起施行。

随着改革开放的进行，社会治安形势发生了新的变化，一些新情况新问题不断出现，有些扰乱社会秩序、妨害公共安全、危害公共利益的行为，在条例中未作规定，难以依法处理。公安部在调查研究、总结经验、广泛征求意见的基础上，草拟了《〈中华人民共和国治安管理处罚条例〉的补充规定（草案）》。草案共五条，补充规定了十八种应受处罚的违反治安管理的行为。对现实社会生活中存在的这些危害社会治安的行为依法给予处罚，有利于进一步加强治安管理，维护社会秩序、公共安全和公共利益，保护公民的合法权益。1994年5月12日，八届全国人大常委会第七次会议通过《关于修改〈中华人民共和国治安管理处罚条例〉的决定》，并根据该决定重新公布修改后的条例。

随着改革开放的深入和经济社会的不断发展，社会治安出现了新情况新问题，《治安管理处罚条例》已经不能适应社会治安管理的需要。2005年8月28日，十届全国人大常委员会第十七次会议通过《治安管理处罚法》，共六章一百一十九条，自2006年3月1日起施行，同时废止原条例。这次修订的主要内容包括：一是增加了应当受到处罚的违反治安管理行为；二是增加了对单位违反治安管理行为的处罚；三是增加了处罚的种类，提高了罚款处罚的幅度，减小了对行政拘留处罚的自由裁量幅度；四是增加了治安管理强制措施的规定；五是完善了处罚程序；六是修改了裁决的事项。

2012年3月14日，十一届全国人大第五次会议通过了《关于修改〈中华人民共和国刑事诉讼法〉的决定》，对《刑事诉讼法》作了修改完善。为保持法律规定间的衔接协调，2012年10月26日，十一届全国人大常委会第二十九次会议通过《关于修改〈中华人民共和国治安管理处罚法〉的决定》，对《治安管理处罚法》的一个条款作了修改，将第六十条第四项中的"国务院公安部门"修改为"国务院有关部门"，主要是与《刑法》《刑事诉讼法》有关社区矫正工作主管部门的调整相衔接。

2025年6月27日，十四届全国人大常委会第十六次会议对《治安管理处罚法》作了全面修订。修订的主要内容包括：一是坚持党的领导；二是增列违反治安管理应予处罚的行为；三是合理设定处罚措施和幅度；四是优化惩罚程序，并进一步做好与《行政处罚法》《刑法》《行政强制法》的衔接。

第二，关于治安管理处罚范围的历史沿革。治安管理处罚的范围始终是立法过程中需要研究的重要问题，即哪些行为应当纳入治安管理处罚的范围，主要涉及与其他行政管理事项、行政管理类法律法规之间的关系。1957年制定《治安管理处罚条例》时，涉及领域较广，不仅包括妨害公共安全、侵犯公民人身权利等典型的违反治安管理行为，同时还包括违反交通管理、违反户口管理、妨害公共卫生或者市容整洁等社会领域治理规定的行为。关于《治安管理处罚条例》所要规范的问题，时任公安部部长罗瑞卿在关于处罚条例草案的说明中指出："在应当处罚的违法行为中，还有许多却是属于人民中某些轻微的违法行为，或者说，是属于人民中某些违反国家纪律、妨害公共秩序的行为，例如违反交通管理、违反户口管理、妨害公共卫生的某些行为等。这些行为的发生，有些是因为思想意识上有错误，有些是道德作风上不好，有些还因为生活上工作上犯了过失。对于这些违反治安管理的人，因为他们侵犯或者妨害广大人民群众的利益和公共秩序，所以也要给予必要的处罚。"又如，该条例第七条第一项对在禁止渔猎的地区捕鱼、打猎，不听劝阻的行为规定了治安处罚，现在属于《野生动物保护法》的调整范围。

随着部门职责分工的不断发展，其他行政、经济管理法律制度的不断健全，在治安管理处罚立法过程中，逐渐将由其他部门法规定和不属于治安范围的行为不再纳入《治安管理处罚法》的规制范围。2005年8月制定的《治安管理处罚法》第三章将治安管理处罚范围最终规定为四类行为：扰乱公共秩序的行为，妨害公共安全的行为，侵犯人身权利、财产权利的行为，妨害社会管理的行为。2005年《治安管理处罚法》制定过程中，时任公安部副部长田期玉所作说明指出，《消防法》《道路交通安全法》《居民身份证法》等法律对相应的违法行为及处罚已有系统规定的，草案不再重复规定。从立法过程来看，违反治安管理行为的范围是不断"收窄"的，始终围绕"治安"领域的行为展开。逐渐形成共识的是，不能理解为只要是公安机关管辖和处理的事情都纳入《治安管理处罚法》，使其成为公安机关的"法律工具箱"，也不能将《治安管理处罚法》理解为与《刑法》完全对应，将《刑法》规定的行为，只要危害不大的，也都在《治安管理处罚法》中作出规定。

总的来看，《治安管理处罚法》规定的四大类行为已相对完善，也在随着时代发展、社会变化，坚持问题导向，不断调整、修改和完善具体行为种类，为维护社会治安秩序提供法治保障。

● **相关规定**

《中华人民共和国刑法》第二条、第十三条、第三十七条；《中华人民共和国行政处罚法》第二十七条；《公安机关办理行政案件程序规定》第六十五条

第四条 治安管理处罚的程序，适用本法的规定；本法没有规定的，适用《中华人民共和国行政处罚法》、《中华人民共和国行政强制法》的有关规定。

● 条文主旨

本条是关于治安管理处罚程序的规定。

● 立法背景

1. 2005 年《治安管理处罚法》的规定。第三条规定："治安管理处罚的程序，适用本法的规定；本法没有规定的，适用《中华人民共和国行政处罚法》的有关规定。"公安机关实施治安管理处罚，应当遵守《治安管理处罚法》设定的程序。对于《治安管理处罚法》未作专门的具体规定的，应当依照《行政处罚法》的有关规定执行。

2. 2025 年修订后的《治安管理处罚法》的规定。本次修订，在规定治安管理处罚程序没有规定时，适用《行政处罚法》有关规定的基础上，增加规定《行政强制法》作为程序依据。治安管理处罚在性质上属于行政处罚，《行政处罚法》《行政强制法》与《治安管理处罚法》在有关程序问题上是一般法与专门法的关系。治安管理处罚应符合《行政处罚法》《行政强制法》的有关规定和原则，具体体现在治安案件处罚程序、行政强制措施和行政强制执行等方面。对于案件处罚程序，特别是调查过程中对违反治安管理行为人采取的一些强制措施如当场强制传唤等，在《治安管理处罚法》没有规定时，适用《行政强制法》的有关规定。此外，治安处罚案件处理有其自身情况、特点，在符合行政处罚、行政强制原则的情况下，《治安管理处罚法》作出了不同规定的，应当适用《治安管理处罚法》的程序规定。

● 条文释义

根据本条规定，公安机关实施治安管理处罚，应当遵守《治安管理处罚法》设定的程序。对于《治安管理处罚法》未作专门的具体规定的，应当依照《行政处罚法》《行政强制法》的有关规定执行。

依法行政是建设社会主义法治国家的重要内容之一，依法行政的基本内涵，一是权力法定，即行政权的设定必须有法律依据；二是程序法定，即行政权的行使必须依照法定的程序，二者缺一不可。由于行政法不是以法典，而是以大量单行法的形式存在的，而且多具实体和程序性规范合一的特点。采用这种实体和程序性规范合一的立法模式，在各个单行的行政法律中，根据各个行政管理领域行政管理事项的不同特点，有针对性地对相应的程序进行规定，能够更好地实现程序性规范所具有的保障和规范行政权依法行使的目的。《治安管理处罚法》作为治安行政管理领域的一部基本的法律，治安管理事项亦具有一些不同于其他行政管理和处罚的特点，如一些违反治安管理行为人具有一定的人身危险性，针对这种情况，在治安处罚种类中规定了拘留这种限制人身自由的严厉措施等。这就需要在《治安管理处罚法》中有针对性地规定一些特殊的程序。同时，行政管理事项的特点决定了行政管理领域尤其是行政程序方面存在一些基本规律和共性的东西，也需要制定一些基本的适用于各个行政管理领域的法律。《行政处罚法》是规范行政机关行使行政处罚权的基本法律，它对于行政处罚的设定、调查、听证、裁决、执行等各个环节需要遵守的基本规范都作了明确规定。治安管理处罚、强制措施在性质上属于行政处罚、行政强制措施，《治安管理处罚法》与《行政处罚法》《行政强制法》之间属于特别法与一般法的关系。《治安管理处罚法》中的程序性规定和强制措施规定，是按照《行政处罚法》《行政强制法》所确立的行政处罚、行政强制的基本原则，并结合治安管理处罚自身的特点作出的。在具体实施行政处罚、行政强制时，如果《治安管理处罚法》已经作出了专门性规定，那就应当遵循该规定；如果《治安管理处罚法》对某个事项未作专门性规定，那就应当适用《行政处罚法》《行政强制法》的相关规定。

　　具体而言，可以分为三种情况。第一种情况是，《治安管理处罚法》中有规定，《行政处罚法》《行政强制法》中没有相应规定或者规定不一致。这种情况有的是为适应治安管理本身的特点而设定，如为进一步规范公安机关依法履行治安管理职责，增加关于询问时间、案件办理期限的规定等。第二种情况是，《治安管理处罚法》的规定与《行政处罚法》《行政强制法》的规定基本一致。这主要是考虑到，这些规定涉及行政管理相对人的权利，当事人应当知道。虽然在《行政处罚法》《行政强制法》中已经有规定，但在《治安管理处罚法》中予以重申，既有利于当事人知悉和保护自己的权利，监督公安机关依法行使职权，也便于公安机关执法时遵守和引用。第三种情况是，《治安管理处罚法》中没有规定，需要适用《行政处罚法》《行政强制法》的相关规定。这种情况主要是考虑到《行政处罚法》《行政强制法》的规定已经比较详尽，直接适用《行政处罚法》《行政强制法》的规定更为适宜，而且在《治安管理处罚法》中再作重复性规定也无必要。此外，还需要注意的是，本条规定既有明确治安管理处罚程序的准据法的作用，还有一种兜底含义，即《治安管理处罚法》有关处罚程序、强制措施规定的未尽事宜，要以《行政处罚法》《行政强制法》为准，这就可以防止因立法的疏漏而导致无法可依的情况。

● 实践中需要注意的问题

实践中需要注意的是，《行政处罚法》第三十三条规定了"首违不罚"，即对于违法行为轻微并及时改正，没有造成危害后果的，不予行政处罚。初次违法且危害后果轻微并及时改正的，可以不予行政处罚。此项原则也适用于《治安管理处罚法》。在办理治安案件时，对符合该条规定情形的，公安机关也应予以适用。

● 相关规定

《中华人民共和国行政处罚法》第三十三条

第五条 在中华人民共和国领域内发生的违反治安管理行为，除法律有特别规定的外，适用本法。

在中华人民共和国船舶和航空器内发生的违反治安管理行为，除法律有特别规定的外，适用本法。

在外国船舶和航空器内发生的违反治安管理行为，依照中华人民共和国缔结或者参加的国际条约，中华人民共和国行使管辖权的，适用本法。

● 条文主旨

本条是关于《治安管理处罚法》适用范围的规定。

● 立法背景

1. 2005年《治安管理处罚法》的规定。第四条规定："在中华人民共和国领域内发生的违反治安管理行为，除法律有特别规定的外，适用本法。在中华人民共和国船舶和航空器内发生的违反治安管理行为，除法律有特别规定的外，适用本法。"本条规定了《治安管理处罚法》的适用范围：一是在中华人民共和国领域内发生的违反治安管理行为，除法律有特别规定的外，适用本法。二是在中华人民共和国船舶和航空器内发生的违反治安管理行为，除法律有特别规定的外，适用本法。

2. 2025年修订后的《治安管理处罚法》的规定。主要是增加第三款规定，即依照国际条约，对在外国船舶和航空器内发生的违反治安管理行为，适用我国《治安管理处罚法》。增加上述规定，主要是与我国加入的《关于在航空器内的犯罪和其他某些行为的公约》《关于制止危害民用航空安全的非法行为的公约》等公约相衔接，满足实践中惩治发生在外国船舶和航空器内的违反治安管理行为的需要。行使管辖权的前提是依照我国缔结或者参加的国际条约，我国享有管辖权。

▶ 条文释义

本条共三款。第一款是关于《治安管理处罚法》在我国领域内适用的规定。

法律的适用范围也就是法律的效力范围，包括法律的时间效力，即法律在什么时间段内发生效力，法律的空间效力，即法律适用的地域范围，以及法律对人的效力，即法律对什么人（包括自然人、法人和其他组织）适用。本款关于《治安管理处罚法》的适用范围的规定，实际上包含了《治安管理处罚法》的空间效力和对人的效力两个方面。根据本款规定，在空间效力上，除法律有特别规定的外，《治安管理处罚法》适用于我国整个领域。在对人的效力上，除法律有特别规定的外，《治安管理处罚法》适用于所有在我国领域内违反治安管理的人。我国领域是指我国国境以内的全部区域，具体包括领陆、领水、领空。在我国领域内违反治安管理的人，包括自然人、法人和其他组织。其中，自然人包括中国公民、外国人和无国籍人。这里的"法律有特别规定的"，主要是指《外交特权与豁免条例》《领事特权与豁免条例》的特别规定。根据上述法律规定，享有外交特权和豁免权、领事特权和豁免权的人，不适用《治安管理处罚法》。这并不是说这些人员违反《治安管理处罚法》的行为不属于违法行为，不需要追究法律责任。而是因为根据国际惯例和国际公约、协议，为了保证各国的外交人员正常开展工作，各国本着平等、相互尊重、互惠的原则，相互给予对方这些人员以一定的特权。对这些人员违反《治安管理处罚法》的，我们可以按照有关法律、国际公约、协议的规定，通过外交等途径解决。

第二款是关于在我国船舶和航空器内发生的违反治安管理行为，除法律有特别规定的外，适用《治安管理处罚法》的规定。按照有关国际惯例和国际法，各国所属的船舶、航空器虽然航行、停泊于其领域外，但应视作其领土的延伸部分，各国仍对其行使主权，包括对发生在其内的违法犯罪行为的管辖权。我国的船舶、航空器（包括飞机和其他航空器），包括军用船舶、航空器，也包括民用的船舶、航空器。

第三款是关于在外国船舶和航空器内发生的违反治安管理行为，依照中华人民共和国缔结或者参加的国际条约，中华人民共和国行使管辖权的，适用本法的规定。立法过程中，有的意见提出，实践中外籍航班上发生的治安案件，航班在中国落地后，我国能否以及是否需要行使管辖权是需要研究的问题。按照2005年《治安管理处罚法》有关属地和对中国籍航空器才有管辖权的规定，我国难以对上述案件行使管辖权。在国际民航航班中发生的治安案件，实践中具有特殊性，航班在我国落地，自然会产生是否需要行使管辖权、及时作出处理的问题。同时，有的案件还可能涉及我国公民作为被侵害人或者侵害人，这种情况下就需要同时考虑行使管辖权的问题。根据我国加入的《关于在航空器内的犯罪和其他某些行为的公约》（1963年《东京公约》）的相关规定，该公约不排斥根据航班降落国法行使管辖权，规定机长移交案件后，降落国主管当局应当予以调查。《关于制止危害民用航空安全的非法行为的公约》（1971年《蒙特利尔议定书》）第五条规定不排斥根据本国法行使管辖权，如果航空器在其领土降落且行为人在航空器内，降落国对航空器内所犯罪行和行为人有管辖权。考虑实践需要，我国参加的国际公约的义务履行需要有国内法的依据予以进一步落实，2025年修订本法时增加本款规定，以此与相关国际公约的规定相衔接。对外国船舶和航空器上发生的治安案件，停靠或者降落在我国领域内的，依照我国缔结或者参加的国际公约，可以适用本法，以保护我国公民权益。

● **相关规定**

《中华人民共和国刑法》第六条；《中华人民共和国行政处罚法》第二十五条

第六条 治安管理处罚必须以事实为依据，与违反治安管理的事实、性质、情节以及社会危害程度相当。

实施治安管理处罚，应当公开、公正，尊重和保障人权，保护公民的人格尊严。

办理治安案件应当坚持教育与处罚相结合的原则，充分释法说理，教育公民、法人或者其他组织自觉守法。

条文主旨

本条是关于治安管理处罚原则的规定。

立法背景

1. 2005 年《治安管理处罚法》的规定。第五条规定："治安管理处罚必须以事实为依据，与违反治安管理行为的性质、情节以及社会危害程度相当。实施治安管理处罚，应当公开、公正，尊重和保障人权，保护公民的人格尊严。办理治安案件应当坚持教育与处罚相结合的原则。"本条规定了治安管理处罚的原则。治安管理处罚原则反映了治安管理处罚的本质，体现在《治安管理处罚法》的各种制度和规则中，是调整治安管理处罚过程中发生的基本关系的普遍性准则，对于正确认识、运用和遵守《治安管理处罚法》具有重要的规范和指导意义。2005 年《治安管理处罚法》即规定了治安管理处罚以事实为依据、过罚相当、公正公开、尊重和保障人权以及坚持教育与处罚相结合等原则。

2. 2025 年修订后的《治安管理处罚法》的规定。主要作了以下修改：一是在规定治安管理处罚以事实为依据的基础上，进一步强调将"事实"作为作出处罚的重要考量因素，即要全面、综合考量案件情况，作出的处罚应与违反治安管理的事实、性质、情节以及社会危害程度相当。二是贯彻落实"谁执法谁普法"责任要求，参考《行政处罚法》，增加规定办理案件应当"充分释法说理，教育公民、法人或者其他组织自觉守法"。对此，公安机关在执法中要充分告知当事人治安处罚的事实、依据、救济途径等事项，以达到办理案件的同时，以案说法，教育公民、法人或者其他组织自觉守法的目的。

条文释义

本条共分为三款。第一款规定治安管理处罚的原则包括"以事实为依据""过罚相当"原则。

一是以事实为依据。以事实为依据是辩证唯物主义认识论的基本要求，是实事求是原则在司法、行政执法工作中的具体体现，既是我国司法工作多年来所遵循的一项基本原则，也是行政执法工作应当遵循的基本原则。《行政处罚法》明确规定，设定和实施行政处罚必须以事实为依据，与违法行为的事实、性质、情节以及社会危害程度相当。治安管理处罚作为行政处罚的一种，也应当遵循这一原则。对办理治安案件的公安机关及其人民警察来说，以事实为依据原则要求在整个行政执法的各个环节都要本着对事实负责、对当事人负责的精神，始终站在客观公正的立场上，而不能仅凭自己的印象、经验主观臆断。具体来说，首先要求人民警察将尊重事实作为办理案件的基本态度，从客观公正的立场出发，按照事实的本来面目认识案件、处理案件。在进行事实调查时，要注意收集各种有利于证明案件事实的证据，不偏听偏信，不刻意寻找不利于违法行为人的证据，对违法行为人的陈述和辩解要认真听取和查证。其次要重证据，重调查研究，不轻信当事人的言词陈述。严禁刑讯逼供或者采用威胁、引诱、欺骗等非法手段收集证据。最后在进行裁决时，要在对整个案件事实和证据进行客观全面的分析、判断的基础上，形成符合事实的处理意见。同时，在具体量定处罚时，对有从轻、减轻或者不予处罚、从重处罚情节需要考虑的，也要以相应的事实为依据，该轻则轻，该重则重，坚持过罚相当，不能在没有相应的事实和证据的情况下，任意轻重其罚。

二是过罚相当。也就是治安管理处罚应当与违反治安管理的事实、性质、情节以及社会危害程度相当，这一原则也是《行政处罚法》确立的原则之一。违反治安管理行为一旦实施，就成为一种客观事实，其事实、性质、情节以及社会危害程度等都有一定的量的规定性。治安管理处罚作为一种行政法律责任，其本质就是违反治安管理行为人因其特定的违法行为所应承担的法律上的后果。行为人所犯错误与其受到的惩罚相适应，是法律责任与行为人所实施的特定的违法行为相对应的必然要求，也只有这样，行政处罚才能够起到对违法行为人应有的惩罚和教育作用。对于办理治安案件的公安机关及其人民警察而言，要做到过罚相当：（1）要准确地确定违反治安管理行为的性质。只有准确认定每一个特定的违法行为的性质，才谈得到准确地适用法律，处以适当的处罚。（2）在具体决定应当适用的处罚时，要根据违法行为本身的情节，如行为的手段、时间、地点等，以及违法行为的社会危害的大小，确定应当适用的处罚的种类和幅度。（3）在确定了应当适用的相应的处罚种类和幅度后，仍然要根据行为的情节和危害程度确定具体的处罚。《治安管理处罚法》对每种违反治安管理行为都规定了处罚幅度，这就需要办理案件的公安机关及其人民警察根据个案的具体情况作出裁量。法律赋予公安机关这种自由裁量权，是为了使每一个具体案件得到恰当的处理，并不意味着公安机关在处罚幅度内就可以随心所欲、没有标准地任意处罚，这个标准就是过罚相当原则。依法自由裁量的结果应当是重错重罚、轻错轻罚、罚当其过。在决定处罚时，对于有法律规定的不同处罚情节的，还要考虑如何体现这些要求。

第二款是关于实施治安管理处罚，应当公开、公正，尊重和保障人权，保护公民的人格尊严的规定。

一是公开。这也是《行政处罚法》确立的行政处罚的一项基本原则。公开包括治安管理处罚的依据公开和治安管理处罚公开两个方面。治安管理处罚的依据公开，就是公安机关据以认定违反治安管理行为和给予治安管理处罚的规范和依据，应当公布于众。各级公安机关及其人民警察在办理治安案件时，应当以这些依照法定程序公布的法律、法规、规章等规范性文件为依据。对于未经公布的一些内部的决定、指示等，不得直接作为治安管理处罚的依据。公开原则的另一个要求就是治安管理处罚公开，即治安管理处罚的程序、处罚的内容和结果要公开，以便于治安案件的当事人知道处罚的内容，保障其合法权益不受非法侵犯，也便于教育其本人和其他人，便于人民群众监督。具体来说：（1）实施治安管理处罚的人员身份要公开，即办理治安案件的人民警察在调查和实施处罚时，应当向相对人出示警察证，以表明其执法人员的身份。（2）在作出治安管理处罚决定前，应当告知当事人作出治安管理处罚所依据的事实、理由及法律依据，告知当事人依法享有的权利，要给当事人陈述和申辩的机会。（3）处罚决定公开，即决定予以治安管理处罚的，应当制作处罚决定书并向被处罚人宣布、送达，同时抄告被侵害人。处罚决定书应当载明违法事实和证据、处罚种类和依据、处罚的执行方式和期限、申请行政复议或者提起行政诉讼的途径和期限等。

二是公正。就是在实施治安管理处罚时对当事人要平等对待，不得偏袒。公正是法律的生命，是法的基本精神在处罚制度方面的具体体现。公正包括实体公正和程序公正两个必不可少的方面。实体公正要求治安管理处罚的结果不偏不倚。这就要求公安机关在处理治安案件时，做到相同情况相同处理，不同情况不同处理。程序公正是实体公正的实现途径和表现方式，没有程序的公正，实体公正不仅是不完整、不可信的，而且事实上也是难以实现的。

三是保障人权。这是《宪法》关于国家尊重和保障人权的规定在《治安管理处罚法》中的具体体现。《治安管理处罚法》无论是从涉及公民权利的广度还是深度来看，对于贯彻《宪法》尊重和保障人权的精神都具有重要意义。《治安管理处罚法》规定的违反治安管理行为的范围非常广泛，几乎涉及社会生活的各个方面。《治安管理处罚法》规定的强制措施和处罚手段对公民人身和财产权利的影响也是比较大的。从执法主体来看，治安管理处罚由各级公安机关及其人民警察实施。总体来说，绝大多数公安机关及其人民警察在治安管理工作中能够做到依法办事，但实践中个别公安机关、人民警察违法行使职权，侵犯公民权利的案件也时有发生。《治安管理处罚法》强调公安机关及其人民警察实施治安管理处罚，要尊重和保障人权，保护公民的人格尊严，就是针对这些情况的。此外，《治安管理处罚法》中关于严禁刑讯逼供或者采用威胁、引诱、欺骗等非法手段取证的规定，关于传唤程序和时间的规定，关于不得体罚、打骂、虐待、侮辱他人的规定，关于不得超过传唤时间限制人身自由的规定等，以及对于违反这些规定行为依照本法第一百三十九条依法追究相关责任的规定，都是这一原则的具体体现。

第三款是关于办理治安案件应当坚持教育与处罚相结合的原则，充分释法说理，教育公民、法人或者其他组织自觉守法的规定。教育与处罚相结合原则也是贯穿我国整个法律制度的，包括行政处罚、刑罚的原则。《治安管理处罚法》作为一部有关处罚的法律，其主要内容就是关于对各种违反治安管理的行为加以处罚的规定。但是，处罚只是法律责任的自然属性，并非目的。对违反法律要求的行为人施以处罚，其目的在于使违法行为人认识到自己的错误，并按照法律规范的要求调整自己的行为，自觉履行法律命令其实施一定行为的义务，或者遵守法律的禁令，不再实施法律禁止实施的行为。法律处罚对违法行为人的这种教育功能，正是将教育作为法律处罚的目的的内在根据。《治安管理处罚法》规定教育与处罚相结合的原则，其根据也在于此。按照教育与处罚相结合的原则，在办理治安案件时，要始终注意充分发挥治安管理处罚的教育作用，防止重处罚轻教育、为处罚而处罚的简单化做法。比如，不能将实施治安管理处罚简单理解为"开罚单"，而是要通过对治安案件的调查、处理，使违反治安管理行为人知道自己行为的违法性和社会危害性所在，认识到承担惩罚性后果的必然性。此外，《治安管理处罚法》规定的不予处罚、减轻处罚、追究时效等，都是教育与处罚相结合原则的体现。2025 年修订本法时，增加办理案件应当"充分释法说理"的规定，执法中要贯彻落实好"谁执法谁普法"的责任要求，充分告知当事人治安处罚的事实、依据、救济途径等事项，以达到办理案件的同时，以案说法，教育公民、法人或者其他组织自觉守法的目的。

▶ 实践中需要注意的问题

在本条的理解适用中，应当注意以下两个方面的问题：

第一，本法第一百三十六条规定，违反治安管理的记录应当予以封存。本条第二款规定实施治安管理处罚，应当公开、公正。记录封存与处罚并不冲突。治安管理处罚公开是要将治安处罚的依据公开、处罚结果向当事人公开，以保障当事人的救济权利。治安管理处罚记录涉及个人相关权利，办案机关不得主动向社会公开，但有关国家机关为办案需要或者有关单位根据国家规定可以进行查询，满足社会治理的需要。

第二，本条是关于治安管理处罚的总的、原则性的规定，对本法规定的行为和处罚都有指导性作用。执法过程中要严格依照本条规定，当宽则宽，当严则严，充分考虑违反治安管理行为的性质、情节以及社会危害程度，不能机械依照本法第三章的具体规定作出处罚，还要考虑有无从轻、减轻或者不予处罚、从重处罚的情节，综合考虑案情，做到过罚相当，案件处理结果让当事人信服。

相关规定

《中华人民共和国刑法》第五条；《中华人民共和国行政处罚法》第五条、第六条；《公安机关办理行政案件程序规定》第三条至第五条

第七条 国务院公安部门负责全国的治安管理工作。县级以上地方各级人民政府公安机关负责本行政区域内的治安管理工作。

治安案件的管辖由国务院公安部门规定。

条文主旨

本条是关于治安管理工作主管部门和管辖的规定。

立法背景

本条是 2005 年《治安管理处罚法》第七条的规定，2025 年修订时未作修改。

本条规定明确了两个方面内容：一是国务院公安部门和县级以上地方人民政府公安机关负责所辖区域内的治安管理工作，行使相关权力并承担相应责任。二是从实践情况需要出发，规定治安案件管辖由国务院公安部门规定。关于案件管辖，一般需要在法律中明确加以规定。考虑到治安案件主要涉及公安机关职权，具体在治安管理事项上的分工问题，由于不涉及与其他国家机关之间职权的划分，在法律中不作出明确规定，由国务院公安部门根据实践情况和需要作出具体规定，有利于适应实践需要，且不至于产生部门之间由于权责不清导致的扯皮推诿的现象。

● 条文释义

本条共分为两款。第一款是关于治安管理工作的主管部门的规定。

根据这一规定，全国治安管理工作的主管部门是公安部。在地方，治安管理工作的主管部门是县级以上地方各级人民政府公安机关，具体包括各省、自治区、直辖市公安厅（局），各市、州公安局及其公安分局，各县（市）公安局等。公安部作为国务院治安管理工作主管部门，负有以下职责：研究制订有关治安管理工作的方针、政策、规章，部署全国治安管理工作，并指导、检查、监督地方各级公安机关的贯彻执行情况；掌握信息，分析、预测社会治安情况并制定对策；指导、组织、协调重大行动，协调处置重大治安案件和治安事故，做好维护社会稳定和处置突发事件的工作；指导各地公安机关依法开展治安管理工作；规划和指导全国公安机关治安管理队伍建设、教育和训练等。地方各级公安机关作为各自行政区域内治安管理工作的主管部门，在本行政区域内应认真贯彻实施治安管理法律、法规、规章，做好各项具体的社会治安管理工作，研究、分析本行政区域内的治安形势和特点，提出相应的对策等。

第二款是关于治安案件管辖的规定。一般而言，管辖可以分为职能管辖、地域管辖和级别管辖。法律没有对治安案件的地域管辖和级别管辖作出规定，而是授权国务院公安部门规定。一是考虑到治安案件的管辖只涉及公安机关本身在治安管理事项上的分工问题，可以不必在法律中作过细的规定。而且由于不涉及与其他国家机关之间职权的划分，不在法律中作出明确规定，也不会产生部门之间由于权责不清导致的扯皮推诿现象。由公安部根据多年来公安机关治安管理工作的实践经验作出具体、合理的分工规定，能够更符合实际需要，也更具有灵活性。二是考虑到公安机关上下级之间的关系，与人民法院上下级之间的审判监督关系不同，而且公安工作又具有一定的特殊性，很多情况下需要进行警力的统一调配和使用。另外，从我国目前公安机关设置的实际情况看，还有一些特殊的公安机关内设部门并不是按照地域或者级别，而是按照行业设立的，如铁路公安、交通公安、民航公安等。这些公安机关按照有关规定，也实际承担着一定的治安管理职责。因此，在治安案件的管辖上，不宜简单化地一律按照地域或者级别来确定。

● 相关规定

《公安机关办理行政案件程序规定》第十条至第十六条

第八条 违反治安管理行为对他人造成损害的，除依照本法给予治安管理处罚外，行为人或者其监护人还应当依法承担民事责任。

违反治安管理行为构成犯罪，应当依法追究刑事责任的，不得以治安管理处罚代替刑事处罚。

● 条文主旨

本条是关于治安管理处罚与民事责任、刑事处罚的衔接规定。

● 立法背景

1. 2005 年《治安管理处罚法》的规定。第八条规定："违反治安管理的行为对他人造成损害的，行为人或者其监护人应当依法承担民事责任。"

对于违反治安管理的行为，公安机关依照本法给予治安管理处罚。但该行为对他人造成损害的，并不能因为进行了治安管理处罚就免除民事责任。在实践中，多数违反治安管理的行为都兼有行政违法性和民事违法性这两种属性，本条即是对该类情况作出的原则性规定。原则上行政处罚不能替代或者免除民事责任的承担。至于民事责任的承担原则及具体方式，需要依照《民法典》等民事法律的相关规定进行处理。

2. 2025 年修订后的《治安管理处罚法》的规定。主要作了以下修改：一是在第一款中增加"除依照本法给予治安管理处罚外"的限定语，表述更为准确，也进一步明确了治安违法责任与民事责任的层次关系。二是增加第二款规定，主要是为了处理好《治安管理处罚法》与《刑法》的衔接，贯彻处罚法定原则，从制度上保证廉洁、公正执法，防止以罚代刑。为此，参考《行政处罚法》，增加第二款规定，也与本法第三条规定相呼应。

● 条文释义

本条共分为两款，第一款是关于违反治安管理行为给他人造成损害的民事责任的规定。

根据本款的规定，违反治安管理行为给他人造成损害的，应当由违反治安管理行为的实施者本人，或者由其监护人依法承担民事责任。《治安管理处罚法》在法律性质上属于行政法的范畴，其主要内容是关于各种违法行为以及应当给予的行政处罚的规定，而本条则是关于违法行为人的违反治安管理行为所引起的民事责任的规定。本条的规定，是《治安管理处罚法》与民事侵权法律之间的衔接条款，是为了保证违反治安管理行为的受害人因违反治安管理行为所遭受的民事损害能够得到及时的赔偿。《治安管理处罚法》规定的违法行为种类繁多，其中很多行为都可能给他人造成财产的、人身的损害。这些违法行为兼具行政违法性和民事侵权性双重特征。如《治安管理处罚法》规定的殴打、伤害他人，盗窃、骗取、哄抢公私财物，偷开他人机动车等。因此，对这些违法行为，除了应当依照《治安管理处罚法》的相关规定追究其行政法律责任，予以警告、罚款乃至行政拘留的处罚外，对造成被侵害人人身、财产等合法权益损害的，还应当依照有关民事侵权法律的规定，由责任人依法承担民事责任。只有这样，才能够不仅对违法行为人给予应有的惩戒和教育，而且充分保护被侵害人的合法权益。这与犯罪行为造成他人损害的，既要追究犯罪人的刑事责任，也要追究其民事赔偿责任的道理是相类似的。

本款规定的违反治安管理行为给他人造成损害，既包括给自然人造成损害的情形，也包括给法人或者其他组织造成损害的情形。由于涉及违反治安管理行为的民事侵权责任问题，因此关于具体民事责任的范围、承担民事责任的具体方式等，都需要依照有关民事法律的规定来确定。根据本法的规定，违反治安管理行为的行政法律责任应由违法行为人自己承担，这也是"责任自负"法律原则的体现。但是对于违反治安管理行为所导致的民事责任，则有所不同，即特定情况下，违法行为人的监护人也要依法承担民事责任。《民法典》第一千一百八十八条明确规定，无民事行为能力人、限制民事行为能力人造成他人损害，由监护人承担侵权责任。监护人尽到监护职责的，可以减轻其侵权责任。有财产的无民事行为能力人、限制民事行为能力人造成他人损害的，从本人财产中支付赔偿费用；不足部分，由监护人赔偿。《治安管理处罚法》也正是根据《民法典》的精神作此规定的。

第二款是关于不得以违反治安管理处罚代替刑事处罚的规定。这一规定有两层含义：一是违法行为构成犯罪的，应当依法承担刑事责任。任何违法行为人都不得以承担行政责任或者民事责任为由而逃脱应承担的刑事责任。二是禁止以罚代刑，即不得以治安管理处罚代替刑事处罚。立法过程中，有的意见反映在执法过程中，执法机关存在以罚代刑，对违法行为作降格处理，损害法律权威的情况。2025年本法修订时，坚持问题导向，增加了本款规定。公安机关在查处违法行为时，发现该违法行为触犯刑事法律，可能构成犯罪的，应当依法向司法机关移交案件，由司法机关追究行为人的刑事责任，不得以行政处罚代替刑事处罚，否则，依照本法第一百三十九条的规定，依法给予处分；构成犯罪的，依法追究刑事责任。

● 相关规定

《中华人民共和国民法典》第一千一百八十八条；《中华人民共和国行政处罚法》第八条

第九条 对于因民间纠纷引起的打架斗殴或者损毁他人财物等违反治安管理行为，情节较轻的，公安机关可以调解处理。

调解处理治安案件，应当查明事实，并遵循合法、公正、自愿、及时的原则，注重教育和疏导，促进化解矛盾纠纷。

经公安机关调解，当事人达成协议的，不予处罚。经调解未达成协议或者达成协议后不履行的，公安机关应当依照本法的规定对违反治安管理行为作出处理，并告知当事人可以就民事争议依法向人民法院提起民事诉讼。

对属于第一款规定的调解范围的治安案件，公安机关作出处理决定前，当事人自行和解或者经人民调解委员会调解达成协议并履行，书面申请经公安机关认可的，不予处罚。

● 条文主旨

本条是关于治安案件调解的规定。

● 立法背景

1. 2005年《治安管理处罚法》的规定。第九条规定："对于因民间纠纷引起的打架斗殴或者损毁他人财物等违反治安管理行为，情节较轻的，公安机关可以调解处理。经公安机关调解，当事人达成协议的，不予处罚。经调解未达成协议或者达成协议后不履行的，公安机关应当依照本法的规定对违反治安管理行为人给予处罚，并告知当事人可以就民事争议依法向人民法院提起民事诉讼。"调解方式解决争议是我国社会治理的特色之一。本条规定了治安案件中的调解。一是规定了公安机关调解处理争议的范围，即因民间纠纷引起的打架斗殴或者损毁他人财物等违反治安管理行为，同时需要"情节较轻"。二是当事人在公安机关调解下，能够达成协议的，对违法行为人不进行治安管理处罚。但是如果未达成协议，或者达成协议后不履行的，公安机关仍应当依照相关法律规范的规定，对违反治安管理行为给予治安管理处罚。三是经调解未达成协议或者达成协议后不履行的，公安机关应当依照本法的规定对违反治安管理行为人给予处罚，并告知当事人可以就民事争议依法向人民法院提起民事诉讼。

2. 2025年修订后的《治安管理处罚法》的规定。主要作了以下修改：一是增加第二款规定调解原则。即总结实践经验，并借鉴《人民调解法》《民事诉讼法》等关于调解原则的规定，增加规定治安案件调解，应当查明事实，并遵循合法、公正、自愿、及时的原则。调解处理案件，查明案件事实是基础，同时要遵循双方自愿原则，唯有如此，才能真正及时处理案件，做到化解矛盾纠纷。二是将原法规定的调解不成或者达成协议后不履行的，公安机关依法"给予处罚"修改为"作出处理"。这样表述上更为严谨、准确。即如果调解不成，则依法处理，具体是否给予处罚，要严格按照本法规定进行，而不是只要调解不成就都要处罚，以避免实践中个别案件以调解压人的问题，核心是做到公平、公正、过罚相当。三是为鼓励属于调解范围的治安案件通过和解、人民调解方式及时化解矛盾、促进社会和谐，增加第三款规定，对公安机关作出决定前，当事人自行和解或者经人民调解达成协议并履行，公安机关予以认可的，不对违反治安管理行为人予以处罚，实现案结事了。实践中应当充分发挥治安案件调解的作用，妥善化解社会矛盾纠纷。

● 条文释义

本条分为四款。第一款是关于公安机关可以调解处理的治安案件范围的规定。

调解是我国长期以来解决纠纷的一种行之有效的方法，可以说，调解制度是我国法律制度的一个特色。实践证明，经调解处理的治安案件，由于当事人之间在调解的过程中有充分的交流和沟通的机会，同时，对于违反治安管理行为造成的损害，双方也达成了均可接受的解决方案，双方当事人心服口服，纠纷的解决比较彻底。本款规定了两个方面的内容：

一是明确了可以调解处理的案件范围。对因民间纠纷引起的打架斗殴、损毁他人财物等违反治安管理行为，情节较轻的，可以进行调解。"民间纠纷"是指群众之间在日常生活中发生的各种争议，如发生在家庭、邻里、同事、同学等之间的因琐事引起的争议，或者因排队、就餐、乘车等而引起的争议。因这些争议而引起的打架、损毁财物等行为，虽然也属于违反治安管理行为，但一般情节比较轻微，且当事人之间熟识，甚至要长期相处，处理不好、矛盾解决不彻底，不仅影响生活、工作，而且还可能会造成矛盾的累积，酿成新的事端，不利于社会稳定和谐。对于虽非发生在熟悉的人之间的一些其他民间纠纷，当事人属于普通群众，并非有违法习性的人，这些纠纷又往往事出有因。对这些人予以批评教育，促使其认识到自己的错误，向他人赔礼道歉、赔偿损失，就能够解决问题。采用简单处罚的方法，并不利于矛盾的解决。如果都要由被侵害人起诉到法院去解决，徒增法院讼累，社会成本太高，也不利于和谐社会的建立。根据《治安管理处罚法》的规定，公安机关可以调解处理的是因民间纠纷引起的违反治安管理行为。对于并非民间纠纷引起的各种恶意侵犯他人人身权利、财产权利的违反治安管理行为，应当严格依照法律的规定处理。在本法修订过程中，有的意见提出，应当扩大到所有的治安案件都可以调解，以实现案结事了，对这一意见立法机关最终未予采纳。《公安机关办理行政案件程序规定》总结实践经验，对可调解、不予调解的案件范围作了明确。根据该规定，除以下案件外，均可以进行调解，以充分发挥调解制度的优势：（1）雇凶伤害他人的；（2）结伙斗殴或者其他寻衅滋事的；（3）多次实施违反治安管理行为的；（4）当事人明确表示不愿意调解处理的；（5）当事人在治安调解过程中又针对对方实施违反治安管理行为的；（6）调解过程中，违法嫌疑人逃跑的；（7）其他不宜调解处理的。

　　二是调解不是必经程序。《治安管理处罚法》并没有规定，对这些案件都必须通过调解程序，而是规定公安机关"可以"调解。但"可以"调解也不是意味着公安机关想调解就调解，不想调解就不调解。具体是否要调解解决，需要公安机关根据案件的情况、当事人的具体情况等综合判断。只要有调解解决的可能，就应当尽力调解，而不能因为怕麻烦不加调解。《治安管理处罚法》没有对调解的次数加以限制，如果当事人有达成协议的可能，多做调解工作就是必要的。另外，对于确实没有调解可能的案件，如双方分歧太大、拒绝调解、违反治安管理行为人拒绝认错、被侵害人坚决不谅解加害人等，应当及时处理，不要片面强调调解而久调不决，这样可能更不利于矛盾的解决。

　　第二款是关于调解处理治安案件原则的规定。调解处理案件，应当查明事实，并遵循合法、公正、自愿、及时的原则，注重教育和疏导，促进化解矛盾纠纷。

公安机关的调解并不是不论是非、和稀泥，而是应当在确定事实、分清是非的基础上，通过对当事人进行批评、教育、宣传法律知识等方式，使有过错的一方深刻认识到自己行为的违法性和社会危害性之所在，促使其反省并自觉承担赔偿责任，以自己的实际行动补偿被侵害人的经济损失，抚慰其精神损失。同时，也通过做被侵害人的思想工作，使其接受违反治安管理行为人的真诚悔过，谅解其错误行为，给其一个悔改的机会。当然有的情况下，也包括在经济赔偿等方面，考虑加害人的经济状况等情况，就经济赔偿责任达成双方可接受的方案，甚至也包括作出一些减让等。这种调解在性质上属于国家行政机关居间调解当事人之间的民事争议，并不是对公安机关如何行使行政处罚权进行讨价还价。当然，如果当事人之间就解决民事争议达成协议，那么公安机关对于是否行使行政处罚权、如何处理等，要考虑双方已经和解的实际情况作出适当调整，这也是调解处理治安案件制度的机理所在。从这个角度而言，公安机关对该行为可能给予的治安管理处罚的轻重虽然没有作为调解的内容，却是促成当事人达成和解的重要因素。对治安管理处罚的引而不发，达到甚至超过了处罚可以达到的效果，这也是本法规定以调解的手段解决此类纠纷的目的所在。

调解的"合法"原则，一方面是公安机关调解应当符合法律法规规定；另一方面是在调解过程中，一方所提出的条件应当有理有据，在合法的范围内，不能过于超出法律范围。如在殴打他人等治安案件中，被打一方"狮子大开口"，提出的医疗费、误工费等赔偿费用过高，甚至损失不大的，也开口索赔几十万元，远远超出法律规定和实践中通常掌握的标准，否则不同意调解、和解。对此情形，公安机关应当合理把握，从合法、公正原则出发，妥善处理案件。"公正"原则要求公安机关应当居中调解，不能有偏倚，应公正办案，不得基于地域、当事人身份等作出不公正的处理。"自愿"原则要求当事人自愿调解，达成调解协议也是自愿。公安机关不能出于结案考虑，以权压人，强迫案件双方当事人违背自身意愿同意调解，否则就失去了调解制度的重要意义。"及时"原则，一方面要求及时调解，做好工作；另一方面要求调解不成的，要及时处理。公安机关应当及时处理案件，不能久调不决。《治安管理处罚法》没有对治安案件的调解期限作出规定，但规定了案件的办理期限。公安机关应当及时处理案件，才能实现社会关系的尽快修复。

第三款是关于调解后的处理。经公安机关调解，当事人达成协议的，不予处罚。经调解未达成协议或者达成协议后不履行的，公安机关应当依照本法的规定对违反治安管理行为作出处理，并告知当事人可以就民事争议依法向人民法院提起民事诉讼。

对于不能达成调解协议的案件，公安机关应当依照《治安管理处罚法》的规定，对治安案件及时作出处理；同时告知当事人如果对民事赔偿等问题有争议的，可以向人民法院提起民事诉讼。对于虽然经调解达成了协议，但是又因反悔等原因不履行调解协议的，也应当依照《治安管理处罚法》的规定，及时作出处理，并且告知当事人对民事赔偿等问题，可以向人民法院提起民事诉讼。达成协议后不履行，既包括当事人明确表示反悔、拒绝履行的情形，也包括当事人虽不表示拒绝履行，但也不以实际行动履行协议确定的义务的情形。同时，对于履行协议确定的部分义务后，拒绝履行剩余义务的，也应属于拒绝履行协议。

第四款是关于当事人自行和解或者经人民调解委员会调解达成协议情形的处理。本款是 2025 年修订时新增加的内容。为鼓励属于调解范围的治安案件通过和解、人民调解方式及时化解矛盾、促进社会和谐，对公安机关作出决定前，当事人自行和解或者经人民调解达成协议并履行，公安机关予以认可的，不对违反治安管理行为人予以处罚，实现案结事了。增加本款规定，有助于实践中充分发挥各方调解作用，妥善化解社会矛盾纠纷。

实践中需要注意的问题

在本条的理解适用中，应当注意以下几个方面的问题：

第一，关于当事人主动消除或者减轻违法后果的情形。实践中，一方当事人积极赔偿另一方当事人的损失，认错态度较好，想通过调解方式达成协议，而另一方当事人索赔数额过高，难以达成协议的情况时有发生。对此情形，达成协议可能性较小，但只要符合本法第二十条规定的，公安机关可以依法从轻、减轻或者不予处罚。本次《治安管理处罚法》修订，对本条和第二十条的修改完善，都考虑了实践中本来符合调解处理条件的案件，被害人坚持远超赔偿标准提出赔偿请求，否则不签署调解协议的情况。为了保证公安机关在这种情况下依法公正处理案件，做到过罚相当，本条将原规定的调解不成"应当依照本法的规定对违反治安管理行为人给予处罚"修改为"应当依照本法的规定对违反治安管理行为作出处理"；同时，第二十条也将原规定的"主动消除或者减轻违法后果，并取得被侵害人谅解"拆分修改为两项，即只要具备条件之一的，就属于具有从宽处罚的情形。这样修改，主要是考虑到治安管理处罚不是目的，而是应通过处罚达到教育目的。如果违反治安管理行为人认识到行为错误，没有违法习性，人身危害性较小，且又积极赔偿对方损失，认错认罚态度较好，可以综合全案，作出过罚相当的处理。

第二，关于查明事实。2025年修订本法时增加了应当在查明案件事实基础上进行调解的规定。实践中，有的案件在办理过程中，收集证据、查明事实工作做得不尽如人意，想通过边查明事实、边调解的办法来处理案件，但最后没有调解成功，作出处理又证据不扎实，损害了法律的严肃性，故增加此规定。实践中，公安机关应当多做收集证据、查明事实的工作，以保障案件得到公正处理。

第三，关于注重调解效率。《治安管理处罚法》没有对调解次数、时间作出规定，《公安机关办理行政案件程序规定》对此作出了细化。公安机关在执法过程中应当认真执行，不能久调不决，要及时作出处理，以及时维护当事人合法权益。

相关规定

《中华人民共和国民事诉讼法》第九条；《中华人民共和国人民调解法》第三条；《公安机关办理行政案件程序规定》第一百七十八条至第一百八十六条

第二章 处罚的种类和适用

第十条 治安管理处罚的种类分为：
（一）警告；
（二）罚款；
（三）行政拘留；
（四）吊销公安机关发放的许可证件。
对违反治安管理的外国人，可以附加适用限期出境或者驱逐出境。

■ 条文主旨

本条是关于治安管理处罚种类的规定。

■ 立法背景

1. 2005年《治安管理处罚法》的规定。第十条规定："治安管理处罚的种类分为：（一）警告；（二）罚款；（三）行政拘留；（四）吊销公安机关发放的许可证。对违反治安管理的外国人，可以附加适用限期出境或者驱逐出境。"本条规定了四种治安管理处罚：警告、罚款、行政拘留和吊销公安机关发放的许可证。另外，对于外国人，可以附加适用限期出境或者驱逐出境。

2. 2025年修订后的《治安管理处罚法》的规定。此次修改将"吊销公安机关发放的许可证"修改为"吊销公安机关发放的许可证件"，完善相关表述。

■ 条文释义

本条分为两款。第一款是关于治安管理处罚种类的规定。治安管理处罚是行为人因实施违反治安管理行为所应当承担的法律后果。根据本款的规定，对违反治安管理行为人，根据其所实施的具体的违反治安管理行为，可以给予的处罚有四种，即警告、罚款、行政拘留、吊销公安机关发放的许可证件。

警告属于最轻微的一种治安管理处罚，只适用于违反治安管理情节轻微的情形，或者违反治安管理行为人具有法定从轻、减轻处罚情节的情况。警告具有谴责和训诫两重含义。警告的谴责性体现在，警告是公安机关对违反治安管理行为人的一种否定性评价，对违反治安管理行为人处以警告的处罚，表明了公安机关对其行为的违法性和社会危害性的认定和否定性态度。警告的训诫性体现在，对违反治安管理行为人处以警告处罚，不仅是向其指出其行为的违法性和社会危害性，对其进行谴责，而且要对其进行警示，训诫其不得再行实施违反治安管理行为。根据《治安管理处罚法》的规定，警告的处罚由县级以上公安机关决定，也可以由公安派出所决定。

罚款是对违反治安管理行为人处以支付一定金钱义务的处罚。罚款处罚在《治安管理处罚法》中规定得比较多，其目的在于通过使违反治安管理行为人在经济上受到损失，起到对其的惩戒和教育作用。《治安管理处罚法》规定的罚款幅度有多个档次，这是根据各种违反治安管理行为的性质、危害程度以及罚款处罚的有效性等设定的。此外，对于一些特定的违反治安管理行为，如赌博、卖淫、嫖娼等，以及一些具有一定经营性质的违法活动，根据现行法律规定和实际做法，《治安管理处罚法》保留规定了较高的罚款幅度。根据《治安管理处罚法》的规定，罚款的处罚一般由县级以上公安机关决定，但是对于一千元以下的罚款，可以由公安派出所决定。

行政拘留是短期内剥夺违反治安管理行为人的人身自由的一种处罚。因此，拘留是对自然人最严厉的一种治安管理处罚。《治安管理处罚法》关于拘留处罚幅度的规定，一般分为五日以下、五日以上十日以下、十日以上十五日以下三个档次。根据《治安管理处罚法》的规定，拘留的处罚只能由县级以上公安机关决定。对被决定给予行政拘留处罚的人，在处罚决定生效后，由作出拘留决定的公安机关送拘留所执行。

吊销公安机关发放的许可证件，是剥夺违反治安管理行为人已经取得的，由公安机关依法发放的从事某项与治安管理有关的行政许可事项的许可证件，使其丧失继续从事该项行政许可事项的资格的一种处罚。为了维护社会治安秩序，有关法律、行政法规对一些与治安管理工作关系比较密切的事项，规定实行许可制度，由公安机关依法审核、发放许可证件。依法取得相关许可的，应当在许可的范围内依照有关规定从事活动，不得超越许可范围或者违反有关规定从事活动。对于超越许可范围或者违反有关规定从事活动，情节严重，不适宜继续享有许可的，就有必要由公安机关依法吊销其已经取得的许可证件，收回其已经取得的许可。

第二款是关于对违反治安管理的外国人可以附加适用限期出境或者驱逐出

境的规定。在我国领域内的外国人，其合法权益受我国法律保护，同时也要尊重和遵守我国法律的规定。随着我国改革开放的不断深化，来华旅行、公务、学习、生活的外国人越来越多，与之相应，外国人违反治安管理的行为也时有发生。对于外国人违反治安管理的案件，除依法给予治安处罚外，如果根据维护我国国家利益、社会公共利益的需要，认为其不适合继续在我国停留的，可以由公安机关责令其限期出境或者将其驱逐出境。限期出境就是由公安机关责令违反治安管理的外国人在规定的时限内离开我国国（边）境。限期出境属于责令自行离境，但负责执行的公安机关可以监督其离开。驱逐出境就是强迫违反治安管理的外国人离开我国国（边）境，是比限期出境更为严厉的一种手段，需要由负责执行的公安机关将其强制押解出境。限期出境和驱逐出境只适用于外国人，包括无国籍的人。这两种手段是比较严厉的，因此，公安机关在办理涉外的治安案件时，要根据我国国家利益和社会公共利益的需要，慎重决定适用。至于是否符合我国国家利益和社会公共利益的需要，应由办理案件的公安机关根据案件的具体情况、违反治安管理的外国人本人的情况，以及外交等方面因素，综合考量。

● 相关规定

《中华人民共和国行政处罚法》第二条、第九条；《中华人民共和国出境入境管理法》第八十一条

第十一条 办理治安案件所查获的毒品、淫秽物品等违禁品，赌具、赌资，吸食、注射毒品的用具以及直接用于实施违反治安管理行为的本人所有的工具，应当收缴，按照规定处理。

违反治安管理所得的财物，追缴退还被侵害人；没有被侵害人的，登记造册，公开拍卖或者按照国家有关规定处理，所得款项上缴国库。

● 条文主旨

本条是关于涉案财物处理的规定。

● 立法背景

本条是 2005 年《治安管理处罚法》第十一条的规定，2025 年修订时未作修改。

本条规定了三类涉案财物的处理：一是毒品、淫秽物品等违禁品，应当收缴，按照规定处理。二是赌具、赌资、吸食、注射毒品的用具以及直接用于实施违反治安管理行为的本人所有的工具，应当收缴，按照规定处理。三是违反治安管理所得的财物，应当退还被侵害人；没有被侵害人的，登记造册，公开拍卖或者按照国家有关规定处理，所得款项上缴国库。《公安机关办理行政案件程序规定》第十一章对涉案财物的管理和处理作出了详细规定。

● 条文释义

本条共分为两款。第一款是关于办理治安案件所查获的违禁品、本人所有的用于实施违法行为的工具如何处理的规定。公安机关在办理涉毒、赌博、盗窃等治安案件时，会同时查获与违反治安管理案件相关的毒品、淫秽物品等违禁品，赌具、赌资，吸食、注射毒品的用具以及违法行为人直接用于实施违法行为的本人的工具。本款从法律上对于处理这些物品的方式、程序作了规定，公安机关在办理治安案件时，必须严格按照本款执行，不能擅自违法处理，对该收缴的不收缴，对该销毁的不销毁，更不能截留使用或者擅自变卖。这里的"规定"是指与《治安管理处罚法》相配套的规定，如《公安机关办理行政案件程序规定》等相关细化规定。执法机关应当及时出台、修改完善相关规定，符合执法实践需要。针对不同的物品，本款作了以下规定：

一是对于办理治安案件所查获的违禁品，要一律收缴、销毁。"违禁品"，是指依照国家规定，公民不得私自留存、使用的物品，如毒品、淫秽物品以及枪支、弹药等。这些违禁品一旦被查获，应当一律收缴并予以销毁，不能流失在外继续危害社会。

二是对于办理治安案件所查获的赌具、赌资和吸食、注射毒品的用具，应当收缴。对于赌具、赌资应当按照规定收缴，该销毁的销毁，该上缴的上缴国库；对于吸食、注射毒品的用具，应当一律收缴后予以销毁。

三是对于直接用于实施违反治安管理行为、属于本人所有的工具，按照规定收缴。这里规定的工具不是违禁品，是直接用于实施违反治安管理行为的普通的生产生活工具，如扳手、钳子、水果刀等。法律对收缴用于实施违反治安管理行为的工具的范围作出严格明确的限制，其目的主要是防止在执法活动中任意扩大收缴的范围，将违法行为中使用过的一切物品都作为违法工具予以收缴。治安违法行为不同于犯罪，其社会危害性较轻，将与违反治安管理行为有关的贵重物品，如赌博所在的房屋、接参赌人员所用的车辆、通讯工具等一律收缴，不符合比例原则，会影响违法行为人的生活，不利于社会的安定。

第二款是关于对违反治安管理所得的财物如何处理的规定。"违反治安管理所得的财物"，是指违法行为人因实施违反治安管理的行为，而取得的所有财物，如盗窃、骗取、哄抢、敲诈勒索所得到的金钱或者物品。这些物品又可分为特定物与种类物，特定物就是具有独特性和排他性的物品，如某人的字画等；种类物是与同种类的其他物品难以区分的一般物品，如正在流通的货币等。对于违反治安管理所得的财物，本款规定了两种处理方式：一是有被侵害人的，应当追缴退还被侵害人。有些违反治安管理所得的财物，是被侵害人的合法财产，被违法行为人以盗窃、骗取、抢夺、敲诈勒索等方式非法取得。对于这些财物，应当追缴退还被侵害人。这里规定的"追缴"的财物，是指应当收缴，但还不在公安机关实际控制之中的财物。对这类财物，不论违反治安管理所得的财物被转移到何处、转手给何人，都应依法追回并收缴。二是对于没有被侵害人的违反治安管理所得的财物，应当登记造册，公开拍卖或者按照国家有关规定处理，所得款项上缴国库。这里的"国家有关规定"，既包括与《治安管理处罚法》相配套的法规、规章、规范性文件等，也包括其他关于涉案财物处置的法律法规等。公安机关对于收缴的财物应当妥善保管，对于不便于长期保存的一些容易腐烂、变质的财物，应当依照规定及时处理，以避免不必要的损失。这里所说的没有被侵害人有两种情况：第一种情况是违反治安管理的行为没有特定的被侵害人，如出售淫秽物品所得的财物、赌博活动所得的财物等；第二种情况是虽然有特定的被侵害人，但被侵害人无法查找或者已经死亡且没有继承人。对于这些财物，应当按照本款的规定登记造册，公开拍卖或者按照国家有关规定处理，所得款项上缴国库，决不允许私自挪用或者自行违法处理。这里规定的登记造册，是指对违反治安管理所得的财物按照种类、名称等分别记录，并造册备案存档。本款规定对财物要公开拍卖或者按照国家有关规定处理，是要在处理上述财物时依法公开透明，实现财物的最大价值，上缴国库，防止低价变卖、集体私分或者其他个人从中牟利等情况发生。上缴国库，是指要将所得的款项上缴给国家财政，由国家所有和支配。

● 实践中需要注意的问题

实践中需要注意，本条第一款规定收缴的工具必须是直接用于实施违反治安管理行为的，如盗窃所用的钳子、伤人所用的水果刀等。"直接用于"是指对于违反治安管理行为起到必不可少的作用并直接引起、导致危害后果发生。

收缴的工具必须是属于违反治安管理行为人本人所有。如果用于实施违反治安管理行为的工具是从不知情的他人处借来或者是非法取得的，应当将工具退还给其合法的所有人，不能予以收缴。本条规定的收缴原则，依然属于较为原则性的规定，国务院公安部门要总结实践经验，从维护社会治安、维护社会安定团结、维护公民合法权益和公正执法的角度，充分考虑，制定详细的规定，以指导办理治安案件。各级公安机关应当按照规定收缴用于实施违反治安管理行为的工具。

▶ 相关规定

《中华人民共和国刑法》第六十四条；《公安机关办理行政案件程序规定》第一百八十七条至第一百九十七条

第十二条 已满十四周岁不满十八周岁的人违反治安管理的，从轻或者减轻处罚；不满十四周岁的人违反治安管理的，不予处罚，但是应当责令其监护人严加管教。

▶ 条文主旨

本条是关于未成年人违反治安管理的处罚的规定，同时也是关于治安处罚责任年龄的规定。

▶ 立法背景

本条是2005年《治安管理处罚法》第十二条的规定，2025年修订时未作修改。

我国历来高度重视未成年人保护工作。少年儿童是祖国的未来，是中华民族的希望，培养好少年儿童是一项战略任务，事关长远。国家重视对未成年人在各方面的培养、对未成年人合法权益的保护，以及对违法犯罪未成年人的教育、感化和挽救。1986年《治安管理处罚条例》第九条就已经对未成年人违反治安管理的处罚作了规定。1991年，我国制定了《未成年人保护法》，其中第三十八条规定，对违法犯罪的未成年人，实行教育、感化、挽救的方针，坚持教育为主、惩罚为辅的原则。1996年，制定了《行政处罚法》，其中第二十五条规定，不满十四周岁的人有违法行为的，不予行政处罚，责令监护人加以管教；已满十四周岁不满十八周岁的人有违法行为的，从轻或者减轻行政处罚。对于构成犯罪的未成年人，我国1997年《刑法》第十七条规定，已满十四周岁不满十八周岁的人犯罪,应当从轻或者减轻处罚。1999年制定的《预防未成年人犯罪法》第三十七条规定,未成年人有本法规定严重不良行为,构成违反治安管理行为的,由公安机关依法予以治安处罚。因不满十四周岁或者情节特别轻微免予处罚的,可以予以训诫。2005年《治安管理处罚法》关于本条的规定正是体现了上述法律对未成年人保护和教育的原则,与有关法律规定相统一。

一是已满十四周岁不满十八周岁的人违反治安管理的,从轻或者减轻处罚。这体现了我国一以贯之的对未成年人教育为主、惩罚为辅的原则。二是设定了治安处罚责任年龄。对不满十四周岁的人违反治安管理的,由于不到责任年龄,不予处罚。但是考虑到对未成年人的教育和保护,为避免其误入歧途,本条从家庭教育和监护人责任出发,规定应当责令其监护人严加管教。

在本法修改过程中,有意见提出,降低未成年人治安处罚的责任年龄,将不予处罚的责任年龄降低至十二周岁。理由是,实践中部分未满十四周岁的未成年人利用法律关于责任年龄的规定,组织团伙,多次实施盗窃等违法行为,影响恶劣;在校园欺凌案件中,欺凌一方也有部分是不满十四周岁的未成年人,应当予以惩治。考虑到《刑法修正案(十一)》适当降低了杀人、故意伤害等特殊情形下的刑事责任年龄,建议结合刑事责任年龄的规定,适当调整降低未成年人适用治安管理处罚的年龄。多数意见提出,应当慎重研究是否进一步降低治安处罚责任年龄。主要是考虑到,未成年人身心发育尚不完全,同时又有较好的可塑造性。我国对违法犯罪未成年人长期坚持的教育为主、惩罚为辅的原则总体上是正确的,应当继续坚持。现行法律关于未成年人治安处罚责任年龄的规定是在尊重未成年人身体和心理生长发育客观规律的基础上,总结新中国成立以来处理违法犯罪的经验,并充分借鉴国外少年司法制度中一些有益经验。自1986年《治安管理处罚条例》施行以来,关于未成年人治安处罚责任年龄的规定在实施中没有大的问题,基本能满足实践需要。2020年《刑法修正案(十一)》规定了在特定情形下,经特别程序,对已满十二周岁不满十四周岁的人可以追究刑事责任。这是经慎重评估、反复研究、综合考量各方面意见后,针对达到情节相当恶劣程度的故意杀人罪、故意伤害罪所作的法定刑事责任年龄的特别下调,并且需要经过最高人民检察院核准这样一个严格的程序。这样慎重的调整并没有改变我们对未成年人坚持的教育为主、惩罚为辅的方针和原则。本法规范的是尚不够刑事处罚的扰乱社会治安秩序、危害社会治安的行为，目前对于治安处罚责任年龄的设置以及未成年人违反治安管理的处罚原则是适合的。

需要特别强调的是，对于尚不够责任年龄的未成年人，虽然不给予治安处罚，但对其违法行为不能坐视不理。对于违法的未成年人既不能"一关了之"，也不能"一放了之"，而是必须依照《预防未成年人犯罪法》等规定，采取相应的教育措施。同时，对于其违法行为造成他人人身财产损害的，其民事赔偿责任不能免除；对于其无个人财产可以承担民事赔偿责任的，其监护人应当依法承担相应责任。为此，本法相关条款作了相关规定。本法第八条规定，违反治安管理行为对他人造成损害的，行为人或者其监护人应当依法承担民事责任。第二十四条规定，对依照本法第十二条规定不予处罚或者依照本法第二十三条规定不执行行政拘留处罚的未成年人，公安机关依照《预防未成年人犯罪法》的规定采取相应矫治教育等措施。

条文释义

本条是关于未成年人违反治安管理的处罚的规定，包含以下两个方面的内容：

第一，规定了未成年人违反治安管理的处罚原则，即对于已满十四周岁不满十八周岁的人违反治安管理的，从轻或者减轻处罚。这一年龄段的未成年人正处于成长过程中，他们对社会有一定的了解，对事物有一定的辨别能力，对自己的行为和后果有一定的控制力和预见力，但又是有局限性的，他们的人生观、世界观和道德观都在发展过程中，既容易受到社会不良风气的影响，也容易接受教育和改造。针对未成年人的特点，本条规定，已满十四周岁不满十八周岁的人违反治安管理的，从轻或者减轻处罚。这里规定的"从轻或者减轻处罚"是"应当"从轻或者减轻处罚，而不是"可以"从轻或者减轻处罚。"从轻处罚"，是指根据本人违反治安管理的行为，在其应当给予的治安处罚幅度内，选择较轻或者最轻的处罚。如根据本法第三十条规定，对结伙斗殴或者随意殴打他人的，处五日以上十日以下拘留或者一千元以下罚款；情节较重的，处十日以上十五日以下拘留，可以并处二千元以下罚款。如果违法行为人系已满十四周岁不满十八周岁的未成年人，且其行为尚不属情节严重的，就应在第一档处罚幅度中本应给予的处罚之下作出处罚。如本应处以七日拘留，则可以从轻给予五日、六日拘留处罚。"减轻处罚"，是指在行为人违反治安管理的行为本应适用的治安管理处罚幅度的下一档处罚幅度内给予治安处罚。2007年1月，公安部印发《公安机关执行〈中华人民共和国治安管理处罚法〉有关问题的解释（二）》（公通字〔2007〕1号），第四条对减轻处罚的适用规则作了规定，即对于法定处罚种类只有一种的，在该法定处罚种类的幅度以下减轻处罚，无法再减轻的，不予处罚；规定拘留并处罚款的，在法定处罚幅度以下单独或者同时减轻拘留和罚款，或者在法定处罚幅度内单处拘留；规定拘留可以并处罚款的，在拘留的法定处罚幅度以下减轻处罚；在拘留的法定处罚幅度以下无法再减轻处罚的，不予处罚。如根据本法第三十条规定，对十五周岁的人结伙斗殴或者随意殴打他人，扰乱社会秩序，尚不属于情节严重的，可以在第一档处罚幅度"五日以上十日以下拘留"之下，减轻至给予三日治安拘留的处罚。

根据本条规定，对已满十四周岁不满十八周岁的人违反治安管理的，视具体情形给予从轻处罚或者减轻处罚。这体现了本法对未成年人坚持"教育为主、惩罚为辅"的原则和"教育、感化、挽救"的方针。具体是从轻还是减轻，需要结合案件中未成年人违反治安管理的情节，看从轻还是减轻处罚更为适宜、更有利于教育未成年人。同时，本条关于对未成年人从轻、减轻处罚的规定与《行政处罚法》《刑法》的有关规定在精神上都是一致的，即对已满十四周岁不满十八周岁的人违法犯罪的，均应当从轻或者减轻处罚。

第二，规定了违反治安管理的责任年龄，即十四周岁。本条规定不满十四周岁的人违反治安管理的，不予处罚，但是应当责令其监护人严加管教。不满十四周岁的人身心发育尚不健全，对社会规则和法律知识认知有限，对自己行为的后果及其性质尚不具备认知和控制能力，因而在法律上没有承担治安处罚责任的能力。这些未成年人违反治安管理的，主要应当进行教育，使其明辨是非，不再违法。同时，需要特别强调的是，不处罚不等于放任不管。为此，本条规定应当责令其监护人严加管教，以促进其知错能改，防止其继续危害社会。关于"监护人"，《民法典》第二十七条规定，父母是未成年子女的监护人。未成年人的父母已经死亡或者没有监护能力的，由下列有监护能力的人按顺序担任监护人：（1）祖父母、外祖父母；（2）兄、姐；（3）其他愿意担任监护人的个人或者组织，但是须经未成年人住所地的居民委员会、村民委员会或者民政部门同意。

关于监护人应当履行的职责，《未成年人保护法》第七条第一款规定，未成年人的父母或者其他监护人依法对未成年人承担监护职责。第十六条中规定，未成年人的父母或者其他监护人应当预防和制止未成年人的不良行为和违法犯罪行为，并进行合理管教。《预防未成年人犯罪法》第十六条规定，未成年人的父母或者其他监护人对未成年人的预防犯罪教育负有直接责任，应当依法履行监护职责，树立优良家风，培养未成年人良好品行；发现未成年人心理或者行为异常的，应当及时了解情况并进行教育、引导和劝诫，不得拒绝或者怠于履行监护职责。第二十九条规定，未成年人的父母或者其他监护人发现未成年人有不良行为的，应当及时制止并加强管教。另外，对于有严重不良行为的未成年人，未成年人的父母或者其他监护人无力管教或者管教无效的，可以向教育行政部门提出申请，经评估同意的，可以由教育行政部门决定送入专门学校接受专门教育。

当然，不满十四周岁的人违反治安管理，不予处罚的，除责令监护人严加管教外，还应当依法采取其他措施，如依照《预防未成年人犯罪法》有关规定，对有严重不良行为的未成年人，公安机关可以根据具体情况，采取训诫、具结悔过、接受心理辅导、参加社会服务活动等矫治教育措施。本法第二十四条也对此作出了衔接性规定。

▶ 实践中需要注意的问题

在该条的理解适用中，需要注意以下几个方面的问题：

第一，本条关于违反治安管理应当从轻或者减轻处罚、不予处罚的责任年龄是指行为人实施违反治安管理行为时的年龄，而非案发、调查或作出处罚时的年龄。此外，本法第二十三条中规定，对已满十四周岁不满十六周岁的，以及已满十六周岁不满十八周岁且初次违反治安管理的，不执行行政拘留处罚，这里的年龄也是实施违反治安管理行为时的年龄，而非作出处罚决定时的年龄。关于"周岁"的认定，可以参照2006年《最高人民法院关于审理未成年人刑事案件具体应用法律若干问题的解释》第二条的规定，按照公历的年、月、日计算，从周岁生日的第二天起算。

第二，对未成年人违反治安管理后予以处罚的，除加强教育管教外，还应当注意保障其回归正常生活的权利。《未成年人保护法》第一百一十三条第二款规定，对违法犯罪的未成年人依法处罚后，在升学、就业等方面不得歧视。《预防未成年人犯罪法》第五十九条规定，未成年人的犯罪记录依法被封存的，公安机关、人民检察院、人民法院和司法行政部门不得向任何单位或者个人提供，但司法机关因办案需要或者有关单位根据国家有关规定进行查询的除外。依法进行查询的单位和个人应当对相关记录信息予以保密。

未成年人接受专门矫治教育、专门教育的记录，以及被行政处罚、采取刑事强制措施和不起诉的记录，适用前款规定。本法第一百三十六条也对违反治安管理的记录封存作出了规定。有关部门等相关主体要落实好法律规定的要求，履行好有关职责。

第三，对未成年人治安案件处理的特殊程序安排。本法除了在实体上对未成年人责任年龄、执行治安拘留等方面作了特别规定外，在办案程序中也充分注重保护未成年人的合法权利。第九十八条第三款中规定了询问在场制度。即询问不满十八周岁的违反治安管理行为人，应当通知其父母或者其他监护人到场；不能到场的，也可以通知其他成年亲属，所在学校、单位、居住地基层组织或者未成年人保护组织的代表等合适成年人到场，并将有关情况记录在案。第一百一十二条中规定了要特别听取监护人意见，即公安机关作出治安管理处罚决定前，应当告知违反治安管理行为人拟作出治安管理处罚的内容及事实、理由、依据，并告知违反治安管理行为人依法享有的权利。违反治安管理行为人有权陈述和申辩。违反治安管理行为人不满十八周岁的，还应当依照前述规定告知未成年人的父母或者其他监护人，充分听取其意见。第一百一十七条第二款规定了听证制度，即公安机关对依照本法第二十三条第二款规定可能执行行政拘留的未成年人，应当告知未成年人及其监护人有权要求举行听证；要求听证的，公安机关应当及时依法举行听证。对未成年人案件的听证不公开举行。另外，《公安机关办理行政案件程序规定》第四十一条中规定，行政案件的违法嫌疑人系未成年人的，不适用简化取证方式和审核审批手续等快速办理措施。这些均是对违法的未成年人实行教育、感化、挽救的方针，是坚持教育为主、惩罚为辅原则的具体体现。

◐ 相关规定

《中华人民共和国刑法》第十七条；《中华人民共和国行政处罚法》第三十条；《中华人民共和国民法典》第二十七条；《中华人民共和国未成年人保护法》第七条、第十六条、第一百一十三条；《中华人民共和国预防未成年人犯罪法》第十六条、第二十九条、第三十一条、第四十九条、第五十九条；《公安机关办理行政案件程序规定》第四十一条；《公安机关执行〈中华人民共和国治安管理处罚法〉有关问题的解释（二）》第四条；《最高人民法院关于审理未成年人刑事案件具体应用法律若干问题的解释》第二条

第十三条 精神病人、智力残疾人在不能辨认或者不能控制自己行为的时候违反治安管理的，不予处罚，但是应当责令其监护人加强看护管理和治疗。间歇性的精神病人在精神正常的时候违反治安管理的，应当给予处罚。尚未完全丧失辨认或者控制自己行为能力的精神病人、智力残疾人违反治安管理的，应当给予处罚，但是可以从轻或者减轻处罚。

▌条文主旨

本条是关于精神病人、智力残疾人违反治安管理的，如何处罚的规定。

▌立法背景

1. 2005 年《治安管理处罚法》的规定。第十三条规定："精神病人在不能辨认或者不能控制自己行为的时候违反治安管理的，不予处罚，但是应当责令其监护人严加看管和治疗。间歇性的精神病人在精神正常的时候违反治安管理的，应当给予处罚。"我国向来注重对精神病人等特殊群体的保护。1986 年通过的《治安管理处罚条例》中就已经对精神病人违反治安管理的处罚作出了规定。该条例第十条规定，精神病人在不能辨认或者不能控制自己行为的时候违反治安管理的，不予处罚，但是应当责令其监护人严加看管和治疗。间歇性的精神病人在精神正常的时候违反治安管理的，应予处罚。2005 年制定《治安管理处罚法》时，延续了这一规定。《治安管理处罚法》关于精神病人法律责任的规定，总体上与《刑法》《行政处罚法》的规定，在精神上是一致的。

2. 2025 年修订后的《治安管理处罚法》的规定。一是增加"智力残疾人"不能辨认或控制自己行为、尚未完全丧失辨认或者控制自己行为能力时，违反治安管理的法律责任的规定。这是因为有关方面提出，长期以来实践中在责任能力认定问题上，一般是把痴呆等智力残疾人员归入精神病人的范围，按照同样的原则即辨认或者控制自己行为的能力来确定其是否具有责任能力。随着人们认知的深化和相关工作的不断规范和提高，各方面对将二者区别表述已经形成共识。特别是《民法典》、修改后的《行政处罚法》等法律中已经作了区分，并增加了"智力残疾人"责任能力的表述，建议本法也根据情况的变化对此作出规定。二是将"严加看管"修改为"加强看护管理"，语言表述上更为准确，强调监护人对精神病人、智力残疾人的照看、保护和管理责任。三是增加规定"尚未完全丧失辨认或者控制自己行为能力的精神病人、智力残疾人违反治安管理的，应当给予处罚，但是可以从轻或者减轻处罚"。这是有意见提出，精神病人、智力残疾人行为能力丧失或者减弱的程度存在差异，对于完全没有辨认或者控制自己行为的能力的，不负法律责任；对于尚未完全丧失辨认或者控制自己行为的能力，即具有限制责任能力的，应当在法律中明确如何承担责任；《刑法》《行政处罚法》中均有类似规定，建议本法中也对尚未完全丧失辨认或者控制自己行为能力的精神病人、智力残疾人的处罚原则作出规定，与《行政处罚法》等做好衔接。

条文释义

本条是关于精神病人、智力残疾人违反治安管理的，如何处罚的规定。对精神病人、智力残疾人违反治安管理的，要区分三种不同的情况：

第一，精神病人、智力残疾人在不能辨认或者不能控制自己行为的时候违反治安管理的，不予处罚，但是应当责令其监护人加强看护管理和治疗。

根据本条的规定，精神病人是否能够辨认或者控制自己的行为是确定其责任能力，即是否要为其违反治安管理的行为负责，是否要受到治安处罚的标准。这一规定既体现了对精神病人的保护，又有利于维护社会治安秩序。精神病人的病因分类、行为表现是多样的，法律上主要是解决其行为能力问题，具体需要从是否具备辨认和控制自己行为的能力加以区别和判断。有的精神疾病，患者完全丧失辨认、控制自己行为的能力，也有的精神疾病，患者辨认、控制自己行为的能力不稳定，带有间歇性，有的时候不能辨认、控制自己的行为，有的时候可以。按照本条规定，精神病人在不能辨认或者不能控制自己行为的时候违反治安管理的，不予处罚，这里规定的"不能辨认"或者"不能控制自己行为"是选择性的，即只要精神病人符合其中一种情形，就不予处罚。

关于智力残疾人。《残疾人保障法》第二条规定，残疾人是指在心理、生理、人体结构上，某种组织、功能丧失或者不正常，全部或者部分丧失以正常方式从事某种活动能力的人。残疾人包括视力残疾、听力残疾、言语残疾、肢体残疾、智力残疾、精神残疾、多重残疾和其他残疾的人。残疾标准由国务院规定。2011年5月，国家标准《残疾人残疾分类和分级》（GB/T 26341-2010）对"智力残疾"作出定义：智力显著低于一般人水平，并伴有适应行为的障碍。"适应行为"是指个体实现人们期待的与其年龄和文化群体相适应的个人独立与社会职责的程度或效果。智力残疾人在实践中部分表现为不能辨认或者不能控制自己行为，部分表现为尚未完全丧失辨认或者控制自己行为的能力，也有部分只是智力停留在较早时期，但能够辨认或者控制自己的行为。对于这类特殊群体,在其不能辨认或者不能控制自己行为的时候违反治安管理的,也应当不予处罚。

精神病人、智力残疾人违反治安管理的,即使不予处罚,也不能放任不管,任其危害社会和他人,要责令其监护人加强看护管理和治疗。关于监护人,根据《民法典》有关规定,不能辨认自己行为的成年人为无民事行为能力人,不能完全辨认自己行为的成年人为限制民事行为能力人。无民事行为能力或者限制民事行为能力的成年人,由下列有监护能力的人按顺序担任监护人:(1)配偶;(2)父母、子女;(3)其他近亲属;(4)其他愿意担任监护人的个人或者组织,但是须经被监护人住所地的居民委员会、村民委员会或者民政部门同意。对监护人的确定有争议的,由被监护人住所地的居民委员会、村民委员会或者民政部门指定监护人,有关当事人对指定不服的,可以向人民法院申请指定监护人;有关当事人也可以直接向人民法院申请指定监护人。监护人应当认真履行其监护职责,对违反治安管理的精神病人加强看护管理和治疗。对于精神病人的治疗,根据《精神卫生法》的有关规定,诊断结论、病情评估表明,就诊者为严重精神障碍患者并有下列情形之一的,应当对其实施住院治疗:(1)已经发生伤害自身的行为,或者有伤害自身的危险的;(2)已经发生危害他人安全的行为,或者有危害他人安全的危险的。符合第一项情形,监护人不同意的,医疗机构不得对患者实施住院治疗。监护人应当对在家居住的患者做好看护管理。存在第二项情形的,患者或者其监护人对需要住院治疗的诊断结论有异议,不同意住院治疗的,可以要求再次诊断和鉴定;再次诊断结论或者鉴定报告表明,不能确定就诊者为严重精神障碍患者,或者患者不需要住院治疗的,不得对其实施住院治疗;再次诊断结论或者鉴定报告表明,精神障碍患者有第二项情形的,其监护人应当同意对患者实施住院治疗,监护人阻碍实施住院治疗或者患者擅自脱离住院治疗的,可以由公安机关协助医疗机构采取措施对患者实施住院治疗。

根据《民法典》有关规定,精神病人、智力残疾人的监护人不履行监护职责或者侵害被监护人的合法权益的,应当承担法律责任;给被监护人造成财产损失的,应当赔偿损失。人民法院可以根据有关人员或者有关单位的申请,撤销监护人的资格。应当强调的是,精神病人、智力残疾人违反治安管理不予处罚的,如果给他人造成了损害,根据《民法典》有关规定,应当由监护人承担侵权责任;监护人尽到监护职责的,可以减轻其侵权责任;有财产的无民事行为能力人、限制民事行为能力人造成他人损害的，从本人财产中支付赔偿费用；不足部分，由监护人赔偿。

第二，间歇性的精神病人在精神正常的时候违反治安管理的，应当给予处罚。间歇性精神病人的精神并非一直处于错乱而完全失去辨认或者完全不能控制自己行为的能力，其精神疾病有时发作、有时不发作，精神有时正常、有时不正常。有一些精神疾病，如癫痫、躁狂抑郁症、癔症等可以呈间歇性发作，不发病时一如常人。这种精神病人表现的特点是，在精神正常的情况下，头脑是清醒的，具有辨认或者控制自己行为的能力，在发病的时候，就丧失了辨认和控制自己行为的能力，即其精神病是处于间断性发作的状态。基于间歇性精神病人的这一特点，本法规定其在精神正常的时候违反治安管理的，应当给予处罚，因为这时其具有与正常人同样的行为能力；在其发病期间丧失辨认和控制自己行为能力的时候实施了违反治安管理行为的，依照本条其他两种情形处理。

第三，尚未完全丧失辨认或者控制自己行为能力的精神病人、智力残疾人违反治安管理的，应当给予处罚，但是可以从轻或者减轻处罚。

"尚未完全丧失辨认或者控制自己行为能力"主要是指，病情尚未达到完全不能辨认或者不能控制自己行为的程度，或者精神状态还可以部分辨别是非、善恶和部分控制自己的行为。由于这些精神病人、智力残疾人尚未完全丧失辨认或者控制自己行为的能力，即还有部分行为能力和责任能力，因此，应当承担法律责任。但由于这些人辨认或者控制自己行为的能力确实有所减弱，属于限制行为能力人，因此，在应当给予治安处罚的同时，规定了"可以从轻或者减轻处罚"。需要注意的是，这里规定的是"可以"而非"应当"从轻或者减轻行政处罚，具体是从轻、减轻处罚，还是不从轻、减轻处罚，要根据行为人辨认或者控制自己行为能力的减弱程度，结合违法行为的事实、性质、情节以及社会危害程度等综合判断。

实践中需要注意的问题

实践中需要注意的是，对于违反治安管理的行为人是不是精神病人、智力残疾人，要有科学、客观、准确的判断。2013年5月起施行的《精神卫生法》对包含精神病人在内的精神障碍的诊断作了规定。该法第二十八条和第二十九条规定，精神障碍的诊断应当由精神科执业医师作出。疑似精神障碍患者发生伤害自身、危害他人安全的行为，或者有伤害自身、危害他人安全的危险的，其近亲属、所在单位、当地公安机关应当立即采取措施予以制止，并将其送往医疗机构进行精神障碍诊断。医疗机构接到送诊的疑似精神障碍患者，不得拒绝为其作出诊断。关于智力残疾人，根据《残疾人保障法》第八条第二款规定，中国残疾人联合会及其地方组织依照法律、法规、章程或者接受政府委托，开展残疾人工作，动员社会力量，发展残疾人事业。根据中国残疾人联合会相关文件规定，智力残疾人一般可以到居住地县级残联指定的残疾评定机构进行认定。在治安案件中，判断行为人是不是精神病人、间歇性精神病人、智力残疾人，尤其是实施违反治安管理的行为时是否具有辨认和控制自己行为的能力，不能只听信行为人或者是被侵害人的一面之词，应当收集证据证明，确有必要的时候可以通过鉴定确认。

● **相关规定**

《中华人民共和国民法典》第二十一条、第二十二条、第二十八条、第三十一条、第三十四条、第一千一百六十七条、第一千一百八十八条；《中华人民共和国精神卫生法》第二十八条至第三十二条、第三十五条、第三十八条、第三十九条；《中华人民共和国残疾人保障法》第八条、第十五条

第十四条 盲人或者又聋又哑的人违反治安管理的，可以从轻、减轻或者不予处罚。

● **条文主旨**

本条是关于盲人或者又聋又哑的人违反治安管理的，如何处罚的规定。

● **立法背景**

本条是 2005 年《治安管理处罚法》第十四条的规定。2025 年修订《治安管理处罚法》时未作修改。

我国向来注重对残疾人等特殊群体的保护。1986 年通过的《治安管理处罚条例》中就已经对盲人、聋哑人的从宽处理作出了规定。该条例第十一条规定，又聋又哑的人或者盲人，由于生理缺陷的原因而违反治安管理的，不予处罚。1990 年我国制定了《残疾人保障法》，对包括视听残疾、言语残疾在内的残疾人权益保障作了规定。我国《刑法》对盲人、又聋又哑的人犯罪也规定了从宽处罚的原则，第十九条规定，又聋又哑的人或者盲人犯罪，可以从轻、减轻或者免除处罚。在治安案件中，也应确定同样的处罚原则。这主要

是考虑到盲人、又聋又哑的人，特别是先天或者幼年时期即残疾的，往往可能因其生理缺陷，或多或少会影响其了解外部世界、参与社会活动、认识法律规定等方面的能力，从而可能在认识和控制自己行为的能力方面有一定欠缺，对于其违反了治安管理的行为，应当给予从宽处理。为便于公安机关在实践中操作，本条规定对这类残疾人违反治安管理的，根据具体情况，可以从轻、减轻或者不予处罚，这样规定也与《刑法》对这类人员犯罪的处罚规定在精神上相一致。

● 条文释义

本条对有特定生理缺陷，即有视力缺陷、听力与语言缺陷的人违反治安管理的，作了特别的处罚规定，有两层含义：一是盲人或者又聋又哑的人违反治安管理的，应当予以处罚。盲人和又聋又哑的人如果是成年人且智力和精神状况正常，并未失去辨认或者控制自己行为的能力，对自己行为的性质和后果有正确的判断，不属于无行为能力的人，应当对自己违反治安管理的行为负责任。二是对于盲人或者又聋又哑的人违反治安管理的，可以从轻、减轻或者不予处罚。这是因为人体感知世界主要靠各种感官，其中听觉、视觉器官对于人类了解客观世界、形成认知能力具有不可或缺的重要作用。一般情况下，又聋又哑的人或者盲人由于视听缺陷，特别是先天缺陷的情况下，在受教育、了解外部世界、参与社会活动、与他人沟通等方面会受到很大限制，进而认知能力或多或少会受到影响。另外，有的违反治安管理的行为，可能就是由视听缺陷和语言障碍影响其履行注意义务等引发的。如某地发生的一起聋哑人与他人发生肢体冲突的案件，经民警现场调查发现，是该聋哑人在讨价还价中因无法表达、情绪激动而挥舞四肢，导致商家误会发展成肢体冲突，与蓄意殴打他人性质不同，经手语翻译介入后，准确查明事实，最终对其减轻处罚，给予口头批评教育。因此，根据又聋又哑的人或者盲人视听缺陷的具体情况，认知能力受到影响的程度，其实施的违法行为与视听缺陷之间的关联程度等给予相对从宽的处理，是完全必要的，也是符合本法第六条规定的过罚相当原则的。

同时，考虑到实践中案件情况的复杂性，本条将从轻、减轻或者免除处罚规定为"可以"，而不是"应当"。一方面，这样规定便于公安机关在办理案件时，结合具体案件中行为人的违法情节、行为危害后果的严重程度、生理缺陷的具体情况等，酌定是从轻、减轻还是免除处罚；另一方面，"可以"不是"应当"，不是所有案件都一律从轻、减轻或者不予处罚，对于情节恶劣、行为后果严重的，以及生理缺陷与违法行为人责任能力之间不存在关联关系的，也可以不从轻、减轻或者免除处罚。

● **实践中需要注意的问题**

在该条的理解适用中，需要注意以下几个方面的问题：

第一，本条针对的对象是盲人或者又聋又哑的人，其他生理上有缺陷的人，如肢体有残疾的人等不在本条规定范围内。只聋不哑或者只哑不聋的人也不适用本条规定。这是因为，本条立法中更多考虑的是残疾的状态是否直接影响行为人辨认或控制自身行为的能力，而非单纯的身体缺陷。对于盲人和又聋又哑的人来说，存在更严重的沟通与认知障碍。但是肢体残疾、只聋不哑或只哑不聋的人通常不影响其责任能力。对肢体残疾的人来说，虽然其行动能力受限，但一般不影响其认知、判断或遵守法律的能力；对于只聋不哑或只哑不聋的人，由于其仍保留部分沟通能力，相较于又聋又哑者，其理解法律和表达自我的障碍较小。

《刑法》第十九条规定，又聋又哑的人或者盲人犯罪，可以从轻、减轻或者免除处罚。本法规范的是违反治安管理的行为，属于行政违法行为的一种。犯罪与治安违法行为之间的联系较为紧密，本条将从宽处罚限定于盲人、又聋又哑的人，与《刑法》有关规定在精神上一致，这种一致性体现了我国法律对"责任能力"认定的标准。

第二，近年来出现了个别聋哑人团伙利用残疾人身份从事违法行为，并试图规避处罚的现象。如某地警方破获一个由聋哑人组成的扒窃团伙，该团伙长期在地铁、商圈作案。被抓获后，部分嫌疑人辩称"因沟通障碍误拿他人财物"，试图规避处罚。但该地警方调取监控发现，该团伙作案手法熟练，分工明确（有人掩护、有人下手），证明其主观故意明显。最终主犯被以盗窃罪追究责任，其他成员被依法给予治安管理处罚。涉案人员中主犯和骨干成员未因聋哑身份减轻责任，但部分被主犯控制从事盗窃的人员被酌情从轻处理。实践中，公安机关在查办案件时，违法行为人是本条规定的特殊主体的，应当注意区分"故意利用身份"与"真实残疾影响"。如违法行为表现出计划性、重复性、团伙性（如长期扒窃、职业碰瓷），则更可能属于"故意利用身份"；如系偶发、因沟通障碍或认知偏差引发（如聋哑人因误解发生冲突），则可能适用从宽处罚为宜。在程序上，无论是哪种情形，都应当注意保障残疾人基本权利，如为聋哑人提供手语翻译，确保其知情权、申辩权。

对于部分健全成年人士组织和利用聋哑人等残疾人团体实施违法犯罪行为，而这些聋哑人等残疾人系被教唆、胁迫、诱骗参加的，应当依照本法第十七条等相关规定，根据行为人所起的作用依法区分情形处理。对于那些因生计所迫违法犯罪的聋哑人等残疾人，公安机关还应当通知当地民政、残联等部门对其进行联合帮扶救助和法律宣传，帮助其回归社会，避免其再次违法犯罪。

相关规定

《中华人民共和国刑法》第十九条；《中华人民共和国残疾人保障法》第二条、第三条

第十五条 醉酒的人违反治安管理的，应当给予处罚。

醉酒的人在醉酒状态中，对本人有危险或者对他人的人身、财产或者公共安全有威胁的，应当对其采取保护性措施约束至酒醒。

条文主旨

本条是关于醉酒的人违反治安管理应当给予处罚和在何种情形下应当对其采取保护性措施的规定。

立法背景

本条是 2005 年《治安管理处罚法》第十五条的规定，2025 年修订《治安管理处罚法》时未作修改。

我国有悠久的饮酒历史。作为人类生活中的主要饮料之一，酒渗透于整个中华五千年的文明史中，从文学艺术创作、文化娱乐到饮食烹饪、养生保健等各方面都占有重要的位置。但是实践中，存在个别醉酒的人实施违反治安管理行为甚至犯罪行为，危害他人和社会。对于醉酒的人，其在酒精作用下，控制自己行为的能力可能会减弱，对这样的人违反治安管理的，应当如何处理，本法对此作了规定：一是醉酒的人违反治安管理的也应当给予处罚；二是如果醉酒的人在醉酒的状态中对本人或者他人有危险的，应当对其采取保护性约束措施，直至酒醒。

条文释义

本条共分两款。第一款是关于醉酒的人违反治安管理应当给予处罚的规定。

醉酒的人在酒精的作用下，会处于兴奋、神志受影响的状态，其控制自己行为的能力一般会减弱，但是对于醉酒的人是否具备完全的辨认和控制自己行为的能力，是否应当给予治安管理处罚，或者是否应当从宽处罚，涉及对其行为如何看待的问题。大多数意见认为，醉酒的人一般情况下并没有丧失辨认和控制自己行为的能力，即便是在严重醉酒状态下，认识能力并不会受到重大影响，可能控制自己行为的能力会较平时正常状态下有所减弱，但未必达到减轻其法律责任的程度。特别是，醉酒本身是一种不良的行为，即便行为人的认识能力、控制能力有所减弱，也完全是其人为造成的，是行为人醉酒前应当预见的。这种情况下如果减轻其法律责任，对于被侵害的受害人不公平，也不利于防止类似行为再发生。同时，由于行为人先前自我选择了完全可以避免的不良行为，要求其对之后发生的危害后果承担责任，法律上是完全正当的。另外，对醉酒的人减轻法律责任，难以防止一些人故意借"耍酒疯"进行违法犯罪活动，也不利于抵制和反对酗酒的不良行为。基于以上考虑，本款规定醉酒的人违反治安管理的，应当给予处罚。

第二款是关于具有社会危险性的醉酒的人，应当采取保护性措施约束至酒醒的规定。

醉酒的人在醉酒状态中，有时可能存在一定危险性。有些人有醉酒后的生理反应，容易对本人造成危险，如酒精中毒、呕吐导致窒息等；有些人会做出一些不理智的事情，如破坏公物、辱骂殴打他人等。本款规定，对醉酒状态的人，如果对本人有危险或者对他人的人身、财产或者公共安全有威胁的，应当对其采取保护性措施约束至酒醒。根据这一规定，如果醉酒的人没有上述社会危险性，如醉酒的人已有家人陪伴处于比较安全的环境中，不必对其进行约束，可以将其交由亲友看护或者护送至家中。根据《公安机关办理行政案件程序规定》（2020年修正）第五十八条的规定，对未达到本款规定的社会危险性的醉酒违法行为人，可以通知其家属、亲友或者所属单位将其领回看管，必要时，应当送医院醒酒。

本款规定的保护性措施，既是对醉酒公民人身的保护，也是对社会治安秩序的维护。这里的"约束至酒醒"，不是对醉酒人的一种处罚，而是保护性的措施，待醉酒的人酒醒，意识清楚后，应当解除该约束措施。与本条规定类似，在《道路交通安全法》中，对醉酒驾驶机动车的，也规定要由公安机关交通管理部门将其约束至酒醒。《人民警察法》第十四条也规定，公安机关的人民警察对严重危害公共安全或者他人人身安全的精神病人，可以采取保护性约束措施。这些法律中规定的约束措施的性质、内容和目的都是一样的。《公安机关办理行政案件程序规定》（2020年修正）第五十八条对行为举止失控的醉酒人采取保护性措施作了更详细的规定，即可以使用约束带或者警绳等进行约束，但是不得使用手铐、脚镣等警械。约束过程中，应当指定专人严加看护。确认醉酒人酒醒后，应当立即解除约束，并进行询问。约束时间不计算在询问查证时间内。

● 实践中需要注意的问题

在本条的理解适用中，需要注意以下几个方面的问题：

第一，要注意不是要对所有醉酒的人都采取保护性措施。根据本条规定，醉酒的人应当先符合本条第一款规定，即违反了治安管理，应当给予处罚的。对这类违法行为人，又符合第二款规定的社会危险性条件的，再采取保护性措施约束其至酒醒。如果有的人只是在聚餐时单纯醉酒，既没有违反治安管理，又没有社会危险性，则由其亲友自行处理，采取措施帮助其安全醒酒即可。

第二，本条规定约束是为了对醉酒人的保护，而不是惩罚，保护措施要确有必要，且要防止出现因保护措施而致被约束人健康受损，如血液循环受限致肢体缺血性坏死或损伤；因身体不能转动被呕吐物阻塞呼吸等。对于醉酒的人，如果有酒精中毒风险的，应当首先将其送医。本条是针对无就医必要，又有自伤自残或者伤害他人可能的，不得已需要对其手脚、活动等加以约束的情况。据了解，实践中也有因采取保护性措施或者在采取保护性措施期间猝死在公安机关办案场所的事件发生。有的是保护性措施期间因自身患有心源性疾病，酒精诱发突发心脏骤停死亡；有的是在约束时未采取侧卧体位导致其醒酒过程中呕吐物阻塞呼吸道死亡；有的是酒精中毒合并体位性窒息导致死亡等。这些事件中，有的公安机关被认定存在程序瑕疵，给予违法行为人家属民事赔偿，有的涉事民警被追究责任。基于上述情况，实践中一些地方公安机关采取了对严重醉酒者直接送医检查的措施。

对于醉酒者如何更为合理地采取保护性措施，《公安机关办理行政案件程序规定》第五十八条中明确，视情况可以分别让亲友领回和送医醒酒，对行为举止失控的醉酒人，可以使用约束带或者警绳等进行约束，且在约束过程中，应当指定专人严加看护。实践中，公安机关应当注意是否指定专人进行看护，实时记录其身体状态，并且在发现异常后能及时采取救助措施。更具体地，在实施约束前，还可以检查醉酒者是否有心脑血管等基础性疾病，在办案区域配备相关醒酒设施和安全防护设施。

另外，公安机关执法细则中也对醒酒室的建设提出了要求。一般情况下，有候问室、醒酒室、缉毒检查及医疗救助室的公安机关，这些房间应当设置在办案区。办案区应当安装可覆盖全区域内外且具有数据存储功能的电子监控设备，区域内光照亮度应当满足监控要求，并在醒目位置设置"声像监控区域"标示牌。办案区的电子监控设备与警务督察部门网上督察信息系统对接，同时音频数据不得进入网上督察信息系统，防止案情泄露。实践中，公安机关对醉酒者进行约束并且全程有电子监控，进行录音录像，更有利于厘清责任、查明事实，同时要注意个人信息保护，防止音视频资料泄露。

▰ 相关规定

《中华人民共和国道路交通安全法》第九十一条；《中华人民共和国人民警察法》第十四条；《公安机关办理行政案件程序规定》第五十八条

第十六条 有两种以上违反治安管理行为的，分别决定，合并执行处罚。行政拘留处罚合并执行的，最长不超过二十日。

▰ 条文主旨

本条是关于有两种以上违反治安管理行为的如何处罚，以及处罚后合并执行的规定。

▰ 立法背景

1. 2005年《治安管理处罚法》的规定。第十六条规定，"有两种以上违反治安管理行为的，分别决定，合并执行。行政拘留处罚合并执行的，最长不超过二十日"。

我国早在1986年制定的《治安管理处罚条例》（已失效）第十三条中就规定了一人有两种以上违反治安管理行为的，分别裁决，合并执行。这是要解决一个人有两种以上违反治安管理行为的，如何处罚及执行的问题。现实生活中，有些人多次违反社会治安管理，破坏社会治安秩序，对其所实施的多个行为如何处理，处理的原则是什么，需要有明确的法律规定，以规范和保障公安机关执法。该条例制定以来，为实践中有多种违反治安管理行为案件的法律适用提供了基本遵循。但是在具体实施过程中，各地对于治安处罚的合并执行，做法并不统一。如有 3 种违反治安管理的行为，分别应当给予五日、十日、十五日行政拘留的，是否应当简单相加成 30 日行政拘留？如果不是，最长可以合并拘留多少天？2005 年之前，一直缺乏一个明确的法律上的标准，本条的规定就是为了解决这一问题，明确"数错并罚"的规则，避免执法随意性。

对于多个行为如何处罚和执行，涉及的问题还是比较多的。第一，对不同类型的治安处罚，如警告和罚款、罚款和拘留、拘留和吊销证件等应当分别执行，不存在合并执行的问题；第二，对部分同类治安处罚，如警告和警告、吊销证件和吊销证件，因为这些处罚具有一次性，合并执行并不存在需要累加计算的情形，适用上也没有困难；第三，对罚款和罚款的合并执行，实践中主要是乱罚款、一事多罚的问题，自 1996 年制定《行政处罚法》时规定了"一事不再罚"的处罚原则后，实践中一直在不断规范和改善，不存在合并执行的难题；第四，多个行政拘留合并执行时，就有最长可以行政拘留多少天的问题。

关于行政拘留处罚合并执行的，是简单相加还是要设置一个最长期限，需要考虑多方面因素。一方面，行政拘留是最严厉的、限制人身自由的行政处罚措施，涉及公民基本权利，由行政机关决定剥夺公民人身自由，其期限不宜太长；另一方面，治安违法行为的危害性一般低于犯罪，治安处罚的程度也应当低于刑事处罚，刑罚作为最严厉的惩罚手段，其短期限制人身自由的拘役刑最低也只有 30 日，治安拘留合并执行的期限应当明显少于 30 日，这也符合治安处罚与刑罚性质上的差别和严厉程度的不同。2005 年制定《治安管理处罚法》时，经过多方面考虑和研究论证，规定行政拘留处罚合并执行最长不超过 20 日。

2. 2025 年修订后的《治安管理处罚法》的规定，作了一处文字修改。将"分别决定，合并执行"修改为"分别决定，合并执行处罚"，使文字表述上更为准确和完整。这样规定，进一步强调了合并执行的是治安处罚，明确对于有两种以上违反治安管理行为的，对每一种违法行为都应当依法进行调查、作出决定，在对具体决定进行执行时才将各个处罚合并执行。

● 条文释义

本条规定的"两种以上违反治安管理行为"，是指一个人有两个或者超过两个相互独立的违反治安管理的行为。主要包括两种情形：一是相互独立、不连续发生的违反治安管理行为，如甲于商场偷窃他人财物时被当场抓获，调取监控时发现甲于昨日也在该商场偷窃他人财物的事实，应当对两次盗窃行为分别决定，合并执行处罚；又如甲于商场偷窃他人财物后，又到饭店吃"霸王餐"的，违反本法第三十条和第五十八条规定，应当分别决定，合并执行处罚。二是相互独立的、连续发生的违反治安管理行为，如甲在饭店醉酒，无故辱骂并殴打店员，推搡到场处置的民警并砸毁店内物品，属于因醉酒引发的一系列行为，可以对随意殴打他人、故意损毁财物、阻碍民警执行职务分别决定、合并执行处罚。但在实践中，情况往往较为复杂，要注意与连续行为、持续行为的区分，对于有牵连、吸收关系的行为，不一定要对每一个行为都单独评价。另外，连续性的重复行为一般不视为多个行为，如打架斗殴案件中，甲对乙当场实施多次殴打行为；行为人只有一个行为但造成多个法律后果、触犯本法多条规定的，也应当认定只有一个违法行为，如甲多次发送恐吓信息威胁他人人身安全的，同时触犯本法第五十条第一款第一项和第五项行为，但只能依法认定为其中一种行为，不得将其拆分为两个以上独立的行为。

对这些行为如何处理，本条规定了三个方面的内容：一是分别决定。对有两种以上违反治安管理行为的，要分别裁决，即公安机关根据每种行为的社会危害、具体的情况和《治安管理处罚法》的有关规定，分别作出治安处罚的决定，而不是将行为人所有的未经处理的违反治安管理的行为一起作出一个处罚决定。这样规定主要是考虑到处罚法定、过罚相当原则的要求，只有每一种违反治安管理的行为都做到事实清楚、证据充分、量罚适当，才能保证对实施多个违反治安管理的行为人的处罚依法、公正，有效避免"估推量罚"的弊端。

二是合并执行处罚。就是在对每一种违反治安管理的行为分别作出处罚决定后，将所有的治安处罚合并执行，如将对几种违反治安管理行为的罚款数额相加执行一个总的罚款数额；将行政拘留的天数相加从而执行一个总的拘留期限；在罚款、行政拘留的同时，还对行为人处以警告或者吊销公安机关发放的许可证处罚的，也一并予以执行。

三是对行政拘留合并执行的特别规定。按照本条的规定，对两种以上违反治安管理行为处以拘留的，也要合并执行，但最长不得超过二十日，对同一行为人处以几个治安拘留处罚的，如果加起来时间超过二十日，也只能合并执行二十日拘留。比如，对行为人处以两个五日拘留的治安管理处罚的，可以合并执行十日拘留；对行为人处以两个十五日拘留的，只能合并执行二十日拘留。拘留是治安管理处罚中最严厉的一种处罚，是剥夺人身自由的一种治安管理处罚，适用的时候一定要慎重、依法。同时考虑到与刑罚中拘役的期限平衡，拘役期限是一个月以上六个月以下，违反治安管理的行为人毕竟没有达到犯罪的程度，对其处以拘留的处罚时间应当少于刑罚中拘役的时间，以体现过罚相当，更好地教育和惩戒违法行为人。所以本法规定合并执行的，最长不得超过二十日。

《公安机关办理行政案件程序规定》对本条的适用作了更详细的程序规定，第一百六十一条第一款规定，一人有两种以上违法行为的，分别决定，合并执行，可以制作一份决定书，分别写明对每种违法行为的处理内容和合并执行的内容。第一百六十二条第二款规定，行政拘留处罚执行完毕前，发现违法行为人有其他违法行为，公安机关依法作出行政拘留决定的，与正在执行的行政拘留合并执行。第一百六十三条规定，对决定给予行政拘留处罚的人，在处罚前因同一行为已经被采取强制措施限制人身自由的时间应当折抵。限制人身自由一日，折抵执行行政拘留一日。询问查证、继续盘问和采取约束措施的时间不予折抵。被采取强制措施限制人身自由的时间超过决定的行政拘留期限的，行政拘留决定不再执行。

● 实践中需要注意的问题

实践中需要注意的是，如何认定有两种以上违法行为，以及有多种违法行为的，是否要对每一个行为都进行单独评价、单独决定并给予治安处罚，是否存在牵连或吸收的情况等，较为复杂。本法以及《行政处罚法》并未明确规定吸收或者牵连情形下的处理原则，实践中，在理解和适用《治安管理处罚法》时，应当注重法律原则与案件事实的结合，确保处罚的公正性和合理性。当然，在本条执行过程中，还要注意对违反治安管理行为的追责时效。根据本法第二十五条第一款规定，违反治安管理行为在六个月以内没有被公安机关发现的，不再处罚。

● 相关规定

《中华人民共和国行政处罚法》第二十九条；《公安机关办理行政案件程序规定》第一百六十一条至第一百六十三条

第十七条 共同违反治安管理的，根据行为人在违反治安管理行为中所起的作用，分别处罚。

教唆、胁迫、诱骗他人违反治安管理的，按照其教唆、胁迫、诱骗的行为处罚。

条文主旨

本条是关于共同违反治安管理的处罚规定以及对教唆、胁迫、诱骗他人违反治安管理的行为如何处罚的规定。

立法背景

1. 2005 年《治安管理处罚法》的规定。第十七条规定，"共同违反治安管理的，根据违反治安管理行为人在违反治安管理行为中所起的作用，分别处罚。教唆、胁迫、诱骗他人违反治安管理的，按照其教唆、胁迫、诱骗的行为处罚"。实践中，多人共同实施违反治安管理行为的情况比较常见，这就涉及对共同实施违反治安管理行为的人如何处罚的问题。多个行为人共同违法，具体的情形各有不同，有的形成主使者与执行者的关系，有的形成直接实施者、提供帮助者等关系。不同行为人在违法行为中的地位、造成违法行为后果所起的作用不同，相应的社会危害性和应给予的处罚也就应当不同。另外，作为共同违反治安管理行为中的突出现象，教唆甚至胁迫、诱骗他人违反治安管理的情形屡见不鲜，尤其常见于未成年人违法犯罪团伙中。这种教唆、胁迫、诱骗的行为往往在共同违反治安管理的行为中起主要作用，且认定复杂、情节恶劣，有必要对其单独作出规定。本条对共同违反治安管理和教唆、胁迫、诱骗他人违反治安管理的行为如何处罚，作了规定。

2. 2025 年修订后的《治安管理处罚法》的规定。主要作了一处文字性修改，删除了一处"违反治安管理"，将第一款修改为"共同违反治安管理的，根据行为人在违反治安管理行为中所起的作用，分别处罚"，避免文字语义重复。

条文释义

本条共分两款。第一款是关于共同违反治安管理的处罚原则的规定。

"共同违反治安管理"，是指两个或者两个以上的行为人，出于共同的违反治安管理的故意，实施了共同的违反治安管理的行为。"共同违反治安管理"应当具备以下四个条件：一是行为主体是两个或者两个以上的行为人，且都具有行为责任能力，如十四周岁以下的未成年人和一名成年行为人共同实施的违反治安管理行为不构成本条规定的共同违反治安管理的行为。二是几个违法行为人必须有共同的故意。即行为人对于自己实施的违法行为持故意的心理状态，其明知自己的行为会发生危害社会的后果而希望或者有意放任这种结果的发生，同时，几个行为人相互明知在共同实施违反治安管理的行为。如果行为人是过失的违法，如在施工中过失破坏了电力设备等，不能构成共同违反治安管理。几个行为人虽然是故意违反治安管理，如果没有共谋，只是各自实施了违反治安管理的，也不构成共同违反治安管理。三是几个违法行为人必须有共同的违反治安管理的行为。违法行为人各自的行为都是在他们共同故意的支配下，围绕共同的侵害对象，为实现共同的违法目的而实施的。他们每个人所实施的违法行为都同违反治安管理的危害结果具有因果关系，是完成某一违法活动的组成部分。四是共同的行为侵犯同一客体。即共同违法人的违反治安管理行为侵犯的是同一合法权益，这是构成共同违反治安管理行为的条件。

依照本条的规定，对于共同违反治安管理的行为人，要根据其在违反治安管理行为中所起的作用，分别处罚。"行为人在违反治安管理行为中所起的作用"，是指每个违反治安管理的行为人在共同违反治安管理的违法活动中的作用，具体分为起组织、指挥、领导作用，起主要的作用，起次要或者辅助作用等。由于每个违法行为人在共同违反治安管理行为中的作用不同，决定了对他们的治安处罚的轻重也有所不同，起到的作用越是重要，受到的处罚也越重，起到的作用越是次要，受到的处罚也越轻。对共同违反治安管理的行为人要分别处罚，即不能只根据违法行为的后果、社会危害以及法律有关规定对所有行为人给予相同的处罚，而是要考虑每个人的不同作用，区分共同违反治安管理行为中的主使者与执行者、直接实施者与协助者等关系，分别予以处罚，以体现过罚相当的原则。

第二款是关于教唆、胁迫、诱骗他人违反治安管理的处罚规定。

教唆、胁迫、诱骗他人违反治安管理的人与因受教唆、胁迫、诱骗而实施违反治安管理行为的人属于共同违反治安管理的，应当按照其教唆、胁迫、诱骗的行为处罚。"教唆他人违反治安管理"，是指唆使、怂恿他人实施违反治安管理的行为；"胁迫他人违反治安管理"，是指对他人进行威胁、恐吓等精神强制，使他人不敢不实施违反治安管理的行为；"诱骗他人违反治安管理"是指以编造信息、隐瞒后果等手段，诱导、欺骗他人实施违反治安管理的行为。教唆、胁迫、诱骗他人违反治安管理的，有的也同时直接参与实施了其教唆、胁迫、诱骗的违反治安管理的行为，本法第二十二条还规定对这些人应当从重处罚。对并未直接参与实施违反治安管理的行为的，要按照其所教唆、胁迫、诱骗的行为处罚。

● **实践中需要注意的问题**

在该条的理解适用中,需要注意以下几个方面的问题:

第一,关于单位能否构成共同违反治安管理的主体。根据本法第十八条规定,单位也可以作为违反治安管理的主体,那么两个以上的单位之间或者单位与自然人之间共同故意实施违反治安管理行为的,是否适用本条规定呢?(1)对第一种情形,即单位与单位共同实施违反治安管理行为的,如两家公司共同实施伪造公文印章、为赌博提供条件等妨害社会管理的行为的,根据各个单位在违反治安管理中的地位、作用大小,可以区分单位的主次作用,从而对其直接负责的主管人员和其他直接责任人员依照所在单位的作用大小、违法后果等进行处罚。(2)对第二种情形,即单位与自然人共同实施违反治安管理行为的,主要是单位与其工作人员共同实施违反治安管理的行为,如单位指使员工殴打他人,这种情况一般单位作为主使者,员工作为具体执行者,根据单位与自然人在共同违反治安管理中的地位、作用,分别确定应当承担的法律责任。

第二,对超过共同故意认识范围的违反治安管理行为,如何认定责任。一般认为,共同违反治安管理的性质决定了对超过共同故意认识范围的违法行为,应当由具体实施该超过行为的行为人自己承担责任。共同违反治安管理的参与人通过相互勾结、联系与配合,共同实施违法行为,整体上应对该行为的目的、后果等大致了解,并希望或放任这种结果发生,形成共同违反治安管理的故意。在客观上,共同违反治安管理的行为受主观故意指引,表现为相互配合、相互联系,构成针对同一目标的整体违法活动。尽管参与人实施的行为可能有所不同,但相关行为都对危害结果产生了作用。与之不同的是,超过共同故意范围的违反治安管理的行为,只有具体行为人的故意行为直接导致了危害结果,其他参与人对该危害结果缺少主观认识,也不能成立该共同故意的认识,进而也不能就该危害结果追究未参与人的法律责任。如甲、乙、丙等多人寻衅滋事,随机追打路过路人并强拿硬要随身财物,这时其中一路人与甲以前有仇,甲仗着人多在围堵过程中持刀将其伤害,其他人则第一时间跑开,因甲持刀伤害该路人的行为已经超出寻衅滋事违法行为的共同故意,对甲持刀捅伤路人的危害结果,其他寻衅滋事人不应当承担相应法律责任。

第三,被教唆人实施了教唆内容以外的违反治安管理行为,对教唆人该如何认定和处罚。一般情况下,大致分为两种情形:(1)如果教唆人的教唆内容特定、明确,被教唆人在特定情况下实施了超过教唆内容范围的行为,对教唆人和被教唆人应当分别追究各自的违反治安管理责任，即教唆人无须对被教唆人超出教唆内容实施的违法行为负责。如教唆人仅教唆他人从事邪教活动、非法宗教活动，而被教唆人借从事邪教活动骗取他人钱财甚至实施猥亵、强奸等违法犯罪活动的，对于这种情况，被教唆人超出范围施行的违法犯罪行为不应由教唆人承担责任。（2）教唆人的教唆内容并没有明确排除特定对象或者特定结果，被教唆人实施的违反治安管理行为总体上在其教唆的范围内，或者并不明显违背其教唆内容和意图的，或者相应结果属于其所教唆行为可能产生的自然后果的，或者发生的结果不属于无法预料到的后果等情形的，即使实行行为本身与教唆内容略有出入，也应当视为没有超出教唆内容范畴，教唆人和被教唆人都必须对被教唆人的实行行为承担共同违反治安管理的责任。如组织未成年人乞讨的案件中，对未成年人在乞讨过程中存在的小偷小摸行为，通常认为依然属于教唆人应当共同承担的违法行为。

如果被教唆人未实际实施教唆行为的，被教唆人是否构成未遂，是否应当从轻、减轻甚至不予处罚？《公安机关执行〈中华人民共和国治安管理处罚法〉有关问题的解释（二）》第二条规定，行为人已经着手实施违反治安管理行为，但由于本人意志以外的原因而未得逞的，应当从轻处罚、减轻处罚或者不予处罚。对于教唆人来说，其教唆行为已发生，但被教唆人未实际执行导致未发生违反治安管理行为的，教唆人应当按照其教唆的行为从轻、减轻或者不予处罚。

● **相关规定**

《公安机关办理行政案件程序规定》第一百九十四条；《公安机关执行〈中华人民共和国治安管理处罚法〉有关问题的解释（二）》第二条

第十八条 单位违反治安管理的，对其直接负责的主管人员和其他直接责任人员依照本法的规定处罚。其他法律、行政法规对同一行为规定给予单位处罚的，依照其规定处罚。

● **条文主旨**

本条是关于单位违反治安管理如何处罚的规定。

● **立法背景**

本条是 2005 年《治安管理处罚法》第十八条的规定，2025 年修订《治安管理处罚法》时未作修改。

《治安管理处罚法》主要调整的是自然人的违法行为，如打架斗殴、寻衅滋事、扰乱公共秩序等，传统上认为这些行为主要由个人实施，单位并非主要违法主体。但实践中，很多情况下单位也会成为违反治安管理的主体。如企业组织非法集会、娱乐场所容留吸毒、公司雇用人员暴力讨债等。因此，法律需明确单位违反治安管理的认定和责任归属问题。另外，治安管理本身限于与社会治安秩序相关的领域，但其他一些行业主管部门从加大管理力度考虑，比较重视公安机关力量介入。同时，随着经济社会发展，一些非传统治安管理领域的事项，与治安管理的联系也存在日渐紧密的情况。这些因素的影响之下，《治安管理处罚法》有些条款的规定与其他有关行政法律规范出现交叉的情况，涉及其他法律、行政法规对同一行为规定给予处罚如何处理等问题。本条对单位违反治安管理如何给予处罚作出规定，并对有其他法律、行政法规对单位违法行为规定了处罚时，如何适用法律的问题作出明确规定。

▣ 条文释义

本条是关于单位违反治安管理如何处罚的规定，同时对其他法律、行政法规对同一行为规定给予单位处罚的如何适用作出了规定。

本条的"单位"是指公司、企业、事业单位、机关、团体。其中"公司、企业、事业单位"不限制其所有制，只要是依法设立的都属于本条规定的范围。"机关"是指各级、各类机关。"团体"，主要是指为了一定宗旨组成进行某种社会活动的合法组织，包括社会团体、基金会、专业合作社、供销合作社等单位。

本条对于单位违反治安管理的处罚对象和处罚原则作了明确的规定，有以下三个方面的内容：一是单位违反治安管理的，处罚其直接负责的主管人员和其他直接责任人员。也就是说，对于单位违反治安管理的，首先要处罚单位违反治安管理的直接负责的主管人员和其他直接责任人员。二是对单位违反治安管理的，对单位直接负责的主管人员和其他直接责任人员是按照本法关于对自然人违反治安管理行为的处罚规定去处罚。三是如果其他法律、行政法规对同一行为规定给予单位处罚的，依照其规定。本条是对单位法律责任作出的一种特殊处罚原则，如果本法与其他法律、行政法规都规定对单位的同一违法行为给予处罚的，处罚原则是对其直接负责的主管人员和其他直接责任人员的治安管理处罚依照本法关于自然人的规定进行，对单位的处罚则依照其他法律、行政法规的规定。对单位的处罚由其他法律、行政法规规定的具体的行政主管部门处罚，有可能是其他行政机关，但不排除其他法律、行政法规规定的主管机关仍是公安机关，具体要根据其他法律、行政法规的规定而定。

之所以规定对单位依照其他法律、行政法规处罚，主要是单位违反治安管理的很多行为都有相应的前置法律、行政法规作出了处罚规定。一般来说，相应前置法律法规设置的处罚是针对单位本身的，且处罚种类较本法多，罚款的幅度更高，但往往没有拘留的处罚。本法主要是针对自然人违法作出的规定，总体上处罚种类较少，罚款数额不高，多数条款设置有拘留处罚。根据本条的规定，单位违反治安管理的，本法只处罚责任人，对单位可依照其他法律、行政法规处以罚款、吊销证照、责令停产停业、停业整顿等。例如，违反本法第五十六条第一款规定，违规向他人出售或者提供个人信息的，对其直接负责的主管人员和其他直接责任人员处十日以上十五日以下拘留；情节较轻的，处五日以下拘留。对单位的违法行为，则可以按照《个人信息保护法》第六十六条的规定，由履行个人信息保护职责的部门责令改正，给予警告，没收违法所得，对违法处理个人信息的应用程序，责令暂停或者终止提供服务；拒不改正的，并处一百万元以下罚款。又如，本法第八十二条规定，以营利为目的，为赌博提供条件的，对其直接负责的主管人员和其他直接责任人员处五日以下拘留或者一千元以下罚款；情节严重的，处十日以上十五日以下拘留，并处一千元以上五千元以下罚款。对单位违反该治安管理规定的，则可以按照2020年修订的《娱乐场所管理条例》第四十五条规定，对设置有赌博机等游戏设施设备的娱乐场所，由县级公安部门没收违法所得和非法财物，并处违法所得2倍以上5倍以下的罚款；没有违法所得或者违法所得不足1万元的，并处2万元以上5万元以下的罚款；情节严重的，责令停业整顿1个月至3个月。

对于其他法律、行政法规没有规定单位处罚的，《公安部关于如何执行〈治安管理处罚法〉第十八条规定问题的批复》（公复字〔2010〕4号）中规定，单位违反治安管理，其他法律、行政法规对同一行为没有规定给予单位处罚的，不对单位处罚，但应当依照《治安管理处罚法》的规定，对其直接负责的主管人员和其他直接责任人员予以处罚。

《公安机关执行〈中华人民共和国治安管理处罚法〉有关问题的解释》（部分失效）第四条对单位违反治安管理的处罚问题作了进一步阐释。对单位实施《治安管理处罚法》第三章所规定的违反治安管理行为的，应当依法对其直接负责的主管人员和其他直接责任人员予以治安管理处罚；其他法律、行政法规对同一行为明确规定由公安机关给予单位警告、罚款、没收违法所得、没收非法财物等处罚,或者采取责令其限期停业整顿、停业整顿、取缔等强制措施的,应当依照其规定办理。对被依法吊销许可证的单位,应当同时依法收缴非法财物、追缴违法所得。

● **实践中需要注意的问题**

在该条的理解适用中,需要注意以下几个方面的问题:

第一,如何区分单位违反治安管理和自然人违反治安管理的行为。单位违反治安管理也需要自然人来具体执行和实施,如何定性一个违法行为是单位违反治安管理还是自然人违反治安管理,一般来讲有几个界限:一是单位违法是单位意志支配下,由单位成员实施的违反治安管理行为,即单位作为一个整体,一个"拟制"的人违反治安管理。单位违反治安管理可能是经单位集体研究决定或者由其负责人员决定实施的。单位集体研究决定或者由其负责人员决定,是单位整体违反治安管理意志的体现形式。单位集体研究决定,是指经过根据法律和章程规定有权代表单位的机构研究决定。负责人员决定,是指经过法律或者章程规定的有权代表单位的个人决定。而自然人违法则是由个人决定实施的,即使是个人打着单位的旗号或者以单位名义实施而单位并不知情的,也是自然人本人违法。二是单位违法一般是出于为单位的利益或目的,非法利益归单位或集体所有。自然人违法则一般是出于个人的目的,非法利益归于其本人或其所属意的受益者。

第二,单位的分支机构或者内设机构、部门实施违反治安管理的行为能否认定为单位违法。实践中以单位的分支机构或者内设机构、部门实施违反治安管理的情况时有发生,对此,司法实践中是否应当作为单位违反治安管理处理,存在争议。总体上看,实践中一些法人的分支机构,如商业银行的营业部、营业所,单位的基建办等,具有一定独立性,能够以自己的名义独立从事一定的经济社会活动,如果其从事了违反治安管理的行为,应当是可以纳入本法规定的单位违法处罚范围的。由于本法对单位违反治安管理规定的是只处罚责任人,无论是否认定为单位违法,都不影响对责任人的处罚。对于单位的处罚,则主要是根据其他法律、行政法规规定,具体分析是否应当将内设机构、分支机构作为单位处罚。

第三,关于以违法为目的专门设立的单位是否成立单位违反治安管理的问题。这里包含两种情况:(1)以实施违法活动为主要目的设立公司、企业、事业单位的,如为进行传销而注册公司作为传销组织。对于该种情况,虽然实际上可以以单位的名义违反治安管理，但实质上是自然人出于非法目的成立非法组织。为了避免自然人利用单位作为实施违法犯罪活动的"挡箭牌"，一般不认为该种情形属于单位违反治安管理。（2）单位设立后，以实施违反治安管理行为为主要活动的，如从事侵入计算机信息系统爬取数据。实践中，单位设立后主要实施违法活动，即使偶尔经营部分正常业务，一般也不认定为单位违法。有些单位有正规的主营业务，但是在部分业务往来中没有按正常途径操作，或者偶尔实施了不法行为的，还是可以认为构成单位违法。参考刑事领域相关规定，1999年《最高人民法院关于审理单位犯罪案件具体应用法律有关问题的解释》第二条规定，个人为进行违法犯罪活动而设立的公司、企业、事业单位实施犯罪的，或者公司、企业、事业单位设立后，以实施犯罪为主要活动的，不以单位犯罪论处。2003年《最高人民法院研究室关于外国公司、企业、事业单位在我国领域内犯罪如何适用法律问题的答复》指出，个人为在我国领域内进行违法犯罪活动而设立的外国公司、企业、事业单位实施犯罪的，或者外国公司、企业、事业单位设立后在我国领域内以实施违法犯罪为主要活动的，不以单位犯罪论处。也可以看出，我国对于以非法目的设立企事业单位以及设立企事业单位后主要从事非法活动的，不承认该单位的主体地位。

● **相关规定**

《中华人民共和国民法典》第九十条；《中华人民共和国反恐怖主义法》第八十六条；《中华人民共和国个人信息保护法》第六十六条；《娱乐场所管理条例》第四十五条；《公安机关执行〈中华人民共和国治安管理处罚法〉有关问题的解释》第四条；《公安部关于如何执行〈治安管理处罚法〉第十八条规定问题的批复》

第十九条 为了免受正在进行的不法侵害而采取的制止行为，造成损害的，不属于违反治安管理行为，不受处罚；制止行为明显超过必要限度，造成较大损害的，依法给予处罚，但是应当减轻处罚；情节较轻的，不予处罚。

● **条文主旨**

本条是关于为免受正在进行的不法侵害而采取的制止行为是否属于违反治安管理的行为，是否应当处罚，什么情况下可以予以处罚以及处罚原则的规定。

● 立法背景

本条是 2025 年修订《治安管理处罚法》时新增的规定。增加本条规定，主要是实践中很多案件存在公民因其本人或者他人人身、财产等面临不法侵害时，为保护自己或者维护他人合法权益而反抗、制止，造成加害人损害的情况。对此应当如何处理，成为社会关注的热点，特别是有的案件被认定为互殴性质，当事人不服，社会各方面也认为定性不准确，形成较大争议。总的来说，反抗不法行为，制止不法侵害，保护合法权益是公民的权利，应当依法予以支持和保护。在反抗、制止过程中，有时难免会造成不法侵害人人身、财产的损害，这就涉及如何认识这种损害的性质，如何依法处理的问题。不少意见提出，实践中部分案件存在双方只要动手了，就简单认定为互殴，法律责任上各打"五十大板""和稀泥"的现象，这种处理方法模糊了"正"与"不正"的界限，难以取得良好的社会效果。为了保护公民合法权益，维护社会公平正义，有意见提出，参考《刑法》关于正当防卫的规定，《民法典》关于正当防卫、见义勇为的规定，有必要在治安领域中明确公民对不法侵害行为有权采取制止措施，制止措施不属于违反治安管理行为，不受处罚。这样规定后，使正当防卫制度从轻微违法到严重犯罪的不同法律层面得以衔接完善。这种衔接完善使公民在面对任何程度的不法侵害时，都能获得相应的法律保护，鼓励公民勇敢同违法行为作斗争，体现"法不能向不法让步"的法治理念，更有利于促进社会和谐稳定和公平正义。

同时，考虑到确有部分制止行为明显超过制止不法侵害的必要限度，并造成了较大损害，对这种情况，应当依法给予处罚，明确防卫性行为并非绝对免责，对明显超出正当防卫范畴的行为依然要依法处罚。但这种行为毕竟事出有因，依法应当减轻处罚；如果后果尚不严重、情节较轻的，也可以不予处罚，以体现过罚相当原则。

● 条文释义

本条是关于为免受正在进行的不法侵害而采取的制止行为是否属于违反治安管理的行为，是否应当处罚，什么情况下可以予以处罚以及处罚原则的规定。本条包含以下几个方面的内容：

第一，本条适用的条件是为免受正在进行的不法侵害而采取制止行为。需要同时满足以下条件：（1）实施制止行为必须是出于保护本人或者他人的人身、财产权利免受不法侵害的正当目的，针对的是不法侵害者及其不法侵害行为，维护的是受法律保护的合法权益。为了维护非法利益，针对他人的合法行为，或者针对不法侵害人之外的其他无关人员，不能采取本条规定的制止行为，如寻衅滋事受到被侵害人反击，因涉嫌违反治安管理被公安机关依法传唤、扣押财产、采取强制措施的，对与非法行为无关的加害人的亲友等，不符合本条的规定。故意对他人先行侵害和挑衅，借机再实施"防卫"的，也不符合本条规定。（2）制止行为所针对的不法侵害必须是正在进行的，对尚未开始实施或者已经结束侵害行为的不法侵害人，不能实施本条规定的制止行为。（3）实施制止行为的直接目的是制止不法行为、免受其侵害，因此本条规定的制止行为应当以制止不法侵害行为为限，不法侵害的行为被制止后，不能继续实施报复性行为。

第二，因实施制止不法侵害的行为造成损害的，不属于违反治安管理行为，不受处罚。反抗不法行为，制止不法侵害，保护合法权益是公民的合法权利，无论是为了保护自身人身、财产安全还是保护他人人身、财产权利，都是出于维护合法利益、制止不法侵害的正当目的，因此本条规定，这种制止行为不属于违反治安管理行为，不受处罚，以鼓励群众见义勇为，积极同违法行为作斗争。类似这种正当的制止不法行为，在《刑法》和《民法典》中也有规定。《刑法》第二十条第一款规定，为了使国家、公共利益、本人或者他人的人身、财产和其他权利免受正在进行的不法侵害，而采取的制止不法侵害的行为，对不法侵害人造成损害的，属于正当防卫，不负刑事责任。同《民法典》第一百八十一条第一款规定，因正当防卫造成损害的，不承担民事责任。第一百八十三条规定，因保护他人民事权益使自己受到损害的，由侵权人承担民事责任，受益人可以给予适当补偿。没有侵权人、侵权人逃逸或者无力承担民事责任，受害人请求补偿的，受益人应当给予适当补偿。第一百八十四条规定，因自愿实施紧急救助行为造成受助人损害的，救助人不承担民事责任。这些规定，从刑事和民事领域构建了正当防卫制度，并且规定了保护见义勇为行为的"好人条款"。本条属于治安领域的专门规定。本条规定的"不法侵害"，是指非法对受法律保护的公民的人身、财产权利的侵害。"对不法侵害人造成损害的"，主要是指对不法侵害人造成人身损害的情况，也包括对其财产等造成损害。

第三，制止行为明显超过必要限度，造成较大损害的，依法给予处罚。"必要限度"，是指为有效制止不法侵害所必需的防卫行为的强度。"明显超过必要限度"，是指一般人都能够认识到其防卫强度已经明显超过了制止不法行为所必需的强度。"造成较大损害",是指行为人明显超过必要限度的制止行为对不法侵害人造成了较为严重的损害。本条要求制止行为既要明显超过必要限度,又要造成较大损害,才应当依法给予治安处罚。这要求在实践中,对行为人的制止行为是否明显超过必要限度进行认定时要有一定的宽容度,不能简单要求一一对等。即使制止行为客观上超过了一定限度,但对侵害人的损害尚未达到较大损害程度的,也不以制止过当追究责任。这也进一步表明,为免受正在进行的不法侵害而采取的制止行为也应当依法进行,制止过当的,依然要依法追究责任。这样规定,既有利于受到不法侵害的人依法维护自身权益,又有利于防止实践中不必要地激化矛盾,不加限制地施以报复。另外,也要防止有的人搞"防卫挑唆",故意引诱、挑拨他人实施"侵犯"行为,趁机以防卫之名对他人施以较重伤害的极端案件发生。

第四,对明显超过必要限度、造成较大损害的制止行为虽然要依法给予处罚,但是应当减轻处罚;情节较轻的,不予处罚。超过限度的制止行为虽然具有一定的社会危害性,但动机是出于维护合法权益、免受正在进行的不法侵害,其主观恶性较小,社会危害也小于其他故意违法行为。根据过罚相当原则,社会危害程度不同,处罚也应当有所区别。因此本条规定,对制止过当的行为应当减轻处罚,对其中情节较轻的,不予处罚。

▸ 实践中需要注意的问题

在该条的理解适用中,需要注意以下几个方面的问题:

第一,对于具体案件的办理,应当注意全面、准确把握本法有关制止不法侵害的规定,公平公正依法办案。在具体案件的处理中,要对案件事实进行全面调查,具体问题具体分析,立足于行为人采取制止行为时的具体情况,充分考虑常理常情,综合案件发生的整个过程,依法准确把握采取制止行为的起因、时间、对象、意图、限度等条件,充分考虑行为人面临不法侵害时的紧迫状态和紧张心理,不能事后求全责备、以强人所难的标准苛责当事人。

第二,认定本条规定的制止不法行为时,应当注意划清制止不法行为与恶意挑拨的界限。制止不法行为是为了本人或他人的合法权益,被迫实施的制止不法侵害的行为。恶意挑拨则是为了加害他人,故意挑逗对方先向自己进行侵害,然后以防卫为借口对对方施加暴力。正当的制止不法行为与恶意挑拨是有本质区别的,恶意挑拨的行为不能认定为本条规定的制止不法行为。

第三,认定制止不法行为时,要注意对制止不法行为与相互斗殴进行区分。相互斗殴的双方一般会有一个互相纠缠、冲突逐步升级的过程，双方没有防卫意图，并不是出于受到不法侵害作出的反击制止。最高人民检察院、公安部于2022年联合印发的《关于依法妥善办理轻伤害案件的指导意见》第九条中曾对如何区分正当防卫与互殴型故意伤害作出过规定。虽然该意见针对的是犯罪行为，但立法精神是有相通性的，可以为治安案件中区分制止不法行为和互殴提供一定参考。该意见第九条规定，坚持主客观相统一的原则，综合考察案发起因、对冲突升级是否有过错、是否使用或者准备使用凶器、是否采用明显不相当的暴力、是否纠集他人参与打斗等客观情节，准确判断犯罪嫌疑人的主观意图和行为性质。因琐事发生争执，双方均不能保持克制而引发打斗，对于过错的一方先动手且手段明显过激，或者一方先动手，在对方努力避免冲突的情况下仍继续侵害，还击一方造成对方伤害的，一般应当认定为正当防卫。故意挑拨对方实施不法侵害，借机伤害对方的，一般不认定为正当防卫。需要特别注意的是，双方曾因矛盾引发冲突，一方再次纠缠时，另一方进行反抗，有防卫意图的，也可能成立本条规定的制止不法行为；同时不能因为行为人事先进行防卫准备，就认定其具有斗殴意图。具体认定时都需要综合全案各种情况，判定其行为是否符合本条规定的制止不法行为而得出结论。

相关规定

《中华人民共和国刑法》第二十条；《中华人民共和国民法典》第一百八十一条、第一百八十三条、第一百八十四条；《关于依法妥善办理轻伤害案件的指导意见》第九条；《公安机关执行〈中华人民共和国治安管理处罚法〉有关问题的解释（二）》第一条

第二十条 违反治安管理有下列情形之一的，从轻、减轻或者不予处罚：

（一）情节轻微的；

（二）主动消除或者减轻违法后果的；

（三）取得被侵害人谅解的；

（四）出于他人胁迫或者诱骗的；

（五）主动投案，向公安机关如实陈述自己的违法行为的；

（六）有立功表现的。

● **条文主旨**

本条是关于违反治安管理应当从轻、减轻处罚或者不予处罚的情形的规定。

● **立法背景**

1. 2005 年《治安管理处罚法》的规定。第十九条规定："违反治安管理有下列情形之一的，减轻处罚或者不予处罚：（一）情节特别轻微的；（二）主动消除或者减轻违法后果，并取得被侵害人谅解的；（三）出于他人胁迫或者诱骗的；（四）主动投案，向公安机关如实陈述自己的违法行为的；（五）有立功表现的。"违反治安管理的，应当依法处罚。2005 年《治安管理处罚法》对未成年人、精神病人、盲人或者又聋又哑的人等违反治安管理的，规定可以从轻、减轻处罚或者不予处罚。这些对行为人从轻、减轻处罚或者不予处罚的情形，是由行为主体自身的年龄和生理特点决定的。同时 2005 年《治安管理处罚法》第五条第一款还规定，治安管理处罚必须以事实为依据，与违反治安管理行为的性质、情节以及社会危害程度相当。根据过罚相当原则，考虑到行为人的行为特征、行为后果、主观故意、社会危害等因素，本条规定了一些减轻处罚或者不予处罚的情形。

2. 2025 年修订后的《治安管理处罚法》的规定。一是适应实践需要并与《行政处罚法》相衔接，增加从轻处罚的档次，规定有本条相关情形的，从轻、减轻或者不予处罚。二是将"情节特别轻微的"修改为"情节轻微的"，与《行政处罚法》规定的违法行为轻微不予处罚的规定相衔接，明确在治安领域，情节轻微的可以适用本条规定。同时，考虑到原来规定中与情节特别轻微相对应的是"减轻处罚或者不予处罚"，这次修订增加了"从轻"处罚，遂将情节由"特别轻微"相应改为"轻微"，以便实践中在处理个案时能更好地体现过罚相当原则。三是将取得被侵害人谅解单独作为从轻、减轻或不予处罚的情形。这是考虑到有的违法行为未必造成有形的后果，有的违法后果可能无法消除或减轻，但只要行为人真诚悔过，取得被侵害人谅解，也可以考虑予以从宽处理。另外，也有意见提出，实践中存在部分被侵害人索取远远高于正常标准的"天价"赔偿金，不满足要求就不签署谅解书，有的案件中违法行为人在真诚悔过并愿意支付充足的赔偿金、在消除或减轻违法后果的情况下，因无法取得谅解书而不得从轻、减轻处罚，不利于充分体现本条立法初衷和过罚相当的原则。《行政处罚法》第三十二条第一项也规定了主动消除或者减轻违法行为危害后果的,应当从轻或者减轻行政处罚。为此,本条对原规定作出上述调整。

◐ 条文释义

本条是关于违反治安管理应当从轻、减轻处罚或者不予处罚的情形的规定。考虑到治安管理处罚必须以事实为依据,与违反治安管理行为的事实、性质、情节以及社会危害程度相当,本条规定了以下六种从轻、减轻处罚或者不予处罚的情形:

第一,情节轻微的。实践中违反治安管理的行为多种多样,为了体现对违法行为人教育与处罚相结合的原则,本项规定对情节轻微的违反治安管理的行为,应当从轻、减轻处罚或者不予处罚。这里规定的"情节轻微",需要从违反治安管理的行为是否造成危害后果及危害后果的程度、行为人的动机、行为的具体手段等方面综合考量。对于哪些轻微情节应当从轻或者减轻处罚,哪些轻微情节应当不予处罚,需要根据本法第六条规定的过罚相当原则,具体案件具体分析。同时,《行政处罚法》第三十三条第一款对情节轻微不予处罚作出了规定,违法行为轻微并及时改正,没有造成危害后果的,不予行政处罚。初次违法且危害后果轻微并及时改正的,可以不予行政处罚。在本法的具体适用中,也需要参照《行政处罚法》相关规定的原则和精神做到过罚相当。

第二,主动消除或者减轻违法后果的。违法行为一般都会有危害社会的后果,有的造成被侵害人财产损失、人身伤害或者精神上的损害,有的是扰乱了公共秩序、妨害了公共安全或者妨害了社会管理秩序等。本项规定违法行为人主动消除或者减轻违法后果的,应当从轻、减轻或者不予处罚。"主动"反映了行为人主观上意识到了自己的错误,有悔改的表现,"消除或者减轻违法后果"表明行为人在客观上减少了违法行为的社会危害性,对恢复正常、有序的社会秩序起到了积极作用。对于什么情形下应当从轻或者减轻处罚,什么情形下应当不予处罚,需要根据本法第六条规定的过罚相当原则,具体案件具体分析。如主动消除违法后果的,还要根据违法行为的性质、情节、违法后果能否被消除等综合判断,不是一律都不予处罚。

第三,取得被侵害人谅解的。违法行为有的有被侵害人,如被殴打的人、被盗窃的人等;有的违法行为没有特定的被侵害人,如一些妨害社会管理或者妨害公共安全的行为等。违法行为毕竟不是犯罪行为,其社会危害性相对较小,对被侵害人的侵害相对较轻,对于有特定被侵害人的违反治安管理案件,应当积极取得被侵害人的谅解，这样有利于消除矛盾，化解纠纷，促进构建和谐社会。本法第九条规定，对于因民间纠纷引起的打架斗殴或者损毁他人财物等违反治安管理行为，情节较轻的，公安机关可以进行调解，当事人达成协议的，不予处罚。这与本项规定是相互衔接的。

第四，出于他人胁迫或者诱骗的。"胁迫"是指进行威胁、恐吓等精神强制，使行为人不敢不实施违反治安管理的行为；"诱骗"是指以编造信息、隐瞒后果等手段，诱导、欺骗行为人实施违反治安管理的行为。受到他人的胁迫或者诱骗而违反治安管理的，行为人是在精神受到强制或者受骗上当产生错误认识的情况下违法，虽然有过错，应当负责任，但是主观恶性相对较小，所起的作用较小，危害性也相应较轻。因此，应当从轻、减轻处罚或者不予处罚。

第五，主动投案，向公安机关如实陈述自己的违法行为的。本项规定要同时符合两个条件：一是违法行为人主动投案。所谓"主动投案"，是指违法行为人在其违法行为尚未被公安机关发现时，或者公安机关虽已发现但尚不知道行为人的，或者是虽已掌握违法事实和违法行为人但尚未追查之前，违法行为人出于悔过、惧怕处罚、亲友教育等原因，自己主动到公安机关承认违法行为并自愿接受处理的。实践中，如违法行为人在异地向公安机关投案的；由于自身行动不便而委托他人代为投案的；在公安机关未掌握其违法行为时，因受到盘查、教育而主动交代违法行为的等，一般都认为是主动投案。不论行为人出于何种原因、何种形式，主动投案的实质是违法行为人主动到公安机关接受处理。行为人主动投案，就是有了一定的悔改表现，而且也为公安机关节省了办案的资源。二是违法行为人要向公安机关"如实陈述自己的违法行为"。行为人主动投案以后，必须如实陈述其违法行为，包括具体的时间、地点、当事人以及作案手段等。如果有些细节或者事实行为人确实记不清了或者记错了，只要不是有意隐瞒，基本事实和主要情节如实说清楚了，还是应当认定为如实陈述了违法行为。有的违法行为人为了逃避打击，投案以后采取种种手段隐瞒真相、避重就轻或者只供述一部分违法事实，企图蒙混过关的，则不属于本项规定的"如实陈述"。只有同时符合上述两个条件的，公安机关才可以依照本法规定，对行为人从轻、减轻处罚或者不予处罚。

第六，有立功表现的。这里规定的"立功表现"，主要是指违法行为人在实施违法行为后，有揭发其他人员违法犯罪事实，阻止他人的违法犯罪活动，以及对国家和社会有其他突出贡献等情况。《行政处罚法》第三十二条规定，对于配合行政机关查处违法行为有立功表现的，应当从轻或者减轻处罚。《刑法》第六十八条也规定，犯罪分子有揭发他人犯罪行为，查证属实的，或者提供重要线索，从而得以侦破其他案件等立功表现的，可以从轻或者减轻处罚；有重大立功表现的，可以减轻或者免除处罚。本项规定与这些法律规定的精神是一致的，既给了违法行为人改过自新的机会，也有利于打击其他各类违法犯罪活动。

最后，关于从轻、减轻的含义。从轻处罚，是指公安机关在法定的处罚种类和处罚幅度内，对违反治安管理行为人在几种可能的处罚种类内选择较轻的种类或者在一种处罚种类的幅度内选择较低的数额进行处罚。

减轻处罚，是指公安机关在法定的处罚种类和处罚幅度最低限以下，对违反治安管理行为人进行处罚。包括选择比法定处罚种类轻的处罚，以及在法定的处罚幅度最低限以下实施处罚。《公安机关执行〈中华人民共和国治安管理处罚法〉有关问题的解释（二）》（公通字〔2007〕1号）第四条对减轻处罚作了具体规定：（1）法定处罚种类只有一种，在该法定处罚种类的幅度以下减轻处罚；（2）法定处罚种类只有一种，在该法定处罚种类的幅度以下无法再减轻处罚的，不予处罚；（3）规定拘留并处罚款的，在法定处罚幅度以下单独或者同时减轻拘留和罚款，或者在法定处罚幅度内单处拘留；（4）规定拘留可以并处罚款的，在拘留的法定处罚幅度以下减轻处罚；在拘留的法定处罚幅度以下无法再减轻处罚的，不予处罚。

实践中需要注意的问题

在该条的理解适用中，需要注意以下几个方面的问题：

第一，关于不予处罚后的违法所得及非法财物处置。《公安机关执行〈中华人民共和国治安管理处罚法〉有关问题的解释》（公通字〔2006〕12号）第三条规定，公安机关对依法不予处罚的违反治安管理行为人，有违法所得的，应当依法予以追缴；有非法财物的，应当依法予以收缴。《治安管理处罚法》对违反治安管理行为的追究时效作了明确规定，公安机关对超过追究时效的违反治安管理行为不再处罚，但有违禁品的，应当依法予以收缴。

第二，关于依法不予处罚的还应当对当事人进行教育。本法第六条第三款规定了办理治安案件应当坚持教育与处罚相结合的原则，要充分释法说理，教育公民、法人或者其他组织自觉守法。依法不予处罚的前提是行为人有违法行为，破坏了正常的社会管理秩序。对于公安机关而言，其有维护社会管理秩序，保护公民、法人和其他组织合法权益的职责，即便行为人存在违法情节轻微等情形，不需要通过治安处罚来惩戒，但也不能对违法行为放任不管，应当指出并纠正行为人的违法行为，教育、督促其守法，避免违法行为再次发生。对于行为人而言，其违法行为符合法定情形可以不予治安处罚，但守法义务不能免除，应当听从公安机关的教育督促。通过充分释法说理，教育违法行为人及其他相关当事人更好地了解法律、自觉遵守法律。

第三，关于实践中的适用。本法第六条规定了过罚相当原则。本条关于从轻、减轻或者不予处罚的规定就是过罚相当原则的具体体现，有相应情形的，"应当"予以从轻、减轻或者不予处罚。在办理具体案件过程中，要注意根据违反治安管理行为的基本事实，综合考虑违反治安管理行为的对象、后果、数额、次数、行为人主观恶意程度，以及从重、从轻、减轻等法定裁量情节，作出具体的处罚决定。

◐ 相关规定

《中华人民共和国刑法》第六十八条；《中华人民共和国行政处罚法》第三十二条、第三十三条；《公安机关执行〈中华人民共和国治安管理处罚法〉有关问题的解释》第三条；《公安机关执行〈中华人民共和国治安管理处罚法〉有关问题的解释（二）》第四条

第二十一条 违反治安管理行为人自愿向公安机关如实陈述自己的违法行为，承认违法事实，愿意接受处罚的，可以依法从宽处理。

◐ 条文主旨

本条是关于自愿如实陈述，承认违法事实并愿意接受处罚的，可以依法从宽处理的规定。

◐ 立法背景

本条是 2025 年修订《治安管理处罚法》时新增的规定。本条规定与本法第二十条增加"从轻"处罚的幅度一并作为完善治安案件处罚裁量体系的一部分。具体来说，本条主要是为了贯彻本法第六条规定的过罚相当、教育与惩罚相结合原则，增加可以根据个案情况对认错认罚的违法行为人依法予以从宽处理的条款。认错认罚从宽处理，更强调违法行为人的认错悔改态度，更有利于其接受教育，取得被侵害人的谅解，节约执法成本，并有利于被侵害人得到合理赔偿。本条的规定，吸收了实践中的一些探索性做法，参考了《刑事诉讼

法》关于认罪认罚从宽制度的规定，增加了治安领域的自愿如实陈述、承认违法事实、愿意接受处罚，可以依法从宽的规定。

● 条文释义

本条是关于自愿如实陈述，承认违法事实并愿意接受处罚的，可以依法从宽处理的规定。本条包含以下几个方面的内容：

第一，违法行为人应当自愿向公安机关如实陈述自己的违法行为、承认违法事实，即"认错"。"自愿"强调行为人主观上出于本人意愿，未受强迫，是主动行为。"如实陈述"则表示行为人如实陈述其违法行为，包括具体的时间、地点、当事人以及作案手段等。如果有些细节或者事实行为人确实记不清了或者记错了，只要不是有意隐瞒，基本事实和主要情节如实说清楚了，还是应当认定为如实陈述了违法行为的。有的违法行为人为了逃避打击，投案以后采取种种手段隐瞒真相、避重就轻、作虚假陈述或者只供述一部分违法事实，企图蒙混过关的，不属于本条规定的如实陈述。本条规定的行为人"自愿向公安机关如实陈述自己的违法行为"，不区分是主动投案还是被抓捕归案。"承认违法事实"主要是指对公安机关已经掌握并指出的违法事实，明确主动表示承认。对于实践中不主动供述自己的违法行为，既不承认也不否认公安机关已经掌握的违法事实的，一般不宜认定为本条规定的"认错"。

第二，违法行为人愿意接受处罚，即"认罚"。也就是说行为人明确表示愿意接受公安机关给予的治安处罚。在实践中，也有违法行为人认错悔改、表示愿意接受处罚。但这与本条规定的认错认罚从宽中的"认罚"不一样。本条规定的"认罚"是指违法行为人对公安机关根据其违法行为、事实、情节、危害后果以及认错悔改、赔偿或者和解等情况综合考虑后给予的治安处罚，表示明确接受。特别是对于需要民事赔偿的案件，违法行为人往往接受公安机关调解，这有利于被侵害人依法及时获得赔偿，化解矛盾纠纷。

第三，符合上述情形的，可以依法从宽处理。这里规定的是"可以"，也就是一般予以从宽，同时，根据个案具体情况，从宽有违公平公正和过罚相当原则的，也可以不从宽，具体由公安机关在执法过程中依据案件整体情况和裁量情节依法办理。"从宽处理"，一方面，是指实体上的从宽，包括从轻、减轻处罚或者不予处罚，但在具体适用上应当根据本法其他相关规定，结合具体案件情况适用，要做到过罚相当。另一方面，"从宽处理"还包括程序上的从宽。即对认错认罚违法行为人适用快速办理措施。《公安机关办理行政案件程序规定》第四十条规定，对不适用简易程序，但事实清楚，违法嫌疑人自愿认错认罚，且对违法事实和法律适用没有异议的行政案件，公安机关可以通过简化取证方式和审核审批手续等措施快速办理。第四十六条第二款规定，对快速办理的行政案件，公安机关可以采用口头方式履行处罚前告知程序，由办案人民警察在案卷材料中注明告知情况，并由被告知人签名确认。

● 实践中需要注意的问题

在该条的理解适用中，需要注意以下几个方面的问题：

第一，要适用本条规定的认错认罚从宽处理，必须有"认错"和"认罚"两个方面的态度和行为。只有其中一个方面的因素，如违法行为人只有主动投案并向公安机关如实陈述自己违法行为的情节的，只能依照本法第二十条的规定处理，不构成本条规定的认错认罚。

第二，本条在具体适用中要注意，虽然在办案程序上可以按照《公安机关办理行政案件程序规定》等有关规定从快处理，但法律规定的办案程序不能省略，在执法办案过程中必须尊重和保障人权、公正执法，充分听取当事人意见。即这类案件在工作机制上可以适当简化，但法律程序不能省，尤其要注意不符合本法规定的一人执法条件的，不能随意适用。

● 相关规定

《中华人民共和国刑事诉讼法》第十五条；《公安机关办理行政案件程序规定》第四十条、第四十六条

第二十二条　违反治安管理有下列情形之一的，从重处罚：
（一）有较严重后果的；
（二）教唆、胁迫、诱骗他人违反治安管理的；
（三）对报案人、控告人、举报人、证人打击报复的；
（四）一年以内曾受过治安管理处罚的。

● 条文主旨

本条是关于违反治安管理应当从重处罚的情形的规定。

● 立法背景

1. 2005年《治安管理处罚法》的规定。第二十条规定："违反治安管理有

下列情形之一的，从重处罚：（一）有较严重后果的；（二）教唆、胁迫、诱骗他人违反治安管理的；（三）对报案人、控告人、举报人、证人打击报复的；（四）六个月内曾受过治安管理处罚的。"违反治安管理的，应当依法处罚。2005年《治安管理处罚法》第五条第一款规定，治安管理处罚必须以事实为依据，与违反治安管理行为的性质、情节以及社会危害程度相当。这就是说，对违法行为人处罚的轻重要根据其过错的程度来决定，该轻的轻，该重的重，以达到教育违法行为人的目的。2005年《治安管理处罚法》根据过罚相当原则，规定了一系列从轻、减轻处罚或者不予处罚的情形。本条考虑到行为人的行为特征、行为后果、主观故意、社会危害等因素，规定了几种应当从重处罚的情形，都是违反治安管理行为的性质比较恶劣、情节比较严重、社会危害较大的情形。

2. 2025年修订后的《治安管理处罚法》的规定。主要作了一处修改，将"六个月内曾受过治安管理处罚的"修改为"一年以内曾受过治安管理处罚的"。在审议过程中，有的意见提出，有些违法行为人具有违法恶习，屡罚屡犯，应当从重处罚，原来规定的六个月间隔期限偏短，建议适当延长或者修改为"一年内受到两次以上治安管理处罚的"。考虑到实践中对于受过治安管理处罚，在一年以内又违反治安管理的，确属于屡教不改，表明行为人主观上有较深的违法习性，应当从重处罚，故作出修改。这样修改延长了再次违法的间隔期限，体现了对此类再违法行为人从严处罚的精神。

● **条文释义**

本条是关于违反治安管理应当从重处罚的情形的规定。本条规定的"从重处罚"，是指公安机关根据行为人违反治安管理的行为确定应当给予的治安管理处罚，在这一档处罚幅度内给予较重或者最重的处罚。本条规定要从重处罚的情形主要有以下四种：

第一，有较严重后果的。"较严重后果"，是指违反治安管理的行为造成了比较严重的现实危害后果，如较严重扰乱了社会秩序，较严重妨害了公共安全，对他人人身、财产权利造成较严重危害，较严重妨害了社会管理秩序等。违反治安管理造成的后果越严重，其社会危害性越大，应当予以从重处罚。

第二，教唆、胁迫、诱骗他人违反治安管理的。教唆、胁迫、诱骗他人违反治安管理的人，不但自己有违反治安管理的故意，而且还采取教唆、胁迫、诱骗等手段，使原本没有违反治安管理故意的人成为危害社会的违法行为人，这种行为表明行为人的主观恶性较大，应当予以从重处罚，以教育公民更好地维护社会治安秩序。其中，"教唆他人违反治安管理"，是指唆使、怂恿他人实施违反治安管理的行为；"胁迫他人违反治安管理"，是指对他人进行威胁、恐吓等精神强制，使他人不敢不实施违反治安管理的行为；"诱骗他人违反治安管理"是指以编造信息、隐瞒后果等手段，诱导、欺骗他人实施违反治安管理的行为。本法第十七条第二款还规定，教唆、胁迫、诱骗他人违反治安管理的，按照其教唆、胁迫、诱骗的行为处罚。

第三，对报案人、控告人、举报人、证人打击报复的。本项规定的"报案人"，是指向司法机关报告发现的违法犯罪事实或者违法犯罪嫌疑人的人，也包括违法犯罪行为的被害人。"举报人"，是指当事人以外的其他知情人向司法机关检举、揭发、报告违法犯罪事实或者违法犯罪嫌疑人。"控告人"，是指被害人及其近亲属或其诉讼代理人，对侵害被害人合法权益的违法犯罪行为向司法机关告诉，要求追究侵害人法律责任。"证人"，是指知道案件全部或者部分真实情况，以自己的证言作为证据揭露违法犯罪行为的人。这里规定的"打击报复"的形式是多样的，既包括对报案人、控告人、举报人、证人的人身、财产的损害，也包括对他们精神上的折磨，如进行暴力伤害、利用职权辞退以及当众侮辱等。报案人、控告人、举报人、证人都是在维护自己的合法权利或者利用自己的合法权利揭露违法犯罪，这既是公民的权利，也是公民的责任，有利于打击违法犯罪行为，维护社会的治安秩序，对他们进行打击报复，不仅是侵犯了他们合法的人身、财产等权利，也妨害了司法机关打击违法犯罪的司法活动，其社会影响恶劣，不利于弘扬社会正气，因而必须予以从重处罚。1986年《治安管理处罚条例》只规定了对检举人、证人打击报复的，可以从重处罚。本法规定，对报案人、控告人、举报人、证人打击报复的，应当从重处罚，加大了对公民的保护范围和保护力度。应当注意的是，《刑法》第三百零八条规定了打击报复证人罪，对证人作了特殊保护，规定对证人进行打击报复的，处三年以下有期徒刑或者拘役；情节严重的，处三年以上七年以下有期徒刑。对于不构成犯罪的违法行为，应当依照本条规定从重予以治安处罚。

第四，一年以内曾受过治安管理处罚的。刚刚受过治安管理处罚，在一年以内又违反治安管理，属于屡教不改，应当从重处罚。"一年以内"包含本数，例如，上一次被依法给予治安处罚的时间是 2023 年 3 月 31 日，当天开始计算，截至 2024 年 3 月 30 日当天，其间再被依法给予治安处罚的，仍然适用本条规定。

● **实践中需要注意的问题**

在该条的理解适用中，需要注意以下几个方面的问题：

第一，本条规定的从重处罚情形是普遍适用于所有违反治安管理的行为的，但并不是说只有本条规定的四种情形才应当从重处罚。本法在"妨害社会管理的行为和处罚"一节中还规定了几种应当从重处罚的具体违法行为。例如，第六十一条中规定，阻碍人民警察依法执行职务的，从重处罚；第六十二条中规定，冒充军警人员招摇撞骗的，从重处罚；第八十条中规定，淫秽物品或者淫秽信息中涉及未成年人的，从重处罚；第八十一条中规定，组织未成年人进行淫秽表演、参与聚众淫乱等活动的，从重处罚；第八十四条中规定，聚众、组织吸食、注射毒品的，对首要分子、组织者依照该条第一款规定从重处罚。

第二，关于实践中的适用。本法第六条规定了过罚相当原则。本条关于从重处罚的规定就是过罚相当原则的具体体现，有相应情形的，"应当"予以从重处罚。在办理具体案件过程中，要注意根据违反治安管理行为的基本事实，综合考虑违反治安管理行为的对象、后果、数额、次数、行为人主观恶意程度，以及从重、从轻、减轻等法定裁量情节，作出具体的处罚决定。

● **相关规定**

《中华人民共和国刑法》第三百零八条

第二十三条 违反治安管理行为人有下列情形之一，依照本法应当给予行政拘留处罚的，不执行行政拘留处罚：

（一）已满十四周岁不满十六周岁的；

（二）已满十六周岁不满十八周岁，初次违反治安管理的；

（三）七十周岁以上的；

（四）怀孕或者哺乳自己不满一周岁婴儿的。

前款第一项、第二项、第三项规定的行为人违反治安管理情节严重、影响恶劣的，或者第一项、第三项规定的行为人在一年以内二次以上违反治安管理的，不受前款规定的限制。

● **条文主旨**

本条是关于不执行行政拘留处罚的情形与例外的规定。

◐ 立法背景

1. 2005年《治安管理处罚法》的规定。第二十一条规定:"违反治安管理行为人有下列情形之一,依照本法应当给予行政拘留处罚的,不执行行政拘留处罚:(一)已满十四周岁不满十六周岁的;(二)已满十六周岁不满十八周岁,初次违反治安管理的;(三)七十周岁以上的;(四)怀孕或者哺乳自己不满一周岁婴儿的。"

2005年《治安管理处罚法》在《治安管理处罚条例》的基础上新增加不执行行政拘留的情形。这一规定是体现对未成年人、老年人及怀孕、哺乳的妇女等特殊群体的特殊保护,体现教育、惩罚、感化、挽救,是人道主义的彰显。具体规定了四类不予行政拘留处罚的情形:一是已满十四周岁不满十六周岁的。作出这一规定侧重的是对未成年人的保护,也是出于对未成年人责任承担能力的考虑。一般来说,承担责任,要求行为人对其行为及后果有意识和意志能力,也就是能认识到自己行为的性质和后果并能控制自己的行为。只有人在能意识到自己行为的性质和后果,并出于自主的意志而选择去做这种行为,要求他对其行为及后果承担责任才是适当的。人的意识和意志能力,即辨别和控制能力是随着人的年龄、智力的发育而逐渐成熟的,已满十四周岁未满十六周岁的人还处于未成年阶段,其责任能力还有所欠缺,排除一些较为严厉的制裁措施的执行,有利于未成年人的成长。二是已满十六周岁不满十八周岁,初次违反治安管理的。这样规定同样是基于对未成年人的保护。相对于已满十四周岁不满十六周岁的人来说,已满十六周岁不满十八周岁的人对行为性质及其后果的认识和控制能力有所提高,但和已经年满十八周岁的成年人相比还是有差距的。另外,考虑到不满十八周岁的人一旦被公安机关执行拘留处罚,对其本人的心理、周围的人对他的评价和他今后的人生发展会产生比较负面的影响。因此,本法规定对这一部分人,初次违反治安管理的,不执行行政拘留的处罚。三是七十周岁以上的。这一规定主要是出于人道主义的考虑。年迈的人大多身体较弱,若处以行政拘留,在自由被剥夺的情况下,可能不利于其身体健康或存在其他隐患,造成不利后果。四是怀孕或者哺乳自己不满一周岁婴儿的。这一规定也是出于人道主义的考虑,体现了我国立法保护妇女儿童权益的一贯立场。这一规定也与我国《刑法》精神一致,《刑法》第四十九条第一款规定:"犯罪的时候不满十八周岁的人和审判的时候怀孕的妇女,不适用死刑。"婴儿在哺乳期对母亲具有生理与精神的双重需求,妇女在孕期及哺乳期也需要特殊的保护，若处以行政拘留，被限制自由，其身心健康必然会受到较为不利的影响，进而影响胎儿的发育和安全以及婴儿的健康成长。

在2005年本法制定的过程中，草案曾规定对上述人群不执行行政拘留，依法应当给予行政拘留处罚的，按照每日200元的标准将行政拘留折处罚款。考虑到该规定所针对的对象并非普通人群，而是老、弱、幼、孕、产妇等特殊对象，很多并无经济能力，从有利于教育本人和人道主义考虑，经反复研究，法律最终没有采纳草案关于按照每日200元的标准将行政拘留折处罚款的规定，而是直接规定对上述人群不执行行政拘留。

2. 2025年修订后的《治安管理处罚法》的规定。在原有规定基础上，增加第二款规定不执行行政拘留的例外情形，即"前款第一项、第二项、第三项规定的行为人违反治安管理情节严重、影响恶劣的，或者第一项、第三项规定的行为人在一年以内二次以上违反治安管理的，不受前款规定的限制"。增加这一规定主要考虑：一是关于未成年人不予执行拘留的例外规定。近些年，低龄未成年人违法犯罪时有发生，引起社会广泛关注，个别地区部分未成年人屡次实施违法行为，而未受到应有的惩罚和教育，甚至产生负效应，部分未成年人利用法律上的年龄"空子"多次实施违法行为，屡教不改。还有部分利用未成年人不执行拘留的"空子"教唆、诱骗未成年人实施违法行为，不仅给未成年人造成误导，认为"违法不罚"，也不利于未成年人身心健康成长。大量案件表明，大多数未成年人实施犯罪行为前，已经开始频繁实施违法行为，且没有得到及时有效的干预。立法中有不少建议提出针对实践情况，对于这些少数未成年人不能"一放了之"，有必要严加管教，既是教育警示也是挽救保护，可以更及时有效地预防未成年人实施犯罪行为。立法调研中也有不少相关治理建议，如降低处罚门槛、降低处罚年龄等，结合实践情况和现有立法规定，对已满十四周岁不满十六周岁的以及已满十六周岁不满十八周岁初次违反治安管理，情节严重、影响恶劣的以及已满十四周岁不满十六周岁，一年以内二次以上违反治安管理的，作出不受"不执行行政拘留处罚"的限制的规定。二是关于七十周岁以上的老年人不予执行拘留的例外规定。近些年发生一些老年人实施违法行为情节恶劣的案件，造成不良社会影响。审议过程中也有意见提出，随着生活水平和平均寿命的提高，对于特定情形下老年人实施的违法行为也要严加惩治。综合考虑实践情况和各方意见，在条文中增加七十周岁以上的违反治安管理情节严重、影响恶劣的以及一年以内二次以上违反治安管理的，明确了不受"不执行行政拘留处罚"的限制。

● 条文释义

本条共分两款。第一款是关于对已满十四周岁不满十六周岁、已满十六周岁不满十八周岁初次违反治安管理、七十周岁以上以及怀孕或者哺乳自己不满一周岁婴儿的违反治安管理行为人，依照本法应当给予行政拘留处罚的，不执行行政拘留处罚的规定。

本款包含以下几个方面的内容：

第一，本款中根据未成年人的认知能力等将未成年人作出区分，包括"已满十四周岁不满十六周岁"和"已满十六周岁不满十八周岁"。在民事责任和刑事责任的承担上，对未成年人都有特殊的规定。本法中在未成年人承担责任年龄的划分上与《刑法》基本保持一致。《刑法》第十七条中规定："已满十六周岁的人犯罪，应当负刑事责任。已满十四周岁不满十六周岁的人，犯故意杀人、故意伤害致人重伤或者死亡、强奸、抢劫、贩卖毒品、放火、爆炸、投放危险物质罪的，应当负刑事责任。"作为行政责任制裁措施之一的行政拘留在执行对象上排除一部分未成年人，也是出于同样的考虑。"教育、感化、挽救"，是我国对违法犯罪未成年人的基本方针。在对未成年人的责任归结上，教育挽救是目的。这种责任承担上的限制也有利于给智力发育尚未成熟的未成年人更多改过自新的机会，避免行政拘留处罚对其成长可能造成的不利影响，拘留处罚对这些人今后成长的负面影响减少到最低，但又能通过给予治安拘留处罚但不实际执行的方式，对其起到教育作用。

第二，对于"已满十六周岁不满十八周岁"的未成年人，初次违反治安管理的不予行政拘留。相比"已满十四周岁不满十六周岁"，这个年龄的未成年人通常已进入高中学习，具有相对较高的认知能力，仅对于初次违反不予拘留，是给未成年人一次反省和改过的机会。如果不思改正，不吸取教训，再次违反治安管理，又应当治安拘留的，就应依法执行行政拘留处罚。

对于"初次违反治安管理"的理解，可以参考 2007 年《公安机关执行〈中华人民共和国治安管理处罚法〉有关问题的解释（二）》第五部分规定："初次违反治安管理"是指行为人的违反治安管理行为第一次被公安机关发现或者查处。但具有下列情形之一的，不属于"初次违反治安管理"：(1) 曾违反治安管理，虽未被公安机关发现或者查处，但仍在法定追究时效内的；(2) 曾因不满十六周岁违反治安管理，不执行行政拘留的；(3) 曾违反治安管理，经公安机关调解结案的；(4) 曾被收容教养、劳动教养的；(5) 曾因实施扰乱公共秩序，妨害公共安全，侵犯人身权利、财产权利，妨害社会管理的行为被人民法院判处刑罚或者免除刑事处罚的。

第三，关于"不执行行政拘留处罚"。不执行行政拘留处罚，不是不给予处罚。对第一款中的四种情形，公安机关根据本法具体条文的规定应当给予其行政拘留处罚的，仍然应当依法决定予以行政拘留处罚，只是该行政拘留不实际执行。"给予行政拘留处罚"体现的是对行为人所实施的违反治安管理行为的否定性评价，处罚是手段，是为了实现惩罚和教育的目的，不实际执行是对上述四种对象的特殊保护。

2006年发布的《公安机关执行〈中华人民共和国治安管理处罚法〉有关问题的解释》，其中第五部分关于不执行行政拘留处罚问题规定，对"已满十四周岁不满十六周岁的"，"已满十六周岁不满十八周岁，初次违反治安管理的"，"七十周岁以上的"，"怀孕或者哺乳自己不满一周岁婴儿的"违反治安管理行为人，可以依法作出行政拘留处罚决定，但不投送拘留所执行。被处罚人居住地公安派出所应当会同被处罚人所在单位、学校、家庭、居（村）民委员会、未成年人保护组织和有关社会团体进行帮教。上述未成年人、老年人的年龄、怀孕或者哺乳自己不满1周岁婴儿的妇女的情况，以其实施违反治安管理行为或者正要执行行政拘留时的实际情况确定，即违反治安管理行为人在实施违反治安管理行为时具有上述情形之一的，或者执行行政拘留时符合上述情形之一的，均不再投送拘留所执行行政拘留。

第二款是关于"前款第一项、第二项、第三项规定的行为人违反治安管理情节严重、影响恶劣的，或者第一项、第三项规定的行为人在一年以内二次以上违反治安管理的，不受前款规定的限制"的规定。

第一，根据本款规定，"不受前款规定的限制"的情形主要为两类。一种是对于未成年人、老年人违反治安管理"情节严重、影响恶劣的"不受违反行为次数限制，可以给予行政拘留处罚，特别是对于已满十四周岁不满十八周岁的未成年人，即使第一次违反治安管理，如果情节严重、影响恶劣的，也可以给予行政拘留处罚。另一种是对于已满十四周岁不满十六周岁的未成年人，和七十周岁以上的老人原则上先给予一次教育改正的机会，实施二次以上违反治安管理行为时可以予以行政拘留。

关于"不受前款规定的限制"的理解。"不受前款规定的限制"是指不受第一款中"依照本法应当给予行政拘留处罚的，不执行行政拘留处罚"的限制，即对于符合第二款情形的，可以执行行政拘留处罚。另外，根据本法第一百一十七条的规定，对可能执行行政拘留的未成年人，应当告知违反治安管理行为人和监护人有权要求举行听证；违反治安管理行为人和监护人要求听证的，公安机关应当及时依法举行听证。

第二，关于"情节严重、影响恶劣"。"情节严重"主要包括违法行为手段、侵害对象等情节反映出严重的社会危害性；或者主观恶性强、不知悔改等；或者给他人的人身、财产或者社会公共利益造成严重损害结果等。"影响恶劣"主要包括行为人的行为造成较大社会影响，各方面反应强烈等。

第三，"一年以内二次以上违反治安管理"是指实施了两次以上违反治安管理的行为。这里的"二次以上"应包括本数，即第二次实施违反治安管理行为时就符合规定的情形。对于"二次以上违反治安管理"的理解，可以结合2007年《公安机关执行〈中华人民共和国治安管理处罚法〉有关问题的解释（二）》对不属于"初次违反治安管理"综合认定，如：（1）一年内曾违反治安管理，未被公安机关发现或者查处，此后再次实施违反治安管理行为被发现的。（2）一年内第一次实施违反治安管理行为时不满十六周岁，不执行行政拘留，此后又实施违反治安管理行为。（3）一年内曾违反治安管理，经公安机关调解结案，此后又实施违反治安管理行为的。（4）一年内曾因实施扰乱公共秩序，妨害公共安全，侵犯人身权利、财产权利，妨害社会管理的行为被人民法院判处刑罚或者免除刑事处罚，此后又实施违反治安管理行为的。

● 实践中需要注意的问题

在该条的理解适用中，应当注意以下四个方面的问题：

第一，未成年人年龄是决定是否对行为人适用行政拘留的界限，在实践中应当一律按照公历年、月、日计算实足年龄，即过了周岁生日，才认为已满十四周岁或者十六周岁。

第二，公安机关在办理"已满十四周岁不满十六周岁"未成年人违反治安管理案件时，应根据2007年《公安机关执行〈中华人民共和国治安管理处罚法〉有关问题的解释（二）》查明未成年人是否属于"初次违反治安管理"，特别是对于曾违反治安管理，未被公安机关发现或者查处，但仍在法定追究时效内的情况，应认定为违反治安管理的行为，因为缺少文书等实践中通常被忽略，要予以重视。

第三，对于本条中不予拘留的，可以适用其他教育和处罚措施。例如，本法第二十四条同时规定，对依照本法第二十三条规定不执行行政拘留处罚的未成年人，公安机关依照《预防未成年人犯罪法》的规定采取相应矫治教育等措施。对七十周岁以上以及怀孕或者哺乳自己不满一周岁婴儿的人违反治安管理行为不执行行政拘留处罚，并不意味着免除他的责任，还可以对其采取其他更为合适的处罚方式及承担其他法律责任。

第四，本条在适用对象上涉及未成年人、老年人、怀孕及哺乳的妇女等特殊群体，本条规定的适用决定了是否给予拘留处罚，直接涉及对公民人身自由的限制，在适用中要把握好教育与惩治，查处违法与权利保护的平衡。

相关规定

《公安机关执行〈中华人民共和国治安管理处罚法〉有关问题的解释（二）》第五部分

第二十四条 对依照本法第十二条规定不予处罚或者依照本法第二十三条规定不执行行政拘留处罚的未成年人，公安机关依照《中华人民共和国预防未成年人犯罪法》的规定采取相应矫治教育等措施。

条文主旨

本条是关于对依照本法不予处罚或者不执行行政拘留处罚的未成年人采取矫治教育等措施的规定。

立法背景

2005年《治安管理处罚法》未作出规定。近年来，未成年人违法犯罪呈现上升趋势，少数未成年人缺乏对违法行为危害后果的认识，法律意识淡薄，利用"年龄优势"多次实施违法行为，有的由于没有得到及时干预，转为实施犯罪行为，酿成恶果。实践表明，多数实施违法犯罪行为的未成年人缺少家庭和学校的教育管理，有的父母常年外出打工、有的父母离异随长辈生活、有的早年辍学。对于这部分未成年人实施违法行为，要给予必要的教育警示，才能真正起到教育、挽救的作用，避免其走向严重违法甚至犯罪的道路。本法第十二条规定，不满十四周岁的人违反治安管理的，不予处罚。第二十三条第一款中规定，对已满十四周岁不满十六周岁和已满十六周岁不满十八周岁，初次违反治安管理的不执行行政拘留处罚。对于这部分未成年人虽然不予处罚，不执行拘留处罚，但应当给予及时干预和教育。对未成年人教育矫治是引导未成年人回归家庭、学校和社会的重要保障。2020年12月，十三届全国人大常委会第二十四次会议通过了修订的《预防未成年人犯罪法》，对未成年人实施违法犯罪采取了分级预防措施，可以进行矫治教育、专门教育等，通过教育、保护、干预相结合的方式，减少未成年人违法犯罪。本法新增这一规定，一方面和《预防未成年人犯罪法》衔接，另一方面旨在通过采取矫治教育等措施，加强对未成年人的教育和保护。矫治教育措施也与我国一贯对于未成年人违法犯罪实行教育、感化、挽救方针和教育为主、惩罚为辅原则相符合。

● 条文释义

本条对依照本法第十二条规定不予处罚或者依照本法第二十三条规定不执行行政拘留处罚的未成年人，公安机关依照《预防未成年人犯罪法》的规定采取相应矫治教育等措施作了规定。

本条包含以下几个方面的内容：

第一，本条采取教育矫治措施的对象包括两类，即依照本法第十二条规定不予处罚或者依照本法第二十三条规定不执行行政拘留处罚的未成年人。依据本法第十二条不予处罚的未成年人，主要是指不满十四周岁的人违反治安管理，不予处罚的。不满十四周岁的未成年人实施违反治安管理的行为，虽然不予处罚，但这个年龄段的未成年人处在世界观、人生观、价值观的形成阶段，要及时给予教育引导。另一类是第二十三条第一款中规定的，已满十四周岁不满十六周岁和已满十六周岁不满十八周岁且初次违反治安管理不执行行政拘留处罚的未成年人。对这一类未成年人不执行行政拘留处罚，并不意味着放任不管，公安机关应当依照《预防未成年人犯罪法》的规定采取相应矫治教育等措施。

第二，公安机关依法采取矫治教育等措施。根据本法采取矫治教育等措施的主体是公安机关。《预防未成年人犯罪法》赋予家庭、学校、社会、公安机关等对于实施不良行为等未成年人的管教责任。本法作为治安管理方面的专门法律，进一步明确主管部门即公安机关对于实施违反治安管理行为的未成年人采取矫治教育措施的责任。

第三，关于矫治教育措施的理解。矫治教育包括教育和矫正，是帮助未成年人回归和适应社会的各种管理、教育、惩戒等总的措施，通过教育和培训等帮助他们认识错误、树立正确的价值观和行为准则。《预防未成年人犯罪法》根据危害程度不同，将未成年人实施不利于其健康成长的行为区分为不良行为和严重不良行为，分别规定了不同的教育和干预措施。

一是，对于本条中的未成年人，公安机关根据《预防未成年人犯罪法》的规定，可以责令其父母或者其他监护人消除或者减轻违法后果，采取措施严加管教；也可以根据具体情况，采取不同的矫治教育措施；必要时，教育行政部门会同公安机关可以决定将其送入专门学校接受专门教育。《预防未成年人犯罪法》第三十八条将严重不良行为分为两类，一类是未成年人实施的有刑法规定、因不满法定刑事责任年龄不予刑事处罚的行为；另一类是其他严重危害社会的行为。具体包括：（1）结伙斗殴，追逐、拦截他人，强拿硬要或者任意损毁、占用公私财物等寻衅滋事行为；（2）非法携带枪支、弹药或者弩、匕首等国家规定的管制器具；（3）殴打、辱骂、恐吓，或者故意伤害他人身体；（4）盗窃、哄抢、抢夺或者故意损毁公私财物；（5）传播淫秽的读物、音像制品或者信息等；（6）卖淫、嫖娼，或者进行淫秽表演；（7）吸食、注射毒品，或者向他人提供毒品；（8）参与赌博赌资较大；（9）其他严重危害社会的行为。

对于未成年人实施违反治安管理的上述行为，根据《预防未成年人犯罪法》第四十条的规定，公安机关应当及时制止，依法调查处理，并可以责令其父母或者其他监护人消除或者减轻违法后果，采取措施严加管教。

根据《预防未成年人犯罪法》第四十一条规定，对有严重不良行为的未成年人，公安机关可以根据具体情况，采取以下矫治教育措施：（1）予以训诫；（2）责令赔礼道歉、赔偿损失；（3）责令具结悔过；（4）责令定期报告活动情况；（5）责令遵守特定的行为规范，不得实施特定行为、接触特定人员或者进入特定场所；（6）责令接受心理辅导、行为矫治；（7）责令参加社会服务活动；（8）责令接受社会观护，由社会组织、有关机构在适当场所对未成年人进行教育、监督和管束；（9）其他适当的矫治教育措施。

还可以对实施违反治安管理行为的未成年人进行专门教育。根据《预防未成年人犯罪法》第四十四条的规定，未成年人有下列情形之一的，经专门教育指导委员会评估同意，教育行政部门会同公安机关可以决定将其送入专门学校接受专门教育：（1）实施严重危害社会的行为，情节恶劣或者造成严重后果；（2）多次实施严重危害社会的行为；（3）拒不接受或者配合本法第四十一条规定的矫治教育措施；（4）法律、行政法规规定的其他情形。

二是，《预防未成年人犯罪法》第二十八条对不良行为作出列举，其中第七项规定"参与赌博、变相赌博，或者参加封建迷信、邪教等活动"。《治安管理处罚法》第八十二条对参与赌博作出规定，第三十一条第一项对"组织、教唆、胁迫、诱骗、煽动他人从事邪教活动、会道门活动、非法的宗教活动或者利用邪教组织、会道门、迷信活动，扰乱社会秩序、损害他人身体健康的"作出规定。对于未成年人实施上述行为违反治安管理行为的，根据《预防未成年人犯罪法》第三十条规定，公安机关应当及时制止，并督促其父母或者其他监护人依法履行监护职责。

● 实践中需要注意的问题

实践中需要注意的是，本条中的矫治教育等措施不包括专门矫治教育。《预防未成年人犯罪法》第四十五条第一款规定，未成年人实施《刑法》规定的行为、因不满法定刑事责任年龄不予刑事处罚的，经专门教育指导委员会评估同意，教育行政部门会同公安机关可以决定对其进行专门矫治教育。专门矫治教育的对象是实施《刑法》规定的行为、因不满法定刑事责任年龄不予刑事处罚的未成年人。本条中矫治教育措施的适用对象是实施违反治安管理行为，不予处罚或者不执行行政拘留的未成年人。

● 相关规定

《中华人民共和国预防未成年人犯罪法》第二十八条、第三十条、第三十八条、第四十条、第四十一条、第四十四条

第二十五条 违反治安管理行为在六个月以内没有被公安机关发现的，不再处罚。

前款规定的期限，从违反治安管理行为发生之日起计算；违反治安管理行为有连续或者继续状态的，从行为终了之日起计算。

● 条文主旨

本条是关于违反治安管理行为追责时效及其计算方法的规定。

● 立法背景

2005 年《治安管理处罚法》的规定。第二十二条规定："违反治安管理行为在六个月内没有被公安机关发现的，不再处罚。前款规定的期限，从违反治安管理行为发生之日起计算；违反治安管理行为有连续或者继续状态的，从行为终了之日起计算。"

对违法犯罪行为的追究时效制度是现代法治国家司法制度的重要组成部

分，体现了法治精神中的公正、效率和人权保障原则。我国相关程序法和实体法中对于追究时效作了不同的规定。与《治安管理处罚法》关系相近的，如《刑法》第四章第八节是关于时效的规定，其中第八十七条根据四类不同法定最高刑的情形，分别规定了相应的追诉时效。第八十九条规定："追诉期限从犯罪之日起计算；犯罪行为有连续或者继续状态的，从犯罪行为终了之日起计算。在追诉期限以内又犯罪的，前罪追诉的期限从犯后罪之日起计算。"《行政处罚法》第三十六条规定："违法行为在二年内未被发现的，不再给予行政处罚；涉及公民生命健康安全、金融安全且有危害后果的，上述期限延长至五年。法律另有规定的除外。前款规定的期限，从违法行为发生之日起计算；违法行为有连续或者继续状态的，从行为终了之日起计算。"法律设置追究时效制度具有积极的现实意义：一是对于未过追究时效的违反治安管理行为，公安机关必须依法追究行为人的法律责任、给予治安管理处罚，体现执法的严肃性。二是六个月的追究时效有利于促使司法机关在规定期限内完成案件办理，节约司法资源，提高司法效率，避免案件办理周期拖延。三是对于已过追究时效的违反治安管理行为，公安机关不再追究行为人的法律责任、给予治安管理处罚，体现了教育与处罚相结合的原则。在法定追究时效内，违反治安管理行为人既然没有再实施新的违反治安管理的行为，说明已经改过自新，不再继续危害社会。这种情况下再通过治安管理处罚来惩罚和警诫行为人已降低或者丧失教育意见。同时，可以使一时违反治安管理但已改过自新的行为人放下思想包袱，安定下来过正常的生活，有利于实现社会和谐稳定。

本条两款分别对违反治安管理行为追究时效及其计算方法作出规定：一是，违反治安管理行为在六个月内没有被公安机关发现的，不再处罚。考虑到违反治安管理行为只是一种违法行为，与刑事犯罪有很大不同，因此，违反治安管理行为的追究时效与《刑法》规定的对犯罪行为的追诉时效相比，期限也较大缩短。违反治安管理行为类型多，案件量大，六个月的追究时效也有利于督促办案机关提高办案效率。二是，规定了追究时效的计算方式，对于第一款规定的期限，从违反治安管理行为发生之日起计算；违反治安管理行为有连续或者继续状态的，从行为终了之日起计算。这一计算方式是目前我国法律责任追究时效普遍采用的计算方式。原则上追究时效的起算是从违反治安管理行为发生之日，对于具有连续或持续状态的违法行为，则从该行为终止时计算。

2025 年修订的《治安管理处罚法》对此条作了修改，即将"六个月内"

修改为"六个月以内",以使表述更为准确。

● 条文释义

本条共分两款。第一款对违反治安管理行为追究时效作了规定,即违反治安管理行为在六个月以内没有被公安机关发现的,不再处罚。

本款包含以下两个方面的内容:

第一,关于"追责时效"。追责时效,又称追诉期,是指追究违反治安管理行为人法律责任的有效期限。追究违反治安管理行为人的责任,必须在法律规定的期限之内。超过了规定的期限,就不能再对违反治安管理行为人追究责任,给予处罚。根据本条的规定,对违反治安管理行为的追究时效为六个月,如果违反治安管理行为在六个月以内没有被公安机关发现的,过了六个月就不再追究和处罚。也就是说,违反治安管理行为发生后的六个月后,公安机关无论在何时发现这一违反治安管理的事实,对当时的违反治安管理行为人都不再给予治安管理处罚。

第二,没有被公安机关发现,是指公安机关没有通过自己的工作发现已经发生的违反治安管理的事实,也没有接到报案人、控告人、举报人对这一违反治安管理事实的报案、控告、举报,同时违反治安管理行为人也没有向公安机关主动投案。因此,关于"被公安机关发现",不能仅仅理解为公安机关直接发现或者由公安机关人民警察亲眼所见,还包括间接发现,如受害人向公安机关报告,单位或者群众举报等。这里的"发现"对象,既包括违反治安管理行为没有被发现,也包括虽然发现了违反治安管理行为,但不知该行为是由何人实施的这两种情形。

第二款对违反治安管理行为追责时效计算方法作了规定。即违反治安管理的期限,从违反治安管理行为发生之日起计算;违反治安管理行为有连续或者继续状态的,从行为终了之日起计算。

第一,一般情况下追究期限的起算时间是从行为发生之日起计算。"行为发生之日"是指违反治安管理行为完成或者停止之日。例如,运输危险物质,在途中用了五天时间,应当从最后一天将危险物质转交给他人开始计算。又如,虐待家庭成员的,实施虐待行为之日即为追究时效的起算点;若发生多次虐待行为的,则属于行为连续状态的计算方式。

第二,特殊情况下的追责期限的起算时间,有两种情形:

(1)违反治安管理行为处于连续状态的,从行为终了之日起计算。也就是说，违反治安管理行为人连续实施同一违反治安管理行为，时效期限从其最后一个行为施行完毕时开始计算。"连续状态"是指违反治安管理行为人在时间间隔较短的一定时期内，基于同一的或者概括性的违法意图，连续实施数个性质相同的违反治安管理行为的情形。如违反治安管理行为人在公共汽车上连续扒窃多人财物或者在较短的时期内连续殴打他人等，应当从最后一个偷窃或者殴打行为实施完毕之日起计算追究时效。

（2）违反治安管理行为处于继续状态的，从违反治安管理行为终了之日起计算。就是所实施的违反治安管理行为在一定时间内处于持续状态的，时效期限自这种持续状态停止的时候开始计算。"继续状态"也就是持续状态，是指行为人实施的同一种违反治安管理行为在一定时期内处于接连不断的状态，没有停止和间断的现象，如非法限制人身自由等。

实践中需要注意的问题

在该条的理解适用中，需要注意以下两个方面的问题：

第一，违反治安管理的行为人在公安机关受理调查后逃避处罚的，追责时效的计算。实践中，经常会发生这样的情况，违反治安管理的行为人在公安机关受理或者调查后，以逃跑、躲藏等方式逃避处罚。在这种情况下，公安机关在此后不论何时发现违法行为人，可以依法对其此前违反治安管理的行为进行处罚，即不受追诉时效的限制。与此类似的情形是，我国《刑法》第八十八条第一款规定，在人民检察院、公安机关、国家安全机关立案侦查或者在人民法院受理案件后，逃避侦查或者审判的，不受追诉期限的限制。但在具体案件中，也要结合行为人的后续表现等综合判断。如违反治安管理行为人逃避处罚后，很长一段时间一直没有再次实施违反治安管理行为，且各方面表现较好，此前违反治安管理的行为情节较轻，也可以考虑不再对此前发生的违反治安管理行为给予行政处罚，适当进行教育。对于违法行为的处罚不是目的，行为人已经改过自新，再回头纠错不放，可能会引发新的矛盾。

此外，对于违反治安管理行为的被害人，在追责时效内向公安机关提出控告，公安机关应当受理而不予受理的，从法理上来说，也不受追究时效的限制。《刑法》第八十八条第二款有相关规定。《公安机关办理行政案件程序规定》第一百五十四条第三款规定，被害人在违法行为追究时效内向公安机关控告，公安机关应当受理而不受理的，不受追究时效的限制。在实践案件处理上，与上述情况类似，也要结合违法行为人各方面表现综合判断，同时这类情形中涉及被害人主动控告,公安机关在作出处理决定时要考虑和客观听取被害人意见。

第二,对于一年内两次实施违反治安管理行为,第一个行为已超过六个月追责时效,第二个违法行为被发现后,能否根据本法第二十二条的规定从重处罚。本法第二十二条关于从重处罚的情形中,第四项规定"一年以内曾受过治安管理处罚的"。第一个违法行为虽然在一年内实施,但若超过六个月追究时效,根据本条第一款规定,不再处罚,也就不属于第二十二条第四项规定的"一年以内曾受过治安管理处罚的"情形。但若是公安机关受理调查后,违法行为人逃避处罚,或者是被害人控告后公安机关应当受理而未受理的情况,六个月内未被公安机关发现,六个月后再次实施违反治安管理行为被发现的,可以对先前违法行为作出处罚,同时根据第二十二条的规定对第二个违法行为再给予从重处罚。

● 相关规定

《中华人民共和国刑法》第八十七条、第八十九条;《中华人民共和国行政处罚法》第三十六条;《公安机关办理行政案件程序规定》第一百五十四条

第三章 违反治安管理的行为和处罚

第一节 扰乱公共秩序的行为和处罚

第二十六条 有下列行为之一的，处警告或者五百元以下罚款；情节较重的，处五日以上十日以下拘留，可以并处一千元以下罚款：

（一）扰乱机关、团体、企业、事业单位秩序，致使工作、生产、营业、医疗、教学、科研不能正常进行，尚未造成严重损失的；

（二）扰乱车站、港口、码头、机场、商场、公园、展览馆或者其他公共场所秩序的；

（三）扰乱公共汽车、电车、城市轨道交通车辆、火车、船舶、航空器或者其他公共交通工具上的秩序的；

（四）非法拦截或者强登、扒乘机动车、船舶、航空器以及其他交通工具，影响交通工具正常行驶的；

（五）破坏依法进行的选举秩序的。

聚众实施前款行为的，对首要分子处十日以上十五日以下拘留，可以并处二千元以下罚款。

● **条文主旨**

本条是关于扰乱机关单位、公共场所、公共交通、选举等秩序的行为和处罚的规定。

● **立法背景**

1. 2005年《治安管理处罚法》的规定。第二十三条规定："有下列行为之一的，处警告或者二百元以下罚款；情节严重的，处五日以上十日以下拘留，可以并处五百元以下罚款：（一）扰乱机关、团体、企业、事业单位秩序，致使工作、生产、营业、医疗、教学、科研不能正常进行，尚未造成严重损失的；（二）扰乱车站、港口、码头、机场、商场、公园、展览馆或者其他公共场所秩序的；（三）扰乱公共汽车、电车、火车、船舶、航空器或者其他公共交通工具上的秩序的；（四）非法拦截或者强登、扒乘机动车、船舶、航空器以及其他交通工具，影响交通工具正常行驶的；（五）破坏依法进行的选举秩序的。聚众实施前款行为的，对首要分子处十日以上十五日以下拘留，可以并处一千元以下罚款。"

一是，对扰乱机关、团体、企业、事业单位秩序的行为和处罚作出规定，这一规定主要是维护单位的正常秩序。二是，车站、港口、码头、机场、商场、公园等通常是人群密集场所，易发生事故，如果秩序遭到破坏，不仅妨害公民在公共场所活动的正常进行，甚至可能造成公民人身和财产利益上的损害。为维护公共场所秩序和安全，对扰乱车站、港口、码头、机场、商场、公园、展览馆或者其他公共场所秩序的行为和处罚作出规定。三是，对破坏交通工具秩序的行为作出规定，即对扰乱公共汽车、电车、火车、船舶、航空器或者其他公共交通工具上的秩序的行为和处罚作出规定。公共交通工具是公民日常工作、学习、生活最常使用的交通工具。保证公共交通工具的正常运行与保障公民日常生活有着最直接的关系。四是，对非法拦截或者强登、扒乘机动车、船舶、航空器以及其他交通工具，影响交通工具正常行驶的行为和处罚作出规定。交通管理运行秩序是保证交通工具正常行驶运行的重要保障，没有秩序的保障，交通工具在行驶中就会出现混乱、中断甚至引发交通事故。机动车、船舶、航空器等交通工具通常是在封闭空间或特定空间和范围行驶，拦截、强登等行为具有较大危害性，有必要作出规制。五是，对破坏依法进行的选举秩序的行为和处罚作出规定。根据《宪法》的规定，除少数被剥夺政治权利的人外，公民依法享有选举权和被选举权，依法进行选举是公民行使选举权和被选举权的主要形式。破坏选举行为直接影响选举的正常进行。六是，对聚众实施的首要分子，给予较重的拘留和罚款作出规定，即"处十日以上十五日以下拘留，可以并处二千元以下罚款"。从危害性来看，相比个人，聚众实施违法行为的危害性和后果更为严重，因此，对于实施聚众违法行为的"头目"即首要分子作出较重的处罚。

2. 2025年修订后的《治安管理处罚法》的规定。一是，在处罚上，考虑到与经济社会水平的发展相适应，适当提高罚款数额。将第一档中"处警告或者二百元以下罚款"修改为"处警告或者五百元以下罚款"；对于情节较重的，将"可以并处五百元以下罚款"修改为"可以并处一千元以下罚款"；对第二款聚众实施前款行为的，对首要分子的处罚，从"可以并处一千元以下罚款"

修改为"可以并处二千元以下罚款"。二是，在第一款第三项"电车"后，增加"城市轨道交通车辆"。城市轨道交通车辆逐渐成为群众的首要出行方式，结合城市轨道交通的发展情况，立法与时俱进作出修改完善。

条文释义

本条共分两款。第一款是关于扰乱机关单位、公共场所、公共交通、选举等秩序的行为和处罚的规定。

本款包含以下五个方面的内容：

第一，关于扰乱机关、团体、企业、事业单位秩序。主要表现为实施扰乱机关、团体、企业、事业单位秩序的行为，并造成这些单位的工作、生产、营业、医疗、教学、科研不能正常进行，但尚未造成严重损失。单位秩序是保障单位正常活动的基本条件，如果基本的办公和活动秩序得不到保障，其正常的工作、生产、营业、医疗、教学、科研活动就不可能开展。

（1）扰乱是指造成秩序的混乱，具体表现为使单位秩序的有序性变为无序性，包括单位秩序的混乱和单位成员心理不安等。行为人扰乱单位秩序的具体手段是多种多样的，既可以是暴力性的扰乱，也可以是非暴力性的扰乱。如在机关、单位门前、院内哄闹、大肆喧嚣、辱骂，强占或者封锁机关、单位的办公室、会议室、实验室、生产车间、营业所、教室，辱骂、威胁、殴打负责人或者其他工作人员等。（2）这里的"机关"是指国家机关，包括立法机关、行政机关、司法机关和军事机关等；"团体"主要是指人民团体和社会团体；企业、事业单位是指所有的企业、事业单位，既包括国有的企业、事业单位，也包括集体所有的企业、事业单位以及合资或者独资的企业、事业单位。（3）构成该行为还必须使单位的工作不能正常进行，且尚未造成严重损失，否则即应按照聚众扰乱社会秩序罪追究行为人的刑事责任。"单位的工作不能正常进行"，包括正常的工作程序、计划安排、人员往来等单位日常工作不能持续运行、中断甚至完全瘫痪。"造成严重损失"既包括有形物质的严重损失，也包括无形的智力成果、社会利益等诸多方面的严重损失，对于这种损失的严重程度可以从扰乱行为的手段、持续时间的长短、因无法工作而直接延误的工作事项的重要程度、损失是否可以弥补等方面把握。（4）第二档处罚中"情节较重的"可以包括：多次扰乱单位秩序；扰乱单位秩序过程中故意毁坏办公用具、设施，或者损坏重要文件、档案，无法弥补的；无理推拉、纠缠、辱骂、围攻他人，造成一定后果或者恶劣影响，或者有殴打他人行为的；围堵、封闭单位的主要出入道，造成通道长时间堵塞的；占据工作场所时间较长，不听劝阻的。

第二，关于扰乱车站、港口、码头、机场、商场、公园、展览馆或者其他公共场所秩序。这里侵犯的对象是公共场所。"公共场所"，是指具有公共社会活动功能，对公众开放，供不特定的多数人出入、停留、使用的场所，包括：车站、港口、码头、机场、商场、公园、展览馆等。具体表现为在公共场所内打架斗殴、损毁财物、制造混乱、阻碍干扰维持秩序人员依法履行职务，影响活动的正常进行等，一般是尚未达到情节严重的程度。此外，如果扰乱公共场所秩序的行为是聚众实施且情节严重，则可构成《刑法》第二百九十一条聚众扰乱公共场所秩序罪。第二档处罚中"情节较重的"主要指破坏公共场所正常秩序，不仅妨害其他公民在公共场所活动的正常进行，还给公民带来利益上的损害；或者实施扰乱公共场所秩序行为，经过管理人员告知劝阻，仍然不改并发生冲突的；等等。

第三，关于扰乱公共汽车、电车、城市轨道交通车辆、火车、船舶、航空器或者其他公共交通工具上的秩序。（1）扰乱公共交通工具秩序的行为侵犯的是公共交通工具上的秩序，而不是其他交通工具上的秩序，也不是交通管理秩序。"公共交通工具上的秩序"主要是指为了公共交通工具安全行驶和有序运行而必须遵守的秩序。主要包括两个方面：一是表现为违反公共交通工具管理部门的明确规定，如携带危险物品乘坐公共交通工具等。二是虽不是公共交通工具管理部门明确禁止的行为，但在公共交通工具上实施会影响公共交通工具上的正常秩序，如嬉戏打闹等。（2）公共交通工具是指，公众都可乘坐，为不特定人群服务的交通工具。包括正在运营的公共汽车、电车、城市轨道交通车辆、火车、船舶、航空器或者其他公共交通工具。行为人在非公共交通工具，如单位班车、亲友轿车、私人游艇上实施的类似行为，不属于上述违反治安管理的行为。"城市轨道交通"主要包括地铁、轻轨、市域快轨、磁悬浮等。（3）扰乱公共交通工具秩序的行为表现为实施了扰乱公共交通工具上的秩序的行为，影响了公共交通工具的正常运行，一般是尚未达到情节严重的程度。（4）第二档处罚中"情节较重的"指扰乱公共交通工具上的秩序，不仅影响公共交通工具的准时运行，而且可能威胁公共交通工具和乘客的安全，不听劝阻或者造成一定损失的行为。

第四，关于非法拦截或者强登、扒乘机动车、船舶、航空器以及其他交通工具，影响交通工具正常行驶。（1）行为方式表现为采用非法拦截或者强登、扒乘等方法影响机动车、船舶、航空器以及其他交通工具正常行驶的行为。"拦截"是指对行驶中的机动车、船舶、航空器以及其他交通工具进行阻拦，迫使行驶中的交通工具停止、绕行或者倒行等。"强登"是指未经交通工具驾驶人员许可，强行进入机动车、船舶、航空器。"扒乘"是指趁驾驶人员不察觉攀扒交通工具。（2）这类行为的侵犯对象包括机动车、船舶、航空器以及其他交通工具，不限于公共交通工具。（3）"影响交通工具正常行驶"是指交通工具不能按照计划或者规定的正常行驶方式进行，或者导致交通工具被迫慢行、快行或者停止等不正常运行。这类行为与扰乱公共交通工具上的秩序的行为的区别在于这类行为侧重于对交通行为本身的扰乱、妨碍，后者侧重于对交通工具秩序的扰乱；这类行为所针对的对象不限于公共交通工具，后者限于公共交通工具。

第五，关于破坏依法进行的选举秩序。（1）这里所规定的选举是广义的法律规定的各类选举。"依法进行的选举"，是指依照法律规定的需要，按照法律规定的程序进行的选举。"依法"主要是依照《全国人民代表大会和地方各级人民代表大会选举法》《全国人民代表大会常务委员会关于县级以下人民代表大会代表直接选举的若干规定》《全国人民代表大会组织法》《地方各级人民代表大会和地方各级人民政府组织法》《村民委员会组织法》《城市居民委员会组织法》等有关法律；选举包括选举各级人民代表大会代表或者国家机关领导人，也包括农村村民委员会、城市居民委员会的选举等。本条与《刑法》第二百五十六条破坏选举罪的重要区别在于，破坏选举罪的范围为破坏各级人大代表和国家机关领导人员的选举。（2）破坏选举行为可以发生在整个选举活动过程中，包括选民登记、提出候选人、投票选举、补选、罢免等整个选举活动。值得注意的是，这里的选举是依法进行的选举，不包括单位、组织内部根据工作需要自行进行的选举。但是，如果破坏单位自行举行的选举，有打砸破坏、侵害他人身体、扰乱单位秩序等行为的，也可能会构成相应的违反治安管理行为。（3）破坏选举的手段可以多种方式：暴力手段，对选民、代表、候选人、选举工作人员等进行人身打击或者实行强制，如殴打、捆绑等，也包括以暴力故意捣乱选举场所，使选举工作无法进行等情况。威胁，以杀害、伤害、毁坏财产、破坏名誉、揭露隐私等手段进行要挟，迫使不能自由行使选举权和被选举权或者在选举工作中不能正常履行组织和管理的职责。欺骗，捏造事实、颠倒是非，并加以散播、宣传，以虚假的事实扰乱正常的选举活动，影响选民、各级人民代表大会代表、候选人自由地行使选举权和被选举权。应当注意的是，这里所说的"欺骗"，必须是编造严重不符合事实的情况，或者捏造对选举有重大影响的情况等。对于在选举活动中介绍候选人或者候选人在介绍自己情况时对一些不是很重要的事实有所夸大或者隐瞒，不致影响正常选举的行为，不能认定为以欺骗手段破坏选举。贿赂，用金钱或者其他利益收买选民、代表、候选人、选举工作人员等，使其违反自己的真实意愿参加选举或者在选举工作中进行舞弊活动。伪造选举文件，采用伪造选民证、选票、候选人资料等选举文件的方法破坏选举。虚报选举票数，选举工作人员对于统计出来的选票数、赞成票数、反对票数等选举票数进行虚报、假报的行为，既包括多报，也包括少报。其他手段，如撕毁选民名单、候选人情况资料，在选民名单、候选人名单、选票上涂写侮辱性词句，对与自己不同意见的选民、代表打击报复等。（4）第二档处罚中"情节较重的"包括在现场煽动、散布谣言，致使选举秩序混乱的；不服从工作人员管理，辱骂工作人员，致使现场秩序混乱的；组织、煽动、策划破坏选举秩序的；将数量较大的伪造选票、选民证或者其他文件混入正规选举材料中下发，致使选举无法正常进行的。

第二款是关于对聚众实施扰乱公共秩序行为的，对首要分子的处罚作出规定。

"聚众实施"通常是三人以上，纠集多人共同实施。"首要分子"是起组织、策划、指挥作用，具有一定的号召力和组织力，主观恶性和行为危害性相对其他普通参与者更强的行为人。因此，本条对首要分子单独规定了处罚，即"处十日以上十五日以下拘留，可以并处二千元以下罚款"。

实践中需要注意的问题

在该条的理解适用中，需要注意以下四个方面的问题：

第一，本条第一款第二项中"扰乱车站、港口、码头、机场、商场、公园、展览馆或者其他公共场所秩序"的行为，要危及公共场所秩序，如果实施的行为虽然发生在公共场所，但主要侵犯的是公民个人利益，如在公共场所盗窃或者实施人身伤害，在人群追逐或者引发周围群众围观等，通常不属于扰乱公共场所秩序的行为。

第二，本条第一款第二项中"扰乱车站、港口、码头、机场、商场、公园、展览馆或者其他公共场所秩序"的行为，与聚众扰乱公共场所秩序罪的区别。聚众扰乱公共场所秩序罪是指聚众扰乱车站、港口、码头、机场、商场、公园、展览馆或者其他公共场所秩序，情节严重的行为。二者的区别在于：首先，在客观方面的危害程度不同。构成聚众扰乱公共场所秩序罪的客观方面，必须达到情节严重的程度。"情节严重"是指扰乱公共场所秩序致人重伤、死亡或者公司财产重大损失的；殴打维持秩序的国家工作人员的；不听制止，坚持扰乱，情节恶劣的；多次聚众扰乱公共场所秩序等。如果聚众扰乱公共场所秩序，情节一般，尚未达到"严重"程度，则不构成扰乱公共场所秩序罪，属于扰乱公共场所秩序行为。其次，行为主体不同。聚众扰乱公共场所秩序罪的主体是扰乱公共场所秩序行为的组织、策划、指挥的首要分子。扰乱公共场所秩序行为的主体一般是个人或者共同实施扰乱行为的行为人，或者是聚众扰乱公共场所秩序罪中除首要分子以外的其他参加者。

第三，本条中第二项、第三项是针对公共交通工具上的秩序或者影响交通工具正常行驶的情形，不包括损毁公共交通工具设施、设备和直接干扰驾驶员驾驶的行为。对于以盗窃、损坏、擅自移动使用中的其他公共交通工具设施、设备，干扰公共交通工具正常行使的，或者以抢控驾驶操纵装置、拉扯、殴打驾驶人等方式妨碍公共交通工具驾驶的，适用本法第四十条的规定。

第四，实践中要把握破坏选举的界限。破坏选举行为主观上是故意行为，如因工作上的失误而造成妨害选举活动的，如误计选票数、误漏合格的选民，因对被选举人有不同意见而提出异议，致使选举会场秩序暂时混乱或者选举活动暂时中止的行为，不属于破坏选举行为。

● 相关规定

《中华人民共和国宪法》第三十四条；《中华人民共和国全国人民代表大会和地方各级人民代表大会选举法》第五十八条；《中华人民共和国城市居民委员会组织法》第八条；《中华人民共和国村民委员会组织法》第十一条；《中华人民共和国刑法》第二百五十六条、第二百九十条、第二百九十一条

第二十七条 在法律、行政法规规定的国家考试中，有下列行为之一，扰乱考试秩序的，处违法所得一倍以上五倍以下罚款，没有违法所得或者违法所得不足一千元的，处一千元以上三千元以下罚款；情节较重的，处五日以上十五日以下拘留：

（一）组织作弊的；

（二）为他人组织作弊提供作弊器材或者其他帮助的；

（三）为实施考试作弊行为，向他人非法出售、提供考试试题、答案的；

（四）代替他人或者让他人代替自己参加考试的。

▶ 条文主旨

本条是关于对组织作弊、非法出售、提供考试试题、答案以及代替考试给予处罚的规定。

▶ 立法背景

2005 年《治安管理处罚法》未作规定。考试作弊行为破坏考试制度和人才选拔制度，违反了公平、公正、公开原则，妨碍公平竞争，破坏社会诚信，同时还可能诱发其他违法犯罪行为，具有较为严重的社会危害性。从《刑法》的规定看，1997 年《刑法》没有专门针对破坏国家考试制度的犯罪规定，实践中对于破坏考试制度的行为，一般是按照伪造、变造或者买卖国家机关、人民团体、企业、事业单位或者其他组织的公文、证件、证明文件、印章的；非法使用、提供窃听、窃照专用器材等行为进行处罚。随着考试作弊的组织化程度越来越高，涉及面越来越大，考试作弊活动也越发猖獗。为维护社会诚信和考试秩序，2015 年《刑法修正案（九）》增加了组织考试作弊罪，非法出售、提供试题、答案罪，代替考试罪，将考试的范围限定为"法律规定的国家考试"。近些年，考试作弊也呈现出新的特点。随着电子信息技术的快速发展，考试作弊活动越来越多地使用各种科技手段，考试作弊的分工越来越精细化，涉及的考试领域越来越广泛。对于实施考试作弊行为，尚不构成犯罪但具有较大社会危害性的情况，需要法律明确处罚依据，特别是对于"法律规定的国家考试"之外的其他考试，缺少刚性的处罚手段。为进一步维护考试制度的权威和公信力，拓宽处罚范围，满足更多考试类别的需要，对于不构成犯罪的情形做好与《刑法》规定的衔接，此次《治安管理处罚法》修订中增加对于考试作弊有关行为的处罚。

▶ 条文释义

本条对组织作弊、非法出售、提供考试试题、答案以及代替考试的行为及处罚作出规定。

本条包含以下四个方面的内容：

第一，关于考试范围。本条的考试范围包括法律、行政法规规定的国家考试。

一是，关于"法律规定的国家考试"，即在法律中明确规定的国家考试。这里"法律规定的国家考试"可以参照《刑法》第二百八十四条之一的理解。2019年《最高人民法院、最高人民检察院关于办理组织考试作弊等刑事案件适用法律若干问题的解释》第一条规定，"法律规定的国家考试"，仅限于全国人民代表大会及其常务委员会制定的法律所规定的考试。主要包括：（1）普通高等学校招生考试、研究生招生考试、高等教育自学考试、成人高等学校招生考试等国家教育考试；（2）中央和地方公务员录用考试；（3）国家统一法律职业资格考试、国家教师资格考试、注册会计师全国统一考试、会计专业技术资格考试、资产评估师资格考试、医师资格考试、执业药师职业资格考试、注册建筑师考试、建造师执业资格考试等专业技术资格考试；（4）其他依照法律由中央或者地方主管部门以及行业组织的国家考试。前款规定的考试涉及的特殊类型招生、特殊技能测试、面试等考试，属于"法律规定的国家考试"。从现有规定看，近二十部法律对"法律规定的国家考试"作了规定，如《公务员法》《法官法》《检察官法》《律师法》《人民警察法》《教师法》《医师法》《注册会计师法》《旅游法》等。需要注意的是，这里的国家考试并不要求是统一由国家一级组织的考试。有些法律规定的考试，依照规定不是由国家一级统一组织，而是由地方根据法律规定组织实施，这些考试也属于"法律规定的国家考试"。如根据《公务员法》的规定，公务员录用考试属于国家考试，但关于公务员录用考试的具体组织，该法第二十四条规定，中央机关及其直属机构公务员的录用，由中央公务员主管部门负责组织。地方各级机关公务员的录用，由省级公务员主管部门负责组织，必要时省级公务员主管部门可以授权设区的市级公务员主管部门组织。根据该规定，公务员录用考试，既包括国家统一组织的招录中央机关及其直属机构公务员的考试，也包括各省市等地方组织的录用地方各级机关公务员的考试。再如，高考既有全国统一考试，也有各省依照法律规定组织的考试。

二是，关于"行政法规规定的国家考试"。这类考试的设定依据是国务院行政法规，考试资格类别通常为准入类和资格评价类。准入类的考试如乡村医生、民用核设施操纵人员、轨道列车司机、道路运输从业人员、出租汽车驾驶员、演出经纪人员资格、护士执业资格、专利代理师、水利工程质量检测员资格、保安员、健身和娱乐场所服务人员等。资格评价类的考试如通信专业技术人员职业资格、环境影响评价工程师、水利工程质量检测员资格、认证人员职业资格、出版专业技术人员职业资格、文物保护工程从业资格等。

第二，关于行为方式。本条列举了四种行为：组织作弊；为他人组织作弊提供作弊器材或者其他帮助的；为实施考试作弊行为，向他人非法出售、提供考试试题、答案的；代替他人或者让他人代替自己参加考试的。

1. 关于"组织作弊"的理解。"组织"作弊，即组织、指挥、策划进行考试作弊的行为，既包括组织严密程度较高，形成组织作弊集团的情况，也包括比较松散的组织作弊团伙，还可以是个人组织他人进行作弊的情况；组织者可以是一个人，也可以是多人；可以有比较严密、长期进行的组织，也可以是为了进行一次考试作弊行为临时聚集在一起；既包括组织一个考场内的考生作弊的简单形态，也包括组织大范围的集体作弊的复杂情形。"作弊"是指在考试中弄虚作假的行为，具体作弊方式花样很多，需要结合考试的具体情况确定。对于考试作弊，在相关考试的规定中一般都有明确的认定规定，如《国家教育考试违规处理办法》第六条规定，应当认定为考试作弊的行为：（1）携带与考试内容相关的材料或者存储有与考试内容相关资料的电子设备参加考试的；（2）抄袭或者协助他人抄袭试题答案或者与考试内容相关的资料的；（3）抢夺、窃取他人试卷、答卷或者胁迫他人为自己抄袭提供方便的；（4）携带具有发送或者接收信息功能的设备的；（5）由他人冒名代替参加考试的；（6）故意销毁试卷、答卷或者考试材料的；（7）在答卷上填写与本人身份不符的姓名、考号等信息的；（8）传、接物品或者交换试卷、答卷、草稿纸的；（9）其他以不正当手段获得或者试图获得试题答案、考试成绩的行为。《公务员录用违规违纪行为处理办法》对公务员考试中的作弊及处理也有明确规定。

对"组织作弊"作出明确规定，体现了对有组织的团伙作弊行为从严惩处。从司法实践中的情况看，一些案件中，考试作弊团伙化、产业化特征明显，"助考"团伙分工明确，有专门制售作弊器材的，有专门偷题的，有专门做题的，有专门负责广告的，有专门负责销售试题及答案的，涉及考试作弊的各个环节，形成制售作弊器材、考试前或考试中窃取试题内容、雇用"枪手"做题、传播答案等"一条龙"产业链。作弊的手段也日益高科技化，如使用秘拍设备窃取考题，使用远程通讯设备将答案传入考场，采用可以植入牙齿的耳机接收答案等。传统的有组织作弊主要是在考场内组织实施，而近年来高科技化的组织作弊，往往通过包括互联网、无线电技术在内的多种技术手段，将考场内外，考生、家长、"枪手"等各主体，以及试题、答案各要素紧密联系在一起，使考试组织者防不胜防。此类行为严重扰乱考试活动的正常进行，社会危害严重，应当作为打击的重点予以从严惩处。

2. 关于"为他人组织作弊提供作弊器材或者其他帮助的"理解。从行为性质上来说，传统上为他人组织作弊提供作弊器材或者其他帮助的，也属于组织作弊行为的组成部分。近年来，实践中提供作弊器材等帮助的行为越来越具有独立性，已经成为有组织作弊链中相对独立的重要环节，社会危害严重；同时，司法实践中组织作弊犯罪各环节分工越来越细、独立性越来越强。这种帮助行为主要包括两类：一类是提供作弊器材。互联网和无线考试作弊器材是高科技作弊的关键环节。通过互联网，试题和答案得以大面积传播；有了无线考试作弊器材，试题和答案才得以在考场内外顺利传递。从功能上看，作弊器材的作用就是将考场内的试题传出去或将答案发送给考生，相应地，相关器材包括密拍、发送和接收设备三大类。密拍设备日益小型化，伪装也更加先进，如纽扣式数码相机、眼镜式和手表式密拍设备，其发射天线通常采用背心、腰带、发卡等形式；发送设备包括各种大功率发射机，负责将答案传送到考场中，实践中有的发射距离可达数公里；接收设备包括语音和数据接收器，语音接收机包括米粒耳机、牙齿接收机、颅骨接收机等，数据接收机则出现了尺子、橡皮、眼镜、签字笔等多种伪装。这里规定的"提供"作弊器材包括为其生产，向其销售、出租、出借等多种方式。关于"作弊器材"的认定可以参考《最高人民法院、最高人民检察院关于办理组织考试作弊等刑事案件适用法律若干问题的解释》第三条的规定，具有避开或者突破考场防范作弊的安全管理措施，获取、记录、传递、接收、存储考试试题、答案等功能的程序、工具，以及专门设计用于作弊的程序、工具，应当认定为"作弊器材"。对于是否属于"作弊器材"难以确定的，依据省级以上公安机关或者考试主管部门出具的报告，结合其他证据作出认定；涉及专用间谍器材、窃听、窃照专用器材、"伪基站"等器材的，依照相关规定作出认定。另一类是提供其他帮助。这些帮助包括进行无线作弊器材使用培训，窃取、出售考生信息，以及作弊网站的设立与维护等。

3. 关于"为实施考试作弊行为，向他人非法出售、提供考试试题、答案的"理解。非法出售、提供考试试题答案，"出售、提供"的形式不限，可以通过网上发送、网上云盘等方式发送电子版试题、答案，网上转账的交易方式；也可以是线下面对面交易。

4. 关于"代替他人或者让他人代替自己参加考试的"理解。代替考试通常包括三类情形：一是，行为人代替他人参加考试。这里的"代替他人"参加考试，是指冒名顶替应当参加考试的人去参加考试，包括携带应考者的真实证件参加考试；携带伪造、变造的应考者的证件参加考试；替考者与应考者一同入场考试，但互填对方的考试信息等。二是，行为人让他人代替自己参加考试。这里所说的"让他人代替自己"参加考试，是指指使他人冒名顶替自己参加考试。让他人代替自己参加考试的方式多种多样，如发布广告寻找替考者，委托他人寻找替考者，向替考者支付定金等。三是，行为人代替他人或者让他人代替自己参加的考试必须是法律、行政法规规定的国家考试。需要注意的是，对于代替考试，首先是要根据《国家教育考试违规处理办法》等不同类别考试的法律法规的规定予以取消考试资格、禁考等处理。

第三，关于"情节较重"的理解。对于"情节较重"要结合具体行为类型判断，如提供作弊器材的种类、组织作弊的人数、考试种类、向他人非法出售、提供考试试题、答案的数量以及违法所得的数额等。

第四，关于处罚。本条处罚共分两档。第一档按照是否有违法所得及违法所得的数额分为两种处罚方式，有违法所得的，如向他人非法出售、提供考试试题、答案获得的违法所得，处违法所得一倍以上五倍以下罚款，这一规定与《教育法》关于考试作弊的处罚规定相衔接；没有违法所得或者违法所得不足一千元的，处一千元以上三千元以下罚款；对于情节较重的，处五日以上十五日以下拘留。

实践中需要注意的问题

实践中需要注意以下两个方面的问题：

第一，本条第三项"向他人非法出售、提供考试试题、答案的"，提供的试题不完整或者答案与标准答案不完全一致的，不影响非法出售、提供试题、答案罪的认定。此外，行为人提供试题、答案的对象不限于组织作弊的团伙或个人，也包括参加考试的人员及其亲友。

第二，本条中法律、行政法规规定的考试，其具体范围可能是动态调整的。一方面，法律、行政法规可能会增设新的国家考试，另一方面，也可能随着情况的变化，原属于法律、行政法规规定的国家考试，被调整为其他考试。对此，办理案件的公安机关需要结合具体考试的法律依据情况准确把握。

相关规定

《国家教育考试违规处理办法》第九条；《公务员录用违规违纪行为处理办法》第五条、第七条、第八条

第二十八条 有下列行为之一，扰乱体育、文化等大型群众性活动秩序的，处警告或者五百元以下罚款；情节严重的，处五日以上十日以下拘留，可以并处一千元以下罚款：

（一）强行进入场内的；
（二）违反规定，在场内燃放烟花爆竹或者其他物品的；
（三）展示侮辱性标语、条幅等物品的；
（四）围攻裁判员、运动员或者其他工作人员的；
（五）向场内投掷杂物，不听制止的；
（六）扰乱大型群众性活动秩序的其他行为。

因扰乱体育比赛、文艺演出活动秩序被处以拘留处罚的，可以同时责令其六个月至一年以内不得进入体育场馆、演出场馆观看同类比赛、演出；违反规定进入体育场馆、演出场馆的，强行带离现场，可以处五日以下拘留或者一千元以下罚款。

条文主旨

本条是关于扰乱体育、文化等大型群众性活动秩序的行为及其处罚的规定。

立法背景

1. 2005 年《治安管理处罚法》的规定。第二十四条规定："有下列行为之一，扰乱文化、体育等大型群众性活动秩序的，处警告或者二百元以下罚款；情节严重的，处五日以上十日以下拘留，可以并处五百元以下罚款：（一）强行进入场内的；（二）违反规定，在场内燃放烟花爆竹或者其他物品的；（三）展示侮辱性标语、条幅等物品的；（四）围攻裁判员、运动员或者其他工作人员的；（五）向场内投掷杂物，不听制止的；（六）扰乱大型群众性活动秩序的其他行为。因扰乱体育比赛秩序被处以拘留处罚的，可以同时责令其十二个月内不得进入体育场馆观看同类比赛；违反规定进入体育场馆的，强行带离现场。"

近些年，随着生活水平的提高，文化、体育类的大型活动越来越丰富，人

民群众对观看各类比赛、演出等大型活动的意愿也不断高涨。随之而来，实践中也出现一些新情况，如一些年轻人因极端偶像崇拜，形成粉丝组织群体，通过多种方式表达追星狂热，有的演出、比赛现场发生一些集体互殴、辱骂等行为，严重扰乱现场秩序。大型活动，通常人员众多、物资汇聚，涉及单位、部门多，影响大，敏感性强，易发生各类事故，危及公共安全。大型活动秩序是大型群众活动顺利进行的基本保证，也是参与群众人身财产安全得到保障的前提。除《大型群众性活动安全管理条例》外，对于一些情节比较严重的，扰乱大型群众性活动秩序的行为，有必要在治安领域作出规定，确保大型活动能够有序进行，维护公共秩序和安全。

2. 2025 年修订后的《治安管理处罚法》的规定。一是将第一款中的"文化、体育"修改为"体育、文化"，从实践情况看，体育比赛在举办场次、入场人数众多，发生殴打、围攻等扰乱秩序行为的可能性等方面相比文艺演出更为突出。二是在第二款中的"体育比赛"后增加"文艺演出活动"，符合目前文艺演出活动越来越丰富的发展趋势，也与第一款中"体育、文化等大型群众性活动"相呼应。三是第二款对于因扰乱体育比赛、文艺演出活动秩序被处以拘留处罚的，将可以同时责令其十二个月内不得进入体育场馆、演出场馆观看同类比赛、演出中的"十二个月"修改为"六个月至一年以内"，可以结合具体情况适用不同期限的限制措施。四是对于第二款中"违反规定进入体育场馆、演出场馆的"，除强行带离现场外，增加规定"可以处五日以下拘留或者一千元以下罚款"，根据需要给予拘留或者罚款的处罚，增强处罚的严厉性。

● 条文释义

本条共分两款。第一款是关于扰乱体育、文化等大型群众性活动秩序的行为和处罚的规定。

本款包含以下三个方面的内容：

1. 关于"大型群众性活动"的理解。大型群众性活动，是指面向广大群众，参加人数众多的各种体育、文化等集体活动。2007 年发布的《大型群众性活动安全管理条例》对大型群众性活动的定义是法人或者其他组织面向社会公众举办的每场次预计参加人数达到 1000 人以上的体育比赛活动；演唱会、音乐会等文艺演出活动；展览、展销等活动；游园、灯会、庙会、花会、焰火晚会等活动；人才招聘会、现场开奖的彩票销售等活动。一般来说，"大型群众性活动"具有以下几个特征：一是具有承办者，承办者通常是机关法人、企业法人、事业单位法人和社团法人以及依法成立的不具有法人资格的其他组织。二是参与人数众多，如《大型群众性活动安全管理条例》将预计参加人数确定为达到 1000 人以上。"预计参加人数"通常指组织、协调、保障直接参与活动的相关人员数量与预计发售门票或组织观众数量之和。三是参与人群为不特定人员。大型群众性活动面向社会，参与人员是不特定的人群。单位内部举办的联欢会、运动会等，不属于法律规定的大型群众性活动。四是活动地点为公共场所，包括临时租用、借用的场所。如在体育场馆、影剧院、音乐厅等场所。

2. 关于行为方式。

（1）强行进入场内。这里的"强行进入场内"，是指拒不按照主办方等有关方面关于入场条件、入场时间、出入通道安排等要求而执意进入场内的情形。大型活动通常是在有限的时间和特定的空间之内举行的，其参与人员众多，涉及单位、部门多，影响大，敏感性强，易发生重大伤害事故，其安全保卫工作也具有更高的要求。因此，主办方等有关方面会设定一定的条件，确定与其他参与者之间的权利义务关系，并确定入场的条件及凭证、出入路径等。这里的"情节严重"可以包括：①使用暴力或者威胁手段强行进入场内；②阻碍、抗拒工作人员维护现场秩序；③强行攀爬、跨越栏杆、墙体进入场内或者拒不服从安全检查强行闯入；④不听工作人员劝阻，导致出入口秩序混乱。

（2）违反规定，在场内燃放烟花爆竹或者其他物品。我国燃放烟花爆竹已有两千多年历史。每逢喜庆时刻，人们为了增加节日的欢乐气氛，燃放烟花爆竹。爆竹的主要成分是黑火药，含有硫黄、木炭粉、硝酸钾，有的还含有氯酸钾以及其他成分等。根据《烟花爆竹安全管理条例》第二条第二款规定，"烟花爆竹"是指烟花爆竹制品和用于生产烟花爆竹的民用黑火药、烟火药、引火线等物品。燃放鞭炮不仅污染空气，还会影响清洁卫生，成为噪声公害。《大型群众性活动安全管理条例》第九条规定，不得携带爆炸性、易燃性危险物质。在人员密集的场所燃放烟花、爆竹或者其他物品，不仅破坏了活动秩序，影响活动的正常进行，而且易引发火灾和现场秩序的混乱。根据本项规定，在场内燃放烟花爆竹或者其他物品的应当符合赛事组织者关于燃放的具体规定。所谓烟花爆竹之外的其他物品主要是指燃放后可能造成环境污染，留下安全隐患，干扰体育、文化等大型群众性活动正常进行的物品，如燃烧报纸、扫帚、横幅、标语等。这里的"情节严重"可以包括：在场内燃放烟花爆竹或其他物品，造成人员受伤或者财产损失、秩序混乱、活动不能正常进行等危害后果的，以及经工作人员制止，仍不听劝阻等。

（3）展示侮辱性标语、条幅等物品。在大型群众性活动中，参与者的文明程度，良好的秩序，现场的安全性等，对社会具有重大影响。在大型群众性活动中，为了活跃气氛，表达自己对参赛选手的支持、对赛事的喜爱等，体育活动等大型活动的参与者通常会在大型活动的现场悬挂各种标语、条幅等物品，有时赛事的组织者也会悬挂标语、条幅。但若展示侮辱性标语、横幅或者其他物品，不仅不文明，严重侵害他人人身权利，还会在活动中发生争执，引发暴力骚乱事件，因而破坏活动秩序，影响参与者的安全，甚至影响国家形象。《大型群众性活动安全管理条例》第九条规定，服从安全管理，不得展示侮辱性标语、条幅等物品。"侮辱性标语、条幅"主要指辱骂他人，毁谤、贬低他人，一般为大型文字，但书写的文字大小、字体等形式不影响行为构成。侮辱他人可以是针对特定的人，也可以是针对某个群体。"侮辱性物品"是指标语、条幅以外的其他带有侮辱性的物品，如漫画、污秽物品等。这里的"情节严重"可以包括在大型活动场内展示侮辱性物品，造成恶劣社会影响或者因此引发冲突、秩序混乱等。

（4）围攻裁判员、运动员或者其他工作人员。这主要是针对体育比赛大型活动所作的规定。裁判员、运动员或者其他工作人员是大型活动的主要参与者，其人身安全应该得到有效保障，这也是维护正常的大型活动秩序必不可少的要求。《大型群众性活动安全管理条例》第九条规定，不得围攻裁判员、运动员或者其他工作人员。主要行为表现是包围裁判员、运动员或者其他工作人员，这一行为不仅会妨碍比赛或者活动的正常举行，还可能引发更大范围的混乱，造成更为严重的后果。这里的"围攻"是指众人包围、攻击他人等行为。"情节严重"可以包括：围攻并使用暴力、威胁手段击打、推搡、恐吓裁判员、运动员或者其他工作人员；致使现场秩序混乱、造成人员受伤、大型活动不能正常进行，或造成恶劣社会影响等。

（5）向场内投掷杂物，不听制止。《大型群众性活动安全管理条例》第九条规定，不得投掷杂物。在大型活动的进行过程中，人们常常情绪激昂，以各种极端的方式表达自己热爱、愤怒的情绪。例如，有的参与者可能会基于各种动机往场内投掷杂物，如表达对裁判或者不支持一方的不满，不满意某球员的表现或者因为热爱向场内投掷鲜花花束等。但不论是出于何种动机，这种投掷行为会威胁他人的人身安全，可能会造成人员伤害，有的会引发不同立场参与者的争执和对峙，妨碍体育比赛等大型活动的秩序，干扰大型活动的正常进行。因此，对于向场内投掷杂物的行为，赛事的组织者和在现场维持秩序的人员应当及时制止。对于不听制止的，应当根据本法的规定，予以处理。"情节严重"包括多次向场内投掷杂物；不听管理人员制止，向场内投掷杂物，造成他人人身伤害，或者致使秩序混乱、大型活动不能正常进行，或者造成恶劣社会影响。

（6）扰乱大型群众性活动秩序的其他行为，是指其他妨碍大型群众性活动的秩序，扰乱大型群众性活动正常进行的行为，如不听制止跳入场内追逐裁判、运动员，双方运动员因激愤等情绪互相辱骂、互殴，在现场违反规定使用喇叭等方式干扰现场比赛秩序等行为。

3. 关于处罚。

对于实施第一款行为的，共有两档处罚。对于情节较轻，影响不大的，通常给予行为人警告或者五百元以下罚款。对于情节严重的，处五日以上十日以下拘留，可以并处一千元以下罚款。

第二款是关于因扰乱体育比赛、文艺演出活动秩序被处以拘留处罚的，采取责令一定时间内不得进入场馆观看同类比赛、演出的限制措施及违反限制措施的处罚规定。

（1）责令不得进入场馆的限制性措施。根据第一款规定，对于情节严重的，处五日以上十日以下拘留。这类人员通常行为方式较为极端，主观上表现为屡教不改或者不听劝阻，作为惩罚和教育措施，可以同时责令其六个月至一年以内不得进入体育场馆、演出场馆观看同类比赛、演出。这里需要注意的是，是否限制及限制时间的长短由执法者综合把握。规定"六个月至一年以内"的时间，也是考虑到实践中不同的情况，要结合行为人的表现等予以确定。

（2）违反不得进入场馆限制措施的处罚。对于已经被责令在一定期限内不得进入体育场馆、演出场馆观看同类比赛、演出的人，在期限内违反规定进入场馆观看同类比赛、演出的，应当强行带离场馆，可以根据情形，处五日以下拘留或者一千元以下罚款。这里需要注意的是，行为人若在期限内观看与限制措施所限制的比赛、演出不同的其他类型的比赛、演出的，则不属于违反规定。

● 相关规定

《大型群众性活动安全管理条例》第二条、第九条、第二十三条

第二十九条 有下列行为之一的，处五日以上十日以下拘留，可以并处一千元以下罚款；情节较轻的，处五日以下拘留或者一千元以下罚款：

（一）故意散布谣言，谎报险情、疫情、灾情、警情或者以其他方法故意扰乱公共秩序的；

（二）投放虚假的爆炸性、毒害性、放射性、腐蚀性物质或者传染病病原体等危险物质扰乱公共秩序的；

（三）扬言实施放火、爆炸、投放危险物质等危害公共安全犯罪行为扰乱公共秩序的。

● 条文主旨

本条是关于以虚构事实、投放虚假危险物质，扬言危害公共安全方式扰乱公共秩序的规定。

● 立法背景

1. 2005年《治安管理处罚法》的规定。第二十五条规定："有下列行为之一的，处五日以上十日以下拘留，可以并处五百元以下罚款；情节较轻的，处五日以下拘留或者五百元以下罚款：（一）散布谣言，谎报险情、疫情、警情或者以其他方法故意扰乱公共秩序的；（二）投放虚假的爆炸性、毒害性、放射性、腐蚀性物质或者传染病病原体等危险物质扰乱公共秩序的；（三）扬言实施放火、爆炸、投放危险物质扰乱公共秩序的。"

随着信息技术的快速发展，尤其是微博、微信等平台中自媒体的兴起，改变了传统的信息传播渠道和方式。由于信息网络及广播、报纸等媒体传播速度快、范围广、影响大，利用信息网络散布虚假信息，其危害也会成倍放大。以虚构事实、投放虚假危险物质，扬言危害公共安全方式扰乱公共秩序的案件时有发生，这些案件会引发公众恐慌和社会秩序的混乱，对于尚不构成犯罪的，应当给予治安处罚。投放虚假的危险物质，是以邮寄、放置等方式将仿冒的爆炸性、毒害性、放射性、腐蚀性物质或者传染病病原体等物质置于他人或者公众面前或者周围，以使他人产生恐慌的行为。这种投放虚假的危险物质的行为，虽然不至于真正发生爆炸、毒害、放射后果以及传染性疾病的传播，但是会造成一定范围的恐慌，严重扰乱社会公共秩序。特别是在有恐怖分子投放危险物质案件发生的情况下，这种趁机制造混乱，投放虚假危险物质的行为，会使人真假难辨，危害更大，应当予以适当的处罚。

2. 2025年修订后的《治安管理处罚法》的规定。主要作了以下修改：一是，适应经济社会的发展，适当提高罚款数额。将第一档的"可以并处五百元以下罚款"修改为"可以并处一千元以下罚款"；对情节较轻的，将"处五日以下拘留或者五百元以下罚款"修改为"处五日以下拘留或者一千元以下罚款"。二是，根据实践需要，增加新的行为类型。在第一项中增加"灾情"；在第三项中增加兜底项"等危害公共安全犯罪行为"，对于除扬言实施"放火、爆炸、投放危险物质"之外的具有相当社会危害性的其他危害公共安全犯罪行为，如扬言要驾车冲撞行人等，也可以给予处罚。三是，进一步明确违法行为界限，以便于准确执法，避免不适当扩大处罚范围，将第一项中"散布谣言"修改为"故意散布谣言"。

◐ **条文释义**

本条包含以下四个方面的内容：

第一，关于"故意散布谣言，谎报险情、疫情、灾情、警情或者以其他方法故意扰乱公共秩序"。本次修订将"散布谣言"修改为"故意散布谣言"，要求行为人对于散布谣言的行为有明确的主观故意。行为人的动机多样，有的是为破坏社会的和谐与稳定而故意制造社会混乱，有的是意图造成混乱局面，实施某种报复目的等。"散布谣言"，是指捏造并散布没有事实根据的谎言，或者明知道是捏造的谣言而故意向他人传播，使之扩散，以迷惑不明真相的群众，扰乱社会公共秩序的行为。散布的方式多样，包括但不限于在信息网络上发布、转发、转帖，或者在其他媒体上登载、刊发，在群众之间传播扩散等。"险情"包括突发可能造成重大人员伤亡或者财产损失的情况以及其他危险情况。"疫情"包括疫病尤其是传染病的发生、发展等情况。"灾情"包括火灾、水灾、地质灾害等灾害情况。"警情"包括有违法犯罪行为发生需要出警等情况，如谎报火警，根据《消防法》第六十二条第三项的规定，谎报火警的，依照《治安管理处罚法》的规定处罚。

第二，关于"投放虚假的爆炸性、毒害性、放射性、腐蚀性物质或者传染病病原体等危险物质扰乱公共秩序"。"投放"，一般是指在公共场所、重要单位或者重要的建筑物放置虚假危险物质，或者是通过邮寄、传送等方式将虚假的类似于危险品的物质公布于众的行为。危险物质是指具有爆炸性、毒害性、放射性、腐蚀性的物质或者传染病病原体等物质。具体来说，"爆炸性物质"

是指在受到摩擦、撞击、震动、高温或者其他因素的激发下，能产生激烈的化学反应，在瞬间产生大量的气体和热量并伴有光和声等效应，使周围空气压力急剧上升，发生爆炸的物品，如各种炸药、雷管、导火索、黑火药、烟火剂、民用信号弹和烟花爆竹等。"毒害性物质"是指少量进入人体，即能使肌体受到损害或者破坏其正常的生理机能，使其产生暂时或者永久性的病理状态，甚至导致肌体死亡的物质，包括化学性毒物、生物性毒物和微生物类毒物，常见的有氰化钾、砷化氢、磷化氢、砒霜、吗啡、升汞及各种剧毒农药（敌敌畏、乐果）等。"放射性物质"是指能放射出射线的物质。某些元素和它们的化合物，结构不稳定，衰变时能从原子核中放射出肉眼看不见的、有穿透性的粒子-射线。具有这种特性的元素以及它们的化合物称为放射性物质，如钴-60、铯-137、铀矿砂、硝酸钍等。"腐蚀性物质"是指硫酸、盐酸等能够严重毁坏其他物品以及人身的物品。传染性病原体是指能在人体或者动物体内生长、繁殖，通过空气、饮食、接触等方式传播，对人体健康造成危害的传染病菌种和毒种。需要注意的是，本条与《刑法》第二百九十一条之一第一款规定的投放虚假危险物质罪在行为对象上有所不同，《刑法》规定"投放虚假的爆炸性、毒害性、放射性、传染病病原体等物质"，本条还包括"腐蚀性物质"。

第三，扬言实施放火、爆炸、投放危险物质等危害公共安全犯罪行为扰乱公共秩序。"放火"是指故意纵火焚烧公私财物，危害公共安全的行为；"爆炸"是指故意引起爆炸物爆炸，危害公共安全的行为；"投放危险物质"是指向公共饮用水源、食品或者公共场所、设施或者其他场所投放能够致人死亡或者严重危害人体健康的毒害性、放射性、传染病病原体等物质的行为。所谓"扬言实施"是指以公开表达的方式使人相信其将实施上述行为。构成本类行为并非没有程度的要求，除了扬言实施放火、爆炸、投放危险物质之外，客观上还要求该行为达到了扰乱正常的公共秩序的程度。此次修改根据实践情况，新增加了兜底规定，即在行为方式上不限于"扬言实施放火、爆炸、投放危险物质"的行为，但其他行为在危害性和严重程度上要与本项规定的行为方式相当，需要扬言实施的是危害公共安全的犯罪行为，同时还要扰乱公共秩序，如扬言在人群密集地区实施驾车冲撞行为等。

第四，本条中的行为都要求"扰乱公共秩序"。具体包括造成社会秩序混乱，致使工作、生产、营业、教学、科研、医疗等活动受到干扰，如致使车站、码头等人员密集场所秩序混乱或采取紧急疏散措施，影响航空器、列车、船舶等大型客运交通工具正常运行，破坏厂矿企业等单位正常的生产、经营活动秩序等。构成《刑法》相关罪名则要求"严重扰乱社会秩序"，对于"严重扰乱社会秩序"的判断标准可以结合 2013 年《最高人民法院关于审理编造、故意传播虚假恐怖信息刑事案件适用法律若干问题的解释》第二条对"严重扰乱社会秩序"的界定来理解。

● 实践中需要注意的问题

在该条的理解适用中，应当注意以下问题：关于本条第一项中"故意散布谣言"的认定。一般来说，行为人对其散布谣言的行为可能造成的危害、影响以及扰乱公共秩序的程度等的认知，不影响该行为的成立。实践中要特别注意区分明知是虚构或者编造的信息而传播和因为误听、误信而传播的界限。有的情况下，信息真伪确实难以辨别，行为人主观上认为是真实的信息而传播；有的时候还存在被传播的信息开始被辟谣，事后被证实为真的情况；有的从他人处获取信息，仅是因好奇、与他人分享信息等因素的"一对一"或特定小范围转发；还有的由于认识判断上的失误，而出于责任心向有关部门报错了险情、疫情、灾情、警情的，不能视为违反治安管理的行为。

● 相关规定

《中华人民共和国刑法》第二百九十一条之一；《中华人民共和国消防法》第六十二条

第三十条 有下列行为之一的，处五日以上十日以下拘留或者一千元以下罚款；情节较重的，处十日以上十五日以下拘留，可以并处二千元以下罚款：

（一）结伙斗殴或者随意殴打他人的；
（二）追逐、拦截他人的；
（三）强拿硬要或者任意损毁、占用公私财物的；
（四）其他无故侵扰他人、扰乱社会秩序的寻衅滋事行为。

● 条文主旨

本条是关于寻衅滋事行为及其处罚的规定。

● 立法背景

1. 2005 年《治安管理处罚法》的规定。第二十六条规定："有下列行为之一的，处五日以上十日以下拘留，可以并处五百元以下罚款；情节严重的，处十日以上十五日以下拘留，可以并处一千元以下罚款：（一）结伙斗殴的；（二）追逐、拦截他人的；（三）强拿硬要或者任意损毁、占用公私财物的；（四）其他寻衅滋事行为。"

从"寻衅滋事"的立法发展来看，1979年《刑法》实施后，对寻衅滋事行为，情节恶劣需要追究刑事责任的，是按照流氓罪定罪处罚的。此后，经济社会发生很大变化，治安形势较为严峻，国家开展了一系列严厉惩治违法犯罪的活动。在1986年颁布的《治安管理处罚条例》第十九条第四项中规定了"结伙斗殴，寻衅滋事，侮辱妇女或者进行其他流氓活动的"。1997年《刑法》修订时将流氓罪作了分解处理，单独增加了寻衅滋事罪。2005年修订《治安管理处罚法》时，第二十六条也对寻衅滋事行为单独作了规定。实践中，寻衅滋事行为的具体表现方式多种多样，但其共同的一点是都扰乱了社会秩序。社会秩序是人们生产生活有条不紊的状态，包括人们共同生活的秩序、公共场所秩序等。社会秩序是一个社会赖以存在并且依靠制定认可的法律制度、社会公共道德规则、风俗习惯等建立并维持的。从实践情况看，寻衅滋事行为通常表现为行为人公然藐视法律规则，在公共场所无事生非、逞强耍横、欺压良善，严重扰乱公共秩序。寻衅滋事的动机一般不是完全为了某种个人的利害冲突，也不是单纯为了取得某种物质利益，而是企图通过寻衅滋事行为的实施来寻求刺激或者追求某种卑鄙欲念的满足。行为人往往出于精神上的空虚，或者为寻求精神刺激，发泄对社会的不满，或是为了在某一地区称王称霸、显示威风，为了哥们儿义气进行报复等。寻衅滋事行为多发生在公共场所（也有一些发生在偏僻隐蔽的地方），常常给公民的人身、人格或公私财产造成损害，与一般的故意伤害、抢夺、毁损财物有所区别的是，寻衅滋事行为一般并不特意针对特定的人身、财产等实施侵害，往往在侵害对象的选择、引发行为的原因和时机等方面带有一定随机性，因而会表现出不分对象、场合，恣意妄为，想打就打，想骂就骂，从而反映出行为人对法律制度、社会秩序、他人权利的漠视和公然挑衅的心理态度。

2. 2025年修订后的《治安管理处罚法》的规定。根据实践情况对有关行为方式的规定作了完善。主要作了以下修改：一是，调整处罚设置。主要体现在根据实践情况适当提高罚款数额；同时，考虑到有的地方提出，寻衅滋事在实践中情况较为复杂，对于确属情节较轻的，建议可只处罚款，不一定都要拘留。为此增加了择处罚款的处罚方式,将第一档中"可以并处五百元以下罚款"修改为"或者一千元以下罚款";对于情节较重的,将"可以并处一千元以下罚款"修改为"可以并处二千元以下罚款"。二是,有关方面提出,实践中随意殴打他人的案件较多,对于尚不够追究刑事责任的,应当给予治安管理处罚。本次修订将第一项"结伙斗殴"修改为"结伙斗殴或者随意殴打他人"。三是,第四项兜底项作了进一步明确和限定。一些意见提出,2005年修订的《治安管理处罚法》第二十六条寻衅滋事第四项兜底项的规定不够明确,实践中存在"都往里装、不当适用"的情况。部分公安机关适用寻衅滋事兜底条款处理的案件数占全部寻衅滋事案件总数的75%。为此,进一步明确寻衅滋事行为的特征,将第四项"其他寻衅滋事行为"修改为"其他无故侵扰他人、扰乱社会秩序的寻衅滋事行为"。

● 条文释义

本条包含以下六个方面的内容:

第一,实施本条规定的行为,行为人主观上通常是在寻求刺激、发泄不满、耍威风、逞能、取乐等动机支配下,表现出漠视法律法规,公然挑战社会秩序意思。

第二,关于"结伙斗殴或者随意殴打他人"。这里的"结伙斗殴",是指行为人出于私仇旧怨、争夺地盘、争风吃醋或者其他动机,纠集或者参加有多人组织的团伙与另一类团伙互相殴打,尚不够刑事处罚的行为。如果行为人之间仅是用言语互相谩骂、威胁,不能认为是结伙斗殴行为。根据《公安机关执行〈中华人民共和国治安管理处罚法〉有关问题的解释(二)》第八条规定,"结伙"是指2人(含2人)以上。"随意殴打他人",是指出于耍威风、取乐等目的,无故、无理殴打相识或者素不相识的人,与本法第五十一条规定的殴打他人的区别主要是后者往往事出有因,如因邻里纠纷、排队、占座等引起,限于特定的事、特定的人,而非漫无目标,任意针对无辜群众实施殴打行为。

第三,关于"追逐、拦截他人",是指在寻求不正当的精神刺激等流氓动机的支配下,无故、无理追赶、阻拦、侮辱他人。这种行为的性质一般都是在不正当的心理支配下,恃强凌弱,凭借自己身强力壮或者是对社会公德满不在乎的态度,无事生非,骚扰他人。追逐、拦截他人通常在治安案件的很多行为中都有表现,但本条所指的是在特定动机支配下实施的行为,这是认定寻衅滋事行为与其他违反治安管理行为的不同之处。

第四，关于"强拿硬要或者任意损毁、占用公私财物"。"强拿硬要"一般是指在显示威风、寻求精神刺激等流氓动机以及蔑视公德的心态支配下，以蛮不讲理的流氓手段强行索要市场、商店或者他人财物。"任意损毁、占用公私财物"是指随心所欲毁坏或者占用公私财物，这里既包括任意损毁、占用机关、企业、事业单位、社会团体专用的物品，也包括社会公共设施。这里的"强拿硬要"行为也要与本法中第四十九条规定的强行讨要相区分，两者的行为主体、动机不同。

第五，关于"其他无故侵扰他人、扰乱社会秩序的寻衅滋事行为"。这一项也被称为是寻衅滋事"兜底项"规定。本条列举了三项典型的寻衅滋事行为，但目前实践中适用寻衅滋事兜底项进行处罚的反而成为多数情况，一些地区达到80%的比例。从实践适用情况看，有不少意见提出存在扩大适用，不准确适用的情形。从现有适用的案件类型来看，主要包括涉政类、涉极端个人类、涉滋扰类、涉酗酒类、涉消费类等。具体违法情形主要包括：（1）利用网络损害国家利益，如抹黑国家政策、制造政治谣言；（2）煽动采取极端方式维权，如对抗政府执法；（3）因拆迁或讨薪等，拨打110或12345扬言实施极端行为；（4）借故生非滋扰他人生活，如邮寄冥币、成人用品、门前多次大小便、遮挡他人车牌、对车辆泼粪等；（5）酗酒状态下丧失控制能力逞凶；（6）高额消费后恶意逃单，如逃避停车费、高档住宿费等。

总体上来看，寻衅滋事行为脱胎于原流氓的行为，实践中确实存在行为方式多样，具体认定时不好把握的问题。法律对寻衅滋事的规定方式是尽可能明确列举出常见表现形式，同时留有兜底项以针对复杂情况的需要。在具体处理案件时，应尽可能适用本条以及本法中有明确规定的条款项，对于拟适用兜底项的案件，应是其行为虽不属于明确列举的情形，但行为的本质特征符合寻衅滋事的无事生非、无故侵害他人权益，扰乱他人生产生活的特点，同时，在危害性上要与列举项相当。关于"寻衅滋事"的特征，《最高人民法院、最高人民检察院关于办理寻衅滋事刑事案件适用法律若干问题的解释》中有所界定。该解释虽然是关于寻衅滋事犯罪的界定，但由于寻衅滋事犯罪与治安违法行为之间的联系，对于治安违法行为的认定也具有重要参考价值。该解释第一条第一款将寻衅滋事概括为"行为人为寻求刺激、发泄情绪、逞强耍横等"。同时，解释还总结实践经验，明确了一些不宜认定为寻衅滋事的情况，如行为人因日常生活中的偶发矛盾纠纷，借故生非，应当认定为"寻衅滋事"，但矛盾系由被害人故意引发或者被害人对矛盾激化负有主要责任的除外；行为人因婚恋、家庭、邻里、债务等纠纷，实施殴打、辱骂、恐吓他人或者损毁、占用他人财物等行为的，一般不认定为"寻衅滋事"，但经有关部门批评制止或者处理处罚后，继续实施前列行为，破坏社会秩序的除外。实践中应避免将群众表达不满意见、不同观点、投诉批评等过程中偶有过激、不当举动的行为，机械、片面化地认定为寻衅滋事。

第六，关于"情节较重"的认定。本条对寻衅滋事"情节较重的"，规定了第二档更为严厉的处罚。关于何谓"情节较重"，具体包括以下几类情形：（1）组织、纠集多人或者多次参加结伙斗殴，未造成严重后果的；（2）多次寻衅滋事或者因寻衅滋事曾被治安管理处罚过的；（3）追逐、拦截他人，造成一定后果的；（4）强拿硬要或者任意毁损、占用公私财物过程中有暴力、侮辱行为的；（5）强拿硬要或者任意毁损、占用公私财物价值较大，尚不够刑事处罚的；（6）一次随意殴打、追逐、拦截多人的；（7）使用交通工具追逐、拦截、殴打他人，未造成严重后果的；（8）追逐、拦截、殴打未成年人或者妇女，未造成恶劣社会影响的；（9）在公共场所结伙斗殴的。

实践中需要注意的问题

在该条的理解适用中，需要注意以下三个问题：

第一，要注意区分违反治安管理的寻衅滋事行为与《刑法》寻衅滋事行为的界限。《刑法》第二百九十三条规定，有下列寻衅滋事行为之一，破坏社会秩序的，处五年以下有期徒刑、拘役或者管制：（1）随意殴打他人，情节恶劣的；（2）追逐、拦截、辱骂、恐吓他人，情节恶劣的；（3）强拿硬要或者任意损毁、占用公私财物，情节严重的；（4）在公共场所起哄闹事，造成公共场所秩序严重混乱的。纠集他人多次实施前款行为，严重破坏社会秩序的，处五年以上十年以下有期徒刑，可以并处罚金。违反治安管理的寻衅滋事与刑事犯罪中的寻衅滋事罪的区别主要在行为的"情节严重""情节恶劣"的具体构成不同，即在社会危害程度上不一样。2013年《最高人民法院、最高人民检察院关于办理寻衅滋事刑事案件适用法律若干问题的解释》第二条、第三条、第四条分别对"情节严重""情节恶劣"作出了界定。实际办案中应以该解释界定的构成犯罪的条件为界限，准确区分犯罪与违法的界限。

第二，注意把握本条第一项"结伙斗殴"与《刑法》第二百九十二条第一款聚众斗殴罪的界限。两者的主要区别在于：（1）主体不同。聚众斗殴罪的犯罪主体是聚众斗殴的首要分子和其他积极参加者。结伙斗殴的主体是结伙斗殴的所有参加者。(2) 参与人数不同。聚众斗殴的特征之一是"聚众",是指在首要分子的组织、指挥下,聚集特定或者不特定的多人同时参加违法犯罪活动。聚众斗殴人数、规模通常较大,斗殴双方至少有一方在3人以上。按照《公安机关执行〈中华人民共和国治安管理处罚法〉有关问题的解释(二)》的规定,结伙斗殴中,一方2人(含2人)以上即可构成。(3) 客观方面的表现不同。聚众斗殴罪的客观方面表现为纠集众人结伙斗殴的行为,行为主体具有组织、策划、指挥或者积极参加聚众斗殴的行为。结伙斗殴的主体是斗殴行为的所有参与者,不一定都有严密组织、策划、指挥者。对在聚众斗殴中不起主要作用的一般参加者,可以结伙斗殴行为给予治安管理处罚。(4) 后果和影响不同。聚众斗殴罪中的行为方式和危害后果都比结伙斗殴更为严重。

第三,要在实践中把握好兜底项的适用。此次对第四项兜底项作出修改的主要考虑,就是实践中以兜底项适用寻衅滋事有泛化的趋势,适用缺少明确的标准,甚至被称为"大箩筐"条款,因此,本次修订中对兜底项作了进一步规定,即"无故侵扰他人、扰乱社会秩序"。在执法实践中,适用兜底项要注意把握寻衅滋事行为的本质特征,寻衅滋事行为本身具有无事生非、寻求刺激等特征,兜底项的适用不能脱离寻衅滋事行为的本质,行为方式的危害性等方面要与前三项相当,避免扩大适用。

● 相关规定

《中华人民共和国刑法》第二百九十二条、第二百九十三条;《最高人民法院、最高人民检察院关于办理寻衅滋事刑事案件适用法律若干问题的解释》第一条至第四条;《公安机关执行〈中华人民共和国治安管理处罚法〉有关问题的解释(二)》第八条

第三十一条 有下列行为之一的,处十日以上十五日以下拘留,可以并处二千元以下罚款;情节较轻的,处五日以上十日以下拘留,可以并处一千元以下罚款:

(一) 组织、教唆、胁迫、诱骗、煽动他人从事邪教活动、会道门活动、非法的宗教活动或者利用邪教组织、会道门、迷信活动,扰乱社会秩序、损害他人身体健康的;

(二) 冒用宗教、气功名义进行扰乱社会秩序、损害他人身体健康活动的；

(三) 制作、传播宣扬邪教、会道门内容的物品、信息、资料的。

● 条文主旨

本条是关于利用封建迷信、会道门及相关非法活动的行为及其处罚的规定。

● 立法背景

1. 2005 年《治安管理处罚法》的规定。第二十七条规定："有下列行为之一的，处十日以上十五日以下拘留，可以并处一千元以下罚款；情节较轻的，处五日以上十日以下拘留，可以并处五百元以下罚款：（一）组织、教唆、胁迫、诱骗、煽动他人从事邪教、会道门活动或者利用邪教、会道门、迷信活动，扰乱社会秩序、损害他人身体健康的；（二）冒用宗教、气功名义进行扰乱社会秩序、损害他人身体健康活动的。"

邪教、封建迷信活动是与现代科学技术相背离的思想活动，与社会主义核心价值观相背离，对社会秩序具有扰乱和破坏作用。对于利用邪教，冒用宗教、气功名义等扰乱社会秩序，影响他人身体健康，破坏社会和谐稳定，国家历来予以严厉禁止。新中国成立初期，国家即开展了取缔反动会道门活动。1979 年《刑法》对组织、利用封建迷信、会道门进行反革命活动的犯罪行为作出规定。此后，随着经济社会发展和情况的变化，与邪教活动有关的违法犯罪活动一度较为突出，社会危害严重。针对这种情况，全国人民代表大会于 1999 年通过《关于取缔邪教组织、防范和惩治邪教活动的决定》，规定对于冒用宗教、气功等名义严重扰乱社会秩序的邪教组织和邪教活动，"必须依法取缔，坚决惩治"。考虑到邪教组织的蒙骗性较大，为了争取教育广大群众，集中惩治一小撮犯罪分子，该决定规定："坚持教育与惩罚相结合，团结、教育绝大多数被蒙骗的群众，依法严惩极少数犯罪分子。在依法处理邪教组织的工作中，要把不明真相参与邪教活动的人同组织和利用邪教组织进行非法活动、蓄意破坏社会稳定的犯罪分子区别开来。对受蒙骗的群众不予追究。对构成犯罪的组织者、策划者、指挥者和骨干分子，坚决依法追究刑事责任；对于自首或者有立功表现的，可以依法从轻、减轻或者免除处罚。"坚持教育与惩治相结合的原则，对于扰乱社会秩序、损害他人身体健康，不构成犯罪，可以给予治安管理处罚。

2. 2025年修订后的《治安管理处罚法》的规定。主要作了以下修改：一是，根据经济社会发展和实际情况，适当提高了罚款数额。将第一档中的"可以并处一千元以下罚款"修改为"可以并处二千元以下罚款"；情节较轻的，将"可以并处五百元以下罚款"修改为"可以并处一千元以下罚款"。二是，结合实践情况，在第一项中增加规定"非法的宗教活动"。三是结合实践需要，增加第三项规定，即"制作、传播宣扬邪教、会道门内容的物品、信息、资料的"。

条文释义

本条包含以下三个方面的内容：

第一，关于"组织、教唆、胁迫、诱骗、煽动他人从事邪教活动、会道门活动、非法的宗教活动或者利用邪教组织、会道门、迷信活动，扰乱社会秩序、损害他人身体健康"。（1）对"组织、教唆、胁迫、诱骗、煽动"的理解。"组织"，是指为组成、建立会道门、邪教组织而开展的鼓动、纠集、纠合他人参加，草拟组织规程、纪律等活动，如创设会道门、邪教组织；恢复已查禁的会道门、邪教组织；发展教徒、道徒，招收会员，秘密设坛、设点；等等。"教唆"，是指通过刺激、利诱、怂恿等方法使被教唆者接受教唆意图，并从事某种行为。"胁迫"，是指行为人以将要发生的损害或者以直接实施损害相威胁，对被害人实行精神强制进而使对方当事人产生恐惧而作出违背其真实意愿的行为。"诱骗"，通过物质或者非物质的利益等方式欺骗他人。"煽动"，是指以语言、文字、图像等方式对他人进行鼓动、宣传，意图使他人相信其所煽动的内容，或者意图使他人去实施所煽动的行为。（2）关于"邪教组织"的界定，可以参照2017年《最高人民法院、最高人民检察院关于办理组织、利用邪教组织破坏法律实施等刑事案件适用法律若干问题的解释》。根据该解释第一条的规定，邪教组织就是冒用宗教、气功或者以其他名义建立，神化、鼓吹首要分子，利用制造、散布迷信邪说等手段蛊惑、蒙骗他人，发展、控制成员，危害社会的非法组织。与正常宗教组织相比较，其无固定活动场所和信仰，往往以一些异端邪说作为发展控制组织成员的工具、手段，进行破坏法律、违反道德的行为。（3）对"会道门"的理解。"会道门"是封建迷信活动组织的总称，如我国历史上曾经出现过"一贯道""九宫道""先天道""后天道"等组织。（4）"迷信活动"是在生产力低下、文化落后、群众缺乏知识的情况下，作为科学的对立物出现的一种信奉鬼神的唯心主义的宿命论，其信仰、崇拜和活动形式带有浓厚的封建色彩。(5) 实施第一项规定的行为，会扰乱社会秩序，损害他人身体健康。

第二，"冒用宗教、气功名义进行扰乱社会秩序、损害他人身体健康的活动"。实践部分违法行为人以开展宗教活动的名义，对被蒙蔽的群众实施精神控制、骗财骗色，或者从事其他非法活动的情况多有发生。这种行为不仅侵害被骗群众权益，扰乱社会秩序，也会给宗教活动造成不良影响，引起社会误解和负面评价。另外，以气功名义谎称治病、通灵等，对信徒进行"洗脑"、骗财骗色的行为，统统打着传承传统文化之名，在一些地方多有发生。对无论是冒用宗教名义还是气功名义，从事扰乱社会秩序、损害他人身体健康的活动的，都应依照本条规定予以处罚。另外，如果行为人的行为同时构成如诈骗、伤害、猥亵等，可以根据情况以相关规定处罚。

第三，关于"制作、传播宣扬邪教、会道门内容的物品、信息、资料"。"制作"，是指编写、印制、复制、绘画、出版、录制、摄制、洗印等行为。"传播"是指出版发行、网上分享或出售、视频和广播播放、发放和张贴传单等行为。传播的方式和载体不影响对行为性质的认定。这里的"物品、信息、资料"，包括传单、标语、喷图、图片、书籍、报刊、录音带、录像带、光盘及其母盘或者其他有宣传作用的物品，也包括不以实物存在的数据、云空间信息等。

▶ 实践中需要注意的问题

在该条的理解适用中，应当注意以下问题：实践中要注意把握本条和《刑法》第三百条的适用。对于组织、利用邪教组织扰乱社会秩序的行为，如果同时也构成对国家法律、行政法规实施的破坏，情节严重的可以构成《刑法》第三百条组织、利用会道门、邪教组织、利用迷信破坏法律实施罪。对于"破坏法律实施"的认定，可以结合 2017 年《最高人民法院、最高人民检察院关于办理组织、利用邪教组织破坏法律实施等刑事案件适用法律若干问题的解释》的规定进行。该解释第二条规定，组织、利用邪教组织，破坏国家法律、行政法规实施，具体包括以下情形：(1) 建立邪教组织，或者邪教组织被取缔后又恢复、另行建立邪教组织的；(2) 聚众包围、冲击、强占、哄闹国家机关、企业事业单位或者公共场所、宗教活动场所，扰乱社会秩序的；(3) 非法举行集会、游行、示威，扰乱社会秩序的；(4) 使用暴力、胁迫或者以其他方法强迫他人加入或者阻止他人退出邪教组织的；(5) 组织、煽动、蒙骗成员或者他人不履行法定义务的；(6) 使用"伪基站""黑广播"等无线电台（站）或者无线电频率宣扬邪教的；(7) 曾因从事邪教活动被追究刑事责任或者 2 年内受过行政处罚，又从事邪教活动的；(8) 发展邪教组织成员 50 人以上的；(9) 敛取钱财或者造成经济损失 100 万元以上的；(10) 以货币为载体宣扬邪教，数量在 500 张（枚）以上的；(11) 制作、传播邪教宣传品，达到下列数量标准之一的：①传单、喷图、图片、标语、报纸 1000 份（张）以上的；②书籍、刊物 250 册以上的；③录音带、录像带等音像制品 250 盒（张）以上的；④标识、标志物 250 件以上的；⑤光盘、U 盘、储存卡、移动硬盘等移动存储介质 100 个以上的；⑥横幅、条幅 50 条（个）以上的。(12) 利用通讯信息网络宣扬邪教，具有下列情形之一的：①制作、传播宣扬邪教的电子图片、文章 200 张（篇）以上，电子书籍、刊物、音视频 50 册（个）以上，或者电子文档 500 万字符以上、电子音视频 250 分钟以上的；②编发信息、拨打电话 1000 条（次）以上的；③利用在线人数累计达到 1000 以上的聊天室，或者利用群组成员、关注人员等账号数累计 1000 以上的通讯群组、微信、微博等社交网络宣扬邪教的；④邪教信息实际被点击、浏览数达到 5000 次以上的。(13) 其他情节严重的情形。

◐ 相关规定

《中华人民共和国刑法》第三百条

第三十二条 违反国家规定，有下列行为之一的，处五日以上十日以下拘留；情节严重的，处十日以上十五日以下拘留：

（一）故意干扰无线电业务正常进行的；

（二）对正常运行的无线电台（站）产生有害干扰，经有关主管部门指出后，拒不采取有效措施消除的；

（三）未经批准设置无线电广播电台、通信基站等无线电台（站）的，或者非法使用、占用无线电频率，从事违法活动的。

◐ 条文主旨

本条是关于扰乱无线电管理秩序的规定。

◐ 立法背景

1. 2005 年《治安管理处罚法》的规定。第二十八条规定，违反国家规定，故意干扰无线电业务的正常进行,或者对正常运行的无线电台(站)产生有害干扰,经有关主管部门指出后,拒不采取有效措施消除的,处五日以上十日以下拘留;情节严重的,处十日以上十五日以下拘留。

　　无线电及其通讯技术是现代科学技术发展的结果,无线电在政治、国家安全、军事、经济和社会生活等领域有着十分重要的作用。无线电通讯的安全、正常和有序,关系着国家的安全和社会生产生活的正常进行。无线电频率资源是一种有限的资源,需要严格管理、科学分配、规范使用。违反无线电频率管理,任意占用、使用无线电频率,不仅会造成资源的浪费,还可能因频率秩序混乱导致无线电通讯互相干扰甚至无法正常进行,从而危害国家的安全,扰乱正常的社会秩序。为了维护无线电通讯秩序,加强无线电频谱资源的管理和有效利用,保证无线电通讯活动的正常进行,国家专门设立了无线电管理机构,制定了《无线电管理条例》等法规。实际生活中,违反规定通过擅自设置、使用无线电台及其他方式干扰无线电通讯活动正常进行的行为日益增多,有的甚至造成严重后果。利用无线电从事的违法犯罪行为越来越隐蔽,监管难度和危害性都在不断上升。在《治安管理处罚法》修改中,有的意见反映,在执法实践中存在一些问题需要通过立法加以解决,如刑法第二百八十八条规定的扰乱无线电通讯管理秩序罪的构成条件比较严格,既要有违反国家规定,擅自设置、使用无线电台(站)、擅自占用频率的行为,又要有相关部门责令停止使用的前置条件,还要干扰无线电通讯正常进行并造成严重后果,三项条件俱全才能构成犯罪。从实践中的情况看,有些干扰无线电通讯的行为虽然尚不构成犯罪,但违法性质明显、后果也比较严重,如果只是给予罚款等一般行政处罚不足以起到惩戒作用,建议在《治安管理处罚法》中作出规定,以加大惩处力度。同时,由于无线电管理部门的执法手段受限,没有强制手段或者强制措施,其执法往往依赖于当事人的配合,一旦当事人不予配合或者拒绝监管部门进入其单位或者非法活动的场所,则案件很难得到进一步查处。为了完善破坏无线电通讯秩序行为的法律责任,做好对相关行为除依据《无线电管理条例》进行处罚外,对其中情节严重的,必要时应考虑给予治安管理处罚。

　　2. 2025年修订后的《治安管理处罚法》的规定。该条根据实践情况对有关行为方式的规定作了整合和完善。主要作了以下修改:一是,将违法行为以列举方式作出规定,在条文帽段里规定"违反国家规定,有下列行为之一的"表述,以进一步作出列举。二是,将原条文内容拆分为两项。三是,增加第三项，即"未经批准设置无线电广播电台、通信基站等无线电台（站）的或者非法使用、占用无线电频率，从事违法活动的"。这项规定主要针对实践中查处"黑广播""伪基站"时，往往无法及时找到违法行为人，或者需要花费较大成本的，确因需要"经有关主管部门指出后"拒不采取有效措施消除的前置条件才能给予处罚导致案件难以得到及时处理的问题，专门作出第三项规定。对于符合该规定的，可以直接作出处罚。

◐ 条文释义

本条包含以下四个方面的内容：

第一，本条中的行为要"违反国家规定"。"违反国家规定"，是指违反法律、行政法规等有关无线电管理的规定。如《军事设施保护法》《民用航空法》等法律中都有关于无线电管理的规定；有关无线电管理的行政法规有《电信条例》《无线电管理条例》《无线电管制规定》《民用机场管理条例》等都有关于无线电管理的规定。如果行为人没有违反国家规定，即使其行为客观上造成了对无线电业务的干扰，也不属于违反治安管理的行为，可以由主管部门通过技术指导、调整频率资源分配等方式予以解决。

第二，关于"故意干扰无线电业务正常进行"。行为人主观上是故意。关于"无线电业务"的理解，根据国际电联《无线电规则》对无线电业务的划分，主要包括：（1）无线电通信业务。为各种电信用途所进行的无线电波的传输、发射和/或接收。（2）固定业务。指定的固定地点之间的无线电通信业务。（3）卫星固定业务。利用一个或多个卫星在处于给定位置的地球站之间的无线电通信业务；该给定位置可以是一个指定的固定地点或指定区域内的任何一个固定地点；在某些情况下，这种业务也可包括运用于卫星间业务的卫星至卫星的链路；也可包括其他空间无线电通信业务的馈线链路。（4）航空固定业务。为航空导航安全与正常、有效和经济的空中运输，在指定的固定地点之间的无线电通信业务。（5）卫星间业务。在人造地球卫星之间提供链路的无线电通信业务。（6）空间操作业务。仅与空间飞行器的操作、特别是与空间跟踪、空间遥测和空间遥令有关的无线电通信业务。上述空间跟踪、空间遥测和空间遥令功能通常是空间电台运营业务范围内的功能。（7）移动业务。移动电台和陆地电台之间，或各移动电台之间的无线电通信业务。（8）卫星移动业务。在移动地球站和一个或多个空间电台之间的一种无线电通信业务，或该业务所利用的各空间电台之间的无线电通信业务；或利用一个或多个空间电台在移动地球站之间的无线电通信业务。该业务也可以包括其运营所必需的馈线链路。(9) 陆地移动业务。基地电台和陆地移动电台之间，或陆地移动电台之间的移动业务。(10) 卫星陆地移动业务。其移动地球站位于陆地上的一种卫星移动业务。(11) 水上移动业务。海岸电台和船舶电台之间，或船舶电台之间或相关的船载通信电台之间的一种移动业务；营救器电台和应急示位无线电信标电台也可参与此种业务。(12) 卫星水上移动业务。其移动地球站位于船舶上的一种卫星移动业务；营救器电台和应急示位无线电信标电台也可参与此种业务。(13) 港口运营业务。海（江）岸电台与船舶电台之间，或船舶电台之间在港口内或港口附近的一种水上移动业务。其通信内容只限于与作业调度、船舶运行和船舶安全以及在紧急情况下的人身安全等有关的信息。这种业务应排除属于公众通信性质的信息。(14) 船舶移动业务。在海岸电台与船舶电台之间，或船舶电台之间除港口运营业务以外的水上移动业务中的安全业务。其通信内容只限于与船舶行动有关的信息。这种业务应排除属于公众通信性质的信息。(15) 航空移动业务。在航空电台和航空器电台之间，或航空器电台之间的一种移动业务。营救器电台可参与此种业务；应急示位无线电信标电台使用指定的遇险与应急频率也可参与此种业务。(16) 航空移动（R）业务。供主要与沿国内或国际民航航线的飞行安全和飞行正常有关的通信使用的航空移动业务。(17) 航空移动（OR）业务。供主要是国内或国际民航航线以外的通信使用的航空移动业务，包括那些与飞行协调有关的通信。(18) 卫星航空移动业务。移动地球站位于航空器上的卫星移动业务；营救器电台与应急示位无线电信标电台也可参与此种业务。(19) 卫星航空移动（R）业务。供主要与沿国内或国际民航航线的飞行安全和飞行正常有关的通信使用的卫星航空移动业务。(20) 卫星航空移动（OR）业务。供主要是国内和国际民航航线以外的通信使用的卫星航空移动业务，包括那些与飞行协调有关的通信。(21) 广播业务。供公众直接接收而进行发射的无线电通信业务，包括声音的发射、电视的发射或其他方式的发射。(22) 卫星广播业务。利用空间电台发送或转发信号，以供公众直接接收（包括个体接收和集体接收）的无线电通信业务。(23) 无线电测定业务。用于无线电测定的无线电通信业务。(24) 卫星无线电测定业务。利用一个或多个空间电台进行无线电测定的无线电通信业务。这种业务也可以包括其操作所需的馈线链路。(25) 无线电导航业务。用于无线电导航的无线电测定业务。(26) 卫星无线电导航业务。用于无线电导航的卫星无线电测定业务。

第一节 扰乱公共秩序的行为和处罚·第三十二条 | 125

这种业务也可以包括其操作所必需的馈线链路。（27）水上无线电导航业务。有利于船舶航行和船舶安全运行的无线电导航业务。（28）卫星水上无线电导航业务。地球站位于船舶上的卫星无线电导航业务。（29）航空无线电导航业务。有利于航空器飞行和航空器的安全运行的无线电导航业务。（30）卫星航空无线电导航业务。地球站位于航空器上的卫星无线电导航业务。（31）无线电定位业务。用于无线电定位的无线电测定业务。（32）卫星无线电定位业务。用于无线电定位的卫星无线电测定业务。这种业务也可以包括其操作所必需的馈线链路。（33）气象辅助业务。用于气象（含水文）的观察与探测的无线电通信业务。（34）卫星地球探测业务。地球站与一个或多个空间电台之间的无线电通信业务，并可包括空间电台之间的链路。在这种业务中：第一，由地球卫星上的有源遥感器或无源遥感器获得的有关地球特性及其自然现象的信息；第二，从空中或地球基地平台收集同类信息；第三，此种信息可分发给系统内的相关地球站；第四，可包括平台询问。此种业务也可以包括其操作所需的馈线链路。（35）卫星气象业务。用于气象的卫星地球探测业务。（36）标准频率和时间信号业务。为满足科学、技术和其他方面的需要而播发规定的高精度频率、时间信号（或二者同时播发）以供普遍接收的无线电通信业务。（37）卫星标准频率和时间信号业务。利用地球卫星上的空间电台开展与标准频率和时间信号业务相同目的的无线电通信业务。这种业务也可以包括其操作所需的馈线链路。（38）空间研究业务。利用空间飞行器或空间其他物体进行科学或技术研究的无线电通信业务。（39）业余业务。供业余无线电爱好者进行自我训练、相互通信和技术研究的无线电通信业务。业余无线电爱好者系指经正式批准的、对无线电技术有兴趣的人，其兴趣纯系个人爱好而不涉及谋取利润。（40）卫星业余业务。利用地球卫星上的空间电台开展与业余业务相同目的的无线电通信业务。（41）射电天文业务。涉及射电天文使用的一种业务。（42）安全业务。为保障人类生命和财产安全而常设或临时使用的无线电通信业务。（43）特别业务。即专门为一般公益事业的特定需要而设立，且不对公众通信开放的无线电通信业务。

　　第三，对于实践中经常发生的，一些单位和个人在使用无线电通讯时，并非故意干扰他人无线电业务，而"对正常运行的无线电台（站）产生有害干扰"的，要经有关主管部门指出后，拒不采取有效措施消除的，才予以治安管理处罚。"有关主管部门"指出，是给予治安管理处罚的前置条件，对于指出后及时采取有效措施消除的，则不再给予治安管理处罚。"有关主管部门"是指无线电管理部门。（1）"有害干扰"，是指危害无线电导航或者其他安全业务的正常运行，或者严重地损害、阻碍以及一再阻断按照规定正常开展的无线电业务的干扰。在无线电业务的开展过程中，无线电干扰不可避免地存在着，但只有有害干扰才会达到危害无线电导航或者其他安全业务的正常运行。（2）"无线电台（站）"，主要是指为开展无线电通信业务或射电天文业务所必需的一个或多个发信机或收信机，或发信机与收信机的组合（包括附属设备）。每个电台应按其业务是常设或临时运营分类。根据《无线电管理条例》第二十八条的规定，设置、使用无线电台（站），应当具备下列条件：（1）有可用的无线电频率；（2）所使用的无线电发射设备依法取得无线电发射设备型号核准证且符合国家规定的产品质量要求；（3）有熟悉无线电管理规定、具备相关业务技能的人员；（4）有明确具体的用途，且技术方案可行；（5）有能够保证无线电台（站）正常使用的电磁环境，拟设置的无线电台（站）对依法使用的其他无线电台（站）不会产生有害干扰。申请设置、使用空间无线电台，除应当符合前款规定的条件外，还应当有可利用的卫星无线电频率和卫星轨道资源。

第四，关于"未经批准设置无线电广播电台、通信基站等无线电台（站）的，或者非法使用、占用无线电频率，从事违法活动"。这一规定主要针对实践中擅自设置、使用无线电台（站）以及利用"黑广播""伪基站"从事违法活动的情形。（1）未经批准设置广播电台、通信基站，是指行为人违反国家有关无线电站广播电台、通信基站设置方面的管理规定，未经申请、未办理设置无线电广播电台、通信基站的审批手续或者未领取电台执照而设置、使用无线电的行为。根据《中华人民共和国无线电管理条例》第四十三条、第四十八条、第五十条的规定，无线电广播电台、通信基站的使用有严格的审批程序，不得擅自设置、使用。（2）本项规定无需以责令改正为处罚前置条件。实践中非法设置无线电台（站），利用"黑广播""伪基站"等从事电信网络诈骗等违法行为的，一经发现即可直接给予治安管理处罚。

● 实践中需要注意的问题

在该条的理解适用中，需要注意以下两个方面的问题：

第一，违反本法的行为同时也违反《无线电管理条例》。对此，应当按照管理优先的原则，先由无线电主管部门依据《无线电管理条例》进行处罚。如果无线电主管部门经调查认为需要给予行政拘留处罚的，再交由公安机关依照本法的规定处理。无线电主管部门可以依照《无线电管理条例》等规定，给予罚款、吊销执照等处罚。对此，本法第一百四十一条作了规定，即本法第三十二条、第三十四条、第四十六条、第五十六条规定给予行政拘留处罚，其他法律、行政法规同时规定给予罚款、没收违法所得、没收非法财物等其他行政处罚的行为，由相关主管部门依照相应规定处罚；需要给予行政拘留处罚的，由公安机关依照本法规定处理。

第二，注意把握本条违反治安管理的行为与《刑法》第二百八十八条扰乱无线电通讯管理秩序罪的区别。《刑法》第二百八十八条对"擅自设置、使用无线电台（站），或者擅自使用无线电频率，干扰无线电通讯秩序"规定了刑事责任。治安管理处罚中，扰乱无线电通讯管理秩序的行为方式与刑法有所区别，本法第三十二条规定了三项扰乱无线电通讯管理秩序的行为，范围上宽于《刑法》的规定。其中"故意干扰无线电业务正常进行的""对正常运行的无线电台（站）产生有害干扰的"并没有规定具体的行为方式。在危害程度上，如果达到"情节严重""情节特别严重"，则可能构成犯罪。具体如何认定罪与非罪的界限，可以结合《最高人民法院、最高人民检察院关于办理扰乱无线电通讯管理秩序等刑事案件适用法律若干问题的解释》第二条、第三条的规定认定。

相关规定

《中华人民共和国刑法》第二百八十八条；《中华人民共和国无线电管理条例》第四十三条、第四十八条、第五十条；《中华人民共和国电信条例》第五十三条；《民用机场管理条例》第五十三条、第五十七条、第五十八条、第八十条；《中华人民共和国无线电管制规定》第十二条；《最高人民法院、最高人民检察院关于办理扰乱无线电通讯管理秩序等刑事案件适用法律若干问题的解释》第二条、第三条

第三十三条 有下列行为之一，造成危害的，处五日以下拘留；情节较重的，处五日以上十五日以下拘留：

（一）违反国家规定，侵入计算机信息系统或者采用其他技术手段，获取计算机信息系统中存储、处理或者传输的数据，或者对计算机信息系统实施非法控制的；

（二）违反国家规定，对计算机信息系统功能进行删除、修改、增

加、干扰的；

（三）违反国家规定，对计算机信息系统中存储、处理、传输的数据和应用程序进行删除、修改、增加的；

（四）故意制作、传播计算机病毒等破坏性程序的；

（五）提供专门用于侵入、非法控制计算机信息系统的程序、工具，或者明知他人实施侵入、非法控制计算机信息系统的违法犯罪行为而为其提供程序、工具的。

条文主旨

本条是关于侵入计算机信息系统，非法获取计算机信息系统数据，非法控制计算机信息系统，非法改变计算机信息系统功能，非法改变计算机信息系统数据和应用程序，故意制作、传播计算机破坏性程序，提供侵入、非法控制计算机信息系统的程序、工具的规定。

立法背景

（一）立法背景及修改情况

1. 2005 年《治安管理处罚法》的规定。第二十九条规定："有下列行为之一的，处五日以下拘留；情节较重的，处五日以上十日以下拘留：（一）违反国家规定，侵入计算机信息系统，造成危害的；（二）违反国家规定，对计算机信息系统功能进行删除、修改、增加、干扰，造成计算机信息系统不能正常运行的；（三）违反国家规定，对计算机信息系统中存储、处理、传输的数据和应用程序进行删除、修改、增加的；（四）故意制作、传播计算机病毒等破坏性程序，影响计算机信息系统正常运行的。"

本条在 1957 年、1986 年以及 1994 年修改的《治安管理处罚条例》中都没有规定，是 2005 年制定《治安管理处罚法》时作出的新规定。随着计算机信息技术的发展，以及计算机在各行各业和日常生活的普及应用，在便利人们生产生活的同时，针对计算机系统实施破坏的违法行为也在发展，手段多样、隐蔽，对国家安全和社会治安秩序危害严重。现代社会是信息社会，计算机信息系统的安全对维护网络安全，促进信息的共享与交流，具有重要的意义，对于危害计算机信息系统安全的行为必须予以打击，在法律上明确相关行为的处罚。1997 年制定《刑法》时对危害计算机信息系统安全的有关犯罪行为已经作了规定，包括非法侵入计算机信息系统、非法改变计算机信息系统功能、非法改变计算机信息系统数据和应用程序、故意制作、传播计算机破坏性程序等犯罪。为适应惩治危害计算机信息系统违法行为的需要，进一步与《刑法》做好衔接，对1997年《刑法》规定的上述危害计算机信息系统的行为，尚不构成犯罪的，相应规定了治安管理处罚。需要注意的是，《治安管理处罚法》对非法侵入计算机信息系统的处罚范围比当时《刑法》规定的范围要宽，1997年《刑法》规定的侵入犯罪限于非法侵入国家事务、国防建设、尖端科学技术领域等三类计算机信息系统，《治安管理处罚法》规定的非法侵入，包括非法侵入所有计算机信息系统，造成危害的处罚。

2. 2025年修订后的《治安管理处罚法》的规定。本次修改主要是进一步补充了危害计算机信息系统安全的行为方式，将1997年《刑法》之后2009年《刑法修正案（七）》增加的有关危害计算机信息系统安全的犯罪手段，对尚不构成犯罪的，也在本法中作出相应规定。一是在本条第一项中增加规定，采用技术手段获取计算机信息系统中存储、处理或者传输的数据，或者对计算机信息系统实施非法控制的处罚。二是增加一项作为第五项，规定提供专门用于侵入、非法控制计算机信息系统的程序、工具，或者明知他人实施侵入、非法控制计算机信息系统的违法犯罪行为而为其提供程序、工具的处罚。三是对给予治安管理处罚的门槛和表述作了调整，将第二项中"造成计算机信息系统不能正常运行的"、第四项中"影响计算机信息系统正常运行的"修改为"造成危害的"，这样修改主要考虑是，随着计算机技术进步和互联网产业飞速发展，第二项、第四项规定的造成计算机信息系统不能正常运行及影响系统正常运行的后果已经非常严重，已进入《刑法》调整范畴，按照过罚相当的原则，修改第三项、第四项要求。同时，第三项中没有规定处罚门槛，根据有关方面意见，在第三项中也应增加"造成危害的"，与其他项以及《刑法》相关表述进一步衔接。另外，为了避免各项均规定"造成危害的"冗余表述，因此将"造成危害的"统一调整到本条帽子中作出规定。四是提高了危害计算机信息系统安全行为的处罚幅度，由原来最高处十日拘留修改为十五日拘留。

（二）有关国家和地区的规定

危害计算机信息系统安全是计算机违法犯罪的一种基本类型，各国法律一般都对危害计算机信息系统安全的相关行为规定了罚款、监禁等处罚。

1. 美国《计算机欺诈和滥用法》对未经授权访问计算机获取信息，入侵政府计算机，故意破坏计算机等规定了监禁等处罚。

2. 日本《禁止非法访问行为法》对未经授权访问他人计算机信息的行为规定处罚，最高处 1 年以下有期徒刑或者 50 万日元以下罚款。日本《刑法典》第二百三十四条之二规定了破坏计算机数据罪、传播计算机病毒罪，第二百五十九条规定了非法获取电磁记录罪，规定监禁或者 50 万日元以下罚款。

3. 《联合国打击网络犯罪以及为打击利用信息通信技术系统实施的某些犯罪并共享严重犯罪电子证据而加强国际合作公约》第二章刑事定罪部分，要求各缔约国采取必要的立法措施和其他措施，在本国法律中将以下行为规定为刑事犯罪：非法访问计算机信息系统，非法拦截信息通信技术系统数据，妨碍信息通信技术系统运行，故意破坏、删除、劣化、更改或者抑制电子数据等。

◐ 条文释义

理解本条首先需要把握的是"计算机信息系统"的概念。《刑法》第二百八十五条、第二百八十六条也使用的是"计算机信息系统"，两者应当作一致理解。《计算机信息系统安全保护条例》第二条规定："本条例所称的计算机信息系统，是指由计算机及其相关的和配套的设备、设施（含网络）构成的，按照一定的应用目标和规则对信息进行采集、加工、存储、传输、检索等处理的人机系统。"2011 年《最高人民法院、最高人民检察院关于办理危害计算机信息系统安全刑事案件应用法律若干问题的解释》第十一条第一款中规定："本解释所称'计算机信息系统'和'计算机系统'，是指具备自动处理数据功能的系统，包括计算机、网络设备、通信设备、自动化控制设备等。"因此，危害计算机信息系统的行为包括危害移动终端、自动化控制设备等信息系统，如对手机移动 App 的入侵、破坏和控制等。本条规定了五项，实际上包括了七种具体的危害计算机信息系统安全的行为。

第一项规定："违反国家规定，侵入计算机信息系统或者采用其他技术手段，获取计算机信息系统中存储、处理或者传输的数据，或者对计算机信息系统实施非法控制的"，该项规定包含了三种行为方式。一是侵入计算机信息系统的行为。其中的"违反国家规定"，是指违反国家关于保护计算机安全的规定，主要是指违反《网络安全法》《计算机信息系统安全保护条例》等的规定。侵入计算机信息系统包括未经授权非法侵入，或者超越授权范围侵入。实践中，主要表现为行为人利用自己所掌握的计算机知识、技术，通过非法手段获取指令或者许可证明，冒充合法使用者进入国家或者他人计算机信息系统；采用计算机技术进行攻击，闯过或者避开安全防卫进入计算机信息系统；有的甚至将自己的计算机与国家或者他人的计算机信息系统联网。二是非法获取计算机信息系统数据。"获取"包括从他人计算机信息系统中窃取，如直接侵入他人计算机信息系统，秘密复制他人存储的信息；也包括骗取，如设立假冒网站，在受骗用户登录时，要求用户输入账号、密码等信息。计算机信息系统中"存储"的数据，是指在用户计算机信息系统的硬盘或其他存储介质中保存的信息，如用户计算机中存储的文件。计算机信息系统中"处理"的数据，是指他人计算机信息系统正在运算中的信息。计算机信息系统中"传输"的数据，是指他人计算机信息系统各设备、设施之间，或者与其他计算机信息系统之间正在交换、输送中的信息，如敲击键盘、移动鼠标向主机发出操作指令，就会在键盘、鼠标与计算机主机之间产生数据的传输。"存储""处理"和"传输"这三种形态，涵括了计算机信息系统中所有的数据形态，不论行为人非法获取处于哪种形态的数据，均符合法律的规定。三是非法控制他人计算机信息系统。"非法控制"是指通过各种技术手段，使得他人计算机信息系统处于其掌控之中，能够接受其发出的指令，完成相应的操作活动。例如，通过给他人计算机信息系统中植入"木马程序"对他人计算机信息系统加以控制，可以"指挥"被控制的计算机实施网络攻击等活动。"非法控制"包括对他人的计算机实现完全控制，也包括只实现对他人计算机信息系统的部分控制，不论实际控制的程度如何，只要能够使他人计算机信息系统执行其发出的指令即可。

第二项规定："违反国家规定，对计算机信息系统功能进行删除、修改、增加、干扰的"，这是关于非法改变计算机信息系统功能的规定。这里的"违反国家规定"，目前主要是指违反《网络安全法》《计算机信息系统安全保护条例》等的规定。"计算机信息系统功能"，是指在计算机中，按照一定的应用目标和规则对信息进行采集、加工、存储、传输和检索的功用和能力；"删除"，是指将原有的计算机信息系统功能除去，使之不能正常运转；"修改"，是指对原有的计算机信息系统功能进行改动，使之不能正常运转；"增加"，是指在计算机系统里增加某种功能，致使原有的功能受到影响或者破坏，无法正常运转；"干扰"，是指用删除、修改、增加以外的其他方法，破坏计算机信息系统功能，使其不能正常运行。

第三项规定："违反国家规定，对计算机信息系统中存储、处理、传输的数据和应用程序进行删除、修改、增加的"，这是关于非法改变计算机信息系统数据和应用程序的规定。计算机信息系统中存储、处理或者传输的"数据"，是指在计算机信息系统中实际处理的"一切文字、符号、声音、图像等内容有意义的组合";"计算机应用程序",是用户使用数据库的一种方式,是用户按数据库授予的子模式的逻辑结构,书写对数据进行操作和运算的程序;"删除"操作,是指将计算机信息系统中存储、处理或者传输的数据和应用程序的全部或者一部分删去;"修改"操作,是指对上述数据和应用程序进行改动;"增加"操作,是指在计算机信息系统中增加新的数据和应用程序。

第四项规定:"故意制作、传播计算机病毒等破坏性程序的",这里规定的"故意制作",是指通过计算机,编制、设计针对计算机信息系统的破坏性程序的行为;"故意传播",是指通过计算机信息系统(含网络),直接输入、输出破坏性程序,或者将已输入破坏性程序的软件加以派送、散发、销售的行为;"计算机破坏性程序",是指隐藏在可执行程序中或数据文件中,在计算机内部运行的一种干扰程序,这种破坏性程序的典型是计算机病毒。"计算机病毒",是指在计算机中编制的或者在计算机程序中插入的破坏计算机功能或者毁坏数据,影响计算机使用,并能自我复制的一组计算机指令或者程序代码,其本质是非授权的程序加载。计算机病毒具有可传播性、可激发性和可潜伏性,对于大、中、小、微型计算机和计算机网络都具有巨大的危害和破坏性,是对计算机进行攻击的最严重的方法,可能会夺走大量的资金、人力和计算机资源,甚至破坏各种文件及数据,造成机器的瘫痪,带来难以挽回的损失。计算机病毒同一般生物病毒一样,具有多样性和传染性,可以繁殖和传播,有些病毒传播很快,并且一旦侵入系统就马上摧毁系统,另一些病毒则有较长的潜伏期,在潜伏一段时间后才发作。

第五项规定:"提供专门用于侵入、非法控制计算机信息系统的程序、工具,或者明知他人实施侵入、非法控制计算机信息系统的违法犯罪行为而为其提供程序、工具的",这是关于提供侵入、非法控制计算机信息系统的程序、工具的规定。本项的"提供"包括出售等有偿提供,也包括提供免费下载等行为;包括直接提供给他人,也包括在网上供他人下载等。根据该项的规定,为他人提供实施侵入、非法控制计算机信息系统的程序、工具的行为包括两种情形:(1)提供专用程序、工具。这是指行为人所提供的程序、工具只能用于实施非法侵入、非法控制计算机信息系统。例如,为他人提供专门用于窃取网上银行账号的"网银木马"程序。由于所提供程序、工具的用途本身足以表明该程序、工具的违法性,进而表明行为人主观上对其所提供程序将被用于非法侵入、控制他人计算机信息系统的情况是明知的，因此法律规定提供实施侵入、非法控制计算机信息系统专用程序、工具的，予以处罚。（2）行为人明知他人实施侵入、非法控制计算机信息系统的违法犯罪行为而为其提供程序、工具。这是指从行为人所提供的程序、工具本身的属性看，可以用于非法用途，也可以用于合法用途，即仅凭程序、工具本身的性质尚不能够完全确定行为人所实施行为的违法性。这种情况下，行为人是否处罚，就需要考虑其主观方面对其行为的性质是否有明确的认识。明知而故犯的，应当依照本条的规定予以追究。对确实不知他人将其所提供的程序、工具用于实施非法侵入、非法控制计算机信息系统的违法犯罪行为的，不属于本条规定的处罚行为。

依照本条予以处罚，要求相关行为"造成危害"，没有造成危害的，不给予治安管理处罚。"造成危害"，包括造成计算机信息系统不能正常运行，影响计算机系统正常运行，造成计算机系统中的信息、数据被窃取、泄露或者不能恢复，给计算机系统用户造成其他损失等。

根据法律规定，实施上述各项行为之一，造成危害的，处五日以下拘留；情节较重的，处五日以上十五日以下拘留。

● 实践中需要注意的问题

在该条的理解适用中，应当注意以下几个方面的问题：

第一，本条规定的危害计算机信息系统的相关行为在《刑法》第二百八十五条、第二百八十六条中也相应作了规定。2011年《最高人民法院、最高人民检察院关于办理危害计算机信息系统安全刑事案件应用法律若干问题的解释》对构成相应犯罪的标准作了明确规定，对于构成犯罪的，应当依照《刑法》规定追究刑事责任，对于尚不构成犯罪，但造成一定危害的，依照本条处理。实践中要注意区分违法犯罪界限。本条的处罚只包括拘留，实践中对相应行为是否依照本条处罚，也要注意把握好界限，依法处理，对于没有造成危害的，不予处罚。

第二，处理本条与《网络安全法》等的法律适用关系。《网络安全法》对本条规定的相应行为也规定了行政处罚。《网络安全法》第二十七条规定，"任何个人和组织不得从事非法侵入他人网络、干扰他人网络正常功能、窃取网络数据等危害网络安全的活动；不得提供专门用于从事侵入网络、干扰网络正常功能及防护措施、窃取网络数据等危害网络安全活动的程序、工具；明知他人从事危害网络安全的活动的，不得为其提供技术支持、广告推广、支付结算等帮助"。第六十三条第一款和第二款规定："违反本法第二十七条规定，从事危害网络安全的活动，或者提供专门用于从事危害网络安全活动的程序、工具，或者为他人从事危害网络安全的活动提供技术支持、广告推广、支付结算等帮助，尚不构成犯罪的，由公安机关没收违法所得，处五日以下拘留，可以并处五万元以上五十万元以下罚款；情节较重的，处五日以上十五日以下拘留，可以并处十万元以上一百万元以下罚款。单位有前款行为的，由公安机关没收违法所得，处十万元以上一百万元以下罚款，并对直接负责的主管人员和其他直接责任人员依照前款规定处罚。"两部法律的拘留处罚幅度相同，本法没有规定罚款，《网络安全法》规定了罚款以及对单位的罚款，实践中公安机关执法时还可适用《网络安全法》的规定予以罚款。

● 相关规定

《中华人民共和国刑法》第二百八十五条、第二百八十六条；《中华人民共和国网络安全法》第二十七条、第六十三条；《中华人民共和国计算机信息系统安全保护条例》第二条

第三十四条 组织、领导传销活动的，处十日以上十五日以下拘留；情节较轻的，处五日以上十日以下拘留。

胁迫、诱骗他人参加传销活动的，处五日以上十日以下拘留；情节较重的，处十日以上十五日以下拘留。

● 条文主旨

本条是关于组织、领导传销活动，以及胁迫、诱骗他人参加传销活动的规定。

● 立法背景

本条是 2025 年修订《治安管理处罚法》新增加的规定。近年来，传销活动蔓延，网络传销严重，参与人员多，危害社会稳定。2005 年国务院颁布《禁止传销条例》，对传销的定义、行为种类和查处机关、程序等作了规定。从违法行为及法律责任看，对组织策划传销的，介绍、诱骗、胁迫他人参加传销的，以及参加传销的行为，由工商行政管理部门[①]查处和给予行政处罚，处罚

[①] 需要注意的是，根据 2018 年中共中央印发的《深化党和国家机构改革方案》，组建国家市场监督管理总局，将国家工商行政管理总局等的职责整合。

种类包括罚款、没收非法财物、没收违法所得以及责令停止违法行为等。根据《禁止传销条例》的规定，公安机关负责查处的行为是，在传销中以介绍工作、从事经营活动等名义欺骗他人离开居所地非法聚集并限制其人身自由的行为。同时规定工商部门与公安机关的执法衔接，工商行政管理部门查处传销行为，对涉嫌犯罪的，应当依法移送公安机关立案侦查；公安机关立案侦查传销案件，对经侦查不构成犯罪的，应当依法移交工商行政管理部门查处。总体上，上述法律责任和执法分工安排为查处传销违法提供了依据。同时，也出现了一些新情况：一是传销活动蔓延，严重影响社会治安和社会稳定，需要纳入治安处罚范畴。此前对组织、领导传销活动按照教唆他人违法犯罪决定劳动教养，2013年劳动教养制度废止后，法律制度衔接上需要进一步加强，增加行政拘留处罚，以有效防范遏制传销活动蔓延。二是传销活动查处过程中，执法手段，证据线索查找、收集、固定要求高，有关主管部门执法力量、手段受限，与公安机关对组织领导传销活动开展联合执法，可以有效提高执法效能，有力查处非法传销活动。因此，本次修改将有关非法传销活动纳入本法，由公安机关依法给予治安管理处罚。

◼ 条文释义

本条共分两款。第一款是关于组织、领导传销活动的违法行为和处罚的规定。根据本款规定，组织、领导传销活动的，处十日以上十五日以下拘留；情节较轻的，处五日以上十日以下拘留。本条规定的传销活动按照《禁止传销条例》等的规定认定。《禁止传销条例》第二条、第七条规定了传销的定义和行为，包括三种具体方式：一是组织者或者经营者通过发展人员，要求被发展人员发展其他人员加入，对发展的人员以其直接或者间接滚动发展的人员数量为依据计算和给付报酬，牟取非法利益的，即"拉人头"方式；二是组织者或者经营者通过发展人员，要求被发展人员交纳费用或者以认购商品等方式变相交纳费用，取得加入或者发展其他人员加入的资格，牟取非法利益的，即"入门费"方式；三是组织者或者经营者通过发展人员，要求被发展人员发展其他人员加入，形成上下线关系，并以下线的销售业绩为依据计算和给付上线报酬，牟取非法利益的，即"团队计酬"方式。需要注意的是：一是《禁止传销条例》中规定的传销范围与《刑法》第二百二十四条之一规定的组织、领导传销活动罪中的传销范围有所不同。后者是指"以推销商品、提供服务等经营活动为名，要求参加者以缴纳费用或者购买商品、服务等方式获得加入资格，并按照一定顺序组成层级，直接或者间接以发展人员的数量作为计酬或者返利依据，引诱、胁迫参加者继续发展他人参加，骗取财物，扰乱经济社会秩序的传销活动"。这类传销的欺骗性、危害性最大，是《刑法》重点打击的范围。《禁止传销条例》中的传销除了这类传销类型外，还包括"团队计酬"式传销等。二是本法未对传销作出定义，一般应当以其他法律、行政法规关于传销的定义保持一致，按照现行《禁止传销条例》的规定认定。有关方面也在研究修改《禁止传销条例》，如将来对传销定义、范围、传销与直销划分作出调整变化，则本法也应当随之调整，确定治安处罚的传销行为类型。本款处罚组织、领导者，以下人员可以认定为组织、领导者：（1）在传销活动中起发起、策划、操纵作用的人员；（2）在传销活动中承担管理、协调等职责的人员；（3）在传销活动中承担宣传、培训等职责的人员；（4）其他对传销活动的实施、传销组织的建立、扩大等起关键作用的人员。对组织、领导传销活动的，处十日以上十五日以下拘留；情节较轻的，处五日以上十日以下拘留，这样的拘留处罚幅度在本法中已属于较重处罚，这也是考虑到组织、领导传销活动的行为危害较大。

第二款是关于胁迫、诱骗他人参加传销活动的行为及处罚的规定，处罚上根据情节轻重分为两档，一般情节处五日以上十日以下拘留，情节较重的，处十日以上十五日以下拘留。

根据本条规定，纳入治安管理处罚的行为是组织、领导传销活动，以及胁迫、诱骗他人参加传销活动，对于一般参加者没有规定治安处罚，这也是考虑到参加者既是违法者也是受害者，传销案件中往往参与人员较多，都纳入治安处罚予以拘留，不利于实现打击少数、教育大多数，对一般参加的，可以按照《禁止传销条例》第二十四条的规定，由工商行政管理部门责令停止违法行为，可以处 2000 元以下的罚款。

实践中需要注意的问题

在该条的理解适用中，应当注意以下几个方面的问题：

第一，与《禁止传销条例》等其他法律法规的衔接适用，以及公安机关与行政主管部门的职责分工。本条对组织、领导传销活动，以及胁迫、诱骗他人参加传销活动规定了拘留处罚，《禁止传销条例》对上述行为同时规定了其他行政处罚，对组织策划传销的，由工商行政管理部门没收非法财物，没收违法所得，处五十万元以上二百万元以下的罚款；对介绍、诱骗、胁迫他人参加传销的，由工商行政管理部门责令停止违法行为，没收非法财物，没收违法所得，处十万元以上五十万元以下的罚款。本法第一百四十一条第三款对这种情况的法律衔接适用作了明确规定，即由市场监督管理部门按照《禁止传销条例》的规定处罚，认为情节严重需要给予拘留处罚的，移送公安机关，公安机关依照本法规定，决定是否给予拘留处罚。

第二，与刑事责任的区分。《刑法》第二百二十四条之一规定了组织、领导传销活动罪，本罪打击的传销范围与本条规定、《禁止传销条例》规定的范围有所不同。对于属于《刑法》规定的传销行为，情节轻微，不构成犯罪的，可以依照本条规定给予治安管理处罚。2013年《最高人民法院、最高人民检察院、公安部关于办理组织领导传销活动刑事案件适用法律若干问题的意见》对组织、领导传销活动罪规定了具体定罪量刑标准，实践中要注意据此区分犯罪与违法的界限。

● 相关规定

《中华人民共和国刑法》第二百二十四条之一；《禁止传销条例》第七条；《最高人民法院、最高人民检察院、公安部关于办理组织领导传销活动刑事案件适用法律若干问题的意见》第一条。

第三十五条 有下列行为之一的，处五日以上十日以下拘留或者一千元以上三千元以下罚款；情节较重的，处十日以上十五日以下拘留，可以并处五千元以下罚款：

（一）在国家举行庆祝、纪念、缅怀、公祭等重要活动的场所及周边管控区域，故意从事与活动主题和氛围相违背的行为，不听劝阻，造成不良社会影响的；

（二）在英雄烈士纪念设施保护范围内从事有损纪念英雄烈士环境和氛围的活动，不听劝阻的，或者侵占、破坏、污损英雄烈士纪念设施的；

（三）以侮辱、诽谤或者其他方式侵害英雄烈士的姓名、肖像、名誉、荣誉，损害社会公共利益的；

（四）亵渎、否定英雄烈士事迹和精神，或者制作、传播、散布宣扬、美化侵略战争、侵略行为的言论或者图片、音视频等物品，扰乱公共秩序的；

（五）在公共场所或者强制他人在公共场所穿着、佩戴宣扬、美化侵略战争、侵略行为的服饰、标志，不听劝阻，造成不良社会影响的。

▶ 条文主旨

本条是关于扰乱国家重要活动、亵渎英雄烈士、宣扬美化侵略战争等行为及处罚的规定。

▶ 立法背景

1. 增加本条规定的立法考虑。

本条为2025年《治安管理处罚法》修订新增加的规定。国家举行公祭、庆祝等重要活动，缅怀历史、致敬英雄烈士等，是爱国情怀、民族情感凝聚的庄严时刻，故意从事与活动主题和氛围相违背的行为，不仅损害了国家尊严和公众的爱国情感，也会破坏公共秩序和安全，对这一行为规定予以治安处罚，体现了对社会主义核心价值观的维护。亵渎英雄烈士、宣扬美化侵略战争等行为，是对历史的不尊重，对爱国情怀的践踏。中华民族英雄辈出，近代以来，为了争取民族独立和人民解放，实现国家富强和人民幸福，促进世界和平和人类进步，中华民族涌现出了无数毕生奋斗、英勇献身的英雄烈士，他们是中华民族最优秀群体的代表。英雄烈士和他们所体现的爱国主义、英雄主义精神，是我们国魂、民族魂、党魂、军魂的不竭源泉和重要支撑，是中华民族精神的集中体现。英雄烈士的事迹和精神是中华民族的共同历史记忆和宝贵的精神财富，也是社会主义核心价值观的重要体现。我国通过多部法律加强了对英雄烈士的保护。2018年通过的《英雄烈士保护法》第二十六条规定："以侮辱、诽谤或者其他方式侵害英雄烈士的姓名、肖像、名誉、荣誉，损害社会公共利益的，依法承担民事责任；构成违反治安管理行为的，由公安机关依法给予治安管理处罚；构成犯罪的，依法追究刑事责任。"2020年《民法典》将英雄烈士的姓名、肖像、名誉、荣誉作为社会公共利益予以保护。2020年《刑法修正案（十一）》在《刑法》第二百九十九条之一增加规定了侵害英雄烈士名誉、荣誉罪。

近年来，社会上有些人出于各种目的，侮辱、诽谤英雄烈士，还有的以"学术自由""还原历史""探究细节"等为名，通过互联网、书刊等公开对党和国家长期宣传、人民群众尊崇的英雄烈士进行诋毁、丑化、贬损、质疑和否定，歪曲历史特别是近现代历史，通过历史虚无主义解构主流意识形态，瓦解历史认同，消解文化自信，侵蚀中华民族共同体意识，造成了恶劣社会影响。

侮辱、诽谤英雄烈士的实质目的是动摇中国共产党的执政根基和否定中国特色社会主义制度。抹黑这些代表性的英烈群体、人物，否定中国近现代历史，既是对社会主义核心价值观与革命英雄主义精神的否定和瓦解，也容易对群众尤其是年轻人的价值取向造成恶劣影响、冲击。这些行为不仅构成对英雄烈士的人格利益以及英雄烈士近亲属合法利益的侵害，同时由于英雄烈士的事迹和精神已经成为社会公共利益的重要组成部分，也给社会公共利益造成损害。实践中有不少宣扬美化侵略战争等行为的案件，如"上海四行仓库案""南京中山陵案""侮辱南京大屠杀遇难者案"等。一些人员以服饰、标志、文字、语言、图片、视频、肢体语言等方式，通过信息网络发布或者在抗战遗址和其他具有特殊历史意义的场所公开崇尚、宣扬日本军国主义、法西斯主义、"武士道"精神，这些行为无视历史，颠倒黑白，引发社会愤慨和关切，应当依法予以查处。为了进一步维护社会主义核心价值观，与《英雄烈士保护法》等相关法律相衔接，经反复研究，在广泛听取各方面意见并取得共识的基础上，将扰乱国家重要活动、亵渎英雄烈士、宣扬美化侵略战争等行为在本法中作出明确规定。

2. 本条修改形成过程。

2023 年 8 月 28 日，治安管理处罚法（修订草案）由国务院提请全国人大常委会第五次会议进行了初次审议。修订草案第三十四条对"在公共场所或者强制他人在公共场所穿着、佩戴有损中华民族精神、伤害中华民族感情的服饰、标志的""制作、传播、宣扬、散布有损中华民族精神、伤害中华民族感情的物品或者言论的"规定了治安管理处罚，引发社会高度关注。不少意见认为，"损害中华民族精神、伤害中华民族感情"相关概念内涵不清，认定标准不明确，伤害后果也很难量化，容易造成执法中的随意性和扩大化，甚至损害公民表达言论的自由；对于治安管理处罚法来说立法用语应当力求明确，否则也会增加执法的难度。也有意见认为，有损中华民族精神、伤害中华民族感情的"服饰、物品"有哪些，界限不够清楚，基层民警很难准确把握，应避免因此而造成公安机关不当干涉公民穿着，过度介入公民私人生活的情况。

对此，全国人大常委会高度重视并专门作了研究。从"中华民族"一词在立法中的使用情况看，最近十几年，特别是党的十八大以来，一些法律中作了规定。党的十八大以前，主要有三部法律中规定有"中华民族"这一用语，分别是《反分裂国家法》《文物保护法》和《非物质文化遗产法》。党的十八大以来，有 23 部法律的四十多处条款提及"中华民族"，特别是 2018 年修改《宪法》在"序言"中两次提及"中华民族"。从法律关于"中华民族"的规定看，没有中华民族精神、中华民族感情的搭配，主要表述有：中华民族伟大复兴、中华民族共同体意识、中华民族优秀传统文化、中华民族优秀的历史文化遗产、中华民族传统美德、中华民族共有精神家园、中华民族现代文明、中华民族的根本利益、中华民族永续发展、中华民族家庭美德等。从上述规定看，提及"中华民族"的大多是宏大概念，具有一定的宏观性、政治性、思想性，且均是从正面进行表述或者宣扬。在具体法律关系中使用"中华民族"的概念，且是从针对"中华民族"的负面行为进行评价、界定，立法中尚未出现。

立法机关经慎重研究，认为"有损中华民族精神""伤害中华民族感情"等表述，主观色彩较强，其含义在立法上不易界定、在执法中不易把握，担心执法中会损害公众的正当权益和正常生活。综合考虑各种因素和执法需要，在提请全国人大常委会第二次审议的修订草案二审稿中删去了"有损中华民族精神""伤害中华民族感情"的表述，形成现有的规定，并在第三次审议中对这条规定继续作了更有针对性、更具体的修改完善，最终形成本条现有规定。

条文释义

本条是关于扰乱国家重要活动、亵渎英雄烈士、宣扬美化侵略战争等行为及处罚的规定，包含以下三个方面的内容：

一是，关于扰乱国家重要活动的行为，即在国家举行庆祝、纪念、缅怀、公祭等重要活动的场所及周边管控区域，故意从事与活动主题和氛围相违背的行为，不听劝阻，造成不良社会影响的行为。国家举行的庆祝、纪念、缅怀、公祭等国家重要活动，是铭记历史、传承民族记忆、弘扬爱国主义精神的重要活动。(1) 本项中国家举行的重要活动，包括庆祝、纪念、缅怀、公祭等，如 10 月 1 日国庆阅兵、9 月 3 日中国人民抗日战争胜利纪念、12 月 13 日南京大屠杀死难者国家公祭日、9 月 30 日烈士纪念日等。一些地方举办的地方活动不属于本项中的"国家重要活动"。(2) "重要活动的场所及周边管控区域"是举办重要活动的现场所在地，及为保障活动正常进行所划定的周边相关管控区域。对于管控区域通常由相关部门发布管控通知，明确管控的具体区域范围、时间、车辆人员限行等内容，公安机关通过设置警戒线、路障、警示牌等方式设置相应的警戒区。(3) "从事与活动主题和氛围相违背的行为"主观上为故意。对于并不明知自己是在管控区域，无意间实施的行为，经过劝阻后改正的，不能给予治安管理处罚。"活动主题和氛围相违背"要结合活动内容判断，如天安门广场举行国庆日纪念活动时故意穿着祭祀服饰在天安门广场管控区域奏哀乐，在烈士纪念日集体默哀时燃放烟花等。（4）为了避免实践中扩大适用，本项作了明确限制，规定了"不听劝阻，造成不良社会影响的"条件。对于实施上述行为的，公安机关进行劝阻，对于经劝阻后仍继续实施，并且造成现场秩序混乱、破坏现场氛围等不良社会影响的，给予治安管理处罚。

二是，关于亵渎英雄烈士的行为。主要包括第二项、第三项、第四项中的"亵渎、否定英雄烈士事迹和精神"部分。

这里的"英雄烈士"，包括近代以来，为国家、民族、人民作出牺牲和贡献的英烈先驱和革命先行者。中国共产党、人民军队和中华人民共和国历史上涌现出的无数英雄烈士。英雄烈士既包括个人也包括群体，既包括有名英烈也包括无名英烈。本条保护的英雄烈士与《英雄烈士保护法》的保护范围是一致的，都是已经牺牲、逝世的英雄烈士。实践中，如果行为人侮辱、诽谤或者以其他方式侵害健在的英雄模范人物的名誉、荣誉，应当依照本法关于侮辱、诽谤的规定追究责任，不适用本条。对健在的英雄模范人物的褒奖、保护，适用《国家勋章和国家荣誉称号法》等相关法律法规。据统计，从中国民主革命到现在，约有2000万名英烈，但是经评定确认的只有约196万名[1]。由于战争、历史条件等原因，大多数英烈都未能留下姓名，现在也无从考证，但他们同样受法律保护，也应被尊崇和铭记。实际发生的侵害英雄烈士名誉、荣誉案件中涉及的英雄烈士，一般都是知名的英雄烈士，其身份是清楚的，如果确需对英雄烈士的身份进行认定，可以通过相关工作机制予以解决。

关于烈士的具体评定标准，2024年《烈士褒扬条例》第八条第一款规定："公民牺牲符合下列情形之一的，评定为烈士：（一）在依法查处违法犯罪行为、执行国家安全工作任务、执行反恐怖任务、执行特勤警卫任务、执行突发事件应急处置与救援任务中牺牲的；（二）抢险救灾或者其他为了抢救、保护国家财产、集体财产、公民生命财产牺牲的；（三）在执行外交任务或者国家派遣的对外援助、维持国际和平、执法合作任务中牺牲的；（四）在执行武器装备科研试验任务中牺牲的；（五）其他牺牲情节特别突出，堪为楷模的。"

---

[1] 数据来源于中华人民共和国退役军人事务部网站，http://www.mva.gov.cn/xinwen/mtbd/202104/t20210403_46218.html，最后访问时间：2025年7月16日。

2024年《军人抚恤优待条例》第十一条第一款、第二款规定:"军人牺牲,符合下列情形之一的,评定为烈士:(一)对敌作战牺牲,或者对敌作战负伤在医疗终结前因伤牺牲的;(二)因执行任务遭敌人或者犯罪分子杀害,或者被俘、被捕后不屈遭敌人杀害或者被折磨牺牲的;(三)为抢救和保护国家财产、集体财产、公民生命财产或者执行反恐怖任务和处置突发事件牺牲的;(四)因执行军事演习、战备航行飞行、空降和导弹发射训练、试航试飞任务以及参加武器装备科研试验牺牲的;(五)在执行外交任务或者国家派遣的对外援助、维持国际和平任务中牺牲的;(六)其他牺牲情节特别突出,堪为楷模的。军人在执行对敌作战、维持国际和平、边海防执勤或者抢险救灾等任务中失踪,被宣告死亡的,按照烈士对待。"本条中规定的亵渎英雄烈士的行为主要包括三类:

1.关于在英雄烈士纪念设施保护范围内从事有损纪念英雄烈士环境和氛围的活动,不听劝阻的,或者侵占、破坏、污损英雄烈士纪念设施的。(1)在英雄烈士纪念设施保护范围内从事有损纪念英雄烈士环境和氛围的活动,不听劝阻的。这里的"英雄烈士纪念设施保护范围"主要包括烈士陵园、纪念碑、纪念塔、雕像、纪念馆、博物院、故居与遗址以及临时性纪念设施等。从事有损纪念英雄烈士环境和氛围的活动,主要是指在英雄烈士纪念设施保护范围内从事商业营销活动、悬挂侮辱性标语、张贴广告等。对于此类行为,有些群众主观上并非有意损害纪念英雄烈士环境和氛围,或者行为情节较轻的,并非都要直接予以处罚。根据《英雄烈士保护法》第二十七条的规定,首先由纪念设施保护单位应当及时劝阻;不听劝阻的,由县级以上地方人民政府负责英雄烈士保护工作的部门、文物主管部门按照职责规定给予批评教育,责令改正;构成违反治安管理行为的,由公安机关依法给予治安管理处罚。根据本条规定,对于经劝阻后仍不改正的,由公安机关给予治安管理处罚。(2)侵占、破坏、污损英雄烈士纪念设施的,主要是指在英雄烈士纪念设施或场馆内,实施人为侵占、破坏行为,包括砸毁、爆破、焚烧、刀刻、污染等,如在英雄烈士纪念碑上用刀等器具刻"到此一游"或者刻画自己名字;在纪念设施上大小便、泼洒污物;将部分纪念设施占为己有等。根据《英雄烈士保护法》第二十八条的规定,侵占、破坏、污损英雄烈士纪念设施的,由县级以上人民政府负责英雄烈士保护工作的部门责令改正;造成损失的,依法承担民事责任;被侵占、破坏、污损的纪念设施属于文物保护单位的,依照《文物保护法》的规定处罚;

构成违反治安管理行为的，由公安机关依法给予治安管理处罚；构成犯罪的，依法追究刑事责任。根据本条规定，对于实施侵占、破坏、污损英雄烈士纪念设施行为的，无需经过劝阻，即可给予治安管理处罚。若英雄烈士纪念设施是文物的，情节严重的可构成《刑法》第三百二十四条故意损毁文物罪、过失损毁文物罪。

2. 关于侮辱、诽谤或者其他方式侵害英雄烈士的姓名、肖像、名誉、荣誉，损害社会公共利益的行为。"侮辱"主要是指通过语言、文字或者其他方式辱骂、贬低、嘲讽英雄烈士的行为。"诽谤"是指针对英雄烈士，捏造事实并进行散播，公然丑化、贬损英雄烈士，损害英雄烈士名誉、荣誉的行为。实践中比较常见的是通过网络、文学作品等形式侮辱、诽谤英雄烈士的情况。"以其他方式侵害英雄烈士的名誉、荣誉"，是指采用侮辱、诽谤以外的其他方式侵害英雄烈士的名誉、荣誉的行为，如以"还原历史""探究细节"等名义否定、贬损、丑化英雄烈士等。"损害社会公共利益"是要件之一，也是侮辱、诽谤或者以其他方式侵害英雄烈士的名誉、荣誉可能导致的后果。近代以来的无数英雄烈士和他们所获得的荣誉称号，在中华大地广泛传播，在全党、全军和全国各族人民中已经赢得了普遍的公众认同，既是国家及公众对他们作为中华民族的优秀儿女在反抗侵略、保家卫国中作出巨大牺牲的褒奖，也是他们应当获得的个人荣誉。民族的共同记忆、民族精神乃至社会主义核心价值观，无论是从我国的历史来看，还是从现行法律规定来看，都已经是社会公共利益的一部分。侮辱、诽谤或者以其他方式侵害英雄烈士的名誉、荣誉，将损害社会公共利益。

法律责任上，《英雄烈士保护法》第二十六条规定，侮辱、诽谤或者其他方式侵害英雄烈士的姓名、肖像、名誉、荣誉，损害社会公共利益的，依法承担民事责任；构成违反治安管理行为的，由公安机关依法给予治安管理处罚；构成犯罪的，依法追究刑事责任。实施本项规定的行为，除治安管理处罚外，还可能被追究民事责任，情节特别严重的，可以适用《刑法》第二百九十九条之一侵害英雄烈士名誉、荣誉罪追究刑事责任。

3. 关于亵渎、否定英雄烈士事迹和精神的行为。《英雄烈士保护法》第二十二条规定，禁止歪曲、丑化、亵渎、否定英雄烈士事迹和精神。第二十七条规定，亵渎、否定英雄烈士事迹和精神，寻衅滋事，扰乱公共秩序，构成违反治安管理行为的，由公安机关依法给予治安管理处罚；构成犯罪的，依法追究刑事责任。英雄烈士的姓名、肖像、名誉、荣誉受法律保护。任何组织和个人不得在公共场所、互联网或者利用广播电视、电影、出版物等，以侮辱、诽谤或者其他方式侵害英雄烈士的姓名、肖像、名誉、荣誉。任何组织和个人不得将英雄烈士的姓名、肖像用于或者变相用于商标、商业广告，损害英雄烈士的名誉、荣誉。公安、文化、新闻出版、广播电视、电影、网信、市场监督管理、负责英雄烈士保护工作的部门发现前述规定行为的，应当依法及时处理。亵渎、否定的方式不限，如通过互联网发表言论、通过制作视频、图像等方式，歪曲英雄烈士事迹或丑化英雄烈士精神。如在微博发文对邱少云烈士在烈火中英勇献身的行为进行恶意污蔑；利用视频制作等方式，将董存瑞炸碉堡的形象丑化或配以"恶搞"亵渎的语言；公开质疑、否定南京大屠杀伤亡数字，把遇难同胞30万人，说成"只是一个中国历史小说写作的一个概述"，在视频中传播造成恶劣影响等。

　　三是，关于宣扬、美化侵略战争、侵略行为，分别规定在本条的第四项、第五项。本条主要包括两类行为：一是制作、传播、散布宣扬、美化侵略战争、侵略行为的言论或者图片、音视频等物品，扰乱公共秩序的。比如，在社交平台为战犯"设灵堂""点蜡烛"，制作视频、游戏等将日本侵略者塑造为"解放者"并通过多种方式散布，制作美化侵略战争的图片等，如将"战犯"作为英雄图片张贴、宣传等。对于此类行为，扰乱公共秩序的，即通常公开实施，或虽未公开实施，但在社交平台等公开散布，造成一定的社会影响，传播到一定范围。二是在公共场所或者强制他人在公共场所穿着、佩戴宣扬、美化侵略战争、侵略行为的服饰、标志，不听劝阻，造成不良社会影响的。如穿着带有美化侵略战争标识的服饰、头饰，穿着带有特定含义的旗帜的服装等。这里要注意的是，此类行为的有些行为人并未意识到自己行为的影响和性质，或者对穿着、佩戴的标识不了解，若经过劝阻教育能及时改正的，不予处罚；对于经劝阻仍不改正的，给予治安管理处罚。"造成不良社会影响"指的是例如在人流量较大的场所，聚集较多人或者使用粗暴的方式强迫他人穿着、佩戴宣扬、美化侵略战争和侵略行为的服饰、标志，引发社会舆论或者带来不良的导向。此外，《英雄烈士保护法》第二十七条规定，宣扬、美化侵略战争和侵略行为，寻衅滋事，扰乱公共秩序，构成违反治安管理行为的，由公安机关依法给予治安管理处罚；构成犯罪的，依法追究刑事责任。

　　关于处罚。本条规定了两档处罚，第一档为拘留或者罚款择处，即五日以上十日以下拘留或者一千元以上三千元以下罚款，对于情节较轻的，并非都要一律给予拘留这类限制人身自由的处罚，可以处罚款。情节较重的，处十日以上十五日以下拘留，可以并处五千元以下罚款。

◐ 实践中需要注意的问题

在该条的理解适用中，应当注意以下三个方面的问题：

一是，把握好日常生活中基于影视艺术表演等需要而有穿着佩戴特定服饰、标志行为的情况。对此，主要从行为人的身份、目的、场所等综合判断。还有，在实践中要特别注意，"宣扬、美化侵略战争、侵略行为的服饰、标志"是有特定历史事实、背景、含义的服饰、标志，不能泛化，不能把穿着佩戴特定国家、民族的传统服饰标志的行为，和宣扬侵略战争、侵略行为的服饰、标志混为一谈。如在每年的樱花季穿着和服拍照，或者一些青少年作为角色扮演（cosplay）爱好者模仿动漫电影中的场景拍照等。

二是，本条中第一项、第二项、第五项都规定了"不听劝阻"作为治安管理处罚的前提条件，也体现了惩罚和教育相结合的原则。在实际执法中要注意把握法律界限，做好劝阻教育说服工作，避免简单化机械执法。

三是，把握好本条与寻衅滋事行为的界限。实践中，有些此类案件被以寻衅滋事给予治安管理处罚。增加本条规定后，在适用上应当把握本条与寻衅滋事的行为的界限，避免扩大及不当适用。

◐ 相关规定

《中华人民共和国刑法》第二百九十九条之一；《中华人民共和国英雄烈士保护法》第二十二条、第二十六条至第二十八条；《中华人民共和国民法典》第一百八十五条；《烈士褒扬条例》第八条；《军人抚恤优待条例》第十一条

第二节 妨害公共安全的行为和处罚

第三十六条 违反国家规定，制造、买卖、储存、运输、邮寄、携带、使用、提供、处置爆炸性、毒害性、放射性、腐蚀性物质或者传染病病原体等危险物质的，处十日以上十五日以下拘留；情节较轻的，处五日以上十日以下拘留。

条文主旨

本条是关于违反危险物质管理行为及其处罚的规定。

立法背景

本条是 2005 年《治安管理处罚法》第三十条的规定，2025 年修订《治安管理处罚法》时未作修改。

在现实生活中，爆炸性、毒害性、放射性、腐蚀性物质和传染病病原体等危险物质往往具有双重属性。一方面，由于其自存在的危害性容易对人类的人身安全和公共安全构成威胁，且一旦发生事故很难控制，往往会造成重大伤亡事件和对环境构成严重污染；另一方面，在生产、科研等社会生活各方面，危险物质又具有重要的价值。因此，我国对危险物质的生产、买卖、储存、运输和处置等方面实行严格的管理制度，通过严格、规范的程序管理，使其最大限度地发挥积极作用，预防和减少危害公共安全的重大事故发生。近年来，利用和针对爆炸性、毒害性、放射性、腐蚀性物质和传染病病原体等危险物质的违法犯罪行为时有发生，如非法买卖、储存、运输、邮寄、携带、使用放射性物质，该行为不仅破坏了国家对危险物质的管理，还危及行为人自身和他人的安危和社会公共安全，即不特定多人的生命、健康、重大公私财产以及其他重大公共利益的安全，而一旦发生重大污染事故或者被利用从事恐怖活动，则后果不堪设想。2002 年，我国制定了《危险化学品安全管理条例》[①]、2006 年制定《民用爆炸物品安全管理条例》[②] 等，相关法规管理制度的健全，也为本法增加拘留处罚打下了行政管理制度的基础。因此，在加强对危险物质严格管理的同时，为了防范危害公共安全事故的发生，预防恶性事件，以及提高人们的安全意识，针对实践中存在的涉及危险物质的违反治安管理行为，本法作出了相应的规定。

条文释义

违反危险物质管理的行为，主要是指违反国家规定，制造、买卖、储存、运输、邮寄、携带、使用、提供、处置爆炸性、毒害性、放射性、腐蚀性物质和传染病病原体等危险物质的行为。这种行为之所以要受到处罚，其前提条件是违反了"国家规定"，具有社会危害性。这里的"国家规定"主要是指与危

[①] 该条例 2013 年根据《国务院关于修改部分行政法规的决定》（国务院令第 645 号）修订。
[②] 该条例 2014 年根据《国务院关于修改部分行政法规的决定》（国务院令第 653 号）修订。

险物质的制造、买卖、储存、运输、使用、进出口以及其他管理的有关法律、行政法规。如《枪支管理法》《放射性污染防治法》《传染病防治法》《民用爆炸物品安全管理条例》《危险化学品安全管理条例》等。对于危险物质的制造、买卖、储存、运输、邮寄、携带、使用、提供和处置，我国已有明确的规定，如《危险化学品安全管理条例》对危险化学品的生产、销售、运输、使用、储存等各个环节都建立了明确、严格规范的管理制度和责任制度。如第四条第二款和第三款中规定："生产、储存、使用、经营、运输危险化学品的单位（以下统称危险化学品单位）的主要负责人对本单位的危险化学品安全管理工作全面负责。危险化学品单位应当具备法律、行政法规规定和国家标准、行业标准要求的安全条件，建立、健全安全管理规章制度和岗位安全责任制度……"第十四条第一款、第二款中规定："危险化学品生产企业进行生产前，应当依照《安全生产许可证条例》的规定，取得危险化学品安全生产许可证。生产列入国家实行生产许可证制度的工业产品目录的危险化学品的企业，应当依照《中华人民共和国工业产品生产许可证管理条例》的规定，取得工业产品生产许可证。"第三十三条第一款中规定："国家对危险化学品经营（包括仓储经营，下同）实行许可制度。未经许可，任何单位和个人不得经营危险化学品。"第四十三条第一款规定："从事危险化学品道路运输、水路运输的，应当分别依照有关道路运输、水路运输的法律、行政法规的规定，取得危险货物道路运输许可、危险货物水路运输许可，并向工商行政管理部门办理登记手续。"第六十四条第一款、第二款规定："托运人不得在托运的普通货物中夹带危险化学品，不得将危险化学品匿报或者谎报为普通货物托运。任何单位和个人不得交寄危险化学品或者在邮件、快件内夹带危险化学品，不得将危险化学品匿报或者谎报为普通物品交寄。邮政企业、快递企业不得收寄危险化学品。"《民用爆炸物品安全管理条例》对民用爆炸物品也构建了全链条管理制度。同时，随着社会经济的发展和环保意识的增强，人们也越来越重视对危险物质的处置，这是防止危险物质危及公共安全的重要步骤。但由于经济技术水平的限制，人类至今还不可能将危险物质完全消灭在生产过程中或者将产生的危险物质全部回收利用。对无法用尽的危险物质进行最终处理、处置，是对危险物质实施无害于环境管理的最后措施。为了有效控制危险物质污染环境和危害公共安全，近年来我国陆续通过了一些法律、法规、规章及相应的规范性文件，对危险物质的处置予以严格规范，如《固体废物污染环境防治法》第二十条规定："产生、收集、贮存、运输、利用、处置固体废物的单位和其他生产经营者，应当采取防扬散、防流失、防渗漏或者其他防止污染环境的措施，不得擅自倾倒、堆放、丢弃、遗撒固体废物。禁止任何单位或者个人向江河、湖泊、运河、渠道、水库及其最高水位线以下的滩地和岸坡以及法律法规规定的其他地点倾倒、堆放、贮存固体废物。"第八十条规定："从事收集、贮存、利用、处置危险废物经营活动的单位，应当按照国家有关规定申请取得许可证。许可证的具体管理办法由国务院制定。禁止无许可证或者未按照许可证规定从事危险废物收集、贮存、利用、处置的经营活动。禁止将危险废物提供或者委托给无许可证的单位或者其他生产经营者从事收集、贮存、利用、处置活动。"在对危险物质管理过程中，违反了上述法律、行政法规等的具体规定，就构成了本条所规定的"违反国家规定"。

本条规定的危险物质包括爆炸性、毒害性、放射性、腐蚀性物质，以及传染病病原体等危险物质。（1）"爆炸性"物品，是指多种具有爆炸性能的物品，如各种炸药、雷管、非电导爆系统、起爆药和爆破剂以及黑火药、烟火剂、信号弹和烟花爆竹等；（2）"毒害性"物质，是指能对人或者动物产生毒害的有毒物质，包括化学性毒物、生物性毒物和微生物类毒物等，如氰化钾；（3）"放射性"物品，是指铀、镭以及其他各种具有放射性能，并对人体或牲畜能够造成严重损害的物品；（4）"腐蚀性"物质，是指硫酸、盐酸等能够严重毁坏其他物品以及人身的物质；（5）"传染病病原体"，是指能在人体或动物体内生长、繁殖，通过空气、饮食、接触等方式传播，能对人体健康造成危害的传染病菌种和毒种。具体认定需要结合有关法律、行政法规如《放射性污染防治法》《民用爆炸物品安全管理条例》《危险化学品管理条例》等及其配套目录规定等进行。

这里的"违反国家规定制造"，是指行为人违反国家规定，私自以各种方法生产爆炸性、毒害性、放射性、腐蚀性物质和传染病病原体等危险物质的行为。"违反国家规定买卖"，是指行为人非法购买或者出售爆炸性、毒害性、放射性、腐蚀性物质和传染病病原体等危险物质的行为。"违反国家规定储存"一般是指明知是他人非法制造、买卖、运输、邮寄的枪支、弹药、爆炸物而为其存放的行为，也包括自己储存的情况。这里所说的"运输"与"邮寄"的主要区别是运输方式的不同，前者要通过一定的交通工具来完成，而后者是通过邮政、快递系统完成的。"违反国家规定携带"，是指行为人违反国家有关规定，随身携带上述危险物质进入公共场所或者乘坐公共交通工具的行为。"违反国家规定使用"，是指行为人违反国家有关规定、擅自使用的行为。"违反国家规定提供" 主要是指非法出借、进出口或者赠与危险物质的行为。这里规定的"违反国家规定处置"，是违反国家相关规定指将危险物质焚烧和用其他改变危险物质的物理、化学、生物特性的方法，达到减少已产生的危险物质数量、缩小危险物质体积、减少或者消除其危险成分的活动，或者将危险物质最终置于不符合环境保护规定要求的填埋场的活动。如将放射性废物在非标准处置设施中放置、封闭等。

根据本条规定，违反国家规定，制造、买卖、储存、运输、邮寄、携带、使用、提供、处置爆炸性、毒害性、放射性、腐蚀性物质和传染病病原体等危险物质的，处十日以上十五日以下拘留；情节较轻的，处五日以上十日以下拘留。本条"情节较轻"包括违反国家规定，制造、买卖、储存、运输、携带危险物质数量较少等情形。

应当指出的是，行为人实施非法制造、买卖、储存、运输、邮寄、携带、使用、提供、处置爆炸性、毒害性、放射性、腐蚀性物质和传染病病原体等危险物质的，或者采用丢弃、掩埋等方法处置危险物质的行为，必须是尚不够刑事处罚的，才能根据本条的规定给予治安处罚。如果该行为危及公共安全，即有危害不特定多数人生命、健康和重大公私财产的现实危险性，则已经构成犯罪，应当按照《刑法》第一百二十五条规定的非法制造、买卖、运输、邮寄、储存枪支、弹药、爆炸物罪，非法制造、买卖、运输、储存危险物质罪，第一百三十条规定的非法携带危险物品危及公共安全罪，以及第三百三十八条规定的污染环境罪等规定定罪处刑。

◐ 实践中需要注意的问题

在该条的理解适用中，应当注意以下几个方面的问题：

第一，危险物质的认定应当结合有关法律、行政法规及其配套规定确定，总体上应当把握为对公共安全、不特定人人身安全和环境安全有重大安全风险的物质，防止范围认定过于宽泛。

第二，本条规定的行为，其他有关法律、行政法规也对同样行为规定了罚款等行政处罚。如《民用爆炸物品安全管理条例》第四十四条第三款、第四款规定："违反本条例规定，未经许可生产、销售民用爆炸物品的，由民用爆炸物品行业主管部门责令停止非法生产、销售活动，处 10 万元以上 50 万元以下的罚款,并没收非法生产、销售的民用爆炸物品及其违法所得。违反本条例规定,未经许可购买、运输民用爆炸物品或者从事爆破作业的,由公安机关责令停止非法购买、运输、爆破作业活动,处 5 万元以上 20 万元以下的罚款,并没收非法购买、运输以及从事爆破作业使用的民用爆炸物品及其违法所得。"《放射性污染防治法》第五十四条规定:"违反本法规定,有下列行为之一的,由县级以上人民政府环境保护行政主管部门责令停止违法行为,限期改正,处以罚款;构成犯罪的,依法追究刑事责任:……(二)向环境排放不得排放的放射性废气、废液的;(三)不按照规定的方式排放放射性废液,利用渗井、渗坑、天然裂隙、溶洞或者国家禁止的其他方式排放放射性废液的;(四)不按照规定处理或者贮存不得向环境排放的放射性废液的;(五)将放射性固体废物提供或者委托给无许可证的单位贮存和处置的。有前款第(一)项、第(二)项、第(三)项、第(五)项行为之一的,处十万元以上二十万元以下罚款;有前款第(四)项行为的,处一万元以上十万元以下罚款。"《危险化学品安全管理条例》第七十五条第一款规定,"生产、经营、使用国家禁止生产、经营、使用的危险化学品的,由安全生产监督管理部门责令停止生产、经营、使用活动,处 20 万元以上 50 万元以下的罚款,有违法所得的,没收违法所得;构成犯罪的,依法追究刑事责任"。第八十八条规定:"有下列情形之一的,由公安机关责令改正,处 5 万元以上 10 万元以下的罚款;构成违反治安管理行为的,依法给予治安管理处罚;构成犯罪的,依法追究刑事责任:(一)超过运输车辆的核定载质量装载危险化学品的;(二)使用安全技术条件不符合国家标准要求的车辆运输危险化学品的;(三)运输危险化学品的车辆未经公安机关批准进入危险化学品运输车辆限制通行的区域的;(四)未取得剧毒化学品道路运输通行证,通过道路运输剧毒化学品的。"因此,违反本条规定的行为并非都只能由公安机关依照本条规定给予拘留处罚,也要综合考虑案件情况和情节、危害,对情节较轻的,由其他行业主管部门予以处罚,或者适用其他法律法规规定的罚款处罚,情节严重,需要拘留的,由公安机关依照本法规定给予处罚。

● 相关规定

《中华人民共和国刑法》第一百二十五条;《中华人民共和国放射性污染防治法》第五十四条;《民用爆炸物品安全管理条例》第四十四条;《危险化学品安全管理条例》第七十五条

第三十七条 爆炸性、毒害性、放射性、腐蚀性物质或者传染病病原体等危险物质被盗、被抢或者丢失，未按规定报告的，处五日以下拘留；故意隐瞒不报的，处五日以上十日以下拘留。

● **条文主旨**

本条是关于危险物质被盗、被抢、丢失未按规定报告或者故意隐瞒不报的行为及其处罚的规定。

● **立法背景**

本条是 2005 年《治安管理处罚法》第三十一条的规定，2025 年修订《治安管理处罚法》时未作修改。

我国对爆炸性、毒害性、放射性、腐蚀性物质和传染病病原体等危险物质实行严格的管理制度，从生产许可、操作规程、储存运输、使用操作、最终处置等各个环节予以严格把关，防止流入社会被不法分子所利用，从而危及人民群众的生命健康和社会公共安全。实践中也曾发生过危险物质被盗被抢甚至丢失的情形，引起了社会的不安，特别是有些放射性危险物质一旦流入社会，由于行为人不知情会严重危及其自身和其他人的生命健康与安全。因此，我国在对危险物质加强管理的同时，为进一步补齐监管的环节，还要求发生爆炸性、毒害性、放射性、腐蚀性物质和传染病病原体等危险物质被盗、被抢或者丢失的情况时，有关单位或者个人，必须及时向有关部门报告，以便及时采取相应的措施追查，如果不及时报告，则危险物质危及人民群众的生命健康和公共安全的可能性就会越大。因此，为了防患于未然，将危险物质的危害可能性降至最低，本法对该行为作出了具体的规定。

● **条文释义**

本条规定了两种应受处罚的行为，即危险物质被盗、被抢、丢失不报告和隐瞒不报的行为。危险物质被盗被抢丢失不报告，主要是指爆炸性、毒害性、放射性、腐蚀性物质和传染病病原体等危险物质被盗、被抢或者丢失，未按规定报告的行为。这里的"未按规定报告"中的"规定"是个广义的概念，既包括法律、法规、规章还包括各级人民政府颁布的规范性文件、命令以及有关行业主管部门、行业协会、企事业单位自身制定的规章制度等。根据相关法律、法规和规章等的规定，我国对危险物质的被盗、被抢或者丢失行为，都规定了相关单位或者责任人的报告义务。如《放射性污染防治法》第三十三条第一款规定:"生产、销售、使用、贮存放射源的单位,应当建立健全安全保卫制度,指定专人负责,落实安全责任制,制定必要的事故应急措施。发生放射源丢失、被盗和放射性污染事故时,有关单位和个人必须立即采取应急措施,并向公安部门、卫生行政部门和环境保护行政主管部门报告。"《反恐怖主义法》第二十三条第一款规定:"发生枪支等武器、弹药、危险化学品、民用爆炸物品、核与放射物品、传染病病原体等物质被盗、被抢、丢失或者其他流失的情形,案发单位应当立即采取必要的控制措施,并立即向公安机关报告,同时依照规定向有关主管部门报告。公安机关接到报告后,应当及时开展调查。有关主管部门应当配合公安机关开展工作。"《危险化学品安全管理条例》第二十三条第一款规定:"生产、储存剧毒化学品或者国务院公安部门规定的可用于制造爆炸物品的危险化学品(以下简称易制爆危险化学品)的单位,应当如实记录其生产、储存的剧毒化学品、易制爆危险化学品的数量、流向,并采取必要的安全防范措施,防止剧毒化学品、易制爆危险化学品丢失或者被盗;发现剧毒化学品、易制爆危险化学品丢失或者被盗的,应当立即向当地公安机关报告。"《民用爆炸物品安全管理条例》第四十一条第四项中规定,"民用爆炸物品丢失、被盗、被抢,应当立即报告当地公安机关"。《核材料管制条例》第十五条规定,"发现核材料被盗、破坏、丢失、非法转让和非法使用的事件,当事单位必须立即追查原因、追回核材料,并迅速报告其上级领导部门、核工业部、国防科学技术工业委员会和国家核安全局。对核材料被盗、破坏、丢失等事件,必须迅速报告当地公安机关"。

　　本条规定的"未按规定报告",是指有关单位或者个人,未按照规定的时间或者规定的程序及时向主管部门或者本单位报告危险物质被盗、被抢或者丢失的情形。如果其及时如实报告,则不得适用本条的规定。"故意隐瞒不报",是指发生危险物质被盗、被抢或者丢失后,意图通过自身的努力将危险物质追回而不报告,或者隐瞒实际情况,意图逃避责任,而不如实报告的行为。这种行为的危害在于,隐瞒不报不仅掩盖危险物质被盗、被抢或者丢失的实情,而且往往使上级主管部门或者本单位失去了及时采取有关措施,找回危险物质或者防止危害结果发生或者扩大的最佳时机,因而有严重的危害性。本条规定的应当报告的危险物质的范围,其他法律法规有具体规定的,依照该具体规定认定,如根据上述《危险化学品安全管理条例》第二十三条的规定,发生被盗窃、丢失应当报告的是"剧毒化学品、易制爆危险化学品"这两种化学品。

根据本条规定，爆炸性、毒害性、放射性、腐蚀性物质和传染病病原体等危险物质被盗、被抢或者丢失，未按规定报告的，处五日以下拘留；故意隐瞒不报的，处五日以上十日以下拘留。

● **实践中需要注意的问题**

在该条的理解适用中，应当注意以下几个方面的问题：

第一，适用本条规定的拘留处罚的前提是，相关法律、法规、规章规定了有关单位、个人在相应危险物质丢失、被盗抢时具有报告义务。

第二，相关法律、行政法规等对有关危险物质被盗抢、丢失而不报告的行为也规定了行政处罚。如《民用爆炸物品安全管理条例》第五十条规定，"违反本条例规定，民用爆炸物品从业单位有下列情形之一的，由公安机关处 2 万元以上 10 万元以下的罚款；情节严重的，吊销其许可证；有违反治安管理行为的，依法给予治安管理处罚：……（二）民用爆炸物品丢失、被盗、被抢，未按照规定向当地公安机关报告或者故意隐瞒不报的……"《危险化学品安全管理条例》第八十一条规定："有下列情形之一的，由公安机关责令改正，可以处 1 万元以下的罚款；拒不改正的，处 1 万元以上 5 万元以下的罚款：……（二）生产、储存、使用剧毒化学品、易制爆危险化学品的单位发现剧毒化学品、易制爆危险化学品丢失或者被盗，不立即向公安机关报告的……"《放射性污染防治法》第五十五条规定："违反本法规定，有下列行为之一的，由县级以上人民政府环境保护行政主管部门或者其他有关部门依据职权责令限期改正；逾期不改正的，责令停产停业，并处二万元以上十万元以下罚款；构成犯罪的，依法追究刑事责任：……（三）不按照规定报告放射源丢失、被盗情况或者放射性污染事故的。"上述规定对被盗抢、丢失不报告的行为规定了罚款等行政处罚，与本条规定的拘留在适用时，应当根据情节轻重，决定是否需要给予拘留处罚，对情节轻、危害不大的，可以只处以罚款处罚。其他法律、法规规定的行政处罚主体为公安机关以外的行业主管部门的，行业主管部门作出罚款处罚的，认为应当给予拘留处罚的，移送公安机关依照本法规定处理。

第三，发生枪支被盗、被抢或者丢失而不及时报告的，根据《枪支管理法》的规定，由公安机关给予警告或者十五日以下拘留的处罚。

● **相关规定**

《中华人民共和国放射性污染防治法》第三十三条；《中华人民共和国反恐

怖主义法》第二十三条；《危险化学品安全管理条例》第二十三条；《民用爆炸物品安全管理条例》第四十一条；《核材料管制条例》第十五条

第三十八条 非法携带枪支、弹药或者弩、匕首等国家规定的管制器具的，处五日以下拘留，可以并处一千元以下罚款；情节较轻的，处警告或者五百元以下罚款。

非法携带枪支、弹药或者弩、匕首等国家规定的管制器具进入公共场所或者公共交通工具的，处五日以上十日以下拘留，可以并处一千元以下罚款。

条文主旨

本条是关于非法携带枪支、弹药或者管制器具，以及非法携带枪支、弹药或者管制器具危及公共安全的规定。

立法背景

枪支、弹药或者弩、匕首等国家规定的管制器具，具有较大杀伤性，危害不特定人人身安全和公共安全。国家对这些物品实行严格管控，禁止外出携带，防范流入社会，造成安全风险。2025 年修订《治安管理处罚法》，对本条只在罚款数额上作了调整。将罚款"五百元"修改为"一千元"，"二百元"修改为"五百元"，属于罚款数额"水涨船高"型的适当调整。

条文释义

本条共分两款。第一款是关于非法携带枪支、弹药、管制器具的规定。

根据本款规定，非法携带枪支、弹药或者管制器具的行为，主要是指行为人违反有关规定，携带枪支、弹药或者弩、匕首等国家规定的管制器具的行为。即行为人只要违反有关规定，具有上述行为，即构成本条规定的违法行为。该行为具有的主要特点是：必须实施了非法携带枪支、弹药或者弩、匕首等国家规定的管制器具的行为。行为对象是枪支、弹药或者弩、匕首等国家规定的管制器具。这里的"非法"，是指违反有关管制器具管理的法律、法规、规章及相关规范性文件的行为。如《枪支管理法》对可以佩带枪支的人员、配置枪支的单位以及枪支管理、使用等，都作了明确的规定，违反这些规定，携带枪支、弹药的即属于违法；公安部《对部分刀具实行管制的暂行规定》规定,"匕首,除中国人民解放军和人民警察作为武器、警械配备的以外,专业狩猎人员和地质、勘探等野外作业人员必须持有的,须由县以上主管单位出具证明,经县以上公安机关批准,发给《匕首佩带证》,方准持有佩带"。"严禁任何单位和个人非法制造、销售和贩卖匕首、三棱刀、弹簧刀等属于管制范围内的各种刀具。严禁非法携带上述刀具进入车站、码头、机场、公园、商场、影剧院、展览馆或其它公共场所和乘坐火车、汽车、轮船、飞机。"这里的"枪支",是指以火药或者压缩气体等为动力,利用管器具发射金属弹丸或者其他物质,足以致人伤亡或者丧失知觉的各种枪支。包括军用的手枪、步枪、冲锋枪、机枪以及射击运动用的各种枪支,还有各种民用的狩猎用枪等。"弹药",是指上述枪支所使用的子弹、火药等。这里的管制器具是个广义的概念,既包括管制刀具,也包括弩等器具。本法将《治安管理处罚条例》规定的管制刀具改为管制器具,但管制刀具属于管制器具的重要组成部分。这里的"管制器具",根据公安部《对部分刀具实行管制的暂行规定》,是指国家依法进行管制,只能由特定人员持有、使用,禁止私自生产、买卖、持有的弩、匕首、三棱刮刀、弹簧刀以及类似的单刃刀、双刃刀、三棱尖刀等。其中,弩是在弓的基础上创造出来的。由于受到体力的限制,人拉开弓不能持久,为了延长张弓的时间,更好地瞄准,人类发明了弩。弩主要由弩弓和弩臂两部分组成,弓上装弦,臂上装弩机,两者配合而放箭。弩和弓相比,更利于瞄准,命中率高,射程远,杀伤力大,是具有相当威力的远射武器。2007年公安部《管制刀具认定标准》对匕首、三棱刮刀等具体认定标准作了进一步规定。

根据本款规定,非法携带枪支、弹药或者弩、匕首等国家规定的管制器具的,处五日以下拘留,可以并处一千元以下罚款;情节较轻的,处警告或者五百元以下罚款。

第二款是关于非法携带枪支、弹药或者管制器具危及公共安全的规定。

根据第二款的规定,非法携带枪支、弹药或者管制器具危及公共安全的行为,是指行为人违反有关规定,非法携带枪支、弹药或者弩、匕首等国家规定的管制器具进入公共场所或者公共交通工具的行为。构成本款规定的行为具有以下特点:一是行为人具有非法携带枪支、弹药或者管制器具的行为。二是必须是非法携带枪支、弹药或者管制器具进入公共场所或者公共交通工具。"公共场所",主要是指以下大众进行公开活动的场所:公共活动的中心场所,如中心广场、会堂;商业服务场所,如商店、市场等;文化娱乐场所,如影剧院、展览馆；体育场所，如体育场、运动场；风景浏览场所，如公园、名胜、古迹；交通场所，如车站、码头、机场等。"公共交通工具"，是指列车、轮船、汽车、公共电汽车、民用航空器等。

根据法律规定，非法携带枪支、弹药或者弩、匕首等国家规定的管制器具进入公共场所或者公共交通工具的，处五日以上十日以下拘留，可以并处一千元以下罚款。

实践中需要注意的问题

在该条的理解适用中，应当注意以下几个方面的问题：

第一，本法规定的是携带行为，并没有简单等同于持有、保存行为，构成本条规定的违法行为需要行为人携带外出，对于单纯持有、保存有关管制器具的，并不构成本条规定的违法行为。

第二，在对是否属于管制刀具进行鉴定时应当充分考虑该刀具的使用场景、日常生活中的需要性，是否民族地区等，按照《管制刀具认定标准》，严格掌握管制刀具和民用刀具的界限。

第三，对实践中有些少数民族公民佩带刀具乘坐火车的情况，如何处理？根据公安部《关于对少数民族人员佩带刀具乘坐火车如何处理问题的批复》的规定，少数民族人员只能在民族自治地区佩带、销售和使用藏刀、腰刀、靴刀等民族刀具；在非民族自治地区，只要少数民族人员所携带的刀具属于管制刀具范围，公安机关就应当严格按照相应规定予以管理。少数民族人员违反《铁路法》和《铁路安全管理条例》携带管制刀具进入车站、乘坐火车的，由公安机关依法予以没收，但在本少数民族自治地区携带具有特殊纪念意义或者比较珍贵的民族刀具进入车站的，可以由携带人交其亲友带回或者交由车站派出所暂时保存并出具相应手续，携带人返回时领回；对不服从管理，构成违反治安管理行为的，依法予以治安处罚；构成犯罪的，依法追究其刑事责任。当然，凡公安工作中涉及的此类有关少数民族的政策、法律规定，各级公安机关应当积极采取多种形式广泛宣传，特别是要加大在车站等人员稠密的公共场所及公共交通工具上的宣传力度。

第四，实践中要注意区分具体情况，结合行为人违法的原因、携带的具体器具、危害大小，对于情节较轻的，如因外出旅游购买、携带管制刀具的，及时发现处理，未造成危害的，行为人配合收缴处理，可以根据本法第二十条规定，予以批评教育，不必给予拘留等治安处罚。

第五，《刑法》第一百三十条规定了非法携带、枪支、弹药、管制刀具、危险物品危及公共安全罪。对于构成本条第二款规定违法行为，情节严重，构成犯罪，还将依法追究刑事责任。2009年《最高人民法院关于审理非法制造、买卖、运输枪支、弹药、爆炸物等刑事案件具体应用法律若干问题的解释》规定了定罪标准。

● 相关规定

《中华人民共和国刑法》第一百三十条；《公安部对部分刀具实行管制的暂行规定》第二条；《管制刀具认定标准》第一条至第三条

第三十九条 有下列行为之一的，处十日以上十五日以下拘留；情节较轻的，处五日以下拘留：

（一）盗窃、损毁油气管道设施、电力电信设施、广播电视设施、水利工程设施、公共供水设施、公路及附属设施或者水文监测、测量、气象测报、生态环境监测、地质监测、地震监测等公共设施，危及公共安全的；

（二）移动、损毁国家边境的界碑、界桩以及其他边境标志、边境设施或者领土、领海基点标志设施的；

（三）非法进行影响国（边）界线走向的活动或者修建有碍国（边）境管理的设施的。

● 条文主旨

本条是关于盗窃、损毁重要公共设施，移动、损毁国（边）境标志设施，以及影响国（边）境管理设施的行为和处罚的规定。

● 立法背景

2025年修订后的《治安管理处罚法》主要作了以下修改：一是增加"情节较轻"这一处罚档次。对于情节较轻的违反本条规定的，处五日以下拘留。增加、完善这一处罚梯度，有利于在执法过程中，作出与行为的事实、性质、情节以及社会危害程度相当的处罚，做到过罚相当，避免实践中产生违反本条规定，情节轻微，即处十日以上拘留的情形。二是在第一项中增加列明"公共供水设施""公路及附属设施"这两个具体设施；将"环境监测"作文字表述完善，修改为"生态环境监测"；增加"危及公共安全"的条件；删除旧法中"水利防汛工程设施"中的"防汛"。本项中原来规定"等"公共设施，增加的这两项原本也包括在内，现在列明是从实践案件中反映盗窃、损毁这两类设施行为较多，列明后从形式上更加突出对这两项的保护。此项保护的是公共设施安全，包括并不限于上述已经列明的公共设施；考虑到水利防汛工程不包括水利大坝等设施，实践中此类情况又比较突出，故删除"防汛"，扩大对水利工程公共设施的保护范围；增加"危及公共安全"的条件是因为本项规定的公共设施范围较广，且规定的是本法中相对较重的处罚，故明确将"危及公共安全"作为处罚条件。三是将"领海标志"修改为"领海基点标志"，与《国徽法》中规定的标示国界线的界桩、界碑和标示领海基点方位的标志碑以及其他用于显示国家主权的标志物可以使用国徽图案，以及《海岛保护法》等使用"领海基点"的表述相衔接，表述更加准确。

条文释义

本条规定了三种违反治安管理行为。

（一）盗窃、损毁重要公共设施的行为

在我国的社会经济建设过程中，公共设施属于为国民经济运行、产业发展、居民生活提供交通、通讯、能源、水务、教育、医疗、文化体育等公共性服务的设施。在整个社会发展过程中，公共设施具有举足轻重的地位，它决定着经济建设的持续、健康发展，以及人民生活水平的稳步提高，维系公共安全。而在现实生活中，盗窃、损毁公共设施的行为时有发生，如盗窃电力设施，这些违法行为严重影响了公共设施的正常运转和公共安全，必须给予相应的法律处罚。根据本条的规定，盗窃、损毁公共设施的行为，主要是指行为人所实施的盗窃、损毁油气管道设施，电力、电信设施，广播电视设施，水利工程设施、公共供水设施、公路及附属设施，以及水文监测、测量、气象测报、生态环境监测、地质监测、地震监测等公共设施的行为。这里的"盗窃"，是指以非法占有为目的，采用秘密窃取等手段窃取，尚不够刑事处罚的行为。损毁，是指行为人出于故意或者过失损坏或者毁坏公私财物的行为，如移动、切割、打孔、砸撬、拆卸等手段。

1. 根据《石油天然气管道保护法》的规定，"油气管道设施"包括：（1）管道的加压站、加热站、计量站、集油站、集气站、输油站、输气站、配气站、处理场、清管站、阀室、阀井、放空设施、油库、储气库、装卸栈桥、装卸场；(2) 管道的水工防护设施、防风设施、防雷设施、抗震设施、通信设施、安全监控设施、电力设施、管堤、管桥以及管道专用涵洞、隧道等穿跨越设施；(3) 管道的阴极保护站、阴极保护测试桩、阳极地床、杂散电流排流站等防腐设施；(4) 管道穿越铁路、公路的检漏装置；(5) 管道的其他附属设施。实践中，破坏、侵占油气田的输油输气管道现象十分严重，形成了诸多重大事故隐患，并引发了一些事故。主要表现为：一是不法分子为偷油偷气，在管道上打孔，肆意破坏油气管道等生产设施，严重影响管道安全运行。二是违法开采油气，破坏油气田设施，甚至个别地方人民政府的有关人员支持一些人破坏已建成运行的输气管道，强行安装阀门，破坏正常供气等。

2. 根据《电力法》《电力设施保护条例》的规定，"电力设施"包括：发电设施、变电设施和电力线路设施及其有关辅助设施。其中，发电设施、变电设施的保护范围包括：(1) 发电厂、变电站、换流站、开关站等厂、站内的设施；(2) 发电厂、变电站外各种专用的管道（沟）、储灰场、水井、泵站、冷却水塔、油库、堤坝、铁路、道路、桥梁、码头、燃料装卸设施、避雷装置、消防设施及其有关辅助设施；(3) 水力发电厂使用的水库、大坝、取水口、引水隧洞（含支洞口）、引水渠道、调压井（塔）、露天高压管道、厂房、尾水渠、厂房与大坝间的通信设施及其有关辅助设施。电力线路设施的保护范围包括：(1) 架空电力线路：杆塔、基础、拉线、接地装置、导线、避雷线、金具、绝缘子、登杆塔的爬梯和脚钉，导线跨越航道的保护设施，巡（保）线站，巡视检修专用道路、船舶和桥梁，标志牌及其有关辅助设施；(2) 电力电缆线路：架空、地下、水底电力电缆和电缆联结装置，电缆管道、电缆隧道、电缆沟、电缆桥，电缆井、盖板、入孔、标石、水线标志牌及其有关辅助设施；(3) 电力线路上的变压器、电容器、电抗器、断路器、隔离开关、避雷器、互感器、熔断器、计量仪表装置、配电室、箱式变电站及其有关辅助设施；(4) 电力调度设施：电力调度场所、电力调度通信设施、电网调度自动化设施、电网运行控制设施。

3. 根据《电信条例》的规定，"电信设施"，是指公用电信网、专用电信网、广播电视传输网的设施，包括所有有线、无线、电信管道和卫星等设施。

4. 根据《广播电视设施保护条例》的规定，"广播电视设施"，包括广播电视台、站（包括有线广播电视台、站，下同）和广播电视传输网的下列设施：(1) 广播电视信号发射设施，包括天线、馈线、塔桅（杆）、地网、卫星发射天线及其附属设备等；（2）广播电视信号专用传输设施，包括电缆线路、光缆线路（以下统称传输线路）、塔桅（杆）、微波等空中专用传输通路、微波站、卫星地面接收设施、转播设备及其附属设备等；（3）广播电视信号监测设施，包括监测接收天线、馈线、塔桅（杆）、测向场强室及其附属设备等。

5. 水利工程设施是维护水利安全的工程设施，包括水利防汛工程设施。根据《防洪法》及相关法规的规定，"防汛工程设施"，主要由国有防汛工程设施和集体所有的防汛工程设施组成。包括挡水、泄水建筑物、引水系统、尾水系统、分洪道及其附属建筑物，附属道路、交通设施，供电、供水、供风、供热及制冷设施；水闸、泵站、涵洞、桥梁、道路工程及其管护设施；蓄滞洪区、防护林带、滩区安全建设工程等。

6. 根据《城市供水条例》等规定，公共供水设施是指自来水供水企业以公共供水管道及其附属设施向单位和居民的生活、生产和其他各项建设提供用水的设施，包括取水设施、输水设施、净水设施、配水设施以及附属设施等。

7. 公路及附属设施。根据《公路法》的规定，公路包括公路以及公路桥梁、公路隧道和公路渡口；公路附属设施，是指为保护、养护公路和保障公路安全畅通所设置的公路防护、排水、养护、管理、服务、交通安全、渡运、监控、通信、收费等设施、设备以及专用建筑物、构筑物等。

8. 水文监测、测量设施，是指水利、电力、气象、海洋、农林等部门用于测算水位、流量等数据的水文站、雨量站等设施。保护水文监测、测量设施，主要是为了及时准确地向防汛抗旱等工作提供实时水文信息、实时气象信息、水文预报、风暴潮预报。

9. 气象测报设施，是指气象探测设施、气象信息专用传输设施、大型气象专用技术装备等气象仪器、设施、标志。《气象法》第十一条第一款规定："国家依法保护气象设施，任何组织或者个人不得侵占、损毁或者擅自移动气象设施。"

10. 生态环境监测设施，是指用于监控和测量生态环境资源的质量、污染程度等各项指标设施、设备，如渗沥液监测井、尾气取样孔等。

11. 地质监测设施是指用于对地质环境和地质灾害等进行监测的各类设备、系统和相关基础设施，包括地质灾害监测设施，如裂缝计、全球卫星导航系统（GNSS）接收机、泥位计、雨量计、水位计、钻孔测斜仪等，以及地质环境监测设施。

12. 地震监测设施，是指地震监测台网的监测设施、设备、仪器和其他依照国务院地震行政主管部门的规定设立的地震监测设施、设备、仪器。根据《防震减灾法》第二十三条的规定，国家依法保护地震监测设施和地震观测环境，任何单位和个人不得危害地震监测设施和地震观测环境。

根据本条规定，盗窃、损毁油气管道设施，电力电信设施，广播电视设施，水利工程设施，公共供水设施，公路及附属设施，水文监测、测量、气象测报、生态环境监测、地质监测、地震监测等公共设施，危及公共安全的，处十日以上十五日以下拘留；情节较轻的，处五日以下拘留。这次修改增加了危及公共安全的治安处罚条件，主要是考虑到上述公共设施范围十分广泛，并非所有盗窃、损毁的行为都要依照本条规定给予拘留，本条处罚较重，针对的是危及公共设施安全的盗窃、损毁，对于并不危及公共安全的盗窃、损毁行为，可以依照本条关于盗窃、故意毁坏财物的规定，以及其他有关法律法规的相应规定给予处罚。

（二）移动、损毁国家（边）境标志设施的行为

界碑、界桩以及其他边境标志是我国领土范围的重要标志，标志着我国的主权和领土完整，事关国家权益，因此，世界各国无不对此非常重视，甚至为了界碑、界桩不惜发动战争。为了我国的领土完整和国家主权，我们必须严格按照有关规定确定我国的界碑、界桩以及其他边境标志的地理位置，防止因移动、损毁国家边境的界碑、界桩以及其他边境标志、边境设施或者领土、领海基点标志设施而损害我国的主权和领土完整。因此，我国法律对国家边境的界碑、界桩以及其他边境标志予以明确的保护，根据《刑法》第三百二十三条的规定，故意破坏国家边境的界碑、界桩或者永久性测量标志的，处三年以下有期徒刑或者拘役。在制定本法的过程中，考虑到现实生活中，许多移动、损毁国家边境的界碑、界桩以及其他边境标志、边境设施或者领土、领海基点标志设施的行为，尚不构成犯罪，不需要予以刑事处罚，而给予罚款处罚又失之偏轻，因此本法对这类违法行为及处罚作出明确规定。本条中规定的行为是故意违法行为，即行为人明知是国家设立在边境上的界碑、界桩以及其他边境标志、边境设施或者领土、领海基点标志设施，而故意予以移动、损毁的，才构成本条所规定的违法行为。"移动、损毁"，是指将界碑、界桩以及其他边境标志、边境设施或者领土、领海基点标志设施砸毁、拆除、挖掉、盗走、移动或者改变其原样等，从而使其失去其原有的意义和作用的行为。"国家边境的界

碑、界桩",是指我国政府与邻国按照条约规定或者历史上实际形成的管辖范围,在陆地接壤地区里埋设的指示边境分界及走向的标志物。界碑和界桩没有实质的区别,只是形状不同。"领土"是指一个国家主权管辖下的区域,包括领陆(陆地)、领水(水域及其底土)和领空(领陆和领水上空)等。"领水"包括内水和领海。"内水"指国家领陆内以及领海基线(沿海国划定其领海外部界限的起算线)向陆一面的水域,是指河流、湖泊、内海、封闭性海湾和港口等泊船处。"领空"指隶属于国家主权的领陆和领水上空,一般指领陆和领水上面的大气空间。"领海"是指沿海主权所及的与其海岸或内水相邻接的一定范围的海域。群岛国的领海是群岛水域以外邻接一定范围的海域;沿海国的领海是其主权所及的领海上空及其海床和底土。"领海基点"是指沿海国划定领海、毗连区及其他管辖海域范围的基础坐标点,领海基点标志是宣示和维护国家主权和海洋权益的重要标志,从载体形态可以分为石碑标志和灯塔标志,从建设位置看,可分为基点式标志和方位点式标志。

根据本条规定,移动、损毁国家边境的界碑、界桩以及其他边境标志、边境设施或者领土、领海基点标志设施的,处十日以上十五日以下拘留;情节较轻的,处五日以下拘留。

(三)非法进行影响国(边)界线走向或者修建有碍国(边)境管理的设施的行为

根据本条的规定,非法进行影响国(边)界线走向的活动或者修建有碍国(边)境管理的设施的行为,主要是指行为人的行为已经影响了国(边)界线走向,如在临近国(边)界线附近挖沙、耕种、采伐树木,而导致客观上影响了国(边)界规定的路线或者方向,或者其修建的设施影响国(边)境管理的行为,如在靠近国(边)境位置修建房屋、挖鱼塘等,从而妨碍国家对国(边)境管理的行为。

根据本条规定,非法进行影响国(边)界线走向的活动或者修建有碍国(边)境管理的设施的,处十日以上十五日以下拘留;情节较轻的,处五日以下拘留。

实践中需要注意的问题

实践中需要注意的是,本条第一项规定的违法行为,相关法律、行政法规也规定有相应行政处罚。包括:《防震减灾法》第八十四条规定:"违反本法规定,有下列行为之一的,由国务院地震工作主管部门或者县级以上地方人民政府负责管理地震工作的部门或者机构责令停止违法行为，恢复原状或者采取其他补救措施；造成损失的，依法承担赔偿责任：（一）侵占、毁损、拆除或者擅自移动地震监测设施的；（二）危害地震观测环境的；（三）破坏典型地震遗址、遗迹的。单位有前款所列违法行为，情节严重的，处二万元以上二十万元以下的罚款；个人有前款所列违法行为，情节严重的，处二千元以下的罚款。构成违反治安管理行为的，由公安机关依法给予处罚。"《气象法》第三十五条第一款规定："违反本法规定，有下列行为之一的，由有关气象主管机构按照权限责令停止违法行为，限期恢复原状或者采取其他补救措施，可以并处五万元以下的罚款；造成损失的，依法承担赔偿责任；构成犯罪的，依法追究刑事责任：（一）侵占、损毁或者未经批准擅自移动气象设施的；（二）在气象探测环境保护范围内从事危害气象探测环境活动的。"《公路法》第七十六条规定："有下列违法行为之一的，由交通主管部门责令停止违法行为，可以处三万元以下的罚款：（一）违反本法第四十四条第一款规定，擅自占用、挖掘公路的；……（六）违反本法第五十二条、第五十六条规定，损坏、移动、涂改公路附属设施或者损坏、挪动建筑控制区的标桩、界桩，可能危及公路安全的。"《水法》第七十二条规定："有下列行为之一，构成犯罪的，依照刑法的有关规定追究刑事责任；尚不够刑事处罚，且防洪法未作规定的，由县级以上地方人民政府水行政主管部门或者流域管理机构依据职权，责令停止违法行为，采取补救措施，处一万元以上五万元以下的罚款；违反治安管理处罚法的，由公安机关依法给予治安管理处罚；给他人造成损失的，依法承担赔偿责任：（一）侵占、毁坏水工程及堤防、护岸等有关设施，毁坏防汛、水文监测、水文地质监测设施的；（二）在水工程保护范围内，从事影响水工程运行和危害水工程安全的爆破、打井、采石、取土等活动的。"据此，对于构成本条违法行为，情节较轻的，或者并未危及公共安全的，可以依法给予罚款等其他行政处罚、采取行政措施。

◐ 相关规定

《中华人民共和国刑法》第三百二十三条；《中华人民共和国石油天然气管道保护法》第三条；《中华人民共和国防震减灾法》第八十四条；《中华人民共和国气象法》第三十五条；《中华人民共和国公路法》第七十六条；《中华人民共和国水法》第七十二条；《电力设施保护条例》第二条

第四十条 盗窃、损坏、擅自移动使用中的航空设施，或者强行进入航空器驾驶舱的，处十日以上十五日以下拘留。

在使用中的航空器上使用可能影响导航系统正常功能的器具、工具，不听劝阻的，处五日以下拘留或者一千元以下罚款。

盗窃、损坏、擅自移动使用中的其他公共交通工具设施、设备，或者以抢控驾驶操纵装置、拉扯、殴打驾驶人员等方式，干扰公共交通工具正常行驶的，处五日以下拘留或者一千元以下罚款；情节较重的，处五日以上十日以下拘留。

● 条文主旨

本条是关于妨害航空器飞行安全、妨害公共交通工具行驶安全行为和处罚的规定。

● 立法背景

2025年修订《治安管理处罚法》主要作了以下修改：一是适当提高对在使用中的航空器上使用可能影响导航系统正常功能的器具、工具行为的罚款，将"五百元"调整为"一千元"。二是增加对妨害公共交通工具行驶安全行为的处罚，作为第三款。本款包括两种行为：（1）盗窃、损坏、擅自移动使用中的其他公共交通工具设施、设备，干扰公共交通工具正常行驶的；（2）以抢控驾驶操纵装置、拉扯、殴打驾驶人员等方式，干扰公共交通工具正常行驶的。这次修订将这两种行为增列为妨害公共安全的行为并给予处罚，是为了确保人民群众出行安全。第一项行为是在本法原有规定"航空设施"的基础上增加"其他公共交通工具设施"，如公交汽车设施、城市轨道交通设施等。第二项行为是从保障公共交通工具安全行驶角度出发，以抢控驾驶操纵装置、拉扯、殴打驾驶人员等干扰行为作出的处罚。

● 条文释义

本条共分三款。第一款是关于盗窃、损坏、擅自移动航空设施或者强行进入航空器驾驶舱的规定。

航空设施是保证飞机安全起飞、降落和飞行的重要保障，而建设完善的航空设施需要大量的财力、物力和人力的投入，同时，更要注意日常的维护和保养，这是保证机场正常运转和航空器正常起降的重要条件。我国《民用航空法》《刑法》等相关法律对盗窃或者故意损毁、移动使用中的航空设施，危及飞行安全的行为已作了明确的规定，对保障航空设施的正常运转和航空器的飞行安全，以及维护人民群众的生命和财产安全，发挥了巨大的作用。随着社会生活和经济的发展，针对盗窃、损坏、擅自移动航空设施的违法行为时有发生，特别是还发生过有的乘客强行进入航空器驾驶舱的行为，这些行为严重影响了航空设施的正常运转和航空器飞行的安全，最终还危及社会公共安全，必须予以相应的惩罚。

盗窃、损坏、擅自移动航空设施的行为，是指行为人盗窃、损坏、擅自移动使用中的航空设施的行为。这类违反治安管理行为的对象是使用中的航空设施。"盗窃"，是指行为人以非法占有为目的，秘密窃取航空设施的行为。"损坏"，是指行为人出于故意的心理，实施不当的行为，从而致使有关航空设施的功能失去或者部分失去效能的行为。"擅自移动"，是指行为人未经允许，而根据自己的意愿，将有关的航空设施移走、改变方向等行为。实践中，"航空设施"通常包括以下方面：（1）航空器本身及其组成部分，内部零部件、设施，如航空器安全门等影响飞行安全的设施。（2）飞行区设施，包括跑道、升降带、跑道端安全地区、滑行道系统、机坪、目视助航系统设施、机场围界及巡场路、净空障碍物限制等设施。（3）空中交通管理系统，包括航管、通信、导航、气象等设施。（4）货运区设施，包括货运机坪、生产用房、业务仓库、集装箱库（场）、停车场等设施。（5）航空器维修区设施，包括机库、维修机坪、航空器及发动机修理车间、发动机试车台、外场工作间、航材仓库等设施。（6）供油设施，包括油品接收、中转、储存、加油及管网等设施。（7）公用设施，包括供水、供电、供气、供暖、制冷、排水、防洪、通信等设施，以及其他与飞行安全有关的各类设施。"使用中"航空设施，可以参照《关于制止非法劫持航空器的公约的补充议定书》（《北京公约》）第三条"为本公约的目的，从地面人员或机组人员为某一特定飞行而对航空器进行飞行前的准备时起，直至降落后二十四小时止，该航空器被视为是在使用中"的规定进行认定。

强行进入航空器驾驶舱的行为，是指航空器上的乘客强行进入航空器驾驶舱，既包括不听劝阻执意进入，也包括经劝阻后又再次或者多次进入航空器驾驶舱。在使用中的航空器内，为了保证驾驶航空器不受任何干扰，驾驶舱与乘务舱、行李舱是分离的。而强行闯入驾驶舱的行为对航空器的正常运行危害特别大，容易干扰航空器驾驶员对航空器的操控，从而影响到航空器的正常驾驶，需要予以相应的法律制裁。这里的"航空器"，主要是民用航空器，即除用于执行军事、海关、警察飞行任务外的民航客机、运输机等。

根据本款规定，盗窃、损坏、擅自移动使用中的航空设施，或者强行进入航空器驾驶舱的，处十日以上十五日以下拘留。

第二款是关于在使用中的航空器上使用可能影响导航系统正常功能的器具、工具的行为和处罚的规定。

在使用中的航空器上使用可能影响导航系统正常功能的器具、工具的行为，主要是指在使用中的航空器上经乘务人员的劝阻，仍坚持自己的意愿，故意使用可能影响航空飞行安全的航空器上禁止使用的器具、工具，如移动电话、游戏机等。构成该项违反治安管理行为的条件如下：一是行为人持主观故意心态，即明知在使用中的航空器中使用可能影响导航系统正常功能的器具、工具，会危及航空器飞行安全，仍积极从事该行为。二是行为人必须是在使用中的航空器上使用上述器具、工具。"在使用中的航空器上"，是指在行为时航空器正处于运营状态，宜确定为"飞行中的航空器"，如正在空中飞行的客机。如果该航空器不属于使用中，而是维修保养过程中，或者尚未投入使用，则不构成妨害航空器飞行安全行为。三是该项违反治安管理行为侵犯的客体是公共安全。因本条所规定的这类行为容易干扰航空器上无线电业务的正常进行和航空器的飞行安全，所以其侵犯的客体属于公共安全，即不特定多数人的生命、财产安全及其他重大公共利益。这里的"可能影响导航系统正常功能的器具、工具"，是指一些由于其本身属性，一旦在航空器上使用可能会对航空器导航系统的正常操作产生一定的影响的电子设备，如移动电话。四是不听劝阻的，这是处罚的前置条件。

根据本款规定，在使用中的航空器上使用可能影响导航系统正常功能的器具、工具，不听劝阻的，处五日以下拘留或者一千元以下罚款，具体根据情节、危害轻重确定处罚档次。

第三款是关于妨害公共交通工具行驶安全的规定。本款包括两种具体违法行为。一是盗窃、损坏、擅自移动使用中的其他公共交通工具设施、设备。"其他公共交通工具"是指除了第一款已经规定的航空器以外的其他公共交通工具，包括公共汽车、电车、船舶、火车、轨道交通车辆等。二是抢控驾驶操纵装置，或者拉扯、殴打驾驶人员等，如抢夺方向盘、刹车等。这类行为危及驾驶安全。《刑法》第一百三十三条之二对这类行为增加规定为妨害安全驾驶罪，对于其中尚不构成犯罪的，依照本条给予治安处罚，与《刑法》规定进一步衔接。三是两种行为给予处罚的条件是干扰公共交通工具正常行驶。对于不干扰正常行驶的行为，如盗窃、移动公共汽车上的广告牌、拉手环或者安全锤的，可以按照本法规定的盗窃、毁坏财物等条文给予处罚。

根据本款规定，对妨害公共交通工具正常行驶的上述行为，处五日以下拘留或者一千元以下罚款，情节较重的，处五日以上十日以下拘留。

实践中需要注意的问题

实践中需要注意的是，本条与本法第四十一条的关系。本条规定的其他公共交通工具也包括火车，对于盗窃、损坏、擅自移动火车设施、设备，以及抢控驾驶操纵装置等方式干扰火车正常行驶的，依照本条规定处罚。同时，第四十一条针对盗窃、损毁、擅自移动铁路、城市轨道交通设施、设备、机车车辆配件或者安全标志作了规定。前者侧重于影响其他公共交通工具的驾驶、操控，后者则侧重于破坏铁路行驶安全条件。如在具体案件处理中存在适用交叉，可择一重处罚。

相关规定

《中华人民共和国刑法》第一百三十三条之二；《中华人民共和国民用航空安全保卫条例》第二十五条；《关于制止非法劫持航空器的公约的补充议定书》第五条

第四十一条 有下列行为之一的，处五日以上十日以下拘留，可以并处一千元以下罚款；情节较轻的，处五日以下拘留或者一千元以下罚款：

（一）盗窃、损毁、擅自移动铁路、城市轨道交通设施、设备、机车车辆配件或者安全标志的；

（二）在铁路、城市轨道交通线路上放置障碍物，或者故意向列车投掷物品的；

（三）在铁路、城市轨道交通线路、桥梁、隧道、涵洞处挖掘坑穴、采石取沙的；

（四）在铁路、城市轨道交通线路上私设道口或者平交过道的。

条文主旨

本条是关于妨害铁路、城市轨道交通安全相关行为及其处罚的规定。

立法背景

2025年修订《治安管理处罚法》主要作了以下修改：一是提高罚款数额，将"五百元"提高至"一千元"。上述修改是随着经济社会发展而进行的，属于"水涨船高"型的提高，并未明显加重罚款力度，有利于发挥治安管理处罚的惩戒、教育作用，体现法律处罚的严肃性。二是本条四项中增加"城市轨道交通"。城市轨道交通是与铁路运输本质相同的运输方式，具有大运量、高速度、客流密集的特点，一旦发生事故，容易群死群伤，其安全运行极其重要，故明确列举相关内容以加大对其的保护力度。三是在第三项中增加对"隧道"区域的保护。这样可以涵盖线路、桥梁、隧道、涵洞等全区域，实现对铁路、城市轨道交通的全面保护。

条文释义

本条对妨害铁路、城市轨道交通运行安全的行为主要规定了四种违反治安管理的行为。

1. 盗窃、损毁、擅自移动铁路、城市轨道交通设施、设备、机车车辆配件或者安全标志的行为。

铁路是国民经济的大动脉，铁路设施是保证正常运输必不可少的设备。城市轨道交通是现代城市交通系统的重要组成部分，是城市公共交通系统的骨干。然而，个别人为了一己私利，不惜破坏这些设施，致使毁损、盗拆铁路和城市轨道交通设施的行为时有发生，必须予以相应的惩处。对此，《铁路安全管理条例》已有相应的规定。实践中，这类行为属于常见的妨害铁路运行安全行为，其对铁路运行安全的危害性是显而易见的。当然，行为人实施该项行为的动机各不相同，有的出于牟取私利，有的出于泄愤，有的出于无所事事，等等。一旦实施该行为，即构成违法。足以使列车发生倾覆、毁坏危险，尚未造成严重后果的，按照《刑法》第一百一十六条规定的破坏交通工具罪和第一百一十七条规定的破坏交通设施罪定罪处罚；造成严重后果的，则按照《刑法》第一百一十九条规定的破坏交通工具罪、破坏交通设施罪和过失损坏交通工具罪、过失损坏交通设施罪定罪处罚。这里的"铁路设施、设备"，是指构成铁路路网的固定设施、设备，包括线路、桥涵、站场、电力系统、通信信号系统等，如信号机抗流变压器、铁路信号接线盒、钢轨扣件等。"城市轨道交通设施、设备"是指地铁、轻轨等城市轨道交通的上述相应设施、设备。"机车车辆配件"，是指蒸汽、内燃、电力机车车轴、油罐车底架、各类机车轮对、主变压器、受电弓、电机座等零部件。"安全标志"是指在铁路沿线及周边设置的，用于保障铁路运输安全、提醒人们注意铁路相关安全事项的标识和标志，包括道口标志、线路标志、信号标志和其他安全标志，如铁路与道路交叉的无人看守道口应当按照国家标准设置警示标志，又如《铁路安全管理条例》第五十条规定："在下列地点，铁路运输企业应当按照国家标准、行业标准设置易于识别的警示、保护标志：（一）铁路桥梁、隧道的两端；（二）铁路信号、通信光（电）缆的埋设、铺设地点；（三）电气化铁路接触网、自动闭塞供电线路和电力贯通线路等电力设施附近易发生危险的地点。"

根据本条规定，盗窃、损毁、擅自移动铁路、城市轨道交通设施、设备、机车车辆配件或者安全标志的，处五日以上十日以下拘留，可以并处一千元以下罚款；情节较轻的，处五日以下拘留或者一千元以下罚款。这里的"情节较轻"包括及时采取补救措施且尚未造成危害后果的；盗窃、损毁设施、设备的价值较小，且不足以造成危害后果的等情形。

2. 在铁路、城市轨道交通线路上放置障碍物，或者故意向列车投掷物品的行为。

为了保证列车运行的安全、准时，必须加强对铁路、城市轨道交通设施建设和维护。如果铁路、城市轨道交通线路存在问题，如有障碍物等，极有可能造成重大列车安全事故。无论是旅客列车还是货运列车，都涉及巨大的公共利益，即不特定多数人的生命、财产安全以及其他重大利益。因此，在铁路、城市轨道交通线路上放置障碍物，或者故意向列车投掷物品的行为都是十分危险的，必须给予相应的惩处。

根据本条规定，在铁路、城市轨道交通线路上放置障碍物，或者故意向列车投掷物品的，处五日以上十日以下拘留，可以并处一千元以下罚款；情节较轻的，处五日以下拘留或者一千元以下罚款。在铁路上放置障碍物的"情节较轻"包括在火车到来前及时采取补救措施，危害后果没有发生的，不足以对行车安全和旅客人身安全造成影响等情形；向列车投掷物品的"情节较轻"包括不足以对行车安全和旅客人身安全造成影响的，未造成机车车辆损坏、旅客人身伤害等情形。

3. 在铁路、城市轨道交通线路、桥梁、隧道、涵洞处挖掘坑穴、采石取沙的行为。

铁路、城市轨道交通路基与线路是铁路、城市轨道交通运行安全的最重要基础，一旦受到破坏，容易发生列车倾覆危险，危及公共安全，因此采取法律手段予以相应的保障是非常必要的。实践也证明，对在铁路挖掘坑穴的行为的处罚，有力地保障了铁路路基的完整和铁路运行的安全。根据本条的规定，构成本项违反治安管理行为的主观心态既包括故意，也包括过失，有的行为人明知在铁路、城市轨道交通线路、桥梁、隧道、涵洞处挖掘坑穴、采石取沙，会危及铁路路基等安全，但仍从事该行为。至于挖掘坑穴、采石取沙的目的如何，不影响本项规定的违反治安管理行为的构成。

根据本条规定，在铁路、城市轨道交通线路、桥梁、隧道、涵洞处挖掘坑穴、采石取沙的，处五日以上十日以下拘留，可以并处一千元以下罚款；情节较轻的，处五日以下拘留或者一千元以下罚款。这里的"情节较轻"包括及时采取补救措施，尚未造成危害后果的，不足以影响铁路路基、城市轨道交通线路稳定或者危害铁路、城市轨道交通线路、桥梁、隧道、涵洞安全的等情形。

4. 在铁路、城市轨道交通线路上私设道口或者平交过道的行为。

为方便机动车、非机动车和行人通过铁路，不影响生产、生活，在铁路、城市轨道交通线路的施工过程中，往往需要在线路上设道口或者平交过道。这就需要在铁路、城市轨道交通线路规划、设计时，进行科学、合理的布局和规划，既要考虑铁路、城市轨道交通运营的方便、快捷，也要照顾到沿线居民的生活居住和有关单位的正常生产经营。实践中，设道口或者平交过道，往往要依据铁路、城市轨道交通线路两侧居民数量、聚集区情况、生产生活的实际、地形地势等因素综合确定。当然，设道口或者平交过道必然会影响到少数人或者个别人的生产生活便利，避免不了要产生相应的矛盾。因此，出于自身便利的考虑，个别人会在铁路、城市轨道交通线路上私设道口或者平交过道，但这种行为的危害较大，既影响到铁路、城市轨道交通运行安全，也关系到过往机动车、非机动车和行人的生命安全，必须予以相应的惩处。根据《铁路法》《铁路安全管理条例》的规定，禁止擅自在铁路线路上铺设平交道口和人行过道，任何单位和个人不得擅自设置或者拓宽铁路道口。同时，该条例还规定，设置或者拓宽铁路道口、人行过道，应当征得铁路运输企业同意。铁路道口，系指铁路上铺面宽度在 2.5 米以上，直接与道路贯通的平面交叉。按看守情况分为"有人看守道口"和

"无人看守道口"。"平交过道",即平交道口和人行过道的简称。平交道口,是指铁路与城市道路交叉的道口,但该道口为平面交叉而非立体交叉。

根据本条规定,在铁路、城市轨道线路上私设道口或者平交过道的,处五日以上十日以下拘留,可以并处一千元以下罚款;情节较轻的,处五日以下拘留或者一千元以下罚款。这里的"情节较轻"包括及时采取补救措施,尚未造成危害后果的;不足以对行车安全造成影响的等情形。擅自铺设的平交道口、人行过道,由铁路公安机关或者地方公安机关责令限期拆除。

● 实践中需要注意的问题

在该条的理解适用中,应当注意以下几个方面的问题:

第一,本条事关铁路运行安全的保障,同时涉及铁路沿线群众的生产生活便利,相关违法行为类型、情节、危害不同。实践中要注意根据过罚相当、教育和处罚相结合,以及本法第二十条等规定,对于情节轻微、主动消除或者减轻违法后果的等情形,从轻、减轻或者不予处罚。

第二,对于损坏铁路设施、铁路上放置障碍物等行为,需注意区分与犯罪行为的界限。本条第一项、第二项所列行为没有造成现实危害或者不足以构成现实危险的,不构成犯罪。这也是区分罪与非罪的重要界限。在铁路线路上放置障碍物足以使列车发生倾覆危险,尚未造成严重后果的,按照《刑法》第一百一十七条规定的破坏交通设施罪定罪处罚;造成严重后果的,则按照《刑法》第一百一十九条规定的破坏交通设施罪和过失损坏交通设施罪定罪处罚。行为人故意向列车投掷物品造成车上人员伤亡的,则按照《刑法》第二百三十四条关于故意伤害罪的规定定罪处罚;造成列车机车损毁的,则要按照《刑法》第二百七十五条关于故意毁坏财物罪的规定定罪处罚。

● 相关规定

《中华人民共和国刑法》第一百一十六条、第一百一十七条、第一百一十九条、第二百三十四条、第二百七十五条;《中华人民共和国铁路法》第四十六条;《铁路安全管理条例》第四十六条

第四十二条 擅自进入铁路、城市轨道交通防护网或者火车、城市轨道交通列车来临时在铁路、城市轨道交通线路上行走坐卧,抢越铁路、城市轨道,影响行车安全的,处警告或者五百元以下罚款。

条文主旨

本条是关于妨害列车行车安全相关行为及其处罚的规定。

立法背景

2025年修订《治安管理处罚法》对本条主要作了以下修改：一是提高罚款数额，将"二百元"提高至"五百元"。上述修改是随着经济社会发展而进行的，属于"水涨船高"型的提高，并未明显加重罚款力度，有利于发挥治安管理处罚的惩戒、教育作用，体现法律处罚的严肃性。二是增加"城市轨道交通"。城市轨道交通是与铁路运输本质相同的运输方式，具有大运量、高速度、客流密集的特点，一旦发生事故，容易群死群伤，其安全运行极其重要，实际上也可以解释为铁路、火车，为进一步明确，故增加相关内容以加大保护力度。与本法第四十一条不同，本条处罚的行为是擅自进入铁路、城市轨道交通防护网，或者火车、城市轨道交通列车来临时在铁路、城市轨道交通线路上行走坐卧，抢越铁路、城市轨道，这些影响行车安全的行为。本条规定了两种处罚："警告"和"五百元以下罚款"，主要是考虑到这类行为发生在日常生活中，有些人目的是抄近路、抢时间等，处警告或者相对数额较小的罚款，就能达到教育效果。

条文释义

本条对妨害列车行车安全的行为主要规定了三种违反治安管理的情形。1986年《治安管理处罚条例》（已失效）没有规定影响列车行车安全的行为。实践中，这些违法行为经常发生，特别是列车穿越市区某些城市道路时，常有行人为了便利而擅自进入铁路防护网或者列车来临时抢越铁路，虽然主管部门加大了宣传教育力度，但仍难以杜绝。在铁路线路上行走坐卧的行为直接对列车行车安全构成较大的威胁。由于列车具有行驶速度快、动力强的特点，一旦发生事故，则难以挽回损失，甚至会造成重大伤亡。这种违反治安管理行为的危害后果分为两个方面：一是危及公共安全，既包括列车上的人员的生命、健康和财产安全，也包括路面上的人员的生命、健康与安全。二是影响列车行车秩序，即列车能否安全准时到达目的地。因此，为保障列车行车安全和公民的人身权利遭受到不必要的损失，避免列车行车事故的发生，本法对该项违反治安管理行为作出了明确规定。这次修订进一步明确增加了城市轨道列车行车安全的规定，道理也是一样的。

妨害列车行车安全的行为主要有以下三种情形：一是擅自进入铁路、城市轨道交通防护网。即行为人明知铁路、城市轨道交通防护网是保障列车安全行车的重要设施，是禁止进入的，但为了个人便利，未经铁路工作人员的允许而进入。二是列车、城市轨道列车来临时在铁路、城市轨道交通线路上行走坐卧，影响行车安全的。这种行为的发生有的是出于某种目的，如自杀、劳资纠纷、居民拆迁等，也有的是无意间实施了本项行为。即行为人的主观心理可能是故意，也可能是过失，无论行为人是何种主观心理状态，这种行为已对列车行车安全构成严重影响，也予以惩处。当然从化解社会矛盾的角度出发，在实施本条规定时，需要区分不同的情形予以相应的惩处。三是列车来临时抢越铁路城市轨道，影响行车安全的。这种行为属于妨害列车行车安全的最常见的类型。此类行为人往往心存侥幸心理，认为自己的速度能抢在列车到达前穿过线路。但列车的速度超出行为人的想象，因而许多列车交通事故由此发生。因此，对这种行为需要相应的惩处。

根据本条规定，有上述妨害列车行车安全的行为，处警告或者五百元以下罚款。这是本法中比较少的最高只设置罚款处罚的违法行为类型。

● **实践中需要注意的问题**

实践中需要注意的是，处理妨害列车行车安全的行为，要本着教育与惩罚相结合的原则，根据案件的具体情况，给予行为人相应的惩处，不要一味地强调罚款处罚。根据本条规定，相关行为需"影响行车安全"才能依照本条规定给予处罚。对情节轻微的也可依法予以批评教育。立法过程中修订草案曾对本条行为规定拘留处罚，后根据各方面意见作了修改。

● **相关规定**

《中华人民共和国铁路法》第五十一条；《铁路安全管理条例》第七十七条

第四十三条 有下列行为之一的，处五日以下拘留或者一千元以下罚款；情节严重的，处十日以上十五日以下拘留，可以并处一千元以下罚款：

（一）未经批准，安装、使用电网的，或者安装、使用电网不符合安全规定的；

（二）在车辆、行人通行的地方施工，对沟井坎穴不设覆盖物、防

围和警示标志的,或者故意损毁、移动覆盖物、防围和警示标志的;

(三) 盗窃、损毁路面井盖、照明等公共设施的;

(四) 违反有关法律法规规定,升放携带明火的升空物体,有发生火灾事故危险,不听劝阻的;

(五) 从建筑物或者其他高空抛掷物品,有危害他人人身安全、公私财产安全或者公共安全危险的。

● 条文主旨

本条是关于擅自安装使用电网、道路施工妨碍行人安全、破坏道路施工安全设施、破坏公共设施、违反规定升放升空物体、高空抛物行为及其处罚的规定。

● 立法背景

2025年修订后的《治安管理处罚法》主要作了以下修改:一是完善处罚规定,提高罚款数额,加大对本条规定行为的处罚力度。将"五百元"修改为"一千元","情节严重的",处"五百元以下"提高至"一千元以下";对情节严重的拘留,由处五日以上十日以下拘留提高至处十日以上十五日以下拘留。这些行为与人民群众生命财产、日常生产、生活密切相关,且容易造成严重的人身、财产损失,危及公共安全,加大处罚力度,更能起到教育效果。二是增加第四项对违反规定升放升空物体行为的处罚。携带明火的升空物体如"孔明灯",这些物体滞空时间长,且受气流、风速等影响,人力难以控制,一旦飘到山林、加油站、液化气站、高压供电设备、通信设施等易燃地点,易引发火灾,造成重大损失,故有必要增加处罚规定。现阶段关于升空物体的规定,散见于各地方的法规、规章以及其他规范性文件,考虑到本条有拘留处罚,为防止打击面过大,增加了"不听劝阻的"限制条件,这里的不听劝阻,指的是负有管理职责的部门或者公安机关进行劝阻。三是增加第五项对高空抛物行为的处罚。我国城镇化进程持续加快,高层建筑不断增多,出于各种目的如泄愤、丢弃垃圾等高空抛物行为越来越多,有的还造成人员伤亡等严重后果。不仅对城市文明安定环境造成恶劣影响,破坏人民群众安全感,还对人民群众生命财产安全造成严重危害,《刑法修正案(十一)》增加第二百九十一条之二规定高空抛物罪,对高空抛物,情节严重的,依法追究刑事责任。在本法中增加此类行为,也十分有必要。实践中应当正确界分违反本法的治安处罚与刑事责任,正确界定行为性质,做到过罚相当。

● 条文释义

本条主要规定了五种违反治安管理的行为。

1. 未经批准，安装、使用电网的，或者安装、使用电网不符合安全规定的。

为了保卫一些重要场所的安全，一般需要使用电网。实践中有些单位和个人未经批准，私自安装电网，如在房屋周围、牲畜圈舍、农田、林地周围等地使用电网，对人民群众的安全构成严重威胁。这里的"未经批准，安装、使用电网"，是指未经主管部门批准，而安装和使用电网的。根据1983年9月23日《水利电力部、公安部关于严禁在农村安装电网的通告》的规定，安装电网的主管部门是公安机关。根据上述规定，"凡安装电网者，必须将安装地点、理由，并附有安装电网的四邻距离图，以及使用电压等级和采取的预防误触电措施等有关资料，向所在地县（市）公安局申报，经审查批准，方可安装"。"严禁社队企业、作坊安装电网护厂（场）防盗防窃。""严禁私人安装电网圈拦房舍、园地、谷仓、畜圈、禽舍等。""严禁用电网捕鱼、狩猎、捕鼠或灭害等。"2016年国家发展和改革委员会发布第31号令，其中废止了上述通告。一些地方政府规章等仍有规定，如《北京市安装使用电网安全管理规定》第二条规定："确因安全保卫工作的特殊要求，需安装使用电网的单位，必须经所在地公安分、县局审核批准，向供电部门申请安装。禁止个人安装使用电网。"这里的"安装、使用电网不符合安全规定"，是指虽经过批准，但安装、使用电网不符合安全规定的行为。这里的"安全规定"，是指警示装置、保险设备、电压标准等安全要求。

根据本条规定，未经批准，安装、使用电网的，或者安装、使用电网不符合安全规定的，处五日以下拘留或者一千元以下罚款；情节严重的，处十日以上十五日以下拘留，可以并处一千元以下罚款。

2. 道路施工妨碍行人安全和破坏道路施工安全设施的行为。

随着社会经济的发展，我国对于基础设施的投资越来越大，道路新建、改扩建也越来越多。在施工的时候，建设施工方必须采取相应的安全防范措施，如在车辆、行人通行的地方施工，要对沟井坎穴设覆盖物、防围和警示标志，以免车辆、行人发生危险。但在实践中，经常出现在车辆、行人通行的地方施工，对沟井坎穴不设覆盖物、防围和警示标志的，或者故意毁损、移动覆盖物、防围和警示标志而导致非机动车、行人跌落或者机动车损毁现象，这种行为严重危及不特定人的生命健康和财产安全，属于妨害公共安全的行为。

道路施工妨碍行人安全，是指在车辆、行人通行的地方施工，施工单位对沟井坎穴不设覆盖物、防围和警示标志的行为。破坏道路施工安全设施，是指行为人故意损毁、移动覆盖物、防围和警示标志的行为。这里的"覆盖物、防围"，是指在道路施工中为防止非机动车、行人跌落或者机动车损毁的发生，用于遮拦开凿挖掘的沟井坎穴所开的铁板、帆布、毡布、护栏、塑料布等。"警示标志"，是指警示灯、旗帜、标志杆、警告牌等。

根据本条规定，在车辆、行人通行的地方施工，对沟井坎穴不设覆盖物、防围和警示标志的，或者故意损毁、移动覆盖物、防围和警示标志的，处五日以下拘留或者一千元以下罚款；情节严重的，处十日以上十五日以下拘留，可以并处一千元以下罚款。道路施工不设置安全防护设施的"情节严重"包括：造成人员受伤或者财物损失等危害后果的；多次实施，或者对多个沟井坎穴不设覆盖物、防围和警示标志等情形。故意损毁、移动道路施工安全防护设施的"情节严重"包括：造成人员受伤或者财物损失等危害后果的；损毁、移动多个设施、标志的等情形。

3. 盗窃、损毁路面井盖、照明等公共设施的行为。

路面井盖、路灯、邮筒、公用电话等公用设施，是我们生产、生活的重要组成部分，它不仅给我们带来了便利，更重要的是其也是社会经济发展的最重要的基础设施之一。而现实生活中损毁这些公用设施的行为屡禁不止，不仅使我们的公私财产造成损失，还危及公共安全，特别是盗窃路面井盖的行为令人深恶痛绝，必须予以相应的治安处罚。这里的"路面井盖"，既包括自来水井盖、污水井盖，也包括电信井盖等。而"等公共设施"，还包括邮筒、公用电话亭等。如果行为人盗窃公共设施的数额较大，且尚不构成刑事犯罪，应当以本法第五十八条规定的盗窃行为予以相应的处罚，因盗窃行为的处罚重于本条规定。

根据本条规定，盗窃、损毁路面井盖、照明等公共设施的，处五日以下拘留或者一千元以下罚款；情节严重的，处十日以上十五日以下拘留，可以并处一千元以下罚款。盗窃、损毁路面公共设施"情节严重"包括：造成人员受伤或者财物损失等危害后果的；盗窃、损毁多个设施的等情形。

4. 违反规定升放升空物体妨害消防安全。

违反规定升放升空物体妨害消防安全是指，违反有关法律法规规定，升放携带明火的升空物体，有发生火灾事故危险，不听劝阻的行为。这里的"升空物体"主要是指"孔明灯"。考虑到升放"孔明灯"是一些群众的爱好和娱乐活动，在一些地方还是习俗，为了避免处罚范围的不适当扩大，对纳入治安管理处罚规定了严格的条件：第一，要求违反有关法律法规规定，如对于一定区域禁止燃放孔明灯等要有地方性法规、规章等明确规定。实践中，有的地方对未经允许，禁止在所辖区域燃放孔明灯作了规定，特别是一些林区、森林所在县域，全域禁止燃放孔明灯。第二，有发生火灾事故危险，但不要求现实发生了火灾事故。对于具有过失引起火灾等情形，构成违反《消防法》相应规定的，依照《消防法》的规定追究行政责任。第三，不听劝阻。这里的不听劝阻是基于有关主管部门或者公安民警的劝阻。

5. 高空抛物。

本条规定的高空抛物违法行为，是指从建筑物或者其他高空抛掷物品，有危害他人人身安全、公私财产安全或者公共安全的危险行为。《刑法修正案（十一）》增加了高空抛物罪，对情节严重的高空抛物行为依法追究刑事责任，对于尚不构成犯罪的，为更好衔接，根据本法规定给予治安管理处罚。同时，《民法典》第一千二百五十四条规定，物业服务企业等建筑物管理人应当采取必要的安全保障措施防止前款规定情形的发生；未采取必要的安全保障措施的，应当依法承担未履行安全保障义务的侵权责任。发生本条第一款规定的情形的，公安等机关应当依法及时调查，查清责任人，对于高空抛物形成了刑事、民事、行政完整的法律责任体系。这里的"其他高空"是指除建筑物以外的高空，如从盘山路上往山下抛掷，从吊塔上抛物等。实践中高空抛物的情形比较复杂，危害情节也不一样，需结合抛物的时间、地点、抛掷的物品种类、可能的危害等综合判断。对于"有危害他人人身安全、公私财产安全或者公共安全危险的"高空抛物，依照本条规定给予治安处罚。对于不具有上述危险的抛物，如从二楼扔个塑料袋，从楼上扔个烟头等，不应认定为符合本条规定应予处罚的行为。

◐ 实践中需要注意的问题

实践中需要注意的是，准确区分违法与犯罪。本条第一项非法安装、使用电网的行为，如果行为人未经批准，安装、使用电网，或者安装、使用电网不符合安全规定，并造成严重后果的，如造成人身伤害、致人死亡的，则应依法追究其刑事责任。非法安装、使用电网，尚不构成犯罪的，除依照本法给予处罚外，对私设电网引起火灾的还可依照消防法给予处罚，对于私设电网捕猎的，还可依照《野生动物保护法》的规定给予处罚。其他各项，如第三项盗窃、损害路面井盖、第五项高空抛物等的规定也应正确区分违法与犯罪，根据有关司法解释规定的标准进行认定。《最高人民法院、最高人民检察院、公安部关于办理涉窨井盖相关刑事案件的指导意见》对盗窃、破坏窨井盖适用刑法相关规定追究刑事责任的情形作了规定。

相关规定

《中华人民共和国刑法》第二百九十一条之二；《中华人民共和国民法典》第一千二百五十四条；《中华人民共和国消防法》第六十四条

第四十四条 举办体育、文化等大型群众性活动，违反有关规定，有发生安全事故危险，经公安机关责令改正而拒不改正或者无法改正的，责令停止活动，立即疏散；对其直接负责的主管人员和其他直接责任人员处五日以上十日以下拘留，并处一千元以上三千元以下罚款；情节较重的，处十日以上十五日以下拘留，并处三千元以上五千元以下罚款，可以同时责令六个月至一年以内不得举办大型群众性活动。

条文主旨

本条是关于违反安全规定举办大型群众性活动及其处罚的规定。

立法背景

2025年修订《治安管理处罚法》主要作了以下修改：一是增加"经公安机关责令改正而拒不改正或者无法改正"的限定。实践中一些大型群众性活动举办过程中的一些危险可以通过整改消除，若一律责令停止活动，立即疏散，不现实，甚至引发新的安全风险，因此增加责令改正而拒不改正或者无法改正的限定。对于经责令改正能够改正的不再给予治安处罚。二是组织者的具体范围不明确，进一步明确为"对其直接负责的主管人员和其他直接责任人员"，准确界定处罚主体。三是增加情节较重的处罚梯度，提高了拘留期限和罚款数额。大型群众性活动多是营利性活动，因此在现行法律的基础上较大幅度提高了罚款数额。四是增设禁止令的处罚。举办大型群众性活动由法人或者其他组织面向社会公众举办，需经过安全许可。在处罚的同时禁止一定期限内举办活动，这样有利于其深刻认识到行为危害性，加强对安全工作的重视，起到防止安全事故发生的目的。五是文字表述调整，将"举办文化、体育等大型群众性活动"修改为"举办体育、文化等大型群众性活动"，与本法第二十八条的修改一致。

● 条文释义

本条规定的行为包括两种行为情况：

第一，未经许可举办体育、文化等大型群众性活动的行为。大型活动的举办，其特点是在一定的时间和有限的空间内，人员众多、身份复杂、物资汇聚；涉及单位、部门多，影响大，敏感性强；易发生重大伤害事故。举办群众性文化体育活动要经过审批许可程序，这对于预防和减少事故的发生，确保人民群众人身财产安全具有重要意义。

2007年国务院颁布《大型群众性活动安全管理条例》，对大型群众活动安全管理作出全面规定。该条例规定："大型群众性活动，是指法人或者其他组织面向社会公众举办的每场次预计参加人数达到1000人以上的下列活动：（一）体育比赛活动；（二）演唱会、音乐会等文艺演出活动；（三）展览、展销等活动；（四）游园、灯会、庙会、花会、焰火晚会等活动；（五）人才招聘会、现场开奖的彩票销售等活动。影剧院、音乐厅、公园、娱乐场所等在其日常业务范围内举办的活动，不适用本条例的规定。"

根据《大型群众性活动安全管理条例》规定，公安机关对大型群众性活动实行安全许可制度。大型群众性活动的预计参加人数在1000人以上5000人以下的，由活动所在地县级人民政府公安机关实施安全许可；预计参加人数在5000人以上的，由活动所在地设区的市级人民政府公安机关或者直辖市人民政府公安机关实施安全许可；跨省、自治区、直辖市举办大型群众性活动的，由国务院公安部门实施安全许可。

第二，举办体育、文化等大型群众性活动不符合安全规定的行为。这类行为是指举办大型活动违反安全规定，有发生安全事故危险的行为。群众性活动的组织者或举办单位及负责人，应在公安机关的协助和指导下，拟定安全方案，落实安全措施。《大型群众性活动安全管理条例》第六条规定："举办大型群众性活动，承办者应当制订大型群众性活动安全工作方案。大型群众性活动安全工作方案包括下列内容：（一）活动的时间、地点、内容及组织方式；（二）安全工作人员的数量、任务分配和识别标志；（三）活动场所消防安全措施；（四）活动场所可容纳的人员数量以及活动预计参加人数；（五）治安缓冲区域的设定及其标识；（六）入场人员的票证查验和安全检查措施；（七）车辆停放、疏导措施；（八）现场秩序维护、人员疏导措施；（九）应急救援预案。"各级公安机关要切实履行职责，加强群众性文化体育活动的审批、检查和安全保卫等方面的工作。对于已批准开展的活动，要在活动举行前对其安全保卫工作方案的落实情况进行实际检查，一旦发现各类安全隐患要立即通知主办方进行整改，整改合格后方可举办。要按照"谁主办，谁负责"的原则，积极主动地与主办单位、场地所有单位及体育、文化等有关部门联系，密切配合，共同做好活动期间的各项安全保卫工作。对重大群众性文化体育活动，还应制订应急预案，确保一旦发生事故后能快速处置、救助。

这里规定的行为的主要特征如下：（1）行为的主体为大型活动的组织者，包括主办单位及负责人。（2）行为人有举办大型活动违反相关安全规定的行为。举办大型活动虽然经过许可，但现场仍然存在安全隐患或者在申请举办大型活动时承诺采取的安全措施和方案在申请被批准后就对承诺置之脑后等情形。例如，参加者大大超出场地人员的核定容量，没有迅速疏散人员的应急预案等存在严重安全隐患，不符合举办大型活动的安全要求，可能危及参加者人身财产安全等情况。《大型群众性活动安全管理条例》第七条、第八条对承办者、场所管理者具体负责的安全事项都作了具体规定。

有上述两种行为情况，同时要求具有发生安全事故危险的，并经公安机关责令改正而拒不改正或者无法改正的，责令停止活动，立即疏散；对其直接负责的主管人员和其他直接责任人员处五日以上十日以下拘留，并处一千元以上三千元以下罚款；情节较重的，处十日以上十五日以下拘留，并处三千元以上五千元以下罚款，可以同时责令六个月至一年以内不得举办大型群众性活动。根据本法第一百二十一条的规定，对责令不得举办大型群众性活动的可以依法申请行政复议或者提起行政诉讼。

实践中需要注意的问题

在该条的理解适用中，应当注意以下几个方面的问题：

第一，对违规举办大型群众性活动，发生重大伤亡事故或者造成其他严重后果的，根据《刑法》第一百三十五条之一"大型群众性活动重大安全事故罪"的规定依法追究刑事责任。

第二，《大型群众性活动安全管理条例》对有关违规举办大型群众性活动的行为规定了相应处罚，有的行为与本法规定存在交叉，要做好本法与其处罚的衔接适用。该条例第二十条规定："承办者擅自变更大型群众性活动的时间、地点、内容或者擅自扩大大型群众性活动的举办规模的，由公安机关处 1 万元以上 5 万元以下罚款；有违法所得的，没收违法所得。未经公安机关安全许可的大型群众性活动由公安机关予以取缔，对承办者处 10 万元以上 30 万元以下罚款。"第二十一条规定："承办者或者大型群众性活动场所管理者违反本条例规定致使发生重大伤亡事故、治安案件或者造成其他严重后果构成犯罪的，依法追究刑事责任；尚不构成犯罪的，对安全责任人和其他直接责任人员依法给予处分、治安管理处罚，对单位处 1 万元以上 5 万元以下罚款。"根据本法第十八条中"其他法律、行政法规对同一行为规定给予单位处罚的，依照其规定处罚"的规定，单位同时违反《大型群众性活动安全管理条例》和本法规定的，对单位罚款适用《大型群众性活动安全管理条例》的规定。

相关规定

《中华人民共和国刑法》第一百三十五条之一；《大型群众性活动安全管理条例》第六条至第八条、第二十条、第二十一条

第四十五条 旅馆、饭店、影剧院、娱乐场、体育场馆、展览馆或者其他供社会公众活动的场所违反安全规定，致使该场所有发生安全事故危险，经公安机关责令改正而拒不改正的，对其直接负责的主管人员和其他直接责任人员处五日以下拘留；情节较重的，处五日以上十日以下拘留。

条文主旨

本条是关于公共活动场所违反安全规定的行为及其处罚的规定。

立法背景

1. 2005 年《治安管理处罚法》的规定。第三十九条规定："旅馆、饭店、影剧院、娱乐场、运动场、展览馆或者其他供社会公众活动的场所的经营管理人员，违反安全规定，致使该场所有发生安全事故危险，经公安机关责令改正，拒不改正的，处五日以下拘留。"

公共活动场所是人们经常活动的地方，与人民群众的日常生活密切相关。

这些场所人群密集，人员流动性大，情况复杂，既便于罪犯作案、销赃和隐藏，也容易发生各种治安事件和重大安全事故，给人民群众的生命安全和国家财产造成严重损失。同时，社会秩序和社会治安的好坏，也首先从这些区域反映出来。因此，严密公共活动场所的管理，建立有效的监督、预防体系与制度，关系到人们的日常生活和生命财产的安全。因此，本法对旅馆、饭店、影剧院、娱乐场、体育场馆、展览馆或者其他供社会公众活动的场所，违反安全规定，致使该场所有发生安全事故危险，经公安机关责令改正，拒不改正的行为规定了治安处罚。

2. 2025 年修订后的《治安管理处罚法》的规定。一是将"运动场"修改为"体育场馆"，与本法第二十八条的表述一致。二是对行为主体作了修改完善，删去了"经营管理人员"的表述，修改为"旅馆、饭店、影剧院、娱乐场、体育场馆、展览馆或者其他供社会公众活动的场所"，对直接负责的主管人员和其他直接责任人员予以处罚。三是修改了处罚规定，根据公共活动场所违反规定妨害公共安全的情节轻重，按照过罚相当的原则，增加一档情节较重的拘留处罚。将"责令改正，拒不改正的，处五日以下拘留"修改为"责令改正而拒不改正的，对其直接负责的主管人员和其他直接责任人员处五日以下拘留；情节较重的，处五日以上十日以下拘留"。

● 条文释义

本条是关于公共活动场所违反安全规定的行为及其处罚的规定，可以从以下两个方面理解：

第一，关于行为主体和内容。本条是针对"旅馆、饭店、影剧院、娱乐场、体育场馆、展览馆或者其他供社会公众活动的场所"的处罚规定，这类场所具有公共性的特点，是对公众开放，供不特定的多数人出入、停留、使用的场所。这里的"违反安全规定"，是指违反国家或者各级人民政府和有关主管部门制定的各种关于安全管理的规章制度，主要是消防和其他安全管理相关的规定，包括以下规定：

1.《消防法》第十六条规定："机关、团体、企业、事业等单位应当履行下列消防安全职责：（一）落实消防安全责任制，制定本单位的消防安全制度、消防安全操作规程，制定灭火和应急疏散预案；（二）按照国家标准、行业标准配置消防设施、器材，设置消防安全标志，并定期组织检验、维修，确保完好有效；（三）对建筑消防设施每年至少进行一次全面检测，确保完好有效，检测记录应当完整准确,存档备查;(四)保障疏散通道、安全出口、消防车通道畅通,保证防火防烟分区、防火间距符合消防技术标准;(五)组织防火检查,及时消除火灾隐患;(六)组织进行有针对性的消防演练;(七)法律、法规规定的其他消防安全职责。单位的主要负责人是本单位的消防安全责任人。"第六十条规定:"单位违反本法规定,有下列行为之一的,责令改正,处五千元以上五万元以下罚款:(一)消防设施、器材或者消防安全标志的配置、设置不符合国家标准、行业标准,或者未保持完好有效的;(二)损坏、挪用或者擅自拆除、停用消防设施、器材的;(三)占用、堵塞、封闭疏散通道、安全出口或者有其他妨碍安全疏散行为的;(四)埋压、圈占、遮挡消火栓或者占用防火间距的;(五)占用、堵塞、封闭消防车通道,妨碍消防车通行的;(六)人员密集场所在门窗上设置影响逃生和灭火救援的障碍物的;(七)对火灾隐患经消防救援机构通知后不及时采取措施消除的。个人有前款第二项、第三项、第四项、第五项行为之一的,处警告或者五百元以下罚款。有本条第一款第三项、第四项、第五项、第六项行为,经责令改正拒不改正的,强制执行,所需费用由违法行为人承担。"

2.《公共娱乐场所消防安全管理规定》第二条规定:"本规定所称公共娱乐场所,是指向公众开放的下列室内场所:(一)影剧院、录像厅、礼堂等演出、放映场所;(二)舞厅、卡拉OK厅等歌舞娱乐场所;(三)具有娱乐功能的夜总会、音乐茶座和餐饮场所;(四)游艺、游乐场所;(五)保龄球馆、旱冰场、桑拿浴室等营业性健身、休闲场所。"第二十二条规定:"对违反本规定的行为,依照《中华人民共和国消防法》和地方性消防法规、规章予以处罚;构成犯罪的,依法追究刑事责任。"

3.《旅馆业治安管理办法》第三条规定:"开办旅馆,要具备必要的防盗等安全设施。"第五条规定:"经营旅馆,必须遵守国家的法律,建立各项安全管理制度,设置治安保卫组织或者指定安全保卫人员。"第十一条规定:"严禁旅客将易燃、易爆、剧毒、腐蚀性和放射性等危险物品带入旅馆。"第十四条第一款规定:"公安机关对旅馆治安管理的职责是,指导、监督旅馆建立各项安全管理制度和落实安全防范措施,协助旅馆对工作人员进行安全业务知识的培训,依法惩办侵犯旅馆和旅客合法权益的违法犯罪分子。"第十七条规定:"违反本办法第六、十一、十二条规定的,依照《中华人民共和国治安管理处罚法》有关条款的规定,处罚有关人员;发生重大事故、造成严重后果构成犯罪的，依法追究刑事责任。"

4.《娱乐场所管理条例》第四十四条规定："娱乐场所违反本条例规定，有下列情形之一的，由县级公安部门责令改正，给予警告；情节严重的，责令停业整顿1个月至3个月：（一）照明设施、包厢、包间的设置以及门窗的使用不符合本条例规定的；（二）未按照本条例规定安装闭路电视监控设备或者中断使用的；（三）未按照本条例规定留存监控录像资料或者删改监控录像资料的；（四）未按照本条例规定配备安全检查设备或者未对进入营业场所的人员进行安全检查的；（五）未按照本条例规定配备保安人员的。"第五十四条第一款规定："娱乐场所违反有关治安管理或者消防管理法律、行政法规规定的，由公安部门依法予以处罚；构成犯罪的，依法追究刑事责任。"

5.《大型群众性活动安全管理条例》第二十一条规定："承办者或者大型群众性活动场所管理者违反本条例规定致使发生重大伤亡事故、治安案件或者造成其他严重后果构成犯罪的，依法追究刑事责任；尚不构成犯罪的，对安全责任人和其他直接责任人员依法给予处分、治安管理处罚，对单位处1万元以上5万元以下罚款。"第二十二条规定："在大型群众性活动举办过程中发生公共安全事故，安全责任人不立即启动应急救援预案或者不立即向公安机关报告的，由公安机关对安全责任人和其他直接责任人员处5000元以上5万元以下罚款。"

"有发生安全事故危险"，是指社会公众活动场所违反安全规定，有发生重特大火灾、人员伤亡等重大事故的危险，从而危及不特定的多数人的生命、健康和财产安全。旅馆、饭店、影剧院、娱乐场、体育场馆、展览馆或者其他供社会公众活动的场所的直接负责的主管人员和其他直接责任人员，明知该场所违反安全规定，有发生安全事故危险，并经公安机关责令改正采取措施消除危险，但拒不提出整改措施予以改正的。这是区分违法与否的重要界限，如果针对公安机关的责令改正通知，这些供社会公众活动的场所能够及时采取相应的整改措施并予以改正，则不在本条调整范围内。这里的"责令改正"，主要是指公安机关通过下达整改通知书等书面通知，要求违反安全规定的社会公众场所根据公安机关的要求和时限，对照本法等相关规定进行整改，采取措施消除事故危险。

第二，关于处罚。根据本法规定，对旅馆、饭店、影剧院、娱乐场、体育场馆、展览馆或者其他供社会公众活动的场所违反安全规定，致使该场所有发生安全事故危险，经公安机关责令改正而拒不改正的，对其直接负责的主管人员和其他直接责任人员处五日以下拘留；情节较重的，处五日以上十日以下拘留。本次修订坚持宽严相济、过罚相当、突出重点原则，对公共场所有发生安全事故危险而拒不改正的，增加一档情节较重的处罚，这里的"情节较重"，是指旅馆、饭店、影剧院、娱乐场、体育场馆、展览馆或者其他供社会公众活动的场所直接负责的主管人员和其他直接责任人员违反有关安全规定情节较重，行为恶劣，如长期不履行相关义务，故意实施相关行为规避安全规定造成较大风险，危害人民群众利益等情形。是否属于"情节较重"，由公安机关根据事实情况综合判断。

◐ 实践中需要注意的问题

实践中需要注意的是，对"情节较重的，处五日以上十日以下拘留"，该项法律责任中，公安机关需对直接负责的主管人员和其他直接责任人员的具体违法行为进行"责令改正"。旅馆占用安全出口等行为也属于有安全事故危险的范畴，《消防法》第六十条对此类行为规定了罚款，这种情况下，针对同一违法行为本法规定的拘留与其他法律规范规定的罚款等处罚，应当作为对同一违法行为处罚的法律责任体系整体看待，配合、补充适用。不能因为《治安管理处罚法》对这些行为的处罚只有拘留，就认为对这些行为只能予以拘留处罚，而不能单处罚款。具体而言，对违反安全规定，致使该场所发生安全事故危险的处罚判断应当根据情节轻重，按照过罚相当的原则，或者依照本法处以拘留，或者适用其他法律规范处以罚款、警告等。这是公安机关、有关行业主管部门在执行《治安管理处罚法》以及相关法律规定时必须加以注意的。

◐ 相关规定

《中华人民共和国消防法》第十六条、第六十条；《公共娱乐场所消防安全管理规定》第二条、第二十二条；《旅馆业治安管理办法》第三条、第五条、第十一条、第十四条、第十七条；《娱乐场所管理条例》第四十四条、第五十四条；《大型群众性活动安全管理条例》第二十一条、第二十二条

第四十六条 违反有关法律法规关于飞行空域管理规定，飞行民用无人驾驶航空器、航空运动器材，或者升放无人驾驶自由气球、系留气球等升空物体，情节较重的，处五日以上十日以下拘留。

飞行、升放前款规定的物体非法穿越国（边）境的，处十日以上十五日以下拘留。

● 条文主旨

本条是关于违反飞行空域管理规定飞行民用无人驾驶航空器、航空运动器材或者升空物体行为的规定。

● 立法背景

（一）立法背景及修改情况

2025年修订后的《治安管理处罚法》的规定。这次修订增加了本条规定，明确了违反飞行空域管理规定飞行民用无人驾驶航空器、航空运动器材或者升空物体的处罚内容。近年来，随着北斗定位系统的发展成熟和人工智能等新兴技术的逐步完善，民用无人机逐渐走进了人民群众的日常生活中，在农业、城市物流配送、运输救援物资、电力、通信、海洋监测、视频拍摄等领域发挥了重要作用。然而无人机违法飞行，危害公共安全的事件屡见报端；实践中还存在违规升放无人驾驶自由气球、系留气球等升空物体，给周边公共安全造成风险隐患的情况。目前，国内无人机生产制造企业数量很大，无人机保有量正在逐年增长。无人机违规使用过程中存在的安全隐患和国家安全威胁日益凸显。实践中无人机在军事禁区、涉密设施附近进行非法拍摄或飞行，可能泄露国家机密，威胁核心区域安全。无人机在机场净空保护区内的违规飞行可能导致与民航飞机碰撞，或者通过无线电干扰影响导航系统，威胁航空安全，一段时间以来，全国因无人机黑飞导致的航班延误和迫降事件频发。此外，无人机"黑飞"或者飞行航空运动器材不当操作时会发生"坠机""炸机"的情况，导致失控砸伤人民群众，引起人员伤亡和财产损失，破坏公共设施甚至引起群众恐慌。此外，实践中还存在未经审批升放无人驾驶自由气球、系留气球等升空物体的情况。这些情况带来的风险及造成的安全事件，有必要在《治安管理处罚法》中增加相应规定也促进树立全民安全飞行理念。

（二）有关国家和地区的规定

美国在《联邦航空局现代改革法案》（2012）（《FAA Modernization and Reform Act of 2012》）中制定了无人机产业的总体发展战略规划以及综合管制规划，要求美国联邦航空管理局将无人机纳入国家空域管理系统。美国联邦航空管理局在《联邦法律汇编》第十四编中，将无人机分为民用无人机和公共用途无人机。民用无人机分为小型无人机和其他无人机。其中，小型无人机可按照用途分为商业用途无人机和娱乐用途无人机。《联邦法律汇编》详细规定了对美国民用小型无人机的飞行活动限制，包括飞行速度、高度和飞行空间的限制、对特定区域的限制。美国对小型无人机的飞行速度限制在每小时 100 英里以下，飞行高度不得超过 120 米。如果在受禁止的特定空域飞行，要事先取得空管的授权和批准。此外，还划定了机场禁飞区等管制空域的范围，明确小型无人机可以进入的空间范围。允许小型无人机在 G 类非管制空域飞行，G 类空域高度通常为 1200 英尺以下。

条文释义

本条共分两款。第一款是关于违反飞行空域管理规定飞行民用无人驾驶航空器、航空运动器材或者升空物体行为的规定。

本款包含以下两个方面的内容：

第一，违反有关法律法规关于飞行空域管理的规定，飞行民用无人驾驶航空器、航空运动器材的行为。根据《无人驾驶航空器飞行管理暂行条例》第二条的规定，这里的无人驾驶航空器，是指没有机载驾驶员、自备动力系统的航空器，其按照性能指标分为微型、轻型、小型、中型和大型。

根据《航空体育运动管理办法》第三条的规定，航空运动器材包括滑翔伞、动力伞、牵引伞、悬挂滑翔翼、航空模型等设备。

这里的"飞行空域管理规定"主要指《民用航空法》《通用航空飞行管制条例》《无人驾驶航空器飞行管理暂行条例》等法律、法规和规章，对在我国境内从事通用航空飞行活动等作的具体规定。如《民用航空法》第二条规定："中华人民共和国的领陆和领水之上的空域为中华人民共和国领空。中华人民共和国对领空享有完全的、排他的主权。"第七十三条规定："在一个划定的管制空域内，由一个空中交通管制单位负责该空域内的航空器的空中交通管制。"《通用航空飞行管制条例》第六条规定："从事通用航空飞行活动的单位、个人使用机场飞行空域、航路、航线，应当按照国家有关规定向飞行管制部门提出申请，经批准后方可实施。"《无人驾驶航空器飞行管理暂行条例》第十九条规定，国家根据需要划设无人驾驶航空器管制空域，未经空中交通管理机构批准，不得在管制空域内实施无人驾驶航空器飞行活动。

第二，违反有关法律法规关于飞行空域管理规定，升放无人驾驶自由气球、系留气球等升空物体的行为。目前，关于升放无人驾驶自由气球、系留气球等升空物体的行为，主要是根据《升放气球管理办法》进行管理规范。根据《升放气球管理办法》的规定，无人驾驶自由气球，是指无动力驱动、无人操纵、轻于空气、总质量大于 4 千克自由漂移的充气物体。系留气球，是指系留于地面物体上、直径大于 1.8 米或者体积容量大于 3.2 立方米、轻于空气的充气物体。

《升放气球管理办法》有关"飞行空域管理规定"主要包括：《升放气球管理办法》第十六条规定："升放无人驾驶自由气球，应当在拟升放两日前持本办法第十五条规定的批准文件向当地飞行管制部门提出升放申请。"第十七条规定："升放气球活动必须在许可机构批准的范围内进行。禁止在依法划设的机场范围内和机场净空保护区域内升放无人驾驶自由气球或者系留气球，但是国家另有规定的除外。"

在《治安管理处罚法》第一次审议的一审稿中，本条规定"违反有关规定，在低空飞行无人驾驶航空器、航空运动器材，或者升放无人驾驶自由气球、系留气球等升空物体，情节较重的，处五日以上十日以下拘留"。有的部门和地方提出，在空域管理中遇到的"低慢小"情况非常复杂，各地对飞行无人驾驶航空器、航空运动器材，或者升放无人驾驶自由气球、系留气球等升空物体的规定不一，建议对"有关规定"做进一步明确。修改过程中吸收有关方面意见，将"违反有关规定，在低空飞行"修改为"违反有关法律法规关于飞行空域管理规定"。

关于处罚。根据本款规定，情节较重的，处五日以上十日以下拘留。

第二款是关于对飞行、升放前款规定的物体非法穿越国（边）境行为的规定。国（边）境地段是国家的边界，我国疆域辽阔，陆地国（边）境线总长达 2 万余千米，对非法穿越国（边）境行为实行严格管理，对于维护国家安全和社会稳定具有重要意义。同时，根据《出境入境管理法》第九十条的规定，经国务院批准，同毗邻国家接壤的省、自治区可以根据中国与有关国家签订的边界管理协定制定地方性法规、地方政府规章，对两国边境接壤地区的居民往来作出规定。实践中，无人机可搭载高清摄像设备，非法穿越国（边）境时可能对军事设施、敏感区域进行拍摄，导致机密信息外泄，无线信号还可能干扰航空导航系统、卫星通信等关键设施，尤其在边境地区，可能影响军用和民用航空器的正常运行，导致导航失效，非法越境甚至可能引发国际纠纷，增加我国外交压力。根据本法规定，禁止非法穿越或者在规定区域飞行。

对飞行、升放前款规定的物体非法穿越国（边）境行为，处十日以上十五日以下拘留。

● 实践中需要注意的问题

实践中需要注意的是，本条规定涉及与《通用航空飞行管制条例》《无人驾驶航空器飞行管理暂行条例》《升放气球管理办法》等处罚规定的衔接。根据本法第一百四十一条的规定，其他法律、行政法规规定由公安机关给予行政拘留处罚的，由公安机关依照本法规定处理。对于情节严重，需要给予拘留处罚的，应当移送公安机关依法处理。如《无人驾驶航空器飞行管理暂行条例》第五十一条第二款规定，违反本条例规定，未经批准操控微型、轻型、小型民用无人驾驶航空器在管制空域内飞行，或者操控模型航空器在空中交通管理机构划定的空域外飞行的，由公安机关责令停止飞行，可以处 500 元以下的罚款；情节严重的，没收实施违规飞行的无人驾驶航空器，并处 1000 元以上 1 万元以下的罚款。对本条规定的违法行为，行政主管部门先查处的，对于需要给予拘留的，应当移送公安机关依法处理。

● 相关规定

《通用航空飞行管制条例》第四十三条；《无人驾驶航空器飞行管理暂行条例》第十九条、第四十二条、第五十一条；《航空体育运动管理办法》第十条、第十一条、第十四条、第二十八条、第二十九条、第三十一条；《升放气球管理办法》第十六条、第十七条、第二十八条、第二十九条

第三节 侵犯人身权利、财产权利的行为和处罚

第四十七条 有下列行为之一的，处十日以上十五日以下拘留，并处一千元以上二千元以下罚款；情节较轻的，处五日以上十日以下拘留，并处一千元以下罚款：

（一）组织、胁迫、诱骗不满十六周岁的人或者残疾人进行恐怖、残忍表演的；

（二）以暴力、威胁或者其他手段强迫他人劳动的；

（三）非法限制他人人身自由、非法侵入他人住宅或者非法搜查他人身体的。

● 条文主旨

本条是关于恐怖表演、强迫劳动、非法限制他人人身自由、非法侵入他人

住宅或者非法搜查他人身体的处罚规定。

● 立法背景

1. 2005 年《治安管理处罚法》的规定。第四十条规定："有下列行为之一的，处十日以上十五日以下拘留，并处五百元以上一千元以下罚款；情节较轻的，处五日以上十日以下拘留，并处二百元以上五百元以下罚款：（一）组织、胁迫、诱骗不满十六周岁的人或者残疾人进行恐怖、残忍表演的；（二）以暴力、威胁或者其他手段强迫他人劳动的；（三）非法限制他人人身自由、非法侵入他人住宅或者非法搜查他人身体的。"

本条主要规定了五种违反治安管理的行为，共分三项。国家禁止举办表演方式恐怖、残忍，摧残表演人健康的，或者利用人体缺陷或者以展示人体变异等招徕观众的演出活动。因此组织、胁迫、诱骗不满十六周岁的人或者残疾人进行恐怖、残忍表演的行为是违反国家规定，应当受到惩处的行为。第一项是关于组织、胁迫、诱骗不满十六周岁的人或者残疾人进行恐怖、残忍表演的处罚规定。劳动者享有平等就业的权利，对于任何以暴力、威胁或者其他手段强迫他人劳动的行为，严重侵害了他人的人身自由和劳动权利，应当予以惩处。第二项是关于以暴力、威胁或者其他手段强迫他人劳动的处罚规定。第三项是关于非法限制他人人身自由、非法侵入他人住宅或者非法搜查他人身体的处罚规定。

2. 2025 年修订后的《治安管理处罚法》的规定。根据经济社会发展水平和实践需要适当提高罚款幅度，将"并处五百元以上一千元以下罚款"修改为"并处一千元以上二千元以下罚款"；将情节较轻的，"并处二百元以上五百元以下罚款"修改为"并处一千元以下罚款"。

● 条文释义

本条主要规定了五种违反治安管理的行为：恐怖表演、强迫劳动、非法限制他人人身自由、非法侵入他人住宅或者非法搜查他人身体，本条共分三项。

本条第一项是关于组织、胁迫、诱骗不满十六周岁的人或者残疾人进行恐怖、残忍表演的处罚规定。国务院颁布的《营业性演出管理条例》第四条规定，国家鼓励文艺表演团体、演员创作和演出思想性艺术性统一、体现民族优秀文化传统、受人民群众欢迎的优秀节目，鼓励到农村、工矿企业演出和为少年儿童提供免费或者优惠的演出。国家禁止举办表演方式恐怖、残忍，摧残演员身心健康的，以及利用人体缺陷或者以展示人体变异等方式招徕观众的演出活动。因此，组织、胁迫、诱骗不满十六周岁的人或者残疾人进行恐怖、残忍表演的行为是违反国家规定，应当受到惩处的行为。

本项行为特征表现为：

第一，行为人必须实施了组织、胁迫、诱骗的行为。所谓"组织"是指行为人通过纠集、控制不满十六周岁的人、残疾人或者以雇佣、招募等手段让不满十六周岁的人、残疾人表演恐怖、残忍节目的行为。"胁迫"是指行为人以立即实施暴力或其他有损身心健康的行为，如冻饿、罚跪等相要挟，逼迫不满十六周岁的人、残疾人按其要求表演恐怖、残忍节目的行为。"诱骗"是指行为人利用不满十六周岁的人年幼无知的弱点或亲属等其他人身依附关系，或者利用残疾人的自身弱点，以许愿、诱惑、欺骗等手段使不满十六周岁的人、残疾人按其要求表演恐怖、残忍节目的行为。

第二，组织、胁迫、诱骗的对象必须是不满十六周岁的人或者残疾人。根据《未成年人保护法》的规定，任何组织或者个人不得招用未满十六周岁未成年人，国家另有规定的除外。任何组织或者个人不得组织未成年人进行危害其身心健康的表演等活动。未成年人是祖国的未来和希望，未成年人成长的好坏直接关系到国家的发展和建设，党和国家历来重视对未成年人身心健康的保护，坚持同损害未成年人身心健康的各种违法犯罪行为作斗争。不满十六周岁的未成年人身心发育不成熟，易受不法分子的胁迫和诱骗，因此，保护未成年人身心健康有着极其重要的意义。残疾人是一个困难群体，由于身体的残疾影响他们与外界的交往，残疾人在社会生活中常常处于某种不利地位，正常作用的发挥受到限制，而且他们受教育程度普遍偏低，就业机会少，对残疾人的保障关系到国家发展、社会稳定，这是不容忽视的社会问题，也是国家人权发展状况的重要体现。《残疾人保障法》第三条规定："残疾人在政治、经济、文化、社会和家庭生活等方面享有同其他公民平等的权利。残疾人的公民权利和人格尊严受法律保护。禁止基于残疾的歧视。禁止侮辱、侵害残疾人。禁止通过大众传播媒介或者其他方式贬低损害残疾人人格。"根据《残疾人保障法》第二条规定，这里的"残疾人"，是指在心理、生理、人体结构上，某种组织、功能丧失或者不正常，全部或者部分丧失以正常方式从事某种活动能力的人。残疾人包括视力残疾、听力残疾、言语残疾、肢体残疾、智力残疾、精神残疾、多重残疾和其他残疾的人。

第三，组织、胁迫、诱骗不满十六周岁的人或者残疾人进行的是恐怖、残忍表演。这里所说的"恐怖"表演，是指营造凶杀、暴力等恐怖气氛的表演项目。"残忍"表演，是指对人的身体进行残酷折磨，以营造残忍气氛的表演项目。这些表演项目不仅严重摧残了不满十六周岁的人和残疾人的身心健康，而且影响其正常发育。

本条第二项是关于以暴力、威胁或者其他手段强迫他人劳动的处罚规定。《劳动法》第三条第一款规定，劳动者享有平等就业和选择职业的权利、取得劳动报酬的权利、休息休假的权利、获得劳动安全卫生保护的权利、接受职业技能培训的权利、享受社会保险和福利的权利、提请劳动争议处理的权利以及法律规定的其他劳动权利。第四条规定，用人单位应当依法建立和完善规章制度，保障劳动者享有劳动权利和履行劳动义务。对于任何以暴力、威胁或者其他手段强迫他人劳动的行为，严重侵害了他人的人身自由和劳动权利，应当予以惩处。强迫他人劳动主要表现为：第一，行为人必须采用暴力、威胁或者其他手段。所谓"暴力"手段，是指行为人对他人人身实行殴打、捆绑等强制手段，使他人不得不按行为人的要求进行劳动；"威胁"手段，是指行为人对他人实行恐吓、要挟等精神强制手段，如以人身伤害、毁坏财物、损害名誉等相要挟，使他人产生恐惧，不敢做真实的意思表示，而不得不按行为人的要求进行劳动；"其他手段"，是指除了使用暴力、胁迫以外的使他人不知抗拒、无法抗拒的强制手段，如禁止离厂、不让回家等。第二，行为人实施了强迫他人劳动的行为。这种强迫他人劳动的行为，是以暴力、威胁或者其他手段，且违背他人的主观意志，强迫他人进行劳动的行为。如果行为人并没有使用暴力、威胁或者其他手段，强迫他人进行劳动，只是对劳动者在工作中进行严格要求，或者劳动者自愿超时间、超负荷地工作，行为人并未对其进行强迫，则不属于强迫他人劳动的违反治安管理行为。

本条第三项是关于非法限制他人人身自由、非法侵入他人住宅或者非法搜查他人身体的处罚规定。这里包括三种行为：

一是非法限制他人人身自由的行为。在我国，对逮捕、拘留、拘传等限制他人人身自由的强制措施有严格的法律规定，必须由专门机关按照法律规定的程序进行。《宪法》第三十七条规定，中华人民共和国公民的人身自由不受侵犯。任何公民，非经人民检察院批准或者决定或者人民法院决定，并由公安机关执行，不受逮捕。禁止非法拘禁和以其他方法非法剥夺或者限制公民的人身自由，禁止非法搜查公民的身体。非法限制他人人身自由是一种严重剥夺公民身体自由的行为。任何机关、团体、企业、事业单位和个人不依照法律规定或者不依照法律规定的程序限制他人人身自由都是非法的，应当予以惩处。非法限制他人人身自由的方式多种多样，如捆绑、关押、扣留身份证件不让随意外出或者与外界联系等，其实质就是强制剥夺他人的人身自由。

二是非法侵入他人住宅的行为。《宪法》第三十九条规定："中华人民共和国公民的住宅不受侵犯。禁止非法搜查或者非法侵入公民的住宅。"住宅是公民生活的处所，非法侵入他人住宅，必然会使公民的正常生活受到干扰，严重侵犯了公民的合法权益。这里的"非法侵入他人住宅"，是指未经住宅主人同意，非法强行闯入他人住宅，或者无正当理由进入他人住宅，经住宅主人要求其退出仍拒不退出等行为。如果是事先征得住宅主人同意的，或者是司法工作人员为依法执行搜查、逮捕、拘留等任务而进入他人住宅的，或者依法对违法犯罪嫌疑人住所进行搜查、检查而进入他人住宅的，则不是非法侵入他人住宅。

三是非法搜查他人身体的行为。《刑事诉讼法》规定，为了收集犯罪证据、查获犯罪人，侦查人员可以对犯罪嫌疑人以及可能隐藏罪犯或者犯罪证据的人的身体、物品、住处和其他有关的地方进行搜查。本法第一百零三条规定，公安机关对与违反治安管理行为有关的场所或者违反治安管理行为人的人身、物品可以进行检查。根据法律的规定，搜查、检查他人身体只能由人民检察院、公安机关、国家安全机关的侦查人员依照法律规定的程序进行，其他任何单位和个人都无权对公民身体进行搜查、检查。这里的"非法搜查"有两层意思：一层意思是指无权进行搜查的单位和个人，非法对他人身体进行搜查；另一层意思是指有搜查权的侦查人员，滥用职权，擅自决定对他人身体进行搜查或者搜查的程序和手续不符合法律规定。违反治安管理，非法搜查他人身体的行为，主要是指无权进行搜查的单位或者个人，非法对他人身体进行搜查的行为。

根据本条规定，组织、胁迫、诱骗不满十六周岁的人或者残疾人进行恐怖、残忍表演的，或者以暴力、威胁或者其他手段强迫他人劳动的，或者非法限制他人人身自由、非法侵入他人住宅或者非法搜查他人身体的，处十日以上十五日以下拘留，并处一千元以上二千元以下罚款；情节较轻的，处五日以上十日以下拘留，并处一千元以下罚款。

实践中需要注意的问题

在该条的理解适用中,需要注意以下两个方面的问题:

第一,实践中应当注意区分恐怖、残忍表演行为与一般杂技表演的界限。中国杂技源远流长,是传统文化的一部分,它不仅具有强身健体的作用,而且在日常生活中,杂技还常常作为一种颇具观赏性的表演节目展现在人们面前。杂技表演虽然也有一些惊险、离奇的动作,但其宗旨是以科学、文明体现自身价值的。而恐怖、残忍表演以表现恐怖、暴力为内容,所追求的是感官刺激、恐怖气氛,并且这类表演大多缺乏必要的安全措施,极易发生危险,尤其是由不满十六周岁的人或者残疾人表演这类节目,对其身心健康会带来极大伤害。

第二,依据《刑事诉讼法》及有关法律的规定,公民对正在实行犯罪或者在犯罪后即时被发觉的、通缉在案的、越狱逃跑的、正在被追捕的人有权立即扭送到公安机关、人民检察院或者人民法院。这种扭送行为,包括在途中实施的捆绑、扣留等行为的,不能认为是非法限制他人人身自由的行为。

相关规定

《中华人民共和国宪法》第三十七条、第三十九条;《中华人民共和国劳动法》第三条;《中华人民共和国未成年人保护法》第六十一条;《中华人民共和国残疾人保障法》第三条;《中华人民共和国刑事诉讼法》第一百三十六条;《营业性演出管理条例》第四条、第二十五条

第四十八条 组织、胁迫未成年人在不适宜未成年人活动的经营场所从事陪酒、陪唱等有偿陪侍活动的,处十日以上十五日以下拘留,并处五千元以下罚款;情节较轻的,处五日以下拘留或者五千元以下罚款。

条文主旨

本条是关于组织、胁迫未成年人从事有偿陪侍活动行为及其处罚的规定。

立法背景

本条是 2025 年修订《治安管理处罚法》时新增加规定,明确了对组织、胁迫未成年人从事有偿陪侍活动的处罚。增加这条规定,主要是为了维护未成年人合法权益,保障其健康成长。未成年人身心发育尚不健全,辨别是非、自我保护能力不足,易成为被侵害目标。组织未成年人陪酒陪唱,要求未成年人

衣着暴露、肢体亲密接触等，极易滋生猥亵、强奸、非法拘禁等违法犯罪行为，严重危害未成年人身心健康。实践中反映，组织未成年人有偿陪侍，有团伙化、专业化趋势。团伙内部分工明确，有人负责招募，有人负责培训管理，有人负责接送。增加对组织、胁迫行为的处罚，维护良好社会环境，保护未成年人合法健康成长，十分有必要。

◐ 条文释义

本条规定的是对组织、胁迫未成年人在不适宜未成年人活动的经营场所从事陪酒、陪唱等有偿陪侍行为的处罚。规定了三个方面的内容：

一是本条处罚的是组织、胁迫行为。所谓"组织"是指行为人通过纠集、控制不满十八周岁的人，或者以雇佣、招募等手段让不满十八周岁的人进行有偿陪侍活动的行为。"胁迫"是指行为人以对被胁迫人本人及其家属实施暴力或其他不利后果相威胁，使其不得不屈服的行为，如以向学校、父母报告其有逃学逃课等不良行为等相要挟，逼迫不满十八周岁的人进行陪酒陪唱等行为。在立法过程中，有的地方反映，现实中存在一些未成年人因逃学或者家庭经济原因辍学，到 KTV、酒吧等地方进行陪酒陪唱等活动的情况，以获得经济基础或者满足消费需求。组织未成年人有偿陪侍，有团伙化、专业化趋势，团伙内部分工明确，有人负责招募，有人负责培训管理，有人负责接送。有些情形下利用未成年人辨别是非、自我保护能力不足的弱点，胁迫未成年人到酒吧、KTV 等娱乐场所进行陪酒陪唱。组织、胁迫未成年人从事有偿陪侍活动，严重损害了未成年人身心健康。本次修订增加了对组织、胁迫行为的处罚。虽然对未成年人进行陪酒陪唱等行为未规定处罚，但对此类情况，应当按照《未成年人保护法》《预防未成年人犯罪法》等的相关规定，对未成年人加强教育和社会帮扶，以保障其身心健康，培养未成年人良好品行，有效预防未成年人违法犯罪。

二是限定在不适宜未成年人活动的经营场所。对此，《未成年人保护法》有明确规定。该法第五十八条规定，学校、幼儿园周边不得设置营业性娱乐场所、酒吧、互联网上网服务营业场所等不适宜未成年人活动的场所。营业性歌舞娱乐场所、酒吧、互联网上网服务营业场所等不适宜未成年人活动场所的经营者，不得允许未成年人进入；游艺娱乐场所设置的电子游戏设备，除国家法定节假日外，不得向未成年人提供。经营者应当在显著位置设置未成年人禁入、限入标志；对难以判明是不是未成年人的，应当要求其出示身份证件。这些场所主要是以营利为目的,并向公众开放、消费者自娱自乐的歌舞、游艺等场所,是供大众进行消费、娱乐、休闲、运动的场所。这些场所不适宜未成年人进入,不利于健康成长。未成年人进入这些场所,过早接触成人社交,不利于形成正确的价值观、消费观。同时,有的场所打"擦边球",组织未成年人陪酒陪唱,要求未成年人衣着暴露、肢体亲密接触等,极易滋生卖淫嫖娼、猥亵、强奸、非法拘禁、组织强迫卖淫等违法犯罪行为,严重危害未成年人身心健康,需要加强对这些地方的重点管理。

三是行为是未成年人进行陪酒陪唱等有偿陪侍行为。本条明确列举了陪酒陪唱等行为,主要是这些行为多发,较为常见,但不限于陪酒陪唱。从保护未成年人身心健康角度出发,只要是影响未成年人身心健康的有偿陪侍行为都在本条的处罚范围。

关于处罚。根据本条规定,组织、胁迫未成年人在不适宜未成年人活动的经营场所从事陪酒陪唱等有偿陪侍活动的,处十日以上十五日以下拘留,并处五千元以下罚款;情节较轻的,处五日以下拘留或者五千元以下罚款。本条规定了两种处罚梯度,一般情况下要处十日以上十五日以下拘留,并处五千元以下罚款,表明对此类行为予以严惩的态度。只有在情节较轻时,才适用五日以下拘留或者五千元以下罚款。执法机关应当进一步总结实践情况,结合违反治安管理的事实、性质、情节以及社会危害程度,对从轻处罚的情形,作进一步明确。

相关规定

《中华人民共和国刑法》第二百六十二条之二;《中华人民共和国未成年人保护法》第五十八条;《娱乐场所管理条例》第十四条

第四十九条 胁迫、诱骗或者利用他人乞讨的,处十日以上十五日以下拘留,可以并处二千元以下罚款。

反复纠缠、强行讨要或者以其他滋扰他人的方式乞讨的,处五日以下拘留或者警告。

条文主旨

本条是关于胁迫、诱骗或者利用他人乞讨,或者以滋扰他人的方式乞讨的处罚规定。

立法背景

1. 2005 年《治安管理处罚法》的规定。第四十一条规定："胁迫、诱骗或者利用他人乞讨的，处十日以上十五日以下拘留，可以并处一千元以下罚款。反复纠缠、强行讨要或者以其他滋扰他人的方式乞讨的，处五日以下拘留或者警告。"

乞讨作为一种社会现象，在任何国家、任何社会都不同程度地存在。由于我国经济社会发展的不平衡，存在贫富差别、城乡居民收入和生活水平的差距大、进城务工农民工多等问题，一部分人在工作无着落、生活困难的情况下，选择了流浪乞讨的生存方式。也有一些人并非生活无着落，而是想利用他人乞讨为自己谋取利益，这严重损害了流浪乞讨人的合法权益和破坏社会秩序。对于胁迫、诱骗或者利用他人乞讨的行为，必须予以惩处。

2. 2025 年修订后的《治安管理处罚法》的规定。完善了处罚规定，根据实践情况适当提高罚款幅度，将"一千元以下罚款"修改为"二千元以下罚款"。

条文释义

本条共分两款。第一款是关于胁迫、诱骗或者利用他人乞讨的处罚规定。

本款包含以下两个方面的内容，本款规定的违反治安管理行为表现为：一是行为人必须采用胁迫、诱骗或者利用的手段。所谓"胁迫"他人乞讨，是指行为人以立即实施暴力或其他有损身心健康的行为，如冻饿、罚跪等相要挟，逼迫他人进行乞讨的行为。"诱骗"他人乞讨，是指行为人利用他人的弱点或亲属等人身依附关系，或者以许愿、诱惑、欺骗等手段指使他人进行乞讨的行为。"利用"他人乞讨，是指行为人怀有个人私利，使用各种手段让他人自愿地按其要求进行乞讨的行为。二是行为人实施了胁迫、诱骗或者利用他人乞讨，为自己牟取利益的行为。乞讨者进行乞讨并不是出于本人自愿，而是被行为人胁迫、诱骗或者利用而进行乞讨的，行为人胁迫、诱骗或者利用他人乞讨的目的是给自己牟取利益，将他人乞讨来的财物据为己有，这里的"乞讨"是指向他人乞求讨要食品、衣物和金钱等。

根据法律规定，胁迫、诱骗或者利用他人乞讨的，处十日以上十五日以下拘留，可以并处二千元以下罚款。

第二款是关于反复纠缠、强行讨要或者以其他滋扰他人的方式乞讨的处罚规定。选择乞讨是个人的自由，但任何人在行使自己的自由和权利时都不得侵犯他人的权利。实践中有许多乞讨者在公共场所反复纠缠、强行讨要、滋扰他人，侵犯了他人的权利和正常生活，对这种违反治安管理行为，应当依法予以处罚。本款规定的违反治安管理行为表现为：行为人必须采用反复纠缠、强行讨要或者以其他滋扰他人的方式。这里所说的"反复纠缠"是指一次又一次、不断地缠着他人进行乞讨的行为。具体表现为拽衣服、抱腿、不给钱就不松手等方式纠缠路人。"强行讨要"是指以蛮不讲理的方式，向他人乞讨，致使他人不得不满足其乞讨要求的行为。"其他滋扰他人的方式"是指采用除反复纠缠、强行讨要以外的其他方式进行乞讨的行为，如尾随讨要等。

根据法律规定，反复纠缠、强行讨要或者以其他滋扰他人的方式乞讨的，处五日以下拘留或者警告。

● 实践中需要注意的问题

实践中需要注意的是本条规定与《刑法》第二百六十二条之一规定的组织残疾人、儿童乞讨罪的关系，符合《刑法》规定的应当依法追究刑事责任。《刑法》第二百六十二条之一规定："以暴力、胁迫手段组织残疾人或者不满十四周岁的未成年人乞讨的，处三年以下有期徒刑或者拘役，并处罚金；情节严重的，处三年以上七年以下有期徒刑，并处罚金。"组织残疾人、儿童乞讨罪客观上表现为以暴力、胁迫等手段组织残疾人或者不满十四周岁的未成年人乞讨。所谓"暴力"，是指可以给被害人直接带来生理上的痛苦、伤害或者行为限制的侵袭及其他强制力。比如，对被害人实施伤害、殴打、体罚等身体打击、折磨，使其产生生理上的痛苦、伤害而丧失反抗能力，或者因此造成心理恐惧不敢反抗，或者以身体强制等方法剥夺被害人行为自由使其不敢反抗、不能反抗的情形等。所谓"胁迫"，是指行为人以当场实施暴力或其他有损身心健康的行为，以及其他对被害人心理造成强迫的行为相要挟，实施精神强制，使其产生恐惧，不敢反抗的情况。这种胁迫，既可以针对被强迫人自身的生理伤害，如不顺从就冻饿、体罚、殴打等，也可以是心理上的，如揭露隐私、公开侮辱使其丧失尊严等。胁迫的内容既可以针对被害人本人，也可以针对其亲属或者他人，只要足以对被害人造成心理上的强制，就可以构成胁迫。从以上规定可见，《治安管理处罚法》第四十九条第一款规定的胁迫、诱骗或者利用他人乞讨的行为在行为方式和保护对象的范围上都比刑法更为宽泛，不要求使用暴力或者胁迫的手段，保护的对象也不限于残疾人和未成年人。

● 相关规定

《中华人民共和国刑法》第二百六十二条之一

第五十条 有下列行为之一的，处五日以下拘留或者一千元以下罚款；情节较重的，处五日以上十日以下拘留，可以并处一千元以下罚款：

（一）写恐吓信或者以其他方法威胁他人人身安全的；

（二）公然侮辱他人或者捏造事实诽谤他人的；

（三）捏造事实诬告陷害他人，企图使他人受到刑事追究或者受到治安管理处罚的；

（四）对证人及其近亲属进行威胁、侮辱、殴打或者打击报复的；

（五）多次发送淫秽、侮辱、恐吓等信息或者采取滋扰、纠缠、跟踪等方法，干扰他人正常生活的；

（六）偷窥、偷拍、窃听、散布他人隐私的。

有前款第五项规定的滋扰、纠缠、跟踪行为的，除依照前款规定给予处罚外，经公安机关负责人批准，可以责令其一定期限内禁止接触被侵害人。对违反禁止接触规定的，处五日以上十日以下拘留，可以并处一千元以下罚款。

● 条文主旨

本条是关于恐吓、侮辱、诽谤、诬告陷害、打击报复证人、滋扰他人、侵犯隐私等侵犯人身权利行为的处罚的规定。

● 立法背景

（一）立法背景及修改情况

1. 2005年《治安管理处罚法》的规定。第四十二条规定："有下列行为之一的，处五日以下拘留或者五百元以下罚款；情节较重的，处五日以上十日以下拘留，可以并处五百元以下罚款：（一）写恐吓信或者以其他方法威胁他人人身安全的；（二）公然侮辱他人或者捏造事实诽谤他人的；（三）捏造事实诬告陷害他人，企图使他人受到刑事追究或者受到治安管理处罚的；（四）对证人及其近亲属进行威胁、侮辱、殴打或者打击报复的；（五）多次发送淫秽、侮辱、恐吓或者其他信息，干扰他人正常生活的；（六）偷窥、偷拍、窃听、散布他人隐私的。"

以上六种违反治安管理行为，侵犯了他人的合法权益，应当受到处罚。具体来说，写恐吓信或者以其他方法威胁他人人身安全，容易使他人在内心产生恐惧，扰乱社会治安。侮辱或者诽谤他人都是损害他人人格和名誉的行为。诬告陷害他人，企图使他人受到刑事追究或者受到治安管理处罚。对证人及其近亲属进行威胁、侮辱、殴打或者打击报复都严重损害当事人的合法权益。发送淫秽、侮辱、恐吓或者其他信息，干扰了他人的正常生活。偷窥、偷拍、窃听、散布他人隐私会给当事人的生活、工作带来心理压力。这些治安管理行为均应受到法律规制。

2. 2025 年修订后的《治安管理处罚法》的规定。一是，根据经济社会发展水平适当提高罚款幅度，将第一款两处"五百元以下罚款"修改为"一千元以下罚款"。二是，将第五项"多次发送淫秽、侮辱、恐吓或者其他信息"修改为"多次发送淫秽、侮辱、恐吓等信息或者采取滋扰、纠缠、跟踪等方法"。考虑到实践中出现的一些"软暴力"行为，如持续尾随他人、连续在深夜打电话滋扰他人、用石头将他人门口堵住、用油漆刷涂他人家门、用胶水将他人门锁封堵住等，增加对采取滋扰、纠缠、跟踪等方法干扰他人正常生活的处罚。三是，增加一款规定，"有前款第五项规定的滋扰、纠缠、跟踪行为的，除依照前款规定给予处罚外，经公安机关负责人批准，可以责令其一定期限内禁止接触被侵害人。对违反禁止接触规定的，处五日以上十日以下拘留，可以并处一千元以下罚款。"实践中多次出现因婚恋等矛盾纠纷，在起初阶段由于尚未发生实质危害后果，合法与违法的界限难以确定等，当事人报案后公安机关往往只能口头警告，无法采取有效手段制止当事人继续纠缠，后续发生了重大恶性案件，造成被害人重伤甚至死亡的严重后果。本次修订在总结实践经验教训的基础上，增加了预防性保护措施的规定，主要目的就是预防重大人身安全风险，防患未然，更为有效地保护受害者权益，保障社会治安秩序平稳运行。

（二）有关国家和地区的规定

1993 年《加拿大刑法》第 264 条规定了骚扰罪，1913 年《西澳大利亚州刑法典汇编》第 338E 条规定"任何意图恐吓他人或第三人而骚扰他人的人"将会被判处骚扰罪。《爱尔兰非致命侵害人身犯罪法》第 10 条规定，无法定权限或正当理由，任何人以包括使用通讯工具在内的任何方式，持续跟踪、窥视、纠缠、打扰他人或同其交流即构成犯罪。

▶ 条文释义

本条共分两款。第一款是关于侵犯公民人身权利的六项行为的处罚规定。

本款包含以下几个方面的内容。第一项是关于写恐吓信或者以其他方法威胁他人人身安全的处罚规定。写恐吓信是比较常见的一种威胁他人人身安全的方式，易使他人产生恐惧，造成不安定因素，扰乱社会治安，有一定的社会危害性。恐吓信的内容大多具有扬言使用暴力或其他方法恐吓、威胁他人的内容。当然，除写恐吓信以外，还可采取其他方式威胁他人人身安全，如投寄恐吓物、子弹，在夜晚往他人卧室的窗户扔砖头等，其目的是使他人在内心产生恐惧，担心自己或其家人、亲属的人身安全受到伤害。这种行为侵犯了他人的合法权益，应当受到处罚。

第二项是关于公然侮辱他人或者捏造事实诽谤他人的处罚规定。侮辱或者诽谤他人都是损害他人人格和名誉的行为，人格和名誉是公民的基本权利，《宪法》第三十八条规定，中华人民共和国公民的人格尊严不受侵犯。禁止用任何方法对公民进行侮辱、诽谤和诬告陷害。《民法典》第一百零九条规定，自然人的人身自由、人格尊严受法律保护。

本项规定了两种违反治安管理行为：第一，侮辱他人的行为。该行为的主要特征：一是行为人实施了侮辱他人的行为。这里所说的"侮辱"，是指公然诋毁他人人格，破坏他人名誉。侮辱的方法可以是暴力，也可以是暴力以外的其他方法。二是侮辱他人的行为必须是公然进行的。所谓"公然"是指当众或者利用能够使多人听到或看到的方式，对他人进行侮辱。三是侮辱他人的行为必须是明确地针对某特定的人实施。如果不是针对特定的人，而是一般的谩骂等，不属于本项规定的违反治安管理行为。第二，诽谤他人的行为。该行为的主要特征：一是行为人主观上是故意的，目的是损害他人的人格和名誉。二是行为人实施了诽谤他人的行为。这里的"诽谤"，是指故意捏造事实，并且进行散布，损害他人人格和名誉。三是行为人必须捏造事实，如果不是捏造的事实，而是客观存在的事实，则不是诽谤的行为。所谓"捏造事实"，就是无中生有，凭空制造虚假的事实。四是行为人必须将捏造的事实进行散布，足以贬损他人人格和名誉。如果只是私下里谈论不实事实，不属于诽谤行为。诽谤他人的形式可以是多种多样的，如使用言语文字，通过"大字报"、"小字报"、图画、报刊、图书、书信、网络等方法散布等。五是诽谤行为必须是针对特定的人进行的，但不一定要指名道姓，只要从诽谤的内容上知道是谁或者可以推断出或者明显地影射特定的人，就可以构成诽谤行为，如果行为人散布的事实没有特定的对象，不可能贬损某人的人格、名誉，就不能以诽谤行为论处。

第三项是关于诬告陷害他人的处罚规定。诬告陷害他人，是指捏造事实诬告陷害他人，企图使他人受到刑事追究或者受到治安管理处罚的行为。该行为的主要特征有：一是行为人必须是捏造事实。如果不是捏造事实，而是客观存在的事实，则不属于诬告陷害他人的行为。二是行为人必须是以企图使他人受到刑事追究或者受到治安管理处罚为目的，且足以使他人受到刑事追究或者受到治安管理处罚。如果只是以败坏他人名誉、阻止他人得到奖励或者升职等为目的，或者捏造的事实不足以使他人受到刑事追究或者受到治安管理处罚的，也不属于违反治安管理行为。三是不仅捏造了他人的违法犯罪事实，而且意图使有关机关对所捏造事实进行追查。四是行为必须要有明确的对象，如果行为人只是捏造了某种违法犯罪事实，向有关机关告发，并没有具体的告发对象，这种行为虽然也侵犯了司法机关的正常活动，但并未直接侵犯他人的人身权利，不属于诬告陷害他人的行为。五是行为人必须是故意的。如果不是有意诬陷，而是错告，或者检举失实的，则不属于诬告陷害他人的行为。

第四项是关于对证人及其近亲属进行威胁、侮辱、殴打或者打击报复的处罚规定。为了保证公安机关、人民检察院和人民法院查明事实，打击犯罪或者确认民事权利义务关系，正确适用法律，及时审理刑事和民事案件，保护当事人的合法权益，维护社会秩序、经济秩序，《刑事诉讼法》第六十二条第一款规定，"凡是知道案件情况的人，都有作证的义务"。《民事诉讼法》第七十五条第一款规定："凡是知道案件情况的单位和个人，都有义务出庭作证。有关单位的负责人应当支持证人作证。"作证是公民的义务，要保障证人有客观、充分地提供证据的条件，履行作证的法定义务，如实地提供案件的真实情况，首先就要保障证人及其近亲属的安全，对于威胁、侮辱、殴打或者打击报复证人及其近亲属的行为，必须予以严厉打击。根据本条规定，该行为的主要特征是：第一，行为侵害的对象必须是证人及其近亲属。"证人"不仅包括刑事诉讼中的证人，也包括民事诉讼、行政诉讼中的证人以及行政执法活动中涉及的证人。"近亲属"，根据《刑事诉讼法》的规定，是指夫、妻、父、母、子、女、同胞兄弟姊妹。第二，行为人对证人及其近亲属实施威胁、侮辱、殴打或者打击报复的行为。"威胁"是指实行恐吓、要挟等精神强制手段，如以伤害、毁坏财物、损害名誉等相要挟，使人产生恐惧；"侮辱"是指公然诋毁证人及其近亲属人格，破坏其名誉；"殴打"是指采用拳打脚踢等方式打人；"打击报复"包括多种方式，如利用职权降薪、降职、辞退等。

第五项关于发送淫秽、侮辱、恐吓等信息或者采取滋扰、纠缠、跟踪等方法，干扰他人正常生活的处罚规定。随着通信技术的不断发展，人们可以通过信件、电话、手机和网络等多种途径加强联系，增进友谊。但是，实际生活中有些人利用此类通信工具、通讯方式，发送一些淫秽、侮辱、恐吓等信息，采取滋扰、纠缠、跟踪等方法干扰他人的正常生活，对这种行为应当予以严厉的打击。本项规定的多次发送淫秽、侮辱、恐吓等信息，是指通过信件、电话、网络等途径多次发送淫秽、侮辱、恐吓或者其他信息，干扰他人正常生活的行为。其行为特征：一是行为人通过信件、电话、手机、网络等途径实施了多次发送淫秽、侮辱、恐吓或者其他信息的行为。这里的"淫秽"信息，是指具体描绘性行为或者露骨宣扬色情的诲淫性的信息；"侮辱"信息，是指诋毁他人人格，破坏他人名誉的信息；"恐吓"信息，是指威胁或要挟他人，使他人精神感到恐慌的信息；"多次"一般是指三次以上。二是行为人发送的信息必须是已经干扰了他人的正常生活，即行为人发送的信息足以使他人由于收到淫秽、侮辱、恐吓等信息，影响了正常的工作和生活。通常表现为：行为人反复、经常发送淫秽、侮辱、恐吓等信息或其行为遭到斥责、拒绝后仍然不停地发送，或者在夜间他人入睡以后发送等情形。采取滋扰、纠缠、跟踪等方法是指以直接或者间接的方式反复进行窥探、跟踪、徘徊接近他人，以电话、邮件、传真、短信等各种方式联系，直接或者间接发送令人厌恶的照片、文字等，足以使他人产生其自身或其家庭将会受到伤害，或者其财产将会受到损害的合理担忧的行为。对采取滋扰、纠缠、跟踪等方法达到干扰他人正常生活程度的，应当根据本项的规定依法处罚。

第六项是关于偷窥、偷拍、窃听、散布他人隐私的处罚规定。偷窥、偷拍、窃听、散布他人隐私的行为主要特征是：一是行为侵害的对象必须是他人的隐私。隐私权是公民合法权利的一个组成部分，受我国法律保护。《民法典》第一千零三十二条规定，自然人享有隐私权。任何组织或者个人不得以刺探、侵扰、泄露、公开等方式侵害他人的隐私权。隐私权是自然人享有私人生活安宁和不愿为他人知晓的私密空间、活动和信息的权利。禁止任何组织或个人以刺探、侵扰、泄露、公开等方式侵犯他人的隐私权。"隐私"通常都是当事人不愿意让他人知道的、属于个人的生活私密，如两性关系、生育能力等。一旦公开，将会给当事人的生活、工作带来心理压力。二是行为人必须采用偷窥、偷拍、窃听、散布等手段。这里的"偷窥"他人隐私，是指对他人的隐私活动进行偷看的行为；"偷拍"他人隐私，是指对他人的隐私进行秘密摄录的行为；"窃听"他人隐私，是指对他人的谈话或者通话等进行秘密录音的行为；"散布"他人隐私，是指以文字、语言或者其他手段将他人的隐私在社会或一定范围内加以传播的行为，包括口头散布，或者通过媒体、信函、短信、网络等书面方式散布。

上述侵犯公民人身权利的六项行为，根据本条规定，处五日以下拘留或者一千元以下罚款；情节较重的，处五日以上十日以下拘留，可以并处一千元以下罚款。

第二款是关于对滋扰、纠缠、跟踪等方法，干扰他人正常生活行为，可以责令禁止接触被侵害人的规定。近年来，实践中出现了一些新情况，有一些婚恋等矛盾纠纷，行为人通过采取滋扰、纠缠、跟踪等方法实施"软暴力"行为，在起初阶段由于尚未发生实质危害后果，合法违法的界限难以确定等，当事人报案后公安机关往往只能口头警告，无法采取有效手段制止当事人继续纠缠，后续发生了重大恶性案件，造成被害人重伤甚至死亡的严重后果。本次修订在总结实践经验教训的基础上，增加了预防性保护措施的规定，主要目的就是预防重大人身安全风险，防患未然，采用"事先风险防范"而非"事后损害救济"的救济理念，更为有效地保护受害者权益，保障社会治安秩序平稳运行。对于采取滋扰、纠缠、跟踪等方法，干扰他人正常生活的行为，公安机关对其处五日以下拘留或者一千元以下罚款；情节较重的，处五日以上十日以下拘留，可以并处一千元以下罚款。除上述处罚外，经公安机关负责人批准，可以责令其一定期限内禁止接触被侵害人。从审批的程序看，本款规定的是公安机关负责人批准。这里所规定的"可以"，表明不是对所有采取滋扰、纠缠、跟踪等方法，干扰他人正常生活的行为被给予处罚的人都要责令其一定期限内禁止接触被侵害人，而应当充分考虑其人身危险性等具体情形由公安机关来决定是否需要责令其一定期限内禁止接触被侵害人。公安机关根据案件实际情况，决定禁止接触被侵害人的时限。根据本法第一百二十一条规定，有关人员对依照本款作出的禁止接触措施处罚不服的，可以依法申请行政复议或者提起行政诉讼。

根据本款规定，对违反禁止接触规定的，处五日以上十日以下拘留，可以并处一千元以下罚款。

● 实践中需要注意的问题

在该条的理解适用中，应当注意以下几个方面的问题：

第一，实践中应当注意把握违反治安管理行为的界限，要划清正当的舆论监督与文字侮辱的界限；划清正当的文字创作与贬损人格、破坏名誉的界限；划清当事人所在单位依职权对个人的政绩、品德等所作的考核、评价、审查行为与侮辱行为的界限；划清通过正当、合法的渠道向有关部门反映、举报、揭发不道德行为、违法行为、犯罪行为与侮辱行为的界限；划清出于善意的批评与恶意的侮辱行为的界限；等等。

第二，实际执法中要注意区分诽谤他人的行为与民事侵权行为的界限，诽谤他人的行为散布的必须是捏造的虚假的事实，如果散布的是客观存在的事实，虽然有损于他人人格、名誉，但不能构成诽谤他人的行为；而名誉侵权行为，即使所述的内容是真实的，但只要是法律禁止公开宣扬的，或者公开了将有损于他人人格、名誉，都属于名誉侵权行为，如泄露并宣扬他人隐私，给他人名誉造成不良影响的，属于侵害名誉权行为，不属于诽谤他人的行为。

本条第六项关于偷窥、偷拍、窃听他人隐私的规定注意与本法第七十条关于非法安装、使用、提供窃听、窃照专用器材的联系。

● 相关规定

《中华人民共和国宪法》第三十八条；《中华人民共和国刑法》第二百四十三条；《中华人民共和国民法典》第一千零三十二条；《中华人民共和国刑事诉讼法》第六十二条；《中华人民共和国民事诉讼法》第七十五条

第五十一条 殴打他人的，或者故意伤害他人身体的，处五日以上十日以下拘留，并处五百元以上一千元以下罚款；情节较轻的，处五日以下拘留或者一千元以下罚款。

有下列情形之一的，处十日以上十五日以下拘留，并处一千元以上二千元以下罚款：

（一）结伙殴打、伤害他人的；

（二）殴打、伤害残疾人、孕妇、不满十四周岁的人或者七十周岁以上的人的；

（三）多次殴打、伤害他人或者一次殴打、伤害多人的。

● 条文主旨

本条是关于殴打或者故意伤害他人的规定。

立法背景

1. 2005年《治安管理处罚法》的规定。第四十三条规定:"殴打他人的,或者故意伤害他人身体的,处五日以上十日以下拘留,并处二百元以上五百元以下罚款;情节较轻的,处五日以下拘留或者五百元以下罚款。有下列情形之一的,处十日以上十五日以下拘留,并处五百元以上一千元以下罚款:(一)结伙殴打、伤害他人的;(二)殴打、伤害残疾人、孕妇、不满十四周岁的人或者六十周岁以上的人的;(三)多次殴打、伤害他人或者一次殴打、伤害多人的。"

一是第一款对殴打他人或者故意伤害他人身体的处罚作了规定。实践中表现为故意恃强凌弱、以大欺小的行为,如棍棒打人等,其伤害行为已经给他人的身体造成了轻微伤害,但尚不够刑事处罚。二是对结伙殴打等行为的加重处罚作了规定。这里包括三项行为,一是结伙殴打、伤害他人的行为;二是殴打、伤害残疾人、孕妇、不满十四周岁的人或者六十周岁以上的人的行为;三是多次殴打、伤害他人或者一次殴打、伤害多人的行为。

2. 2025年修订后的《治安管理处罚法》的规定。一是,根据经济社会发展水平适当提高罚款幅度,将第一款"处五日以上十日以下拘留,并处二百元以上五百元以下罚款;情节较轻的,处五日以下拘留或者五百元以下罚款"修改为"处五日以上十日以下拘留,并处五百元以上一千元以下罚款;情节较轻的,处五日以下拘留或者一千元以下罚款"。二是,将第二款"处十日以上十五日以下拘留,并处五百元以上一千元以下罚款"修改为"处十日以上十五日以下拘留,并处一千元以上二千元以下罚款"。三是,随着我国人口老龄化程度的逐步加深,老年人违法行为的数量也随之增加,实践中与六十周岁以上老人发生纠纷的情况复杂,有的是六十周岁以上老人之间发生的殴打行为,一律处十日以上十五日以下拘留的规定,过于刚性。另外,随着经济社会发展,修改为七十周岁更符合实际情况,也与本法中有关老年人不执行拘留的年龄相衔接。将第二款中的第二项殴打、伤害"六十周岁以上的人的"修改为殴打、伤害"七十周岁以上的人的"。

条文释义

本条共分两款。第一款对殴打他人或者故意伤害他人身体的行为和处罚作了规定。

本款包含以下两个方面的内容。第一,行为人必须是故意,即行为人明知自己的行为会造成伤害他人身体健康的结果，而希望或放任这种结果的发生。第二，行为人实施了殴打他人或者故意伤害他人身体的行为。所谓"殴打他人"，是指行为人公然打人，这是一种比较典型的以强凌弱，或以大欺小的行为。起因稍有不同，有的因一些小事或口角引起，有的纯粹是毫无道理地逞强耍威风，稍有一点看不顺眼就大打出手。其行为方式主要是采用拳打脚踢，一般只是造成他人身体皮肉暂时的疼痛，被打的人并不一定会受伤。"故意伤害他人身体"是指非法损害他人身体健康的行为。伤害他人的形式是多种多样的，包括用石头、棍棒打人、驱使动物咬人、用针扎人、开水烫人等。这种伤害行为已经给他人的身体造成了轻微伤害，但尚不够刑事处罚。

第二款对结伙殴打等行为的加重处罚作了规定。

这里包括三项行为：一是结伙殴打、伤害他人的行为。"结伙殴打、伤害他人"是比较常见的一种恃强凌弱行为，常表现为纠集多人对他人进行殴打。二是殴打、伤害残疾人、孕妇、不满十四周岁的人或者七十周岁以上的人的行为。由于残疾人、孕妇、儿童和老人的心理或者身体存在不同程度的弱点，需要给予特殊的保护，对于殴打、伤害这类人员的行为，必须给予严厉的惩处。残疾人是在心理、生理、人体结构上，某种组织、功能丧失或者不正常，全部或者部分丧失以正常方式从事某种活动能力的人。残疾人包括视力残疾、听力残疾、言语残疾、肢体残疾、智力残疾、精神残疾、多重残疾和其他残疾的人。三是多次殴打、伤害他人或者一次殴打、伤害多人的行为。多次殴打、伤害他人或者一次殴打、伤害多人的情形是十分恶劣的，会给他人的身体和心理造成很大伤害，如果不给予严厉的处罚，将会助长其气焰，导致更大的社会危害性。这里的"多次"一般是指两次以上。

根据本条规定，殴打他人的或者故意伤害他人身体的，处五日以上十日以下拘留，并处五百元以上一千元以下罚款；情节较轻的，处五日以下拘留或者一千元以下罚款。对于结伙殴打、伤害他人的，或者殴打、伤害残疾人、孕妇、不满十四周岁的人或者七十周岁以上的人的，或者多次殴打、伤害他人或者一次殴打、伤害多人的，处十日以上十五日以下拘留，并处一千元以上二千元以下罚款。

▶ 实践中需要注意的问题

实践中应当注意区分殴打他人与结伙斗殴的界限。殴打他人，是指一方的一人或几人殴打对方的一人或几人的行为，属于一种侵犯公民人身权利的行为；结伙斗殴，是指成群结队、互相殴打的行为，是双方都有多人参加的扰乱公共秩序的行为。由于二者性质不同，决定了对这两种情况的处罚的对象不同，一般而言，殴打他人只是单方的过错，应处罚打人者，而结伙斗殴则是双方都违反治安管理的行为，一般对双方行为人都要给予处罚。

● 相关规定
《中华人民共和国刑法》第二百九十二条

第五十二条 猥亵他人的，处五日以上十日以下拘留；猥亵精神病人、智力残疾人、不满十四周岁的人或者有其他严重情节的，处十日以上十五日以下拘留。

在公共场所故意裸露身体隐私部位的，处警告或者五百元以下罚款；情节恶劣的，处五日以上十日以下拘留。

● 条文主旨
本条是对猥亵他人或在公共场所裸露身体隐私部位的处罚规定。

● 立法背景

1. 2005年《治安管理处罚法》的规定。第四十四条规定："猥亵他人的，或者在公共场所故意裸露身体，情节恶劣的，处五日以上十日以下拘留；猥亵智力残疾人、精神病人、不满十四周岁的人或者有其他严重情节的，处十日以上十五日以下拘留。"

2005年《治安管理处罚法》对猥亵他人的行为和处罚作了规定。一是猥亵行为。猥亵是对被侵害人的人格、尊严等人身权利的侵害，猥亵他人情节恶劣的行为对被侵害人造成的伤害更大，同时社会秩序也受到破坏，应当予以惩处。二是在公共场所故意裸露身体，情节恶劣的行为。实际生活中，有些人在公共场所故意赤身裸体，或者暴露隐私部位，在社会上造成极其恶劣的影响，对这种行为必须予以惩处。三是猥亵智力残疾人、精神病人、不满十四周岁的人或者有其他严重情节的行为。这是针对特殊群体所作的特别规定，主要考虑到智力残疾人、精神病人、不满十四周岁的人对社会各方面的认知能力较弱，尤其是对性的认识能力很欠缺，为了保护他们的身心健康，更加有力地打击侵犯他们人身权利的违法行为，对于猥亵智力残疾人、精神病人、不满十四周岁的人的行为，法律作了较为严厉的处罚规定。

2. 2025年修订后的《治安管理处罚法》的规定。一是将"猥亵他人的,或者在公共场所故意裸露身体"分作两款规定,对猥亵他人的单独规定"处五日以上十日以下拘留"。二是将"在公共场所故意裸露身体隐私部位"的行为新增为第二款,"在公共场所故意裸露身体隐私部位的,处警告或者五百元以下罚款;情节恶劣的,处五日以上十日以下拘留。"考虑到实践中社会生活情况复杂,有的醉酒后在饭店走廊裸露身体隐私部位,有的在商场、电影院等故意赤裸下身。根据情形不同,本次修订增加了警告、罚款的处罚。

条文释义

本条共分两款。第一款对猥亵他人或者猥亵精神病人、智力残疾人、不满十四周岁的人或者有其他严重情节的行为和处罚作了规定。

本款包含以下两个方面的内容。

第一,猥亵他人的,是指以强制或者非强制的方法,违背对方意志,实施的正常性接触以外的能够满足行为人淫秽下流欲望的行为,主要包括以抠摸、指奸、鸡奸等淫秽下流的手段对他人身体的性接触行为。如果行为人只是追逐、堵截他人,或者向他人身上泼洒腐蚀物、涂抹污物,或者用下流的语言辱骂他人等,则不属于猥亵他人。另外,行为人必须是故意实施猥亵他人的行为,其动机上通常表现在为了刺激、满足行为人的或者第三人的性欲的倾向,必须具有违背他人意志的特征,如果对方对于行为人的猥亵行为表示同意,则不是猥亵他人的行为。

第二,猥亵精神病人、智力残疾人、不满十四周岁的人或者有其他严重情节的行为。这是针对特殊群体所作的特别规定,主要考虑到精神病人、智力残疾人、不满十四周岁的人对社会的认知能力较弱,尤其是对性的认识能力很欠缺,为了保护他们的身心健康,更加有力地打击侵犯他们人身权利的违法行为,对于猥亵精神病人、智力残疾人、不满十四周岁的人的行为,法律作了较为严厉的处罚规定。"精神病人",是指神经活动失调,不能辨认或者控制自己行为的人,包括完全丧失辨认或者控制自己行为的精神病人、间歇性精神病人和尚未完全丧失辨认或者控制自己行为的精神病人。精神病的病因复杂,如先天遗传、精神受刺激、中毒、脑外伤等,病状表现为言语、动作、情绪的明显失常。"智力残疾人",是指人的智力明显低于一般人水平,并显示适应行为障碍,包括在智力发育期间由于各种原因导致的智力低下和智力发育成熟以后由于各种原因引起的智力损伤或老年期的智力明显衰退。根据中国残联制定的

《中国残疾人实用评定标准》的规定，智力残疾分为四级：一级智力残疾（极重度）：IQ 值在 20 或 25 以下；二级智力残疾（重度）：IQ 值在 20~35 或 25~40 之间；三级智力残疾（中度）：IQ 值在 35~50 或 40~55 之间；四级智力残疾（轻度）：IQ 值在 50~70 或 55~75 之间。"其他严重情节"包括猥亵孕妇，或者在众人面前猥亵他人，或者猥亵行为给他人精神上造成伤害，或者猥亵行为在社会上造成恶劣影响等。

根据本条规定，猥亵他人的，处五日以上十日以下拘留；猥亵精神病人、智力残疾人、不满十四周岁的人或者有其他严重情节的，处十日以上十五日以下拘留。

第二款对公共场所故意裸露身体隐私部位的行为和处罚作了规定。该行为的主要特征是：行为人必须是在公共场所故意实施裸露身体隐私部位的行为，这里的"公共场所"主要是指公众进行公开活动的场所，如商店、影剧院、体育场、公共交通工具、街道等。这里的"裸露身体隐私部位"，比较常见的是赤裸下身或者暴露隐私部位等情形。"故意裸露身体隐私部位"的行为带有猥亵、冒犯他人的意思，可以针对公共场所特定人和不特定人，与生活中"光膀子"等不文明行为有所区别。

根据本条规定，在公共场所故意裸露身体隐私部位的，处警告或者五百元以下罚款；情节恶劣的，处五日以上十日以下拘留。

● **实践中需要注意的问题**

实践中应当注意划清以下两个方面的界限：一是要区分猥亵他人与侮辱他人的界限。猥亵具有更为明显的性内容，是一种非自然的行为，只能通过身体动作实施；而侮辱一般不直接表现为性行为，既可以是身体动作实施，也可以用语言进行。二是要区分猥亵他人与一般的对他人表示"亲昵"行为的界限。猥亵他人是出于行为人淫秽下流的欲望，往往对他人的身体或者思想、认识造成伤害或者不良影响，其行为一般为当地的风俗、习惯所不容；而对他人表示"亲昵"的行为，一般表现为出于喜爱或爱护对方而作出的亲昵动作，如亲吻或拥抱未成年人等。

● **相关规定**

《中华人民共和国刑法》第二百三十七条

第五十三条 有下列行为之一的，处五日以下拘留或者警告；情节较重的，处五日以上十日以下拘留，可以并处一千元以下罚款：

（一）虐待家庭成员，被虐待人或者其监护人要求处理的；

（二）对未成年人、老年人、患病的人、残疾人等负有监护、看护职责的人虐待被监护、看护的人的；

（三）遗弃没有独立生活能力的被扶养人的。

◗ 条文主旨

本条是关于虐待家庭成员、虐待被监护人和被看护人、遗弃被扶养人的处罚规定。

◗ 立法背景

1. 2005年《治安管理处罚法》的规定。第四十五条规定："有下列行为之一的，处五日以下拘留或者警告：（一）虐待家庭成员，被虐待人要求处理的；（二）遗弃没有独立生活能力的被扶养人的。"

一是，关于虐待家庭成员的处罚规定。虐待家庭成员的违法行为，是把家庭成员间的互爱关系，变为一个或一部分家庭成员对另一个或另一部分家庭成员进行压制的关系，它不仅侵犯了公民在家庭中应当享有的权利，而且对公民的人身甚至生命造成一定的威胁，应当依法予以惩处。二是，关于遗弃被扶养人的处罚规定。尊老爱幼向来是中华民族的传统美德，但是实践中不履行扶养义务、遗弃家庭成员的现象时有发生，这一行为不但会直接给他们的生活造成困难，甚至往往会危及这些家庭成员的健康乃至生命。为了更有力地保护无独立生活能力的家庭成员的合法权益，运用法律武器同遗弃家庭成员的违法行为作斗争是十分必要的。

2. 2025年修订后的《治安管理处罚法》的规定。一是，维护家庭成员之间的平等互爱，是建立和谐社会的根本保障，本法加大对被侵害人的保护力度，增加了情节较重的处罚档次，"情节较重的，处五日以上十日以下拘留，可以并处一千元以下罚款"。二是，将"虐待家庭成员，被虐待人要求处理的"修改为"虐待家庭成员，被虐待人或者其监护人要求处理的"，如果被虐待人没有能力要求处理，或者因受到强制、威吓无法要求处理的，其监护人可以向公安机关报案。三是，未成年人、老年人、患病的人、残疾人等均是社会的弱势群体，行为人负有监护、看护职责，应尽职履责，做好照顾、服务工作，行为人对这些弱势群体实施虐待，会对他们的身心造成严重伤害。本条增加一项违法行为，即"对未成年人、老年人、患病的人、残疾人等负有监护、看护职责的人虐待被监护、看护的人的"，这样修改可以适应实践需要，并与《刑法》第二百六十条虐待罪、第二百六十条之一虐待被监护、看护人罪相衔接。

▶ 条文释义

本条规定的违法行为共分三项。

第一项是关于虐待家庭成员的处罚规定。《民法典》规定，家庭成员应当敬老爱幼，互相帮助，维护平等、和睦、文明的婚姻家庭关系。禁止家庭暴力。禁止家庭成员间的虐待和遗弃。虐待家庭成员，是指经常用打骂、冻饿、禁闭、强迫过度劳动、有病不给治疗等方法，摧残、折磨家庭成员，尚不够刑事处罚的行为。该行为主要特征为：一是必须是在家庭成员之间发生，且相互之间存在一定的亲属关系或者扶养关系，如夫妻、父母、子女、兄弟姐妹等。虐待者是具有一定的扶养义务，并在经济上或者家庭地位中占一定优势的成员。非家庭成员，不能成为本行为的主体。二是行为人实施了虐待家庭成员的行为，其手段是多种多样的，如殴打、谩骂、捆绑、冻饿、侮辱、有病不给医、强迫超体力劳动、限制自由等。三是必须是被虐待人或者其监护人要求处理的。只有被虐待人或者其监护人向公安机关提出控告要求公安机关处理的，公安机关才能够予以处罚，对于被虐待人或者其监护人没有提出控告的，公安机关不能主动给予行为人处罚。被虐待人的监护人发现被虐待人被虐待，被虐待人没有能力告诉或者因受到强制、威吓无法告诉的，都可以向公安机关报案。在本次《治安管理处罚法》修订过程中，有关方面提出，对于没有能力告诉或者因受到强制、威吓不敢告诉的被侵害人而言，即使其有告诉的愿望，但因个人的困境而无法行使权利，为有效保护这部分社会弱势群体的权益，建议增加监护人要求处理的情形。经认真研究和征求各方面的意见，在达成共识的基础上，本法对原条文作了修改。根据《民法典》第二十七条规定，父母是未成年子女的监护人。未成年人的父母已经死亡或者没有监护能力的，由下列有监护能力的人按顺序担任监护人：（1）祖父母、外祖父母；（2）兄、姐；（3）其他愿意担任监护人的个人或者组织，但是须经未成年人住所地的居民委员会、村民委员会或者民政部门同意。

第二项是关于虐待被监护人和被看护人的处罚规定。对未成年人、老年人、患病的人、残疾人等负有监护、看护职责的人虐待被监护、看护的人，如幼儿园、中小学校、养老机构、医院等机构的工作人员，对被监护、看护的人实施虐待行为，处五日以下拘留或者警告；情节较重的，处五日以上十日以下拘留，可以并处一千元以下罚款。负有监护、看护职责的人，如幼儿园的教师对在园幼儿、养老院的工作人员对在院老人、医生和护士对病人等负有监护、看护职责。这种监护、看护职责通常是基于合同、雇佣、服务等关系确定，也可以通过口头约定、志愿性的服务等形式确定，如邻居受托或自愿代人照顾老人、儿童。根据《未成年人保护法》第二条的规定，未成年人是指未满十八周岁的公民；根据《老年人权益保障法》第二条的规定，"老年人"是指六十周岁以上的公民；"患病的人"是指因病而处于被监护、看护状态的人。根据《残疾人保障法》第二条的规定，"残疾人"是指在心理、生理、人体结构上，某种组织、功能丧失或者不正常，全部或者部分丧失以正常方式从事某种活动能力的人，包括视力残疾、听力残疾、言语残疾、肢体残疾、智力残疾、精神残疾、多重残疾和其他残疾的人。这里的"虐待"，即折磨、摧残被监护、看护人身心健康的行为，通常表现为打骂、冻饿、捆绑、强迫超体力劳动、限制自由、凌辱人格等行为。

　　第三项是关于遗弃被扶养人的处罚规定。遗弃没有独立生活能力的被扶养人的行为，主要特征为：一是行为人遗弃的对象必须是没有独立生活能力的被扶养人。这里所说的"没有独立生活能力"是指不具备或者丧失劳动能力，无生活来源而需要他人照顾等情况，包括年老、年幼、患病或者其他没有独立生活能力的人。行为人对没有独立生活能力的被扶养人，依法负有在经济、生活等方面予以供给、照顾、帮助，以保障其正常的生活的义务。二是行为人实施了遗弃的行为。这里的"遗弃"是指对于年老、年幼、患病或者其他没有独立生活能力的人，负有扶养义务而拒绝扶养的行为。由于行为人不履行自己的法定义务，可能使被扶养人得不到经济上的保障或者生活上的必要照顾和帮助，生命和健康受到较为严重的威胁和损害。当然行为人必须是负有扶养义务的人，如果对没有独立生活能力的人不负有扶养义务，就不存在拒绝扶养的问题。公民对哪些家庭成员负有扶养义务，法律有明确的规定。《民法典》第一千零五十九条规定："夫妻有相互扶养的义务。需要扶养的一方，在另一方不履行扶养义务时，有要求其给付扶养费的权利。"第二十六条规定："父母对未成年子女负有抚养、教育和保护的义务。成年子女对父母负有赡养、扶助和保护的义务。"第一千零六十七条规定："父母不履行抚养义务的，未成年子女或者不能独立生活的成年子女,有要求父母给付抚养费的权利。成年子女不履行赡养义务的,缺乏劳动能力或者生活困难的父母,有要求成年子女给付赡养费的权利。"因此,扶养义务是基于抚养与被抚养、扶养与被扶养以及赡养与被赡养这三种家庭成员之间不同的权利义务关系而产生的。

● **实践中需要注意的问题**

实践中需要注意以下三个方面的问题:

第一,应当注意划清虐待家庭成员与父母管教子女不当的界限。虐待家庭成员是经常性地对家庭成员进行肉体或精神上的折磨;而日常生活中父母为管教子女而采取打骂等方式,不能作为虐待行为进行处罚,因为在这种情况下,父母主观上多出于望子成龙的好意,不具有折磨、伤害子女的故意,只是管教方法不当,当然对于这种不当的管教行为也应予以谴责与制止。

第二,对于本次修改增加情节较重的,处五日以上十日以下拘留,可以并处一千元以下罚款的规定,主要是针对本条第二项负有监护、看护职责的人的情况,对有第一项和第三项行为的,处罚应当根据行为人违法情节、性质,综合案件考虑。实践中还要坚持教育与惩处相结合、坚持儿童利益最大化等原则,对行为人适用拘留处罚时要综合其悔错表现等,妥善安置未成年人和没有独立生活能力的人。

第三,对于虐待家庭成员,尚未达到情节恶劣程度的,适用本法,虐待家庭成员情节恶劣构成犯罪的,适用《刑法》第二百六十条虐待罪的规定。虐待被监护、看护人情节恶劣构成犯罪的,适用《刑法》第二百六十条之一虐待被监护、看护人罪的规定。对于有遗弃行为但未达到情节恶劣程度的一般遗弃行为,适用本法,对于年老、年幼、患病或者其他没有独立生活能力的人,负有扶养义务而拒绝扶养,情节恶劣构成犯罪的,适用《刑法》第二百六十一条遗弃罪的规定。

● **相关规定**

《中华人民共和国刑法》第二百六十条、第二百六十条之一、第二百六十一条

第五十四条 强买强卖商品,强迫他人提供服务或者强迫他人接受服务的,处五日以上十日以下拘留,并处三千元以上五千元以下罚款;情节较轻的,处五日以下拘留或者一千元以下罚款。

● 条文主旨

本条是关于强买强卖商品，强迫他人提供服务或者强迫他人接受服务的处罚规定。

● 立法背景

1. 2005年《治安管理处罚法》的规定。第四十六条规定："强买强卖商品，强迫他人提供服务或者强迫他人接受服务的，处五日以上十日以下拘留，并处二百元以上五百元以下罚款；情节较轻的，处五日以下拘留或者五百元以下罚款。"

强买强卖商品、强迫他人提供服务或者接受服务等不规范的交易行为，势必严重扰乱正常的市场秩序，为了维护市场经营的正常发展，必须严厉惩罚这些违法行为。2005年《治安管理处罚法》对强买强卖商品、强迫他人提供或者接受服务的行为予以处罚。

2. 2025年修订后的《治安管理处罚法》的规定。接受或者提供商品与服务本质上是一种民事行为，也可以是一种合同关系，在这种活动中，双方当事人是以平等的身份出现，因而这种交易应当建立在平等、自愿、等价有偿的基础上。《民法典》第四条至第七条规定，民事主体在民事活动中的法律地位一律平等。民事主体从事民事活动，应当遵循自愿原则，按照自己的意思设立、变更、终止民事法律关系。民事主体从事民事活动，应当遵循公平原则，合理确定各方的权利和义务。民事主体从事民事活动，应当遵循诚信原则，秉持诚实，恪守承诺。《反不正当竞争法》第二条第一款规定，经营者在生产经营活动中，应当遵循自愿、平等、公平、诚信的原则，遵守法律和商业道德，公平参与市场竞争。《消费者权益保护法》第十条规定，消费者享有公平交易的权利。消费者在购买商品或者接受服务时，有权获得质量保障、价格合理、计量正确等公平交易条件，有权拒绝经营者的强制交易行为。强买强卖商品、强迫他人提供服务或者接受服务等不规范的交易行为，严重扰乱正常的市场秩序，其贪利性行为具有严重的社会危害性，本次修改根据经济社会发展水平加大对这类行为的打击力度，提高罚款幅度。将"处五日以上十日以下拘留，并处二百元以上五百元以下罚款；情节较轻的，处五日以下拘留或者五百元以下罚款"修改为"处五日以上十日以下拘留，并处三千元以上五千元以下罚款；情节较轻的，处五日以下拘留或者一千元以下罚款"。

◐ 条文释义

本条规定的强迫交易行为具有以下特征：第一，该行为不仅破坏了公平自由竞争的市场秩序，也侵害了被强迫交易人的合法权益。在正常的市场交易活动中，要求参与交易的民事主体能够根据自己的意志，设立、变更和终止民事法律关系，民事主体有权自主决定是否参加某一交易，有权决定交易的对象、内容和方式，双方之间的交易关系以双方真实意思表示一致为基础。强迫进行交易的行为，违背了自愿、平等、公平、诚实信用的民事活动基本原则，侵犯了经营者或者消费者的合法权益，扰乱了正常的市场交易秩序，具有严重的社会危害性。第二，行为人一般是通过暴力或者以暴力相威胁或者其他强制力，使他人产生恐惧，不敢或者不能抗拒。在违背对方意志的条件下以不公平的价格，如低价买高价卖、低价享受服务、高价提供服务，这是该行为显著的特征。第三，行为人实施了强买强卖商品、强迫他人提供服务或强迫他人接受服务的行为。这里所说的"强买强卖商品"是指在商品交易中违反法律、法规和商品交易规则，不顾交易对方是否同意，强行买进或者强行卖出的行为。"强迫他人提供服务"主要是指行为人在享受服务消费时，不遵守公平自愿的原则，不顾提供服务方是否同意，强迫对方提供某种服务的行为。"强迫他人接受服务"主要是指餐饮业、旅馆业、娱乐业、美容服务业、维修业等具有服务性质的行业在营业中，违反法律、法规和商业道德及公平自愿的原则，不顾消费者是否同意，强迫消费者接受其服务的行为。

根据本条规定，强买强卖商品，强迫他人提供服务或者强迫他人接受服务的，处五日以上十日以下拘留，并处三千元以上五千元以下罚款；情节较轻的，处五日以下拘留或者一千元以下罚款。这里的"情节较轻"是指违法行为偶尔发生；行为人牟利较少；后果并不严重；行为人经教育劝导主动改正的；等等。

◐ 实践中需要注意的问题

实践中需要注意一般交易纠纷与强迫交易行为的区别。强迫交易行为，是指以非法手段实施强买强卖商品、强迫他人提供服务或者强迫他人接受服务的行为，行为人使用非法手段是为了达成不公平的交易，行为与不公平交易之间具有因果关系。如果在交易过程中，双方当事人因为商品的质量、数量、计量器具、价格以及运送方式等发生口角等冲突，则属于一般交易纠纷。

相关规定

《中华人民共和国民法典》第四条至第七条；《中华人民共和国反不正当竞争法》第二条；《中华人民共和国消费者权益保护法》第十条；《中华人民共和国刑法》第二百二十六条

第五十五条 煽动民族仇恨、民族歧视，或者在出版物、信息网络中刊载民族歧视、侮辱内容的，处十日以上十五日以下拘留，可以并处三千元以下罚款；情节较轻的，处五日以下拘留或者三千元以下罚款。

条文主旨

本条是关于煽动民族仇恨、民族歧视，刊载民族歧视、侮辱内容的处罚规定。

立法背景

1. 2005 年《治安管理处罚法》的规定。第四十七条规定："煽动民族仇恨、民族歧视，或者在出版物、计算机信息网络中刊载民族歧视、侮辱内容的，处十日以上十五日以下拘留，可以并处一千元以下罚款。"

我国是一个统一的多民族国家，坚持各民族共同繁荣发展，是我国民族政策的根本立场。《宪法》序言明确："中华人民共和国是全国各族人民共同缔造的统一的多民族国家。平等团结互助和谐的社会主义民族关系已经确立，并将继续加强。在维护民族团结的斗争中，要反对大民族主义，主要是大汉族主义，也要反对地方民族主义。国家尽一切努力，促进全国各民族的共同繁荣。"《宪法》在第一章总纲中进一步强调："中华人民共和国各民族一律平等。国家保障各少数民族的合法的权利和利益，维护和发展各民族的平等团结互助和谐关系。禁止对任何民族的歧视和压迫，禁止破坏民族团结和制造民族分裂的行为。"为了打击破坏民族团结的行为，本条规定了两种违反治安管理行为。

2. 2025 年修订后的《治安管理处罚法》的规定。一是，修改表述，将"计算机信息网络"修改为"信息网络"。二是，实践中出现一些行为人因感情纠纷等，或者出于民族取笑、猎奇等目的，在网上发表涉及丑化少数民族同胞的言论或者图片，尚未造成严重后果，且行为人有删除言论帖子、赔礼道歉等行为的，情节相对较轻。本条根据社会经济发展水平适当提高罚款数额，同时增加情节较轻的处罚，以适应实践中的复杂情况，将"可以并处一千元以下罚款"修改为"可以并处三千元以下罚款",增加情节较轻的一档处罚,"处五日以下拘留或者三千元以下罚款"。

● 条文释义

本条规定了两种违反治安管理行为。

第一,煽动民族仇恨、民族歧视的行为。煽动民族仇恨、民族歧视的行为主要表现为:一是,行为人实施了煽动各民族之间的仇恨,宣扬民族歧视的行为。这里所说的"煽动",是指以激起民族之间的仇恨、歧视为目的,公然以语言、文字等方式诱惑、鼓动群众的行为,如书写、张贴、散发含有民族仇恨、民族歧视内容的标语、传单,印刷、出版、散发含有民族仇恨、民族歧视内容的非法刊物,通过音频、视频方式播放、传播含有民族仇恨、民族歧视内容的音像制品,发表含有民族仇恨、民族歧视内容的演讲以及呼喊口号等。"煽动民族仇恨",是指以激起不同民族间的仇恨为目的,利用各民族的来源、历史、风俗习惯等的不同,煽动民族间的相互敌对、仇视的行为。"煽动民族歧视",是指以激起民族之间的歧视为目的,利用各民族的来源、历史、风俗习惯等的不同,煽动民族间相互排斥、限制和损害民族平等地位的行为。二是,行为人必须是故意的,即行为人明知自己的行为会在不同民族之间制造民族仇恨、民族歧视,破坏我国民族之间的平等、团结、互助的关系,而希望或者放任造成民族之间相互仇恨、歧视的结果的发生,从而实施其煽动行为。

根据本条规定,煽动民族仇恨、民族歧视的,处十日以上十五日以下拘留,可以并处三千元以下罚款;情节较轻的,处五日以下拘留或者三千元以下罚款。

第二,刊载民族歧视、侮辱内容的行为。刊载民族歧视、侮辱内容的行为主要表现为:一是,行为人必须在出版物、信息网络中刊载民族歧视、侮辱的内容。这里所说的"出版物",主要是指报纸、期刊、图书、音像制品和电子出版物等。这里的"信息网络"是较为广义的概念。参照2013年《最高人民法院、最高人民检察院关于办理利用信息网络实施诽谤等刑事案件适用法律若干问题的解释》第十条的规定,信息网络包括以计算机、电视机、固定电话机、移动电话机等电子设备为终端的计算机互联网、广播电视网、固定通信网、移动通信网等信息网络,以及向公众开放的局域网络。从利用信息网络的功能上看,主要是利用信息网络从事信息服务。根据国务院2024年修订的《互联网信息服务管理办法》第三条规定,互联网信息服务分为经营性和非经营性两类。经营性互联网信息服务,是指通过互联网向上网用户有偿提供信息或者网页制作等服务活动。非经营性互联网信息服务，是指通过互联网向上网用户无偿提供具有公开性、共享性信息的服务活动。实践中，经营性和非经营性信息服务都可能利用信息网络实施刊载民族歧视、侮辱内容的违法行为。"刊载"，包括发表、制作、转载等，如果不是在出版物上刊载，只是口头表达，不构成本罪。二是，刊载的必须是民族歧视、侮辱的内容。这里所说的"民族歧视、侮辱的内容"，是指针对少数民族的来源、历史、风俗习惯等，对少数民族进行贬低、诬蔑、嘲讽、辱骂以及其他歧视、侮辱的行为。三是，必须是故意实施的行为，即行为人明知在出版物、信息网络中刊载歧视、侮辱民族内容，会发生危害社会的后果，却希望或者放任这种结果的发生。

根据本条规定，在出版物、信息网络中刊载民族歧视、侮辱内容的，处十日以上十五日以下拘留，可以并处三千元以下罚款；情节较轻的，处五日以下拘留或者三千元以下罚款。

● **实践中需要注意的问题**

在该条的理解适用中，应当注意以下几个方面的问题：

第一，注意把握违法与否的界限。本条规定的行为通常是故意实施的，即明知道自己的行为会造成民族仇恨、民族歧视等后果，而积极追求或放任这种结果的发生。对于由于不懂民族政策，不了解民族心理、风俗及社会发展状况，或者由于工作中的失误，发表了不利于民族团结的言论，造成了损害民族关系的结果，引起了民族间的仇恨和歧视的行为，或者因为不了解各民族的风俗习惯等，造成了在信息网络中刊载歧视、侮辱民族内容的行为，一般不属于本法规定的违反治安管理行为。我国是一个多民族的国家，各民族处于一种大杂居、小聚居的状态，且各个民族间风俗习惯、民族禁忌各不相同，很难要求每个公民对此都有了解，即使是出版单位的工作人员，也往往不可能准确地知道哪些内容会对一些民族构成歧视和侮辱，对不是故意实施的不宜按照本条规定处罚。

第二，如果行为人实施了煽动民族仇恨、民族歧视的行为，情节严重的，构成《刑法》第二百四十九条煽动民族仇恨、民族歧视罪，尚不构成犯罪的，可以给予治安管理处罚。出版歧视、侮辱少数民族作品，情节恶劣，造成严重后果的，构成《刑法》第二百五十条出版歧视、侮辱少数民族作品罪，尚不构成犯罪的，可以给予治安管理处罚。

● **相关规定**

《中华人民共和国宪法》第四条；《中华人民共和国刑法》第二百四十九

条、第二百五十条;《出版管理条例》第二十五条;《互联网信息服务管理办法》第十五条

第五十六条 违反国家有关规定，向他人出售或者提供个人信息的，处十日以上十五日以下拘留;情节较轻的，处五日以下拘留。

窃取或者以其他方法非法获取个人信息的，依照前款的规定处罚。

● 条文主旨

本条是关于违反规定出售或者提供个人信息的处罚规定。

● 立法背景

2025 年修订后的《治安管理处罚法》增加了本条规定，明确了违反国家有关规定，向他人出售或者提供个人信息、窃取或者以其他方法非法获取个人信息的处罚。随着互联网、大数据、人工智能等现代信息技术的不断发展，公民的个人信息逐渐发展成为一种重要的社会资源。实践中，一些违法人员受到巨大利益驱动，违反国家规定，出售或者提供公民个人信息，为电信网络诈骗犯罪集团提供信息支撑，从中牟取非法利益，侵害群众利益，严重扰乱行业管理和社会管理秩序，社会危害巨大，本条对违反国家有关规定，向他人出售或者提供个人信息的行为予以惩处。

● 条文释义

本条共分两款。第一款对出售或者提供个人信息的行为和处罚作了规定。

本款主要是为了惩治违反国家有关规定，出售、非法提供其个人信息和倒卖公民个人信息行为。根据《民法典》第一千零三十四条第二款的规定，个人信息是以电子或者其他方式记录的能够单独或者与其他信息结合识别特定自然人的各种信息，包括自然人的姓名、出生日期、身份证件号码、生物识别信息、住址、电话号码、电子邮箱、健康信息、行踪信息等。根据本款规定，违反国家有关规定，向他人出售或者提供个人信息的，应予治安处罚。这里的"违反国家有关规定"是指违反了有关法律、行政法规、部门规章等国家层面涉及公民个人信息管理方面的规定。如《反洗钱法》第七条规定，"对依法履行反洗钱职责或者义务获得的客户身份资料和交易信息、反洗钱调查信息等反洗钱信息，应当予以保密;非依法律规定，不得向任何单位和个人提供。反洗钱行政主管部门和其他依法负有反洗钱监督管理职责的部门履行反洗钱职责获

得的客户身份资料和交易信息，只能用于反洗钱监督管理和行政调查工作。司法机关依照本法获得的客户身份资料和交易信息，只能用于反洗钱相关刑事诉讼。国家有关机关使用反洗钱信息应当依法保护国家秘密、商业秘密和个人隐私、个人信息"。《网络安全法》第四十四条规定，"任何个人和组织不得窃取或者以其他非法方式获取个人信息，不得非法出售或者非法向他人提供个人信息"。第四十五条规定，"依法负有网络安全监督管理职责的部门及其工作人员，必须对在履行职责中知悉的个人信息、隐私和商业秘密严格保密，不得泄露、出售或者非法向他人提供"。此外，《商业银行法》《居民身份证法》《护照法》《消费者权益保护法》《旅游法》《社会保险法》《统计法》等法律也都有关于个人信息保护的规定。这里的"出售"，是指将自己掌握的公民信息卖给他人，从中牟利的行为。这里的"提供"，是指违反国家有关规定，将自己掌握的公民个人信息提供给他人的行为，如现实生活中公民安装网络宽带，需将个人的身份证号提供给电信部门，电信部门只能以安装网络宽带的目的使用公民个人身份号码，如果电信部门的工作人员违反国家有关规定，将公民的身份证号提供给他人的，则属于非法提供。这里的"他人"，包括单位和个人。本款同时规定了情节较轻的处罚，如行为尚未造成严重后果，行为人有悔改、赔礼道歉等从宽情节的，直接处十日以上十五日以下拘留过于严厉。

根据本条规定，违反国家有关规定，向他人出售或者提供个人信息的，处十日以上十五日以下拘留；情节较轻的，处五日以下拘留。

第二款对窃取或者以其他方法非法获取个人信息的行为和处罚作了规定。这里的"窃取"，是指采用秘密的方法或不为人知的方法取得公民个人信息的行为，如在 ATM 机旁用望远镜偷看或用摄像机偷拍他人银行卡密码、卡号或身份证号或通过网络技术手段获得他人的个人信息等情况。"以其他方法非法获取"，是指通过购买、欺骗等方式非法获取公民个人信息的行为。根据本款规定，窃取或者以其他方法非法获取个人信息的，依照前款的规定处罚，即：处十日以上十五日以下拘留；情节较轻的，处五日以下拘留。

● 实践中需要注意的问题

实践中需要注意的是，《刑法》第二百五十三条之一规定的非法获取公民个人信息的行为，需达到情节严重的程度，才能构成非法获取公民个人信息的犯罪。本条在适用中还要注意与《网络安全法》相关规定的衔接。《网络安全法》第四十四条、第六十四条对同一违法行为规定，由公安机关没收违法所得，处违法所得一倍以上十倍以下罚款，没有违法所得的，处一百万元以下罚款。根据本法第一百四十一条的规定，对本条规定的违法行为，其他法律、行政法规同时规定给予罚款、没收违法所得、没收非法财物等其他行政处罚的行为，由相关主管部门依照相应规定处罚；需要给予行政拘留的，应当移送公安机关依法处理。

● 相关规定

《中华人民共和国刑法》第二百五十三条之一；《中华人民共和国民法典》第一千零三十四条；《中华人民共和国网络安全法》第四十四条、第六十四条；《中华人民共和国个人信息保护法》第六十六条、第七十一条

第五十七条 冒领、隐匿、毁弃、倒卖、私自开拆或者非法检查他人邮件、快件的，处警告或者一千元以下罚款；情节较重的，处五日以上十日以下拘留。

● 条文主旨

本条是关于对侵犯通信自由行为的处罚的规定。

● 立法背景

1. 2005年《治安管理处罚法》的规定。第四十八条规定："冒领、隐匿、毁弃、私自开拆或者非法检查他人邮件的，处五日以下拘留或者五百元以下罚款。"

本条规定了对冒领、隐匿、毁弃、私自开拆或者非法检查他人邮件等行为的处罚。既是保护公民通信自由的宪法权利的需要，也与《刑法》有关侵犯公民通信自由犯罪的规定相衔接。

2. 2025年修订后的《治安管理处罚法》的规定。一是在侵犯的对象中增加了"快件"。随着快递、包裹等寄递物品行业的快速发展，"邮件"一词已不能完全涵盖信件和其他寄递物品。根据《邮政法》第八十四条及《快递暂行条例》第五条的规定，将"快件"吸收到本条中，并与《邮政法》第七十一条相衔接，符合时代发展需求，既有利于保护公民的通信自由，也重视保护公民的财产权益。二是违法行为中增加了"倒卖"行为。实践中，除了通过冒领、隐匿、毁弃、私自开拆或者非法检查等方式侵犯公民通信自由及相应财产权益外，还存在将邮件、快件中的物品进行倒卖的现象。为了打击这一违法行

为，更好保护公民的财产权益，增加规定倒卖行为。三是增加一档情节较重的处罚，并适当提高处罚幅度，即将处罚由"处五日以下拘留或者五百元以下罚款"修改为"处警告或者一千元以下罚款；情节较重的，处五日以上十日以下拘留"。随着快递业的快速发展，本条规定的违法行为发生较多，且情况较为复杂，2005 年《治安管理处罚法》规定的处罚已经无法满足实践需要，这次修改《治安管理处罚法》对本条规定的处罚作了调整，对情节较轻的行为增加了警告处罚；考虑到经济社会发展状况，相应提高了罚款的标准，由"五百元以下"修改为"一千元以下"；对情节较重的行为，提高了拘留期限，将"五日以下拘留"修改为"五日以上十日以下拘留"，体现出过罚相当原则，更好发挥处罚的警示教育意义。

● 条文释义

本条的规定保护了公民的通信自由权及相应的财产权益，是宪法权利在《治安管理处罚法》中的具体落实和实践。《宪法》第四十条明确规定，中华人民共和国公民的通信自由和通信秘密受法律的保护。这一规定对于保护公民的合法权益，维护社会稳定，维护正常的社会生活秩序具有重要意义。《刑事诉讼法》第一百三十六条规定："为了收集犯罪证据、查获犯罪人，侦查人员可以对犯罪嫌疑人以及可能隐藏罪犯或者犯罪证据的人的身体、物品、住处和其他有关的地方进行搜查。"除人民检察院、公安机关、国家安全机关的侦查人员，根据侦查工作的需要，有权依照法律规定的程序，开拆和检查公民的邮件、快件外，其他任何单位和个人都无权开拆和检查他人的邮件、快件。对于现实生活中存在的侵犯公民通信自由、通信秘密及侵犯公民合法私有财产的违法犯罪行为，必须依法予以惩处。

本条规定可以从以下几个方面理解：

第一，冒领、隐匿、毁弃、倒卖、私自开拆或者非法检查他人邮件、快件的非法行为侵犯了公民的通信自由及相应财产权益，但尚不够刑事处罚。通信自由作为公民享有的民主权利之一，包括通信自由和通信秘密两个方面。其中"通信自由"是指公民有权把邮件、快件交付邮政部门、快递企业投递或者在网上发送电子邮件，任何人不得非法冒领、隐匿和毁弃，这是公民与他人进行的正当通信的自由。"通信秘密"是指公民按照规定封缄的邮件、快件或者在网上发送的电子邮件，除投寄人、收件人以外，任何单位和个人不得非法开拆或者非法检查以知悉其内容，这是公民为自己的邮件、快件保守秘密，不受非法干涉和侵犯的权利,是公民个人写给他人信件、电报,或发送的电子邮件,或投递的包裹,其内容不经投寄人或收件人同意不得公开的权利。这里并不要求邮件、快件中写有秘密事项,私自开拆或者非法检查他人邮件、快件本身就侵犯了公民的通信秘密的权利,使公民的邮件、快件的内容有可能被公开化,从而无密可保。行为侵犯的对象是公民的邮件、快件。根据《邮政法》第八十四条及《快递暂行条例》第五条的规定,"邮件"指邮政企业寄递的电报、信函、包裹、邮寄汇款,或者通过专用网或者互联网发送的电子邮件。"快件"是指快递企业递送的信件、包裹、印刷品等。同时,冒领、隐匿、毁弃、倒卖、私自开拆或者非法检查他人邮件、快件的行为,除侵犯公民通信自由权之外,也侵犯了与之密切相关的公民财产权益。公民寄递的邮件、快件往往具有私有属性,具有一定价值。特别是一些快递、包裹等,可能包含贵重物品。这些非法行为的实施直接侵犯了公民的财产权益,使公民的经济利益受损,应当予以惩处。

第二,行为人必须是故意的。如果行为人因过失而遗失、损毁、拆他人邮件、快件的,不属于法律规定的违反治安管理行为。行为的动机、目的是多种多样的:有的是出于好奇而偷看他人邮件的秘密、快件中的物品;有的是出于泄愤报复,私拆、隐匿、毁弃与自己有矛盾的人的邮件、快件;有的是基于私人目的,想通过私拆信件、快件来了解内情或达到其他目的;有的则是为了窃取信件、快件中可能夹带的钱币、票证、物品等;有的是为了获取邮票、个人信息等。

第三,行为人实施了冒领、隐匿、毁弃、倒卖、私自开拆或者非法检查他人邮件、快件的行为。所谓"冒领"是指假冒他人名义领取邮件、快件的行为。"隐匿"是指将他人投寄的邮件、快件秘密隐匿起来,使收件人无法查收的行为。"毁弃"是指将他人的邮件、快件予以丢弃、撕毁、焚毁等,致使他人无法查收的行为。"倒卖"是指将他人的邮件、快件非法转售,获取非法利益的行为。"非法开拆"是指违反国家有关规定,未经投寄人或者收件人的同意,私自开拆他人邮件、快件的行为。"非法检查"是指违反国家有关规定,擅自检查他人邮件、快件的行为。如果行为人误将他人的邮件当作自己的邮件拿走,或者误将他人的邮件当作自己的而开拆,或因疏忽大意丢失他人邮件等行为,不属于这里规定的违反治安管理行为。

第四,根据非法行为的严重程度进行处罚。对于冒领、隐匿、毁弃、倒卖、私自开拆或者非法检查他人邮件、快件的非法行为，公安机关可对行为人处警告或者一千元以下罚款。其中情节较重的，处五日以上十日以下拘留。实践中可根据行为人主观恶性、非法程度、非法行为次数、影响后果等进行综合判断，遵循过罚相当原则予以处罚。

实践中需要注意的问题

在该条的理解适用中，应当注意以下几个方面的问题：

第一，应当注意区分侵犯通信自由违法行为与侵犯通信自由罪的界限。《刑法》第二百五十二条规定："隐匿、毁弃或者非法开拆他人信件，侵犯公民通信自由权利，情节严重的，处一年以下有期徒刑或者拘役。"根据《刑法》规定，二者的主要区别：

一是侵犯的对象不同。侵犯通信自由的违反治安管理行为侵犯的对象是他人的邮件和快件。邮件包括电报、信函、包裹、邮寄汇款以及通过专用网或者互联网发送的电子邮件；快件包括包裹、印刷品等其他寄递物品。而侵犯通信自由罪所侵犯的对象是他人的信件，且只限于信件。

二是采取的手段不同。实施侵犯通信自由违反治安管理行为，行为人实施违法行为的手段包括冒领、隐匿、毁弃、倒卖、私自开拆或者非法检查；而构成侵犯通信自由罪，行为人实施犯罪的手段只限于隐匿、毁弃或者非法开拆。

三是构成侵犯通信自由罪必须达到"情节严重"，这是罪与非罪的重要界限。这里的"情节严重"是指多次、经常隐匿、毁弃、非法开拆他人信件或者隐匿、毁弃、非法开拆他人信件数量较多或者造成严重后果的。

第二，应当注意区分本条违法行为与单纯盗窃违法行为的界限。行为人实施盗窃，通常以非法占有公私财物、获取经济利益为目的；行为人冒领、隐匿、毁弃、倒卖、私自开拆或者非法检查他人邮件、快件的行为，则可能出于多种目的，客观上侵犯了他人的财产权益。如果行为人以非法占有公私财物、获取经济利益为目的，采用冒领、私拆等手段盗窃邮件、快件的，则应认定为盗窃行为。

相关规定

《中华人民共和国宪法》第四十条；《中华人民共和国刑法》第二百五十二条、第二百五十三条；《中华人民共和国刑事诉讼法》第一百三十六条；《中华人民共和国邮政法》第三条、第三十五条、第八十四条；《快递暂行条例》

第五十八条 盗窃、诈骗、哄抢、抢夺或者敲诈勒索的，处五日以上十日以下拘留或者二千元以下罚款；情节较重的，处十日以上十五日以下拘留，可以并处三千元以下罚款。

● 条文主旨

本条是关于对盗窃、诈骗、哄抢、抢夺、敲诈勒索的处罚的规定。

● 立法背景

1. 2005年《治安管理处罚法》的规定。第四十九条规定："盗窃、诈骗、哄抢、抢夺、敲诈勒索或者故意损毁公私财物的，处五日以上十日以下拘留，可以并处五百元以下罚款；情节较重的，处十日以上十五日以下拘留，可以并处一千元以下罚款。"

盗窃、诈骗、哄抢、抢夺、敲诈勒索、故意损毁公私财物等侵犯财产的行为，是社会生活中比较常见、多发、典型的侵财类违法行为，直接危害人们的财产安全，应当予以规制。

2. 2025年修订后的《治安管理处罚法》的规定。一是将盗窃、诈骗、哄抢、抢夺、敲诈勒索与故意损毁公私财物的行为作了区分，分设成两条，分别处罚。本条对盗窃、诈骗、哄抢、抢夺、敲诈勒索的行为及处罚进行规定。二是完善了处罚规定，适当提高了罚款数额，将一般违法行为拘留后"可以并处五百元以下罚款"修改为对拘留或者"二千元以下罚款"择处；情节较重的，"可以并处一千元以下罚款"修改为"可以并处三千元以下罚款"。将第一档处罚的处拘留且"可以并处罚款"修改为拘留与罚款选择性适用，体现出处罚的多层次性和可选择性，有利于减少拘留的适用。同时，考虑到经济社会发展状况，将"五百元以下罚款"修改为"二千元以下罚款"，"一千元以下罚款"修改为"三千元以下罚款"，相应提高了罚款的标准，更好发挥处罚的警示教育意义。

● 条文释义

本条对盗窃、诈骗、哄抢、抢夺、敲诈勒索等侵犯财产权利的行为及处罚作了规定。本条包含以下几个方面的内容：

一是盗窃行为。盗窃行为在人们的日常生活中时有发生，其直接危及人们的财产安全，影响人的安全感，属于比较典型的违法犯罪行为，在各地实际发生的违反治安管理行为中，长期居于前列。为了严厉打击盗窃犯罪分子，《刑法》规定了盗窃罪，对于那些在公共场所掏兜割包等小偷小摸行为，也应当依照本法的规定给予治安处罚。"盗窃"是指以非法占有为目的，秘密窃取公私财物的行为。构成盗窃行为必须具备以下条件：第一，行为人具有非法占有公私财物的目的。如果行为人没有非法占有公私财物的目的，不能认定为盗窃行为，如将他人的财物误认为是自己的而占用的，或者明知是他人财物不问自取，用后立即归还的，均不属于盗窃行为，因为行为人不具有非法占有的目的。第二，行为人实施了秘密窃取的行为。秘密窃取是指取得财物的过程中没有被发现，是在暗中进行的。如果在取财的过程中，就被他人发现阻止，仍强行拿走的，则不是秘密窃取，应构成抢劫罪。秘密窃取是盗窃行为的重要特征，也是区别其他侵犯财产行为的主要标志。这里的秘密窃取是相对于盗窃行为人来说的"秘密"窃取，只要其自认为是秘密窃取就可以成立，至于他人是否发现、是否有监控等不影响秘密窃取的认定。盗窃的形式多种多样，有的是采取撬锁破门、打洞跳窗、借口找人等入室盗窃；有的是在公共场所割包掏兜、顺手牵羊进行盗窃等。第三，行为侵犯的对象是公私财产。这里所说的"公私财产"包括公共财产和公民私人所有的财产。参照《刑法》第九十一条、第九十二条的规定，"公共财产"是国有财产、劳动群众集体所有的财产、用于扶贫和其他公益事业的社会捐助或者专项基金的财产。在国家机关、国有公司、企业、集体企业和人民团体管理、使用或者运输中的私人财产，以公共财产论。"公民私人所有的财产"是公民的合法收入、储蓄和其他生活资料；依法归个人、家庭所有的生产资料、个体户和私营企业的合法财产、依法归个人所有的其他财产。根据《最高人民法院、最高人民检察院关于办理盗窃刑事案件适用法律若干问题的解释》的规定，公私财物既包括电力、燃气、自来水等财物，也包括盗接他人通信线路、复制他人电信码号的通信费等。当然对于行为人偷拿自己家的财物或者近亲属的财物，一般可不按盗窃行为处理，确有应当给予治安处罚必要的，处罚时也应与在社会上作案的有所区别。

二是诈骗行为。诈骗也是常见多发的侵财类违法犯罪行为，诈骗的对象和手法呈现鲜明的时代、阶段特征。诈骗伴随着经济体制改革的深入进行，相较以往出现了一些新的变化。主要表现为：由主要是对公民生活领域财物的诈骗，发展到对机关、企业、事业单位资金、产品、原材料的诈骗；由一人、几人诈骗，发展到多人共同诈骗、集团诈骗、互相诱骗；从一地作案，扩展到易地作案、多地作案。近年来，随着移动通信技术的迅速发展和网络应用软件的社会普及，传统的诈骗犯罪逐步向高科技靠拢、向网络诈骗转变，电信网络诈骗犯罪已成为近年来持续高发多发的新型犯罪。"诈骗"是指以非法占有为目的，用虚构事实或者隐瞒真相的方法，骗取公私财物的行为。诈骗行为的主要特征：第一，诈骗的对象是财物。本条规定的诈骗的对象是公私财物，非诈骗财物的诈骗不是本条规定的保护范围。第二，行为人是出于故意，并且具有非法占有公私财物的目的，即行为人明知自己采用虚构事实或隐瞒真相的欺骗方法，会使公私财物的所有人或管理人信以为真，发生自愿交出财物的结果，并且希望这种结果发生。如果行为人没有非法占有他人财物的目的，不能构成诈骗的违反治安管理行为。第三，行为人实施了以虚构事实或隐瞒真相的欺骗方法，使财物所有人、管理人产生错觉，信以为真，从而似乎"自愿地"交出财物的行为。虚构事实就是捏造不存在的事实，骗取被侵害人的信任，虚构的事实可以是部分虚构，也可以是全部虚构。隐瞒真相就是对财物所有人、管理人掩盖客观存在的某种事实，以此哄骗其交出财物。在上述情况下，财物所有人、管理人由于受骗，不了解事实真相，表面上看是"自愿地"交出财物，实质上是违反其真实意思的。诈骗财物的形式、手段多种多样，比较常见的有：编造谎言，假冒身份，诈骗财物；伪造、涂改单据，冒领财物；伪造公文、证件，诈骗财物；以帮助看管、提拿东西为名，骗走财物；以恋爱、结婚、介绍工作等名义相诱惑，诈骗财物；专向老年人兜售的低价转让传世文物；以清点钞票为名，实则诈骗切汇等。

三是哄抢行为。一段时期聚众哄抢公私财物的案件时有发生，个别地方甚至出现哄抢国家、集体所有的煤炭、林木、仓储、运输的货物、物资、铁路器材的情况，近年来此类行为也偶有发生，对这种行为予以处罚是十分必要的。哄抢行为具有以下特征：第一，行为人明知是国家、集体、公民所有的财物，出于非法占有的目的，一哄而上，乘乱或者乘危急抢走公私财物的。至于行为人的动机则是多种多样的，有的是出于泄愤报复，有的出于眼红嫉妒，有的是出于占便宜的心理等。第二，参加哄抢的人数较多。少则几个人、十几个人，多则上百人、上千人。第三，行为人实施了采取哄闹、滋扰或者其他手段，公然夺取公私财物的行为。这一行为具有公然性，哄抢者并不刻意掩饰、隐瞒其哄抢行为，而是公开实施，造成公私财物的所有人、保管人无法阻止、无力阻止而乱拿乱抢的状态，如趁交通拥挤、秩序混乱、自然灾害等发生之际进行哄抢，这种行为一旦发生，往往难以立即制止，易给国家、集体、个人带来不可估量的损失。

四是抢夺行为。抢夺也是一种比较常见的侵犯财产权利的违法行为，抢夺财物的行为严重侵犯了国家、集体和公民的合法财产权，必须予以严厉打击。"抢夺"，是指以非法占有为目的，公然夺取公私财物的行为。抢夺行为的主要特征是：第一，行为人是故意的，且以非法占有公私财物为目的。如果行为人不是以非法占有财物为目的，而是为了戏弄他人取乐夺取他人财物的行为，如把他人的头巾、帽子等物抢了就跑，逗引他人追赶，事后归还等，则不属于抢夺行为。第二，行为人实施了乘人不备，公然夺取他人财物的行为。所谓乘人不备，是指行为人乘被侵害人或者其他人没有觉察或无防备的情况下，使被侵害人或其他人来不及抗拒，夺走财物；公然夺取，是指行为人当着被侵害人或第三人的面从被侵害人的手中或看管中公开夺取财物。

五是敲诈勒索行为。敲诈勒索，是指以非法占有为目的，对公私财物的所有人、保管人使用威胁或者要挟的方法，勒索公私财物的行为。敲诈勒索必须符合以下条件：第一，行为人必须使用威胁或者要挟的方法勒索财物，这是敲诈勒索的最主要的特点。威胁或者要挟，是指通过对公私财物所有人、保管人及其亲属实行精神上的强制，使其在心理上产生恐惧或者压力，不得已而交出财物。威胁或者要挟的内容可能涉及诸多方面，包括合法与非法利益，如以将对被侵害人及其亲友的人身实施暴力相威胁；以将毁坏被侵害人人格、名誉相威胁；以将毁坏财物相威胁；以揭发被侵害人的隐私或弱点相威胁；以栽赃陷害相威胁等。威胁或者要挟的形式可以是书面的，也可以是口头的，还可以通过第三者转达；可以是明示，也可以是暗示。第二，行为人是故意，且具有非法占有他人财物的目的，即行为人明知威胁或者要挟勒索公私财物的行为会引起他人丧失财物的危害结果，但仍决意实施这一行为并希望这种结果的发生。如果行为人主观上不存在非法占有他人财物的目的，而是其他目的，如债权人为讨债而威胁债务人的，则不属于敲诈勒索行为。

根据本条规定，盗窃、诈骗、哄抢、抢夺或者敲诈勒索的，处五日以上十日以下拘留或者二千元以下罚款。对于上述违法行为相对较轻，可依据违法情况给予行为人拘留或罚款的处罚。需要注意的是，本次修改《治安管理处罚法》对本条第一档行为的处罚作了修改，由原来的拘留"并处"罚款，修改为拘留"或者"罚款的处罚方式。原来的并处罚款的规定过于刚性。本条规定的行为，尤其是盗窃、诈骗的行为在实践中的具体表现比较复杂，修改为拘留或罚款选择适用的规定，增加了处罚的层次，有利于执法中根据行为人的过错程度、造成的损害后果、情节等具体情况选择适用，以更好体现过罚相当的原则，也有利于尽量降低一律适用拘留完全剥夺人身自由的弊端。

另外，根据本条规定，对于违法行为情节较重的，处十日以上十五日以下拘留，可以并处三千元以下罚款。实践中可根据行为人主观恶性、非法程度、非法次数、影响后果等进行综合判断，遵循过罚相当原则。

● 实践中需要注意的问题

在该条的理解适用中，应当注意以下几个方面的问题：

第一，要注意区分盗窃、诈骗、哄抢、抢夺、敲诈勒索行为和《刑法》规定的盗窃罪、诈骗罪、聚众哄抢罪、抢夺罪、敲诈勒索罪的界限。根据本法第三条的规定，《治安管理处罚法》规定的行为都是"尚不够刑事处罚"的行为。执法中要严格掌握罪与非罪的界限，既不能以罚代刑，也不能以刑代罚。实践中确实存在对办案难度较大的案件降格处理的情况。具体来说：（1）《刑法》规定的盗窃罪、诈骗罪、聚众哄抢罪、抢夺罪、敲诈勒索罪，《刑法》及相关司法解释有明确的定罪标准的，要严格依法追究其刑事责任，不能降低标准，以治安管理处罚代替刑事处罚。（2）对达到定罪标准，但因情节轻微等不予起诉的，可以依据《刑事诉讼法》第一百七十七条的规定转公安机关处理，对符合本法的规定，予以治安管理处罚。另外，可以予以治安管理处罚，并不意味着一定要予以治安管理处罚。根据《最高人民法院、最高人民检察院关于办理盗窃刑事案件适用法律若干问题的解释》第八条规定，偷拿家庭成员或者近亲属的财物，获得谅解的，一般可以不认为是犯罪；追究刑事责任的，应当酌情从宽。

尤其要注意本条规定的盗窃行为和《刑法》规定的盗窃罪的界限。《刑法》规定的多次盗窃，根据上述司法解释第三条规定，二年内盗窃三次以上的，应当认定为"多次盗窃"。不符合多次盗窃认定标准的，应当依据本法给予治安管理处罚。

第二，实践中要注意区分诈骗行为与债务纠纷的界限。二者的根本区别在于债务纠纷不具有非法占有的目的，只是由于客观原因，一时无法偿还债务；诈骗行为是以非法占有为目的，不是因为客观的原因不能归还，而是根本不打算偿还。

第三，实践中要注意区分敲诈勒索行为与抢劫罪的界限。由于以暴力相威胁是敲诈勒索的手段，也是抢劫罪的手段，因此二者容易混淆，但是敲诈勒索罪的威胁行为仅使被侵害人产生畏惧心理，并以交出公私财物为限，被侵害人尚有相当程度的意志自由，还有延缓的余地；而在抢劫罪中，被侵害人的人身安全受到现实的威胁，已没有延缓的余地。

第四，实践中要注意区分敲诈勒索行为与绑架罪的界限。敲诈勒索行为是以威胁或者要挟的方法迫使被侵害人交付财物；而绑架罪是绑架、劫持人质限制其自由，并以杀害、伤害被劫持人等威胁其家属或者单位交付财物。

● 相关规定

《中华人民共和国刑法》第二百六十四条、第二百六十六条至第二百六十八条、第二百七十四条；《最高人民法院、最高人民检察院关于办理盗窃刑事案件适用法律若干问题的解释》第三条、第八条

第五十九条 故意损毁公私财物的，处五日以下拘留或者一千元以下罚款；情节较重的，处五日以上十日以下拘留，可以并处三千元以下罚款。

● 条文主旨

本条是关于对故意损毁公私财物行为的处罚的规定。

● 立法背景

1. 2005 年《治安管理处罚法》的规定。第四十九条规定："盗窃、诈骗、哄抢、抢夺、敲诈勒索或者故意损毁公私财物的，处五日以上十日以下拘留，可以并处五百元以下罚款；情节较重的，处十日以上十五日以下拘留，可以并处一千元以下罚款。"

盗窃、诈骗、哄抢、抢夺、敲诈勒索、故意损毁公私财物等侵犯财产的行为，是社会生活中比较常见、多发、典型的侵财类违法行为，直接危害人们的财产安全，应当予以规制。

2. 2025 年修订后的《治安管理处罚法》的规定。一是将故意损毁公私财物的行为与盗窃、诈骗、哄抢、抢夺、敲诈勒索从原第四十九条中独立出来，单独设立一条，并规定不同的处罚。考虑到故意损毁公私财物的行为与盗窃、诈骗、哄抢、抢夺、敲诈勒索等单纯的侵犯财产行为在类别上存在较大区别，因此单独对故意损毁公私财物的行为及处罚作了规定。二是将处罚标准"处五

日以上十日以下拘留，可以并处五百元以下罚款；情节较重的，处十日以上十五日以下拘留，可以并处一千元以下罚款"修改为"处五日以下拘留或者一千元以下罚款；情节较重的，处五日以上十日以下拘留，可以并处三千元以下罚款"。相对于2005年《治安管理处罚法》的规定，对故意损毁公私财物行为的处罚总体上轻缓化。这是考虑到在实践中，故意损毁公私财物的行为多源于邻里矛盾、日常琐事等民间纠纷，处罚上的轻缓化，更利于公安机关介入调解和纠纷矛盾的化解，对修复社会关系具有积极意义。

● 条文释义

本条对故意损毁公私财物的行为及处罚作了规定。故意损毁公私财物，是一种常见的侵财类违法行为，这种行为的社会危害性不仅仅在于由于公私财物被毁灭、损坏而使社会财富减少，给国家和公民个人造成一定的损失，还在于会给社会带来不安定因素，引发其他违法犯罪行为，必须予以打击。"故意损毁公私财物"，是指非法毁灭或者损坏公共财物或者公民私人所有财物的行为。

本条包含以下几个方面的内容：

第一，行为人必须是故意，即具有损毁公私财物的目的。行为人不是为了使自己或者第三人非法占有该财物，而是为了将该财物毁坏，使其丧失价值或使用价值。这也是故意损毁公私财物与其他侵犯财产犯罪不同的主要特点，行为人一方面使公私财物受到损毁，另一方面行为人没有将财物占为己有或转归第三者所有的目的，即其本人或第三者并未得到任何物质上的利益，而是使某项财物价值或者使用价值完全丧失或部分丧失的行为。损毁公私财物行为的动机是多种多样的，如泄愤报复、嫉妒他人、打赌、出于空虚无聊而寻求刺激等。如果行为人不是故意，由于主观上的过失，造成公私财物的损坏，则不属于故意损毁公私财物的行为。

第二，行为人实施了故意损毁公私财物的行为，即行为人出于泄私愤、报私仇等动机，故意损毁公私财物的完整性，使公私财物丧失部分乃至全部价值或使用价值的行为。"损毁"包括损坏和毁灭。"损坏"是指使物品部分丧失价值和使用价值。"毁灭"是指用焚烧、摔砸等方法使物品全部丧失其价值和使用价值。

第三，行为侵犯的是公私财物的所有权关系，侵犯对象是公私财物。但是对于破坏某些特定的公私财物，如侵犯了其他客体的，不能以损毁公私财物的行为予以处罚，如故意损毁使用中的交通设备、交通工具、电力、燃气、易燃易爆设备，危害公共安全的，不属于损毁公私财物的行为。

第四，根据本条规定，故意损毁公私财物的，处五日以下拘留或者一千元以下罚款；情节严重的，处五日以上十日以下拘留，可以并处三千元以下罚款。需要注意，本次修改《治安管理处罚法》，将第一档的处罚由原来的拘留的同时"可以并处"罚款，修改为拘留"或者"罚款的处罚方式，处罚相对更轻。执法中应当根据行为人的过错程度、造成的损害后果、情节等具体情况选择适用，以更好体现过罚相当的原则。对于第二档的处罚，注意这里的"情节严重"，是指造成公私财产损毁严重的，包括故意损毁防灾、救灾、救济等特定财物的；故意损毁财物，对被侵害人生产、生活影响较大的；损毁多人财物的；或者有其他严重后果、恶劣情节的等，其中对于罚款的规定，为"可以并处"罚款，即不是必须予以罚款处罚，执法中也应当根据案件的具体情况斟酌适用。

▆ 实践中需要注意的问题

在该条的理解适用中，需要注意以下几个方面的问题：

第一，需要注意区分故意损毁财物的行为与故意毁坏财物罪的界限。《刑法》第二百七十五条规定了故意毁坏财物罪，"故意毁坏公私财物，数额较大或者有其他严重情节的，处三年以下有期徒刑、拘役或者罚金；数额巨大或者有其他特别严重情节的，处三年以上七年以下有期徒刑"。故意毁坏公私财物，必须达到数额较大或有其他严重情节的才构成犯罪。数额是否较大，情节是否严重是区分损毁公私财物行为与故意毁坏财物罪的重要标准。根据《最高人民检察院、公安部关于公安机关管辖的刑事案件立案追诉标准的规定（一）》第三十三条规定，故意毁坏公私财物，涉嫌下列情形之一的，应予立案追诉：（1）造成公私财物损失五千元以上的；（2）毁坏公私财物三次以上的；（3）纠集三人以上公然毁坏公私财物的；（4）其他情节严重的情形。"其他严重情节"，一般是指毁坏重要物品损失严重的；毁坏手段特别恶劣的；毁坏急需品引起严重后果的；动机卑鄙企图嫁祸于人的等。

第二，需要注意区分故意损毁公私财物行为与寻衅滋事行为中的任意损毁公私财物行为的界限。本法第三十条规定了寻衅滋事行为及其处罚，其中寻衅滋事行为的一个重要表现形式为"强拿硬要或者任意损毁、占用公私财物的"。在寻衅滋事行为中损毁公私财物是常见表现形式，但寻衅滋事行为相对于故意损毁公私财物行为，性质可能更为恶劣、危害更大，破坏公共秩序的程度也往往更严重，它与故意损毁公私财物行为本质上有着较大的不同。具体而言，二者的主要区别是：（1）侵害的客体不同。故意损毁公私财物行为侵害的客体只限于公私财物的所有权，而寻衅滋事行为侵害的客体是公共秩序。（2）违法行为的具体表现不同。任意损毁公私财物是寻衅滋事的行为表现之一，它不是对特定的个人或财产实施危害，而是对不特定的公民的人身权利和公私财产进行危害，即其所毁损的公私财物是不特定的、任意的。而故意损毁公私财物行为在客观方面则表现为故意损毁特定对象（单位或者个人）的财物，而不是不分对象任意损毁。（3）虽然故意损毁公私财物行为和寻衅滋事行为都是故意违法，但二者的行为目的、动机不同。前者是以损毁公私财物为目的，而后者则是把损毁公私财物作为手段之一，以达到寻求精神刺激、填补精神空虚、蔑视国家法纪和社会公德、破坏公共秩序的目的。

相关规定

《中华人民共和国刑法》第二百七十五条；《最高人民检察院、公安部关于公安机关管辖的刑事案件立案追诉标准的规定（一）》第三十三条

第六十条 以殴打、侮辱、恐吓等方式实施学生欺凌，违反治安管理的，公安机关应当依照本法、《中华人民共和国预防未成年人犯罪法》的规定，给予治安管理处罚、采取相应矫治教育等措施。

学校违反有关法律法规规定，明知发生严重的学生欺凌或者明知发生其他侵害未成年学生的犯罪，不按规定报告或者处置的，责令改正，对其直接负责的主管人员和其他直接责任人员，建议有关部门依法予以处分。

条文主旨

本条是关于对学生欺凌行为的处罚及学校责任的规定。

立法背景

一段时期以来，学校学生欺凌导致严重后果的恶性事件时有发生，经媒体、网络报道，引起社会广泛关注，产生较大社会影响。学生校园安全事关亿万学生的身心健康和全面发展，事关千家万户的幸福和社会的和谐稳定，事关中华民族的未来和伟大复兴。党的二十大报告明确提出，"教育是国之大计、党之大计。培养什么人、怎样培养人、为谁培养人是教育的根本问题。育人的

根本在于立德。全面贯彻党的教育方针，落实立德树人根本任务，培养德智体美劳全面发展的社会主义建设者和接班人"。对校园欺凌问题进行综合整治，不仅是学校及相关部门的职责要求，更是整个社会贯彻落实国家教育方针的重要一环。本条从治安管理角度对校园欺凌中侵害者的违法行为责任、学校的管理报告义务等进行规定。与《预防未成年人犯罪法》《未成年人保护法》及相关规定相衔接，对校园欺凌问题齐抓共管，形成工作合力。

条文释义

本条共分两款。第一款是关于学生间实施学生欺凌及处罚的规定。

本款主要包含以下几个方面的内容：第一，关于学生欺凌的界定。《预防未成年人犯罪法》第三十三条规定，未成年学生偷窃少量财物，或者有殴打、辱骂、恐吓、强行索要财物等学生欺凌行为，情节轻微的，可以由学校依照本法第三十一条规定采取相应的管理教育措施。该条对学生欺凌发生的具体特征和表现作了明确规定，即有殴打、辱骂、恐吓、强行索要财物等行为。本法与该条作了衔接规定，将学生欺凌的表现明确为"有殴打、侮辱、恐吓等行为"。此外，教育部等十一部门《加强中小学生欺凌综合治理方案》第三部分第一条明确规定了中小学生欺凌的界定，中小学生欺凌是发生在校园（包括中小学校和中等职业学校）内外、学生之间，一方（个体或群体）单次或多次蓄意或恶意通过肢体、语言及网络等手段实施欺负、侮辱，造成另一方（个体或群体）身体伤害、财产损失或精神损害等的事件。在实际工作中，要严格区分学生欺凌与学生间打闹嬉戏的界定，正确合理处理。

第二，实施学生欺凌的处罚。实施学生欺凌的，本条规定，违反治安管理的，公安机关应当依照本法、《预防未成年人犯罪法》的规定，给予治安管理处罚、采取相应矫治教育等措施。1. 关于给予未成年人治安管理处罚。主要包括两个方面的内容：（1）对殴打、辱骂、恐吓、强行索要财物等欺凌行为，违反治安管理的，依照本法相关规定予以治安管理处罚，可以采取警告、罚款、行政拘留等措施。（2）处理好和第二章有关处罚的适用等相关规定的关系。本法第二章第二十三条规定，违反治安管理行为人，依照本法应当给予行政拘留处罚的，如果是已满十四周岁不满十六周岁，或者已满十六周岁不满十八周岁，初次违反治安管理的，不执行行政拘留处罚。但行为人违反治安管理情节严重、影响恶劣的，或者已满十四周岁不满十六周岁行为人，一年内二次以上违反治安管理的，依法应当给予行政拘留处罚。

2. 关于给予未成年人矫治教育等措施。根据《预防未成年人犯罪法》，对殴打、辱骂、恐吓、强行索要财物等欺凌行为可以采取相应的矫治教育等措施。矫治教育包括教育和矫正，是帮助未成年人回归和适应社会的各种管理、教育、惩戒等总的措施，通过教育和培训等帮助他们认识错误、树立正确的价值观和行为准则。关于矫治教育的具体措施，《预防未成年人犯罪法》第四十一条规定，对有严重不良行为的未成年人，公安机关可以根据具体情况，采取以下矫治教育措施：（1）予以训诫；（2）责令赔礼道歉、赔偿损失；（3）责令具结悔过；（4）责令定期报告活动情况；（5）责令遵守特定的行为规范，不得实施特定行为、接触特定人员或者进入特定场所；（6）责令接受心理辅导、行为矫治；（7）责令参加社会服务活动；（8）责令接受社会观护，由社会组织、有关机构在适当场所对未成年人进行教育、监督和管束；（9）其他适当的矫治教育措施。

3. 关于其他措施。《预防未成年人犯罪法》第三十三条规定，未成年学生偷窃少量财物，或者有殴打、辱骂、恐吓、强行索要财物等学生欺凌行为，情节轻微的，可以由学校依照本法第三十一条规定采取相应的管理教育措施。根据《预防未成年人犯罪法》第三十一条的规定，学校采取的管理教育措施包括：（1）予以训导；（2）要求遵守特定的行为规范；（3）要求参加特定的专题教育；（4）要求参加校内服务活动；（5）要求接受社会工作者或者其他专业人员的心理辅导和行为干预；（6）其他适当的管理教育措施。

需要注意的是，根据教育部等十一部门关于《加强中小学生欺凌综合治理方案》的精神，情节轻微的一般欺凌事件，由学校对实施欺凌学生开展批评、教育。实施欺凌学生应向被欺凌学生当面或书面道歉，取得谅解。对于反复发生的一般欺凌事件，学校在对实施欺凌学生开展批评、教育的同时，可视具体情节和危害程度给予纪律处分。情节比较恶劣、对被欺凌学生身体和心理造成明显伤害的严重欺凌事件，学校对实施欺凌学生开展批评、教育的同时，可邀请公安机关参与警示教育或对实施欺凌学生予以训诫，公安机关根据学校邀请及时安排人员，保障警示教育工作有效开展。学校可视具体情节和危害程度给予实施欺凌学生纪律处分，将其表现记入学生综合素质评价。屡教不改或者情节恶劣的严重欺凌事件，必要时可将实施欺凌学生转送专门（工读）学校进行教育。未成年人送专门（工读）学校进行矫治和接受教育，应当按照《预防未成年人犯罪法》有关规定，对构成有严重不良行为的，按专门（工读）学校招生入学程序报有关部门批准。涉及违反治安管理或者涉嫌犯罪的学生欺凌事件，处置以公安机关、人民法院、人民检察院为主。教育行政部门和学校要及时联络公安机关依法处置。

第二款是关于明知学生欺凌或者明知发生其他侵害未成年学生的犯罪，学校不按规定报告或者处置的法律责任。

本款主要包含以下几个方面的内容：第一，学校不按规定报告或者处置的行为，违反了有关法律法规的规定。这里的报告义务和处置行为，是指法律法规明确规定学校应当依法采取的措施。根据《预防未成年人犯罪法》第二十条规定，教育行政部门应当会同有关部门建立学生欺凌防控制度。学校应当加强日常安全管理，完善学生欺凌发现和处置的工作流程，严格排查并及时消除可能导致学生欺凌行为的各种隐患。《未成年人保护法》第三十九条规定，学校应当建立学生欺凌防控工作制度，对教职员工、学生等开展防治学生欺凌的教育和培训。学校对学生欺凌行为应当立即制止，通知实施欺凌和被欺凌未成年学生的父母或者其他监护人参与欺凌行为的认定和处理；对相关未成年学生及时给予心理辅导、教育和引导；对相关未成年学生的父母或者其他监护人给予必要的家庭教育指导。对实施欺凌的未成年学生，学校应当根据欺凌行为的性质和程度，依法加强管教。对严重的欺凌行为，学校不得隐瞒，应当及时向公安机关、教育行政部门报告，并配合相关部门依法处理。第四十条规定，学校、幼儿园应当建立预防性侵害、性骚扰未成年人工作制度。对性侵害、性骚扰未成年人等违法犯罪行为，学校、幼儿园不得隐瞒，应当及时向公安机关、教育行政部门报告，并配合相关部门依法处理。学校、幼儿园应当对未成年人开展适合其年龄的性教育，提高未成年人防范性侵害、性骚扰的自我保护意识和能力。对遭受性侵害、性骚扰的未成年人，学校、幼儿园应当及时采取相关的保护措施。上述规定明确了学校在防范学生欺凌及其他侵害未成年人违法犯罪方面的相关报告义务和应当采取的处置措施。

根据教育部等十一部门关于《加强中小学生欺凌综合治理方案》的精神，教职工发现、学生或者家长向学校举报的，应当按照学校的学生欺凌事件应急处置预案和处理流程对事件及时进行调查处理，由学校学生欺凌治理委员会对事件是否属于学生欺凌行为进行认定。原则上学校应在启动调查处理程序十日内完成调查，根据有关规定处置。县级防治学生欺凌工作部门负责处理学生欺凌事件的申诉请求。学校学生欺凌治理委员会处理程序妥当、事件比较清晰的，应以学校学生欺凌治理委员会的处理结果为准；确需复查的，由县级防治学生欺凌工作部门组织学校代表、家长代表和校外专家等组成调查小组启动复查。复查工作应在十五日内完成，对事件是否属于学生欺凌进行认定，提出处置意见并通知学校和家长、学生。县级防治学生欺凌工作部门接受申诉请求并启动复查程序的，应在复查工作结束后，及时将有关情况报上级防治学生欺凌工作部门备案。涉法涉诉案件等不宜由防治学生欺凌工作部门受理的，应明确告知当事人，引导其及时纳入相应法律程序办理。

第二，学校明知发生严重的学生欺凌或者明知发生其他侵害未成年学生的犯罪，不按规定报告或者处置的，应当承担相应的法律责任。这里规定的学校"明知"，是指学校知道或在日常教学管理活动中应当知道发生了学生欺凌或其他侵害未成年学生的犯罪，如学校接到过相关举报，在日常教学管理中发现了相关迹象等。发生了严重的学生欺凌或者其他侵害未成年学生的犯罪，学校出于各种目的隐瞒不报、不处置，或者不按规定报告、处置不力，学校应当承担相应的法律责任。

第三，对学校责任的追究。学校违反有关法律法规规定，明知发生严重的学生欺凌或者明知发生其他侵害未成年学生的犯罪，不按规定报告或者处置的。本条规定，对学校责令改正，对其直接负责的主管人员和其他直接责任人员，建议有关部门依法予以处分。这里的"责令改正"，是指责令学校立即停止相关违法违规行为，严格履行相关责任和义务，并改进相关制度机制，以防再次发生。这里的"有关部门"，是指学校的教育主管部门和纪检监察部门。这里的"处分"，包括政务处分、党内纪律处分、单位内部规定的处分等。根据《公职人员政务处分法》第七条的规定，处分分为警告、记过、记大过、降级、撤职、开除六种形式。《中国共产党纪律处分条例》第八条的规定，由党组织给予党内纪律处分，包括警告、严重警告、撤销党内职务、留党察看、开除党籍五种。教育主管部门和纪检监察部门根据责任人员及其违法违规情况，依法依规给予政务处分、党内纪律处分、单位内部规定的处分等。

● **实践中需要注意的问题**

在该条的理解适用中，需要注意本条是衔接性条款，适用过程中需要与本法有关欺凌的相关规定结合起来理解，也需要与《未成年人保护法》《预防未成年人犯罪法》等相关规定相衔接。另外，在校园欺凌界定上，也要严格区分学生欺凌与学生间打闹嬉戏行为。

● 相关规定

《中华人民共和国预防未成年人犯罪法》第二十条、第三十三条、第六十二条；《中华人民共和国未成年人保护法》第三十九条、第四十条；《中华人民共和国公职人员政务处分法》第七条；《中国共产党纪律处分条例》第八条；《加强中小学生欺凌综合治理方案》第三部分

第四节　妨害社会管理的行为和处罚

第六十一条　有下列行为之一的，处警告或者五百元以下罚款；情节严重的，处五日以上十日以下拘留，可以并处一千元以下罚款：

（一）拒不执行人民政府在紧急状态情况下依法发布的决定、命令的；

（二）阻碍国家机关工作人员依法执行职务的；

（三）阻碍执行紧急任务的消防车、救护车、工程抢险车、警车或者执行上述紧急任务的专用船舶通行的；

（四）强行冲闯公安机关设置的警戒带、警戒区或者检查点的。

阻碍人民警察依法执行职务的，从重处罚。

● 条文主旨

本条是关于拒不执行紧急状态决定、命令及阻碍依法执行公务的处罚的规定。

● 立法背景

1. 2005年《治安管理处罚法》的规定。第五十条规定："有下列行为之一的，处警告或者二百元以下罚款；情节严重的，处五日以上十日以下拘留，可以并处五百元以下罚款：（一）拒不执行人民政府在紧急状态情况下依法发布的决定、命令的；（二）阻碍国家机关工作人员依法执行职务的；（三）阻碍执行紧急任务的消防车、救护车、工程抢险车、警车等车辆通行的；（四）强行冲闯公安机关设置的警戒带、警戒区的。阻碍人民警察依法执行职务的，从重处罚。"

拒不执行人民政府的决定、命令和阻碍执行公务的行为，不仅影响到社会管理工作依法有序进行，也威胁到人民群众安定有序的生活环境。这些违法行为对政府依法管理社会事务构成挑战并产生不利的社会影响，应予处罚。

2. 2025 年修订后的《治安管理处罚法》的规定。一是将一般违法行为的罚款从"二百元以下罚款"修改为"五百元以下罚款",将情节严重行为的罚款从"五百元以下罚款"修改为"一千元以下罚款"。这是根据经济社会发展情况,相应地提高了罚款标准,更好发挥处罚的警示教育作用。二是在第一款第三项中增加了"或者执行上述紧急任务的专用船舶"。这是根据执法实践需要,对执行紧急任务车辆的表述进行完善,除车辆外,依法执行紧急任务的还包括船舶。三是在第一款第四项中增加"检查点"。实践中,冲闯公安机关设置的检查点的违法行为时有发生,产生了较大社会危害和影响,有必要将该行为纳入处罚范围。

● 条文释义

本条包含以下几个方面的内容:

一是关于拒不执行人民政府在紧急状态情况下依法发布的决定、命令的行为。

构成该行为需具备以下两个条件:第一,采取了拒不执行的行为方式。这里所说的"拒不执行",是指在紧急状态情况下明知人民政府依法发布的决定、命令的内容,而执意或者坚决不履行其法定义务的行为。"拒不执行"一般主要表现为经劝说、警告或者处罚后仍不履行法定义务的行为。第二,拒不执行的是人民政府在紧急状态情况下依法发布的决定、命令。这里所说的人民政府,是指在进入紧急状态情况下依照有关法律的规定有发布决定、命令职权的中央或者地方各级人民政府。所谓"紧急状态",是指危及国家正常的宪法和法律秩序、对人民的生命和财产安全构成严重威胁的、正在发生的或者迫在眉睫的危险事态。只有同时具备了上述两个方面的条件,才是本项所要处罚的行为。如果决定、命令不是人民政府在紧急状态情况下发布的,而是在一般情况下发布的,不属于这里规定的应处罚的行为。

2004 年 3 月,第十届全国人民代表大会第二次会议通过《宪法修正案》,对我国《宪法》进行了修改。根据这一《宪法修正案》的规定,全国人民代表大会常务委员会决定全国或者个别省、自治区、直辖市进入紧急状态;中华人民共和国主席根据全国人民代表大会常务委员会的决定,宣布进入紧急状态;国务院依照法律规定,决定省、自治区、直辖市的范围内部分地区进入紧急状态。如何在紧急状态期间始终坚持依法办事的原则,是衡量一个社会法治化水平的标志。过去我们只是对在发生危及国家的统一、安全或者社会公共安全的动乱、暴乱或者严重骚乱，不采取措施不足以维护社会秩序、保护人民的生命和财产安全时，规定可以采取戒严措施，而对在自然灾害引起的紧急状态情况下国家机关如何行使职权，缺少明确的宪法根据。实践中一旦发生自然灾害引起的紧急状态，就很难依法迅速、有效地采取应急措施来加以应对。为此，总结 2003 年发生的抗击非典的经验教训，并借鉴国际上的做法，为了应对严重的自然灾害、突发公共卫生事件、人为重大事故等紧急状态，2004 年 3 月，我国《宪法》对相应的法律条款作了修改，将"戒严"修改为"紧急状态"，也就是说紧急状态包括戒严又不限于戒严，适用范围更宽。2007 年《突发事件应对法》附则中对紧急状态作了原则性、衔接性的规定，更有利于理解和把握紧急状态的范畴。2024 年修改《突发事件应对法》时对相关表述进行了完善。依法宣布进入紧急状态的人民政府，为了维护当地社会秩序稳定，保护人民的生命、生活安全，可以发布在其行政管辖区内实施的决定、命令等。为保障在紧急状态下的社会治安秩序，保障公共安全，保护公民的生命和财产安全，对拒不执行人民政府在紧急状态情况下依法发布的决定、命令的行为予以治安管理处罚。

二是关于阻碍国家机关工作人员依法执行职务的行为。

行为人构成这一违法行为在客观上必须具备以下三个特征：第一，行为人实施了阻碍行为。这里规定的"阻碍"，是指行为人以各种方法和手段，实施的阻挠、妨碍行为。第二，阻碍的行为对象必须是国家机关工作人员。所谓"国家机关工作人员"，是指中央及地方各级权力机关、党政机关、监察机关、司法机关和军事机关中从事公务的人员。如果阻碍的对象是非国家机关工作人员，则不属于本项所规定要予以治安管理处罚的行为。第三，必须是依法执行职务的行为。这里规定的"依法执行职务"，是指国家机关工作人员依照法律、法规规定进行的职务行为。如果阻碍的不是国家机关工作人员的职务活动，或者不是依法进行的职务活动，都不是这里规定的要给予治安管理处罚的行为。

三是阻碍执行紧急任务的消防、救护、工程抢险、警务车辆、船舶通行的行为。

行为人构成这一违法行为，必须符合以下三个特征：第一，实施了阻碍车辆通行的行为。这里规定的"阻碍"，是指行为人以各种方法和手段，实施的阻挠、妨碍车辆通行的行为。第二，阻碍通行的对象是消防、救护、工程抢险、警务车辆、船舶。上述这些车辆、船舶都是担负着特殊使命的特种交通工具，都直接涉及公民的生命财产安全和集体、国家的财产安全。第三，车辆、船舶是在依法执行紧急任务。上述特种车辆、船舶必须严格按照规定的用途和条件使用。如果上述特种车辆、船舶不是在执行紧急任务，只是执行一般的公务活动，甚至是私事，尽管其属于特种车辆、船舶，该行为也不属于这里要处罚的行为范畴。

四是强行冲闯公安机关设置的警戒带、警戒区或者检查点的行为。

构成这一违法行为，必须符合以下两个特征：第一，实施了强行冲闯行为。也就是行为人明知道路上设置了警戒带、警戒区、检查点，不准非执行任务的车辆通行，却不听劝阻，强行通过。第二，冲闯的对象是由公安机关设置的警戒带、警戒区、检查点。根据《人民警察法》《公安机关警戒带使用管理办法》等相关规定，为保障公共安全，处理突发事件，维护社会秩序，防止对社会造成不稳定，公安机关可以在一些特定的场所、地区设置警戒带，划设警戒区、设置检查点。所谓"警戒带"，是指公安机关按照规定装备，用于依法履行职责在特定场所设置进入范围的专用标志物。"警戒区"，是指公安机关按照规定，在一些特定地方划定的限定部分人员出入的区域。"检查点"，是指公安机关根据职责需要，在重要道路、口岸等关键位置设置的对可疑人员、车辆及其他物品进行检查的安全检查站点。非公安机关设置，而是由一些单位自行设置"警戒带""警戒区""检查点"的，不属于这里规定的行为。

五是阻碍人民警察依法执行职务的行为。

这是对人民警察执行职务的特殊规定。这主要是考虑到人民警察肩负着维护国家安全，维护社会治安秩序，保护公民的人身和财产安全的职责，是法律的执行者，其依法执行职务的行为，必须受到法律的保护，以维护法律的权威和尊严，保障社会安定。适用这一规定有两个条件：第一，行为人阻碍的对象必须是人民警察。阻碍其他执行机关执行职务的行为，适用其他相应条款的规定。第二，人民警察必须是在依法执行职务。如果人民警察的行为违反了法律的规定，或者其行为根本就不是进行执行职务的活动，则不适用这一规定。

六是关于对上述五种行为的处罚。

根据本条规定，对第一款四种违法行为，处警告或者五百元以下罚款；情节严重的，处五日以上十日以下拘留，可以并处一千元以下罚款。"拒不执行紧急状态下的决定、命令"有下列情形之一的，属于"情节严重"：（1）不听执法人员劝阻的；（2）造成人员受伤、财产损失等危害后果的；（3）其他情节严重的情形。"阻碍执行职务"有下列情形之一的，属于"情节严重"：（1）不听执法人员制止的；（2）造成人员受伤、财物损失等危害后果的；（3）在公共场所或者公共交通工具上阻碍执行职务的；（4）以驾驶机动车冲闯检查卡点等危险方法阻碍执行任务的；（5）其他情节严重的情形。"阻碍特种车辆等通行"有下列情形之一的，属于"情节严重"：（1）不听执法人员制止的；（2）造成人员受伤、财物损失等危害后果的；（3）其他情节严重的情形。

此外，对第二款规定的阻碍人民警察依法执行职务的行为，要从重处罚，即依照第一款的规定从重处罚。

实践中需要注意的问题

在该条的理解适用中，需要注意以下几个方面的问题：

一是要注意本条违法行为与《刑法》妨害公务罪的区别。本条对阻碍国家机关工作人员依法执行职务的行为的方式，没有作出限定，即不要求以暴力、威胁方法为条件，这是本条规定与《刑法》第二百七十七条妨害公务罪的规定的主要区别。《刑法》第二百七十七条妨害公务罪要求行为人阻碍国家机关工作人员依法执行职务的行为方式，必须是以暴力、威胁的方法进行。其中，"暴力"是指对国家机关工作人员的身体实行打击或者强制，如捆绑、殴打、伤害等；"威胁"是指以杀害、伤害、毁坏财产、损坏名誉等相威胁，其目的都是迫使国家机关工作人员放弃执行职务。

二是关于阻碍人民警察依法执行职务的从重处罚的适用。本条初次提请全国人大常委会审议的条文是"以侮辱、谩骂、威胁、围堵、拦截等方式阻碍人民警察依法执行职务的，从重处罚"。考虑到这么规定容易被机械地理解为，只要有其中这些行为的就一律定性为阻碍人民警察依法执行职务，且从重处罚。这样规定不利于化解矛盾。实践中也确实存在个别警察机械执法的情况，本来出警是化解矛盾的，结果因处置不当、态度生硬等反而造成矛盾激化。执法中要注意根据过罚相当的原则，依法适用。

相关规定

《中华人民共和国刑法》第二百七十七条；《中华人民共和国人民警察法》第三十五条；《公安机关警戒带使用管理办法》第九条

第六十二条 冒充国家机关工作人员招摇撞骗的，处十日以上十五日以下拘留，可以并处一千元以下罚款；情节较轻的，处五日以上十日以下拘留。

冒充军警人员招摇撞骗的，从重处罚。

盗用、冒用个人、组织的身份、名义或者以其他虚假身份招摇撞骗的，处五日以下拘留或者一千元以下罚款；情节较重的，处五日以上十日以下拘留，可以并处一千元以下罚款。

▇ 条文主旨

本条是关于招摇撞骗行为的处罚的规定。

▇ 立法背景

1. 2005 年《治安管理处罚法》的规定。第五十一条规定："冒充国家机关工作人员或者以其他虚假身份招摇撞骗的，处五日以上十日以下拘留，可以并处五百元以下罚款；情节较轻的，处五日以下拘留或者五百元以下罚款。冒充军警人员招摇撞骗的，从重处罚。"

冒充国家机关工作人员或者以其他虚假身份招摇撞骗的行为在实践中时有发生，行为人往往以骗取财物、感情、待遇资格等为目的，来满足自己的经济利益、虚荣心理等。这类行为严重损害了国家机关和他人的形象，使他人的利益受损，应当予以惩罚。

2. 2025 年修订后的《治安管理处罚法》的规定。一是将第一款冒充国家机关工作人员招摇撞骗的行为单独规定并加重处罚，从"处五日以上十日以下拘留，可以并处五百元以下罚款；情节较轻的，处五日以下拘留或者五百元以下罚款"修改为"处十日以上十五日以下拘留，可以并处一千元以下罚款；情节较轻的，处五日以上十日以下拘留"。冒充国家机关工作人员招摇撞骗的行为，除侵犯他人人身财产权利外，还严重影响国家机关的形象，因而提高了相应的处罚标准，设置了比以其他虚假身份招摇撞骗较重的处罚。同时，根据经济社会发展状况，相应提高了罚款的标准，更好地发挥处罚的警示教育意义。二是将"以其他虚假身份招摇撞骗的"修改为"盗用、冒用个人、组织的身份、名义或者以其他虚假身份招摇撞骗的"，规定在第三款，增加了盗用、冒用他人身份、组织名义的行为，进一步完善行为类型，并单独规定了拘留和罚款处罚。

条文释义

本条共分三款。分别规定了冒充国家机关工作人员、冒充军警人员以及盗用、冒用他人身份、组织名义或者以其他虚假身份招摇撞骗的行为和处罚。

第一款是关于冒充国家机关工作人员招摇撞骗的行为。构成本款规定的招摇撞骗的违反治安管理行为，必须同时符合以下几个条件：

第一，必须有"冒充国家机关工作人员"的冒名行为。这里规定的"冒充国家机关工作人员"，是指非国家机关工作人员假冒国家机关工作人员的身份、地位，或者某一国家机关工作人员冒用其他国家机关工作人员的身份、地位的行为。国家机关是依据宪法和法律设立的，依法承担一定的国家和社会公共事务管理职能和权力的组织。根据《宪法》的规定，国家机关包括国家各级权力机关、行政机关、监察机关、审判机关、检察机关、军事机关等。国家机关工作人员主要是指在上述机关中从事公务的人员。

第二，行为人必须实施了招摇撞骗行为。这里规定的"招摇撞骗"行为，是指为了谋取非法利益，以假冒的国家机关工作人员身份和头衔到处炫耀，利用人们对国家机关工作人员的信任和影响，骗取地位、荣誉、待遇以及玩弄他人等违法活动。其行为特征就是侵犯国家机关的威信和公信力以及社会的正常秩序。尽管行为人的招摇撞骗行为也可能是骗取财物，但由于行为人采用的是冒充国家机关工作人员身份的手段，致使人民群众误以为这些违法行为是国家机关工作人员所为，因而直接破坏了国家机关形象、威信和社会秩序，扰乱了社会公共秩序。这既是其行为的本质特征，也是其行为最实质的危害所在。

第三，其违法行为的目的是谋取非法利益。这里所说的"非法利益"既包括物质利益，也包括非物质利益。例如，为了谋取某种政治待遇或者荣誉，或者以谈恋爱为名，达到玩弄他人的目的等。

本款对冒充国家机关工作人员的行为，规定了两档处罚。一是处十日以上十五日以下拘留，可以并处一千元以下罚款。也就是说，既可以单处十日以上十五日以下拘留；也可在处十日以上十五日以下拘留的同时，并处一千元以下罚款。二是对情节较轻的，处五日以上十日以下拘留。"招摇撞骗"有下列情形之一的，属于"情节较轻"：（1）社会影响较小，未取得实际利益的；（2）未造成当事人财物损失或者其他危害后果的；（3）其他情节较轻的情形。

第二款是关于冒充军警人员招摇撞骗从重处罚的规定。军警人员也属于第一款规定的"国家机关工作人员"，冒充军警人员招摇撞骗属于冒充国家机关工作人员招摇撞骗的特殊情形。冒充军警人员招摇撞骗即冒充军人、警察的身份招摇撞骗的行为。人民警察、人民解放军都肩负着保卫、维护国家安全，维护社会稳定，保护公民的人身、财产安全的职责，与人民群众生活和社会治安秩序有着密切的关系，有必要对人民警察和人民解放军的形象和威信给予特别保护，这与《刑法》规定的精神也是一致的。例如，《刑法》第二百七十九条第二款规定，冒充人民警察招摇撞骗的，从重处罚。冒充军警人员招摇撞骗的行为严重损害军警机关的威信和正常活动，妨碍正常的执法、军事行动的顺利进行，损害军警人员形象，不仅欺骗公众，还可能引发社会恐慌，影响社会稳定，社会危害更为严重。

根据本款规定，冒充军警人员招摇撞骗的从重处罚，即根据第一款规定的两档处罚从重处罚，在相应的拘留、罚款处罚幅度范围内从重掌握。

第三款是关于盗用、冒用个人、组织的身份、名义或者以其他虚假身份招摇撞骗的行为。构成本款规定的违反治安管理行为，也要符合冒用特定人员组织名义、实施招摇撞骗的行为、谋取非法利益的条件，和第一款规定的要求是一致的。本款规定的"盗用、冒用个人、组织的身份、名义"，包括两种情形：一是盗用、冒用他人身份，即自然人身份的情形。二是盗用、冒用组织名义的情形，主要是一些机构，如冒用党政机关和人民团体名义开展相关活动，这里的党政机关和人民团体可以是真实存在的，也可以是虚构出来的。实践中，有的荣誉评选表彰活动组织者向个人制作、颁发冠以"人民"等字样的、实际上并不存在的"山寨"荣誉称号，"受害人"对此是放任甚至是明知的；有的向单位和个人颁发类似国家文书样式的相关证书等，并收取相关费用，通过招摇撞骗实现非法敛财等目的。

本款规定的"以其他虚假身份"招摇撞骗，是指盗用、冒用他人身份、组织名义之外，以编造的虚假的身份和头衔招摇撞骗的行为。虚假身份通常包括两层意思：一是违法行为人假冒本人并不具备的头衔等身份特征，如冒充律师、电视台或报社的记者、教授、企业家等。二是违法行为人假冒的他人的身份本身就是不存在的虚假的身份，如违法行为人假冒某名人的儿子但实际上这个名人只有女儿，没有儿子。

本款对盗用、冒用个人、组织的身份、名义或者以其他虚假身份招摇撞骗的行为，规定了两档处罚。一是处五日以下拘留或者一千元以下罚款。也就是说，根据违法行为人的行为危害的程度，有两种处罚可以选择，第一，单处五日以下的拘留；第二，单处一千元以下的罚款。二是对情节较重的，处五日以上十日以下拘留，可以并处一千元以下罚款。也就是说，既可以单处五日以上十日以下拘留；也可在处五日以上十日以下拘留的同时，并处一千元以下罚款。

● 实践中需要注意的问题

在该条的理解适用中，需要注意的是，区分本条规定的冒充国家机关工作人员招摇撞骗与《刑法》规定的招摇撞骗罪。《刑法》第二百七十九条规定，冒充国家机关工作人员招摇撞骗的，追究刑事责任。根据本法第三条的规定，本法规定的治安管理违法行为是尚不够刑事处罚的行为。具体来说，冒充国家机关工作人员招摇撞骗行为，构成违反治安管理处罚的，主要是未达到招摇撞骗罪定罪标准的行为。这是和《刑法》规定的招摇撞骗罪区分的重要标准。二者在行为特征上是一致的，区别主要是行为的情节和危害后果不同。区别通常包括两种情形：一是冒充国家机关工作人员招摇撞骗，但情节显著轻微，危害不大的；二是冒充国家机关工作人员招摇撞骗，但情节轻微，依照《刑法》规定不需要判处刑罚或者免除刑罚而依法不予起诉的。

● 相关规定

《中华人民共和国刑法》第二百七十九条、第三百七十二条

第六十三条 有下列行为之一的，处十日以上十五日以下拘留，可以并处五千元以下罚款；情节较轻的，处五日以上十日以下拘留，可以并处三千元以下罚款：

（一）伪造、变造或者买卖国家机关、人民团体、企业、事业单位或者其他组织的公文、证件、证明文件、印章的；

（二）出租、出借国家机关、人民团体、企业、事业单位或者其他组织的公文、证件、证明文件、印章供他人非法使用的；

（三）买卖或者使用伪造、变造的国家机关、人民团体、企业、事业单位或者其他组织的公文、证件、证明文件、印章的；

（四）伪造、变造或者倒卖车票、船票、航空客票、文艺演出票、体育比赛入场券或者其他有价票证、凭证的；

（五）伪造、变造船舶户牌，买卖或者使用伪造、变造的船舶户牌，或者涂改船舶发动机号码的。

● 条文主旨

本条是关于伪造、变造、买卖、出租、出借公文、证件、证明文件、印章，伪造、变造、倒卖有价票证、凭证、船舶户牌，涂改船舶发动机号码等的处罚的规定。

● 立法背景

1. 2005 年《治安管理处罚法》的规定。第五十二条规定："有下列行为之一的，处十日以上十五日以下拘留，可以并处一千元以下罚款；情节较轻的，处五日以上十日以下拘留，可以并处五百元以下罚款：（一）伪造、变造或者买卖国家机关、人民团体、企业、事业单位或者其他组织的公文、证件、证明文件、印章的；（二）买卖或者使用伪造、变造的国家机关、人民团体、企业、事业单位或者其他组织的公文、证件、证明文件的；（三）伪造、变造、倒卖车票、船票、航空客票、文艺演出票、体育比赛入场券或者其他有价票证、凭证的；（四）伪造、变造船舶户牌，买卖或者使用伪造、变造的船舶户牌，或者涂改船舶发动机号码的。"

本条是对伪造、变造或者使用、买卖公文、证件、证明文件、有价票证、凭证、船舶户牌等行为的处罚的规定。这些不法行为扰乱了社会正常生产经营和管理秩序，也为其他违法犯罪提供了温床和条件。实践中，行为人为了获取非法利益，利用伪造、变造或者使用、买卖公文、证件、证明文件、有价票证、凭证、船舶户牌等实施诈骗、招摇撞骗及其他违法犯罪行为的案件时有发生，产生了较坏的社会影响和不好的示范效应。对于这些不法行为应当溯源治理、全链条监管，将违法行为斩断在初期。

2. 2025 年修订后的《治安管理处罚法》的规定。一是完善了处罚规定，提高罚款数额，将"可以并处一千元以下罚款"修改为"可以并处五千元以下罚款"；将情节较轻的，"可以并处五百元以下罚款"修改为"可以并处三千元以下罚款"。拘留的处罚未作调整，仅对罚款的数额标准相应作了提高，以与当前的经济社会发展情况相匹配，更好发挥处罚的警示教育意义。二是增加一项"出租、出借国家机关、人民团体、企业、事业单位或者其他组织的公文、证件、证明文件、印章供他人非法使用的"违法行为。在经济交往及日常生产、生活中，出租、出借相关公文、证件、证明文件、印章供他人非法使用的行为时有发生，为一些违法违规操作创造了条件，甚至为诈骗等犯罪提供了空间，对社会公平秩序造成不良影响，应当予以规制。三是在"买卖或者使用伪造、变造的国家机关、人民团体、企业、事业单位或者其他组织的公文、证件、证明文件"中增加了"印章"。与前一项规定的内容保持一致，进一步完善处罚的范围。四是将第四项"伪造、变造、倒卖"修改为"伪造、变造或者倒卖"，属于文字调整。

◐ 条文释义

本条共规定了五项应当处罚的行为。主要包括以下几个方面的内容：

1. 伪造、变造或者买卖国家机关、人民团体、企业、事业单位或者其他组织的公文、证件、证明文件、印章的行为。

根据这一项的规定，构成该项要处罚的行为包括三种，即：（1）伪造国家机关、人民团体、企业、事业单位或者其他组织的公文、证件、证明文件、印章的行为。（2）变造国家机关、人民团体、企业、事业单位或者其他组织的公文、证件、证明文件、印章的行为。（3）买卖国家机关、人民团体、企业、事业单位或者其他组织的公文、证件、证明文件、印章的行为。这里规定的"伪造"，是指冒用有关机关、团体等的名义，非法制作国家机关、人民团体、企业、事业单位或者其他组织的公文、证件、证明文件、印章的行为。"变造"，是指用涂改、擦消、拼接等方法，对真实的公文、证件、证明文件、印章进行改制，变更其原来真实内容的行为。"买卖"，是指为了某种目的，非法购买或者销售国家机关、人民团体、企业、事业单位或者其他组织的公文、证件、证明文件、印章的行为。

该项违反治安管理处罚行为的行为对象是公文、证件、证明文件、印章。这里规定的"公文"，是指国家机关、人民团体、企业、事业单位或者其他组织在其职权内，以其名义制作的用以指示工作、处理问题或者联系事务的各种书面文件，如决定、命令、决议、指示、通知、报告、信函、电文等。这里规定的"证件"，是指国家机关、人民团体、企业、事业单位或者其他组织制作颁发的用以证明身份、权利义务关系或者有关事实的凭证，主要包括证件、证书。这里规定的"证明文件"，是指由国家机关、人民团体、企业、事业单位或者其他组织开具的证明其身份的文书等，如介绍信。这里规定的"印章"，是指刻有国家机关、人民团体、企业、事业单位或者其他组织名称的公章或者有某种特殊用途的专用章。从其他角度讲，该项规定的"公文、证件、证明文件、印章"均指真实、有效的公文、证件、证明文件、印章。

2. 出租、出借国家机关、人民团体、企业、事业单位或者其他组织的公文、证件、证明文件、印章供他人非法使用的行为。

该项要处罚的行为包括下列两种行为，即：（1）出租国家机关、人民团体、企业、事业单位或者其他组织的公文、证件、证明文件、印章供他人非法使用的行为。（2）出借国家机关、人民团体、企业、事业单位或者其他组织的公文、证件、证明文件、印章供他人非法使用的行为。这里规定的"出租"是指以牟利为目的，将本单位或者组织所属的相关公文、证件、证明文件、印章供他人非法使用的行为。这里规定的"出借"是指基于各种各样的利益、业务、亲友等关系，将本单位或者组织所属的相关公文、证件、证明文件、印章供他人非法使用的行为。本项"出租、出借"行为的主观心态要求明知，即行为人明知他人租用、借用本单位或组织的公文、证件、证明文件、印章是为了非法使用，以达到某种非法目的，仍然向其出租、出借。该项违反治安管理处罚行为对象是公文、证件、证明文件、印章，与前项规定的对象含义相同。

3. 买卖或者使用伪造、变造的国家机关、人民团体、企业、事业单位或者其他组织的公文、证件、证明文件、印章的行为。

该项要处罚的行为包括下列两种行为，即：（1）买卖伪造、变造的国家机关、人民团体、企业、事业单位或者其他组织的公文、证件、证明文件、印章的行为。（2）使用伪造、变造的国家机关、人民团体、企业、事业单位或者其他组织的公文、证件、证明文件、印章的行为。其中这里所说的"买卖"与第一项中所规定的"买卖"的含义是一致的。这里规定的"使用伪造、变造"，是指行为人明知其所用的公文、证件、证明文件、印章是虚假的，是经过伪造或者变造的，仍然使用以欺骗他人的行为。

该项违反治安管理处罚行为的行为对象包括以下四类：公文、证件、证明文件和印章。该项规定的这四类对象，是经过伪造、变造后的公文、证件、证明文件、印章。通俗地讲，本项处罚的是买卖或者使用假的公文、证件、证明文件、印章。

4. 伪造、变造或者倒卖车票、船票、航空客票、文艺演出票、体育比赛入场券或者其他有价票证、凭证的行为。

该项规定处罚的行为包括以下三种：（1）伪造车票、船票、航空客票、文艺演出票、体育比赛入场券或者其他有价票证、凭证的行为。（2）变造车票、船票、航空客票、文艺演出票、体育比赛入场券或者其他有价票证、凭证的行为。（3）倒卖车票、船票、航空客票、文艺演出票、体育比赛入场券或者其他有价票证、凭证的行为。该项违反治安管理处罚行为的行为对象包括以下几类：车票、船票、航空客票、文艺演出票、体育比赛入场券、其他有价票证、凭证。

5. 伪造、变造船舶户牌，买卖或者使用伪造、变造的船舶户牌，或者涂改船舶发动机号码的行为。

加强对船舶的管理，是保障水上安全，保障公民的生命和财产安全，维护水上治安秩序的重要工作内容。该项就是针对破坏船舶管理的一些严重行为，所作的治安管理处罚规定。这里规定的"船舶"，是指各类排水或者非排水的船、艇、筏、水上飞行器、潜水器、移动式平台以及其他水上移动装置。该项规定的处罚行为包括以下五种：（1）伪造船舶户牌的；（2）变造船舶户牌的；（3）买卖伪造、变造的船舶户牌的；（4）使用伪造、变造的船舶户牌的；（5）涂改船舶发动机号码的。该项违反治安管理处罚行为的行为对象包括以下两类：船舶户牌、船舶发动机号码。对船舶的户牌、发动机号码的发放与管理，如同对汽车等机动车的号牌、发动机号码的管理，都作了相应的规定。

该条对上述五种违法行为规定了两种处罚幅度：（1）处十日以上十五日以下拘留，可以并处五千元以下罚款。即可以单处十日以上十五日以下拘留，也可以在处十日以上十五日以下拘留的同时，处五千元以下罚款。（2）情节较轻的，处五日以上十日以下拘留，可以并处三千元以下罚款。即可以单处五日以上十日以下拘留，也可以在处五日以上十日以下拘留的同时，并处三千元以下罚款。"伪造、变造、买卖，买卖、使用伪造、变造公文、证件、证明文件、印章"有下列情形之一的，属于"情节较轻"：（1）尚未造成危害后果，且获利较少的；（2）尚未造成危害后果，且能够及时纠正或者弥补的；（3）其他情节较轻的情形。"伪造、变造、倒卖有价票证、凭证"有下列情形之一的，属于"情节较轻"：（1）伪造有价票证、凭证的票面数额、数量或者非法获利未达到有关刑事立案追诉标准百分之十的；（2）倒卖车票、船票票面数额或者非法获利未达到有关刑事立案追诉标准百分之十的；（3）其他情节较轻的情形。"伪造、变造，买卖、使用伪造、变造的船舶户牌或者涂改船舶发动机号码"有下列情形之一的，属于"情节较轻"：（1）伪造、变造船舶户牌数量较少，或者以营利为目的买卖伪造、变造的船舶户牌、涂改船舶发动机号码，获利较少的；（2）伪造、变造船舶户牌，或者涂改船舶发动机号码的船舶，尚未出售或者未投入使用的；(3) 因船舶户牌丢失，而伪造、变造或者购买、使用伪造、变造的船舶户牌的；(4) 其他情节较轻的情形。

● 实践中需要注意的问题

在该条的理解适用中，需要注意以下几个方面的问题：

第一，本条第二项中规定的出租、出借单位或者其他组织的公文、证件、证明文件、印章供他人非法使用的行为，应与民商事法律关系中的出租、出借公文、证件、证明文件、印章供他人使用的行为区分开。前者实质上为非法行为和非法目的的达成提供了协助、帮助，应当予以惩处；后者则是民商事经济交往活动中的一种行业现象，如代理等，属于民商事法律关系的调整范围。对此，应予严格区分。

第二，本条第三项中规定的买卖和使用假的印章的行为，大多是同时通过公文、证件和证明文件来体现的，但实践中也发生了一些单纯买卖和使用假印章的案例。

第三，本条第四项中的"其他有价票证、凭证"，是指类似于车票、船票、航空客票、文艺演出票、体育比赛入场券的，具有营业性质的，代表一定数额现金的证明双方权利义务关系的票据，如各种营业性质的展览的入场券等。

● 相关规定

《中华人民共和国刑法》第二百八十条；《国务院关于国家行政机关和企业事业单位社会团体印章管理的规定》第四部分第一条、第二条

第六十四条 船舶擅自进入、停靠国家禁止、限制进入的水域或者岛屿的，对船舶负责人及有关责任人员处一千元以上二千元以下罚款；情节严重的，处五日以下拘留，可以并处二千元以下罚款。

● 条文主旨

本条是关于船舶擅自进入、停靠国家禁止、限制进入的水域或者岛屿的处罚的规定。

● 立法背景

1. 2005 年《治安管理处罚法》的规定。第五十三条规定："船舶擅自进入、停靠国家禁止、限制进入的水域或者岛屿的，对船舶负责人及有关责任人

员处五百元以上一千元以下罚款；情节严重的，处五日以下拘留，并处五百元以上一千元以下罚款。"

本条规定的船舶擅自进入、停靠国家禁止、限制进入的水域或者岛屿的治安处罚行为，是针对 2005 年《治安管理处罚法》制定时海上治安管理出现的新情况、新问题，对《治安管理处罚条例》规定的补充，增加了对这类行为给予拘留处罚的规定。

2. 2025 年修订后的《治安管理处罚法》的规定。完善了处罚规定，适当提高罚款数额，调整了处罚幅度，将一般违法行为处"五百元以上一千元以下罚款"修改为"一千元以上二千元以下罚款"；情节严重的，"并处五百元以上一千元以下罚款"，修改为"可以并处二千元以下罚款"的选择性处罚。拘留的处罚未作调整，仅对罚款的数额标准相应地作了提高，适当调整了处罚幅度，以与当前的经济社会发展情况相匹配，更好发挥处罚的警示教育意义。

◐ 条文释义

为了维护我国沿海地区及海上治安秩序，加强沿海船舶的边防治安管理，促进沿海地区的经济发展，保障船员和渔民的合法权益，公安部于 2000 年 2 月 15 日颁布，并于 2000 年 5 月 1 日施行的《沿海船舶边防治安管理规定》，对各类船舶的管理作了明确规定。根据《沿海船舶边防治安管理规定》第十三条的规定，各类船舶进出港口时，除依照规定向渔港监督或者各级海事行政主管部门办理进出港签证手续外，还应当办理进出港边防签证手续。进出非本船籍港时，必须到当地公安边防部门或者其授权的船舶签证点，办理签证手续，接受检查。第十七条第一款还规定，出海船舶和人员不得擅自进入国家禁止或者限制进入的海域或者岛屿，不得擅自搭靠外国籍或者香港、澳门特别行政区以及台湾地区的船舶。《海上交通安全法》第四十四条第一款规定，船舶不得违反规定进入或者穿越禁航区。第一百零三条规定了相应的法律责任，船舶在海上航行、停泊、作业，违反规定进入或者穿越禁航区，由海事管理机构责令改正，对违法船舶的所有人、经营人或者管理人处二万元以上二十万元以下的罚款，对船长、责任船员处二千元以上二万元以下的罚款，暂扣船员适任证书三个月至十二个月；情节严重的，吊销船长、责任船员的船员适任证书。

根据本法的规定，处罚的行为，就是船舶擅自进入、停靠国家禁止、限制进入的水域或者岛屿，处罚的对象是，有上述这些行为的船舶负责人及有关责任人员。处罚的幅度有两个档次，即：一是处一千元以上二千元以下罚款。二是对情节严重的，处五日以下拘留，可以并处二千元以下罚款。有下列情形之一的，属于"情节严重"：（1）不听制止，强行进入、停靠的；（2）经责令离开而拒不驶离的；（3）其他情节严重的情形。

● 实践中需要注意的问题

在该条的理解适用中，需要注意做好本法与《海上交通安全法》相关规定的衔接。1983年通过、2021年修改后的《海上交通安全法》第四十四条、第一百零三条对船舶不得违反规定进入或者穿越禁航区及其法律责任作了规定。本法规定的船舶擅自进入、停靠国家禁止、限制进入的水域或者岛屿的行为及处罚作为公安机关执法的主要依据，属于维护社会治安性质的规定。海事管理机构对船舶违反规定进入或者穿越禁航区的处罚的主要依据是《海上交通安全法》的规定，是规范海上交通管理的规定。两者的执法主体也不同，执行中应根据各自职权范围依法处理。

● 相关规定

《沿海船舶边防治安管理规定》第十三条、第十七条；《中华人民共和国海上交通安全法》第四十四条、第一百零三条

第六十五条 有下列行为之一的，处十日以上十五日以下拘留，可以并处五千元以下罚款；情节较轻的，处五日以上十日以下拘留或者一千元以上三千元以下罚款：

（一）违反国家规定，未经注册登记，以社会团体、基金会、社会服务机构等社会组织名义进行活动，被取缔后，仍进行活动的；

（二）被依法撤销登记或者吊销登记证书的社会团体、基金会、社会服务机构等社会组织，仍以原社会组织名义进行活动的；

（三）未经许可，擅自经营按照国家规定需要由公安机关许可的行业的。

有前款第三项行为的，予以取缔。被取缔一年以内又实施的，处十日以上十五日以下拘留，并处三千元以上五千元以下罚款。

取得公安机关许可的经营者，违反国家有关管理规定，情节严重的，公安机关可以吊销许可证件。

第四节 妨害社会管理的行为和处罚·第六十五条 | 255

● 条文主旨

本条是关于非法社会组织活动及未获许可擅自经营行为的处罚的规定。

● 立法背景

1. 2005 年《治安管理处罚法》的规定。第五十四条规定："有下列行为之一的，处十日以上十五日以下拘留，并处五百元以上一千元以下罚款；情节较轻的，处五日以下拘留或者五百元以下罚款：（一）违反国家规定，未经注册登记，以社会团体名义进行活动，被取缔后，仍进行活动的；（二）被依法撤销登记的社会团体，仍以社会团体名义进行活动的；（三）未经许可，擅自经营按照国家规定需要由公安机关许可的行业的。有前款第三项行为的，予以取缔。取得公安机关许可的经营者，违反国家有关管理规定，情节严重的，公安机关可以吊销许可证。"

本条规定了关于社会团体和特种行业的管理及处罚，对未经注册登记、被依法撤销登记后进行违法违规活动及擅自经营特许行业的行为进行治安处罚。

2. 2025 年修订后的《治安管理处罚法》的规定。一是将本条中的"社会团体"修改为"社会团体、基金会、社会服务机构等社会组织"。根据《民法典》关于非营利法人的规定对社团组织进行了完善补充，扩大了主体适用的范围，总体与社会组织的发展情况相适应。二是根据《慈善法》有关慈善机构的终止情形，将"被依法撤销登记"修改为"被依法撤销登记或者吊销登记证书"，明确了被吊销登记证书后仍以原社会组织名义进行活动的违法行为。三是将"处十日以上十五日以下拘留，并处五百元以上一千元以下罚款；情节较轻的，处五日以下拘留或者五百元以下罚款"修改为"处十日以上十五日以下拘留，可以并处五千元以下罚款；情节较轻的，处五日以上十日以下拘留或者一千元以上三千元以下罚款"。鉴于社会组织发展的状况和违规行为的多发现状，原法规定的拘留期限及罚款数额不能有效发挥处罚的效果，因此，相应提高了对情节较轻的违法行为的拘留处罚，对罚款的数额标准也相应地作了提高。四是在第二款增加新的行政处罚，增加规定"被取缔一年以内又实施的，处十日以上十五日以下拘留，并处三千元以上五千元以下罚款"，明确了对擅自经营特许经营行业违规再犯行为，给予更为严厉的治安处罚，充分发挥警示教育作用。五是将第三款"吊销许可证"修改为"吊销许可证件"。许可证件的范围包括许可证及相关执照、资质的证明文件,根据实践中公安机关许可的情况,进一步完善相关表述。

条文释义

本条共分三款。第一款是关于违反国家对社会团体、基金会、社会服务机构等社会组织的设立、开展活动以及有关机构、行业的设立、管理等方面的规定的行为予以治安处罚的规定。

1. 未经注册登记,以社会团体、基金会、社会服务机构等社会组织的名义进行活动被取缔后仍进行活动的。

该款第一项规定的行为是:违反国家规定,未经注册登记,以社会团体、基金会、社会服务机构等社会组织名义进行活动,被取缔后仍进行活动的行为。我国《宪法》第三十五条在公民的基本权利和义务一章中,明确规定公民有结社的自由。社会团体、基金会、社会服务机构等社会组织的合法活动,对于我国政治民主的发展和促进社会主义精神文明、物质文明的建设,有着积极的作用。但是,公民权利的行使必须要遵守国家的法律,在法律的保障下进行。根据《民法典》第八十七条第二款的规定,本条所说的社会团体、基金会、社会服务机构等社会组织都属于非营利法人。成立社会团体、基金会、社会服务机构等社会组织或者以这些社会组织的名义进行活动,首先就要依法履行登记手续,经批准后进行活动。根据《社会团体登记管理条例》的规定,该条例所称社会团体是指中国公民自愿组成,为实现共同意愿,按照其章程开展活动的非营利性社会组织。社会团体必须遵守宪法、法律、法规和国家政策的规定,不得反对宪法确定的基本原则,不得危害国家的统一、安全和民族团结,不得损害国家利益、社会公众利益以及其他组织和公民的合法权益,不得违背社会道德风尚。同时明确规定,成立社会团体,应当经其业务主管单位审查同意,并依照规定进行登记。国务院民政部门和县级以上地方各级人民政府民政部门是本级人民政府的社会团体登记管理机关,成立社会团体要符合法律规定的具体条件和程序。根据《基金会管理条例》的规定,基金会是指利用自然人、法人或者其他组织捐赠的财产,以从事公益事业为目的,按照该条例的规定成立的非营利性法人。基金会必须遵守宪法、法律、法规、规章和国家政策,不得危害国家安全、统一和民族团结,不得违背社会公德。同时规定,国务院民政部门和省、自治区、直辖市人民政府民政部门是基金会的登记管理机关,并履行相应的监督管理职责。未经登记或者被撤销登记后以基金会、基金会分支机构、基金会代表机构或者境外基金会代表机构名义开展活动的，由登记管理机关予以取缔，没收非法财产并向社会公告。

社会服务机构活跃在教育、科技、文化、卫生、体育、养老、社会工作、环境保护、法律援助等领域，在促进经济发展、繁荣社会事业、创新社会管理、提供公共服务、增加就业岗位、扩大对外交往等方面发挥了重要作用，已成为我国社会主义现代化建设不可或缺的重要力量。根据《民办非企业单位登记管理暂行条例》及 2018 年《民政部关于进一步加强和改进社会服务机构登记管理工作的实施意见》等相关规定，民办非企业单位，是指企业事业单位、社会团体和其他社会力量以及公民个人利用非国有资产举办的，从事非营利性社会服务活动的社会组织。成立民办非企业单位，应当经其业务主管单位审查同意，并依照该条例的规定登记。民办非企业单位应当遵守宪法、法律、法规和国家政策的规定，不得反对宪法确定的基本原则，不得危害国家的统一、安全和民族的团结，不得损害国家利益、社会公共利益以及其他社会组织和公民的合法权益，不得违背社会道德风尚。国务院民政部门和县级以上地方各级人民政府民政部门是本级人民政府的民办非企业单位登记管理机关。国务院有关部门和县级以上地方各级人民政府的有关部门、国务院或者县级以上地方各级人民政府授权的组织，是有关行业、业务范围内民办非企业单位的业务主管单位。未经登记，擅自以民办非企业单位名义进行活动的，或者被撤销登记的民办非企业单位继续以民办非企业单位名义进行活动的，由登记管理机关予以取缔，没收非法财产；构成犯罪的，依法追究刑事责任；尚不构成犯罪的，依法给予治安管理处罚。2016 年 3 月通过的《慈善法》中正式将"民办非企业单位"更名为"社会服务机构"。该法第八条第二款规定："慈善组织可以采取基金会、社会团体、社会服务机构等组织形式。"以上相关规定表明，社会服务机构（民办非企业单位）应依法进行登记并接受民政部门的监督管理。只有依照上述规定的内容和程序，经批准后方能以社会团体、基金会、社会服务机构等社会组织的名义进行活动。这既是对这些社会组织的一种管理方式，也使依法进行登记的社会组织的活动能够获得法律的保障。

该项规定处罚的行为，指的就是违反国家上述关于社会团体、基金会、社会服务机构等社会组织管理、登记等方面的规定，未经注册，在被国家有关部门取缔后，仍以该社会组织名义进行活动的行为。构成该项规定的违反治安管理行为，需同时具备以下两个条件：一是，必须是违反国家规定的行为。这里所说的国家规定主要是指国务院颁布的《社会团体登记管理条例》《基金会管理条例》《民办非企业单位登记管理暂行条例》等的有关规定。二是，必须有未经注册，以社会组织名义进行活动，被取缔后，仍进行活动的行为。这一规定包含两层意思：第一，违法行为人未经注册，擅自以社会组织名义进行活动的行为，这是一种严重违反国家有关社会组织管理规定的行为，其行为特征就是社会组织在成立之初，就根本没有到国家有关主管部门进行登记注册，擅自以社会组织的名义开展活动，对这种行为，规定由登记管理机关，即民政部门予以取缔，没收非法财产。第二，在被国家有关部门取缔后，仍进行活动。

2. 注册登记的社会团体、基金会、社会服务机构等社会组织，在被依法撤销登记或者吊销登记证书后，仍以原社会组织名义进行活动的。

该款第二项是对被依法撤销登记或者吊销登记证书的社会组织，仍以该社会组织的名义进行活动的行为的处罚。根据《社会团体登记管理条例》《基金会管理条例》《民办非企业单位登记管理暂行条例》及《慈善法》等相关规定，社会团体、基金会、社会服务机构等社会组织成立时，依法进行过相关登记，但该社会组织在开展活动中，严重违反了国家关于社会组织管理的相关规定，被有关主管部门给予撤销登记或者吊销登记证书的处罚。违法行为人在被撤销登记或者吊销登记证书后仍然以该社会组织名义进行活动。这种行为的实质与不进行登记就擅自开展活动对社会造成的危害是一样的，都应受到惩处。

为了加强对社会组织的管理，保障社会稳定，在 1994 年全国人大常委会对《治安管理处罚条例》修改时，将本条第一款第一项、第二项规定的行为，增加到《治安管理处罚条例》中，明确规定其是一种违反治安管理的行为。2005 年制定《治安管理处罚法》，仍然坚持了这一规定，只是作了一些文字修改。本次修改进一步完善了相关表述。

3. 擅自经营需要由公安机关许可方能经营的行业的。

该款第三项是对违反国家关于审批、许可方面的有关规定，擅自经营按照国家规定需要由公安机关许可的行业的行为的处罚。

为了保障社会的稳定，维护社会治安秩序，国家对一些直接涉及社会稳定和社会治安秩序的行业作出特别规定。这些行业的一个共同特点就是其所进行的经营活动，不是单纯的经营活动，经营的对象是一个不确定的群体，且这些群体的活动，直接涉及社会的稳定，故国家作出规定，将这些企业、行业作为特种行业进行管理，由公安机关发放许可证件，以预防和减少极易出现的违法犯罪活动。

根据《保安服务管理条例》《旅馆业治安管理办法》《印铸刻字业暂行管理规则》《典当业治安管理办法》等规定，需要由公安机关许可的行业主要是指：经营保安服务、经营旅馆业、典当业等。保安服务是新型的社会治安防范形式，是维护社会治安秩序的重要辅助。近年来，我国保安服务业有了很大的发展，各种保安服务组织在协助公安机关维护社会治安秩序，预防、打击违法犯罪方面发挥了积极的作用。但是，目前在保安服务业的发展和管理中还存在一些问题，尤其是违反国家有关规定，擅自经营保安服务的行为比较突出。一些部门、组织、个人未经有关部门审核、批准，以各种形式从事保安服务，如一些单位擅自雇佣社会闲散人员，充当维护自身利益的打手，殴打侮辱群众，严重侵犯公民的合法权益，在社会上造成了恶劣影响，同时也严重破坏了保安服务业的正常开展，损害了保安服务业的形象。为加强对保安服务业的管理，规范保安服务市场，国家对保安服务公司的设立和撤销都作了与其他公司、企业的设立和撤销不同的规定。根据《保安服务管理条例》规定，保安服务公司的设立或撤销，必须经省一级公安机关审查批准后，在当地工商行政管理部门办理登记注册或者注销手续。保安服务公司法定代表人的任职或者更换，要经当地公安机关主管部门批准。

近年来，在一些地区利用旅馆业、典当业的行业特点、性质进行违法犯罪活动的现象比较突出。例如，一些不法分子未经国家有关部门的批准，在街头巷尾设立摊点非法刻制公章，不顾国家、集体的利益，不认真审查或者不审查申请刻制公章的人的合法身份、手续等，为不法分子伪造证明、文件进行诈骗等违法犯罪活动提供了必要的条件，不仅使国家、集体遭受重大经济损失，而且还严重干扰了国家有关部门的正常活动，有的甚至造成了严重的政治事件，给国家、集体的声誉带来了不良的影响。为了预防、打击这类利用特种行业牟取非法利益的行为，国家有关法律、法规、规章对经营旅馆业、公章刻制业、典当业等行业，作了特别规定。商务部、公安部 2005 年颁布实施的《典当管理办法》中明确规定，申请人领取《典当经营许可证》后，应当在十日内向所在地县级人民政府公安机关申请典当行《特种行业许可证》。申请人领取《特种行业许可证》后，应当在十日内到工商行政管理机关申请登记注册，领取营业执照后，方可营业。违反上述国家有关部门的规定，只要是擅自经营了国家规定的特种行业，就符合该项规定予以治安管理处罚的条件。

该条对上述违反治安管理的行为，规定了两个处罚幅度，即：一是处十日以上十五日以下拘留，可以并处五千元以下罚款；二是对其中情节较轻的，处五日以上十日以下拘留或者一千元以上三千元以下罚款。有下列情形之一的，属于"情节较轻"：（1）尚未造成危害后果或者较大社会影响的；（2）以营利为目的，但获利较少的；（3）其他情节较轻的情形。

第二款是对有第一款第三项行为的一种特殊处罚。

有第一款第三项行为的，除根据该项的规定，给予处罚外，还要对未经许可，擅自经营按照国家规定需要由公安机关许可的行业的行为，予以取缔。如被取缔一年以内又实施的，处十日以上十五日以下拘留，并处三千元以上五千元以下罚款。

第三款是关于对取得公安机关许可的经营者，违反国家有关管理规定，情节严重，公安机关可以吊销许可证件的规定。

取得公安机关许可的经营者，是指上述根据现行国家的法律、法规和规章的规定，需要由公安机关许可经营的保安服务、旅馆业、典当业等行业经营者。违反国家有关管理规定，主要是违反管理规定中和维护社会治安相关的规定，既包括违反法律、法规、规章中有关经营者管理的一般规定，也包括有关特许行业经营者的特殊规定。这里的"情节严重的"判定，应结合特许经营者违反国家有关管理规定的严重程度、持续时间、违规次数、影响后果等综合判断。有下列情形之一的，属于"情节严重"：（1）造成较重危害后果或者较大社会影响的；（2）多次违反国家有关管理规定的；（3）其他情节严重的情形。在此基础上，公安机关根据过罚相当原则，对违反规定情节严重的特许经营者可以吊销许可证件。

● 实践中需要注意的问题

在该条的理解适用中，需要注意以下几个方面的问题：

第一，本条第二款对被取缔一年以内又实施违规行为的社会组织及经营者，专门规定了更重的行政处罚。也就是说，擅自经营特许行业被取缔后，在一年以内又实施本法第一款第三项规定的违规行为，应直接适用更重的处罚，即处十日以上十五日以下拘留，并处三千元以上五千元以下罚款。

第二，本条第三款公安机关对违反国家有关管理规定情节严重的，可以吊销特许经营者的许可证件。被吊销许可证件意味着对企业相关经营资格的剥夺，其惩罚所带来的后果甚至会导致企业经营的终结。本条明确规定，对于违反规定情节严重的经营者，公安机关是"可以"而非"应当"吊销许可证件。在此之前，应尽可能适用其他治安处罚手段对违规企业进行处罚，使其充分认识到违法行为的危害性，只有屡教不改，造成无法挽回的严重后果的，才可以吊销其许可证件。

▶ 相关规定

《中华人民共和国宪法》第三十五条；《中华人民共和国民法典》第八十七条；《中华人民共和国慈善法》第十七条；《社会团体登记管理条例》第二条、第三条、第四条、第六条；《基金会管理条例》第二条、第四条、第六条、第四十条；《民办非企业单位登记管理暂行条例》第二条至第五条、第二十七条；《印铸刻字业暂行管理规则》第三条；《典当管理办法》第十六条、第十七条；《民政部关于进一步加强和改进社会服务机构登记管理工作的实施意见》

第六十六条 煽动、策划非法集会、游行、示威，不听劝阻的，处十日以上十五日以下拘留。

▶ 条文主旨

本条是关于煽动、策划非法集会、游行、示威行为的处罚的规定。

▶ 立法背景

本条是 2005 年《治安管理处罚法》第五十五条的规定，2025 年修订《治安管理处罚法》时未作修改。

本条规定对煽动、策划非法集会、游行、示威活动，不听劝阻的行为，给予较为严厉的治安拘留处罚，有效地打击这些非法活动，维护国家的稳定。

▶ 条文释义

本条是关于煽动、策划非法集会、游行、示威行为的处罚的规定。

我国《宪法》第三十五条明确规定，中华人民共和国公民有言论、出版、集会、结社、游行、示威的自由。集会、游行、示威是公民表达个人意愿和反映要求的一种重要方式，更是国家赋予公民的一项基本的民主权利。保障公民的这些民主权利得到有效的行使，对社会的稳定，对我国民主政治的健康发展都有着重要的意义。但是，公民在享有宪法和法律规定的权利的同时，还必须履行宪法和法律规定的义务，这同样是一个重要的宪法原则。为了保障公民依法行使集会、游行、示威的权利，维护社会安定和公共秩序，全国人大常委会于1989年10月制定公布了《集会游行示威法》，对公民集会、游行、示威的申请和许可，对集会、游行、示威的举行，对公民在集会、游行、示威活动中，应当享有的权利以及应当承担的法律义务和法律责任都作了明确规定。国务院于1992年，批准了《集会游行示威法实施条例》，对如何保障公民依法行使自己的民主权利作了更为具体的规定。2009年8月，全国人大常委会修改《集会游行示威法》，对相关表述作了完善。2011年1月，国务院修改《集会游行示威法实施条例》，对相关表述及相关法律责任作了进一步完善。

我们是社会主义国家，人民是国家的主人，公民可以通过各种不同的方式，表达自己的意愿和要求，发表对国家、对社会的富有建设性的意见；对涉及国家安全、尊严、荣誉和利益的事情，表明自己的态度，依法管理国家和社会事务，是我们社会主义民主的具体体现。因此，集会、游行、示威作为宪法赋予公民的权利，各级人民政府应当依法予以保障。但是，我们必须看到，集会、游行、示威是在公共场合进行的一种群体性活动，是公民表达自己意愿的一种比较激烈的方式，对社会、对公共秩序都会造成一定的压力。目前，中国特色社会主义进入新时代，我国社会主要矛盾已经转化为人民日益增长的美好生活需要和不平衡不充分发展之间的矛盾。新时代中仍不可避免地会出现许多矛盾和问题，但大多数的情况是有可能通过协商的方式来解决的，一般无须采用集会、游行、示威的方式。因此，我们每一个公民都应以主人翁的自觉性和对国家和社会的高度责任感，从国家的大局出发，珍惜目前的安定局面，尊重他人的自由和权利，自觉地维护社会安定和公共秩序，不做有损国家和人民利益的事情。非法集会、游行、示威活动，极易产生较大的社会影响，威胁到正常的社会秩序甚至政治安全，对煽动、策划且不听劝阻的，应当进行严厉处罚。

根据该条的规定，适用该条的处罚规定，需要符合以下几个条件：

1. 本条处罚的行为主体是非法集会、游行、示威煽动者、策划者。

这里规定的"煽动者"，是指故意以语言、文字、图像等方式对他人进行鼓动、宣传，意图使他人相信其所煽动的内容，进而使他人去实施非法的集会、游行、示威的行为。煽动的方式多种多样，既可以是采用张贴标语、分发传单、发送书信等书面形式，也可以是采取劝说、发表演说等口头形式，还可以是通过网络、移动通讯等媒体传播的方式。这里规定的"策划者",是指为实施非法集会、游行、示威的行为而拟订计划、方案,包括确定参加活动的人员名单、时间地点和具体实施步骤等。"策划者"往往在非法集会、游行、示威活动中发挥重要作用。

2. 本条处罚的行为对象是非法的集会、游行、示威活动。

所谓"集会",是指聚集于露天公共场所,发表意见、表达意愿的活动。所谓"游行",是指在公共道路、露天公共场所列队行进、表达共同意愿的活动。所谓"示威",是指在露天公共场所或者公共道路上以集会、游行、静坐等方式,表达要求、抗议或者支持、声援等共同意愿的活动。对公民这些民主权利的行使,《集会游行示威法》《集会游行示威法实施条例》等法律、行政法规都作了明确规定,违反国家法律、法规的上述规定而擅自进行的集会、游行、示威活动,就是该条所说的非法集会、游行、示威。

3. 处罚的是不听劝阻的。

这是能否适用该条处罚的一个重要条件。对于那些在受到国家有关机关及时制止后,主动停止自己行为的煽动者、策划者,避免了其不法行为带来的社会危害后果的,根据本条的这一规定,不适用治安管理处罚。

本条对煽动、策划非法集会、游行、示威,不听劝阻的,明确规定给予十日以上十五日以下拘留。这是本法规定的对违反治安管理行为的最重处罚,表明了国家对这一严重危害社会稳定的行为的严厉惩处态度。

● 实践中需要注意的问题

在该条的理解适用中,需要注意的问题是,对煽动、策划非法集会、游行、示威不听劝阻的行为方式,没有作具体规定。也就是说,煽动者、策划者,无论其是以信息网络的方式,如手机通信的方式,或者以其他的任何方式,只要是实施了煽动、策划非法集会、游行、示威的不法行为,且不听国家有关部门劝阻的,都要受到法律的惩处。

● 相关规定

《中华人民共和国宪法》第三十五条;《中华人民共和国刑法》第二百九十六条;《中华人民共和国集会游行示威法》第二十八条;《中华人民共和国集会游行示威法实施条例》第二十四条

第六十七条 从事旅馆业经营活动不按规定登记住宿人员姓名、有效身份证件种类和号码等信息的，或者为身份不明、拒绝登记身份信息的人提供住宿服务的，对其直接负责的主管人员和其他直接责任人员处五百元以上一千元以下罚款；情节较轻的，处警告或者五百元以下罚款。

实施前款行为，妨害反恐怖主义工作进行，违反《中华人民共和国反恐怖主义法》规定的，依照其规定处罚。

从事旅馆业经营活动有下列行为之一的，对其直接负责的主管人员和其他直接责任人员处一千元以上三千元以下罚款；情节严重的，处五日以下拘留，可以并处三千元以上五千元以下罚款：

（一）明知住宿人员违反规定将危险物质带入住宿区域，不予制止的；

（二）明知住宿人员是犯罪嫌疑人员或者被公安机关通缉的人员，不向公安机关报告的；

（三）明知住宿人员利用旅馆实施犯罪活动，不向公安机关报告的。

● 条文主旨

本条是关于旅馆业违反住宿登记管理及安全监管义务行为的处罚的规定。

● 立法背景

1. 2005年《治安管理处罚法》的规定。第五十六条规定："旅馆业的工作人员对住宿的旅客不按规定登记姓名、身份证件种类和号码的，或者明知住宿的旅客将危险物质带入旅馆，不予制止的，处二百元以上五百元以下罚款。旅馆业的工作人员明知住宿的旅客是犯罪嫌疑人员或者被公安机关通缉的人员，不向公安机关报告的，处二百元以上五百元以下罚款；情节严重的，处五日以下拘留，可以并处五百元以下罚款。"

社会主义市场经济的发展，促进了我国的人口流动，人口流动的增多是经济和社会发展到一定阶段的重要特征。旅馆业作为流动人员居住和活动的场所，加强对旅馆等公共场所的管理是维护社会治安秩序的一个重要方面。近年来，在一些地方的旅馆包括高级宾馆、饭店和单位内部的招待所等场所中，刑事案件时有发生，严重危害旅客人身财产安全。一些犯罪分子使用假证件在旅馆落足藏身，一些公安机关通缉的重大逃犯经常出没于宾馆、饭店。甚至有个别的旅馆实际上已成了卖淫嫖娼、聚众赌博、吸毒、贩毒等藏污纳垢的窝点。

一些旅馆业的工作人员单纯追求经济利益，不认真履行安全防范责任，有的对卖淫嫖娼、聚众赌博等社会丑恶现象采取放任和纵容的态度，甚至与不法分子相互勾结，从中牟利。加强对旅馆业的管理，提高预防和查控违法犯罪的能力，是充分发挥人口流动的积极作用，依法打击其中极少数的违法犯罪，维护社会治安秩序，保障社会主义市场经济顺利运行的重要管理措施。

2. 2025年修订后的《治安管理处罚法》的规定。一是将第一款中"旅馆业的工作人员对住宿的旅客不按规定登记姓名、身份证件种类和号码的，或者明知住宿的旅客将危险物质带入旅馆，不予制止的，处二百元以上五百元以下罚款"修改为"从事旅馆业经营活动不按规定登记住宿人员姓名、有效身份证件种类和号码等信息的，或者为身份不明、拒绝登记身份信息的人提供住宿服务的，对其直接负责的主管人员和其他直接责任人员处五百元以上一千元以下罚款；情节较轻的，处警告或者五百元以下罚款"。根据实践情况，完善了相关表述；增加了为身份不明、拒绝登记身份信息的人提供住宿服务的违法情形，针对实践中存在的常见违法情形，进一步明确违法行为的界限，便于实践中准确把握和操作；对行为主体作了修改，并明确对直接负责的主管人员和其他直接责任人员进行处罚；根据经济社会发展和实践情况适当提高了处罚标准，增加了对情节较轻违法行为的处罚，便于做到过罚相当。二是增加第二款"实施前款行为，妨害反恐怖主义工作进行，违反《中华人民共和国反恐怖主义法》规定的，依照其规定处罚"。与《反恐怖主义法》的规定相衔接，明确了适用《反恐怖主义法》进行处罚的限定条件和要求。解决公安机关执法实践中，援引《反恐怖主义法》的规定进行处罚时，一些情况下不符合过罚相当原则的问题。三是将原第一款、第二款部分违法行为在第三款中分三项作出规定，并对相关表述进行完善，同时增加规定"明知住宿人员利用旅馆实施犯罪活动，不向公安机关报告的"行为。实践中发现，一些隐蔽犯罪常隐藏于宾馆、酒店内，如开设赌场、容留卖淫以及电信诈骗等犯罪活动。旅馆业工作人员在日常工作中一旦发现这些行为的，应当及时向公安机关报告。增加该项有利于提高旅馆业工作人员的责任意识，进一步挤压违法犯罪发生的空间。

◗ 条文释义

本条共分三款。第一款是从事旅馆业经营活动不按规定登记住宿人员信息或者为身份不明、拒绝登记身份信息的人提供住宿服务的法律责任。

第一款包含以下几个方面内容：第一，从事旅馆业经营活动。根据《旅馆业治安管理办法》第二条的规定，凡经营接待旅客住宿的旅馆、饭店、宾馆、招待所、客货栈、车马店、浴池等（以下统称旅馆），不论是国营、集体经营，还是合伙经营、个体经营、外商投资经营；不论是专营还是兼营，不论是常年经营，还是季节性经营，都必须遵守该办法。随着经济社会的发展，传统旅馆业的范围也在逐步扩大，为进一步涵盖提供住宿服务的主体，本次修改将"旅馆业"修改为"从事旅馆业经营活动"。

第二，本条规定的违反旅馆经营管理规定的行为包括不按规定登记住宿人员姓名、有效身份证件种类和号码等信息的，或者为身份不明、拒绝登记身份信息的人提供住宿服务。加强对住宿旅客进行登记，是旅馆业管理的基本工作，同时也是预防和打击违法犯罪活动的有效手段。根据《旅馆业治安管理办法》第六条第一款的规定，旅馆接待旅客住宿必须登记。登记时，应当查验旅客的身份证件，按规定的项目如实登记。一些旅馆业的工作人员单纯追求经济利益，不认真履行安全防范责任，对住宿的旅客不按规定登记姓名、身份证件种类和号码，或者为身份不明、拒绝登记身份信息的人提供住宿服务，造成治安防范工作的漏洞。因此，加强旅馆业工作人员对旅客住宿登记的管理，是维护社会治安秩序的手段。根据该条规定，旅馆业的工作人员对住宿的旅客的登记，必须要按照国家的有关规定进行。旅馆对其接待旅客住宿进行登记时，应当查验旅客的有效身份证件，按规定的项目如实登记旅客的姓名、身份证件种类和号码。

第三，处罚的对象是从事旅馆业经营活动的直接负责的主管人员和其他直接责任人员。既包括单位经营者，也包括个人经营者；既包括作为投资人的老板、股东，也包括被老板聘用的经营管理人员。

根据第一款的规定，对从事旅馆业经营活动直接负责的主管人员和其他直接责任人员有上述所列的两种违法行为的，规定了两档处罚，即处五百元以上一千元以下罚款；情节较轻的，处警告或者五百元以下罚款。

第二款是从事旅馆业经营活动不按规定登记住宿人员信息或者为身份不明、拒绝登记身份信息的人提供住宿服务，妨害反恐怖主义工作进行的法律责任。

本款规定与《反恐怖主义法》的相关规定作了衔接。旅馆业经营者按规定登记住宿人员信息，不得为身份不明、拒绝登记身份信息的人提供住宿服务，是防范违法者利用旅馆业从事违法犯罪活动一项重要的基础工作，也是一项重要的社会治安管理工作。《反恐怖主义法》从反恐怖主义防范工作需要出发，对相关行业实名登记客户信息作了要求，并对违反登记要求的行为及相关的法律责任作了特别规定。根据《反恐怖主义法》第二十一条规定，电信、互联网、金融、住宿、长途客运、机动车租赁等业务经营者、服务提供者，应当对客户身份进行查验。对身份不明或者拒绝身份查验的，不得提供服务。第八十六条规定了法律责任，住宿、长途客运、机动车租赁等业务经营者、服务提供者未按规定对客户身份进行查验，或者对身份不明、拒绝身份查验的客户提供服务的，由主管部门处十万元以上五十万元以下罚款，并对其直接负责的主管人员和其他直接责任人员处十万元以下罚款。鉴于妨害反恐怖主义工作危害的严重性，其处罚标准要明显高于普通的违反治安管理处罚的规定，这也是符合维护国家安全、社会安全的基本要求的，是从妨害反恐怖主义工作角度作出的规定。但是，实践中在处理旅馆业登记信息相关行为时，普遍反映存在混淆两部法律对相关行为不同的性质、定位的情况。甚至有的提出，实践中《反恐怖主义法》的上述规定在执行中存在一定泛化倾向，具体适用哪一部法律，执法人员往往也比较困惑，有的带有主观随意性。为此，建议明确法律适用。总的来看，《治安管理处罚法》规定的旅馆业信息登记要求，主要是为了做好日常治安防范。而《反恐怖主义法》则主要是基于对客观存在的恐怖主义违法犯罪风险的防范。一些地方泛化反恐怖工作义务，对旅馆业经营者违反日常的社会治安管理义务的行为，按照《反恐怖主义法》的规定，处以十万元以上的罚款，这也不符合过罚相当的原则。本款明确规定，妨害反恐怖主义工作进行，违反《反恐怖主义法》规定的，依照《反恐怖主义法》的规定处罚。这里的"妨害反恐怖主义工作进行"，具体认定时，可以结合是否在反恐怖主义工作进行的特定时期、特定地区，是否给正在进行的反恐怖主义工作造成妨害和影响等因素综合判断。实践中一些地方在这方面总结出了一些经验做法。通常情况下，在反恐怖主义工作非重点地区，日常经营活动中有本条第一款行为的，应当依照本条第一款的处罚标准处罚，对不会造成恐怖主义危害后果的行为，不适用《反恐怖主义法》的规定予以处罚。

第三款是违反旅馆经营管理规定三种特定行为的法律责任。

第一，明知住宿人员违反规定将危险物质带入住宿区域，却不予制止的。我国对危险物质实行严格的管理制度，其目的是防止这些危险物质危害到公共安全。旅馆作为一个聚集着众多流动人口的地方，直接涉及公共安全，因此，

《旅馆业治安管理办法》第十一条的规定，严禁旅客将易燃、易爆、剧毒、腐蚀性和放射性等危险物品带入旅馆。也就是说，法律、法规授权旅馆业的工作人员，对住宿其旅馆的旅客将危险物质带入旅馆的行为加以制止。该项法律对旅馆业的工作人员的法律责任要求是明确的，即：一是主观上必须是明知，要求旅馆业的工作人员对旅客携带的危险物质必须是明确知道的；二是旅馆业的工作人员明知住宿旅客将危险物质带入旅馆不加制止。法律没有要求旅馆业的工作人员的这种制止行为一定要达到何种结果，但要求旅馆业的工作人员必须要履行这一职责。

第二，明知住宿人员是犯罪嫌疑人员或者被公安机关通缉的人员，不向公安机关报告的行为。针对旅馆业近年来出现的一些新情况、新问题，国家有关部门不断采取有效措施，提高预防和查控违法犯罪的能力，如不断强化技术防范和物质防范的措施，要求星级宾馆必须安装闭路电视监控系统，对大堂、电梯、楼层及其他重要部位实施全天候监控，并配专人值班；要求客房房门改用电子锁；设置旅客贵重物品存放室；在直辖市、省会市及较大的市实行旅馆业住宿登记计算机管理等措施。这些措施的实施，不仅提高了管理水平，有效地防范、打击了出现在旅馆业的违法犯罪活动。同时，也为旅馆业的工作人员及时发现犯罪分子提供了条件。适用该项规定给予处罚须满足两个条件：一是旅馆业的工作人员主观上明知住宿其旅馆的旅客是犯罪嫌疑人员或者是公安机关通缉的人员；二是不向公安机关报告。

第三，明知住宿人员利用旅馆实施犯罪活动，不向公安机关报告的行为。近些年，我国预防犯罪的社会综合治理体系不断完善，人防、技防、物防水平逐步提高，社会治安环境总体向好。一些犯罪活动在逐步减少的同时，开始转入更隐蔽的环境，旅馆业经营场所提供的便利性、私密性空间，客观上为一些犯罪分子所利用。例如，有的在旅馆开设赌场，组织、容留卖淫等，有的在旅馆内从事电信诈骗、组织传销等。《旅馆业治安管理办法》第十二条明确规定，旅馆内，严禁卖淫、嫖宿、赌博、吸毒、传播淫秽物品等违法犯罪活动。为了严厉打击可能隐藏在旅馆内的犯罪，进一步挤压犯罪活动的空间，强化从事旅馆业经营活动的报告义务和相关主管人员及直接责任人员法律责任十分必要。该项对相关人员的法律责任的要求是明确的，即：一是主观上明知住宿人员利用旅馆实施犯罪活动；二是不向公安机关报告。

第三款对从事旅馆业经营活动直接负责的主管人员和其他直接责任人员有

该款所列行为的，规定了两档处罚，即一千元以上三千元以下罚款；情节严重的，处五日以下拘留，可以并处三千元以上五千元以下罚款。这里的"情节严重"一般是指：（1）发现多名犯罪嫌疑人、被通缉人不报告的；（2）明知住宿旅客是严重暴力犯罪嫌疑人不报告的；（3）阻挠他人报告或者在公安机关调查时故意隐瞒的；（4）其他情节严重的情形。

● 实践中需要注意的问题

在该条的理解适用中，需要注意以下几个方面的问题：

第一，准确把握本条第二款关于适用《反恐怖主义法》的相关处罚标准。实践中，有的地方公安机关为了强化处罚效果，直接援引《反恐怖主义法》的规定进行处罚，或者对再次违反规定的经营者适用《反恐怖主义法》的相关处罚，在法律适用上是不恰当的。《反恐怖主义法》的相关规定，应限定在"妨害反恐怖主义工作进行"，适用于特定时期、特定地区的特殊情况，既不是加重处罚的依据，也不是处罚的兜底规定。

第二，关于第三款违反旅馆经营管理规定的三种特定行为，应注意区分不报告与参与犯罪活动的界限。有的不仅不报告，还为犯罪活动暗中提供帮助，收取报酬；有的则包庇、纵容犯罪分子，使其逃避了法律打击；有的还为犯罪活动掩饰、隐瞒犯罪所得，从中获利。对涉嫌犯罪的行为，应当依法追究刑事责任，不应以治安处罚代替刑事处罚。

● 相关规定

《中华人民共和国反恐怖主义法》第二十一条、第八十六条；《旅馆业治安管理办法》第二条、第六条、第九条、第十一条、第十二条

第六十八条 房屋出租人将房屋出租给身份不明、拒绝登记身份信息的人的，或者不按规定登记承租人姓名、有效身份证件种类和号码等信息的，处五百元以上一千元以下罚款；情节较轻的，处警告或者五百元以下罚款。

房屋出租人明知承租人利用出租房屋实施犯罪活动，不向公安机关报告的，处一千元以上三千元以下罚款；情节严重的，处五日以下拘留，可以并处三千元以上五千元以下罚款。

条文主旨

本条是关于房屋出租人违反治安管理的行为及其处罚的规定。

立法背景

1. 2005 年《治安管理处罚法》的规定。第五十七条规定："房屋出租人将房屋出租给无身份证件的人居住的，或者不按规定登记承租人姓名、身份证件种类和号码的，处二百元以上五百元以下罚款。房屋出租人明知承租人利用出租房屋进行犯罪活动，不向公安机关报告的，处二百元以上五百元以下罚款；情节严重的，处五日以下拘留，可以并处五百元以下罚款。"

一是规定了房屋出租人将房屋出租给无身份证件的人居住的，或者不按规定登记承租人姓名、身份证件种类和号码的违反治安管理行为及其处罚。二是规定了房屋出租人明知承租人利用出租房屋进行犯罪活动，不向公安机关报告的违反治安管理行为及其处罚。出租房屋管理是社会管理和治安管理的一项重要基础性工作。随着我国社会主义市场经济的不断发展，流动人口大量增加，房屋租赁业也随之得到迅速发展。人口流动的增多是经济和社会发展到一定阶段的重要特征。制定《治安管理处罚法》时，我国正处在经济迅速发展时期，在市场配置各种资源的过程中，要求包括劳动力在内的各种生产要素，按照经济规律在产业间和地区间流动。同时，我国又是一个发展中国家，由于历史和现实的多种原因，经济发展很不平衡，地区之间、城乡之间差距较大。因此，在相当长一段时期内，我国人口呈现出大范围跨区域流动的特点。这一方面对经济发展和社会进步起到了积极的促进作用；另一方面，也对社会治安管理秩序造成了很大冲击，一些不法分子利用出租房屋从事违法犯罪活动问题日益突出。2005 年制定的《治安管理处罚法》，在总结当时对出租房屋管理经验的基础上，对房屋出租人在出租房屋给他人居住时出现的几种比较严重的违反出租房屋管理规定的行为，增加了给予治安处罚的规定，即处罚款、拘留。

2. 2025 年修订后的《治安管理处罚法》的规定。这次修订根据实践情况完善了出租房屋登记身份信息的要求，并完善了处罚规定，适当提高了罚款数额。一是根据实践情况完善了出租房屋登记身份信息的要求，将第一款"无身份证件的人"修改为"身份不明、拒绝登记身份信息的人"，在"身份证件"前增加"有效"。二是将第一款规定的处罚由一档修改为情节一般和情节较轻两档，对情节较轻的，规定处警告或者五百元以下罚款，以更好地体现过罚相当、宽严相济的原则。三是根据经济社会发展情况和执法需要，适当提高了罚款数额，将第一款规定的"二百元以上五百元以下罚款"修改为"五百元以上一千元以下罚款；情节较轻的，处警告或者五百元以下罚款"；将第二款规定的"二百元以上五百元以下罚款""五百元以下罚款"分别修改为"一千元以上三千元以下罚款""三千元以上五千元以下罚款"。

● 条文释义

本条共分两款。第一款是关于房屋出租人违反国家有关规定、不认真履行其职责的行为的处罚的规定。本条处罚的对象是房屋出租人。本条规定的"房屋出租人"，是指从事旅馆业以外的以营利为目的，将属于公民本人所有和单位所有的房屋出租给他人的经营者。即本条处罚的对象"房屋出租人"既包括公民个人，也包括单位。要求房屋出租人对房屋承租人身份证件进行登记是出租房屋管理工作的一项基础工作。加强对出租房屋的管理，及时全面掌握出租房屋的底数和有关情况，严密防范和依法打击不法分子利用出租房屋进行的各类违法犯罪活动，对于保护公民的合法权益，维护社会治安秩序，促进房屋租赁业的健康发展，具有十分重要的意义。

本条第一款规定了房屋出租人的两种违反治安管理行为及相应的处罚。

一是将房屋出租给身份不明、拒绝登记身份信息的人居住的行为。根据《租赁房屋治安管理规定》，房屋出租人承担的治安责任包括：不准将房屋出租给无合法有效证件的承租人，对承租人的姓名、性别、年龄、常住户口所在地、职业或者主要经济来源、服务处所等基本情况进行登记并向公安派出所备案。同时，对房屋承租人也有明确要求，要求其在租赁房屋时，必须持有本人居民身份证或者其他合法身份证件，方可承租他人住房。房屋出租人认真查验承租人的身份证件，是其了解承租人基本情况的一项基本要求，这既是其应当履行的社会责任，也是保障其房屋出租利益的基本做法。对房屋出租人而言，这既是必须要做到的，也是容易和应该做到的。将房屋出租给身份不明、拒绝登记身份信息的人居住的行为，违反了《租赁房屋治安管理规定》，造成社会治安隐患，应当予以处罚。

二是不按规定登记承租人姓名、有效身份证件种类和号码等信息的。将承租人的姓名、有效身份证件种类和号码进行登记，是房屋出租人的一项基本工作。关于登记信息的范围、类型，根据《租赁房屋治安管理规定》，房屋出租人应当对承租人的姓名、性别、年龄、常住户口所在地、职业或者主要经济来源、服务处所等基本情况进行登记并向公安派出所备案。掌握了解房屋承租人的基本情况,其中一个重要手段就是将承租人提供的身份证件种类和号码等信息进行登记,这是确认房屋承租人身份的一项基本工作,是房屋出租人应当履行的职责。这次修订在"身份证件"前增加了"有效",要求登记的承租人身份证件应当是有效而非无效、过期的。不按规定登记承租人姓名、有效身份证件种类和号码等信息的行为,也违反了《租赁房屋治安管理规定》,造成社会治安隐患,应当予以处罚。

本款对上述两种行为规定了处罚,即处五百元以上一千元以下罚款;情节较轻的,处警告或者五百元以下罚款。这里规定的"情节较轻",包括初次违法、及时纠正、防止治安隐患发生等,具体情形可由公安机关根据实际情况,按照宽严相济、过罚相当的原则掌握。

第二款是关于房屋出租人明知承租人利用出租屋犯罪不报的规定。本款对出租人明知承租人利用出租房屋进行犯罪活动,不向公安机关报告的行为,规定了处罚方式。不法分子利用出租房屋进行违法犯罪活动是长期以来在房屋出租行业中一个比较突出的问题,必须切实加以解决,尽可能压缩违法犯罪的空间。根据《租赁房屋治安管理规定》,房屋出租人发现承租人有违法犯罪活动或者有违法犯罪嫌疑的,应当及时报告公安机关。根据本款规定,对房屋出租人实施本款规定的治安处罚的条件为:一是出租人主观上必须是明知。房屋出租人对房屋承租人利用出租房屋进行的犯罪活动不知道的不属于本款规定情形。二是承租人必须是利用出租人出租的房屋实施犯罪活动,不包括不构成犯罪的违法活动。如承租人利用其承租的房屋进行组织、介绍、容留他人卖淫或者开设赌场进行赌博等犯罪活动。如果承租人进行的犯罪活动不是在其承租的房屋里进行,而是在其他地点,房屋出租人虽没有报告,也不属于本条规定的该处罚行为。三是出租人不向公安机关报告。发现承租人利用出租房屋进行犯罪活动,及时向公安机关报告,是房屋出租人应当履行的法定义务,违反该义务应当承担法律责任。

本款对上述违反治安管理的行为规定了两档处罚,即处一千元以上三千元以下罚款;情节严重的,处五日以下拘留,可以并处三千元以上五千元以下罚款。这里规定的"情节严重",一般是指房屋承租人利用出租房屋进行犯罪活动,造成较严重后果的,阻挠他人报告或者在公安机关调查时故意隐瞒的等情形。这里的罚款规定的是"可以"并处罚款,对此也应根据案件的具体情况确定。

实践中需要注意的问题

在本条的理解适用中，需要注意以下几个方面的问题：

第一，本条规定的目的是加强出租房屋管理，防范和化解治安隐患，而非仅仅进行处罚。公安机关应当会同有关部门、基层组织，加强日常管理和基层基础工作，不能只依靠处罚，也不能在违法情形比较普遍的情况下选择性执法。

第二，适用本条第二款规定进行处罚，要做到主客观相统一，实现不枉不纵，既不能放纵不管，也不能一发生出租屋内的犯罪活动，就一律对出租人追责，房屋出租人对承租人利用出租房屋进行犯罪活动知情而不举报是处罚房屋出租人的必要条件，出租人主观上不"明知"的，不能适用本款处罚。

相关规定

《租赁房屋治安管理规定》第七条至第九条、第十一条；《违反公安行政管理行为的名称及其适用意见》第一百二十六项至第一百二十八项

第六十九条 娱乐场所和公章刻制、机动车修理、报废机动车回收行业经营者违反法律法规关于要求登记信息的规定，不登记信息的，处警告；拒不改正或者造成后果的，对其直接负责的主管人员和其他直接责任人员处五日以下拘留或者三千元以下罚款。

条文主旨

本条是关于娱乐场所和公章刻制、机动车修理等行业经营者违反登记信息制度的行为及其处罚的规定。

立法背景

本条是 2025 年修订后的《治安管理处罚法》新增加的规定。

娱乐场所、机动车修理等行业，既有满足人民群众精神文化、生产生活需求，为公众提供便利服务的积极作用，也容易被黄赌毒，诈骗，盗窃，掩饰、隐瞒犯罪所得等违法犯罪活动所利用，造成治安隐患，危害社会秩序。长期以来，这些行业都是作为"特种行业"，除接受市场相关监管部门的管理外，还需接受公安机关从治安角度的监督管理。公安机关对这些特种行业的治安监督管理，重要的一项制度就是登记信息制度，要求这些行业的经营者依照规定登记留存有关顾客、从业人员或者物品的信息，作为治安管理的基础数据留存备

查。这样要求一方面可以为发生违法犯罪案件后的调查、侦查工作提供线索；另一方面也可以对企图利用这些行业进行违法犯罪活动的人员起到一定的震慑作用。

这次修订《治安管理处罚法》以前，对于娱乐场所和公章刻制、机动车修理等行业的登记信息制度，国务院和有关部门已经制定了一些行政法规、部门规章，要求这些行业的经营者建立登记信息制度，并规定了相应的处罚条款，经过实践检验取得了较好的实施效果。

对娱乐场所，国务院 2020 年 11 月修订的《娱乐场所管理条例》第二十五条规定，娱乐场所应当与从业人员签订文明服务责任书，并建立从业人员名簿；从业人员名簿应当包括从业人员的真实姓名、居民身份证复印件、外国人就业许可证复印件等内容。娱乐场所应当建立营业日志，记载营业期间从业人员的工作职责、工作时间、工作地点；营业日志不得删改，并应当留存 60 日备查。第五十条规定，娱乐场所未按照该条例规定建立从业人员名簿、营业日志，或者发现违法犯罪行为未按照该条例规定报告的，由县级人民政府文化主管部门、县级公安部门依据法定职权责令改正，给予警告；情节严重的，责令停业整顿 1 个月至 3 个月。公安部 2008 年 4 月制定的《娱乐场所治安管理办法》第二十六条规定，娱乐场所应当按照国家有关信息化标准规定，配合公安机关建立娱乐场所治安管理信息系统，实时、如实将从业人员、营业日志、安全巡查等信息录入系统，传输报送公安机关。第四十四条规定，娱乐场所违反该办法第二十六条规定的，由县级公安机关责令改正，给予警告；经警告不予改正的，处 5000 元以上 1 万元以下罚款。

对公章刻制业，国务院 2024 年 12 月修改后的《印铸刻字业暂行管理规则》第五条规定，凡经营印铸刻字业者，均须遵守下列事项：公章刻制经营者应当核验刻制公章的证明材料，采集用章单位、公章刻制申请人的基本信息，并应当在刻制公章后 1 日内，将用章单位、公章刻制申请人等基本信息及印模、刻制公章的证明材料报所在地县级人民政府公安机关备案。凡经营印铸刻字业者，均需备制营业登记簿，以备查验。遇有下列情形之一者，须迅速报告当地人民公安机关：（1）伪造或仿造布告、护照、委任状、袖章、符号、胸章、证券及各机关之文件等。（2）私自定制各机关、团体、学校、公营企业之钢印、火印、徽章、证明、号牌或仿制者。（3）遇有定制非法之团体、机关戳记、印件、徽章或仿制者。（4）印制反对人民民主、生产建设及宣传封建等各种反动印刷品者。第七条第二款规定，违反本规则第五条第一项规定的，由公安机关责令限期改正，予以警告；逾期不改正的，责令停业整顿1个月至3个月，对公章刻制经营者并处5000元以上5万元以下罚款，对直接负责的主管人员和其他直接责任人员处500元以上5000元以下罚款；情节较重的，由市场监管部门吊销营业执照。

对机动车修理、报废机动车回收行业经营者，公安部1999年3月制定的《机动车修理业、报废机动车回收业治安管理办法》第六条规定，机动车修理企业和个体工商户、报废机动车回收企业，必须建立承修登记、查验制度，并接受公安机关的检查。第七条规定，机动车修理企业和个体工商户承修机动车应如实登记下列项目：（1）按照机动车行驶证项目登记送修车辆的号牌、车型、发动机号码、车架号码、厂牌型号、车身颜色；（2）车主名称或姓名、送修人姓名和居民身份证号码或驾驶证号码；（3）修理项目（事故车辆应详细登记修理部位）；（4）送修时间、收车人姓名。第八条规定，报废机动车回收企业回收报废机动车应如实登记下列项目：（1）报废机动车车主名称或姓名、送车人姓名、居民身份证号码；（2）按照公安交通管理部门出具的机动车报废证明登记报废车车牌号码、车型、发动机号码、车架号码、车身颜色；（3）收车人姓名。第十四条规定，承修机动车或回收报废机动车不按规定如实登记的，对机动车修理企业和个体工商户处五百元以上三千元以下罚款；对报废机动车回收企业按照《废旧金属收购业治安管理办法》第十一条第五项规定处罚。对机动车修理企业和报废机动车回收企业的主管人员和其他直接责任人员处警告或五百元以下罚款。

值得注意的是，国务院2024年12月修改《印铸刻字业暂行管理规则》时，按照"放管服"改革和减少行政许可的精神，将印铸刻字业由先向公安机关申请许可，再向市场监管部门申领营业执照，改为取得市场监管部门核发的营业执照后，将有关信息材料向公安机关备案。

从实践情况来看，上述特种行业登记信息的规定执行情况总体是好的，但也存在一些落实不到位而造成治安隐患，甚至发生违法犯罪活动、妨碍对违法犯罪活动的调查、侦查的问题。另外，根据《立法法》《行政处罚法》的规定，限制人身自由的处罚，只能由法律规定。为保障上述规定中登记信息制度的实施，也体现过罚法相当的原则，这次修订《治安管理处罚法》，增加了关于娱乐场所和公章刻制、机动车修理行业经营者违反登记信息制度的行为及其处罚的规定。

条文释义

本条规定了三类行业经营者违反登记信息制度的违法行为。一是娱乐场所经营者违反法律法规关于要求登记信息的规定，不登记信息的行为。主要是指违反《娱乐场所管理条例》和《娱乐场所治安管理办法》的相关规定，不登记有关信息的行为。二是公章刻制行业经营者违反法律法规关于要求登记信息的规定，不登记信息的行为。主要是指违反《印铸刻字业暂行管理规则》的相关规定，不登记有关信息的行为。三是机动车修理行业、报废机动车回收行业经营者违反法律法规关于要求登记信息的规定，不登记信息的行为。主要是指违反《机动车修理业、报废机动车回收业治安管理办法》的相关规定，不登记有关信息的行为。

本条对上述违法行为规定了两档处罚，对有上述违法行为的，处警告；对于拒不改正或者造成后果的，对其直接负责的主管人员和其他直接责任人员处五日以下拘留或者三千元以下罚款。这里规定的"造成严重后果"，主要是指因违规导致发生严重的违法犯罪案件，给社会治安和人民群众利益造成重大损害等。例如，违反规定为他人刻制公章，导致诈骗等案件的发生；娱乐场所、机动车修理行业经营者违反登记信息的规定，导致案件追查线索的中断，甚至发生重大案件等。

实践中需要注意的问题

在本条的理解适用中，需要注意以下几个方面的问题：

第一，本条规定是为了保障有关法规、规章规定的登记信息制度的有效实施，并没有创设新的登记信息制度。公安机关和有关主管部门在执行本条规定时，要严格依照有关规定确定经营者的登记信息义务，既不缩小，也不扩大，在维护社会治安秩序的同时维护信息安全和营商环境。

第二，本条规定的目的是加强特种行业管理，防范和化解治安隐患，而非仅仅进行处罚。公安机关应当会同有关部门，加强日常管理，不能只依靠处罚。对于违法的经营者，也应当在处警告的同时督促其改正，对被警告后及时改正的经营者，不应再按第二档规定处以拘留、罚款。

第三，本条规定的是对违反治安管理职责的治安处罚，对相关经营者的其他行政处罚，如停业整顿，可以由相应的执法主体按照相应法规、规章的规定依法适用。

相关规定

《娱乐场所管理条例》第二十五条、第五十条；《娱乐场所治安管理办法》第二十六条、第四十四条；《印铸刻字业暂行管理规则》第五条、第七条；《机动车修理业、报废机动车回收业治安管理办法》第六条至第八条、第十四条

第七十条 非法安装、使用、提供窃听、窃照专用器材的，处五日以下拘留或者一千元以上三千元以下罚款；情节较重的，处五日以上十日以下拘留，并处三千元以上五千元以下罚款。

条文主旨

本条是关于非法安装、使用、提供窃听、窃照专用器材的规定。

立法背景

本条是 2025 年修订后的《治安管理处罚法》新增加的规定。

近年来，随着电子信息技术的不断发展，不法分子利用窃听、窃照专用器材从事违法犯罪活动的情况趋于严重，窃听、窃照专用器材的生产、销售、提供、安装、非法使用者之间形成了违法犯罪利益链条。密拍密录、跟踪定位等窃听、窃照专用器材功能越来越强、种类繁多、市场庞大、社会危害后果严重：有的窃听、窃照专用器材隐蔽性很强，被伪装成日常生活中的各种物品；有的窃听、窃照专用器材可以全天候、不间断地远距离窃取他人信息；利用窃听、窃照专用器材从事非法调查、非法讨债、绑架等违法犯罪活动的情况比较严重。非法安装、使用、提供窃听、窃照专用器材的行为，严重侵害公民的隐私等人身权利，扰乱社会管理秩序，有的还危及公共安全和国家安全。在电子信息技术快速发展的背景下，一些新出现的窃听、窃照专用器材，其性能、微型化程度等技术指标直逼昔日的间谍专用器材，其所带来的社会危害，并不明显小于间谍专用器材。为惩治涉及窃听、窃照专用器材的有关违法犯罪活动，1997 年《刑法》第二百八十四条规定了非法使用窃听、窃照专用器材罪，规定非法使用窃听、窃照专用器材，造成严重后果的，处二年以下有期徒刑、拘役或者管制。2015 年 8 月通过的《刑法修正案（九）》，在第二百八十三条规定了非法生产、销售窃听、窃照专用器材罪，规定非法生产、销售窃听、窃照专用器材的，处三年以下有期徒刑、拘役或者管制，并处或者单处罚金；情节严重的，处三年以上七年以下有期徒刑，并处罚金。单位犯该罪的，对单位判

处罚金，并对其直接负责的主管人员和其他直接责任人员，依照上述规定处罚。从《刑法修正案（九）》实施后的效果来看，《刑法》的有关规定有效地惩治和遏制了涉窃听、窃照专用器材相关犯罪活动，取得了较好的法律效果和社会效果。

修订《治安管理处罚法》的过程中，有关方面提出，为更好地依法惩治窃听、窃照专用器材相关违法犯罪活动，需要与《刑法》第二百八十三条、第二百八十四条的规定相衔接，补充完善《治安管理处罚法》。一是，《刑法》第二百八十三条规定了非法生产、销售窃听、窃照专用器材罪，该条规定的"销售"是指以营利为目的的出售。对于非法安装窃听、窃照专用器材，以及不以营利为目的，非法提供窃听、窃照专用器材的行为，虽然不构成犯罪，但也有一定的社会危害性，应当予以治安管理处罚。二是，《刑法》第二百八十四条规定的非法使用窃听、窃照专用器材罪，有"造成严重后果"的入罪门槛。对于非法使用窃听、窃照专用器材，尚未造成严重后果的行为，虽然尚不构成犯罪，但也有一定的社会危害性，应当予以治安管理处罚。例如，一些旅馆、民宿中非法安装、使用的针孔摄像头偷拍旅客隐私，一些"私人侦探"机构私自安装窃听器窃听他人，但尚未造成构成犯罪的严重后果等。经研究论证，这次修订后的《治安管理处罚法》，增加了非法安装、使用、提供窃听、窃照专用器材的相关规定。

条文释义

本条规定的违反治安管理行为是非法安装、使用、提供窃听、窃照专用器材。构成本条规定的治安管理行为，要求行为人在主观上是故意，即明知自己无权安装、使用、提供窃听、窃照专用器材而安装、使用、提供窃听、窃照专用器材。至于行为人出于何种动机，如窥探他人隐私或窃取他人商业机密等，不影响本条规定的违法行为成立。本条规定的"窃听、窃照专用器材"，是指具有窃听、窃照功能，并专门用于窃听、窃照的器材，如专门用于窃听、窃照的窃听器、微型录音机、微型照相机等。所谓"窃听"，是指使用专用器材、设备，在当事人未察觉、不知晓或无法防范的情况下，偷听其谈话或者通话以及其他活动的行为。所谓"窃照"，是指使用专用器材、设备，对窃照对象的形象或活动进行的秘密拍照摄录活动。根据原国家工商总局、公安部、原国家质检总局于 2014 年 12 月制定的《禁止非法生产销售使用窃听窃照专用器材和"伪基站"设备的规定》第三条的规定，窃听专用器材，是指以伪装或者隐蔽方式使用，经公安机关依法进行技术检测后作出认定性结论，有以下情形之一的：(1) 具有无线发射、接收语音信号功能的发射、接收器材；(2) 微型语音信号拾取或者录制设备；(3) 能够获取无线通信信息的电子接收器材；(4) 利用搭接、感应等方式获取通讯线路信息的器材；(5) 利用固体传声、光纤、微波、激光、红外线等技术获取语音信息的器材；(6) 可遥控语音接收器件或者电子设备中的语音接收功能，获取相关语音信息，且无明显提示的器材（含软件）；(7) 其他具有窃听功能的器材。根据该规定第4条的规定，窃照专用器材，是指以伪装或者隐蔽方式使用，经公安机关依法进行技术检测后作出认定性结论，有以下情形之一的：(1) 具有无线发射功能的照相、摄像器材；(2) 微型针孔式摄像装置以及使用微型针孔式摄像装置的照相、摄像器材；(3) 取消正常取景器和回放显示器的微小相机和摄像机；(4) 利用搭接、感应等方式获取图像信息的器材；(5) 可遥控照相、摄像器件或者电子设备中的照相、摄像功能，获取相关图像信息，且无明显提示的器材（含软件）；(6) 其他具有窃照功能的器材。

本条规定了三种具体的违反治安管理行为：一是非法安装窃听、窃照专用器材；二是非法使用窃听、窃照专用器材；三是非法提供窃听、窃照专用器材。这里规定的"非法"，是指未经有关主管部门批准、许可，擅自安装、使用、提供窃听、窃照专用器材，或者虽经有关主管部门批准、许可，但在实际安装、使用、提供过程中违反有关主管部门关于数量、规格、范围、对象、时间等要求，非法、越权安装、使用、提供的行为。这里规定的"提供"，是指不以营利为目的，将窃听、窃照专用器材提供给他人的行为。

本条对非法安装、使用、提供窃听、窃照专用器材的违反治安管理行为规定了两档处罚。对一般违法行为，处五日以下拘留或者一千元以上三千元以下罚款；对情节较重的，处五日以上十日以下拘留，并处三千元以上五千元以下罚款。这里规定的"情节较重"，包括非法安装、使用、提供的窃听、窃照专用器材数量较多，给国家安全、社会公共利益、公民合法权益造成的损害较大等。

● **实践中需要注意的问题**

在本条的理解适用中，需要注意以下几个方面的问题：

第一，本条与《刑法》有关规定的关系。《刑法》第二百八十三条规定了非法生产、销售窃听、窃照专用器材罪，本条规定的非法安装、提供窃听、窃照专用器材的行为与《刑法》该条规定是衔接关系。非法安装、提供窃听、窃照专用器材的行为与非法生产、销售窃听、窃照专用器材的行为相比社会危害性相对较小,可不追究刑事责任,依照本条规定给予治安处罚。《刑法》第二百八十四条规定了非法使用窃听、窃照专用器材罪,本条规定的非法使用窃听、窃照专用器材的行为与《刑法》该条规定是衔接关系。非法使用窃听、窃照专用器材,造成严重后果的,依照《刑法》规定追究刑事责任;尚未造成严重后果的,依照本条规定给予治安处罚。

第二,适用中注意,本条规定了两档处罚,要根据案件的具体情况和过罚相当的原则统筹适用。对于情节较重的,处五日以上十日以下拘留,并处三千元以上五千元以下罚款。对于一般违法的,处五日以下拘留或者一千元以上三千元以下罚款,这里的拘留和罚款是选择适用,并不是都要予以拘留处罚。

第三,本条与本法其他规定的关系。本法第五十条第一款第六项规定了偷窥、偷拍、窃听、散布他人隐私的行为。以本条规定的行为为手段,偷窥、偷拍、窃听、散布他人隐私的,按照本法第五十条第一款第六项规定处罚。

● **相关规定**

《中华人民共和国刑法》第二百八十三条、第二百八十四条;《禁止非法生产销售使用窃听窃照专用器材和"伪基站"设备的规定》第三条、第四条、第十一条

第七十一条 有下列行为之一的,处一千元以上三千元以下罚款;情节严重的,处五日以上十日以下拘留,并处一千元以上三千元以下罚款:

(一)典当业工作人员承接典当的物品,不查验有关证明、不履行登记手续的,或者违反国家规定对明知是违法犯罪嫌疑人、赃物而不向公安机关报告的;

(二)违反国家规定,收购铁路、油田、供电、电信、矿山、水利、测量和城市公用设施等废旧专用器材的;

(三)收购公安机关通报寻查的赃物或者有赃物嫌疑的物品的;

(四)收购国家禁止收购的其他物品的。

● **条文主旨**

本条是关于典当业、废旧金属收购业等违反治安管理行为及其处罚的规定。

立法背景

1. 2005年《治安管理处罚法》的规定。第五十九条规定："有下列行为之一的，处五百元以上一千元以下罚款；情节严重的，处五日以上十日以下拘留，并处五百元以上一千元以下罚款：（一）典当业工作人员承接典当的物品，不查验有关证明、不履行登记手续，或者明知是违法犯罪嫌疑人、赃物，不向公安机关报告的；（二）违反国家规定，收购铁路、油田、供电、电信、矿山、水利、测量和城市公用设施等废旧专用器材的；（三）收购公安机关通报寻查的赃物或者有赃物嫌疑的物品的；（四）收购国家禁止收购的其他物品的。"

2005年制定《治安管理处罚法》前一些年，为了获取不义之财，一些违法犯罪分子大肆偷盗国家铁路、油田、供电、电信、矿山、水利、测量和城市公用设施等专用器材，并通过典当业、废旧金属收购业等销赃变现，给经济建设和人民群众的正常生活带来严重损害。为了惩治这些不法分子和其他盗窃、抢夺等违法犯罪活动，一方面对这些违法犯罪分子要绳之以法，追究其法律责任；另一方面还要加强对特殊行业的管理，特别是典当业、废旧金属收购业等，这些行业如果管理松弛往往会成为违法犯罪分子销赃的地点和场所。2005年制定的《治安管理处罚法》，从加强对这些行业管理，阻止违法犯罪分子销赃途径的角度，对典当业、废旧金属收购业等出现的违反治安管理行为和处罚作出规定。

2. 2025年修订后的《治安管理处罚法》的规定。这次修订对原《治安管理处罚法》第五十九条作了修改完善，根据实践情况完善了处罚规定，适当提高罚款数额。一是，适当提高了罚款数额，将一般违法行为和情节严重的"五百元以上一千元以下罚款"修改为"一千元以上三千元以下罚款"。二是对典当业工作人员违反治安管理行为的构成条件作了部分修改，对不查验有关证明、不履行登记手续的情形，删去了"不向公安机关报告的"条件；完善了明知是违法犯罪嫌疑人、赃物，不向公安机关报告的行为规定，增加了"违反国家规定"的行为特征。

条文释义

本条分四项规定了四类典当业、废旧金属收购业等违反治安管理行为及其处罚。

第一项是关于典当业工作人员违法承接典当物品和发现违法犯罪嫌疑人、

赃物不报告的规定。典当业是我国传统的一种金融业，典当行即历史上的当铺。其经营活动的特点主要是，典当行将当物人所当物品按照约定定期保管并支付所当物品价值相当的钱款，待当物人用钱款赎回时收取一定的保管费用。如果当物人如期不能赎回，典当行就有权按双方事先的约定将其所当物品任意处置。在实际生活中，典当业在给人民群众带来方便的同时，由于其经营活动所具有的利用物品可以直接兑现的特点，如果不加以规范，会使违法犯罪分子有可乘之机，就有可能将非法获得的物品进行典当，获取钱财。为了不使典当业成为违法犯罪分子的销赃场所，应当对典当业的经营活动进行严格的规范。

本条第一项规定的"典当业工作人员承接典当的物品，不查验有关证明、不履行登记手续的，或者违反国家规定对明知是违法犯罪嫌疑人、赃物而不向公安机关报告的"，就是对典当业工作人员在经营活动过程中的违反治安管理行为作出的规定。其中，"典当业工作人员"包括典当业经营者和典当业的其他工作人员。为了规范典当业的经营活动，商务部、公安部于2005年2月颁布了《典当管理办法》，1995年通过的《典当业治安管理办法》同时废止。《典当管理办法》继续将典当业作为特种行业管理。该办法第三十五条规定：办理出当与赎当，当户均应当出具本人的有效身份证件。当户为单位的，经办人员应当出具单位证明和经办人的有效身份证件；委托典当中，被委托人应当出具典当委托书、本人和委托人的有效身份证件。除前款所列证件外，出当时，当户应当如实向典当行提供当物的来源及相关证明材料。赎当时，当户应当出示当票。典当行应当查验当户出具的本条第二款所列证明文件。第五十一条规定，典当行应当如实记录、统计质押当物和当户信息，并按照所在地县级以上人民政府公安机关的要求报送备查。这两条明确规定了典当业工作人员在承接典当的物品时，应当首先查验当户的各种有效证件，并履行严格的登记手续，同时还要查验当户所出具的各种有效证件的真实性。只要严格地按照这些规定从事典当活动，违法犯罪分子就难有可乘之机，典当业也就不会成为他们的销赃之地。但是如果典当业工作人员不认真遵守这些规定，在承接典当物品时，不按规定查验有关证明、不履行登记手续，就容易被违法犯罪分子利用，给社会治安带来不利影响，构成本条第一项的违反治安管理行为。需要注意的是，对典当业工作人员承接典当的物品，不查验有关证明、不履行登记手续的情形，本次《治安管理处罚法》修订删去了之前"不向公安机关报告的"条件。

《典当管理办法》第五十二条规定，典当行发现公安机关通报协查的人员或者赃物的，应当立即向公安机关报告有关情况。这一规定要求典当业的工作人员在经营活动中，如果发现违法犯罪嫌疑人或者赃物，有义务向公安机关报告。由于典当业经营活动的特点，违法犯罪分子往往企图通过典当活动进行销赃。正因为如此，规定典当业工作人员负有向公安机关通报有关情况的义务也是应当的。如果典当业工作人员不履行此项义务，违反《典当管理办法》的规定，对明知是违法犯罪嫌疑人或者赃物知情不报的，即不按规定向公安机关报告的，按照本项的规定也构成了违反治安管理的行为。

按照本条第一项规定，上述两种典当业工作人员违反治安管理的行为，应当受到一千元以上三千元以下罚款的处罚；情节严重的，还要接受五日以上十日以下拘留，并处一千元以上三千元以下罚款的处罚。"情节严重"主要是指多次不履行查验有关证明和登记手续的行为，没有健全的查验、登记制度，甚至在有关部门提出后，仍不按规定改进，贻误时机使违法犯罪嫌疑人逃脱，多次发现违法犯罪嫌疑人或者赃物而不向公安机关报告的情况等。

第二项是关于违法收购废旧专用器材的规定。本条第二项、第三项、第四项规定的都是废旧金属收购业等的违反治安管理行为。1994年《废旧金属收购业治安管理办法》曾将废旧金属收购业作为特种行业进行管理，收购生产性废旧金属的企业需要向所在地县级人民政府公安机关申请核发特种行业许可证。2023年7月，国务院公布《国务院关于修改和废止部分行政法规的决定》，根据相应修订的《废旧金属收购业治安管理办法》，废旧金属收购业不再纳入特种行业管理。废旧金属收购业是指专门收购废旧金属的废旧物品收购业。由于这一行业的经营活动具有以物兑现的特点，往往也是违法犯罪分子进行销赃的渠道。在生产建设过程中产生的废旧金属，经过回收处理变废为宝，本身是符合科学发展规律的，但实践中有许多违法犯罪分子受利益驱使，盗窃国家生产建设中正在使用的各种金属设备、仪器，并作为废旧金属出卖给废旧金属收购部门以获得不义之财。这些违法犯罪行为，一方面，给国家生产建设和人民生活造成严重破坏，需要给予严厉惩治；另一方面，加强对废旧金属等收购业的管理尤其显得重要。切断这些违法犯罪分子的销赃后路，是配合打击盗窃国家生产建设物资设备行为的有效之举。为了进一步规范、优化对废旧金属收购业的管理，国务院于2023年7月修订了《废旧金属收购业治安管理办法》。该办法第六条规定，在铁路、矿区、油田、港口、机场、施工工地、军事禁区和金属冶炼加工企业附近，不得设点收购废旧金属。本条第二项规定，"违反国家规定，收购铁路、油田、供电、电信、矿山、水利、测量和城市公用设施等废旧专用器材的"。这里规定的铁路、油田、供电、电信、矿山、水利、测量和城市公用设施等废旧专用器材，主要是指生产性废旧金属。废旧金属收购业在收购上述生产性废旧金属时应当遵守国家规定。这里的"国家规定"主要是指《废旧金属收购业治安管理办法》等行政法规及相关法律。《废旧金属收购业治安管理办法》第七条规定，收购废旧金属的企业在收购生产性废旧金属时，应当查验出售单位开具的证明，对出售单位的名称和经办人的姓名、住址、身份证号码以及物品的名称、数量、规格、新旧程度等如实进行登记。这是废旧金属收购业在收购废旧金属时所必须遵守的必经程序。如果不严格按照这些规定办理收购，就会给违法犯罪分子以可乘之机。特别是对本项规定的国家铁路、油田、供电、电信、矿山、水利、测量和城市公用设施等废旧专用器材的收购，更应当认真按照规定履行登记手续。因为这些都是属于国家大型、重点生产、建设部门的设备或设施。只有经过认真登记检查，才能发现所收购的物资是否属于生产建设中自然淘汰下来的废旧金属。另外，有关法律、行政法规对废旧金属收购业的经营活动有其他规定的，废旧金属收购业经营者都必须认真遵守和执行。如果废旧金属收购业的经营者，不按上述规定认真履行登记手续，就构成本项规定的违反治安管理行为。

　　第三项是关于收购赃物、有赃物嫌疑的物品的规定。本条第三项规定，"收购公安机关通报寻查的赃物或者有赃物嫌疑的物品的"。这里规定的"公安机关通报寻查的赃物"，主要是指由丢失物品的单位或者个人向公安机关报告，公安机关经过侦查确认并向废旧金属收购业、废旧物品收购业发出通报的物品。"有赃物嫌疑的物品"是指公安机关通报寻查的其他涉嫌被盗、被抢或被骗的物品。根据《废旧金属收购业治安管理办法》第九条第一款规定，收购废旧金属的企业和个体工商户发现有出售公安机关通报寻查的赃物或者有赃物嫌疑的物品的，应当立即报告公安机关。另外，本项的规定也包括废旧物品收购业收购公安机关通报寻查的赃物或者有赃物嫌疑的物品的行为。

　　第四项是关于收购国家禁止收购的其他物品的规定。这里规定的"国家禁止收购的其他物品"主要是指国家法律、行政法规明令禁止收购的物品。如《废旧金属收购业治安管理办法》第八条规定了枪支、弹药等不得收购的金属物品。如果废旧金属收购业者收购该条规定的物品，就属于本项规定的违反治安管理行为。

根据本条规定，废旧金属收购业等人员构成上述三项违反治安管理行为的，处一千元以上三千元以下罚款；情节严重的，处五日以上十日以下拘留，并处一千元以上三千元以下罚款的处罚。这里规定的"情节严重"，对于本条第一项规定的行为，一般包括违法承接典当物品较多的，违法承接典当物品价值较大的，涉及赃物数量较多或者价值较大不报告的，发现严重暴力犯罪嫌疑人不报告的，阻挠他人报告或者在公安机关调查时故意隐瞒的，其他情节严重的情形。对于本条第二项规定的行为，一般包括违法收购数量较大或者价值较高的，造成较重危害后果的，其他情节严重的情形。对于本条第三项规定的行为，一般包括收购赃物、有赃物嫌疑的物品价值达到有关司法解释认定构成《刑法》第三百一十二条第一款规定的掩饰、隐瞒犯罪所得罪定罪数额的百分之五十以上的，影响公安机关办案或者造成其他较重危害后果的，造成收购的赃物或者有赃物嫌疑的物品损毁、无法追回的，物品属于公共设施或者救灾、抢险、防汛等物资的，其他情节严重的情形。对于本条第四项规定的行为，一般包括违法收购数量较大或者价值较高的，造成较重危害后果的，其他情节严重的情形。

● **实践中需要注意的问题**

实践中需要注意的是，本条规定的收购赃物、有赃物嫌疑的物品与《刑法》第三百一十二条规定的掩饰、隐瞒犯罪所得、犯罪所得收益罪的关系。《刑法》第三百一十二条规定的"明知是犯罪所得及其产生的收益而予以窝藏、转移、收购、代为销售或者以其他方法掩饰、隐瞒的"行为包括收购赃物的行为。对于收购赃物但情节显著轻微，不属于犯罪行为的，可以按照本条给予治安处罚。本条规定的"情节严重"，也是在不构成犯罪的前提下相对于其他较轻情节而言的。

● **相关规定**

《典当管理办法》第三十五条、第五十一条、第五十二条；《废旧金属收购业治安管理办法》第六条至第九条；《违反公安行政管理行为的名称及其适用意见》第一百三十项至第一百三十四项；《中华人民共和国刑法》第三百一十二条

第七十二条 有下列行为之一的，处五日以上十日以下拘留，可以并处一千元以下罚款；情节较轻的，处警告或者一千元以下罚款：

（一）隐藏、转移、变卖、擅自使用或者损毁行政执法机关依法扣押、查封、冻结、扣留、先行登记保存的财物的；

（二）伪造、隐匿、毁灭证据或者提供虚假证言、谎报案情，影响行政执法机关依法办案的；

（三）明知是赃物而窝藏、转移或者代为销售的；

（四）被依法执行管制、剥夺政治权利或者在缓刑、暂予监外执行中的罪犯或者被依法采取刑事强制措施的人，有违反法律、行政法规或者国务院有关部门的监督管理规定的行为的。

● 条文主旨

本条是关于妨害行政执法秩序和违反刑事监督管理规定的违反治安管理行为及其处罚的规定。

● 立法背景

1. 2005 年《治安管理处罚法》的规定。第六十条规定："有下列行为之一的，处五日以上十日以下拘留，并处二百元以上五百元以下罚款：（一）隐藏、转移、变卖或者损毁行政执法机关依法扣押、查封、冻结的财物的；（二）伪造、隐匿、毁灭证据或者提供虚假证言、谎报案情，影响行政执法机关依法办案的；（三）明知是赃物而窝藏、转移或者代为销售的；（四）被依法执行管制、剥夺政治权利或者在缓刑、保外就医等监外执行中的罪犯或者被依法采取刑事强制措施的人，有违反法律、行政法规和国务院公安部门有关监督管理规定的行为。"

根据《行政处罚法》及有关法律的规定，行政执法机关在查处行政违法案件时，可以扣押、查封、冻结涉案的有关财物，并收集有关证据等。司法机关在办理有关案件时，也需要依法追缴有关赃物。《刑法》规定，被判处管制、剥夺政治权利或者在缓刑、暂予监外执行中的罪犯或者被依法采取刑事强制措施的人，应当遵守法律、行政法规的规定和有关监督管理规定。违反这些规定，都会对行政执法活动及有关司法活动造成干扰和损害，甚至会放纵犯罪行为。对于这些干扰和破坏行政执法及司法秩序的行为，有必要给予相应的处罚以维护正常的执法秩序。2005 年制定的《治安管理处罚法》，根据维护行政执法和司法活动秩序的需要，规定了四类妨害执法秩序的违反治安管理行为及其处罚。

2. 2012年修改后的《治安管理处罚法》的规定。第六十条规定："有下列行为之一的，处五日以上十日以下拘留，并处二百元以上五百元以下罚款：（一）隐藏、转移、变卖或者损毁行政执法机关依法扣押、查封、冻结的财物的；（二）伪造、隐匿、毁灭证据或者提供虚假证言、谎报案情，影响行政执法机关依法办案的；（三）明知是赃物而窝藏、转移或者代为销售的；（四）被依法执行管制、剥夺政治权利或者在缓刑、暂予监外执行中的罪犯或者被依法采取刑事强制措施的人，有违反法律、行政法规或者国务院有关部门的监督管理规定的行为。"

2011年通过的《刑法修正案（八）》删去了被判处管制的犯罪分子"由公安机关执行"的规定，对被宣告缓刑、假释的犯罪分子，删去了在考验期限内，由公安机关考察或监督的规定。2012年修改后的《刑事诉讼法》第二百五十八条规定，对被判处管制、宣告缓刑、假释或者暂予监外执行的罪犯，依法实行社区矫正，由社区矫正机构负责执行。根据以上规定，对被判处管制、宣告缓刑或者暂予监外执行的罪犯的监管职责，由公安机关转为社区矫正机构承担。各级人民政府司法行政部门主管本行政区域内的社区矫正工作。为与修改后的《刑事诉讼法》相衔接，2012年修改后的《治安管理处罚法》，将本条第四项中"国务院公安部门有关监督管理规定"修改为"国务院有关部门的监督管理规定"，并将"保外就医等监外执行"修改为"暂予监外执行"。

3. 2025年修订后的《治安管理处罚法》的规定。这次修订对原《治安管理处罚法》第六十条作了修改完善，根据实践情况完善了处罚幅度，完善了罚款规定，与其他法律法规相衔接，完善了妨害行政执法行为的规定。一是，根据实践情况和过罚相当原则，将一档处罚幅度修改为两档，增加"情节较轻的，处警告或者一千元以下罚款"一档处罚。这主要是考虑到实践中情况比较复杂，对有本条规定的违法行为，但情节较轻的行为人，可以不一定都处拘留。二是，完善罚款的规定，将"并处"罚款修改为"可以并处"，将罚款数额的"二百元以上五百元以下罚款"修改为"一千元以下罚款"。这样修改主要是考虑，本条的目的是保证执法秩序而非罚款，对于在处拘留的同时是否并处罚款，以及罚款的具体数额，都可以由公安机关根据实际情况和过罚相当的原则灵活掌握。三是，根据实践情况并与有关行政管理类法律法规相衔接，完善妨害行政执法行为的规定，增加"擅自使用""扣留""先行登记保存"的规定。实践中，存在涉案人员擅自使用被行政执法机关采取措施的财物的情况，也对执法秩序造成妨害。一些行政管理类的法律对涉案财物还规定了"扣留""先行登记保存"的措施。例如，《海关法》第六条第一项规定，海关可以检查进出境运输工具，查验进出境货物、物品；对违反本法或者其他有关法律、行政法规的，可以扣留。《行政处罚法》第五十六条规定，行政机关在证据可能灭失或者以后难以取得的情况下，经行政机关负责人批准，可以先行登记保存，并应当在七日内及时作出处理决定，在此期间，当事人或者有关人员不得销毁或者转移证据。为与这些法律法规相衔接，保障相关领域的行政执法秩序，相应增加了"扣留""先行登记保存"的规定。

条文释义

本条分四项规定了四类妨害行政执法秩序和违反刑事监督管理规定的违反治安管理行为及其处罚。

第一项是关于隐藏、转移、变卖、擅自使用或者损毁依法扣押、查封、冻结、扣留、先行登记保存的财物的规定。根据《行政强制法》第九条的规定，查封、扣押、冻结财物都是行政机关在执法过程中可以采取的行政强制措施，目的是制止违法行为、防止证据损毁、避免危害发生、控制危险扩大等。《海关法》等法律规定了行政机关可以对涉案财物采取扣留措施。《行政处罚法》第五十六条规定，行政机关可以对有关证据采取先行登记保存措施。如果当事人隐藏、转移、变卖、擅自使用或者损毁行政执法机关依法扣押、查封、冻结、扣留、先行登记保存的财物的，就构成本项规定的妨害执法秩序的行为。其中，"隐藏"是指将行政执法机关依法扣押、查封、冻结、扣留、先行登记保存的财物私自隐匿，躲避执法机关查处的行为。"转移"是指将扣押、查封、冻结、扣留、先行登记保存的财物私自转送他处以逃避处理的行为。"变卖"是指擅自将扣押、查封、扣留、先行登记保存的物品作价出卖的行为。"擅自使用"是指未经行政执法机关许可使用扣押、查封、扣留、先行登记保存的物品的行为。"损毁"是指将扣押、查封、扣留、先行登记保存的财物故意损坏或毁坏的行为。

第二项是关于伪造、隐匿、毁灭证据或者提供虚假证言、谎报案情的规定。本项规定的"伪造、隐匿、毁灭证据"是指行为人为了捏造事实，制造假证据，或者对证据隐藏、销毁的行为。"提供虚假证言、谎报案情"是指行政执法机关在执法活动中，需要收集证据时，作为案件的证人或者当事人不如实作证而提供虚假证言或谎报案情，从而影响行政执法机关依法办案的行为。需要指出的是，本项规定的行为不仅可能发生在一般行政执法机关办理行政案件的时候，还可能发生在公安机关在办理刑事案件的侦查阶段。有时公安机关办理的刑事案件，经过侦查，不作为犯罪只按治安案件处理。但是在公安机关侦查过程中有上述行为，妨害收集证据，尚未达到追究刑事责任程度的，也可以依照本项的规定予以治安处罚。所以本项规定的"影响行政执法机关依法办案"是广义的。

第三项是关于窝藏、转移、代销赃物的规定。本项规定的赃物主要是指由违法分子不法获得，并且需要由行政执法机关依法追查的财物，但也不排除刑事案件中司法机关需要依法追缴的赃物。《刑法》第三百一十二条规定的掩饰、隐瞒犯罪所得、犯罪所得收益罪包括明知是犯罪所得的赃物而予以窝藏、转移、代销的行为，有这类行为，但情节显著轻微不构成犯罪的，可以不作为犯罪处理，依照本项规定给予治安管理处罚。需要注意的是收购赃物的行为规定在本法第七十一条。

第四项是关于有关人员违反监督管理规定行为的规定。本项规定的违反治安管理行为，是被依法执行管制、剥夺政治权利或者在缓刑、暂予监外执行中的罪犯或者被依法采取刑事强制措施的人，有违反法律、行政法规和国务院有关部门监督管理规定的行为。本项规定的违法行为主体都是被不完全限制人身自由，在监外执行的犯罪分子或者未被羁押的犯罪嫌疑人，具体分为以下几类：

一是，"被依法执行管制"的罪犯，是指由人民法院依法判决被判处管制的犯罪分子。由于管制刑主要适用于犯罪情节较轻，放在社会上不致危害社会的犯罪分子。根据《刑法》《刑事诉讼法》有关规定，判处管制的犯罪分子依法实行社区矫正，由社区矫正机构负责执行。在被管制期间，犯罪分子必须遵守法律、行政法规，服从监督。如果犯罪分子在被依法管制期间有违反法律、行政法规和国务院有关部门监督管理规定的行为，就构成了本条规定的妨害执法秩序的行为。需要指出的是，违反法律、行政法规和国务院有关部门监督管理规定的，是指不构成新的犯罪的情况。

二是，"被剥夺政治权利"的罪犯，是由人民法院依法判决剥夺政治权利的犯罪分子。根据《刑法》第三十四条规定，剥夺政治权利可以附加适用，也可以独立适用。这里两种情况都包括。《刑法》第五十八条第二款规定，被剥夺政治权利的犯罪分子，在执行期间，应当遵守法律、行政法规和国务院公安部门有关监督管理的规定，服从监督。被判处剥夺政治权利的犯罪分子如果有违反法律、行政法规和国务院公安部门有关监督管理规定的行为，就构成妨害执法秩序的行为。

三是，"缓刑"中的罪犯，是指被人民法院依法判处刑罚，缓期予以执行的情况。《刑法》《刑事诉讼法》规定，宣告缓刑的罪犯，依法实行社区矫正，由社区矫正机构负责执行。被判处缓刑的犯罪分子在执行期间应当遵守法律、行政法规，服从监督。《刑法》第七十七条第二款规定，被宣告缓刑的犯罪分子，在缓刑考验期限内，违反法律、行政法规或者国务院有关部门关于缓刑的监督管理规定，或者违反人民法院判决中的禁止令，情节严重的，应当撤销缓刑，执行原判刑罚。如果缓刑中的罪犯，违反法律、行政法规或者国务院有关部门监督管理规定情节尚不严重的，可依照本项规定给予治安管理处罚。

四是，"暂予监外执行中的罪犯"，是指依照《刑事诉讼法》第二百六十五条规定被暂予监外执行的罪犯。《刑事诉讼法》第二百六十九条规定了对被暂予监外执行的罪犯，依法实行社区矫正，由社区矫正机构负责执行。如果暂予监外执行中的罪犯在监外执行期间有违反法律、行政法规和国务院有关部门监督管理规定的行为，但尚未达到《刑事诉讼法》第二百六十八条规定的收监执行的条件的，可依照本项规定给予治安管理处罚。

五是，"被依法采取刑事强制措施的人"，主要是指根据《刑事诉讼法》规定，由人民法院、人民检察院和公安机关根据案件情况，对犯罪嫌疑人、被告人采取取保候审或者监视居住这两种不完全剥夺人身自由的强制措施的人。根据《刑事诉讼法》第七十一条、第七十七条的有关规定，如果犯罪嫌疑人在被取保候审或者监视居住期间，违反有关监督管理规定的，可以予以逮捕；尚可不逮捕的，可依照本项规定给予治安管理处罚。

本项规定的对依法执行管制、剥夺政治权利或者在缓刑、暂予监外执行中的罪犯或者被依法采取刑事强制措施的人监督管理规定，主要包括《刑法》第三十八条、第三十九条、第五十八条第二款、第七十五条、第七十七条第二款，《刑事诉讼法》第七十一条第三款、第七十七条第二款、第二百六十八条第一款、第二百六十九条的有关规定。

根据本条规定，构成上述四项妨害执法秩序行为的，处五日以上十日以下拘留，可以并处一千元以下罚款；情节较轻的，处警告或者一千元以下罚款。这里规定的"情节较轻"，是指初次违法、涉案财物数额较小、没有造成严重后果等情形。

● 实践中需要注意的问题

实践中需要注意的是，对于在缓刑、暂予监外执行或者取保候审、监视居住期间违反法律、行政法规或者监督管理规定的行为，本法规定的治安管理处罚，与《刑法》《刑事诉讼法》规定的撤销缓刑、收监执行、逮捕措施相比，是相对宽缓的惩戒措施。执法机关与司法机关应当准确贯彻法律规定和宽严相济的刑事政策，对于违法违规的罪犯或者犯罪嫌疑人，根据情节轻重，准确适用《刑法》《刑事诉讼法》和本法规定的措施，既不宽纵，也体现人性化。

● 相关规定

《中华人民共和国海关法》第六条第一项；《中华人民共和国行政处罚法》第五十六条；《中华人民共和国行政强制法》第九条；《中华人民共和国刑法》第三十八条、第三十九条、第五十八条第二款、第七十五条、第七十七条第二款、第三百一十二条；《中华人民共和国刑事诉讼法》第七十一条第三款、第七十七条第二款、第二百六十八条第一款、第二百六十九条；《违反公安行政管理行为的名称及其适用意见》第一百三十五项至第一百四十项

第七十三条 有下列行为之一的，处警告或者一千元以下罚款；情节较重的，处五日以上十日以下拘留，可以并处一千元以下罚款：

（一）违反人民法院刑事判决中的禁止令或者职业禁止决定的；

（二）拒不执行公安机关依照《中华人民共和国反家庭暴力法》、《中华人民共和国妇女权益保障法》出具的禁止家庭暴力告诫书、禁止性骚扰告诫书的；

（三）违反监察机关在监察工作中、司法机关在刑事诉讼中依法采取的禁止接触证人、鉴定人、被害人及其近亲属保护措施的。

● 条文主旨

本条是关于违反有关机关依法作出的禁止性决定的行为及其处罚的规定。

● 立法背景

本条是2025年修订后的《治安管理处罚法》新增加的规定。

为防止已经发生有关违法犯罪行为的人再次违法犯罪，或者为对可能受到违法犯罪行为侵害的重要人员予以特殊保护，一些法律法规中规定有关执法司法机关可以依法作出禁止性决定，禁止特定人员进行有关活动。包括以下几类：

一是，《刑法》规定的刑事判决中的禁止令或者职业禁止决定。具体包括：《刑法》第三十八条第二款规定，判处管制，可以根据犯罪情况，同时禁止犯罪分子在执行期间从事特定活动，进入特定区域、场所，接触特定的人。第七十二条第二款规定，宣告缓刑，可以根据犯罪情况，同时禁止犯罪分子在缓刑考验期限内从事特定活动，进入特定区域、场所，接触特定的人。第三十七条之一第一款规定，因利用职业便利实施犯罪，或者实施违背职业要求的特定义务的犯罪被判处刑罚的，人民法院可以根据犯罪情况和预防再犯罪的需要，禁止其自刑罚执行完毕之日或者假释之日起从事相关职业，期限为三年至五年。

二是，公安机关出具的禁止告诫书。具体包括：《反家庭暴力法》第十六条第一款规定，家庭暴力情节较轻，依法不给予治安管理处罚的，由公安机关对加害人给予批评教育或者出具告诫书。《妇女权益保障法》第八十条第一款规定，违反本法规定，对妇女实施性骚扰的，由公安机关给予批评教育或者出具告诫书。

三是，监察机关、司法机关依法采取的禁止接触证人、鉴定人、被害人及其近亲属保护措施。具体包括：《监察法实施条例》第九十七条规定，证人、鉴定人、被害人因作证，本人或者近亲属人身安全面临危险，向监察机关请求保护的，监察机关应当受理并及时进行审查；对于确实存在人身安全危险的，监察机关应当采取必要的保护措施。监察机关发现存在上述情形的，应当主动采取保护措施。监察机关可以采取的保护措施包括禁止特定的人员接触证人、鉴定人、被害人及其近亲属。《刑事诉讼法》第六十四条第一款规定，对于危害国家安全犯罪、恐怖活动犯罪、黑社会性质的组织犯罪、毒品犯罪等案件，证人、鉴定人、被害人因在诉讼中作证，本人或者其近亲属的人身安全面临危险的，人民法院、人民检察院和公安机关应当采取保护措施，包括禁止特定的人员接触证人、鉴定人、被害人及其近亲属。

上述有关机关依法作出的禁止性决定，对于维护社会治安秩序，保障特定群体的合法权益，维护监察调查、刑事诉讼活动的正常进行具有重要意义。违反这些禁止性决定的行为，损害了国家执法、司法制度的权威，妨害了执法、司法秩序，具有社会危害性。这次修订《治安管理处罚法》，增加规定了违反有关机关依法作出的禁止性决定的行为及其处罚。

● 条文释义

本条分三项规定了三类违反有关机关依法作出的禁止性决定的违反治安管理行为及其处罚。

第一项是关于违反人民法院刑事判决中的禁止令或者职业禁止决定的规定。根据《刑法》第三十八条第二款、第七十二条第二款规定，人民法院对判处管制、宣告缓刑的罪犯可以作出禁止令。第三十七条之一第一款规定，对因利用职业便利实施犯罪，或者实施违背职业要求的特定义务的犯罪被判处刑罚的，人民法院可以对其作出职业禁止决定。本项规定的违法行为包括违反人民法院根据《刑法》第三十八条第二款、第七十二条第二款作出的禁止令，在管制、缓刑期间从事特定活动，进入特定区域、场所，接触特定的人，以及违反人民法院根据《刑法》第三十七条之一第一款作出的职业禁止决定，从事相关职业的行为。

第二项是关于拒不执行公安机关有关告诫书的规定。根据《反家庭暴力法》第十六条第一款规定，家庭暴力情节较轻，依法不给予治安管理处罚的，由公安机关对加害人给予批评教育或者出具告诫书。根据《妇女权益保障法》第八十条第一款规定，对妇女实施性骚扰的，由公安机关给予批评教育或者出具告诫书。本项规定的违法行为包括违反公安机关依照《反家庭暴力法》第十六条第一款出具的禁止家庭暴力告诫书，再次对加害人进行家庭暴力的，以及违反公安机关依照《妇女权益保障法》第八十条第一款出具的禁止性骚扰告诫书，继续对妇女实施性骚扰的。

第三项是关于违反监察机关、司法机关依法采取的证人等人员保护措施的规定。根据《监察法实施条例》第九十七条规定，监察机关可以对证人、鉴定人、被害人及其近亲属采取保护措施。根据《刑事诉讼法》第六十四条规定，司法机关可以对证人、鉴定人、被害人及其近亲属采取保护措施。本项规定的违法行为包括违反监察机关在监察工作中依照《监察法实施条例》第九十七条采取的保护措施，以及违反人民法院、人民检察院和公安机关依照《刑事诉讼法》第六十四条采取的保护措施，非法接触证人、鉴定人、被害人及其近亲属的。

根据本条规定，构成上述三项违反有关机关依法作出的禁止性决定的行为的，处警告或者一千元以下罚款；情节较重的，处五日以上十日以下拘留，可以并处一千元以下罚款。这里规定的"情节较重"是指多次违反禁止性规定，违反禁止性规定造成严重后果等情形。有本条规定的违法行为，情节严重，构成犯罪的，应当依法追究刑事责任。

实践中需要注意的问题

实践中需要注意的是，本条规定的目的是保障有关法律法规规定的禁止性决定的实施，维护司法执法制度的权威，而非仅仅进行处罚。公安机关应当会同有关部门、组织，加强对被采取禁止性措施人员的教育监管，预防和减少违反禁止性规定的行为发生，不能只依靠处罚。

相关规定

《中华人民共和国刑法》第三十七条之一第一款，第三十八条第二款、第四款，第七十二条第二款；《中华人民共和国反家庭暴力法》第十六条第一款；《中华人民共和国妇女权益保障法》第八十条第一款；《中华人民共和国监察法实施条例》第九十七条；《中华人民共和国刑事诉讼法》第六十四条第一款

第七十四条 依法被关押的违法行为人脱逃的，处十日以上十五日以下拘留；情节较轻的，处五日以上十日以下拘留。

条文主旨

本条是关于脱逃行为及其处罚的规定。

立法背景

本条是2025年修订后的《治安管理处罚法》新增加的规定。

我国法律中规定的限制人身自由的强制措施和处罚，除《刑法》规定的刑罚和《刑事诉讼法》规定的刑事强制措施外，还有一些行政或者其他性质的处罚或者强制措施，适用对象是被认定或者涉嫌违反有关法律，但尚不构成犯罪的人。对于有关国家机关依法决定的限制人身自由的处罚和强制措施，被关押的违法行为人应当严格遵从、服从管理。从关押场所脱逃的行为，属于逃避国家法律强制性规定的实施，破坏关押场所的秩序，具有社会危害性。现行法规对这类脱逃行为规定了一些防范、处置、惩戒措施。如《拘留所条例》第二十

三条规定,被拘留人预谋或者实施逃跑的,拘留所可以予以训诫、责令具结悔过或者使用警械。《戒毒条例》第三十二条规定,强制隔离戒毒人员脱逃的,强制隔离戒毒场所应当立即通知所在地县级人民政府公安机关,并配合公安机关追回脱逃人员。被追回的强制隔离戒毒人员应当继续执行强制隔离戒毒,脱逃期间不计入强制隔离戒毒期限。被追回的强制隔离戒毒人员不得提前解除强制隔离戒毒。但这次《治安管理处罚法》修订前,现行法律对这类被关押的违法人员脱逃行为本身,并未像《刑法》规定脱逃罪那样规定为新的违法行为。这次修订《治安管理处罚法》,根据维护社会治安和执法秩序的需要,为保障行政拘留、司法拘留、强制隔离戒毒、拘留审查等限制人身自由的处罚和强制措施的实施,加大对依法被关押的违法行为人脱逃行为的惩罚力度,与《行政处罚法》《行政强制法》《刑事诉讼法》《民事诉讼法》《行政诉讼法》《出境入境管理法》等法律有关规定相衔接,对依法被关押的违法行为人脱逃的行为规定了治安管理处罚。

● 条文释义

本条规定的违反治安管理行为是依法被关押的违法行为人脱逃。这里规定的"依法被关押的违法行为人"是指依照《刑法》《刑事诉讼法》以外的法律被拘押在拘留所的被拘留人和被决定强制隔离戒毒的人,具体包括被公安机关、国家安全机关依照本法和其他行政法律给予行政拘留处罚的人,被人民法院依照《刑事诉讼法》《民事诉讼法》《行政诉讼法》决定司法拘留的人,被公安机关依法给予现场行政强制措施性质的拘留的人,被公安机关依照《出境入境管理法》决定拘留审查的人,被依法决定、判处驱逐出境或者依法被决定遣送出境但不能立即执行的人,被公安机关依照《禁毒法》决定强制隔离戒毒的人。《行政处罚法》第九条规定,行政处罚的种类包括行政拘留。《行政强制法》第九条规定,行政强制措施的种类包括限制公民人身自由。我国非刑事类的限制人身自由的处罚和强制措施具体主要包括:本法和其他行政法律规定的行政拘留,刑事诉讼法、民事诉讼法、行政诉讼法规定的司法拘留,行政强制法等法律规定的行政强制措施性质的拘留,出境入境管理法规定的拘留审查、对被决定遣送出境但不能立即执行的人员的羁押,禁毒法规定的强制隔离戒毒等。根据本法、《拘留所条例》及其实施办法,行政拘留、司法拘留、拘留审查、对被决定遣送出境但不能立即执行的人员的羁押,在公安机关管理的拘留所执行。根据《禁毒法》《戒毒条例》的规定,强制隔离戒毒在公安机关和司法行政机关分别管理的戒毒所执行。

本条规定的"脱逃"是指行为人逃离监管场所的行为，主要是指从拘留所、戒毒所逃跑，也包括在押解途中、出所就医期间逃离监管等。

根据本条规定，依法被关押的违法行为人脱逃的，处十日以上十五日以下拘留；情节较轻的，处五日以上十日以下拘留。这里规定的"情节较轻"是指脱逃行为尚在预备阶段、未能成功，未造成较重后果等。

▶ 实践中需要注意的问题

实践中需要注意的是，对于依照本法和其他行政法律被决定行政拘留的人，在拘留期间实施本条规定的脱逃行为，又被公安机关依照本条处拘留的，应当依照本法第十六条的规定，对其原违法行为尚未执行完毕的拘留处罚和脱逃行为的拘留处罚合并执行。

▶ 相关规定

《中华人民共和国行政处罚法》第九条；《中华人民共和国行政强制法》第九条；《中华人民共和国禁毒法》第四十一条；《拘留所条例》第二条、第二十三条；《拘留所条例实施办法》第五条；《戒毒条例》第二十七条、第三十二条

第七十五条 有下列行为之一的，处警告或者五百元以下罚款；情节较重的，处五日以上十日以下拘留，并处五百元以上一千元以下罚款：

（一）刻划、涂污或者以其他方式故意损坏国家保护的文物、名胜古迹的；

（二）违反国家规定，在文物保护单位附近进行爆破、钻探、挖掘等活动，危及文物安全的。

▶ 条文主旨

本条是关于故意损坏文物、名胜古迹的行为及其处罚的规定。

▶ 立法背景

1. 2005年《治安管理处罚法》的规定。第六十三条规定："有下列行为之一的，处警告或者二百元以下罚款；情节较重的，处五日以上十日以下拘留，并处二百元以上五百元以下罚款：（一）刻划、涂污或者以其他方式故意损坏

国家保护的文物、名胜古迹的；（二）违反国家规定，在文物保护单位附近进行爆破、挖掘等活动，危及文物安全的。"

为与《文物保护法》的规定相衔接，本条从治安管理处罚的角度规定了刻划、涂污或者以其他方式故意损坏国家保护的文物、名胜古迹的行为，以及违反国家规定，在文物保护单位附近进行爆破、钻探、挖掘等活动，危及文物安全的行为。原 2002 年修订的《文物保护法》规定了受国家保护的文物范围，目的是让公民认识文物的历史价值，能自觉地保护文物。文物由于具有历史的痕迹和本身具有的鉴赏价值，一直被国家作为保护对象。但由于文物一般年代久远，有的本身又很脆弱，容易被毁损，所以更应当加以珍惜和爱护。爱护文物应当成为每个公民的责任。名胜古迹也具有传承中华优秀传统文化、满足人民群众精神文化需要的积极意义，应当受到每个人的保护。刻划、涂污或者以其他方式故意损坏国家保护的文物、名胜古迹的行为，违反了《文物保护法》，有悖于社会主义核心价值观，具有社会危害性。同时，古建筑之类的文物经过漫长年代，一般建筑结构都比较脆弱，如果在其附近进行爆破、钻探、挖掘活动，很可能会造成文物的震动、塌陷、倾斜或者外装饰脱落等遭受被破坏的危险。原 2002 年修订的《文物保护法》对在文物保护单位附近进行爆破、钻探、挖掘等活动作了严格限制性规定，违反规定在文物保护单位附近进行爆破、钻探、挖掘等活动，危及文物安全的行为也具有社会危害性。2005 年《治安管理处罚法》为保障文物保护法律法规的实施，惩治上述两类行为，对其规定了治安管理处罚。

2. 2025 年修订后的《治安管理处罚法》的规定。这次修订对原《治安管理处罚法》第六十三条作了修改完善，根据实践情况，与《文物保护法》衔接，补充了应受处罚的行为，完善了处罚规定，适当提高罚款数额。一是，根据实践需要和有关方面的意见，并与《文物保护法》有关规定衔接，在第二项应受处罚的行为中增加了"钻探"。二是，适当提高了罚款数额，将一般违法行为的"二百元以下罚款"修改为"五百元以下罚款"，情节较重的"二百元以上五百元以下罚款"修改为"五百元以上一千元以下罚款"。

● 条文释义

本条分两项规定了两类故意损坏文物、名胜古迹的行为及其处罚。

第一项是关于故意损坏文物、名胜古迹的规定，即刻划、涂污或者以其他方式故意损坏国家保护的文物、名胜古迹的行为。本项规定的"国家保护的文物"是指根据《文物保护法》规定受国家保护的文物。《文物保护法》第二条规定:"文物受国家保护。本法所称文物,是指人类创造的或者与人类活动有关的,具有历史、艺术、科学价值的下列物质遗存:(一)古文化遗址、古墓葬、古建筑、石窟寺和古石刻、古壁画;(二)与重大历史事件、革命运动或者著名人物有关的以及具有重要纪念意义、教育意义或者史料价值的近代现代重要史迹、实物、代表性建筑;(三)历史上各时代珍贵的艺术品、工艺美术品;(四)历史上各时代重要的文献资料、手稿和图书资料等;(五)反映历史上各时代、各民族社会制度、社会生产、社会生活的代表性实物。文物认定的主体、标准和程序,由国务院规定并公布。具有科学价值的古脊椎动物化石和古人类化石同文物一样受国家保护。"本项规定的"名胜古迹"是指可供人参观游览的著名风景区以及虽未被人民政府核定公布为文物保护单位,但也具有一定历史意义的古建筑、雕刻、石刻等历史陈迹。本项规定妨害文物管理的行为主要有两种。其中"刻划"是指在文物、名胜古迹上面用各种硬物(包括笔、尖石块、各种金属等)刻写、凿划的行为。"涂污"是指在文物上进行涂抹的行为,如在古建筑上张贴广告、宣传品或者往古建筑上泼洒污物、乱涂乱画等行为。本项规定的"以其他方式故意损坏国家保护的文物、名胜古迹"的行为,是指除了刻划、涂污以外的方式,如在古建筑上钉钉子用以悬挂物品等。本项规定的损坏文物、名胜古迹的行为是故意的行为。如果出于过失,则不构成本项规定的妨害文物管理的行为。

第二项是关于违法实施危及文物安全的活动的规定,即违反国家规定,在文物保护单位附近进行爆破、钻探、挖掘等活动,危及文物安全的行为。本项规定的"文物保护单位"是指由人民政府按照法定程序确定的,具有历史、艺术、科学价值的革命遗址、纪念建筑物、古文化遗址、古墓葬、古建筑、石窟寺、古石刻等不可移动的文物。根据《文物保护法》第三条第二款、第二十三条的规定,文物保护单位分为全国重点文物保护单位、省级文物保护单位、设区的市级和县级文物保护单位。文物保护单位根据其级别分别由国务院、省级、设区的市级、县级人民政府核定公布。第二十八条规定,在文物保护单位的保护范围内不得进行文物保护工程以外的其他建设工程或者爆破、钻探、挖掘等作业;因特殊情况需要进行的,必须保证文物保护单位的安全。因特殊情况需要在省级或者设区的市级、县级文物保护单位的保护范围内进行前款规定的建设工程或者作业的,必须经核定公布该文物保护单位的人民政府批准,在批准前应当征得上一级人民政府文物行政部门同意；在全国重点文物保护单位的保护范围内进行前款规定的建设工程或者作业的，必须经省、自治区、直辖市人民政府批准，在批准前应当征得国务院文物行政部门同意。本项规定的"违反国家规定，在文物保护单位附近进行爆破、钻探、挖掘等活动，危及文物安全的"，主要是指建筑施工单位或者公民个人在建设、施工等活动中，违反《文物保护法》上述规定以及相关规定，未经有关文物行政部门批准，或者超出批准的范围，在文物保护单位附近进行爆破、钻探、挖掘等活动，危及文物安全的行为。本项规定的行为，既包括故意也包括过失。

根据本条规定，对以上两种行为，处警告或者五百元以下罚款；情节较重的，处五日以上十日以下拘留，并处五百元以上一千元以下罚款。这里规定的"情节较重"，一般是指：（1）拒不听从管理人员或者执法人员制止的；（2）造成文物、名胜古迹较重损害后果的；（3）两次以上损坏或者损坏两处以上文物、名胜古迹的；等等。对于本条第2项规定的行为，"情节较重"一般是指：（1）不听管理人员或者执法人员制止的；（2）造成文物、名胜古迹较重损害后果的；（3）其他情节较重的情形；等等。

◼ **实践中需要注意的问题**

在本条的理解适用中，需要注意以下几个方面的问题：第一，本条与《刑法》有关规定的关系。《刑法》第三百二十四条规定了故意损毁文物罪、故意损毁名胜古迹罪、过失损毁文物罪。有本条规定的行为，构成犯罪的，应当依法追究刑事责任，尚不构成犯罪的，依照本法给予治安管理处罚。第二，本法与《文物保护法》有关规定的关系。对本条第二项规定的行为，《文物保护法》第八十三条第一款也规定了法律责任。对于这类违法行为，公安机关、文物行政部门可以分别依照本法和《文物保护法》予以处罚，并遵守《行政处罚法》的相关规定。拘留处罚只能由公安机关作出。

◼ **相关规定**

《中华人民共和国文物保护法》第二条、第三条第二款、第二十三条、第二十八条、第八十三条第一款；《中华人民共和国刑法》第三百二十四条；《违反公安行政管理行为的名称及其适用意见》第一百四十四项、第一百四十五项

第七十六条 有下列行为之一的,处一千元以上二千元以下罚款;情节严重的,处十日以上十五日以下拘留,可以并处二千元以下罚款:

(一) 偷开他人机动车的;

(二) 未取得驾驶证驾驶或者偷开他人航空器、机动船舶的。

● 条文主旨

本条是关于偷开他人车、船、航空器和无证驾驶航空器、船舶的行为及其处罚的规定。

● 立法背景

1. 2005年《治安管理处罚法》的规定。第六十四条规定:"有下列行为之一的,处五百元以上一千元以下罚款;情节严重的,处十日以上十五日以下拘留,并处五百元以上一千元以下罚款:(一)偷开他人机动车的;(二)未取得驾驶证驾驶或者偷开他人航空器、机动船舶的。"

本条规定了违反治安管理的行为:偷开他人机动车的行为;未取得驾驶证驾驶或者偷开他人航空器、机动船舶的行为。非法驾驶交通工具的行为,在现实生活中经常发生。这种行为不仅给公民的合法财产造成威胁和损害,也给社会治安管理和社会秩序稳定造成一定的破坏,具有一定的社会危害性,2005年《治安管理处罚法》对于这类行为规定了治安管理处罚。

2. 2025年修订后的《治安管理处罚法》的规定。这次修订对原治安管理处罚法第六十四条作了修改完善,根据实践情况完善了处罚规定,适当调整罚款数额。一是,根据实践情况和过罚相当原则,完善罚款的规定。将第二档罚的"并处"罚款修改为"可以并处"。这样修改主要是考虑到,本条规定的非法驾驶交通工具的行为,并非贪利型的违反治安管理的行为。对于情节严重的,已经处以拘留,罚款处罚可以根据案件情况决定是否并处,而不是一律并处。二是,适当调整罚款数额。将第一档罚款数额由"五百元以上一千元以下罚款"修改为"一千元以上二千元以下罚款",将第二档罚款数额由"五百元以上一千元以下罚款"修改为"二千元以下罚款"。由于第二档违法行为规定了拘留处罚,对其罚款数额也不再规定下限,由公安机关根据案件具体情况和过罚相当原则掌握。

● 条文释义

本条分两项规定了两类违反治安管理的行为及其处罚。本条规定涉及的交通工具主要包括机动车、航空器和机动船舶，不包括非机动车、非机动船舶等。

第一项是关于偷开他人机动车的规定。本项规定的情形一般分为两种情况。第一种是指瞒着车主偷拿车钥匙实施偷开的行为；第二种是指撬开他人机动车车门或者趁车门没锁实施偷开的行为。在这两种情况下，即使偷开人有合法的驾驶执照，也构成了本项规定的违法行为。应当注意的是，本条规定的偷开他人机动车的行为不是以盗窃为目的，偷开的目的主要是过"车瘾"、好奇，或者出于其他用途等，最终仍然想将车归还原主。这一行为虽然没有非法占有的目的，但其行为破坏了治安管理，属于违反治安管理的行为。为区分相关行为罪与非罪的界限，最高人民法院、最高人民检察院于 2013 年 4 月公布的《关于办理盗窃刑事案件适用法律若干问题的解释》中作了明确的规定："该解释第十条规定，偷开他人机动车的，按照下列规定处理：（一）偷开机动车，导致车辆丢失的，以盗窃罪定罪处罚；（二）为盗窃其他财物，偷开机动车作为犯罪工具使用后非法占有车辆，或者将车辆遗弃导致丢失的，被盗车辆的价值计入盗窃数额；（三）为实施其他犯罪，偷开机动车作为犯罪工具使用后非法占有车辆，或者将车辆遗弃导致丢失的，以盗窃罪和其他犯罪数罪并罚；将车辆送回未造成丢失的，按照其所实施的其他犯罪从重处罚。"本条规定的偷开他人机动车的行为，有的可能是出于练习开车的目的，有的可能是为了临时作交通工具使用，有的则可能出于恶作剧等目的。无论出于何种目的，符合规定的条件，构成犯罪的，就应当依法追究刑事责任。如果尚未构成犯罪，则属于违反治安管理的行为，依照本条规定处理。与 2005 年制定的《治安管理处罚法》相比，目前我国机动车保有量大大增加，偷开他人机动车的行为数量相应增加。实施好本条规定，对于维护社会治安秩序和交通秩序，维护公民财产权益，具有重要意义。

第二项是关于无证驾驶或偷开航空器、机动船舶的规定。本项规定的"未取得驾驶证驾驶"是指没有经过专门训练、没有取得合法的驾驶航空器、机动船舶的专业驾驶证书而从事驾驶的行为。只要是没有合法的驾驶证而驾驶航空器或者机动船舶的，就属于违反治安管理的行为。这里规定的"航空器"是指在空中飞行的交通运输工具，不包括无人机等不适用驾驶证管理的飞行器。"机动船舶"是指在水上行驶并以电力或者燃料作为动力的各类船舶。随着现代化的进程和人民生活水平的不断提高，许多具有现代科技的交通运输工具越来越多地被人们在生产和生活中使用。比如，从事农业生产的人员，购买小型飞机用于播种、喷洒农药等。为了交通和娱乐的方便，个人购买水上快艇、游船等也越来越多。为了维护社会治安秩序和规范空中、水上的交通安全秩序，有关部门建立了航空器、机动船舶的专业资格考核制度。根据交通运输部2018年11月修改的《民用航空器驾驶员合格审定规则》，驾驶民用航空器应当持有驾驶员执照。根据交通运输部2022年4月修改的《海船船员适任考试和发证规则》和交通运输部2020年7月修改的《内河船舶船员适任考试和发证规则》，驾驶在海上和内河行驶的船舶，都要取得相应证书。未取得驾驶证驾驶或者偷开他人航空器、机动船舶的行为，危害了社会治安管理秩序，同时也危害了空中和水上的交通安全秩序，应当予以治安管理处罚。本项规定的偷开他人航空器、机动船舶的行为一般是指出于练习等目的的违反治安管理行为。出于盗窃目的构成犯罪的，就应当依法追究刑事责任。与2005年制定《治安管理处罚法》相比，目前我国民用航空器、机动船舶的数量也大大增加。实施好本条规定，对于维护社会治安秩序和空中、水上交通安全秩序，具有重要意义。

根据本条的规定，实施本条规定的偷开他人车、船、航空器和无证驾驶航空器、船舶的行为的，应当处一千元以上二千元以下罚款；情节严重的，处十日以上十五日以下拘留，可以并处二千元以下罚款。这里规定的"情节严重"，对于本条第一项规定的行为，一般是指，偷开特种车辆、军车的，偷开机动车从事违法活动的，发生安全事故或者造成机动车损坏、人员受伤的，对他人的工作生活造成较大影响的，其他情节严重的情形。对于本条第二项规定的行为，"情节严重"一般是指，偷开警用、军用航空器、机动船舶的，无证驾驶载有乘客、危险品的机动船舶的，酒后无证驾驶或者偷开他人航空器、机动船舶的，发生安全事故或者造成航空器、机动船舶损坏、人员受伤的，对他人的工作生活造成较大影响的，其他情节严重的情形。

▋ 实践中需要注意的问题

在本条的理解适用中，需要注意以下几个方面的问题：第一，这次修订《治安管理处罚法》，对本条第二档情节严重的违法行为，根据过罚相当、宽严相济的原则，将"并处"罚款修改为"可以并处"，并取消了罚款数额的下限。实践中，公安机关应当按照法律规定的精神和案件具体情况，决定是否并处罚款，并处多少罚款。第二，在紧急避险的情况下，驾驶他人机动车、航空器、机动船舶的，实质上不具有违法性，不应当根据本条规定予以处罚。

● 相关规定

《最高人民法院、最高人民检察院关于办理盗窃刑事案件适用法律若干问题的解释》第十条；《民用航空器驾驶员合格审定规则》；《中华人民共和国海船船员适任考试和发证规则》；《中华人民共和国内河船舶船员适任考试和发证规则》；《违反公安行政管理行为的名称及其适用意见》第一百四十六项、第一百四十七项

第七十七条 有下列行为之一的，处五日以上十日以下拘留；情节严重的，处十日以上十五日以下拘留，可以并处二千元以下罚款：

（一）故意破坏、污损他人坟墓或者毁坏、丢弃他人尸骨、骨灰的；

（二）在公共场所停放尸体或者因停放尸体影响他人正常生活、工作秩序，不听劝阻的。

● 条文主旨

本条是关于破坏他人坟墓、尸骨、骨灰和违法停放尸体的行为及其处罚的规定。

● 立法背景

1. 2005年《治安管理处罚法》的规定。第六十五条规定："有下列行为之一的，处五日以上十日以下拘留；情节严重的，处十日以上十五日以下拘留，可以并处一千元以下罚款：（一）故意破坏、污损他人坟墓或者毁坏、丢弃他人尸骨、骨灰的；（二）在公共场所停放尸体或者因停放尸体影响他人正常生活、工作秩序，不听劝阻的。"

本条规定了两类违反治安管理的行为：故意破坏、污损他人坟墓或者毁坏、丢弃他人尸骨、骨灰的行为，在公共场所停放尸体或者因停放尸体影响他人正常生活、工作秩序，不听劝阻的行为。人们为死者建坟立碑，是出于表达对死者的纪念和哀悼，这是中华民族延续多年的传统。故意破坏、污损他人坟墓或者毁坏、丢弃他人尸骨、骨灰的行为是对死者的侮辱和践踏，违背了善良风俗，会引起死者的亲友在感情上的强烈不满和憎恨，从而引发社会矛盾和纷

争。同时，在现实生活中，时常出现因事故或过失等造成他人死亡的情况。由于对死亡原因产生纷争或各种社会矛盾，有些人不采取正确的解决问题的方法，而是凭意气办事甚至制造事端，故意将尸体停放在公共场所、单位门前或者他人家门前等地，以达到个人目的，严重影响了工作秩序和他人正常生活，妨害了社会管理。2005 年《治安管理处罚法》对这两类行为规定了治安管理处罚。

2. 2025 年修订后的《治安管理处罚法》的规定。这次修订对原治安管理处罚法第六十五条作了修改完善，根据实践情况完善了处罚规定，适当调整罚款数额，将情节严重的罚款数额由"一千元以下罚款"修改为"二千元以下罚款"。

● 条文释义

本条分两项规定了两类违反治安管理的行为及其处罚。

第一项是关于破坏、污损他人坟墓或者毁坏、丢弃他人尸骨、骨灰的行为的规定。本项规定的"破坏、污损他人坟墓"是指将他人坟墓挖掘、铲除或者将墓碑砸毁，向墓碑上泼洒污物，或在墓碑上乱写乱画等。"毁坏、丢弃他人尸骨、骨灰"是指将尸骨毁坏或者将尸骨取出丢弃，将骨灰扬撒和随意丢弃的行为。应当注意的是，本项规定的破坏、污损他人坟墓或者毁坏、丢弃他人尸骨、骨灰的行为是故意的行为。如果由于过失在生活或生产施工中无意中造成他人坟墓、尸骨破坏，则不属于本项所规定的行为，可按民事纠纷处理。

第二项是关于违法停放尸体的规定。本项规定的行为是在公共场所停放尸体或者因停放尸体影响他人正常生活、工作秩序，不听劝阻。具体包括两种行为：一是在公共场所停放尸体，不听劝阻；二是因停放尸体影响他人正常生活、工作秩序，不听劝阻。两种行为都有"不听劝阻"的条件，如果经过他人包括公安机关劝阻停止违法停放尸体行为，不构成本项规定的违法行为。

根据本条规定，对于以上两种违反治安管理的行为，处五日以上十日以下拘留；情节严重的，处十日以上十五日以下拘留，可以并处二千元以下罚款。这里规定的"情节严重"，对于本条第一项规定的行为，一般是指，破坏、污损、毁坏程度较严重的，破坏、污损英雄烈士坟墓或者具有公共教育、纪念意义的坟墓的，引发民族矛盾、宗教矛盾或者群体性事件的，其他情节严重的情形。对于本条第二项规定的行为，"情节严重"一般是指，造成交通拥堵、秩序混乱等危害后果的，影响他人正常工作、生活持续时间较长的，造成较大社会影响的，其他情节严重的情形。对于情节严重的行为的罚款处罚，本条规定的是"可以并处"，即不一定要并处。公安机关可以根据案件的具体情况和过罚相当原则，决定在拘留的同时是否并处罚款。

● 实践中需要注意的问题

在本条的理解适用中，需要注意以下几个方面的问题：

第一，本条第二项规定的违法停放尸体的行为，往往事出有因。为了有利于化解社会矛盾，避免草率对当事人进行处罚，对这种情况应当进行耐心劝阻，回应当事人的合理诉求，只有确实妨害社会管理，影响他人正常生活、工作秩序，且不听劝阻的，才能进行治安管理处罚。

第二，本条与《刑法》有关规定的关系。《刑法》第三百零二条规定了盗窃、侮辱、故意毁坏尸体、尸骨、骨灰罪。有本条规定的行为，构成犯罪的，应当依法追究刑事责任；尚不构成犯罪的，依照本法给予治安管理处罚。

● 相关规定

《中华人民共和国刑法》第三百零二条；《违反公安行政管理行为的名称及其适用意见》第一百四十八项至第一百五十项

第七十八条 卖淫、嫖娼的，处十日以上十五日以下拘留，可以并处五千元以下罚款；情节较轻的，处五日以下拘留或者一千元以下罚款。

在公共场所拉客招嫖的，处五日以下拘留或者一千元以下罚款。

● 条文主旨

本条是关于卖淫、嫖娼和拉客招嫖的行为及其处罚的规定。

● 立法背景

1. 2005年《治安管理处罚法》的规定。第六十六条规定："卖淫、嫖娼的，处十日以上十五日以下拘留，可以并处五千元以下罚款；情节较轻的，处五日以下拘留或者五百元以下罚款。在公共场所拉客招嫖的，处五日以下拘留或者五百元以下罚款。"

本条规定了两类违反治安管理的行为：卖淫、嫖娼的行为和在公共场所拉客招嫖的行为。卖淫、嫖娼是严重违反社会道德的丑恶行为，不仅毒化社会风气，也容易导致各种性病传播。卖淫嫖娼活动一直是我国治安管理处罚的对象。在 2005 年治安管理处罚法制定前一段时间，有些卖淫人员为了招引嫖客，在一些街道、餐馆、娱乐场所等公共场所拉客招嫖，采用明显的动作，纠缠过往行人，甚至在某些地方形成比较固定的卖淫一条街，严重有碍观瞻、败坏了社会风气，干扰群众正常生活。2005 年治安管理处罚法对于这两类行为规定了治安管理处罚。

2. 2025 年修订后的《治安管理处罚法》的规定。这次修订对原《治安管理处罚法》第六十六条作了修改完善，根据实践情况完善了处罚规定，适当调整罚款数额。将卖淫、嫖娼情节较轻和在公共场所拉客招嫖的罚款数额由"五百元以下罚款"修改为"一千元以下罚款"。

● 条文释义

本条共分两款。第一款是关于卖淫、嫖娼的行为和处罚的规定。本条规定的"卖淫"是指以牟利为目的，通过出卖自身肉体与他人进行金钱交易的行为，即与他人发生性关系以获取金钱的行为。本条规定的"嫖娼"是指通过金钱与从事卖淫的人进行交易的行为，即用付出金钱的方式换取与卖淫人员进行性活动的行为。关于卖淫、嫖娼的具体行为方式，根据公安部 2001 年 2 月发布的《关于对同性之间以钱财为媒介的性行为定性处理问题的批复》，不特定的异性之间或者同性之间以金钱、财物为媒介发生不正当性关系的行为，包括口淫、手淫、鸡奸等行为，都属于卖淫嫖娼行为，对行为人应当依法处理。根据本款规定，卖淫、嫖娼的，处十日以上十五日以下拘留，可以并处五千元以下罚款；情节较轻的，处五日以下拘留或者一千元以下罚款。这里规定的"情节较轻"，一般是指，已经谈妥价格或者给付金钱等财物，尚未实施性行为的，以手淫等方式卖淫、嫖娼的，其他情节较轻的情形。

需要说明的是，2005 年《治安管理处罚法》制定后，全国人大常委会于 2013 年 12 月通过了《关于废止有关劳动教养法律规定的决定》，2019 年 12 月通过了《关于废止有关收容教育法律规定和制度的决定》。此前对于卖淫、嫖娼人员适用的劳动教养、收容教育措施不再适用。对于卖淫、嫖娼行为，依照本法予以治安管理处罚。

第二款是关于在公共场所拉客招嫖的行为和处罚的规定。本款规定的"公共场所"，主要是指街道两侧、宾馆、饭店、娱乐场所等公共场所。"拉客招嫖"，包含两层含义：一是指卖淫人员必须有拉客招嫖的具体行为，如有公开拉扯他人、阻拦他人等行为，并有向他人要求卖淫的意图表示。如果没有上述行为，不能以本款规定进行处罚。执行中，公安机关应当严格把握政策界限，规范执法活动。二是拉客招嫖必须是卖淫人员自己招引嫖客的行为，以区别于通过他人介绍而卖淫的行为。如果是介绍他人进行卖淫，对于尚未构成犯罪的，应当适用本法其他有关条款进行处罚。根据本款规定，在公共场所拉客招嫖的，处五日以下拘留或者一千元以下罚款。

● 实践中需要注意的问题

在本条的理解适用中，需要注意以下几个方面的问题：

第一，本条对一般的卖淫、嫖娼行为规定"可以并处"罚款，对情节较轻的卖淫、嫖娼行为和拉客招嫖行为规定处拘留或者罚款，给公安机关执法赋予了一定自由裁量权。公安机关在执法中应当根据案件情况和过罚相当原则，决定是否并处罚款、处拘留还是罚款。

第二，对于卖淫人员先在公众场所拉客招嫖，然后与嫖客发生卖淫行为的，应当认定为一个卖淫的违反治安管理行为，根据情节予以处罚，不按照两个违反治安管理行为并罚。

● 相关规定

《公安部关于对同性之间以钱财为媒介的性行为定性处理问题的批复》；《违反公安行政管理行为的名称及其适用意见》第一百五十一项至第一百五十三项

第七十九条 引诱、容留、介绍他人卖淫的，处十日以上十五日以下拘留，可以并处五千元以下罚款；情节较轻的，处五日以下拘留或者一千元以上二千元以下罚款。

● 条文主旨

本条是关于引诱、容留、介绍他人卖淫的行为及其处罚的规定。

● 立法背景

1. 2005年《治安管理处罚法》的规定。第六十七条规定："引诱、容留、介绍他人卖淫的，处十日以上十五日以下拘留，可以并处五千元以下罚款；情节较轻的，处五日以下拘留或者五百元以下罚款。"

惩治引诱、容留、介绍他人卖淫是全环节惩治卖淫嫖娼违法行为的重要方面。卖淫嫖娼行为是与我们提倡的社会主义精神文明格格不入的丑恶现象。多年来，国家通过各种法律手段严厉禁止和打击这类违法犯罪活动。在打击这类违法犯罪活动时，一个不可忽视的环节就是打击那些为卖淫嫖娼活动牵线搭桥的行为，即引诱、容留、介绍他人卖淫的行为。正是这些违法行为为卖淫嫖娼活动创造相应的条件，使卖淫嫖娼活动愈演愈烈，这也是打击卖淫嫖娼活动的一个重要方面。我国法律坚决惩处该类行为的态度是一贯的，并且逐步完善。1986年全国人大常委会通过的《治安管理处罚条例》第三十条第一款规定："严厉禁止卖淫、嫖宿暗娼以及介绍或者容留卖淫、嫖宿暗娼，违者处十五日以下拘留、警告、责令具结悔过或者依照规定实行劳动教养，可以并处五千元以下罚款；构成犯罪的，依法追究刑事责任。"为了加大打击这一类违法犯罪活动的力度，1991年全国人大常委会通过的《关于严禁卖淫嫖娼的决定》第三条第一款规定："引诱、容留、介绍他人卖淫的，处五年以下有期徒刑或者拘役，并处五千元以下罚金；情节严重的，处五年以上有期徒刑，并处一万元以下罚金；情节较轻的，依照治安管理处罚条例第三十条的规定处罚。"1997年修改后的《刑法》第三百五十九条第一款规定："引诱、容留、介绍他人卖淫的，处五年以下有期徒刑、拘役或者管制，并处罚金；情节严重的，处五年以上有期徒刑，并处罚金。"这些都是法律对引诱、容留、介绍卖淫行为及法律责任的明确规定。从法律修订沿革看，1986年通过的《治安管理处罚条例》只规定了介绍和容留卖淫嫖娼的行为，没有规定引诱卖淫的行为。1991通过的《关于严禁卖淫嫖娼的决定》增加了对引诱卖淫的行为追究刑事责任的规定。这是根据同这类违法犯罪行为作斗争的实践经验制定的。正是由于违法犯罪分子实施了引诱卖淫的违法犯罪活动，使过去没有卖淫经历的妇女走上了从事卖淫活动的罪恶之路，因此对实施引诱卖淫活动的违法犯罪分子必须同介绍和容留卖淫活动一样给予严厉的打击。另外，1991年《关于严禁卖淫嫖娼的决定》还规定，对于引诱、容留、介绍卖淫活动情节较轻的行为适用《治安管理处罚条例》的规定，给予治安管理处罚。这就需要在《治安管理处罚法》中作出衔接规定。考虑到打击引诱、容留、介绍他人卖淫的违法犯罪活动是整个打击卖淫嫖娼活动斗争中的一个重要环节，特别是那些以引诱、容留、介绍他人卖淫活动为常业或者经常从事这类违法犯罪活动的违法犯罪人员，更是惩治的重点对象。对严重的违法犯罪行为，必须严格按照《刑法》的规定追究刑事责任，而对那些偶尔为之的初犯，或者情节较轻的情况，应当予以治安管理处罚，以体现违法行为的危害与处罚强度相对应。需要注意的是，《治安管理处罚条例》在对引诱、容留、介绍他人卖淫的行为处罚规定方面，还规定有警告、责令具结悔过。2005 年颁布施行的《治安管理处罚法》针对引诱、容留、介绍他人卖淫的行为多为贪利性的特点，取消了警告、具结悔过的处罚规定。罚款和拘留的处罚更具有对这些违法犯罪分子的教育和处罚作用。

2. 2025 年修订后的《治安管理处罚法》的规定。本条修改了一处，是将"情节较轻的，处五日以下拘留或者五百元以下罚款"修改为"情节较轻的，处五日以下拘留或者一千元以上二千元以下罚款"。这样修改主要是根据经济社会发展水平适当提高一些治安违法行为的处罚幅度，并重点针对高发的违法行为加大处罚力度。

对本条作出上述修改，还有以下考虑：一是，尚不构成犯罪的引诱、容留、介绍他人卖淫的违法行为，整体上处罚幅度还是合适的。与新修订的《治安管理处罚法》第七十八条规定的对卖淫、嫖娼行为的处罚幅度大体一致，处"十日以上十五日以下拘留，可以并处五千元以下罚款"。在修订草案公开征求意见时，曾有意见提出，进一步提高引诱、容留、介绍他人卖淫违法行为的罚款数额，比如将五千元提高至一万元等。该意见未被采纳，这是考虑到较为高额的罚款数额对应危害性更为严重的违法行为，对于符合《刑法》规定的行为，应该直接适用《刑法》第三百五十九条"引诱、容留、介绍卖淫罪"定罪处罚。二是，适度提高"情节较轻"行为的罚款数额，将"五百元以下罚款"提高到"一千元以上二千元以下罚款"。作出这样的修改较为符合经济社会发展的实际情况，以匹配情节轻微的引诱、容留、介绍卖淫行为的处罚幅度。同时，注意做好与相关规定处罚幅度的平衡。新修订的《治安管理处罚法》第七十八条规定的对卖淫、嫖娼情节较轻的，"处五日以下拘留或者一千元以下罚款"。考虑到引诱、容留、介绍他人卖淫行为属于拉人下水、诱导他人实施违法行为，主观恶性较卖淫、嫖娼行为更重一些，应该通过加大对该种贪利行为的处罚，发挥遏制和惩戒违法行为的作用。此外，实践中，引诱、容留、介绍他人卖淫行为与住宿业、饮食服务业、文化娱乐业、出租汽车业等存在勾连现象。引诱、容留、介绍他人卖淫行为与相关行业为卖淫、嫖娼等违法活动通风报信、提供便利条件等行为的危害性程度较为接近。新修订的《治安管理处罚法》第八十七条规定："旅馆业、饮食服务业、文化娱乐业、出租汽车业等单位的人员，在公安机关查处吸毒、赌博、卖淫、嫖娼活动时，为违法犯罪行为人通风报信的，或者以其他方式为上述活动提供条件的，处十日以上十五日以下拘留；情节较轻的，处五日以下拘留或者一千元以上二千元以下罚款。"这与本条规定的处罚幅度也是平衡的。

此外，2005年《治安管理处罚法》第七十六条规定，有本法第六十七条、第六十八条、第七十条的行为，屡教不改的，可以按照国家规定采取强制性教育措施。这里的强制性教育措施实质就是劳动教养，也就是可以对引诱、容留、介绍卖淫的行为人予以劳动教养。2013年《关于废止有关劳动教养法律规定的决定》废止了劳动教养制度，原《治安管理处罚法》的相关规定已经没有了制度依托，此次修订《治安管理处罚法》时删去了原《治安管理处罚法》第七十六条的规定。

◐ 条文释义

本条包含以下两个方面的内容：

第一，关于引诱、容留、介绍他人卖淫的违法行为。本条中规定的"引诱"他人卖淫，是指行为人为了达到某种目的，以金钱诱惑或者通过宣扬腐朽生活方式等手段，诱使不卖淫的人从事卖淫活动的行为。"容留"他人卖淫，是指行为人故意为他人从事卖淫、嫖娼活动提供场所的行为。这里规定的"容留"既包括在自己所有、管理、使用、经营的固定或者临时租借的场所容留卖淫、嫖娼人员从事卖淫、嫖娼活动，也包括在流动场所，如在运输工具上容留他人卖淫、嫖娼。"介绍"他人卖淫，是指为卖淫人员与嫖客寻找对象，在他们之间牵线搭桥的行为，即人们通常所说的"拉皮条"。需要注意的是，本条规定的引诱、容留、介绍卖淫的违法行为，可能出现一种或者多种，只要出现其中一种违法行为即构成违法行为，适用本条的规定予以处罚，如单独实施引诱或容留或介绍他人卖淫的行为；出现多种行为的，同样适用本条规定处罚，如先实施引诱他人卖淫行为，再实施介绍卖淫行为，并继续实施容留卖淫行为。在确定违法行为的治安处罚裁量幅度时，多个行为一般比单一行为的危害性要重。此外，行为构成犯罪的，应当依照《刑法》第三百五十九条规定定罪处罚。

第二，关于违法行为的治安处罚。从事本条规定的引诱、容留、介绍他人卖淫的行为，根据本条的规定，应处十日以上十五日以下拘留，可以并处五千元以下罚款；情节较轻的，处五日以下拘留或者一千元以上二千元以下罚款。这里的"情节较轻"主要是指偶尔从事引诱、介绍、容留他人卖淫的行为。

● 实践中需要注意的问题

在本条的理解适用中，需要注意以下几个方面的问题：

第一，目前不少引诱、介绍他人卖淫的行为通过信息网络实施，如手机端App等，对于利用信息网络实施相关行为，如果同时查证发现存在违反本法第八十条规定的，即"制作、运输、复制、出售、出租淫秽的书刊、图片、影片、音像制品等淫秽物品或者利用信息网络、电话以及其他通讯工具传播淫秽信息的"，应当坚持主客观相统一，区分行为和目的，准确适用条文予以处罚。如果行为人通过信息网络等传播淫秽信息是为了引诱、介绍他人卖淫，则只需根据本条规定处罚即可。如果行为人主观上既有引诱、介绍他人卖淫的行为，又有利用信息网络、电话以及其他通讯工具传播淫秽信息的目的，则同时违反了本条和第八十条规定，按照本法第十六条规定的出现两种以上违反治安管理行为的，分别决定，合并执行处罚。

第二，对于实践中出现的以散发小卡片、张贴小广告等方式发布招嫖违法信息的，需要区分被雇佣从事散发、张贴行为的行为人与组织他人散发招嫖信息以介绍他人卖淫的行为人具有不同的社会危害性。根据本法第十七条的规定，共同违反治安管理的，根据行为人在违反治安管理行为中所起的作用，分别处罚。教唆、胁迫、诱骗他人违反治安管理的，按照其教唆、胁迫、诱骗的行为处罚。

● 相关规定

《中华人民共和国刑法》第三百五十九条

第八十条 制作、运输、复制、出售、出租淫秽的书刊、图片、影片、音像制品等淫秽物品或者利用信息网络、电话以及其他通讯工具传播淫秽信息的，处十日以上十五日以下拘留，可以并处五千元以下罚款；情节较轻的，处五日以下拘留或者一千元以上三千元以下罚款。

前款规定的淫秽物品或者淫秽信息中涉及未成年人的，从重处罚。

● 条文主旨

本条是关于制作、运输、复制、出售、出租淫秽物品和传播淫秽信息的违法行为及其处罚的规定。

立法背景

1. 2005年《治安管理处罚法》的规定。第六十八条规定："制作、运输、复制、出售、出租淫秽的书刊、图片、影片、音像制品等淫秽物品或者利用计算机信息网络、电话以及其他通讯工具传播淫秽信息的，处十日以上十五日以下拘留，可以并处三千元以下罚款；情节较轻的，处五日以下拘留或者五百元以下罚款。"

我国历来重视打击涉及淫秽物品及其内容的违法犯罪行为。《治安管理处罚条例》《全国人民代表大会常务委员会关于惩治走私、制作、贩卖、传播淫秽物品的犯罪分子的决定》和《刑法》对涉及淫秽物品的违法犯罪行为分别作了规定。尤其是对制作、复制、出版、贩卖、传播淫秽物品牟利以及传播淫秽物品的行为，《刑法》规定了严厉的处罚。同时，随着信息技术的不断发展，这类违法行为的手段也不断变化，如利用计算机网络、移动通讯设备设施等其他通讯工具传播淫秽信息的情况增多，进一步导致含有淫秽内容的图片、影音文件、文字材料等内容的非法传播，使危害和负面影响进一步放大。为了从治安管理的角度有力地打击这类违法行为，为我国在坚持对外开放的同时创造一个良好的社会环境，以加强社会精神文明建设，尤其是保护未成年人的身心健康，2005年《治安管理处罚法》第六十八条对制作、运输、复制、出售、出租淫秽物品的违法行为和处罚作了规定，同时对传播淫秽信息的违法行为和处罚也作了明确的规定。

2. 2025年修订后的《治安管理处罚法》的规定。本条作了三处修改。一是，将"利用计算机信息网络"传播淫秽信息修改为"利用信息网络"传播淫秽信息。主要考虑是，数字化信息网络技术的发展日新月异，"信息网络"相较于"计算机信息网络"的规定，可以更为准确涵盖当前数字化信息时代的表现形式和运行方式，也与《刑法》有关信息网络的表述相衔接。通过修改，将实践中一些直接通过信息网络实施的行为明确认定为本条规定的违法行为并对其予以处罚，比如通过移动端App、网络云端存储技术、互联网区块链技术等实施本条规定的违法行为等。同时这样修改，也给《治安管理处罚法》应对数字技术的新发展留有可解释的空间，以涵盖违法行为的一些新的表现形式。

二是，完善处罚规定，适度提高罚款数额。实施本条规定的一般违法行为的，由原先的"可以并处三千元以下罚款"，修改为"可以并处五千元以下罚款"；情节较轻的，由原先的"处五日以下拘留或者五百元以下罚款"修改为

"处五日以下拘留或者一千元以上三千元以下罚款"。这样修改主要是考虑到根据经济社会发展水平适当提高一些治安违法行为的处罚幅度，并针对高发的违法行为加大处罚力度。

三是，增加一款规定作为第二款，"前款规定的淫秽物品或者淫秽信息中涉及未成年人的，从重处罚"。这样修改主要是考虑到，要进一步加大对未成年人的保护，对于淫秽物品、淫秽信息的内容涉及未成年人的应当加大处罚力度。一方面，未成年人是淫秽物品、淫秽信息的直接受害者。制作、运输、复制、出售、出租淫秽物品或者利用信息网络等传播淫秽信息中涉及未成年人的，传播、扩散行为都会进一步加大对未成年人受害者的伤害，产生更为恶劣的危害和影响。此外，未成年人本身容易成为严重性侵违法犯罪行为的受害者，淫秽物品、淫秽信息会对该种犯罪行为起到诱导、教唆的作用，造成严重违法犯罪的风险和隐患。另一方面，未成年人的身心尚不成熟，自身容易受淫秽物品、淫秽信息的误导和蛊惑，特别是涉及未成年人的淫秽物品、淫秽信息容易在未成年人群体里获得受众，从而出现特定范围的扩散和传播，甚至导致未成年人实施模仿行为，产生严重危害。为进一步加大对未成年人的保护力度，本条专门增加了此款规定。

此外，2005年《治安管理处罚法》第七十六条规定，有本法第六十七条、第六十八条、第七十条的行为，屡教不改的，可以按照国家规定采取强制性教育措施。这里的强制性教育措施实际上就是劳动教养，也就是可以对制作、运输、复制、出售、出租淫秽物品以及传播淫秽信息的行为人予以劳动教养。2013年《关于废止有关劳动教养法律规定的决定》废止了劳动教养制度后，原《治安管理处罚法》的相关规定已经没有了制度依托，此次修订《治安管理处罚法》时删去了原《治安管理处罚法》第七十六条的规定。

● 条文释义

本条共分两款。第一款是关于制作、运输、复制、出售、出租淫秽物品和传播淫秽信息的违法行为及其处罚的规定。

本款包含以下两层意思：一是制作、运输、复制、出售、出租淫秽的书刊、图片、影片、音像制品等淫秽物品的违法行为。所谓"淫秽物品"是指具体描绘性行为或者露骨宣扬色情的诲淫性书刊、影片、录像带、录音带、图片及其他淫秽物品。即较详尽地描写性行为的过程及其心理感受；具体描写通奸、强奸、乱伦、卖淫、淫乱的过程和细节；描写未成年人的性行为、同性恋的性行为或者其他变态行为及与性变态有关的暴力、虐待、侮辱行为和令普通人不能容忍的对性行为等的淫亵描写以及不加掩饰地宣扬色情淫荡形象；着力表现人体生殖器官；挑动人们的性欲，以及足以导致普通人腐化堕落的具有刺激、挑逗性的诲淫性的物品。但是，有关人体生理、医学知识的科学著作不是淫秽物品。包含色情内容的有艺术价值的文学、艺术作品不视为淫秽物品。这里的"制作"是指生产、录制、编写、译著、绘画、印刷、刻印、摄制、洗印等行为。"运输"是指通过各种交通运输工具输送淫秽物品的行为，如使用船舶水上运输、使用飞机空中运输、使用各种车辆通过陆地运输等。"复制"是指通过翻印、翻拍、复印、复写、复录、抄写、拓印、临摹等方式对已有的淫秽物品进行重复制作的行为。"出售"是指将淫秽物品通过批发、零售、倒卖的方式销售或者以销售会员制等方式给他人提供一定期限服务的行为。"出租"是指通过收取一定费用或好处的方法，将淫秽物品暂时给他人使用的行为。这里的"淫秽书刊"是指载有淫秽内容的图书、报纸、杂志、画册等。"音像制品"是指载有淫秽内容的录像带、幻灯片、录音带、照片、激光唱片、影碟、视频等。

二是利用信息网络、电话以及其他通讯工具传播淫秽信息的行为。近年来，随着互联网应用的普及，利用信息网络、电话以及其他通讯工具从事传播淫秽信息的行为进一步增多，如通过固定或移动平台进入聊天室、论坛，或以即时通信软件、传输软件、直播平台、网络预约、网络游戏、网络支付、网络购物、网站建设、安全防护、广告推广、应用商店、电子邮件、信息发布、搜索引擎等方式传播淫秽信息或者通过电话、移动通讯终端传播淫秽电子信息、语音信息等违法行为。这里的行为人既包括直接实施传播行为的人，也包括明知是淫秽电子信息而在自己所有、管理或者使用的网站、网页、平台、APP 软件、电信通讯业务系统等直接提供淫秽信息链接、服务的互联网服务提供者、电信业务经营者。这里的"信息网络"是较为广义的概念。参照 2013 年《最高人民法院、最高人民检察院关于办理利用信息网络实施诽谤等刑事案件适用法律若干问题的解释》第十条的规定，信息网络包括以计算机、电视机、固定电话机、移动电话机等电子设备为终端的计算机互联网、广播电视网、固定通信网、移动通信网等信息网络，以及向公众开放的局域网络。从利用信息网络的功能上看，主要是利用信息网络从事信息服务。根据国务院 2024 年修订的《互联网信息服务管理办法》第三条的规定，互联网信息服务分为经营性和非经营性两类。经营性互联网信息服务，是指通过互联网向上网用户有偿提供信息或者网页制作等服务活动。非经营性互联网信息服务，是指通过互联网向上网用户无偿提供具有公开性、共享性信息的服务活动。实践中，经营性和非经营性互联网信息服务都可能利用信息网络实施传播淫秽信息的违法行为。这里所说的"传播"是指通过文字、图片、音频、视频、电子文件文档等方式致使淫秽信息流传的行为。传播在主观上必须是故意，即明知是淫秽内容而故意传播给他人。如果主观上没有传播的故意，就不能认定为传播淫秽信息。应当注意的是，有关人体生理、医学知识的电子信息和声讯台语音信息不是淫秽信息，包含色情内容的有艺术价值的电子文学、艺术作品不视为淫秽信息。本条规定的"其他通讯工具"是指除座机电话、手机外，能够用来传递信息的电子通讯工具，如对讲机、电子移动设备、带有通讯功能的可穿戴式电子设备等。根据《互联网信息服务管理办法》的规定，互联网信息服务提供者不得制作、复制、发布、传播含有淫秽、色情以及法律、行政法规禁止内容的信息，尚不构成犯罪的，由公安机关、国家安全机关依照《治安管理处罚法》《计算机信息网络国际联网安全保护管理办法》等有关法律、行政法规的规定予以处罚；对经营性互联网信息服务提供者，并由发证机关责令停业整顿直至吊销经营许可证，通知企业登记机关；对非经营性互联网信息服务提供者，并由备案机关责令暂时关闭网站直至关闭网站。

实施了本款规定的行为的，本款规定处十日以上十五日以下拘留，可以并处五千元以下罚款；情节较轻的，处五日以下拘留或者一千元以上三千元以下罚款。这里需要注意区分罪与非罪的界限，应当根据《刑法》《最高人民法院、最高人民检察院关于办理利用互联网、移动通讯终端、声讯台制作、复制、出版、贩卖、传播淫秽电子信息刑事案件具体应用法律若干问题的解释》《最高人民法院、最高人民检察院关于办理利用互联网、移动通讯终端、声讯台制作、复制、出版、贩卖、传播淫秽电子信息刑事案件具体应用法律若干问题的解释（二）》和本法的规定来加以区分。构成犯罪的，应当依照《刑法》的有关规定追究刑事责任。这里的罚款规定"可以并处"是选择性的，即在处拘留的同时并处罚款，也可以仅处拘留，不处罚款。对于情节较轻的，对违法行为人可以根据情况处五日以下拘留，也可以处一千元以上三千元以下罚款，二者选其一。公安机关在办理治安案件时所查获的淫秽物品，根据本法第十一条的规定，应当一律收缴，并按照有关规定销毁处理。

第二款是关于制作、运输、复制、出售、出租涉及未成年人的淫秽物品或者传播涉及未成年人的淫秽信息从重处罚的规定。这里有两层意思：一是，实施了本条第一款行为，制作、运输、复制、出售、出租涉及未成年人的淫秽物品，以及传播涉及未成年人的淫秽信息。这里规定的"涉及未成年人"是指相关淫秽物品、淫秽信息主要以未成年人为对象和内容。立足从严保护未成年人的角度，对于含有"涉及未成年人"的相关淫秽物品、淫秽信息的内容需要以更严格的态度处置。二是，规定"从重处罚"。这里的"从重处罚"是指在本条规定的法定处罚幅度内从重处罚。比如，行为人的行为属于本条规定"情节较轻"处罚档次的，但其中淫秽物品或者淫秽信息涉及未成年人的，则在"情节较轻"的处罚档次中从重处罚。

▌ 实践中需要注意的问题

在该条的理解适用中，需要注意以下几个方面的问题：

第一，对出售带有淫秽内容的文物的行为能否予以治安管理处罚。2010年《公安部关于对出售带有淫秽内容的文物的行为可否予以治安管理处罚问题的批复》指出，公安机关查获的带有淫秽内容的物品可能是文物的，应当依照《文物保护法》等有关规定进行文物认定。经文物行政部门认定为文物的，不得对合法出售文物的行为予以治安管理处罚。

第二，对于本条第二款"从重处罚"的理解。对行为人违反本条规定行为的处罚，需要结合行为人实施的行为、情节、危害等综合判断，体现过罚相当。出现本条第二款规定的淫秽物品或者淫秽信息中涉及未成年人的情况，依法应从重处罚的，不能简单理解为一律适用"处十日以上十五日以下拘留，可以并处五千元以下罚款"这一档次的处罚，而要根据其违法性质和程度，判断适合的处罚档次，并在该处罚档次中从重处罚，避免将本来适用"情节较轻"处罚档次的行为直接过苛处理。在违法行为适用"处十日以上十五日以下拘留，可以并处五千元以下罚款"处罚档次时，依法从重处罚也并不意味着拘留和罚款一律并处，而要根据具体案件的情况，结合行为人的违法行为的危害程度、情节、结果等作出综合判断。

▌ 相关规定

《中华人民共和国刑法》第三百六十三条、第三百六十四条；《最高人民法院、最高人民检察院关于办理利用互联网、移动通讯终端、声讯台制作、复制、出版、贩卖、传播淫秽电子信息刑事案件具体应用法律若干问题的解释》；

《最高人民法院、最高人民检察院关于办理利用互联网、移动通讯终端、声讯台制作、复制、出版、贩卖、传播淫秽电子信息刑事案件具体应用法律若干问题的解释（二）》

第八十一条 有下列行为之一的，处十日以上十五日以下拘留，并处一千元以上二千元以下罚款：

（一）组织播放淫秽音像的；

（二）组织或者进行淫秽表演的；

（三）参与聚众淫乱活动的。

明知他人从事前款活动，为其提供条件的，依照前款的规定处罚。

组织未成年人从事第一款活动的，从重处罚。

● 条文主旨

本条是关于组织播放淫秽音像、组织或者进行淫秽表演、参与聚众淫乱活动以及为上述淫秽活动提供条件的违法行为及其处罚的规定。

● 立法背景

1. 2005年《治安管理处罚法》的规定。第六十九条规定："有下列行为之一的，处十日以上十五日以下拘留，并处五百元以上一千元以下罚款：（一）组织播放淫秽音像的；（二）组织或者进行淫秽表演的；（三）参与聚众淫乱活动的。明知他人从事前款活动，为其提供条件的，依照前款的规定处罚。"

组织播放淫秽音像、组织或者进行淫秽表演、参与聚众淫乱的违法行为，严重损害公民身心健康，败坏社会风气，诱导引发违法犯罪行为，产生较为恶劣的社会影响。为维护社会精神文明和伦理秩序，净化社会环境，必须对这些行为予以禁止和惩治。另外，为组织播放淫秽音像、组织或者进行淫秽表演、参与聚众淫乱活动提供条件的违法行为是前述淫秽活动的帮助行为，属于惩治淫秽活动的关键一环，也应依法惩处。

2. 2025年修订后的《治安管理处罚法》的规定。一是，将第一款"并处五百元以上一千元以下罚款"修改为"并处一千元以上二千元以下罚款"。此次新修订的《治安管理处罚法》，根据经济社会发展状况和实践情况，适度提高了部分违法行为的罚款数额，以加重对相关违法行为的处罚。对本条规定的组织播放淫秽音像等淫秽活动，需要加大处罚力度，因此提高了罚款数额。二是，同步加大了对第二款规定的帮助实施相关淫秽活动的处罚力度。本条规定的淫秽活动的帮助行为，与实施相关淫秽活动的法律责任一致。在适度提高了对本条规定的淫秽活动的罚款数额的同时，一并加大了帮助实施该类淫秽活动的处罚。三是，增加"组织未成年人从事第一款活动的，从重处罚"的规定，作为本条的第三款。根据实践中反映的情况，明确组织未成年人从事淫秽活动的行为违反《治安管理处罚法》，并应当依法予以从重处罚。

条文释义

本条共分三款。第一款是关于对组织播放淫秽音像、组织或者进行淫秽表演、参与聚众淫乱活动的违法行为及其处罚的规定。本款包含以下三个方面的内容：

一是，对组织播放淫秽音像行为的规定。"组织播放"是指召集多人或者以某种方式面向一定聚集人群通过电影、电视、电脑、投影设备、CD、VCD、DVD、录像机、广播等有录音、录像功能的音像设备传播具有淫秽信息内容的行为。这里的"淫秽音像"是指通过音像设备播放的具体描绘性行为或者露骨宣扬色情的诲淫性的音频、视频等。由于影音设备技术的发展，组织播放的淫秽音像既可以公开播放，也可以通过无线设备投送和接收，以较为"隐秘"的方式聚集性播放和收听、收看。总体上，需要组织多人采取聚集方式共同观看、收听淫秽音像。组织播放淫秽音像的行为实质上是一种传播淫秽信息的方式，鉴于这种行为在传播淫秽信息的活动中能够集中影响一定范围的人群，危害比较严重，因此本款对此行为专门作了规定。本项规定主要惩处组织播放者，对于只向个别人播放或者是仅仅参与收听、收看等行为，不能认定为组织播放。

二是，对组织或者进行淫秽表演行为的规定。本项对组织者和直接参与表演者作出同样的违法性认定。淫秽表演是一种丑恶行为，败坏社会风气，损害人民群众的身心健康，严重违背社会主义核心价值观，具有较为恶劣的社会影响，有必要对这种行为予以禁止和打击。"组织淫秽表演"是指组织他人当众或者在信息网络上进行淫秽性的表演。"组织"包括策划表演过程，纠集、招募、雇用表演者，寻找、租用用于表演的场地、设备设施，招揽观众等组织他人进行淫秽表演的行为。实践中，淫秽表演的组织者，有的是专门从事组织淫秽表演的人，俗称"穴头"；有的可能是非正规娱乐场所的管理者，为招揽生意而组织他人进行淫秽表演。近年来，出现了在信息网络上组织他人进行淫表演这种新形态，如在网络平台搭建涉黄交易网站、网页、建立通讯组群、商定交易方式以及实施淫秽表演的渠道和方式、派单给表演者撮合交易接单等，这些行为也属于组织淫秽表演的行为。这里的"淫秽表演"是指关于性行为或者露骨宣扬色情的诲淫性的表演，如进行性交表演、手淫、口淫表演、脱衣舞表演等；既包括现实生活中当众进行的淫秽表演，也包括通过信息网络进行的淫秽表演。"进行淫秽表演"是指亲自参与淫秽表演的人，既包括被招募、雇用来专门从事淫秽表演的人，也包括既组织他人进行淫秽表演，同时自己也参与淫秽表演的人。

三是，参与聚众淫乱活动的规定。聚众淫乱活动是有伤社会风化的行为，尤其对未成年人的健康成长非常有害，不能允许这类行为在社会上蔓延。对于具有严重社会危害性的聚众淫乱行为，《刑法》对聚众进行淫乱活动的首要分子或多次参加的以及引诱未成年人参加聚众淫乱活动的行为，规定了较重的刑罚。根据本项规定，只要参与聚众淫乱活动，都要给予治安处罚，体现了对这类行为从严打击的精神。"聚众"是指多人聚集在一起进行淫乱活动。"淫乱活动"主要是指性交行为，即群奸群宿，同时也包括手淫、口淫、鸡奸等刺激、兴奋、满足性欲的淫乱行为。在男女性别上，既可以是男性多人，也可以是女性多人，还可以是男女混杂多人。根据本项规定，凡是参与聚众淫乱的，都应受到治安处罚。

本条第二款是关于为组织播放淫秽音像、组织或者进行淫秽表演、参与聚众淫乱违法行为提供条件的违法行为及其处罚的规定。

惩处为组织播放淫秽音像、组织或者进行淫秽表演、参与聚众淫乱活动提供条件的行为，是打击上述活动中的重要一环，有时提供条件可能成为进行上述违法活动的重要源头，因此要对该类支持帮助行为施以严厉控制和打击。这里所说的"提供条件"是指为组织播放淫秽音像、组织或者进行淫秽表演、聚众淫乱活动提供各种方便条件，既可以是提供房屋、场地、汽车等可以藏身又可以隐蔽地进行上述违法活动的地方，也可以是提供播放机、录像带、CD、VCD光盘、信息网络技术性支持等进行传播淫秽内容的工具，还可以是为进行上述活动提供人员接送等各种便利条件等。实践中，该种支持帮助行为既可能收取一定费用，也可能免费提供。因此，无论是何种提供方式，提供了多少次及多少人员参与，对于该种支持帮助行为都应一律予以惩处。为上述活动提供条件的行为，主观上是出于故意，即明知他人进行上述活动而为其提供各种便利条件。本人是否参加上述违法活动，不影响本项行为的构成。

根据本条第一款和第二款的规定，有组织播放淫秽音像、组织或者进行淫秽表演、参与聚众淫乱或为组织播放淫秽音像、组织或者进行淫秽表演、参与聚众淫乱活动提供条件行为之一的，处十日以上十五日以下拘留，并处一千元以上二千元以下罚款。

本条第三款是关于组织未成年人从事本条第一款规定的淫秽活动，从重处罚的规定。本条第一款规定的组织播放淫秽音像、组织或者进行淫秽表演、参与聚众淫乱活动的行为，对于尚未具备健全性认知能力、不具有成熟的意志和伦理判断能力的未成年人来说会严重损害未成年人的身心健康，极易诱发违法犯罪行为，使未成年人沦为违法犯罪行为人或者被害人，具有严重的危害性。因此本款规定，组织未成年人从事本条第一款规定的淫秽活动的，应当从重处罚。这里的"组织未成年人从事"淫秽活动，既包括组织未成年人收听观看淫秽音像、淫秽表演，或者试图诱导未成年人参与聚众淫乱活动，也包括为逃避打击、扩大影响等因素，招募未成年人成为淫秽活动的组织者之一，让未成年人进行淫秽活动的组织活动。根据本款的规定，对于组织未成年人从事本条第一款规定的淫秽活动的应当"从重处罚"。这要求在本条规定的法定处罚幅度内从重处罚，即在拘留幅度和罚款幅度内加重处罚，以区别组织未成年人从事淫秽活动的行为和一般组织淫秽活动的行为。

实践中需要注意的问题

实践中需要注意，本条规定应与《刑法》相关规定做好衔接。行为构成犯罪的，应当根据《刑法》的规定定罪处罚。《刑法》第三百六十四条规定的"组织播放淫秽音像制品罪"、第三百六十五条规定的"组织淫秽表演罪"、第三百零一条规定的"聚众淫乱罪""引诱未成年人聚众淫乱罪"对相关犯罪行为作了明确规定，因此需要注意违反《治安管理处罚法》的违法行为与刑事犯罪的界限。比如，根据《最高人民检察院、公安部关于公安机关管辖的刑事案件立案追诉标准的规定（一）》第八十五条规定，组织播放淫秽的电影、录像等音像制品十五至三十场次以上的，或者造成恶劣社会影响的，应予立案追诉。相关行为达到了追究刑事责任的标准，构成犯罪的，应当依法追究刑事责任。

相关规定

《中华人民共和国刑法》第三百零一条、第三百六十四条、第三百六十五条；《最高人民检察院、公安部关于公安机关管辖的刑事案件立案追诉标准的规定（一）》第四十一条、第四十二条、第八十五条、第八十六条

第八十二条 以营利为目的，为赌博提供条件的，或者参与赌博赌资较大的，处五日以下拘留或者一千元以下罚款；情节严重的，处十日以上十五日以下拘留，并处一千元以上五千元以下罚款。

▶ 条文主旨

本条是关于以营利为目的为赌博提供条件或者参与赌博违法行为及其处罚的规定。

▶ 立法背景

1. 2005 年《治安管理处罚法》的规定。第七十条规定："以营利为目的，为赌博提供条件的，或者参与赌博赌资较大的，处五日以下拘留或者五百元以下罚款；情节严重的，处十日以上十五日以下拘留，并处五百元以上三千元以下罚款。"

赌博行为长期以来一直是我国法律、法规惩治的对象，《刑法》和《治安管理处罚条例》都对赌博犯罪、违法行为作了处罚规定。1994 年修正的《治安管理处罚条例》第三十二条规定，严厉禁止赌博或者为赌博提供条件的行为，并规定了对该种行为的处罚。为了准确把握赌博违法行为的界限问题，同时也是为了与《刑法》第三百零三条赌博罪相衔接，2005 年的《治安管理处罚法》对《治安管理处罚条例》的内容作了修改，增加了"以营利为目的"的条件，明确了认定赌博违法行为的主要条件。

关于以营利为目的，为赌博提供条件的行为。赌博行为往往需要一定的人数、条件和场景环境，如果是以营利为目的提供有利于赌博的条件，则属于利用赌博实施获取金钱、财物或者财产性利益，这里既包括为赌博提供条件并从赌博活动中抽头渔利，也包括为赌博提供条件但是通过其他方式获取财产性利益。不论是何种营利方式，都已经超出了娱乐消遣的范畴，属于组织、经营赌博活动，促成赌博扩大化、规模化、长期化，该种违法行为应予以处罚。此外，关于参与赌博赌资较大的行为，这类行为超出了娱乐消遣的范畴，具有一定的社会危害性，对该种行为的参与者应予以处罚。

2. 2025 年修订后的《治安管理处罚法》的规定。此次修订《治安管理处

罚法》，根据我国经济社会发展现状和治安管理实践反映的情况，适当提高本条的罚款数额。一是提高了对违法行为第一档处罚的罚款数额，将"五百元以下罚款"修改为"一千元以下罚款"。二是提高了第二档处罚的罚款数额，对于情节严重的违法行为，将"并处五百元以上三千元以下罚款"修改为"并处一千元以上五千元以下罚款"。

此外，2005年《治安管理处罚法》第七十六条规定，有本法第六十七条、第六十八条、第七十条的行为，屡教不改的，可以按照国家规定采取强制性教育措施。这里的强制性教育措施实质就是劳动教养，也就是可以对为赌博提供条件、参与赌博的行为人予以劳动教养。2013年《关于废止有关劳动教养法律规定的决定》废止了劳动教养制度后，原《治安管理处罚法》的相关规定已经没有了制度依托，此次修订《治安管理处罚法》时删去了原《治安管理处罚法》第七十六条的规定。

● **条文释义**

本条规定包含以下两个方面的内容：

一是以营利为目的，为赌博提供条件的行为。本条规定的"赌博"是指以获取金钱或其他物质利益为目的，以投入一定赌资为条件试图博弈获得额外大额利益的活动。认定是不是赌博行为，要明确几个界限：第一，赌博行为多是以牟取利益或好处为目的，应当从其主观目的和客观行为上认定是否以牟利为目的。对于不是以营利为目的，只是出于娱乐消遣目的进行的游戏性质的活动，虽然带有少量财物的输赢，有些带点"彩头"，总体金额不大，不能按赌博处理；第二，从参与人员的组成、身份、关系来判断，是亲朋好友之间的娱乐，还是纯粹的赌输赢活动。另外，还需要结合地点、场所、行为方式等综合判断是不是赌博行为。只有符合上述条件的活动，才能认定为赌博。至于赌博的方式，不仅限于下赌注打扑克牌、玩麻将、猜球赛输赢等传统方式，还包括用代币筹码、虚拟币等代替现金当场下注竞赌，通过老虎机、角子机、苹果拼盘机或与之相类似的设置具有退币、退分、退钢珠等赌博功能的电子游戏设施设备，并以现金、有价证券等贵重款物作为奖品，或者以回购奖品方式给予他人现金、有价证券等贵重款物的带有赌博性质的游戏机等。不管使用什么方法，只要具有赌博的性质就可以构成。

随着科技的发展，利用信息网络进行赌博的情况不断增加。实践中，网络赌博的形式多种多样，有的是面向公众的开放性网络赌博，这类赌博通过国外开设的合法赌博网站公开进行赌博，任何人都可以自由登录网站进行网上赌博活动，赌资可在线支付。有的是面向特定群体的隐蔽性网络赌博，这类赌博，有的网站具有固定网址，大都实行会员制，需要专用账号和密码才能登录；有的采用动态网址，不断变换域名，参赌人员需要和各地赌博代理人联系才能获得网址，登录网站进行赌博。有的是在网络游戏中衍生出赌博活动，即变相的赌博类网络游戏，涉及网络游戏服务、虚拟货币、数字货币、第三方交易平台等多个环节，赌资往往不直接与货币挂钩，隐蔽性较强。随着移动通讯的发展，不法分子利用移动通讯设计形式多样的赌博活动，通过 APP 等方式接入，吸引更多人员参与。这些不断翻新的赌博形式，需要引起重视。

这里的"以营利为目的"是指行为人实施的为赌博提供条件，出于获取金钱、财物或者财产性利益等好处为目的。这里的营利既包括为赌博提供条件并从赌博活动中抽头渔利，也包括为赌博提供条件并通过其他方式获取财产性利益，比如，以网络赌博活动的广告点击量获利、通过大量资金的结算利息差获利等。

"为赌博提供条件"是指为赌博提供赌场、赌具，帮助、招揽他人参与赌博等行为。这里的赌场包括房屋、场院、汽车等能够从事赌博活动的线下场所和环境，也包括信息网络里的线上赌场、网络赌博房间等。提供条件的具体行为包括为赌场招揽参赌人员、接送参赌人员、望风看场、协助发牌坐庄、兑换筹码、兑换赌资、提供贷款等行为。随着技术发展，提供网络技术服务帮助他人进行网络赌博，属于比较新的为赌博提供条件的形式，主要表现为提供网络接入、服务器托管、网络存储空间、通讯传输通道、费用结算、提供赌博网站代理并接受投注、帮助通过虚拟货币、数字货币进行隐秘下注和支付结算等。随着国际交往越发便利，组织、协助他人出境赌博，特别是为出境赌博提供资产评估、赌博结算、提供通道转移资金的，属于较为典型的"为赌博提供条件"。此外，2005 年《公安部关于办理赌博违法案件适用法律若干问题的通知》也对"以营利为目的，为赌博提供条件"作了细化和列举的情形，比如以营利为目的，开设赌场，尚不够刑事处罚的；采取不报经国家批准，擅自发行、销售彩票的方式，为赌博提供条件，尚不够刑事处罚的；明知他人实施赌博违法犯罪活动，而为其提供资金、场所、交通工具、通讯工具、赌博工具、经营管理、网络接入、服务器托管、网络存储空间、通讯传输通道、费用结算等条件，或者为赌博场所、赌博人员充当保镖，为赌博放哨、通风报信，尚不够刑事处罚的；明知他人从事赌博活动而向其销售具有赌博功能的游戏机，尚不够刑事处罚的。

需要注意的是，这里的"以营利为目的，为赌博提供条件"仍然需要坚持主客观相统一，综合多方面情况进行判断，明确惩治的重点。不能将为赌博提供条件的帮助行为作泛化处理。一些对赌博行为具有较为直接帮助且高效促成、保障、支持了赌博活动，具有较大社会危害性的行为，是应当依法惩处的重点。比如，组织专门印制含赌博信息的"小广告"，以及运用技术专门在信息网络上的影视作品上作赌博宣传的贴片广告等，属于实施了广泛宣传、招揽赌博的行为，相较于接受任务散发"小广告"的行为，前者更符合为赌博提供条件，应当予以处罚；再比如，明知有赌博行为，商谈提供后勤保障服务并从中营利的行为，相较于一般的提供餐饮送饭服务的行为，前者更符合为赌博提供条件，应当予以惩处，对后者不宜按照本条规定处罚。总体上，适用本条规定对"为赌博提供条件"的行为予以治安处罚，应当重点聚焦对赌博活动有较为直接促进、保障作用的行为，以有效净化违法环境，防范、遏制赌博行为。

二是参与赌博赌资较大的行为。对参与赌博赌资较大的，首先要认定是参与赌博违法行为，在此基础上认定是不是赌资较大。这里的"赌资"是指专门用于赌博的款物，根据2005年《公安部关于办理赌博违法案件适用法律若干问题的通知》的规定，赌博活动中用作赌注的款物、换取筹码的款物和通过赌博赢取的款物属于赌资。在利用计算机网络进行的赌博活动中，分赌场、下级庄家或者赌博参与者在组织或者参与赌博前向赌博组织者、上级庄家或者赌博公司交付的押金，应当视为赌资。赌博现场没有赌资，而是以筹码或者事先约定事后交割等方式代替的，赌资数额经调查属实后予以认定。个人投注的财物数额无法确定时，按照参赌财物的价值总额除以参赌人数的平均值计算。通过计算机网络实施赌博活动的赌资数额，可以按照在计算机网络上投注或者赢取的总点数乘以每个点数实际代表的金额认定。赌博的次数，可以按照在计算机网络上投注的总次数认定。因此，赌资的表现形式既可以是当场查获的用于赌博的款物，也可以是代币、有价证券、赌博积分等实际代表的金额，以及在赌博机、信息网络上投注或赢取的点数实际代表的金额。

根据本条规定，赌资必须达到数额较大，才能给予治安管理处罚。赌资是否较大，是认定赌博违法行为的一个客观标准。至于赌资是以个人用于赌博的款物计算，还是以参与赌博的人用于赌博的款物总数计算等问题，长期以来由公安机关在执法实践中根据实际情况和当地的不同情况确定处罚的裁量基准。比如，《北京市公安局治安管理行政处罚裁量基准（2024年版）》第九十八条规定："违反《治安管理处罚法》第七十条的规定，以营利为目的，为赌博提供条件的，或者参与赌博赌资较大的，其行为属于基础裁量A档……以下情形，处500元以下罚款：（一）赌博，个人赌资300元以上500元以下；个人赌资无法确定的，按人均赌资计算。（二）为赌博提供条件，有下列情形之一，且情节特别轻微：初次被查获且未获利；为专业赌博场所提供餐饮等服务或劳务，还未收取正常费用；其他情节较轻情形。以下情形，处5日以下拘留：（一）赌博，个人赌资500元以上1500元以下；个人赌资无法确定的，按人均赌资计算。（二）为赌博提供条件，有下列情形之一：初次被查获且获利较少；为专业赌博场所提供餐饮等服务或劳务，仅收取正常费用；其他情节较轻情形。以下情形，属于赌博"情节严重"，处10日以上15日以下拘留，并处500元以上3000元以下罚款：……参与赌博，个人赌资1500元以上；个人赌资无法确定的，按人均赌资计算……"总体上，应当注意区分赌博行为和非赌博行为，确定赌资数额应当根据社会生活的实际情况，不宜显著降低认定门槛，造成打击范围过大。对于不构成违反治安管理处罚的行为，有关部门可以对其进行教育。

对于有上述行为之一的，本条规定了两档处罚：对于以营利为目的，为赌博提供条件的或者参与赌博赌资较大的，可以处五日以下拘留，也可以处一千元以下罚款，二者选其一处罚；对于有上述行为，情节严重的，在处十日以上十五日以下拘留的同时，并处一千元以上五千元以下罚款。这里的"情节严重"，一般是指：（1）在公共场所或者公共交通工具上为赌博提供条件的；（2）通过计算机信息网络平台为赌博提供条件的；（3）为未成年人赌博提供条件的；（4）国家工作人员为赌博提供条件的；（5）明知他人从事赌博活动而向其销售赌博机的；（6）发行、销售"六合彩"等其他私彩的；（7）组织、协助他人出境赌博的；（8）为赌场接送参赌人员、望风看场、发牌坐庄、兑换筹码的；（9）其他情节严重的情形。对于"赌博"行为，"情节严重"一般是指：（1）在公共场所或者公共交通工具上赌博的；（2）利用互联网、移动终端设备等投注赌博的；（3）国家工作人员参与赌博的；（4）其他情节严重的情形。

根据本法第十一条的规定，对于赌博所用的赌资、赌具，公安机关在办理治安案件时查获的，应一律收缴，并按照国家有关规定，对赌具一律集中予以销毁，如用于赌博的麻将、扑克牌、游戏机、麻将桌等；对赌资应按照相关规定处理后，一律上缴国库。2005年《公安部关于办理赌博违法案件适用法律若干问题的通知》作了进一步细化明确，"对查获的赌资、赌博违法所得应当依法没收，上缴国库，并按照规定出具法律手续。对查缴的赌具和销售的具有赌博功能的游戏机，一律依法予以销毁、严禁截留、私分或者以其他方式侵吞赌资、赌具、赌博违法所得以及违法行为人的其他财物。违者，对相关责任人员依法予以行政处分；构成犯罪的，依法追究刑事责任。对参与赌博人员使用的交通、通讯工具未作为赌注的，不得没收。在以营利为目的，聚众赌博、开设赌场，或者采取不报经国家批准，擅自发行、销售彩票的方式为赌博提供条件，尚不够刑事处罚的案件中，违法行为人本人所有的用于纠集、联络、运送参赌人员以及用于望风护赌的交通、通讯工具，应当依法没收"。在程序上，2020年《公安机关办理行政案件程序规定》第一百九十六条规定，对收缴和追缴的财物，经原决定机关负责人批准，没有被侵害人的，登记造册，按照规定上缴国库或者依法变卖、拍卖后，将所得款项上缴国库。

实践中需要注意的问题

在该条的理解适用中，需要注意以下几个方面的问题：

第一，需要慎重把握合法与违法行为的界限，准确界定赌博行为。实践中，对于带有少量财物输赢的娱乐活动，以及棋牌室等娱乐场所只收取正常的服务费用的经营行为和纯粹亲朋好友之间带点小额"彩头"的娱乐活动等，不应视为赌博行为和为赌博提供条件。根据2005年《公安部关于办理赌博违法案件适用法律若干问题的通知》的规定，不以营利为目的，亲属之间进行带有财物输赢的打麻将、玩扑克等娱乐活动，不予处罚；亲属之外的其他人之间进行带有少量财物输赢的打麻将、玩扑克等娱乐活动，不予处罚。因此，对赌博行为的判断需要坚持主客观相统一，从参与人的身份、地点、场所、金额大小等方面综合判断，避免确定治安违法行为的范围泛化，偏离惩治的重点。长期以来，地方公安机关根据地方的实际情况确定相关行政处罚的裁量基准，各地认定赌博的尺度不尽相同。有的裁量基准制定时间较为久远，还有的裁量基准设置处罚的门槛较低，也有虽然确定了裁量基准但是基于治安环境和阶段性社会治理任务的要求从严掌握，使得对赌博作扩大化认定。2022年，国务院办公厅颁布《关于进一步规范行政裁量权基准制定和管理工作的意见》提出，行政处罚裁量权基准要严格依照《行政处罚法》有关规定，明确不予处罚、免予处罚、从轻处罚、减轻处罚、从重处罚的裁量阶次，有处罚幅度的要明确情节轻微、情节较轻、情节较重、情节严重的具体情形。基于此，在调整各地关于《治安管理处罚法》的行政裁量权基准时，对于为赌博提供条件和赌博赌资较大的违法行为的裁量基准，应当坚持过罚相当、宽严相济的精神，避免畸轻畸重、显失公平，合理确定合法与违法行为的界限。对于构成违法行为的，也需要区分好适用治安拘留还是罚款，适用第一档处罚还是第二档处罚，准确认定违法行为，轻重有别、过罚相当。

第二，需要注意与《刑法》第三百零三条规定的赌博罪、开设赌场罪、组织参与国（境）外赌博罪的衔接。《刑法》第三百零三条规定，以营利为目的，聚众赌博或者以赌博为业的，处三年以下有期徒刑、拘役或者管制，并处罚金。开设赌场的，处五年以下有期徒刑、拘役或者管制，并处罚金；情节严重的，处五年以上十年以下有期徒刑，并处罚金。组织中华人民共和国公民参与国（境）外赌博，数额巨大或者有其他严重情节的，依照前述规定处罚。

对于未构成犯罪的行为，应根据《治安管理处罚法》的规定依法进行治安处罚。比如根据2005年《最高人民法院、最高人民检察院关于办理赌博刑事案件具体应用法律若干问题的解释》第一条规定，组织中华人民共和国公民10人以上赴境外赌博，从中收取回扣、介绍费的，属于刑法第三百零三条规定的"聚众赌博"。如果组织我国公民赴境外赌博人数不够的，或者涉案金额不构成数额巨大，也没有其他严重违法情节的，不构成《刑法》第三百零三条规定的赌博罪以及组织参与国（境）外赌博罪，应根据本条规定予以治安处罚。再如，根据《最高人民法院、最高人民检察院、公安部关于办理利用赌博机开设赌场案件适用法律若干问题的意见》第七条"关于宽严相济刑事政策的把握"规定，对受雇佣为赌场从事接送参赌人员、望风看场、发牌坐庄、兑换筹码等活动的人员，除参与赌场利润分成或者领取高额固定工资的外，一般不追究刑事责任，可由公安机关依法给予治安管理处罚。

第三，关于出境赌博行为的处罚。近年来，出境赌博以及组织他人出境赌博的情况较多。此类行为严重影响我国经济安全和社会稳定，败坏社会风气和国家形象，造成资金外流、企业破产危机等风险隐患，还会衍生其他犯罪行为。根据2005年《公安部关于办理赌博违法案件适用法律若干问题的通知》，在中华人民共和国境内通过计算机网络、电话、手机短信等方式参与境外赌场赌博活动，或者中华人民共和国公民赴境外赌场赌博，赌博输赢结算地在境内的，应当依照《治安管理处罚条例》（已失效）的有关规定予以处罚。即对上述行为，应当根据其行为表现和本条规定，确定是属于以营利为目的为赌博提供条件的，还是参与赌博赌资较大的情形。实践中，不少组织赴境外赌博的活动都做相应的隐瞒、掩饰，包装成出国观光、旅游、考察、学习等，实质是组织从事境外赌博活动。对此，在认定组织、帮助他人出境赌博是否构成"为赌博提供条件"时，需要结合行为人的行为和主观动机等综合判断。对于组织化招揽赴境外赌博，在境内帮助进行资产评估、抵押以便于境外赌博获得信贷，以及提供通道转移资金等，只要能够证明其明知或者应当知道相关对象的出境目的是赴境外赌博的，就可以依照本条规定予以处罚。根据 2005 年《公安部关于办理赌博违法案件适用法律若干问题的通知》的规定，组织、招引中华人民共和国公民赴境外赌博的可以从重处罚。

● 相关规定

《中华人民共和国刑法》第三百零三条；《最高人民法院、最高人民检察院、公安部关于办理利用赌博机开设赌场案件适用法律若干问题的意见》；《最高人民法院、最高人民检察院关于办理赌博刑事案件具体应用法律若干问题的解释》第九条；《公安机关办理行政案件程序规定》第一百九十六条；《公安部关于办理赌博违法案件适用法律若干问题的通知》

第八十三条 有下列行为之一的，处十日以上十五日以下拘留，可以并处五千元以下罚款；情节较轻的，处五日以下拘留或者一千元以下罚款：

（一）非法种植罂粟不满五百株或者其他少量毒品原植物的；

（二）非法买卖、运输、携带、持有少量未经灭活的罂粟等毒品原植物种子或者幼苗的；

（三）非法运输、买卖、储存、使用少量罂粟壳的。

有前款第一项行为，在成熟前自行铲除的，不予处罚。

● 条文主旨

本条是关于非法种植毒品原植物，非法买卖、运输、携带、持有毒品原植物种苗以及非法运输、买卖、储存、使用罂粟壳违法行为及其处罚的规定。

● 立法背景

1. 2005 年治安管理处罚法的规定。第七十一条规定："有下列行为之一的，处十日以上十五日以下拘留，可以并处三千元以下罚款；情节较轻的，处五日以下拘留或者五百元以下罚款：（一）非法种植罂粟不满五百株或者其他少量毒品原植物的；（二）非法买卖、运输、携带、持有少量未经灭活的罂粟等毒品原植物种子或者幼苗的；（三）非法运输、买卖、储存、使用少量罂粟壳的。有前款第一项行为，在成熟前自行铲除的，不予处罚。"

一直以来，我国坚持厉行禁毒方针，打好禁毒人民战争，不断巩固拓展禁毒斗争形势整体向好态势。针对罂粟等用于制造毒品的原植物需要从源头监管。我国禁止非法种植罂粟、古柯植物、大麻植物以及国家规定管制的可以用于提炼加工毒品的其他原植物。禁止走私或者非法买卖、运输、携带、持有未经灭活的毒品原植物种子或者幼苗。1986年六届全国人大常委会第十七次会议审议通过的《治安管理处罚条例》第三十一条规定，严厉禁止违反政府规定种植罂粟等毒品原植物，违者除铲除其所种罂粟等毒品原植物以外，处十五日以下拘留，可以单处或者并处三千元以下罚款；构成犯罪的，依法追究刑事责任。1994年，八届全国人大常委会第七次会议审议通过《关于修改〈中华人民共和国治安管理处罚条例〉的决定》，对该条例第三十一条进行了修改，增加一款规定作为该条第二款，非法运输、买卖、存放、使用罂粟壳的，收缴其非法运输、买卖、存放、使用的罂粟壳，处十五日以下拘留，可以单处或者并处三千元以下罚款；构成犯罪的，依法追究刑事责任。1997年《刑法》分则在第六章"妨害社会管理秩序罪"中专节规定"走私、贩卖、运输、制造毒品罪"，其中第三百五十一条规定了非法种植毒品原植物罪、第三百五十二条规定了非法买卖、运输、携带、持有毒品原植物种子、幼苗罪。2005年制定《治安管理处罚法》，吸收了《治安管理处罚条例》对违规种植罂粟等毒品原植物行为的处罚规定，同时与《刑法》的相关规定进行衔接，对非法种植罂粟以及其他毒品原植物，非法买卖、运输、携带、持有罂粟等毒品原植物种苗以及非法运输、买卖、储存、使用罂粟壳的违法行为设置了治安处罚。同时，考虑到禁毒斗争还需要人民群众广泛支持、自觉抵制毒品，该条设置了倡导行为人迷途知返、及时中止违法行为的规定，即明确如果在罂粟以及其他毒品原植物成熟前自行铲除的，可以不予治安处罚。

2. 2025年修订后的《治安管理处罚法》的规定。根据实践情况，适当提高了本条规定的违法行为的罚款数额。一是，提高了对非法种植毒品原植物，非法买卖、运输、携带、持有毒品原植物种苗以及非法运输、买卖、储存、使用罂粟壳违法行为的罚款数额。将处治安拘留后"可以并处三千元以下罚款"修改为"可以并处五千元以下罚款"。二是，提高了对本条规定的"情节较轻"的违法行为的罚款数额，将"处五日以下拘留或者五百元以下罚款"修改为"处五日以下拘留或者一千元以下罚款"。

条文释义

本条共分两款。第一款是关于非法种植毒品原植物，非法买卖、运输、携带、持有毒品原植物种苗，非法运输、买卖、储存、使用罂粟壳的违法行为和处罚的规定。本款分三项规定了三种违法行为。

一是，非法种植罂粟不满五百株或者其他少量毒品原植物的行为。惩治非法种植罂粟或者其他毒品原植物的行为，是从源头开展禁毒、扫毒工作的重要体现。"罂粟"是一种主要的毒品原植物，由于我国境内非法种植毒品原植物的情况中主要是罂粟，所以在《治安管理处罚法》中，将其明确规定为禁止非法种植的毒品原植物。这里规定了"非法种植罂粟不满五百株"应予以治安管理处罚，是与《刑法》规定相衔接。我国《刑法》第三百五十一条规定，种植罂粟五百株以上不满三千株或者其他毒品原植物数量较大的、经公安机关处理后又种植的、抗拒铲除的构成非法种植毒品原植物罪，并规定处五年以下有期徒刑、拘役或者管制，并处罚金。对于种植罂粟的数量没有达到追究刑事责任数量门槛的，即种植罂粟五百株以下的，也具有一定的社会危害性，应予以治安处罚。同时，本项还规定了非法种植"其他少量毒品原植物"应予以治安处罚。"其他毒品原植物"的情况比较复杂，在我国常见的是大麻等毒品原植物。这里的"少量"，是相对于《刑法》中所规定的数量较大而言的，也是区分追究刑事责任还是进行治安处罚的界限。根据2016年《最高人民法院关于审理毒品犯罪案件适用法律若干问题的解释》第九条规定，非法种植毒品原植物，具有下列情形之一的，应当认定为刑法第三百五十一条第一款第一项规定的"数量较大"：（一）非法种植大麻五千株以上不满三万株的；（二）非法种植罂粟二百平方米以上不满一千二百平方米、大麻二千平方米以上不满一万二千平方米，尚未出苗的；（三）非法种植其他毒品原植物数量较大的。基于此，对于非法种植大麻五千株以下，非法种植罂粟二百平方米以下、大麻二千平方米以下，尚未出苗的，以及非法种植少量其他毒品原植物的，应予以治安处罚。

二是，非法买卖、运输、携带、持有少量未经灭活的毒品原植物种子或者幼苗的行为。这里的非法"买卖"，是指以金钱或实物作价非法购买或出售未经灭活的毒品原植物种子或者幼苗的行为。非法"运输",是指非法从事未经灭活的毒品原植物种子或者幼苗的运输行为。包括在国内运输和在国境、边境非法输入输出。非法"携带",是指违反国家规定,随身携带未经灭活的毒品原植物种子或者幼苗的行为。非法"持有",是指私藏未经灭活的毒品原植物种子或者幼苗的行为。"未经灭活的毒品原植物种子",是指未经过烘烤、放射线照射等处理手段,还能继续繁殖、发芽的罂粟等毒品原植物种子。本款规定的"少量"是相对于《刑法》第三百五十二条规定的"数量较大"。《刑法》第三百五十二条规定,非法买卖、运输、携带、持有未经灭活的罂粟等毒品原植物种子或者幼苗,数量较大的,构成犯罪。根据2016年《最高人民法院关于审理毒品犯罪案件适用法律若干问题的解释》第十条规定,非法买卖、运输、携带、持有未经灭活的毒品原植物种子或者幼苗,具有下列情形之一的,应当认定为《刑法》第三百五十二条规定的"数量较大":(一)罂粟种子五十克以上、罂粟幼苗五千株以上的;(二)大麻种子五十千克以上、大麻幼苗五万株以上的;(三)其他毒品原植物种子或者幼苗数量较大的。基于此,罂粟种子五十克以下、罂粟幼苗五千株以下;大麻种子五十千克以下、大麻幼苗五万株以下,以及少量其他毒品原植物种子或者幼苗的,属于本项规定的"少量"。实践中,应当以此作为区分追究刑事责任与进行治安处罚的主要界限。对于不构成犯罪的,即符合本项规定的"少量",应当给予治安处罚。

三是,非法运输、买卖、储存、使用罂粟壳的行为。罂粟壳是罂粟的外壳,是毒品原植物的组成部分,有药用价值,也可以放入食品中作为调味品,具有与毒品一样使人上瘾的作用。所以,食药监管等有关部门对此也有严格的限制,防止罂粟壳被不法分子利用。如果使大量的罂粟壳流传到社会上,既对社会不利,也对人身健康不利,尤其是对一些不知情的人的危害会更大。所以,法律应当禁止非法运输、买卖、储存、使用罂粟壳的行为。如果存在非法运输、买卖、储存、使用少量罂粟壳的行为,属于本项规定的违反《治安管理处罚法》的行为。

根据本款规定,行为人有非法种植罂粟不满五百株或者其他少量毒品原植物,非法买卖、运输、携带、持有少量未经灭活的罂粟等毒品原植物种子或者幼苗以及非法运输、买卖、储存、使用少量罂粟壳的行为之一的,处十日以上十五日以下拘留,可以并处五千元以下罚款;情节较轻的,处五日以下拘留或者一千元以下罚款。

本条第二款对非法种植罂粟等其他毒品原植物行为不予处罚的情形作了规定。虽然法律规定了非法种植罂粟等毒品原植物，属于违反治安管理应当给予治安处罚的行为。但是，由于毒品原植物必须成熟后才具有毒品的功效，如果在成熟或收获前自动铲除的，其危害后果不大。所以，本条第二款规定，非法种植罂粟等毒品原植物或者其他少量毒品原植物，在成熟前自行铲除的，不予处罚。这里的"成熟前"，是指收获毒品前，如对罂粟进行割浆等。"自行铲除"，是指非法种植毒品原植物的行为人主动铲除或者其委托他人帮助铲除，而不是由公安机关发现后，责令其铲除或者强制铲除。

实践中需要注意的问题

实践中需要注意本条与《刑法》第三百五十一条非法种植毒品原植物罪、第三百五十二条非法买卖、运输、携带、持有毒品原植物种子、幼苗罪的衔接，对于达到《最高人民法院关于审理毒品犯罪案件适用法律若干问题的解释》中规定的入罪标准的，应当依法追究刑事责任。

相关规定

《中华人民共和国禁毒法》第十九条、第五十九条；《中华人民共和国刑法》第三百五十一条、第三百五十二条；《最高人民法院关于审理毒品犯罪案件适用法律若干问题的解释》第九条、第十条

第八十四条 有下列行为之一的，处十日以上十五日以下拘留，可以并处三千元以下罚款；情节较轻的，处五日以下拘留或者一千元以下罚款：

（一）非法持有鸦片不满二百克、海洛因或者甲基苯丙胺不满十克或者其他少量毒品的；

（二）向他人提供毒品的；

（三）吸食、注射毒品的；

（四）胁迫、欺骗医务人员开具麻醉药品、精神药品的。

聚众、组织吸食、注射毒品的，对首要分子、组织者依照前款的规定从重处罚。

吸食、注射毒品的，可以同时责令其六个月至一年以内不得进入娱乐场所、不得擅自接触涉及毒品违法犯罪人员。违反规定的，处五日以下拘留或者一千元以下罚款。

● 条文主旨

本条是关于非法持有毒品，提供毒品，吸毒，胁迫、欺骗医务人员开具麻醉药品、精神药品的违法行为及其处罚的规定。

● 立法背景

1. 2005 年《治安管理处罚法》的规定。第七十二条规定："有下列行为之一的，处十日以上十五日以下拘留，可以并处二千元以下罚款；情节较轻的，处五日以下拘留或者五百元以下罚款：（一）非法持有鸦片不满二百克、海洛因或者甲基苯丙胺不满十克或者其他少量毒品的；（二）向他人提供毒品的；（三）吸食、注射毒品的；（四）胁迫、欺骗医务人员开具麻醉药品、精神药品的。"

毒品摧毁公民的精神和身体健康，破坏社会秩序和人民群众的生产生活，具有严重的社会危害。打击涉及毒品的违法犯罪行为是我国乃至世界的一个共同而长期的任务。我国法律一贯重视对毒品违法行为的惩治。我国 1979 年《刑法》就规定了毒品方面犯罪。在 20 世纪 80 年代初，国际制毒、贩毒活动比较猖獗，并不断向我国渗透，国内一些不法分子也乘机进行贩毒活动，种植、吸食毒品的现象在一些地区又死灰复燃。1986 年，六届全国人大常委会第十七次会议审议通过《治安管理处罚条例》，该条例第二十四条第三项规定，"违反政府禁令，吸食鸦片、注射吗啡等毒品的"属于妨害社会管理秩序行为，处十五日以下拘留、二百元以下罚款或者警告。为进一步加大打击毒品违法犯罪行为的力度，1990 年 12 月，七届全国人大常委会第十七次会议通过《全国人民代表大会常务委员会关于禁毒的决定》（已失效），对毒品方面的犯罪作了更为具体的规定，并提高了刑罚处罚的幅度。1997 年修订《刑法》将该决定的内容纳入《刑法》。1985 年、1989 年我国先后加入了联合国《经〈修正一九六一年麻醉品单一公约的议定书〉修正的一九六一年麻醉品单一公约》《1971 精神药物公约》和《联合国禁止非法贩运麻醉药品和精神药物公约》等，与国际社会共同打击毒品犯罪。另外，为了与《刑法》的规定相衔接，2005 年制定《治安管理处罚法》时，对一些不构成犯罪的涉及非法持有、向他人提供毒品以及吸毒，胁迫、欺骗医务人员开具麻醉药品、精神药品的违法行为，规定了治安处罚的法律责任。

2. 2025 年修订后的《治安管理处罚法》的规定。一是根据实践情况提高了罚款数额,将第一款规定的"处十日以上十五日以下拘留,可以并处二千元以下罚款;情节较轻的,处五日以下拘留或者五百元以下罚款"修改为"处十日以上十五日以下拘留,可以并处三千元以下罚款;情节较轻的,处五日以下拘留或者一千元以下罚款"。

二是增加一款规定作为本条第二款,对聚众、组织吸食、注射毒品的首要分子、组织者规定适用第一款规定从重处罚。聚众、组织吸食、注射毒品是实践中出现的一种情况,属于较为恶劣的聚众涉毒违法行为。聚众、组织吸食、注射毒品,不只是吸食、注射毒品单个违法行为所造成危害性的简单相加,而是聚集性地严重伤害涉毒行为人身心、放大毒品的传播效应、严重破坏了社会秩序,应依法从严惩处。对于该类聚众吸食、注射毒品行为,应对一般参加者和首要分子、组织者作出区分,体现过罚相当。对于首要分子和组织者,应当比一般参加者的处罚要重,故本款规定了"依照前款的规定从重处罚"。

三是增加一款规定作为本条第三款。实践中,吸毒人员身处一些场所环境、接触涉毒违法人员等会加大复吸毒品或者实施其他与毒品有关的违法犯罪行为的概率。为预防并遏制涉毒违法行为,本条增加一款规定作为对"吸食、注射毒品"人员的预防性保护措施,授权公安机关在作出治安处罚的同时,可以禁止吸毒人员在六个月至一年以内不得进入娱乐场所、不得擅自接触涉及毒品违法犯罪人员。如果违反该禁止令,则处五日以下拘留或者一千元以下罚款。

● 条文释义

本条共分三款。第一款是关于非法持有毒品,向他人提供毒品,吸毒,胁迫、欺骗医务人员开具麻醉药品、精神药品的违法行为和处罚的规定。

本款规定了四种违法行为:第一,规定了非法持有毒品的行为。本款明确规定了非法持有鸦片、海洛因、甲基苯丙胺(冰毒)几种毒品和其他少量毒品的行为。《刑法》第三百四十八条非法持有毒品罪对非法持有毒品构成犯罪的最低数额规定为:鸦片二百克以上、海洛因或者甲基苯丙胺十克以上、其他毒品数量较大的。本款规定与《刑法》的规定做好了衔接,非法持有鸦片不满二百克、海洛因或者甲基苯丙胺不满十克或者其他少量毒品的,属于违反治安管理应予处罚的行为。这里的"其他少量毒品"是指除鸦片、海洛因或者甲基苯丙胺以外的毒品,如大麻、K粉、摇头丸等。关于相关毒品的数额如何认定为"少量",参照 2007 年《办理毒品犯罪案件适用法律若干问题的意见》,其中规定:"三、关于办理氯胺酮等毒品案件定罪量刑标准问题……(三)走私、贩卖、运输、制造下列毒品，应当认定为刑法第三百四十七条第四款规定的'其他少量毒品'，即 1. 二亚甲基双氧安非他明（MDMA）等苯丙胺类毒品（甲基苯丙胺除外）不满20克的；2. 氯胺酮、美沙酮不满200克的；3. 三唑仑、安眠酮不满10千克的；4. 氯氮䓬、艾司唑仑、地西泮、溴西泮不满100千克的；5. 上述毒品以外的其他少量毒品的。"此外，2016年《最高人民法院关于审理毒品犯罪案件适用法律若干问题的解释》第二条对《刑法》第三百四十八条非法持有毒品罪规定的"其他毒品数量较大"的入罪门槛进行了细化，即：（1）可卡因十克以上不满五十克；（2）3，4-亚甲二氧基甲基苯丙胺（MDMA）等苯丙胺类毒品（甲基苯丙胺除外）、吗啡二十克以上不满一百克；（3）芬太尼二十五克以上不满一百二十五克；（4）甲卡西酮四十克以上不满二百克；（5）二氢埃托啡二毫克以上不满十毫克；（6）哌替啶（度冷丁）五十克以上不满二百五十克；（7）氯胺酮一百克以上不满五百克；（8）美沙酮二百克以上不满一千克；（9）曲马多、γ-羟丁酸四百克以上不满二千克；（10）大麻油一千克以上不满五千克、大麻脂二千克以上不满十千克、大麻叶及大麻烟三十千克以上不满一百五十千克；（11）可待因、丁丙诺啡一千克以上不满五千克；（12）三唑仑、安眠酮十千克以上不满五十千克；（13）阿普唑仑、恰特草二十千克以上不满一百千克；（14）咖啡因、罂粟壳四十千克以上不满二百千克；（15）巴比妥、苯巴比妥、安钠咖、尼美西泮五十千克以上不满二百五十千克；（16）氯氮䓬、艾司唑仑、地西泮、溴西泮一百千克以上不满五百千克；（17）上述毒品以外的其他毒品数量较大的。可以认为，相关毒品的数量低于该司法解释规定的"其他毒品数量较大"门槛的，属于非法持有其他少量毒品的行为。对于本项规定的"少量毒品"的具体数量，可以参考前述司法解释的相关规定，以做好《治安管理处罚法》与《刑法》的衔接。

第二，规定了向他人提供毒品的行为。向他人提供毒品是吸毒、贩毒违法犯罪始终存在的重要根源，应当予以打击。如实践中，有的行为人故意引诱他人吸毒，并使他人染上毒瘾；有的向朋友提供毒品，用于所谓的娱乐消遣活动等。总之，非法向他人提供毒品的行为不仅违反国家规定，而且危害他人人体健康，帮助毒品传播，具有很大的社会危害性，所以应予打击。这也是打击毒品违法犯罪行为的重要环节。提供的"毒品"，包括鸦片、海洛因、甲基苯丙胺、摇头丸等精神药品或麻醉药品。应当注意的是，向他人提供毒品的行为，是指无偿提供。如果向他人提供毒品，收取钱财的，则属于贩卖毒品，应依照

《刑法》的规定定罪处罚。实践中，应当注意区分向他人提供毒品的行为和贩卖毒品行为的界限。此外，如果依法从事生产、销售、管理、使用国家管制的麻醉药品、精神药品的人员，违反国家规定，向吸食、注射毒品的人提供国家规定管制的能够使人形成瘾癖的麻醉药品、精神药品的，则构成《刑法》第三百五十五条规定的非法提供麻醉药品、精神药品罪，而不适用本项规定。

第三，规定了吸食、注射毒品的行为。吸食、注射毒品有以下几大危害：其一，严重危害人体健康，吸毒过量会导致生命危险。其二，吸食、注射毒品是艾滋病等传染病传播的重要途径。其三，由于吸食、注射毒品会使人上瘾产生依赖性，所以，吸食者必须有足够的金钱来购买毒品满足其生理、心理上的需求。有的因此倾家荡产，有的不得不实施盗窃、抢劫等违法犯罪活动以快速获取购买毒品的资金，致使其成为社会的不安定因素。其四，吸毒后实施其他衍生违法犯罪行为的情况增多，有的吸毒后自控力下降，出现幻觉，实施伤害他人、自己的行为，还有的实施强奸、猥亵等犯罪活动。所以，我国也一贯重视对吸食、注射毒品行为的惩治。《刑法》没有将吸食、注射毒品规定为犯罪行为，主要是考虑到吸食、注射毒品虽然具有一定的社会危害性，但对于吸毒者来讲，他们也是毒品的受害者。从根本上看，吸食、注射毒品是毒品违法犯罪行为的末端行为，应当把刑事打击的焦点放在消除毒品违法犯罪的源头上，即加大对走私、制造、贩卖毒品等犯罪行为的惩治。而对于吸食、注射毒品违法行为，也应依法惩处。根据《联合国禁止非法贩运麻醉药品和精神药物公约》的规定，对吸毒者可以采取治疗、教育、善后护理、康复、回归社会等措施，作为定罪处刑的替代办法。本项规定与联合国公约相关规定的精神也是一致的。本项规定，对吸食、注射毒品行为可以给予治安处罚，并根据《禁毒法》的规定，应当采取各种措施帮助吸毒人员戒除毒瘾，教育和挽救吸毒人员，对吸毒成瘾人员应当进行戒毒治疗。

这里所说的"吸食、注射毒品"，是指用口吸、鼻吸、吞服、口含、饮用、皮肤吸收或者皮下、静脉注射等方法使用鸦片、海洛因、吗啡、大麻、可卡因、摇头丸、冰毒等毒品以及由国家管制的其他能够使人形成瘾癖的麻醉药品和精神药品。对于因治疗疾病的需要，依照医生的嘱咐和处方服用、注射麻醉药品和精神药品的，不属于本项所说的吸食注射毒品行为。

第四，规定了胁迫、欺骗医务人员开具麻醉药品、精神药品的行为。麻醉药品和精神药品可以在医学上使用，但使用过量就会使人上瘾，危及身体健康。所以，根据联合国相关公约的规定以及国家有关规定，麻醉药品、精神药品属于严格管制的药品，使用时必须按照国家规定，进行严格的审批，有关医务人员不得随意开药方提供给病人。根据本项规定，行为人使用胁迫、欺骗手段致使医务人员为其开具麻醉药品或精神药品的行为属于应当予以治安管理处罚的行为。这里的"胁迫"，是指违法行为人对医务人员施以威胁、恫吓，进行精神上的强制，迫使医务人员开具麻醉药品或精神药品的行为。"欺骗"，是指编造虚假事实，如编造谎言，谎称自己、家人或亲戚朋友，由于患有癌症，急需麻醉药品或精神药品等情况，让医务人员信以为真，为其开出麻醉药品、精神药品的行为。这里的"医务人员"，既包括在医院从事就诊有开具处方权的正式执业资格的医务人员，如医院门诊或急诊的医生，也包括虽没有开处方的权力，但可以通过其他有开处方权的医生开出药品的从事医务工作的研究人员、司药人员、护士以及从事医院行政工作的人员等。这里的"麻醉药品"，主要是指连续使用后容易使人产生身体的依赖性、易形成瘾癖的药品，如吗啡、杜冷丁等。"精神药品"，是指直接作用于中枢神经系统，使之兴奋或抑制，连续使用能使人体产生依赖性的药品，如甲基苯丙胺、安钠咖、安眠酮等。

根据本条第一款的规定，有非法持有毒品，向他人提供毒品，吸食、注射毒品或者以胁迫、欺骗手段使医务人员开具麻醉药品或精神药品行为之一的，处十日以上十五日以下拘留，可以并处三千元以下罚款，这里的"可以"并处是选择性的，公安机关应当根据情况决定并处或者不并处罚款。对于情节较轻的，"处五日以下拘留或者一千元以下罚款"，即根据情况，可以处五日以下拘留，也可以处一千元以下罚款。

根据本法第十一条的规定，公安机关办理治安案件所查获的毒品，吸食、注射毒品的用具，无论是否属于吸毒者本人所有，一律收缴，按照规定处理，该销毁的一律都要销毁。这样有利于杜绝吸毒者在经过处罚或戒毒后复吸，也有利于打击其他涉及毒品的违法犯罪行为。

第二款是关于聚众、组织吸毒、注射毒品的，从重处罚的规定。聚众、组织吸毒、注射毒品是一种较为恶劣的违法行为，放大了毒品的危害，促进了毒品的传播，严重危害了社会管理秩序，造成了较为严重的后果，需要着重查处并依法予以处罚。根据本款规定，对于聚众、组织吸食、注射毒品的，对首要分子、组织者依照第一款的规定从重处罚。这里的"首要分子、组织者"是指在聚众、组织吸食、注射毒品活动中从事组织、策划、指挥，发挥主要作用的人。本款规定的首要分子、组织者自己在违法活动中也吸食、注射毒品的,既有本条第一款第三项"吸食、注射毒品"的行为,也同时有本款规定的行为的,则只适用本款规定一并予以处罚。这里的"从重处罚"是指根据情节在本条第一款规定的两档处罚幅度内从重处罚。在同一档处罚幅度中,既设置了较轻种类的治安管理处罚,又设置了较重种类治安管理处罚的,应当选择较重种类的治安管理处罚。比如,根据具体的案件情况,根据本条第一款的规定属于"情节较轻"幅度的聚众、组织吸食、注射毒品的行为,相对于其他不具有此情节的违法者可以"拘留或者罚款"的处罚,对首要分子、组织者,应当优先考虑处以拘留,或者更重的拘留、更高的罚款。

第三款是关于可以对吸食、注射毒品的人同步责令禁止进入娱乐场所、不得接触涉及毒品违法犯罪人员,违反者应予以处罚的规定。根据本款规定,在对吸食、注射毒品的人决定予以治安处罚的同时,可以根据情况要求行为人履行一定期限的禁止性措施。本款规定的适用对象是"吸食、注射毒品的人"。这里规定的"可以"是选择性规定,既可以决定采取禁止性措施,也可以不采取此类措施。禁止相关行为的周期为"六个月至一年以内"。被禁止的行为为"不得进入娱乐场所"或者"不得擅自接触涉及毒品违法犯罪人员"。本款规定的"娱乐场所"的范围与本法第六十九条规定的"娱乐场所"的范围一致。根据《娱乐场所管理条》和《娱乐场所治安管理办法》的规定,娱乐场所是指以营利为目的,并向公众开放、消费者自娱自乐的歌舞、游艺等场所。这里的"涉及毒品违法犯罪人员"是指涉及走私、贩卖、运输、制造、非法持有毒品,非法种植毒品原植物,非法买卖、运输、携带、持有毒品原植物种子、幼苗,引诱、教唆、欺骗他人吸毒,强迫他人吸毒,容留他人吸毒,非法提供麻醉药品、精神药品等《刑法》规定的涉及毒品犯罪的人员以及《治安管理处罚法》规定的涉及毒品违法行为的人员,如吸食、注射毒品的违法人员,向他人提供毒品的违法人员等。如果违反"不得进入娱乐场所、不得擅自接触涉及毒品违法犯罪人员"禁止性措施的,本款规定应"处五日以下拘留或者一千元以下罚款"。此外,根据本法第一百二十一条规定,被处罚人、被侵害人对公安机关依照本法规定作出的治安管理处罚决定,作出的收缴、追缴决定,或者采取的有关限制性、禁止性措施等不服的,可以依法申请行政复议或者提起行政诉讼。当事人可以根据该条规定,对本款规定的"限制性、禁止性措施"申请行政复议或者提起行政诉讼。

● 实践中需要注意的问题

在该条的理解适用中，需要注意以下几方面的问题：

第一，毒品的范围应依法确定。除《治安管理处罚法》《刑法》《禁毒法》等法律中列举的毒品种类外，近年来，出现了一些具有较大危害性的新型毒品。实践中，应根据国家有关规定依法确定的毒品范围，准确适用《治安管理处罚法》的规定对违法行为予以惩治。比如，根据《麻醉药品和精神药品管理条例》第三条的规定，本条例所称麻醉药品和精神药品，是指列入麻醉药品目录、精神药品目录的药品和其他物质。2015年公安部、国家食品药品监督管理总局、国家卫生和计划生育委员会、国家禁毒委员会办公室颁布《非药用类麻醉药品和精神药品列管办法》，该办法第三条第一款规定，麻醉药品和精神药品按照药用类和非药用类分类列管。除麻醉药品和精神药品管理品种目录已有列管品种外，新增非药用类麻醉药品和精神药品管制品种由本办法附表列示。非药用类麻醉药品和精神药品管制品种目录的调整由国务院公安部门会同国务院食品药品监督管理部门和国务院卫生计生行政部门负责。其后，有关部门根据实际情况，又先后将芬太尼类物质、合成大麻素类物质和氟胺酮、溴啡等多种物质列入《非药用类麻醉药品和精神药品管制品种增补目录》，以补充完善毒品的范围。在适用本条的过程中，应注意毒品的认定范围，并依法确定涉毒违法行为。

第二，关于禁止性措施的适用。本条第三款规定了对于吸食、注射毒品的，可以同时责令其六个月至一年以内不得进入娱乐场所、不得擅自接触涉及毒品违法犯罪人员，并设置了违反禁止性措施的法律责任。在公安机关决定对行为人予以治安处罚并考虑同时设置禁止性措施时，需要与《禁毒法》的相关规定做好衔接，以最大化发挥禁止性措施对特定主体的保护作用，避免相关措施简单叠加、重复适用，弱化特别保护的目的和效果。具体而言，《禁毒法》第三十三条规定，对吸毒成瘾人员，公安机关可以责令其接受期限为三年的社区戒毒。实践中，社区戒毒的协议往往也规定了行为人需遵守不得进入娱乐场所、不得擅自接触涉及毒品违法犯罪人员等内容。此外，对于依法需要强制隔离戒毒的，根据《禁毒法》第四十七条的规定，强制隔离戒毒的期限为二年，需要进一步延长戒毒期限的戒毒人员，还可以依法再延长一年。被强制隔离戒毒的行为人，也是事实上无法进入娱乐场所或者接触涉及毒品违法犯罪人员的。考虑到《治安管理处罚法》第八十四条规定的禁止性措施和《禁毒法》

相关规定的措施都是为了创造相应的环境和条件让吸食、注射毒品人员能够避免接触毒品、戒除毒瘾，有关部门应根据吸食、注射毒品人员受到毒品毒害的程度和接触毒品的可能性，科学判断如何运用《治安管理处罚法》第八十四条规定的限制性、禁止性措施和《禁毒法》中相关规定的措施，最大化帮助吸毒人员戒除毒瘾，教育和挽救吸毒人员。比如，对于吸毒但尚未成瘾的人员，在适用本条予以治安处罚的同时，可以责令其在规定期限内不得进入娱乐场所或者不得擅自接触涉及毒品违法犯罪人员；对于吸毒成瘾人员，可以根据《禁毒法》的规定责令对其进行社区戒毒，如果社区戒毒的要求中已经有禁止接触特定场所和人员的规定的，则在适用《治安管理处罚法》对其进行治安处罚后，不必再根据第八十四条第三款的规定作出性质相同的禁止性要求。

第三，对于根据《禁毒法》的规定免予处罚吸食、注射毒品行为人的，是否仍然可以决定对其采取限制性、禁止性措施的问题，涉及《治安管理处罚法》与《禁毒法》的衔接。《禁毒法》第六十二条规定，吸食、注射毒品的，依法给予治安管理处罚。吸毒人员主动到公安机关登记或者到有资质的医疗机构接受戒毒治疗的，不予处罚。这里的"不予处罚"并不包括本条第三款规定的具有预防性保护效果的"限制性、禁止性措施"。根据本条第三款规定，只要"吸食、注射毒品的"，就可以适用该措施，并不以实际处罚为条件，即公安机关可以根据《治安管理处罚法》第八十四条的规定先对吸食、注射毒品的行为作出治安处罚，同时责令采取"限制性、禁止性措施"，再根据《禁毒法》的规定，对主动到公安机关登记或者到有资质的医疗机构接受戒毒治疗的违法行为人，不予治安处罚，但是"限制性、禁止性措施"继续执行。

● 相关规定

《中华人民共和国刑法》第三百四十八条、第三百五十五条；《中华人民共和国禁毒法》第三十三条、第三十八条、第六十二条；《办理毒品犯罪案件适用法律若干问题的意见》；《最高人民法院关于审理毒品犯罪案件适用法律若干问题的解释》第二条；《非药用类麻醉药品和精神药品列管办法》；《关于将卡芬太尼等四种芬太尼类物质列入非药用类麻醉药品和精神药品管制品种增补目录的公告》；《关于将 N-甲基-N-（2-二甲氨基环己基）-3,4-二氯苯甲酰胺（U-47700）等四种物质列入非药用类麻醉药品和精神药品管制品种增补目录的公告》；《关于将 4-氯乙卡西酮等 32 种物质列入非药用类麻醉药品和精神药品管制品种增补目录的公告》;《关于将芬太尼类物质列入〈非药用类麻醉药品和精神药品管制品种增补目录〉的公告》;《关于将合成大麻素类物质和氟胺酮等 18 种物质列入〈非药用类麻醉药品和精神药品管制品种增补目录〉的公告》;《关于将溴啡等 46 种物质列入〈非药用类麻醉药品和精神药品管制品种增补目录〉的公告》;《关于将尼秦类物质和三氟乙咪酯等 12 种物质列入〈非药用类麻醉药品和精神药品管制品种增补目录〉的公告》

第八十五条 引诱、教唆、欺骗或者强迫他人吸食、注射毒品的,处十日以上十五日以下拘留,并处一千元以上五千元以下罚款。

容留他人吸食、注射毒品或者介绍买卖毒品的,处十日以上十五日以下拘留,可以并处三千元以下罚款;情节较轻的,处五日以下拘留或者一千元以下罚款。

● 条文主旨

本条是关于引诱、教唆、欺骗或者强迫他人吸食、注射毒品以及容留他人吸食、注射毒品或者介绍买卖毒品的违法行为及其处罚的规定。

● 立法背景

1. 2005 年《治安管理处罚法》的规定。第七十三条规定:"教唆、引诱、欺骗他人吸食、注射毒品的,处十日以上十五日以下拘留,并处五百元以上二千元以下罚款。"

教唆、引诱、欺骗他人吸食、注射毒品的行为是一种唆使、诱骗他人实施违法行为的恶劣行为,尤其会使一些青少年成为最严重的受害者。受害者一旦沾上毒品,对其身心健康会造成很大的伤害,有的甚至毁掉终生,对国家、家庭和个人都是贻害无穷的,因此,对这种行为应当严厉打击。在治安处罚的配置上,考虑到教唆、引诱、欺骗他人吸食、注射毒品是专门贻害他人涉毒的恶劣行为,因此配置了较重的治安处罚,即处十日以上十五日以下拘留,同时并处五百元以上二千元以下罚款。

2. 2025 年修订后的《治安管理处罚法》的规定。一是,完善了违法行为的表述,将"教唆、引诱"他人吸食、注射毒品调整为"引诱、教唆"他人吸食、注射毒品。这样规定与《刑法》第三百五十三条"引诱、教唆、欺骗他人吸食、注射毒品"和《禁毒法》第五十九条"(六)强迫、引诱、教唆、欺骗他人吸食、注射毒品"的规定相衔接。

二是，增加了强迫他人吸食、注射毒品的违法行为。《刑法》第三百五十三条第二款规定了强迫他人吸毒罪，并配置了较为严厉的刑罚。实践中对于实施了强迫他人吸食、注射毒品的违法行为，但是尚不构成犯罪的，应当予以治安处罚，避免出现处罚空档，因此增加了对"强迫他人吸毒"的行为予以治安处罚的规定。

三是，根据实践情况，适当提高了罚款数额，即将"处十日以上十五日以下拘留，并处五百元以上二千元以下罚款"修改为"处十日以上十五日以下拘留，并处一千元以上五千元以下罚款"。

四是，将容留他人吸食、注射毒品或者介绍买卖毒品的行为在《治安管理处罚法》中明确设置处罚依据，方便公安机关执法适用。《禁毒法》第六十一条明确规定，容留他人吸食、注射毒品或者介绍买卖毒品，构成犯罪的，依法追究刑事责任；尚不构成犯罪的，由公安机关处十日以上十五日以下拘留，可以并处三千元以下罚款；情节较轻的，处五日以下拘留或者五百元以下罚款。有关部门反映，《禁毒法》的该条规定与《刑法》第三百五十四条容留他人吸毒罪进行衔接，科学配置处罚档次，是十分必要的。但是，吸食、注射毒品，向他人非法提供毒品，引诱、教唆、欺骗或者强迫他人吸食、注射毒品等涉毒违法行为已经在《治安管理处罚法》中作了规定，而只有容留他人吸食、注射毒品或者介绍买卖毒品的违法行为及其处罚规定在《禁毒法》中。考虑到新修订的《治安管理处罚法》第一百四十一条第一款规定，其他法律中规定的由公安机关给予行政拘留处罚的，其处罚程序适用《治安管理处罚法》的规定。将原本规定在《禁毒法》中的该条规定，在违法行为方式、处罚种类、处罚幅度基本不变的情况下，重新规定在新修订的《治安管理处罚法》中，能够更有利于执法适用，也是合适的。此外，根据执法实践的现实情况，适度提高容留他人吸食、注射毒品或者介绍买卖毒品，情节较轻行为的罚款数额，与新修订的《治安管理处罚法》中其他涉毒违法行为的处罚幅度保持平衡。基于此，对容留他人吸食、注射毒品或者介绍买卖毒品的行为区分情节轻重，设置两档处罚，一般行为的处十日以上十五日以下拘留，可以并处三千元以下罚款；情节较轻的，处五日以下拘留或者一千元以下罚款。

● 条文释义

本条共分两款。第一款是关于引诱、教唆、欺骗或者强迫他人吸食、注射毒品的违法行为和处罚的规定。

这里的"引诱、教唆",是指通过向他人宣传吸毒后的感受和体验,示范吸毒的方法,或者对他人进行蛊惑、诱导,从而促使他人吸食、注射毒品的行为。"欺骗"他人吸食、注射毒品,是指在他人不知道的情况下,给他人吸食、注射毒品的行为。如在香烟或食品、药品中掺入毒品,供他人吸食或使用,使其不知不觉地由少到多地染上了毒瘾。"强迫"他人吸食、注射毒品,是指违背他人的意愿,使用暴力、胁迫或者其他手段,迫使他人吸食、注射毒品。这里被强迫的行为人在主观上是明知吸食、注射毒品,并且不愿意进行该种行为的;如果行为人在主观上不明知是吸食、注射毒品,被他人采取某种方式使之完成吸食、注射毒品,则属于被欺骗吸食、注射毒品;如果行为人在他人的介绍下并不反对吸食、注射毒品,则可能属于被引诱、教唆吸食、注射毒品。这里引诱、教唆、欺骗或者强迫的"他人",是指成年人。根据《刑法》第三百五十三条的规定,引诱、教唆、欺骗或者强迫未成年人吸食、注射毒品的,应当从重判处刑罚。因此,引诱、教唆、欺骗或者强迫未成年人吸食、注射毒品的,不应再按《治安管理处罚法》进行治安处罚,需要适用《刑法》规定追究刑事责任。

对于引诱、教唆、欺骗、强迫他人吸食、注射毒品的行为人,并不要求以牟利为目的。实践中,存在通过这种手段以泄私愤报复社会或者他人,或者试图通过毒品实现控制他人的目的,也有朋友之间引诱、教唆、欺骗、强迫他人吸食、注射毒品,以供娱乐消遣。无论出于何种目的,都不影响违法行为的成立。

根据本款规定,对引诱、教唆、欺骗或者强迫他人吸食、注射毒品的,处十日以上十五日以下拘留,并处一千元以上五千元以下罚款。

第二款是关于容留他人吸食、注射毒品或者介绍买卖毒品的违法行为和处罚的规定。这里的"容留他人吸食、注射毒品"是指提供房屋、房间、封闭场所、车辆、船舱等空间供他人在其中完成吸食、注射毒品活动的行为。这里的"介绍买卖毒品"是指帮助撮合、联系完成毒品买卖的行为。容留他人吸食、注射毒品或者介绍买卖毒品行为属于涉毒违法犯罪行为的帮助行为,应当予以惩治。需要注意的是,适用本款规定惩处的容留他人吸食、注射毒品或者介绍买卖毒品行为,并不以牟利为目的,只要实施了相关行为就可以予以处罚。实践中,一些从事旅馆业、饮食服务业、文化娱乐业、运输服务行业等的人员提供所谓的"特殊帮助服务",容留他人吸毒,如果是为了从中牟利,则根据相关司法解释的规定应当追究刑事责任。《最高人民法院关于审理毒品犯罪案件适用法律若干问题的解释》第十二条规定，容留他人吸食、注射毒品，具有下列情形之一的，应当依照《刑法》第三百五十四条的规定，以容留他人吸毒罪定罪处罚：（1）一次容留多人吸食、注射毒品的；（2）二年内多次容留他人吸食、注射毒品的；（3）二年内曾因容留他人吸食、注射毒品受过行政处罚的；（4）容留未成年人吸食、注射毒品的；（5）以牟利为目的容留他人吸食、注射毒品的；（6）容留他人吸食、注射毒品造成严重后果的；（7）其他应当追究刑事责任的情形。向他人贩卖毒品后又容留其吸食、注射毒品，或者容留他人吸食、注射毒品并向其贩卖毒品，符合前述规定的容留他人吸毒罪的定罪条件的，以贩卖毒品罪和容留他人吸毒罪数罪并罚。容留近亲属吸食、注射毒品，情节显著轻微危害不大的，不作为犯罪处理；需要追究刑事责任的，可以酌情从宽处罚。

关于法律责任，本款规定了两档处罚，对于一般实施容留他人吸食、注射毒品或者介绍买卖毒品的，处以十日以上十五日以下拘留，可以并处三千元以下罚款；对于情节较轻的，处五日以下拘留或者一千元以下罚款。

● **实践中需要注意的问题**

1. 应当注意区分罪与非罪的界限。《刑法》第三百五十三条第一款规定了引诱、教唆、欺骗他人吸食、注射毒品的犯罪行为，第二款规定了强迫他人吸食、注射毒品的犯罪行为；第三百五十四条规定了容留他人吸食、注射毒品的犯罪行为。实践中，对于情节显著轻微，危害不大，不构成犯罪的情况，如有的只是偶尔为之，或者虽然有的人被引诱、教唆、欺骗吸食、注射毒品，但由于种种原因，被引诱、教唆、欺骗的人没有吸食或注射毒品，危害不大不必追究刑事责任的；或者多人共同实施引诱、教唆、欺骗、强迫他人吸毒，容留他人吸毒、注射毒品或者介绍买卖毒品的，在共同行为中起次要、辅助作用，或者被胁迫实施本条规定的行为，不必追究刑事责任的，根据《刑法》第三十七条的规定，对于犯罪情节轻微不需要判处刑罚的，可以免予刑事处罚，但是可以根据案件的不同情况，予以训诫或者责令具结悔过、赔礼道歉、赔偿损失，或者由主管部门予以行政处罚或者行政处分，即依照《治安管理处罚法》第八十五条规定予以治安处罚。如果行为人实施的行为，具有严重社会危害性的，应当依照《刑法》的规定定罪处罚。

2. 引诱、教唆、欺骗、强迫未成年人吸食、注射毒品的，直接构成犯罪行为，不适用本条规定处罚。《刑法》第三百五十三条第三款规定："引诱、教唆、欺骗或者强迫未成年人吸食、注射毒品的，从重处罚。"这里的"未成年人"是指不满十八周岁的人。未成年人正处于人生观、价值观、世界观形成的关键时期,不能认识或者不能正确认识毒品的危害性,比成年人更容易被引诱、教唆或者欺骗吸食毒品,并且未成年人正处在长身体时期,吸食、注射毒品将给他们的身心健康带来极大的危害,给他们正常学习生活带来极大的负面影响,不仅影响其成长成才,而且可能会为社会埋下不稳定因素。因此,对于发现引诱、教唆、欺骗、强迫未成年人吸食、注射毒品的,直接构成犯罪行为。

实践中,随着涉毒违法行为方式的转变,涉毒低龄化情况突出,存在未成年人引诱、教唆、欺骗或者强迫其他未成年人吸食、注射毒品的犯罪情况。对于该种情况,应根据《刑法》第十七条刑事责任年龄的规定以及《刑事诉讼法》的相关规定,判断是否追究未成年人的刑事责任。总体上,对实施违法犯罪的未成年人应秉持"教育为主、惩罚为辅"的原则进行教育、感化和挽救。这里需要研究的是,如果未成年人涉嫌触犯《刑法》第三百五十三条规定的犯罪,但是不予起诉,不追究刑事责任的,是否还需要再予以治安处罚。这里有以下三种情况。其一,如果未成年人在十六周岁以上十八周岁以下,实施的犯罪情节轻微不需要判处刑罚的,根据《刑法》第三十七条和《刑事诉讼法》第十六条、第一百七十七条的规定,对该未成年人不起诉后,如果需要对其予以行政处罚,人民检察院应当提出检察建议,移送有关主管机关处理。也就是可以根据相关案件的具体情况,判断有无必要对该未成年人予以治安处罚。不再作出治安处罚,也是可以的。其二,如果未成年人在十六周岁以上十八周岁以下,实施的犯罪可能判处一年有期徒刑以下刑罚的,则根据《刑事诉讼法》第二百八十二条的规定,对于符合法定条件的,人民检察院可以作出附条件不起诉的决定。人民检察院需要在附条件不起诉的考验期内对该未成年人进行监督考察。一般而言,不再需要对该未成年人予以治安处罚。实践中,在人民检察院作出不起诉决定后,仍确有必要再予以治安处罚的,应由公安机关、人民检察院综合各方面情况作出决定。其三,如果未成年人根据《刑法》第十七条规定,因不满十六周岁不予刑事处罚的,责令其父母或者其他监护人加以管教;在必要的时候,依法进行专门矫治教育。根据《刑事诉讼法》第十六条和第一百七十七条的规定,属于"其他法律规定免予追究刑事责任的",人民检察院应当作出不起诉决定。对被不起诉人需要给予行政处罚的,人民检察院应当提出检察意见,移送有关主管机关处理。有关主管机关应当将处理结果及时通知人民检察院。对于该种情况,人民检察院作出不起诉决定后,需要考虑对该未成年人的后续矫治教育问题，涉及《预防未成年人犯罪法》中规定的矫治教育措施、专门矫治教育与《治安管理处罚法》的治安管理处罚，选择何种方式更能发挥对未成年人的矫治教育效果。对于确实需要给予行政处罚的，也可以由公安机关再予以治安管理处罚。对未成年人予以治安处罚的，需要根据本法第二十三条的规定慎重确定能否适用治安拘留。

3. 对于如何处理与《禁毒法》第六十一条关系的问题。新修订的《治安管理处罚法》第八十五条第二款规定了容留他人吸食、注射毒品或者介绍买卖毒品的违法行为及其处罚。在新修订的《治安管理处罚法》施行后，《禁毒法》的同步修改可能还需要再等待一段时间。这就产生了如何处理本条第二款规定与《禁毒法》第六十一条规定的问题。根据《立法法》第一百零三条规定，同一机关制定的法律、行政法规、地方性法规、自治条例和单行条例、规章，特别规定与一般规定不一致的，适用特别规定；新的规定与旧的规定不一致的，适用新的规定。考虑到本条第二款的规定在罚款部分不同于《禁毒法》第六十一条的规定，在新修订的《治安管理处罚法》施行后，如果出现行为人实施了该类违法行为，公安机关应适用本条第二款的规定予以处罚，不能再依据《禁毒法》第六十一条的规定作出处罚。此外，对于新修订的《治安管理处罚法》施行之前实施该类违法行为且尚在六个月期限内，被公安机关发现，应当予以处罚的。根据《行政处罚法》第三十七条的规定，实施行政处罚，适用违法行为发生时的法律、法规、规章的规定。但是，作出行政处罚决定时，法律、法规、规章已被修改或者废止，且新的规定处罚较轻或者不认为是违法的，适用新的规定。《禁毒法》第六十一条的规定对于情节较轻的处罚轻于新修订的《治安管理处罚法》第八十五条第二款的规定，因此，应适用《禁毒法》第六十一条的规定对该种情形作出处罚。

● **相关规定**

《中华人民共和国刑法》第三百五十三条、第三百五十四条；《中华人民共和国禁毒法》第五十九条、第六十一条；《最高人民法院关于审理毒品犯罪案件适用法律若干问题的解释》第十二条

第八十六条 违反国家规定，非法生产、经营、购买、运输用于制造毒品的原料、配剂的，处十日以上十五日以下拘留；情节较轻的，处五日以上十日以下拘留。

🔴 条文主旨

本条是关于非法生产、经营、购买、运输用于制造毒品的原料、配剂的违法行为及其处罚的规定。

🔴 立法背景

本次修订《治安管理处罚法》，增加本条规定，对违反国家规定，非法生产、经营、购买、运输用于制造毒品的原料、配剂的行为明确为违反治安管理处罚的行为。开展禁毒斗争需要对制造毒品的原料、配剂加强源头管理。考虑到不少毒品的原料、配剂同时也是医药、工农业生产原料，生产、经营、购买、运输、进出口该类物品是正常的生产经营行为，因此，为了更精准化地进行管理，既不影响正常的工业生产发展，又发挥防范毒品的作用，《禁毒法》《易制毒化学品管理条例》《刑法》对该类易制毒化学品的生产、经营、购买、运输、进出口等作了较为详细的规定，对相关违法犯罪行为设置了法律责任。《禁毒法》第二十一条第二款、第三款规定，国家对易制毒化学品的生产、经营、购买、运输实行许可制度。禁止非法生产、买卖、运输、储存、提供、持有、使用麻醉药品、精神药品和易制毒化学品。第二十五条规定，麻醉药品、精神药品和易制毒化学品管理的具体办法，由国务院规定。第六十四条规定，在易制毒化学品的生产、经营、购买、运输或者进口、出口活动中，违反国家规定，致使易制毒化学品流入非法渠道，构成犯罪的，依法追究刑事责任；尚不构成犯罪的，依照有关法律、行政法规的规定给予处罚。《易制毒化学品管理条例》第三十八条规定，违反本条例规定，未经许可或者备案擅自生产、经营、购买、运输易制毒化学品，伪造申请材料骗取易制毒化学品生产、经营、购买或者运输许可证，使用他人的或者伪造、变造、失效的许可证生产、经营、购买、运输易制毒化学品的，由公安机关没收非法生产、经营、购买或者运输的易制毒化学品、用于非法生产易制毒化学品的原料以及非法生产、经营、购买或者运输易制毒化学品的设备、工具，处非法生产、经营、购买或者运输的易制毒化学品货值 10 倍以上 20 倍以下的罚款，货值的 20 倍不足 1 万元的，按 1 万元罚款；有违法所得的，没收违法所得；有营业执照的，由市场监督管理部门吊销营业执照；构成犯罪的，依法追究刑事责任。此外，《刑法》第三百五十条规定，非法生产、买卖、运输制毒物品罪，对非法生产、买卖、运输醋酸酐、乙醚、三氯甲烷或者其他用于制造毒品的原料、配剂的行为，情节较重的，构成犯罪。基于此，规定本条，一方面在治安管理中补充惩治该类涉毒违法行为的规定，解决实践中对于该类违法行为根据前述《禁毒法》《易制毒化学品条例》和《刑法》的相关规定，只能由公安机关予以罚款处罚，情节严重的则直接构成犯罪，处罚种类单一，处罚幅度存在跳档、不合理的问题；另一方面是为了更好地进行行刑衔接，对于非法生产、经营、购买、运输用于制造毒品的原料、配剂的行为，情节轻微不需要判处刑罚，但是仍需要予以治安处罚的，根据本条规定予以治安处罚。考虑到实际情况，本条设置了两档处罚，即处十日以上十五日以下拘留；情节较轻的，处五日以上十日以下拘留。

◐ 条文释义

本条规定了对非法生产、经营、购买、运输用于制造毒品的原料、配剂的行为及处罚。适用本条的前提，是"违反国家规定"。这里的国家规定是指《禁毒法》《易制毒化学品管理条例》等。《禁毒法》第二十一条第二款、第三款规定，国家对易制毒化学品的生产、经营、购买、运输实行许可制度。禁止非法生产、买卖、运输、储存、提供、持有、使用麻醉药品、精神药品和易制毒化学品。第二十五条规定，麻醉药品、精神药品和易制毒化学品管理的具体办法，由国务院规定。第六十四条规定，在易制毒化学品的生产、经营、购买、运输或者进口、出口活动中，违反国家规定，致使易制毒化学品流入非法渠道，构成犯罪的，依法追究刑事责任；尚不构成犯罪的，依照有关法律、行政法规的规定给予处罚。基于此，为了加强易制毒化学品管理，规范易制毒化学品的生产、经营、购买、运输和进口、出口行为，防止易制毒化学品被用于制造毒品，国务院进一步制定了《易制毒化学品管理条例》。该条例第二条规定，国家对易制毒化学品的生产、经营、购买、运输和进口、出口实行分类管理和许可制度。易制毒化学品分为三类。第一类是可以用于制毒的主要原料，第二类、第三类是可以用于制毒的化学配剂。易制毒化学品的具体分类和品种，由该条例附表列示。该条例对易制毒化学品的生产、经营、购买、运输和进口、出口、监督检查等作了详细规定。此外，由于新型毒品的出现，不少医疗、农化工业的原料、配剂原先不属于制造毒品的原料、配剂，也可能因为制毒、吸毒等技术变化而成为具有毒品原料、配剂属性的物品，对此，国家层面会根据涉毒违法犯罪发展的新情况、新态势，制定相应的规定和规范，及时将可能被用于制造新型毒品的原料、配剂纳入目录管理，既保障经济社会发展的需要以及人民群众生产生活的正常进行，又防范相关原料、配剂成为制造新型毒品的原料。总之，适用本条规定对相关行为人予以治安处罚，首先需要存在违反国家规定的前提，如果国家尚未作出规定，则不适用本条的规定。

本条规定了"非法生产、经营、购买、运输"用于制造毒品的原料、配剂的行为。这里的非法生产，包括非法制造、加工、提炼等不同环节；这里的非法经营，包括非法运营、从事仓储、通过销售网络经销等不同环节；这里的非法购买，是指未经有关部门审查购买、向未取得易制毒化学品许可、备案的单位购买等；这里的非法运输，是指未依法取得易制毒化学品运输许可证运输等。此外，围绕易制毒化学品的许可制度，非法生产、经营、购买、运输还包括未经许可或者备案擅自生产、经营、购买、运输易制毒化学品，伪造申请材料骗取易制毒化学品生产、经营、购买或者运输许可证，使用他人的或者伪造、变造、失效的许可证生产、经营、购买、运输易制毒化学品等行为。

这里的"用于制造毒品的原料、配剂"，根据《易制毒化学品管理条例》和相关司法解释的规定，可以确定原料、配剂的具体数量标准，应低于构成犯罪的数量标准。2016年《最高人民法院关于审理毒品犯罪案件适用法律若干问题的解释》第七条对构成《刑法》第三百五十条"情节较重"入罪门槛的毒品种类和数量作了规定。此处分为两种情况，第一种是达到数量标准的，包括：（1）麻黄碱（麻黄素）、伪麻黄碱（伪麻黄素）、消旋麻黄碱（消旋麻黄素）一千克以上不满五千克；（2）1-苯基-2-丙酮、1-苯基-2-溴-1-丙酮、3,4-亚甲基二氧苯基-2-丙酮、羟亚胺二千克以上不满十千克；（3）3-氧-2-苯基丁腈、邻氯苯基环戊酮、去甲麻黄碱（去甲麻黄素）、甲基麻黄碱（甲基麻黄素）四千克以上不满二十千克；（4）醋酸酐十千克以上不满五十千克；（5）麻黄浸膏、麻黄浸膏粉、胡椒醛、黄樟素、黄樟油、异黄樟素、麦角酸、麦角胺、麦角新碱、苯乙酸二十千克以上不满一百千克；（6）N-乙酰邻氨基苯酸、邻氨基苯甲酸、三氯甲烷、乙醚、哌啶五十千克以上不满二百五十千克；（7）甲苯、丙酮、甲基乙基酮、高锰酸钾、硫酸、盐酸一百千克以上不满五百千克；（8）其他制毒物品数量相当的。第二种是达到第一类规定的数量标准最低值的百分之五十，且有下列情形之一的：（1）曾因非法生产、买卖、运输制毒物品、走私制毒物品受过刑事处罚的；（2）二年内曾因非法生产、买卖、运输制毒物品、走私制毒物品受过行政处罚的；（3）一次组织五人以上或者多次非法生产、买卖、运输制毒物品、走私制毒物品，或者在多个地点非法生产制毒物品的；（4）利用、教唆未成年人非法生产、买卖、运输制毒物品、走私制毒物品的；（5）国家工作人员非法生产、买卖、运输制毒物品、走私制毒物品的；（6）严重影响群众正常生产、生活秩序的；（7）其他情节较重的情形。总体上，本条规定的用于制造毒品的原料、配剂的种类数量，应低于追究刑事责任的数量门槛要求。

对于实施本条规定的违法行为，可以有两档处罚，一档是处十日以上十五日以下拘留；另一档是情节较轻的，处五日以上十日以下拘留。

● 实践中需要注意的问题

对于该条的理解适用，需要处理好本条规定与《易制毒化学品管理条例》中规定的相关法律责任的关系。《易制毒化学品管理条例》对于一般情况下违反易制毒化学品管理的行为，已经规定了较为明确的处罚。比如，该条例第四十一条规定，运输的易制毒化学品与易制毒化学品运输许可证或者备案证明载明的品种、数量、运入地、货主及收货人、承运人等情况不符，运输许可证种类不当，或者运输人员未全程携带运输许可证或者备案证明的，由公安机关责令停运整改，处5000元以上5万元以下的罚款；有危险物品运输资质的，运输主管部门可以依法吊销其运输资质。这里对公安机关和运输主管部门都赋予了处罚权。与上述规定类似的，对于非法生产、经营、购买、运输用于制造毒品的原料、配剂的行为，《易制毒化学品管理条例》等已经规定了主管部门可以给予罚款、吊销许可证件等行政处罚的，由相关主管部门依照条例的规定处罚，对于需要给予行政拘留处罚的，由公安机关适用本条规定处罚。此外，还需要注意，如果同一违法行为同时触犯了本条规定和《易制毒化学品管理条例》的相关规定，公安机关可以同时根据本条规定和《易制毒化学品管理条例》的规定予以处罚时，宜综合考虑行为目的、情节、后果等确定处罚依据。对于违法行为主要属于疏于管理的，生产、销售、购买、运输易制毒化学品确实用于合法生产、生活需要的，以《易制毒化学品管理条例》为依据予以处罚为主，慎重适用本条规定予以行政拘留处罚，以体现过罚相当。对于行为人主观上将其作为制造毒品的原料、配剂而生产、经营的，比如，"黑作坊"通过大量囤积的含麻黄碱成分复方制剂感冒药、止咳药水等提炼麻黄碱，尚未构成犯罪的，就应当以本条规定予以惩处。

◗ 相关规定

《中华人民共和国刑法》第三百五十条；《中华人民共和国禁毒法》第二十一条、第二十五条、第六十四条；《易制毒化学品管理条例》第三十八条；《最高人民法院关于审理毒品犯罪案件适用法律若干问题的解释》第七条

第八十七条 旅馆业、饮食服务业、文化娱乐业、出租汽车业等单位的人员，在公安机关查处吸毒、赌博、卖淫、嫖娼活动时，为违法犯罪行为人通风报信的，或者以其他方式为上述活动提供条件的，处十日以上十五日以下拘留；情节较轻的，处五日以下拘留或者一千元以上二千元以下罚款。

◗ 条文主旨

本条是关于旅馆业、饮食服务业、文化娱乐业、出租汽车业等单位的人员，在公安机关查处吸毒、赌博、卖淫、嫖娼活动时，为违法犯罪行为人通风报信或者提供其他条件的违法行为及其处罚的规定。

◗ 立法背景

1. 2005 年《治安管理处罚法》的规定。第七十四条规定，旅馆业、饮食服务业、文化娱乐业、出租汽车业等单位的人员，在公安机关查处吸毒、赌博、卖淫、嫖娼活动时，为违法犯罪行为人通风报信的，处十日以上十五日以下拘留。

实践中，吸毒、赌博、卖淫、嫖娼活动容易通过旅馆业、饮食服务业、文化娱乐业、出租汽车业等行业实现其违法犯罪目的。这些行业中的部分人员也利用上述违法犯罪行为直接或者间接牟利，与吸毒、赌博、卖淫、嫖娼活动形成依附共生关系。为了持续该种非法状态，旅馆业、饮食服务业、文化娱乐业、出租汽车业等行业的人员甚至在公安机关查处吸毒、赌博、卖淫、嫖娼活动时，为违法犯罪行为人通风报信，既帮助违法犯罪人员逃避打击，也掩盖其帮助实施吸毒、赌博、卖淫、嫖娼活动的行为。该类通风报信行为严重阻碍了公安机关对违法犯罪行为的及时有效打击，有必要对此予以惩治。

此外，1997 年《刑法》第三百六十二条规定，旅馆业、饮食服务业、文化娱乐业、出租汽车业等单位的人员，在公安机关查处卖淫、嫖娼活动时，为违法犯罪分子通风报信，情节严重的，依照《刑法》第三百一十条窝藏、包庇

罪追究刑事责任。2005年制定《治安管理处罚法》，对于行为的危害性程度不足以追究刑事责任，但是仍需要予以治安处罚的，在《治安管理处罚法》中与《刑法》的规定相衔接，对旅馆业、饮食服务业、文化娱乐业、出租汽车业等单位的人员为卖淫、嫖娼活动的违法犯罪分子通风报信的，予以十日以上十五日以下拘留的治安处罚。考虑到吸毒、赌博活动也存在类似的包庇、通风报信的情况，故将为吸毒、赌博活动通风报信与为卖淫、嫖娼活动通风报信的行为一并作出规定，设置一样的法律责任。

2. 2025年修订后的《治安管理处罚法》的规定。一是将以其他方式为吸毒、赌博、卖淫、嫖娼活动提供条件的行为规定为违反治安管理行为，根据本条规定予以处罚。实践中，除了"在公安机关查处吸毒、赌博、卖淫、嫖娼活动时，为违法犯罪行为人通风报信"以外，还有其他提供条件帮助吸毒、赌博、卖淫、嫖娼活动的行为。故增加"或者以其他方式为上述活动提供条件"的规定，以涵盖积极帮助窝藏、逃避打击或者帮助违法行为实施等其他为吸毒、赌博、卖淫、嫖娼活动提供条件的违法行为。

二是增加一档情节较轻的处罚。规定"情节较轻的，处五日以下拘留或者一千元以上二千元以下罚款"。原来对于在公安机关查处吸毒、赌博、卖淫、嫖娼活动时，为违法犯罪行为人通风报信的行为，只规定了"处十日以上十五日以下拘留"一档处罚。在增加了"以其他方式为上述活动提供条件"的规定后，为了更方便公安机关针对不同的情况作出更为合适的处罚，补充了"情节较轻"的处罚档次，更科学化地处理不同的行为，体现过罚相当。

● 条文释义

本条规定中的"旅馆业、饮食服务业、文化娱乐业、出租汽车业等单位的人员"，指的是在这些行业单位中从事工作的全体人员。既包括单位的主要责任人，如法定代表人、经理等高级管理人员，也包括单位的职工、雇员。这里所指的旅馆业、饮食服务业、文化娱乐业、出租汽车业等单位，是根据业务性质需要向有关部门申请从事该行业的相关许可或者符合相关条件经批准才可以进行特定行业业务的单位。如根据《旅馆业治安管理办法》第四条规定，申请开办旅馆，应取得市场监管部门核发的营业执照，向当地公安机关申领特种行业许可证后，方准开业。具体而言，"旅馆业"是指接待旅客住宿的旅馆、饭店、宾馆、招待所、客货栈、车马店、浴室等。"饮食服务业"主要是指满足顾客餐饮需求而提供服务活动的行业，包括餐厅、饭馆、酒吧、咖啡厅等。

"文化娱乐业"是指提供场所、设备、服务，以供群众娱乐的行业，如歌厅、舞厅、音乐茶座、夜总会、影剧院等。"出租汽车业"是指出租汽车服务行业、网络预约出租汽车、汽车租赁业务的行业。此外，其他为社会生活服务的行业，如发廊、按摩院、美容院、浴室等的人员也可能存在本条规定的违法行为。实践中，有些无证照、未经批准从事旅馆业、饮食服务业、文化娱乐业、出租汽车业等业务的人员，或者超证照经营范围实质从事的是旅馆业、饮食服务业、文化娱乐业、出租汽车业等业务的，如果实施了本条规定的违法行为，为吸毒、赌博、卖淫、嫖娼活动提供条件等帮助的，也应予以处罚。"为违法犯罪行为人通风报信"，是指在公安机关依法查处吸毒、赌博、卖淫、嫖娼违法活动时，将行动的时间、方式等情况告知吸毒、赌博、卖淫、嫖娼的违法犯罪分子。通风报信的行为是明知的行为，也就是说，旅馆业、饮食服务业、文化娱乐业、出租汽车业等单位的人员，通过各种渠道比违法犯罪行为人先知道公安机关查处违法犯罪活动的消息，并将消息告诉违法犯罪行为人。这里既包括向违法分子通风报信，也包括向犯罪人员通风报信的行为。这里所说的"公安机关查处吸毒、赌博、卖淫、嫖娼活动时"，应当包括公安机关依法查处违法活动全过程的任一阶段，既包括查处的部署阶段，也包括实施阶段。无论在哪一阶段向违法犯罪行为人通风报信，试图使违法犯罪分子隐藏、逃避查处的行为，都应按本条的规定处罚。这里并不要求相关行为真正影响公安机关的打击效果，即只要存在"通风报信"的行为，不论违法犯罪分子是否被公安机关查获，都适用本条规定予以处罚。"通风报信"可以通过各种传递消息的方法和手段，如通过打电话、发送短信息、即时语音信息、传呼信号、设置电子警铃和事先约定的各种联系暗号等。此外，"以其他方式为上述活动提供条件"是指为吸毒、赌博、卖淫、嫖娼活动积极提供便利以促成违法犯罪活动顺利完成或者长期持续。如帮助与卖淫、涉毒、赌博活动人员接洽、故意关闭登记核查系统或者关闭监控帮助行为人实施违法犯罪行为，设置帮助窝藏、提供逃避检查的后门、通道等。对于消极履行社会治安管理的相关义务，以不作为的方式帮助此类违法活动的，本法中对有些行为明确规定了应当予以处罚，比如，新修订的《治安管理处罚法》第六十七条第三款第三项规定，从事旅馆业经营活动明知住宿人员利用旅馆实施犯罪活动，不向公安机关报告的，应当对从事该旅馆业经营活动的直接负责的主管人员和其他直接责任人员予以处罚。本法规定以外的其他不作为行为，不属于这里规定的"以其他方式为上述活动提供条件"。

根据本条规定，对在公安机关查处吸毒、赌博、卖淫、嫖娼活动时，为违法犯罪行为人通风报信，或者为吸毒、赌博、卖淫、嫖娼活动提供其他条件的旅馆业、饮食服务业、文化娱乐业、出租汽车业等单位的人员，处十日以上十五日以下拘留。情节较轻的，处五日以下拘留或者一千元以上二千元以下罚款。

实践中需要注意的问题

在该条的理解适用中，需要注意以下几个方面的问题：

第一，本条涉及旅馆业、饮食服务业、文化娱乐业、出租汽车业等单位，如果通风报信的行为属于单位行为，根据本法第十八条的规定，除对其直接负责的主管人员和其他直接责任人员依照本条规定给予处罚外，如果其他法律、行政法规对这些单位违法行为规定了其他处罚的，如罚款、停业整顿、吊销营业执照等，仍可按照有关法律、行政法规的规定给予处罚。

第二，注意区分罪与非罪的界限。违法行为如果达到追究刑事责任的门槛，需要追究刑事责任。其中，《刑法》第三百六十二条规定，旅馆业、饮食服务业、文化娱乐业、出租汽车业等单位的人员，在公安机关查处卖淫、嫖娼活动时，为违法犯罪分子通风报信，情节严重的，依照《刑法》第三百一十条窝藏、包庇罪的规定定罪处罚。根据2017年《最高人民法院、最高人民检察院关于办理组织、强迫、引诱、容留、介绍卖淫刑事案件适用法律若干问题的解释》第十四条规定，具有下列情形之一的，应当认定为《刑法》第三百六十二条规定的"情节严重"：（1）向组织、强迫卖淫犯罪集团通风报信的；（2）二年内通风报信三次以上的；（3）一年内因通风报信被行政处罚，又实施通风报信行为的；（4）致使犯罪集团的首要分子或者其他共同犯罪的主犯未能及时归案的；（5）造成卖淫嫖娼人员逃跑，致使公安机关查处犯罪行为因取证困难而撤销刑事案件的；（6）非法获利人民币一万元以上的；（7）其他情节严重的情形。

此外，对于窝藏、包庇赌博、涉毒等犯罪人员的，应根据《刑法》相关规定追究刑事责任。第三百一十条窝藏、包庇罪规定，明知是犯罪的人而为其提供隐藏处所、财物，帮助其逃匿或者作假证明包庇的，处三年以下有期徒刑、拘役或者管制；情节严重的，处三年以上十年以下有期徒刑。第三百四十九条包庇毒品犯罪分子罪及窝藏、转移、隐瞒毒品、毒赃罪规定，包庇走私、贩卖、运输、制造毒品的犯罪分子的，为犯罪分子窝藏、转移、隐瞒毒品或者犯罪所得的财物的，处三年以下有期徒刑、拘役或者管制；情节严重的，处三年以上十年以下有期徒刑。如果为构成犯罪的行为提供其他条件的，还可能属于相关犯罪的帮助犯，要根据具体案件的情况确定刑事责任。

第三，如果相关行业的消息来自公安机关内部的有关警察，即警察是通风报信的源头的，根据本法第一百三十九条的规定，人民警察在办理治安案件、查处违反治安管理活动时，有徇私舞弊、滥用职权等行为的，依法给予处分；构成犯罪的，依法追究刑事责任。

● 相关规定

《中华人民共和国刑法》第三百一十条、第三百四十九条、第三百六十二条；《最高人民法院、最高人民检察院关于办理组织、强迫、引诱、容留、介绍卖淫刑事案件适用法律若干问题的解释》第十四条

第八十八条 违反关于社会生活噪声污染防治的法律法规规定，产生社会生活噪声，经基层群众性自治组织、业主委员会、物业服务人、有关部门依法劝阻、调解和处理未能制止，继续干扰他人正常生活、工作和学习的，处五日以下拘留或者一千元以下罚款；情节严重的，处五日以上十日以下拘留，可以并处一千元以下罚款。

● 条文主旨

本条是对违反关于社会生活噪声污染防治的法律法规规定，不听劝阻持续制造生活噪声干扰他人生活、工作和学习的行为及其处罚的规定。

● 立法背景

1. 2005年《治安管理处罚法》的规定。第五十八条规定："违反关于社会生活噪声污染防治的法律规定，制造噪声干扰他人正常生活的，处警告；警告后不改正的，处二百元以上五百元以下罚款。"

随着我国经济社会的迅速发展，人民生活水平有了很大提高。保障人民群众的健康，保护和改善人们的生活环境，提高人民群众的生活质量，越来越被人们所关注。在人民群众对美好生活的向往和期待中，越来越多的人提到噪声污染的问题。实践中，一些建筑、道路施工人员，一些生产者、经营者，一些道德水准不高的人员，为了本单位的经济利益或者为了自己的个人利益，不顾

国家的有关规定，制造噪声，严重地干扰了人们的正常生活。为了防止噪声污染，保护和改善人们的生活环境，促进经济和社会发展，国家制定、颁布了一系列法律法规规范人们的行为，如 1996 年国家颁布的《环境噪声污染防治法》（已失效）等。2005 年制定《治安管理处罚法》时，对违反国家法律规定，制造噪声干扰他人生活的行为，予以惩治。此外，考虑到生活噪声更多属于邻里纠纷，相关人员对噪声的耐受程度也不同，有公安机关进行处理，有时并不利于化解矛盾、切实解决实际问题，因此在法律责任上规定先处警告；警告后不改正的，处二百元以上五百元以下罚款。

2. 2025 年修订后的《治安管理处罚法》的规定。一是，明确受本条调整的噪声违法行为的范围，是"违反关于社会生活噪声污染防治的法律法规规定，产生社会生活噪声"的行为，即本条规定只调整涉及社会生活噪声的违法行为。这里将违反"社会生活噪声污染防治的法律"修改为"社会生活噪声污染防治的法律法规"，以包含更多层级的规范，如地方性法规等，加大了保护力度。

二是，明确了公安机关处罚违法行为的类型，是"经基层群众性自治组织、业主委员会、物业服务人、有关部门依法劝阻、调解和处理未能制止，继续干扰他人正常生活、工作和学习"的行为。实践中，产生社会生活噪声的场景复杂，原因多样，每个人对噪声的耐受程度也不同，容易小问题引发大矛盾，矛盾容易进一步激化等，需要通过更加合理的方式尽早化解矛盾，修复社会关系。根据 2021 年颁布的《噪声污染防治法》相关规定，对噪声敏感建筑物集中区域的社会生活噪声扰民行为，基层群众性自治组织、业主委员会、物业服务人应当及时劝阻、调解；劝阻、调解无效的，可以向负有社会生活噪声污染防治监督管理职责的部门或者地方人民政府指定的部门报告或者投诉，接到报告或者投诉的部门应当依法处理。对于产生社会生活噪声，经劝阻、调解和处理未能制止，继续干扰他人正常生活、工作和学习的，由公安机关依法给予治安管理处罚。本条规定与《噪声污染防治法》的规定进行了衔接。

三是，加大处罚力度。将原来"处警告；警告后不改正的，处二百元以上五百元以下罚款"修改为"处五日以下拘留或者一千元以下罚款；情节严重的，处五日以上十日以下拘留，可以并处一千元以下罚款"。这样设置是基于对"继续干扰他人正常生活、工作和学习"的行为加重处罚的考虑，也是在处罚上与《噪声污染防治法》衔接的考虑，以期能够实现对实施社会生活噪声污染，严重侵犯他人权益的行为予以处罚。

条文释义

本条是对违反关于社会生活噪声污染防治的法律法规规定,产生社会生活噪声,经相关人员、部门依法劝阻、调解和处理未能制止,继续干扰他人正常生活、工作和学习的行为予以处罚的规定。这里包含四层意思。

一是,"违反关于社会生活噪声污染防治的法律法规规定,产生社会生活噪声"。2021年12月24日,十三届全国人大常委会第三十二次会议审议通过了《噪声污染防治法》,该法自2022年6月5日起施行,《环境噪声污染防治法》同日废止。《噪声污染防治法》第二条第一款规定,本法所称噪声,是指在工业生产、建筑施工、交通运输和社会生活中产生的干扰周围生活环境的声音。该法第七章"社会生活噪声污染防治"对社会生活噪声作了专章规定,其中,第五十九条规定,本法所称社会生活噪声,是指人为活动产生的除工业噪声、建筑施工噪声和交通运输噪声之外的干扰周围生活环境的声音。该章对文化娱乐、体育、餐饮等场所的经营管理者,以及使用空调器、冷却塔、水泵、油烟净化器、风机、发电机、变压器、锅炉、装卸设备等可能产生社会生活噪声污染的设备、设施的企业事业单位和其他经营管理者,为居民住宅区安装电梯、水泵、变压器等共用设施设备的建设单位和运营单位,在街道、广场、公园等公共场所组织或者开展娱乐、健身等活动的人员,居家进行家庭活动的人员等在注意防范生活噪声方面提出了相应的要求。因此,这里"违反关于社会生活噪声污染防治的法律法规规定",首先,就是指违反《噪声污染防治法》关于社会生活噪声的相关规定。其次,除法律以外,不排除对于社会生活噪声的防治还有行政法规、地方性法规等作出进一步细化和规范,以满足对社会生活噪声进行更细致地控制和更符合地方实际的管理。对于违反这类法规,同时符合本条规定的相关条件的,也可以适用本条规定处罚。总体上,公安机关适用本条规定处置的是"产生社会生活噪声"的行为,对于产生工业噪声、建筑施工噪声和交通运输噪声的行为,不属于本条适用范围。

二是,"经基层群众性自治组织、业主委员会、物业服务人、有关部门依法劝阻、调解和处理未能制止"。《噪声污染防治法》设置了由有关组织、部门先行劝阻、调解和处理的机制。该法第七十条规定,对噪声敏感建筑物集中区域的社会生活噪声扰民行为,基层群众性自治组织、业主委员会、物业服务人应当及时劝阻、调解;劝阻、调解无效的,可以向负有社会生活噪声污染防治监督管理职责的部门或者地方人民政府指定的部门报告或者投诉,接到报告或者投诉的部门应当依法处理。第八十七条第一款规定,违反本法规定,产生社会生活噪声,经劝阻、调解和处理未能制止,持续干扰他人正常生活、工作和学习的,由公安机关依法给予治安管理处罚。基于此,对于社会生活噪声扰民行为,本条规定与《噪声污染防治法》的规定一致,需要先经过基层群众性自治组织、业主委员会、物业服务人劝阻、调解,或者负有社会生活噪声污染防治监督管理职责的部门或者地方人民政府指定的部门处理。"有关部门"需要根据地方实际情况来确定,有的地方明确是城市管理部门或者生态环境部门承担社会生活噪声污染防治监督管理职责,有的地方人民政府指定的部门包括公安机关。只有通过劝阻、调解和处理仍"未能制止"社会生活噪声的,最后由公安机关适用本条规定予以处罚。

三是,具有"继续干扰他人正常生活、工作和学习"的情节。经基层群众性自治组织、业主委员会、物业服务人、有关部门依法劝阻、调解和处理未能制止,社会生活噪声持续的,也可能因矛盾进一步激化,社会生活噪声不降反升,继续对他人正常生活、工作和学习造成干扰的,符合本条规定,应当予以治安管理处罚。

四是,对于本条规定的行为,设置了两档处罚。在符合本条规定的相关条件后,公安机关可以对行为人处五日以下拘留或者一千元以下罚款;情节严重的,处五日以上十日以下拘留,可以并处一千元以下罚款。

实践中需要注意的问题

对该条的理解适用中,需要注意公安机关处置社会生活噪声行为的时机和立场。处理好社会生活噪声问题是人民群众对美好生活提出了更高的要求,是防治噪声污染越来越受到重视,标准逐步提高的具体体现。同时也应当看到,社会生活噪声产生的矛盾可能难以完全避免,总体上还应倡导互谅互让、妥善处理好相邻关系、通过多种途径化解和解决纠纷,避免公安机关过于刚性介入并作出处罚,在有的情况下反而会激化矛盾,不利于问题的最终解决。因此,《噪声污染防治法》和本条都规定了先经基层群众性自治组织、业主委员会、物业服务人、有关部门依法劝阻、调解和处理的前置程序,只有前置程序仍未能制止,继续干扰他人正常生活、工作和学习的,才可以由公安机关予以治安处罚。

此外,还需要注意的是,实践中,一些地方基层群众性自治组织、业主委员会、物业服务人或者负有社会生活噪声污染防治监督管理职责的部门以及地方人民政府指定的部门不执行《噪声污染防治法》规定的要求，简单化将相关任务派给公安机关的，公安机关可以依法要求有关单位、部门先履行法律规定的相关义务。其后，再根据案件情节、适用条件是否满足等适用本条规定予以处罚。

最后，公安机关对于较为严重地继续干扰他人正常生活、工作和学习的行为，如使用"震楼器"等故意激化矛盾的，应依法予以处罚，以体现新修订的《治安管理处罚法》的严肃性。

● **相关规定**

《中华人民共和国噪声污染防治法》第二条、第五十九条、第七十条、第八十七条

第八十九条 饲养动物，干扰他人正常生活的，处警告；警告后不改正的，或者放任动物恐吓他人的，处一千元以下罚款。

违反有关法律、法规、规章规定，出售、饲养烈性犬等危险动物的，处警告；警告后不改正的，或者致使动物伤害他人的，处五日以下拘留或者一千元以下罚款；情节较重的，处五日以上十日以下拘留。

未对动物采取安全措施，致使动物伤害他人的，处一千元以下罚款；情节较重的，处五日以上十日以下拘留。

驱使动物伤害他人的，依照本法第五十一条的规定处罚。

● **条文主旨**

本条是关于饲养动物干扰他人正常生活，违法出售、饲养烈性犬等危险动物，未对动物采取安全措施，驱使动物伤害他人的违法行为及其处罚的规定。

● **立法背景**

1. 2005年《治安管理处罚法》的规定。第七十五条规定："饲养动物，干扰他人正常生活的，处警告；警告后不改正的，或者放任动物恐吓他人的，处二百元以上五百元以下罚款。驱使动物伤害他人的，依照本法第四十三条第一款的规定处罚。"

随着人们生活水平的提高，城市饲养动物的现象比较普遍，如养狗、猫、鸟等动物，作为家庭宠物。还有一些人饲养动物是出于开展娱乐、竞赛等目

的。但随之而来的问题是有些人未能管理好自己养的动物，特别是在城镇居民居住区，人口密度大，有些动物由于主人没有看管好，损坏了他人的财物，甚至出现咬伤人等扰民现象，引起了一些纠纷或矛盾。为了保障公民的健康和人身安全，维护环境和社会公共秩序，对饲养动物的问题应当有所规范。比如，有的部门对养犬作了专门的规定。1980年卫生部、农业部、对外贸易部、全国供销合作总社共同颁布了《家犬管理条例》（已失效）。条例规定：所有养犬者都应对犬注射狂犬疫苗，并在犬身作统一标记。犬如伤人，追查犬主。犬主应负被咬伤者的全部医疗费用及造成的一切损失。如违反该条例，按情节轻重给予批评教育、罚款，直至追究刑事责任。许多地方也制定了相应的地方性法规，如2003年9月北京市人大常委会通过了《北京市养犬管理规定》。由于养犬涉及许多工作，需要多个部门的相互配合，如对犬的日常管理、收费管理、预防疾病管理、工商登记管理等工作，所以，《北京市养犬管理规定》中明确了各部门的分工，同时，也明确了养犬管理的主管机关，如第四条第三款规定，公安机关是养犬管理工作的主管机关，全面负责养犬管理工作，并具体负责养犬登记和年检，查处无证养犬、违法携犬外出等行为。该规定第十一条规定了个人养犬应具备的条件。第十七条规定了养犬人应当遵守的规定，如第四项规定，携犬出户时，应当对犬束犬链，由成年人牵领，携犬人应当携带养犬登记证，并应当避让老年人、残疾人、孕妇和儿童。第七项规定，养犬人不得干扰他人正常生活；犬吠影响他人休息时，养犬人应当采取有效措施予以制止。第八项规定，定期为犬注射预防狂犬病疫苗等。第十八条规定，犬伤害他人的，养犬人应当立即将被伤者送至医疗机构诊治，并先行垫付医疗费用，因养犬人或者第三人过错，致使犬伤害他人的，养犬人或者第三人应当负担被伤害人的全部医疗费用，并依法赔偿被伤害人其他损失。第二十四条规定，因养犬干扰他人正常生活发生纠纷的，当事人可以向人民调解委员会申请调解，也可以直接向人民法院起诉。第二十九条规定了对违反养犬人应当遵守的规定的，应当由公安机关予以警告、对单位或个人处罚款；情节严重的，由公安机关没收其所养犬，吊销养犬登记证等。为了进一步规范饲养动物的行为，使饲养动物者和他人能够和平相处，对饲养动物者给予行为上的约束，2005年《治安管理处罚法》第七十五条对饲养动物，干扰他人正常生活和伤害他人的行为作出了规定。

2. 2025年修订后的《治安管理处罚法》的规定。随着人民生活水平的提高和生活方式的转变，饲养动物的群体日趋扩大，饲养动物的种类越显多样，饲养者与动物之间的关系更为亲近和紧密，由饲养动物引发的矛盾和问题也日渐增多，较难调和，容易被激化，同时社会关注度高、敏感性很强。近年来，一些动物伤人的新闻，特别是恶犬伤害幼童的新闻成为社会关切的热点，各方面均呼吁依法加大对动物的监管和违法行为的惩处，这成为此次修订《治安管理处罚法》需要认真研究和解决的问题之一。

从国家立法层面看，一些法律规定已经涉及动物管理及相关法律责任，为进一步依法加强对动物的管理奠定了基础。比如，对于犬只的管理，一是《传染病防治法》将狂犬病列为乙类传染病。《动物防疫法》规定了强制性的定期疫苗接种制度和养犬登记制度，为落实相关管理制度和养犬人法律责任提供了专业角度的法理基础。二是《传染病防治法实施办法》等明确了养犬管理部门职责分工，由公安部门负责县级以上城市养犬登记审批和违规养犬的处理，乡（镇）政府负责辖区内养犬的管理，畜牧兽医部门负责犬只免疫。三是《民法典》《动物防疫法》等，要求饲养犬只遵守法律法规，尊重社会公德，不得妨碍他人生活；携带犬只出户的，应当按照规定佩戴犬牌并采取系犬绳等措施，规范养犬人安全文明养犬。在法律责任部分，《民法典》第七编第九章"饲养动物损害责任"规定，饲养动物特别是饲养禁止饲养的烈性犬，造成他人损害的，无论饲养人或者管理人有无过错责任，原则上均应承担侵权责任。《动物防疫法》等法律和相关行政法规规定，未定期接种狂犬疫苗的，可处五千元以下罚款；违章养犬造成咬伤他人的，可处两万元以下罚款。

此外，地方立法对动物的管理，特别是对犬只的管理也作了符合地方实际情况的积极探索。截至 2024 年 1 月，我国有立法权的 354 个地方立法主体，共制定专门性地方养犬管理法规 128 件，其中省级地方性法规 5 件，包括北京、上海、天津、重庆 4 个直辖市和辽宁省，设区的市级（包括自治州）地方性法规 120 件，经济特区法规 3 件。有涉及养犬的地方政府规章 44 件，包括省、直辖市地方政府规章 6 件，设区的市级地方政府规章 38 件。另外，还有一些相关地方性法规的部分条款涉及犬只检疫、文明养犬、粪污管理等内容，包括预防控制狂犬病条例 1 件、爱国卫生条例 16 件、动物防疫条例 21 件、文明行为促进条例 206 件。共有 155 个地方立法主体制定出台了养犬管理地方性法规、政府规章，未制定的有 199 个，占比 56.2%。总体看，地方立法通过实行分区管理，按照种类分类管理，按照数量限制管理，确定免疫和登记制度，设置动物饲养、外出行为规范,收容无主、流浪动物,明确执法部门和处罚依据等对养犬行为进行了规范。

尽管如此,有关部门和地方反映,动物管理的实际情况不容乐观,情况非常复杂,难度较大。以养犬为例,不少地方虽然有规定但是饲养犬只点多面广,日常监管和执法力量不足,法律法规实施很不到位,强制免疫和办理登记的犬只数量远远低于实际数量;对于违反养犬区域、种类、数量限制,不履行善管义务和文明养犬规范等行为,没有做到及时劝阻、制止、查处;一些地方,执法主体和职责职权仍不清晰,出现没人管、没人愿意管、不知道如何管的现象。另外,饲养动物群体的动物保护意识增强,以养犬为例,养犬群体与不养犬群体之间利益诉求不同甚至对立,一些群体高度关注动物福利,强烈反对遗弃虐待动物,对管理和处置流浪犬类要求很高;城市与农村、发达地区与欠发达地区,在思想观念、管理制度、治理能力方面也存在明显差异;不少地方已经从简单的"一禁了之"转变为"管理与服务并重",需要在国家层面对饲养动物、管理动物、法律责任等作出更符合实际情况的规范。

基于以上背景情况,此次修订《治安管理处罚法》对本条作了以下修改。一是加大了处罚力度。对于饲养动物干扰他人正常生活的第二档处罚由"处二百元以上五百元以下罚款"修改为"处一千元以下罚款"。此外,对于驱使动物伤害他人的行为,依照修订后的《治安管理处罚法》第五十一条的规定处罚。该条提高了对殴打他人、故意伤害他人身体行为的罚款数额,故驱使动物伤害他人行为的罚款数额也相应提高。同时,驱使动物伤害他人的行为,具有较为严重情节的,适用第五十一条规定的更高一档的处罚,即"处十日以上十五日以下拘留,并处一千元以上二千元以下罚款"。

二是增加一款规定作为第二款,对违反法律、法规、规章规定出售、饲养烈性犬等危险动物的行为明确由公安机关予以治安处罚。该款设置了三档处罚,第一档处罚是警告,警告后不改正或者致使动物伤害他人的,处五日以下拘留或者一千元以下罚款,情节较重的,处五日以上十日以下拘留。该款规范的违法行为限定在违法出售、饲养烈性犬等危险动物,对于该类危险动物应遵守出售、饲养的相关要求和规定。危险动物的责任人员应承担更为严格的注意义务,如有违反,可以由公安机关予以治安处罚。

三是增加一款规定作为第三款,规定未对动物采取安全措施,致使动物伤害他人的,处一千元以下罚款;情节较重的,处五日以上十日以下拘留。这里主要是对饲养动物的人员提出了采取安全措施的要求，不论是一般动物还是危险动物，都应根据动物的特性采取相应的安全措施。如果不采取安全措施，致使动物伤害他人的，由公安机关予以治安处罚。如果行为人不采取安全措施是为了驱使动物故意伤害他人的，则适用本条第四款的规定予以处罚。

● **条文释义**

本条共分四款。第一款是关于饲养动物干扰他人正常生活行为的处罚规定。这里所说的"动物"，不是狭义的家养小宠物，如狗、猫等，而是广义的所有能够人工饲养的动物，如马、牛、猪、羊等牲畜，鸡、鸭等家禽以及鸟类等各种飞禽和走兽。这里的"饲养"，既包括动物养殖场里的圈养，也包括公民自家饲养。在所饲养的动物中，目前群众反映较强烈的是饲养狗、鸽子等鸟类动物干扰他人生活的情况。"干扰他人正常生活"，是一个广义的概念，通常是指动物污染环境扰乱他人生活，以及违反圈养或饲养的规定，给他人的正常生活带来一定影响。如在夜深人静时，狗的狂吠声使他人无法得到正常休息；家养的狗、鸽子等鸟类动物粪便对公共卫生造成影响和破坏；饲养动物数量明显过多，卫生和噪声等问题影响周围人正常生活等。这些行为都给环境卫生和他人的正常生活带来不便。"警告后不改正"，是指由于饲养动物干扰他人正常生活的，公安机关对其进行警告后，仍然没有改正的情况。"放任动物恐吓他人"，是指对自己饲养的动物向他人吠叫、嗅吸他人身体、追逐、袭击、进出电梯口不采取安全措施等使人惊吓的动作放任不管的行为。

根据本款规定，饲养动物，干扰他人正常生活的，处警告；经过公安机关警告后仍然未改正的，或者放任动物恐吓他人的，对相关责任人处一千元以下罚款。

第二款是关于违反有关规定，出售、饲养烈性犬等危险动物行为的处罚规定。这里的"违反有关法律、法规、规章规定"，是违反现行法律、行政法规、部门规章、地方性法规、地方政府规章关于出售、饲养动物的有关规定。相关规定可能是针对一般动物的，但是烈性犬等危险动物应同样适用；相关规定还可能是针对烈性犬等危险动物作出的专门规范，如根据地方实际确定烈性犬的范围等，动物的有关责任人也应当遵守。在法律层面，《民法典》第一千二百五十一条规定，饲养动物应当遵守法律法规，尊重社会公德，不得妨碍他人生活。第一千二百四十七条规定，禁止饲养的烈性犬等危险动物造成他人损害的，动物饲养人或者管理人应当承担侵权责任。《动物防疫法》第三十条规定，单位和个人饲养犬只，应当按照规定定期免疫接种狂犬病疫苗，凭动物诊疗机构出具的免疫证明向所在地养犬登记机关申请登记。携带犬只出户的，应当按照规定佩戴犬牌并采取系犬绳等措施，防止犬只伤人、疫病传播。街道办事处、乡级人民政府组织协调居民委员会、村民委员会，做好本辖区流浪犬、猫的控制和处置，防止疫病传播。此外，我国不少地方根据地方实际对危险动物在内的动物设置了地方性法规，以加强规范和管理，这些规范也适用于烈性犬等危险动物。以管理犬只为例，按照允许养犬的区域划分，有的地方设置了重点管理区（或称严格管理区、限养区）和一般管理区（或称非限养区），对于超出管理区限制饲养的，属于违规行为。在此基础上，有的地方对犬的种类施行分类管理，如郑州、黄冈等地规定全域禁止饲养烈性犬；上海禁止个人饲养烈性犬。对于犬只免疫、养犬登记等，地方性法规均要求保障犬只免疫，在取得免疫证明后，一些地方还要求进行养犬许可、登记或者备案，其中施行许可管理的有杭州、汕头、沈阳、齐齐哈尔、银川等地，也有地区如北京等地采取先登记后免疫的模式。在养犬行为规范上，多数地方设置了佩戴犬牌、携带犬证、栓引狗绳、及时清理粪污、由完全民事行为能力人携带外出等要求。有些地方提出了更为细致的要求，如合肥、铜陵等地要求犬只前往拥挤场所必须佩戴嘴套等。基于以上规定，公安机关需要根据国家法律、行政法规、部门规章以及公安机关所在地的地方性法规、地方政府规章的要求，判断行为人在出售、饲养烈性犬等危险动物时是否存在违法违规行为。本款的调整对象是"烈性犬等危险动物"，对于涉及非危险动物，违反一般性规范的，应直接适用相关法律、法规、规章中的法律责任予以处罚；对于涉及烈性犬等危险动物的，违反一般性规范也具有相当程度的社会危害性，需适用本款规定予以处罚。

本款规定的"出售、饲养烈性犬等危险动物"，主要涉及"出售、饲养"行为，如在禁养区出售烈性犬等危险动物，在可以饲养烈性犬的地区实施违反饲养行为规范的行为等。这里的"烈性犬等危险动物"需要根据地方实际情况作进一步细化明确，方便公安机关执法。目前，有些地方规定了允许饲养的犬种，其他犬种则为禁养犬种；有些地方直接规定了禁养犬种，如济南规定了56种禁养犬、芜湖规定了48种禁养犬、贵阳规定了31种禁养犬等；还有些地方以肩高、体长作为衡量标准，确定了大型犬的犬种。这些规定中的禁养犬种与烈性犬的范围是有一定区别的。公安机关需要根据地方确定的烈性犬的范围进行执法，不能简单等同适用禁养犬、大型犬的范围。此外，还有其他的"危险动物"，如实践中出现的鳄鱼、巨蟒等，认定危险动物的判断标准应与"烈性犬"的危险等级相一致。本款规定的"致使动物伤害他人"，是指违反有关法律、法规、规章规定，出售、饲养的烈性犬等危险动物实施了伤害他人的行为。考虑到烈性犬等危险动物的危险性和禁止性，这里的伤害既包括实质伤害，也包括受到严重惊吓等非接触性的精神伤害。"情节较重"是指多次违反本款规定，或者违反本款规定接受处罚后屡次再犯，或者造成老幼伤害、造成多人伤害等其他严重后果的情形。根据本款规定，只要违反有关法律、法规、规章规定，出售、饲养烈性犬等危险动物的，就处警告。根据本法第十条规定，警告属于治安管理处罚种类。如果警告后不改正的，或者致使动物伤害他人的，处五日以下拘留或者一千元以下罚款。情节较重的，处五日上十日以下拘留。

第三款是关于未对动物采取安全措施致使动物伤害他人行为的处罚规定。这里的"动物"与第一款规定中的"动物"范围一致，是较为宽泛的概念。这里规定的"采取安全措施"，是指相关法律、法规、规章中对动物规定的安全措施。如《动物防疫法》第三十条规定，单位和个人饲养犬只，应当按照规定定期免疫接种狂犬病疫苗，凭动物诊疗机构出具的免疫证明向所在地养犬登记机关申请登记。携带犬只出户的，应当按照规定佩戴犬牌并采取系犬绳等措施，防止犬只伤人、疫病传播。除此之外，一些地方性法规明确规定了拴狗绳、符合要求的情况下戴口套、对发现传染或者疑似感染狂犬病的立即采取隔离措施等。这里的"致使动物伤害他人"，既包括直接伤害，也包括受到严重惊吓等造成其他伤害。这里的"情节较重"，是指多次违反本款规定，或者造成老幼伤害、造成多人伤害等其他严重后果的情形。考虑到未对动物采取安全措施，致使动物伤害他人的行为毕竟在主观恶性上轻于"出售、饲养烈性犬"和故意"驱使动物伤害他人"的行为，根据本款规定，未对动物采取安全措施，致使动物伤害他人的，处一千元以下罚款；情节较重的，处五日以上十日以下拘留。

第四款是关于驱使动物伤害他人行为的处罚规定。这里的"驱使动物伤害他人"，是指饲养动物或牵领动物的人，故意用声音、语言、眼神或动作暗示指使动物对他人进行攻击的行为。这种行为一般有两种情况：一种是为了报复他人，故意使用动物伤害他人；另一种是出于好奇取乐。不管动机如何，只要伤害了他人，就构成本款所规定的应当给予治安处罚的行为。根据本款规定，饲养动物或牵领动物的人，故意驱使动物伤害他人的，按照本法第五十一条规定的伤害他人身体的行为处罚。本法第五十一条规定，故意伤害他人身体的，处五日以上十日以下拘留，并处五百元以上一千元以下罚款；情节较轻的，处五日以下拘留或者一千元以下罚款。如果有该条规定的其他较重情节的，处十日以上十五日以下拘留，并处一千元以上二千元以下罚款。实践中，应当根据行为的情节作出不同的处罚决定。对于伤害他人身体构成犯罪的，应当依照《刑法》的有关规定追究刑事责任。

● 实践中需要注意的问题

在本条的理解适用中，应要注意以下几个方面的问题：

一是管理动物需要地方人民政府的多个部门通力协作，严格执行法律、法规、规章的规定，确定各部门的职责范围，提前作出布置和安排，并及时查漏补缺。公安机关属于动物管理的相关机关之一，但是不能成为处理该类违法行为的唯一机关，这样既不能高效管理动物，也容易产生警民矛盾。实践中，宜根据现行法律、法规、规章的规定及时纠正涉及动物的违法行为，追究相应的法律责任。总体来看，法律、法规、规章对相关规范、要求和法律责任都进行了规定，主要在于执行。只有当饲养动物等行为危害了社会秩序、侵害了公民的合法权益时，才适用本法予以处罚。在适用本条规定时，也需要先以警告的治安处罚方式让对动物负有管理责任的人员充分认识到相关行为的危害性和风险点。只有警告后仍不改正，或者已经造成伤害他人等危害的，才依法处以更重的处罚。

二是实践中需要注意，一些概念不宜混同，如大型犬、禁养犬、危险犬等。本条第二款规定的是违法违规出售、饲养烈性犬等危险动物的行为，对于没有确定烈性犬范围的地方，需要及时出台相关规范予以明确，用于指引实践执法，不宜将大型犬、禁养犬的范围简单类推适用于烈性犬。比如贵州省农业农村厅发布的烈性犬名录和大型犬标准（修订版），于2024年10月1日起施行。其规定的烈性犬名录（31种），包括藏獒、比特犬、土耳其坎高犬、罗威纳犬、狼青犬、昆明犬、马犬（马里努阿犬、比利时马林诺斯犬）、阿富汗猎犬、阿根廷杜高犬、巴西非勒犬、日本土佐犬、中亚牧羊犬、川东猎犬、苏俄牧羊犬（苏俄猎狼犬）、牛头梗（牛头㹴）、英国马士提夫犬、意大利卡斯罗犬、法国波尔多犬、俄罗斯高加索犬、威玛猎犬、雪达犬、纽芬兰犬、大丹犬、德国牧羊犬、杜宾犬（迷你杜宾犬除外）、意大利纽波利顿犬、斯坦福斗牛梗（斯坦福斗牛獚）、松狮犬、秋田犬、捷克狼犬、巴仙吉犬及具有上述犬种血统的杂交犬只。同时规定了大型犬标准，即肩高60cm及以上的犬。《贵州省城市养犬管理规定》规定，饲养大型犬只应当在固定场所圈养或者拴养，禁止饲养烈性犬只。

三是因饲养动物干扰他人正常生活、致使一般动物或者烈性犬等危险动物伤害他人或驱使动物伤害他人的，除本法规定的法律责任外，根据我国《民法典》的规定，对动物负有管理责任的人员或者单位还应承担相应的民事责任。《民法典》第一千二百四十五条规定，饲养的动物造成他人损害的，动物饲养人或者管理人应当承担侵权责任；但是，能够证明损害是因被侵权人故意或者重大过失造成的，可以不承担或者减轻责任。第一千二百四十六条规定，违反管理规定，未对动物采取安全措施造成他人损害的，动物饲养人或者管理人应当承担侵权责任；但是，能够证明损害是因被侵权人故意造成的，可以减轻责任。第一千二百四十七条规定，禁止饲养的烈性犬等危险动物造成他人损害的，动物饲养人或者管理人应当承担侵权责任。

● **相关规定**

《中华人民共和国民法典》第二百八十六条、第一千二百四十五条至第一千二百四十七条、第一千二百五十一条；《中华人民共和国动物防疫法》第三十条；《中华人民共和国传染病防治法实施办法》第二十九条；《北京市养犬管理规定》；《上海市养犬管理条例》

第四章 处罚程序

第一节 调 查

第九十条 公安机关对报案、控告、举报或者违反治安管理行为人主动投案，以及其他国家机关移送的违反治安管理案件，应当立即立案并进行调查；认为不属于违反治安管理行为的，应当告知报案人、控告人、举报人、投案人，并说明理由。

● 条文主旨

本条是关于公安机关对于治安案件立案调查的规定。

● 立法背景

1. 2005 年《治安管理处罚法》的规定。第七十七条规定："公安机关对报案、控告、举报或者违反治安管理行为人主动投案，以及其他行政主管部门、司法机关移送的违反治安管理案件，应当及时受理，并进行登记。"第七十八条规定："公安机关受理报案、控告、举报、投案后，认为属于违反治安管理行为的，应当立即进行调查；认为不属于违反治安管理行为的，应当告知报案人、控告人、举报人、投案人，并说明理由。"

第七十七条对公安机关受理治安案件的登记制度作了规定。公安机关受理治安案件，标志着治安案件办理过程的开始，是办案程序的起点。治安案件的主要来源和渠道，除公安机关自己发现治安案件外，主要是通过报案、控告、举报或者违反治安管理行为人主动投案，以及其他行政主管部门、司法机关移送。公安机关的任务是打击违法行为，保护国家和人民的利益不受非法侵害，为了确保治安案件能够得到及时处理，保护当事人的合法权益，维护社会治安秩序，法律对公安机关处理此类案件的时效性提出要求，不能以种种理由推诿、拖延，应当及时受理，进行登记。

第七十八条对受理案件后开展调查作了规定。公安机关受理案件后，应当对有关材料进行审查，根据审查结果，就行为是否构成违反治安管理，分别作出处理。治安案件受理后的处理，主要是指公安机关通过对有关材料进行审查，向有关人员了解情况后，对所涉行为是否违反治安管理作出判断。这种判断并不要求对整个案件进行彻底的调查，只需根据受理案件当时所掌握的情况进行初步的判断。通过审查认为属于违反治安管理行为的，应当立即对治安案件进行调查；认为不属于违反治安管理行为的，应当告知报案人、控告人、举报人、投案人，并说明理由。

2. 2025年修订后的《治安管理处罚法》的规定。一是，将原第七十七条中的"应当及时受理，并进行登记"修改为"应当立即立案"，与《行政处罚法》关于立案制度的修改完善相衔接。《行政处罚法》第五十四条规定："除本法第五十一条规定的可以当场作出的行政处罚外，行政机关发现公民、法人或者其他组织有依法应当给予行政处罚的行为的，必须全面、客观、公正地调查，收集有关证据；必要时，依照法律、法规的规定，可以进行检查。符合立案标准的，行政机关应当及时立案。"本次修改《治安管理处罚法》，衔接《行政处罚法》关于"立案"程序的规定，将"受理"修改为"立案"。

二是，将第七十七条和第七十八条合并为一条规定。在实际执法过程中，立案和判断案件性质、进行调查是紧密相连的步骤，几乎同时进行。将两条合并，更符合执法实际情况，有助于公安机关在接到案件后，迅速、全面地对案件进行整体评估和处理，强化对整个案件处理过程的规范，确保依法、公正、及时地处理违反治安管理行为。同时，避免一些重复表述，使法律条文更加简洁明了，便于理解和适用。

三是，将原第七十七条中"以及其他行政主管部门、司法机关移送的违反治安管理案件"中的"行政主管部门、司法机关"修改为"国家机关"，以涵盖更多的国家机关。

四是，删去原第七十八条中"公安机关受理报案、控告、举报、投案后，认为属于违反治安管理行为的"规定。公安机关立案和判断案件性质是紧密相连的两个步骤，两者几乎同时进行，因此没有必要重复规定。

◐ **条文释义**

本条主要包含以下几个方面的内容：

一是，关于公安机关治安案件来源。公安机关受理治安案件，标志着治安案件办理过程的开始，是办案程序的起点。治安案件的主要来源和渠道，除公安机关自己发现治安案件外，主要是通过报案、控告、举报或者违反治安管理行为人主动投案，以及其他国家机关移送。

首先，公民、法人和其他组织的报案、控告、举报是查处违反治安管理案件的重要来源。我国是人民民主专政的社会主义国家，国家的一切权力属于人民，人民是国家的主人，打击违法犯罪行为必须依靠和发动人民群众。人民群众往往也是违法犯罪行为的直接受害者。实践证明，公民、法人和其他组织的报案、控告和举报，对于公安机关侦破案件，揭露违反治安管理行为，惩罚违反治安管理行为人，保护人民和维护社会治安秩序具有重要的意义。根据法律规定，公安机关应当保障公民、法人和其他组织依法行使报案、控告、举报的权利，对公民、法人和其他组织报案、控告、举报的，应当及时受理，不得搪塞、拖诿。这里的"报案"，是指公民、法人和其他组织向公安机关报告发现有违反治安管理事实或者违反治安管理行为人的行为，如亲眼看到某一违反治安管理事实的发生或者发现某一违法活动的现场等，而向公安机关报告，至于违反治安管理行为人是谁，可能报案人并不一定知道。实际生活中，报案也包括有的违反治安管理的人在现场被群众抓获，当场扭送至公安机关或交给人民警察的情形。"控告"通常是指被侵害人及其近亲属，为维护被侵害人合法权益向公安机关告诉，要求追究侵害人违反治安管理的法律责任的行为。一般情况下，控告人知道违反治安管理行为人是谁。"举报"一般是指当事人以外的其他知情人在治安案件发生后，向公安机关检举、揭发违反治安管理行为人或者行为，如举报人得知某一违法活动及违反治安管理行为人而向公安机关报告。在实际生活中，公安机关只有密切联系群众，依靠群众，才能得到群众的支持，有效地打击违法活动，维护社会治安秩序，保障公共安全，保护公民、法人和其他组织的合法权益。

其次，违反治安管理行为人主动投案。行为人违反治安管理后主动投案，有利于公安机关及时处理违反治安管理的案件，降低办案成本，国家应当鼓励违反治安管理行为人主动投案。这里所说的"违反治安管理行为人主动投案"，一般包括以下几种情形：一是行为人实施违反治安管理行为后，在其违反治安管理事实未被公安机关发现以前投案的；二是违反治安管理事实虽已被公安机关发现，但违反治安管理行为人尚未被公安机关查明而投案的；三是违反治安管理事实和违反治安管理行为人均已被公安机关发觉，但违反治安管理行为人尚未受到公安机关传唤、询问等而投案的。主动投案的形式也有以下几种：一是违反治安管理行为人本人直接向公安机关主动投案的；二是违反治安管理行为人向其所在单位、城乡基层组织或者有关国家机关投案的；三是违反治安管理行为人由于某些客观原因不能亲自投案，而委托他人代为投案或者采用信件、电话等方式投案的等。

最后，其他国家机关移送的违反治安管理的案件。这里的"其他国家机关"包括市场监管、税务、海关、卫生健康、生态环境等行政执法机关，也包括负有侦查、检察、审判职责的人民检察院、人民法院，还包括国家监察机关。除公安机关以外的其他行政主管部门在办理行政案件时，如果认为该案件属于违反治安管理的案件，应当移送公安机关给予治安管理处罚。国家监察机关在履行监督、调查、处置职责过程中，发现公职人员存在与职务无关的治安违法行为，如普通的打架斗殴等违反治安管理规定的行为，且该行为不属于监察机关管辖范围的，应当将相关案件线索移送公安机关处理。人民检察院、人民法院等司法机关在办理刑事案件时，如果发现该案件不属于刑事案件，不应当追究行为人的刑事责任，属于违反治安管理行为的，应当移送公安机关给予治安管理处罚。

二是，公安机关受理报案、控告、举报、主动投案和有关机关移送的案件，应当立即立案。公安机关的任务是追究、打击违法行为，保护国家和人民的利益不受非法侵害，维护社会治安秩序，对于公民、法人和其他组织报案、控告、举报或者违反治安管理行为人主动投案，以及其他国家机关移送的违反治安管理案件，应当立即立案并进行调查。这里的"应当"是对公安机关的义务性规定，即公安机关必须按照法律的规定立案，而不是可以立案，也可以不立案。这里应当明确的是，立案是一项法定程序，《行政处罚法》第五十四条第二款明确规定："符合立案标准的，行政机关应当及时立案。"2021年12月，公安部印发《关于贯彻实施行政处罚法的通知》（公法制〔2021〕2303号），明确提出，对群众报案，凡属于公安职责的违法行为，一律及时立案调查，严格遵守办案期限和追究时效规定，依法维护社会治安秩序，有效化解矛盾纠纷，切实保护人民群众合法权益。这些规定，充分体现了公安机关依法保障公民、法人和其他组织合法权益的职责，鼓励公民、法人和其他组织积极同违法行为作斗争，同时也保障了公安机关在办理案件过程中正确履行职责。

三是，关于公安机关受理治安案件后应当立即进行调查。立案是公安机关办理治安案件的开始，同时应当立即进行调查。所谓"立即进行调查"，是指公安机关应当依照本法规定的治安管理调查程序，就该治安案件立即开展收集证据、询问、检查等一系列程序。强调"立即"进行调查，主要是考虑治安案件涉及人民群众的切身利益、关系社会稳定。实践中，在治安案件立案后，应当注意防止有的办案部门和办案人员为了部门利益，对自己有利的才管，对自己无利的拖着不管，对被侵害人的疾苦漠不关心，甚至利用办案的权力为自己谋取私利。

四是，公安机关通过调查，认为不属于违反治安管理行为的，应当告知报案人、控告人、举报人、投案人，并说明理由。根据本条规定，公安机关对源于报案、控告、举报、投案的治安案件立案调查后，认为案件所涉的行为不属于违反治安管理行为的，应当告知报案人、控告人、举报人、投案人，并说明理由。"不属于违反治安管理行为"，是指案件涉及的行为不属于法律规定的违反治安管理的行为。可能有以下几种情况：（1）公安机关调查后认为，案件所涉的行为不构成违反治安管理行为，不应受到治安管理处罚，对此，公安机关应作撤销案件处理。（2）虽然案件所涉的行为不属于违反治安管理行为，但属于其他违反行政管理秩序的行为的，对此，公安机关可以将案件及时移送其他行政主管部门，也可以告知报案人、控告人、举报人、投案人向其他行政主管部门报案、控告、举报、投案。（3）案件所涉的行为涉嫌犯罪的，对此，公安机关应当将案件移送有管辖权的主管机关，依法追究刑事责任。根据《行政处罚法》第二十七条的规定，违法行为涉嫌犯罪的，行政机关应当及时将案件移送司法机关，依法追究刑事责任。这里规定的"告知"，是指公安机关将审查意见以书面或口头方式通知报案人、控告人、举报人、投案人。告知的内容应当包括以下几种情形：（1）所提供的情况不属于违反治安管理行为并已撤销案件。（2）属于其他违反行政管理秩序的行为并已移送其他行政主管部门，或告知报案人、控告人、举报人、投案人向其他行政主管部门报案、控告、举报、投案。（3）涉嫌犯罪行为并已移送有管辖权的主管机关等。所谓"说明理由"，是指公安机关在告知报案人、控告人、举报人、投案人时，应当将上述情况的法律依据及主要事实根据向报案人、控告人、举报人、投案人予以说明。

实践中需要注意的问题

实践中需要注意的是，接受报案、控告、举报、投案以及移送案件的人民警察，应当按照本法规定立案，不能以案件事实是否已经清楚、违反治安管理行为人是否已查明作为立案的条件。实践中所谓"不破不立"的做法，是不符合法律规定的程序的。即使存在报错案、报假案的情况，如实记载对于以后的调查也能起到证明作用。公民、法人和其他组织无论是采用口头还是书面形式进行报案、控告、举报，或者违反治安管理行为人主动投案的，公安机关都应当认真对待。接受口头的报案、控告、举报，公安机关应当注意尽量问清违法的时间、地点、方法、后果，违反治安管理行为人特征等有关情节，做好笔录，并经报案人、控告人或举报人确认无误后，由报案人、控告人或举报人签名、盖章。接受书面的报案、控告或举报，无论是面交，还是邮寄的，公安机关也都应当予以立案。这样规定方便群众，有利于群众与违法行为作斗争，也有利于及时查获违反治安管理行为人。

报案人、控告人、举报人或者违反治安管理行为人对于相关的案件本身在定性上是属于违反治安管理行为，还是涉嫌犯罪的行为可能并不明确，应由哪一个具体部门处理属于公安机关的内部分工，公安机关应当按照职权依法及时立案，区分不同情形及时处理，对于治安案件适用本法以及《行政处罚法》的相关规定。

☛ 相关规定

《中华人民共和国行政处罚法》第五十四条；《公安机关办理行政案件程序规定》第六十条、第六十一条、第六十三条、第六十五条

第九十一条 公安机关及其人民警察对治安案件的调查，应当依法进行。严禁刑讯逼供或者采用威胁、引诱、欺骗等非法手段收集证据。

以非法手段收集的证据不得作为处罚的根据。

☛ 条文主旨

本条是关于公安机关依法调查取证，严禁以非法手段收集证据的规定。

☛ 立法背景

本条是 2005 年《治安管理处罚法》第七十九条的规定，2025 年修订《治安管理处罚法》时未作修改。

公安机关调查取证是治安管理处罚程序的重要阶段，是办理治安案件的重要环节。调查取证是指公安机关为查明案情、查获违反治安管理行为人、收集证据而进行的专门活动。取证包括询问证人、收集物证、书证、视听资料等。调查取证是作出治安管理处罚决定的前提。只有在调查取证、查清事实的基础上，才能确定违法行为的性质并依法对违反治安管理行为人实施治安管理处

罚。强调依法调查取证，对于维护社会治安秩序，保障公共安全，保护公民、法人和其他组织的合法权益，规范和保障公安机关及其人民警察依法履行治安管理职责，提高治安管理水平和治安管理处罚质量具有重要意义，也是《宪法》规定的公民享有人身自由权、人格尊严权等基本权利在《治安管理处罚法》中的具体体现。

本条从调查程序、证据收集方式以及证据效力三个关键层面，构建了治安案件调查的法律规范框架，对保障治安管理处罚的公正性与合法性意义重大。一是公安机关及其人民警察对治安案件的调查，应当依法进行。明确了治安案件调查的合法性原则。依法进行调查，意味着公安机关在办理治安案件时，必须严格遵循法定的方式、步骤、顺序和时限要求。二是严禁刑讯逼供或者采用威胁、引诱、欺骗等非法手段收集证据。这是对证据收集手段的严格限制。三是明确以非法手段收集的证据不得作为处罚的根据。确立了非法证据排除规则，该规则是对前两项规定的有力保障。

● 条文释义

本条共分两款。第一款规定了对公安机关调查取证的要求。

本款包括两层意思：一是公安机关及其人民警察对治安案件的调查，应当依法进行，即合法性原则。贯彻合法性原则，是确保治安管理处罚权正确行使，防止权力滥用的基石，也是维护公民合法权益的重要保障。只有依法调查，才能使治安管理处罚决定建立在合法、可靠的基础之上，增强其权威性和公信力。本条规定的"调查"，主要是指通过检查，询问违反治安管理行为人、被侵害人、证人，对有争议的专门性问题进行鉴定等手段进行调查取证，是处罚程序的重要内容。根据本法及《行政处罚法》的规定，调查工作应当符合主体合法、程序合法、全面调查等要求，即调查工作必须由适格主体依照法定程序，全面客观调查、收集证据。程序合法是法治建设的基本要求。依法进行调查，意味着公安机关在办理治安案件时，必须严格遵循法定的方式、步骤、顺序和时限要求。从案件受理、立案到调查取证、作出处罚决定等各个环节，都要有明确的法律依据并符合法律规定。在调查取证环节，法律规定了询问、检查、扣押、鉴定等多种调查方式，每种方式都有相应的程序规范。这种法定程序在本章和《行政处罚法》中已作了明确规定，如根据本法第九十八条规定，询问笔录要交本人核对并签名、盖章或者按指印；根据本法第一百零三条规定，检查要出示证件，进行检查时人民警察不得少于二人等。在调查收集证的过程中，办案人员不得违背这些程序性规定。《行政处罚法》第十八条规定，限制人身自由的行政处罚权只能由公安机关和法律规定的其他机关行使。第三十八条规定，行政处罚没有依据或者实施主体不具有行政主体资格的，行政处罚无效。违反法定程序构成重大且明显违法的，行政处罚无效。第五十四条规定，除该法第五十一条规定的可以当场作出的行政处罚外，行政机关发现公民、法人或者其他组织有依法应当给予行政处罚的行为的，必须全面、客观、公正地调查，收集有关证据。公安机关在调查、收集证据时，应当从实际出发，全面、客观、公正地调查、收集一切与案件有关的证据材料，既要收集对违反治安管理行为人不利的证据，也要收集对违反治安管理行为人有利的证据。

二是严禁刑讯逼供或者采取威胁、引诱、欺骗等非法手段收集证据。以刑讯逼供、威胁、引诱、欺骗等方式获取的口供，是供述人在迫于压力或被欺骗情况下提供的，虚假的可能性很大，极易造成冤案、错案，且与尊重和保障人权的宪法要求不符，必须严加禁止。所谓"刑讯逼供"是指办案人员对违反治安管理行为人使用肉刑或者变相肉刑逼取口供的行为。采取"威胁、引诱、欺骗"手段收集证据，是指通过采取暴力、恐吓等非法手段威胁违反治安管理行为人、证人，或者通过许诺某种好处诱惑、欺骗违反治安管理行为人、证人以获取证据。其他的"非法手段"，主要包括违反法定程序检查有关的场所、物品及他人住宅等。这些非法手段收集的证据，严重违背了证据收集的合法性原则，不能真实反映案件事实。根据本法第一百三十九条的规定，人民警察办理治安案件，"刑讯逼供、体罚、打骂、虐待、侮辱他人的"，依法给予处分；构成犯罪的，依法追究刑事责任。

本条第二款规定了以非法手段收集的证据不得作为处罚的根据。这是对严禁以非法手段收集证据的规定作了进一步的保障性规定，明确了违法取证的程序后果。虽然法律和有关部门三令五申，在办案中不得使用刑讯逼供等非法手段收集证据，但实践中有些办案人员还是一味追求从口供上进行突破，不择手段地使用刑讯逼供等非法方法逼取供词或获取有关证据。为了从根本上禁绝此类行为，本法明确规定，对以非法手段收集来的证据从法律上予以排除，属于无效证据，不得作为处罚的根据。即以刑讯逼供、威胁、引诱、欺骗等非法手段收集来的证据，或者通过非法检查获取的物证等，不得作为处罚的根据。如果仅仅禁止非法收集证据，而不排除非法手段获取的证据的法律效力，那么禁止性规定将形同虚设。非法证据排除规则的意义在于，从源头上遏制非法取证行为，促使公安机关及其人民警察严格依法收集证据。一旦非法证据被排除，就不能依据这些证据作出治安管理处罚决定，从而避免了因非法证据导致的错误处罚。如果依据非法收集的证据作出了治安管理处罚，该处罚无效。被处罚人可以申请行政复议及提起行政诉讼，依法予以纠正。

● 实践中需要注意的问题

在本条的理解适用中，应当注意以下几个方面的问题：

第一，从治安管理处罚程序的流程来看，案件调查是首要且关键的环节，它是后续作出处罚决定的基础和前提。与治安管理处罚程序中的其他调查条款相比，本条具有统领性和基础性。如传唤的程序、检查的程序等，都必须在本条所确立的依法调查的框架内运行。传唤过程中，必须依法保障被传唤人的合法权益，不能通过威胁、引诱等非法手段迫使被传唤人接受调查或作出陈述；检查时，也要严格遵循法定程序，不得侵犯公民的隐私权等合法权益。根据《行政处罚法》第四十七条的规定，行政机关应当依法以文字、音像等形式，对行政处罚的启动、调查取证、审核、决定、送达、执行等进行全过程记录，归档保存。

第二，本条的规定确立了治安案件中的非法证据排除规则，规范了治安案件调查取证的程序和证据的效力认定标准，相对于现行《刑事诉讼法》规定的非法证据排除更为严格。在实践中，公安机关在调查取证过程中，必须严格遵守法定程序，依法收集证据，否则所获取的证据将被排除，不能作为处罚的依据。这要求公安机关要加强对执法人员的培训和管理，提高执法人员的法律意识和业务水平，确保执法行为的合法性。

● 相关规定

《中华人民共和国刑事诉讼法》第五十二条；《中华人民共和国行政处罚法》第三十八条、第五十四条；《公安机关办理行政案件程序规定》第二十七条

第九十二条 公安机关办理治安案件，有权向有关单位和个人收集、调取证据。有关单位和个人应当如实提供证据。

公安机关向有关单位和个人收集、调取证据时，应当告知其必须如实提供证据，以及伪造、隐匿、毁灭证据或者提供虚假证言应当承担的法律责任。

● 条文主旨

本条是关于公安机关有权收集、调取证据，单位和个人应当如实提供证据，以及公安机关告知义务的规定。

● 立法背景

本条是 2025 年修订后的《治安管理处罚法》新增加的规定。公安机关办理治安案件是维护社会秩序、保障公民权益的重要环节。而证据作为认定案件事实的基石，其收集与调取的合法性、准确性和全面性直接关系到治安案件处理结果的公正性。依法收集证据是保障准确适用法律、保证案件公正处理的要求，也是保障人权和维护程序公正的要求。本条根据各方面的意见，增加规定公安机关有权收集、调取证据，单位和个人应当如实提供证据，并规定了公安机关的告知义务。

● 条文释义

本条分为两款。第一款是关于公安机关收集证据职权和有关单位、个人提供证据义务的规定。

本款包含以下两个方面的内容。一是公安机关办理治安案件，有权向有关单位和个人收集、调取证据。这是法律根据查明案件事实的需要赋予公安机关的职权，这一权力是其履行治安管理职责、查明案件事实的必要手段。公安机关作为办理治安案件的法定主体，为保障其能够准确、及时地查明治安案件事实，依法惩处违法行为，维护社会秩序，依法享有向有关单位和个人收集、调取证据的权力。这里的"有关单位"涵盖了各类可能掌握与案件相关信息的组织，如企业、事业单位、社会团体等；"个人"则包括案件当事人、证人、知情人等。收集、调取证据的范围包括但不限于书证、物证、视听资料、电子数据、证人证言等各类法定证据形式。公安机关在行使收集、调取证据权力时，必须遵循本法及《行政处罚法》规定的合法性原则。

二是有关单位和个人应当如实提供证据。证据的虚假、藏匿和灭失，尤其是可作为定案根据的关键证据的虚假、藏匿和灭失，会对案件的办理造成严重的影响，乃至造成冤假错案。有关单位和个人在公安机关依法向其收集、调取证据时，有义务客观、真实地提供证据，包括提交真实的物证、书证、视听资料、电子数据，提供真实的证言等。如实提供证据有助于公安机关迅速查明案件真相，实现对违法行为的准确惩处，维护社会秩序。"如实提供证据",就是既不能隐瞒证物,又不能伪造证物、编造假的证言,而要实事求是。提供的证据应当能够客观反映案件发生的时间、地点、经过、参与人员等关键信息。有关单位和个人作为义务主体,只要其掌握与治安案件相关的证据,就应当履行如实提供证据的义务。无论是与案件有利害关系的当事人,还是无利害关系的证人、知情人,抑或是可能保存有相关证据的单位,都在该义务范围内。

第二款是关于公安机关向有关单位和个人收集、调取证据时,应当告知其必须如实提供证据,以及伪造、隐匿、毁灭证据或者提供虚假证言应当承担的法律责任的规定。

本款包含两层意思:一是公安机关向有关单位和个人收集、调取证据时,应当告知其必须如实提供证据。即对自己掌握的物证、书证及其他证据,应当原样提供,不能隐匿或者私自销毁、涂改;对自己所了解的案件事实及有关情况,应当实事求是地陈述或书写,不能夸大、缩小。公安机关告知有关单位和个人如实提供证据的义务,一方面,能够促使有关单位和个人充分认识到如实提供证据的严肃性和重要性,增强其配合调查的自觉性;另一方面,在后续出现证据问题时,可以依法追究相关人员的法律责任。

二是公安机关向有关单位和个人收集、调取证据时,要告知伪造、隐匿、毁灭证据或者提供虚假证言应当承担的法律责任。证据是否确实、充分,决定办案机关是否追究行为人责任,关系重大。所以本款规定,公安机关应告知伪造、隐匿、毁灭证据或者提供虚假证言的法律责任。本法第七十二条规定,"伪造、隐匿、毁灭证据或者提供虚假证言、谎报案情,影响行政执法机关依法办案的",处五日以上十日以下拘留,可以并处一千元以下罚款。公安机关告知内容应当明确、具体,使义务主体清楚知晓其行为的法律后果。

实践中需要注意的问题

在本条的理解适用中,应当注意的是,公安机关向有关单位和个人收集、调取证据时,告知其必须如实提供证据,以及伪造、隐匿、毁灭证据或者提供虚假证言应当承担的法律责任,是为了促使有关单位和个人如实作证,要与威胁、引诱证人严加区分。实践中,可能出现有关单位和个人拒绝提供证据或提供不实证据的情况。对于拒绝提供证据的,公安机关应积极沟通,说明其法定义务;对提供不实证据的,应当查明是有意为之还是客观原因造成的。

相关规定

《中华人民共和国刑事诉讼法》第五十四条；《公安机关办理行政案件程序规定》第二十七条、第二十八条

第九十三条 在办理刑事案件过程中以及其他执法办案机关在移送案件前依法收集的物证、书证、视听资料、电子数据等证据材料，可以作为治安案件的证据使用。

条文主旨

本条是关于其他案件依法收集的证据材料可以作为治安案件证据使用的规定。

立法背景

本条是2025年修订后的《治安管理处罚法》新增加的规定。近年来，随着经济社会的发展，治安违法行为情况发生了很大变化。很多治安案件是司法机关在办理刑事案件过程中发现并移送的，或者由担负有关职责的行政机关在执法办案过程中依法调查后，再移送公安机关的。对于司法机关、行政机关在调查案件过程中收集的证据材料，如果要求公安机关重新收集，会在很大程度上增加治安案件的处理负担，而且很多实物证据实际上也无法"重新"收集。如果这些证据材料不能在治安案件中作为证据使用，公安机关查明案件事实就会存在严重困难，对于打击治安违法行为、保障人权都是不利的。2025年修改本法，参考《刑事诉讼法》第五十四条等的相关规定，明确在办理刑事案件过程中以及其他执法办案机关在移送案件前依法收集的物证、书证、视听资料、电子数据等证据材料，可以作为治安案件的证据使用。

条文释义

在司法、执法实践中，刑事案件、其他行政案件与治安案件的界限并非总是清晰可辨，许多案件在办理过程中会出现性质的转变。这种转变使得证据的衔接和使用成为现实需求。在我国的法治体系中，虽然刑事案件、其他行政案件与治安案件的证据在证明标准、收集程序等方面存在一定差异，但由于在事实认定和法律适用上存在一定的关联性，证据衔接具有理论上的合理性和实践上的必要性。对此，《刑事诉讼法》第五十四条规定，"行政机关在行政执法和

查办案件过程中收集的物证、书证、视听资料、电子数据等证据材料，在刑事诉讼中可以作为证据使用"。《刑事诉讼法》的上述规定，为行政机关收集的物证、书证、视听资料、电子数据等证据材料在刑事诉讼中作为证据使用提供了法律依据。在 2025 年修订《治安管理处罚法》过程中，有意见提出明确刑事案件、其他行政案件与治安案件证据的衔接规则，进一步畅通刑事案件、其他行政案件与治安案件之间的证据转化。例如，一些案件在初始阶段可能因对案件性质判断的偏差，被作为刑事案件处理，随着调查的深入，若发现证据不足或情节显著轻微，可能转为治安案件。这种案件性质的动态变化，使得刑事案件、其他行政案件与治安案件的证据衔接成为执法工作中需要处理的重要问题。若刑事案件的证据不能有效转化为治安案件的证据，可能使本应受到治安处罚的违法行为人逃脱制裁。为了提高执法效率，及时维护社会秩序，有必要建立更加灵活、高效的证据衔接机制。为此，2025 年修改《治安管理处罚法》，增加了本条规定。

根据本条规定，在办理刑事案件过程中以及其他执法办案机关在移送案件前依法收集的物证、书证、视听资料、电子数据等证据材料，可以作为治安案件的证据使用。"刑事案件"是指对于发现的犯罪行为或者犯罪嫌疑人，人民法院、人民检察院和公安机关依照法律程序收集、调取证据，查出犯罪嫌疑人，查清犯罪事实的案件。根据《刑事诉讼法》的规定，对刑事案件的侦查、拘留、执行逮捕、预审，由公安机关负责；检察、批准逮捕、检察机关直接受理的案件的侦查、提起公诉，由人民检察院负责；审判由人民法院负责。对于上述机关在办理刑事案件过程中依法收集的相关证据材料，如果案件定性变更为治安案件的，可以作为办理治安案件的证据使用。本条规定的"其他执法办案机关"主要是指行政执法机关以及监察机关。行政执法机关根据行政管理方面的法律、法规赋予的职责，依法调查、处理行政违法案件。如市场监管部门查办侵犯知识产权案件等，如果在办理过程中发现相关治安案件的，其前期取得的证据材料可以作为治安案件的证据使用。

"物证"是指与案件相关联，可以用于证明案件情况和违反治安管理行为人情况的实物或者痕迹，如作案工具、现场遗留物、赃物、血迹、脚印等。"书证"是指能够以其内容证明案件事实的文字、图案等资料，如合同、账本、同案人之间有联络内容的书信等。"视听资料"是指载有与案件相关内容的录像、录音材料等。常见的视听资料包括监控录像、行车记录仪视频、录音通话等。"电子数据"是指与案件事实有关的电子邮件、网上聊天记录、电子签名、访问记录等电子形式的证据等。

实践中需要注意的问题

实践中需要注意的是,在办理刑事案件过程中及其他执法办案机关移送案件前依法收集的物证、书证、视听资料、电子数据等证据材料,作为治安案件的证据使用,既是司法实践的需要,也是法律衔接的必然要求。通过明确证据材料的范围、适用条件,规范证据收集、移送和审查程序,能够有效提高执法效率,保障当事人合法权益,维护司法公正。实践中,执法人员须严格遵守法律规定,确保每一项证据的合法性、关联性和真实性,为案件的公正处理提供坚实基础。本条中的"可以作为治安案件的证据使用",是指这些证据具有治安案件的证据资格,不需要办案机关再次履行取证手续。但这些证据能否作为定案的根据,还需要根据本法的其他规定由办案机关进行审查判断。经审查如果属于应当排除的或者不真实的证据,不能作为定案的根据。

相关规定

《中华人民共和国刑事诉讼法》第五十四条;《中华人民共和国行政处罚法》第四十六条;《公安机关办理行政案件程序规定》第二十六条、第三十三条

第九十四条 公安机关及其人民警察在办理治安案件时,对涉及的国家秘密、商业秘密、个人隐私或者个人信息,应当予以保密。

条文主旨

本条是关于公安机关及其人民警察办理治安案件时的保密义务的规定。

立法背景

1. 2005年《治安管理处罚法》的规定。第八十条规定:"公安机关及其人民警察在办理治安案件时,对涉及的国家秘密、商业秘密或者个人隐私,应当予以保密。"

公安机关及其人民警察在依法履行职责、办理治安案件过程中,有可能涉及、了解有关国家秘密、商业秘密或者个人隐私。而国家秘密一旦被泄露,就会对国家安全和利益造成危害或者威胁;商业秘密被泄露,往往会给拥有商业

秘密的单位和个人的生产、经营活动带来不利的影响，造成经济损失；个人隐私的泄露，则可能会给当事人的名誉造成损害，影响其正常生活，给其带来精神痛苦和心理压力。为了防止公安机关不注意保守在办理治安案件当中涉及的国家秘密、商业秘密或者个人隐私，给国家、有关单位或者个人造成不必要的损失，2005 年《治安管理处罚法》第八十条对公安机关的保密义务作了明确规定。

2. 2025 年修订后的《治安管理处罚法》的规定。增加规定涉及"个人信息"的，应当予以保密。个人信息的泄露，会侵犯当事人的合法权利，可能影响个人的正常生活，甚至为其他违法犯罪活动提供契机。因此，公安机关及其人民警察办理治安案件时，对涉及的个人信息，依法应当予以保密。

● 条文释义

根据本条规定，公安机关在办理治安案件时，对涉及的国家秘密、商业秘密、个人隐私或者个人信息，应当予以保密。

在治安案件办理过程中，部分案件可能因关联恐怖活动、间谍行为、危害国家安全的违法犯罪等，使公安机关接触到国家秘密。为防止国家秘密泄露，从源头上保障国家安全，在立法上明确规定公安机关的保密义务，是维护国家主权、安全和发展利益的必然选择。根据《保守国家秘密法》的规定，"国家秘密"是关系国家安全和利益，依照法定程序确定，在一定时间内只限一定范围的人员知悉的事项。《保守国家秘密法》第十三条规定，下列涉及国家安全和利益的事项，泄露后可能损害国家在政治、经济、国防、外交等领域的安全和利益的，应当确定为国家秘密：（1）国家事务重大决策中的秘密事项；（2）国防建设和武装力量活动中的秘密事项；（3）外交和外事活动中的秘密事项以及对外承担保密义务的秘密事项；（4）国民经济和社会发展中的秘密事项；（5）科学技术中的秘密事项；（6）维护国家安全活动和追查刑事犯罪中的秘密事项；（7）经国家保密行政管理部门确定的其他秘密事项。政党的秘密事项中符合前款规定的，属于国家秘密。第十四条规定，国家秘密的密级分为绝密、机密、秘密三级。绝密级国家秘密是最重要的国家秘密，泄露会使国家安全和利益遭受特别严重的损害；机密级国家秘密是重要的国家秘密，泄露会使国家安全和利益遭受严重的损害；秘密级国家秘密是一般的国家秘密，泄露会使国家安全和利益遭受损害。第五条规定，国家秘密受法律保护；一切国家机关和武装力量、各政党和各人民团体、企业事业组织和其他社会组织以及公民都有保密的义务。

公安机关作为国家机关，当然负有保守在办理治安案件时涉及的国家秘密的义务。本条内容属于对《保守国家秘密法》有关内容的衔接性规定。

随着市场经济的蓬勃发展，商业秘密已成为企业核心竞争力的重要组成部分。企业投入大量人力、物力、财力研发的技术秘密、经营策略等商业秘密，一旦被泄露，可能导致企业市场份额下降、经济利益受损，甚至面临生存危机。根据《反不正当竞争法》的规定，"商业秘密"，是指不为公众所知悉、具有商业价值并经权利人采取相应保密措施的技术信息、经营信息等商业信息。技术信息，包括技术配方、技术诀窍、工艺流程等。经营信息，是指采取什么方式进行经营等有关经营的重大决策，以及与自己有业务往来的客户的情况等。商业秘密都具有一定的经济价值，必须予以保护。

个人隐私与个人信息关乎公民的人格尊严、生活安宁和个人自由。在信息时代，公民个人信息的价值日益凸显，同时也面临更高的泄露风险。尊重和保障公民的个人权利，要求公安机关严格履行保密职责，防止公民个人隐私和个人信息被不当披露，维护公民的基本权利和人格尊严。"个人隐私"是公民个人生活中不愿为他人公开或知悉的生活私密。根据《民法典》第一千零三十二条规定，隐私是自然人的私人生活安宁和不愿他人知晓的私密空间、私密活动、私密信息。自然人享有隐私权，任何组织或者个人不得以刺探、侵扰、泄露、公开等方式侵害他人的隐私权。个人隐私包括两性关系、生育能力、收养子女等。

根据《民法典》第一千零三十四条的规定，"个人信息"是以电子或者其他方式记录的能够单独或者与其他信息结合识别特定自然人的各种信息，包括自然人的姓名、出生日期、身份证件号码、生物识别信息、住址、电话号码、电子邮箱、健康信息、行踪信息等。《个人信息保护法》第四条规定的"个人信息"与民法典的规定是一致的，同时明确个人信息不包括匿名化处理后的信息。在载体形式方面，该条突出强调以电子方式记录的个人信息，但并未排除以纸质等其他方式记录的个人信息。个人信息具有可识别性，即某一自然人的身份能够直接或者间接通过相关信息识别。个人信息具有相对性，只要已经确定了特定个人的身份，或者具备识别、确定特定个人身份的能力，则与该特定个人有关的各种信息均应作为个人信息予以保护。个人信息中的私密信息，适用有关隐私权的规定；没有规定的，适用有关个人信息保护的规定。

对治安案件涉及的国家秘密、商业秘密、个人隐私或者个人信息，公安机关及其人民警察应当根据工作需要，合理确定知悉敏感信息的人员范围，确保只有与案件办理直接相关且确有必要知悉的人员才能接触到相关信息，对于知悉人员，应明确告知其保密义务和责任。在信息存储、传输和使用过程中，应采取技术和管理措施，防止信息被窃取、篡改或泄露。对于承载敏感信息的载体，如文件、存储介质等，在不再需要时，应按照规定的程序进行销毁或妥善处理，防止信息被不当获取。公安机关及其人民警察除依法履行职责外，不得擅自向任何单位和个人披露所接触到的秘密、信息，也不得将其用于与案件办理无关的其他用途。即使在案件办理结束后，对仍需保密的信息，也应继续履行保密义务。

对于违反保密义务的法律责任，根据本法第一百三十九条的规定，人民警察办理治安案件，有"泄露办理治安案件过程中的工作秘密或者其他依法应当保密的信息"、"将在办理治安案件过程中获得的个人信息，依法提取、采集的相关信息、样本用于与治安管理、查处犯罪无关的用途，或者出售、提供给其他单位或者个人"等情形的，依法给予处分；构成犯罪的，依法追究刑事责任。

● **实践中需要注意的问题**

实践中需要注意的是，本条规定公安机关及其人民警察负有保密义务，主要是考虑到公安机关及其人民警察在依法履行职责、办理治安案件过程中，有可能涉及、了解有关国家秘密、商业秘密、个人隐私或者个人信息。办理治安案件包括从案件受理、调查取证、案件处理到执行等整个过程。在受理阶段，公安机关可能通过报案人、举报人等获取涉及敏感信息的线索；调查取证过程中，可能通过询问证人、检查场所、扣押物品等方式接触到国家秘密、商业秘密、个人隐私或者个人信息；案件处理和执行环节，同样可能涉及对相关敏感信息的使用和保管。在治安案件办理的各个环节，公安机关及其人民警察都必须严格履行保密义务。

● **相关规定**

《中华人民共和国保守国家秘密法》第二条、第十三条、第十四条；《中华人民共和国反不正当竞争法》第十条；《中华人民共和国民法典》第一千零三十二条、第一千零三十四条、第一千零三十九条；《中华人民共和国个人信息保护法》第四条；《中华人民共和国数据安全法》第三十八条；《公安机关办理行政案件程序规定》第八条

第九十五条 人民警察在办理治安案件过程中，遇有下列情形之一的，应当回避；违反治安管理行为人、被侵害人或者其法定代理人也有权要求他们回避：

（一）是本案当事人或者当事人的近亲属的；

（二）本人或者其近亲属与本案有利害关系的；

（三）与本案当事人有其他关系，可能影响案件公正处理的。

人民警察的回避，由其所属的公安机关决定；公安机关负责人的回避，由上一级公安机关决定。

● 条文主旨

本条是关于人民警察在办理治安案件过程中回避的规定。

● 立法背景

本条是 2005 年《治安管理处罚法》第八十一条的规定，2025 年修订《治安管理处罚法》时未作修改。

回避制度是国家司法、执法活动中一个非常重要的制度，在本法与《行政处罚法》《刑事诉讼法》《民事诉讼法》等法律中都有规定。回避制度本身是程序正义的体现，是案件能够得到公正处理的程序保障，否则即使案件的办理结果是公正的，也会因亲属关系、特定利害关系等的存在导致案件的公正性受到质疑。对于属于案件当事人、与案件有利害关系或者与案件有其他可能影响案件公正处理的关系的有关工作人员，应当自行回避，即不再参与办理这一案件，当事人也有权申请回避。为了保证执法工作能够客观、公正地进行，法律对回避制度作出明确规定。人民警察办理治安案件，与公民的切身利益密切相关，为了保证人民警察在办理治安案件过程中的公正性、合法性，保证当事人的合法权益不受侵犯，防止个别人民警察利用职权徇私枉法，规定人民警察在办理治安案件过程中的回避制度是非常必要的。2005 年《治安管理处罚法》第八十一条、本次修订后的《治安管理处罚法》第九十五条第一款规定了三种人民警察在办理治安案件过程中应当回避的情形；第二款规定了人民警察回避的决定程序。

● 条文释义

本条共分两款。第一款规定了人民警察在办理治安案件过程中应当回避的情形。

"回避"制度旨在确保案件处理的公正性，维护当事人的合法权益。办理治安案件的人民警察，遇有法律规定的情形，应当不再参加案件办理工作。回避包括"自行回避"，是指办理治安案件的人民警察知道自己具有应当回避的情形的，应当自己向所在机关提出回避的申请。人民警察明知自己应当回避而不自行回避，或者不知道、不认为自己具有应当回避的情形，因而没有自行回避的，违反治安管理行为人、被侵害人或者其法定代理人有权要求他们回避。申请回避是法律赋予当事人及其法定代理人的权利，任何人都不能剥夺。关于应当回避的具体情形，主要包括以下三种：

第一，是本案当事人或者当事人近亲属的。根据本条的规定，当事人主要是指违反治安管理行为人和被侵害人等。"是本案当事人"，是指办理治安案件的人民警察本人是治安案件的一方当事人，如是违法行为的被侵害人等。在这种情况下，由作为一方当事人的人民警察来办理治安案件容易受感情和自身利益等因素的影响，失去公正性。因此，人民警察不能办理涉及自己的治安案件，而应当主动回避。是"当事人的近亲属"，是指办理治安案件的人民警察是一方当事人的配偶、子女、父母、兄弟姐妹等近亲属。在这种情况下，办理治安案件的人民警察也应当回避。否则，会违反办理治安案件的公平、公正原则。

第二，本人或者其近亲属与本案有利害关系的。这是指办理治安案件的人民警察或者其近亲属，虽然不是本案的一方当事人或者当事人的近亲属，但是本案的处理结果与他们有比较重大的利益关系或者存在其他利害关系。在这种情况下，人民警察在办理治安案件过程中，难免有偏袒一方的嫌疑，影响治安案件公平、公正处理。在这种情况下，办理治安案件的人民警察也应当主动回避。

第三，与本案当事人有其他关系，可能影响案件公正处理的。"与本案当事人有其他关系"，是指办理治安案件的人民警察与本案一方当事人有某种关系，可能会对办理案件的公正性、公信力产生影响，如有亲戚、朋友、同事关系，或者有重大恩怨等情况。有这种关系可能会影响案件的公正处理的，人民警察应当主动回避。但如果是一般的认识关系，不会影响案件公正处理的，人民警察可以继续办理治安案件。

第二款是关于人民警察回避的决定程序的规定。第一，"人民警察的回避，由其所属的公安机关决定"，是指办理治安案件的人民警察，遇有本条第一款规定的三项情形之一的，不论是由人民警察本人还是由违反治安管理行为人、被侵害人或者其法定代理人依法提出回避申请，都需由人民警察所属的公安机关来决定是否回避。第二,"公安机关负责人的回避,由上一级公安机关决定",是指负责办理治安案件的公安机关负责人,如果也具有本条第一款规定的三种情形之一需要回避的,无论是由其本人主动申请要求回避还是由违反治安管理行为人、被侵害人或者其法定代理人依法申请其回避的,都应当由其上一级公安机关作出是否回避的决定。

实践中需要注意的问题

实践中需要注意的是,如果违反本条的规定,人民警察在办理治安案件时,遇有依法应当回避的情形而没有回避的,被处罚人可以依法提起行政复议及行政诉讼,要求予以纠正。对于人民警察应当回避而没有回避,并具有徇私枉法行为的,依照本法第一百三十九条的规定,依法给予处分;构成犯罪的,依法追究其刑事责任。

相关规定

《中华人民共和国人民警察法》第四十五条;《中华人民共和国刑事诉讼法》第二十九条、第三十一条;《公安机关办理行政案件程序规定》第十七条至第二十五条

第九十六条 需要传唤违反治安管理行为人接受调查的,经公安机关办案部门负责人批准,使用传唤证传唤。对现场发现的违反治安管理行为人,人民警察经出示人民警察证,可以口头传唤,但应当在询问笔录中注明。

公安机关应当将传唤的原因和依据告知被传唤人。对无正当理由不接受传唤或者逃避传唤的人,经公安机关办案部门负责人批准,可以强制传唤。

条文主旨

本条是关于公安机关传唤、强制传唤违反治安管理行为人的规定。

立法背景

1. 2005年《治安管理处罚法》的规定。第八十二条规定:"需要传唤违反治安管理行为人接受调查的,经公安机关办案部门负责人批准,使用传唤证传唤。对现场发现的违反治安管理行为人,人民警察经出示工作证件,可以口头

传唤，但应当在询问笔录中注明。公安机关应当将传唤的原因和依据告知被传唤人。对无正当理由不接受传唤或者逃避传唤的人，可以强制传唤。"

公安机关在查处违反治安管理案件时，有时需要向当事人询问和查证，甚至需要当面核实案件的具体情况。为了准确及时地了解案件情况，收集证据，在一般情况下，办案人员应当尽可能在发案现场进行询问、查证。但在有些情况下，不能或不便在现场进行询问、查证的，就需要通知违反治安管理行为人到其所在市、县内的指定地点接受公安机关的询问和查证。这种通知违反治安管理行为人接受询问和查证的具体方式，就是传唤。

2. 2025年修订后的《治安管理处罚法》的规定。一是将第一款中的"工作证件"修改为"人民警察证"。《人民警察法》第二十三条规定，人民警察必须佩带人民警察标志或者持有人民警察证件，这是执法规范化的要求。将"工作证件"具体明确为"人民警察证"，方便公众识别。二是在第二款增加"经公安机关办案部门负责人批准"的程序。原法未明确强制传唤的批准主体，导致各方面对于批准主体的理解存在歧义，参考《公安机关办理行政案件程序规定》，总结实践经验，本次修改时根据各方面意见予以明确。

条文释义

本条共分两款。第一款是关于公安机关如何传唤违反治安管理行为人的具体规定。主要包括两个方面的内容：

第一，需要传唤违反治安管理行为人接受调查的，经公安机关办案部门负责人批准，使用传唤证传唤。首先，"需要传唤违反治安管理行为人接受调查的"，是指办理治安案件的公安机关办案部门，为了办理治安案件的需要，将违反治安管理行为人传唤到其所在市、县内的指定地点接受公安机关调查的情况。其次，要"经公安机关办案部门负责人批准，使用传唤证传唤"。由于传唤牵涉对公民人身自由的限制，因此，必须在适用程序上加以严格的规定。也就是说，只有公安机关办案部门，确实需要传唤违反治安管理行为人时，才能传唤。不能凡是需要询问的，都使用传唤的形式进行询问。为了严格限制公安机关办案部门使用对公民的传唤，本款规定，需要传唤的，"经公安机关办案部门负责人批准，使用传唤证传唤"。其中"公安机关办案部门负责人"，是指在公安机关中，具体负责办理违反治安管理案件的部门的负责人，如公安局治安科的负责人、派出所所长等。只有经过该负责人的批准，才能对违反治安管理行为人进行传唤。在具体执行中，有关传唤的具体程序，公安机关规定有完备的审批制度，以防止传唤被滥用。"使用传唤证传唤"，是指公安机关对违反治安管理行为人进行传唤时，必须使用传唤证传唤。传唤证是公安机关向被传唤人出示的正式书面传唤通知书，这样规定也是为了防止传唤的随意性。

第二，口头传唤。本款规定，"对现场发现的违反治安管理行为人，人民警察经出示人民警察证，可以口头传唤，但应当在询问笔录中注明"。首先，口头传唤的适用情形是"对现场发现的违反治安管理行为人"。如前所述，公安机关需要传唤违反治安管理行为人接受调查的，除需要由公安机关办案部门的负责人批准外，还必须持有传唤证。但人民警察在现场发现违反治安管理行为人时，如果再经由办案部门的负责人批准，开具传唤证，势必延误办理治安案件的时间。一般来讲，治安案件多属于情节较轻的违法案件。公安机关在办理违反治安管理案件时应当遵循的一项基本原则就是要"公正"、"高效"，即在公正办案的基础上提高办案效率。因此，在规定传唤所应当遵守的基本程序的同时，对在一线工作的人民警察"公正"、"高效"地办理治安案件作出更加切合实际的规定，也是非常必要的。其次，口头传唤时，人民警察需出示人民警察证，并在询问笔录中注明。口头传唤是特定条件下的传唤，为保障相对人合法权益，规范执法行为，本条规定简化了使用传唤证的要求，但人民警察需出示人民警察证，并应当在询问笔录中注明。对人民警察现场发现违反治安管理行为人，又确实需要带到公安机关或者街道居委会、村委会、单位治安保卫部门等地方接受公安机关询问和查证的，经出示人民警察证即可进行口头传唤。需要注意的是，原《治安管理处罚法》规定，"人民警察经出示工作证件，可以口头传唤"，实践中对于"工作证件"的含义和范围有不同认识。本次《治安管理处罚法》修订时，将其进一步明确为"人民警察证"。《公安机关人民警察证使用管理规定》第四条规定："人民警察证是公安机关人民警察身份和依法执行职务的凭证和标志。公安机关人民警察在依法执行职务时，除法律、法规另有规定外，应当随身携带人民警察证，主动出示并表明人民警察身份。"最后，根据本款规定，人民警察对违反治安管理行为人进行口头传唤的，应当在询问笔录中注明。

本条第二款是关于公安机关应当将传唤的原因、依据告知被传唤人，以及对无正当理由不接受传唤或者逃避传唤的人，可以强制传唤的规定。这一规定的主要含义是，公安机关根据本条的规定，需要传唤违反治安管理行为人接受调查的，经公安机关办案部门负责人的批准，并持有传唤证对违反治安管理行为人进行传唤时，应当向被传唤人说明传唤的理由和依据。

另外，本款还规定，对无正当理由不接受传唤或者逃避传唤的人，可以强制传唤。这一规定的基本含义包括：首先，存在"无正当理由不接受传唤或者逃避传唤"的情形，这是适用强制传唤的前提。在人民警察传唤违反治安管理行为人时，如果被传唤人为了逃避责任，不愿意到公安机关接受调查，没有正当理由不接受传唤或企图逃避传唤的，人民警察就可以采取强制传唤的方法将其带至公安机关。所谓"强制传唤"，是指人民警察对被传唤人使用强制的方法，包括依照有关规定使用械具等强制方法将被传唤人带至其所在市、县内的指定地点接受公安机关的调查和询问。被传唤人逃避传唤，不接受公安机关调查的行为，是对执法秩序的破坏，是一种妨害执法的行为，在必要的时候对其采取强制传唤的方式，是为了保证法律得以贯彻执行。其次，强制传唤应"经公安机关办案部门负责人批准"。这是 2025 年修改本法，在本条第二款增加的规定。强制传唤属于《行政强制法》规定的强制措施。根据《行政强制法》第十八条的规定，行政机关实施行政强制措施应当在实施前向行政机关负责人报告并经批准。因此，本条规定是对《行政强制法》的特殊规定，这也是目前的实践做法，《公安机关办理行政案件程序规定》第六十七条对此作了规定。本法在总结实践经验的基础上，对此予以明确。

▶ 实践中需要注意的问题

实践中需要注意的是，公安机关应当将传唤的原因和依据告知被传唤人，意味着在向被传唤人出示传唤证或人民警察证后，应向其说明涉嫌违反治安管理的行为，根据《治安管理处罚法》的规定，需要其到所在市、县内的指定地点接受公安机关进一步调查等，而不能简单地向被传唤人晃晃手中传唤证说，"走，跟我去公安局一趟"，要让被传唤人明白为什么被传唤以及传唤的具体法律依据。被传唤人有权要求公安机关明确告知具体的依据条款。

另外，关于紧急情况下的强制传唤，本法未作规定，这也有严格规范紧急情况下强制传唤的考虑。根据本法第四条的规定，治安管理处罚的程序，适用本法的规定；本法没有规定的，适用《行政处罚法》《行政强制法》的有关规定。《行政强制法》第十九条规定，情况紧急，需要当场实施行政强制措施的，行政执法人员应当在二十四小时内向行政机关负责人报告，并补办批准手续。行政机关负责人认为不应当采取行政强制措施的，应当立即解除。实践中，公安机关应严格按照法律规定的适用条件执行，避免执法中的随意性，尽可能降低对相对人权利的不利影响。

● 相关规定

《中华人民共和国行政强制法》第十八条、第十九条；《中华人民共和国反间谍法》第二十七条；《公安机关办理行政案件程序规定》第六十六条至第六十九条；《公安机关人民警察证使用管理规定》第四条

第九十七条 对违反治安管理行为人，公安机关传唤后应当及时询问查证，询问查证的时间不得超过八小时；涉案人数众多、违反治安管理行为人身份不明的，询问查证的时间不得超过十二小时；情况复杂，依照本法规定可能适用行政拘留处罚的，询问查证的时间不得超过二十四小时。在执法办案场所询问违反治安管理行为人，应当全程同步录音录像。

公安机关应当及时将传唤的原因和处所通知被传唤人家属。

询问查证期间，公安机关应当保证违反治安管理行为人的饮食、必要的休息时间等正当需求。

● 条文主旨

本条是关于传唤后询问违反治安管理行为人的规定。

● 立法背景

1. 2005年《治安管理处罚法》的规定。第八十三条规定："对违反治安管理行为人，公安机关传唤后应当及时询问查证，询问查证的时间不得超过八小时；情况复杂，依照本法规定可能适用行政拘留处罚的，询问查证的时间不得超过二十四小时。公安机关应当及时将传唤的原因和处所通知被传唤人家属。"

为了及时查证案件的事实，作出正确的处理，公安机关可以传唤违反治安管理行为人对其进行询问。但是，传唤作为一种查证措施，要求被传唤人到指定的地点接受询问，并且在接受询问期间不能离开这一处所，实际上限制了公民的人身自由，如果不加限制，必然导致对其权利的侵犯。为了规范公安机关和人民警察严格使用传唤措施，督促人民警察依法迅速办案，法律对传唤询问查证的相关事项作出了规定。

2. 2025年修订后的《治安管理处罚法》的规定。一是，在第一款增加规定"涉案人数众多、违反治安管理行为人身份不明的，询问查证的时间不得超过十二小时"。根据实践情况，对此类情形规定了更为明确的询问查证时间，解决实践办案需求，进一步完善了询问查证的时间规定。二是，在第一款增加"在执法办案场所询问违反治安管理行为人，应当全程同步录音录像"。为了进一步推进执法公正，保证公民的合法权利，保证办案程序合法，在对执法实践经验进行总结的基础上，增设了在执法办案场所询问查证应当全程同步录音录像制度。这一制度的建立，进一步规范了治安询问工作，有利于保证询问活动依法进行，保障违法行为人的合法权利；也有利于固定和保存证据，防止违法行为人翻供，规范执法办案行为。同时，这一规定也可以为非法证据排除制度服务，提供询问过程是否合法的证明材料。三是，增加第三款，规定"询问查证期间，公安机关应当保证违反治安管理行为人的饮食、必要的休息时间等正当需求"。实践中，有时出现公安机关及其办案人员，由于传唤的时间紧，在询问时采取连续审讯，甚至不能保证违反治安管理行为人必要的饮食、休息和日常生活需求的现象。比如不允许吃饭，不让违反治安管理行为人上厕所等。这样做严重侵犯了违反治安管理行为人的合法权益。针对实践中的问题，本次修改明确增加了这方面的规定，即在传唤持续的时间里，办案人员要保证违反治安管理行为人的饮食、必要的休息时间等正当需求。

● 条文释义

本条共分三款。第一款是关于公安机关传唤后及时询问查证和询问查证持续时间的规定。包含以下几层意思：

一是，传唤后应当及时询问查证，一般情况下，询问查证的时间不得超过八小时。传唤的目的是询问被传唤人，及时查明案件的事实。因此，在被传唤人到达指定地点以后，公安机关和人民警察应当及时询问查证。公安机关应当在传唤证上记载其到达的时间，并从这一时刻开始计算传唤持续的时间。根据本法第三条的规定，违反治安管理的行为是具有一定的社会危害性，但是根据《刑法》不够刑事处罚的行为。实践中，大量的违反治安管理行为是行为人对社会管理秩序随意的漠视和违反而引起的，具有即时性、易发现等特点，恶意预谋而不好查证的情况很少。有些是发生在邻里、同事间，有些是发生在公共场所或者是警察在维持社会治安时发现的，比起刑事案件，情节简单，容易查清。根据治安案件的这些特点，公安机关及其人民警察查处治安案件，应尽可能在发案现场进行询问查证，这样既容易及时发现、固定证据，掌握第一手的资料，又能够通过调查活动进行法治宣传教育。只有在必要的情况下，才使用传唤措施，不能一碰到治安案件，就把人带到公安机关，一带到公安机关就长时间限制人身自由。本法对违反治安管理行为人传唤持续的时间，一般情况下限定为八小时。通常而言，八小时是法律规定的公民每天的工作时间，可以满足公安机关询问被传唤人的需要，且不会影响被传唤人的正常生活。

二是，对于涉案人数众多、违反治安管理行为人身份不明的，询问查证的时间不得超过十二小时。这是 2025 年修改本法时，根据实践情况新增加的内容。涉案人数众多时，调查取证工作量大，需要更多时间来询问不同当事人、核实相关证据等。而违反治安管理行为人身份不明时，公安机关需要花费时间查明其真实身份，如通过指纹比对、查询相关数据库等方式，这些工作都需要一定时间来完成，增加规定单独的查证时间有助于公安机关更全面地了解案件情况，提高办案效率。同时，也有利于避免对此类情形一概定性为案件情况复杂，直接适用二十四小时查证时间，过度限制当事人人身自由，能更好地保障当事人的合法权益，体现了对人权的尊重和保障。

三是，情况复杂，依照本法规定可能适用行政拘留处罚的，询问查证的时间不得超过二十四小时。1986 年《治安管理处罚条例》第三十四条规定，对违反治安管理情况复杂，依照条例规定适用拘留处罚的，讯问查证的时间不得超过二十四小时。这一规定对限制公安机关通过传唤任意限制公民的人身自由、保障公民的权利，发挥了积极作用。2005 年《治安管理处罚法》吸收了这一规定，2025 年修改也维持了这一规定。在查处治安案件过程中，如果发现确有必要延长传唤时间的，应当符合并遵守以下几项要求：（1）情况复杂。是指因为公安机关及其人民警察主观因素以外的原因，导致在八小时或十二小时之内无法结束询问的情况。比如，一人实施数个违反治安管理行为，在八小时或十二小时之内不能全部询问完毕的；或者流窜作案、多次作案，违法行为涉及面较广，取证困难等。（2）依照本法规定可能适用行政拘留处罚。是指对违反治安管理行为可能作出行政拘留处罚决定的情况。本法规定的治安管理处罚包括警告、罚款、吊销公安机关发放的许可证件、行政拘留等。其中警告、罚款适用于行为较轻的处罚，一般事实简单，在八小时或十二小时内可以查清，没有必要延长询问时间。吊销公安机关发放的许可证件，主要针对从事经营活动的企业、个体工商户等，长时间传唤，往往对其生产经营造成影响。只有拘留是严重剥夺人身自由的处罚，被处罚人逃避的可能性较大，适当延长传唤持续的时间，既可以提高办案质量，又可以防止被处罚人逃避处罚。"可能适用行政拘留处罚"，是指根据违反治安管理的事实、性质、危害程度、当事人的态度等，可能对当事人作出行政拘留处罚决定的。立法中，对同一行为，往往根据其性质、危害程度不同，分别规定不同的处罚，由公安机关裁量适用。只有可能适用拘留处罚的情况下，才能延长传唤持续的时间。(3) 延长的时间不能超过二十四小时。也就是说，在被传唤人到达指定地点以后，询问的时间最长可以持续二十四小时。而不是在询问八小时之后，再延长二十四小时。如果在询问八小时以后，发现需要延长的情况，公安机关最多可以再继续询问十六小时。

四是，在执法办案场所询问查证应当全程同步录音录像。这是 2025 年修改本法时，根据实践情况新增加的内容，目的是规范执法行为、保障当事人权益、固定证据。通过全程同步录音录像，能对执法人员的行为进行实时监督，促使其严格按照法定程序执法，提升执法规范化水平。询问查证过程可能会对当事人的权益产生重要影响，全程同步录音录像可以记录询问查证的全过程，防止出现执法人员对当事人进行诱供、逼供或其他侵犯当事人合法权益行为的情形，为当事人提供了一定的权益保障，有助于维护社会公平正义。录音录像资料可以客观、真实地记录询问查证过程中当事人的陈述、表情、语气等细节，能够为后续的案件处理提供可靠的证据，有助于准确认定案件事实。当出现当事人翻供或对询问过程有异议等情况时，可通过回放录音录像资料来还原事实真相，为案件的公正处理提供依据。同时，考虑到公安机关执法办案场所建设已经比较规范的实际情况，本条规定在执法办案场所询问查证应当全程同步录音录像。实践中，录音或者录像应当符合两个要求：其一，全程进行；其二，保持完整。全程、完整是录音录像制度发挥其作用的前提。如果不能保证全程录音录像，录制设备的开启和关闭时间完全由办案人员自由掌握，录音录像就不能发挥证明作用。"全程"一般应是从违法行为人进入询问场所到结束询问离开场所的过程。保持完整要求从对询问过程进行录音录像开始，到案件办理结束的每一次询问都要录音或者录像，要完整、不间断地记录每一次询问过程，不可作剪接、删改、损毁。

第二款是关于通知被传唤人家属的规定。根据本款规定，公安机关应当及时将传唤的原因和处所通知被传唤人家属。传唤在一定时间内限制了被传唤人的人身自由，让其家属知道被传唤人的具体情况是本法规定的人权保障原则的基本要求。在一些特殊情况下，如被传唤人孩子年幼、亲属患病无人照料或者与亲属在同一时间另有重要事务安排等，如果不及时通知其家属，还可能会引发其他事件，给被传唤人、家属和他人的生活、工作带来不便，甚至不幸。因此，公安机关在传唤后应当及时将传唤的原因和处所通知被传唤人的家属。通知其家属，可以是在向其送达传唤证时当场通知，也可以是在被传唤人到达指定地点后马上通知；可以用书面形式通知，也可以通过电话形式通知。通知应当采用合理、及时的方式，使其家属尽快知道情况。由于传唤的时间较短，一般不宜采用邮寄方式或者委托他人通知的方式。公安机关因为不知道被传唤人家属联系方式而无法通知的，被传唤人可以自己通知其家属，公安机关应当为被传唤人提供适当的条件，如提供电话让其通知家属等。

第三款是关于询问查证期间，公安机关应当保证违反治安管理行为人的饮食、必要的休息时间等正当需求的规定。这是 2025 年修改本法时，根据实践情况，参考《刑事诉讼法》等的规定新增加的内容。这一规定主要是出于保障人权、规范执法和确保案件办理质量等方面的考虑。询问查证期间，违反治安管理行为人处于公安机关的管理之下，其人身自由受到一定限制，保障其饮食、休息等基本权利，是尊重和保障人权的具体体现，有助于避免因长时间询问查证对其身体健康等基本权利造成损害。促使执法人员在询问查证过程中，必须依法保障被传唤人相应权益，有助于规范执法行为，防止出现因追求办案效率而忽视被传唤人基本权利的情况，能够有效防范以饥饿、疲劳等方式变相刑讯逼供现象的发生，确保询问查证结果的真实性和合法性。这里的"正当需求"，除法律明确规定的保证违反治安管理行为人的饮食、必要的休息时间外，还可能包括处理未成年人照护、紧急家庭事务等。在询问过程中，公安机关应当为被传唤人留出适当的休息时间，满足被传唤人基本的生活需求，如进餐、饮水等。公安机关及其人民警察不应采用在传唤中限制这些生活需求的方式对被传唤人进行变相逼供。

对于违反传唤规定的法律责任，本法第一百三十九条规定，人民警察办理治安案件，有"刑讯逼供、体罚、打骂、虐待、侮辱他人"、"超过询问查证的时间限制人身自由"、"剪接、删改、损毁、丢失办理治安案件的同步录音录像资料"等情形的，依法给予处分；构成犯罪的，依法追究刑事责任。

● 实践中需要注意的问题

实践中需要注意的是，在传唤之前，人民警察就应当确定需要通过询问查证的内容，准备需要询问的问题，查找相关的材料，安排好询问人员，做好询问的准备。在被传唤人到达指定地点以后，应当及时对被传唤人进行询问，并做好笔录。总之，人民警察不能在被传唤人到达指定地点后使其长时间等待，也不能在其到达后不予理睬或者拖延询问。传唤到指定地点后及时询问，不仅可以提高工作效率，也可以体现公安机关及其人民警察严谨的工作作风，树立公安机关的权威。

另外，需要注意的是，根据本条第一款的规定，情况复杂，依照本法规定可能适用行政拘留处罚的，询问查证的时间不得超过二十四小时。对于在二十四小时内仍不能询问清楚的，应当严格依照法律的规定结束询问，以后可以再到行为人的住所进行询问，或再次依法对其传唤询问，但不能以连续传唤的方式长时间限制行为人的人身自由。传唤超过二十四小时或者采用多次连续传唤等方法变相延长询问时间都是违法的。

● 相关规定

《中华人民共和国刑事诉讼法》第一百一十九条；《公安机关办理行政案件程序规定》第七十一条

第九十八条 询问笔录应当交被询问人核对；对没有阅读能力的，应当向其宣读。记载有遗漏或者差错的，被询问人可以提出补充或者更正。被询问人确认笔录无误后，应当签名、盖章或者按指印，询问的人民警察也应当在笔录上签名。

被询问人要求就被询问事项自行提供书面材料的，应当准许；必要时，人民警察也可以要求被询问人自行书写。

询问不满十八周岁的违反治安管理行为人，应当通知其父母或者其他监护人到场；其父母或者其他监护人不能到场的，也可以通知其他成年亲属，所在学校、单位、居住地基层组织或者未成年人保护组织的代表等合适成年人到场，并将有关情况记录在案。确实无法通知或者通知后未到场的，应当在笔录中注明。

● 条文主旨

本条是关于制作询问笔录和询问不满十八周岁的违反治安管理行为人的有关要求的规定。

● 立法背景

1. 2005年《治安管理处罚法》的规定。第八十四条规定："询问笔录应当交被询问人核对；对没有阅读能力的，应当向其宣读。记载有遗漏或者差错的，被询问人可以提出补充或者更正。被询问人确认笔录无误后，应当签名或者盖章，询问的人民警察也应当在笔录上签名。被询问人要求就被询问事项自行提供书面材料的，应当准许；必要时，人民警察也可以要求被询问人自行书写。询问不满十六周岁的违反治安管理行为人，应当通知其父母或者其他监护人到场。"

询问笔录是在询问过程中制作的，用以记载询问中提出的问题和回答，以及询问过程中所发生事项的重要文书。在处理治安案件时，应当充分保障违反治安管理行为人陈述和申辩的权利，他可以提出相关证据、理由证明自己没有实施违反治安管理行为，不应受到治安处罚，或者应当从轻、减轻、不予处罚。由于其陈述和申辩是以口头方式作出的，应当通过一定的方式固定下来，作为处理的依据，并可以作为行政复议或行政诉讼的依据。准确地制作询问笔录，既有利于公安机关查明事实、正确处理案件，又有利于保护公民陈述和申辩的权利。

2. 2025年修订后的《治安管理处罚法》的规定。一是，将第一款中的"应当签名或者盖章"修改为"应当签名、盖章或者按指印"，增加了可以"按指印"。这一修改主要是总结实践经验，参考《民法典》《人民调解法》《农村土地承包法》《仲裁法》等的规定，对于无法签名或者盖章的，可以按指印，以解决实践中的需求。二是，将第三款中的"十六周岁"修改为"十八周岁"，扩大了"通知其父母或者其他监护人到场"的未成年人的范围，询问所有的不满十八周岁的未成年违反治安管理行为人，都应当通知其父母或者其他监护人到场。三是，第三款中增加规定"其父母或者其他监护人不能到场的，也可以通知其他成年亲属，所在学校、单位、居住地基层组织或者未成年人保护组织的代表等合适成年人到场，并将有关情况记录在案。确实无法通知或者通知后未到场的，应当在笔录中注明。"对于父母或者其他监护人不能到场的后续处理规定进行了明确。

条文释义

本条共分三款。第一款是关于询问笔录制作后应当履行的手续的规定。为了保障询问笔录客观、准确地记载询问的内容,在询问笔录制作完毕之后,还应当根据本条的规定履行下列程序:

1. 核对。也就是交给被询问人阅读,由被询问人核实是否客观、准确记载了对他的提问和他的回答。如果被询问人没有阅读能力或者不便阅读,比如,被询问人是文盲,不能阅读文字的;或者被询问人是盲人或者患其他疾病等,无法阅读的,询问人应当向其宣读。若向其宣读,应当完整、准确,不应当只宣读一部分或者有选择地宣读。

2. 补充、更正。在被询问人核对后,如果认为记载有遗漏或者差错的,被询问人可以提出补充或者更正要求,询问人应当补充或更正。所谓"有遗漏",是指应当记录而没有记录的情况;所谓"有差错",是指没有正确记录问题及回答的情况。记录人员一般应当忠实记载被询问人的回答,但是并不要求其一字不差地记载被询问人的原话。对于被询问人回答的顺序、用语等可以进行适当的调整和概括,但必须完整、准确体现被询问人的意思。对与案件无关的事实,也可以不记录。如果确实属于应当记录而没有记录的,或者没有正确记录被询问人意思的,经被询问人提出,遗漏的应当补充,错误的应当更正。

3. 签名、盖章或者按指印。如果笔录核对无误,或者虽有遗漏、差错但已经补充和更正的,被询问人应当在笔录上签名、盖章或者按指印。询问的人民警察也应当在笔录上签名。对补充、更正的地方,应当由被询问人按指印。这样,既表明了询问人、被询问人对记录内容负责的态度,也可以防止篡改、伪造询问笔录。

第二款是关于被询问人自行提供书面材料的规定。实践中,询问笔录一般都是由询问人制作,交给被询问人核对。但是在有些情况下,被询问人表述不清、不能口头陈述的;或者认为询问人不能准确理解和记录自己的回答,为了准确、全面说明事实、表达意见的;或者涉及专业性强的问题,询问人不能很好地理解其回答并准确记录的,被询问人可以自行提供书面材料。被询问人要求自行提供书面材料的,公安机关一般应当准许,并提供必要的条件,如书写的场所、工具、纸张等。

必要时,人民警察也可以要求被询问人自行书写材料。所谓的"必要时",

一般是指根据被询问人的状态，自行书写更能准确表达其真实意思和案件事实情况，不让其自行书写，不利于查明案情，而被询问人也没有主动要求自行书写的情况，比如其口齿不清，难以准确表达意思的；因方言障碍，记录人员不能准确理解和记录的等。

第三款是关于询问不满十八周岁的违反治安管理行为人的规定。主要包含以下几层意思：

一是，询问不满十八周岁的违反治安管理行为人，应当通知其父母或者其他监护人到场。根据《未成年人保护法》等法律的规定，未满十八周岁的人为未成年人。由于年龄较小，对社会的了解、对事物的认识、思想的表达和控制自己行为的能力等，都受到一定的限制，心理承受能力也低于成年人，在面对执法机关的询问时会产生心理压力，容易在理解和回答询问时产生偏差。如果在询问中出现侵犯其权利的现象，未成年人也可能因为不熟悉法律或者因为紧张而不知道或者不敢主张自己的权利。这些情况，都可能对案件的正确处理、未成年人今后的成长带来不利影响。在执法活动中，公安机关既要按照本法的规定对违反治安管理的未成年人进行询问，又要注意在询问活动中对未成年人的保护。为了消除询问对未成年人的思想压力，使其如实供述，保障询问的顺利进行，保护未成年人合法权益，并有利于对其进行教育，在询问不满十八周岁的违反治安管理行为人时，应当通知其父母或者其他监护人到场，这不仅是被询问的未成年人的权利，也是其父母或者其他监护人的法定权利。这样做一方面可以弥补未成年人自身辩解、表达能力局限的不足，消除未成年人心理上的恐惧和抗拒，有利于询问的正常开展；另一方面还可以防止在询问过程中，避免违法行为对未成年人合法权益造成侵害。

二是，其父母或者其他监护人不能到场的，也可以通知其他成年亲属，所在学校、单位、居住地基层组织或者未成年人保护组织的代表等合适成年人到场，并将有关情况记录在案。确实无法通知或者通知后未到场的，应当在笔录中注明。这是 2025 年修改本法新增加的规定。2005 年《治安管理处罚法》仅规定询问未成年人应当通知其父母或者其他监护人到场，但对于父母或者其他监护人不能到场的后续处理规定不够明确。2025 年修改本法，根据各方面的意见，参考《刑事诉讼法》等的规定，明确了在父母或者其他监护人不能到场时，可以通知其他合适成年人到场，还强调将有关情况记录在案；对确实无法通知或者通知后未到场的情形，要求在笔录中注明。这一修改使得未成年人询问程序更加完善和细化，充分考虑到实践中各种可能出现的情况，进一步加强了对未成年人权益的保护。根据本款规定，在法定代理人无法通知，或者虽经通知但因故不能到场的，可以选择通知未成年违反治安管理行为人的其他成年亲属，所在学校、单位、居住地基层组织或者未成年人保护组织的代表到场。通知父母或者其他监护人以外的其他人员到场的，司法机关工作人员应当将法定代理人不能到场的原因、相关人员到场的具体情况等信息在询问笔录中予以记载、说明。对确实无法通知或者通知后未到场的情况在笔录中注明，保证了询问程序的完整性和可追溯性。

实践中需要注意的问题

在该条的理解适用中，应当注意以下几个方面的问题：

第一，人民警察在制作询问笔录时，应当使用准确、规范的语言，如实记录被询问人的陈述，不得随意篡改或歪曲。对于被询问人提出的补充或更正要求，应当认真对待，及时进行修改，并由被询问人确认。

第二，根据本条第三款的规定，如果被询问人是不满十八周岁的人，应注意查明其父母或者其他监护人的情况，及时通知到场。人民警察应当事先做好其父母或者其他监护人的思想工作，使其配合、协助询问工作，如帮助打消被询问人的顾虑，如实陈述，对未成年人难以理解的问题进行必要的提示等，也可以对询问中可能侵犯未成年人权益的行为提出意见。但是未成年人的父母或者其他监护人到场，并不是为了代替被询问人回答问题，也不得干扰询问查证的进行。

相关规定

《中华人民共和国刑事诉讼法》第二百八十一条；《中华人民共和国未成年人保护法》第一百一十条；《公安机关办理行政案件程序规定》第七十五条

第九十九条 人民警察询问被侵害人或者其他证人，可以在现场进行，也可以到其所在单位、住处或者其提出的地点进行；必要时，也可以通知其到公安机关提供证言。

人民警察在公安机关以外询问被侵害人或者其他证人，应当出示人民警察证。

询问被侵害人或者其他证人，同时适用本法第九十八条的规定。

条文主旨

本条是关于询问被侵害人和其他证人的规定。

立法背景

1. 2005年《治安管理处罚法》的规定。第八十五条规定,"人民警察询问被侵害人或者其他证人,可以到其所在单位或者住处进行;必要时,也可以通知其到公安机关提供证言。人民警察在公安机关以外询问被侵害人或者其他证人,应当出示工作证件。询问被侵害人或者其他证人,同时适用本法第八十四条的规定。"

被侵害人是因自己的人身、财产、名誉或者其他权利遭受违反治安管理行为侵害的当事人。其他证人是指目睹、耳闻或者通过其他方式知道案情的人员。被侵害人或者其他证人提供的证言是公安机关获取证据、查明案件事实、正确处理治安案件的重要依据。被侵害人或者其他证人对其知道的违反治安管理行为的情况,有向公安机关作证接受人民警察询问的义务,公安机关为了查明案情,也有权询问被侵害人或者其他证人。人民警察询问被侵害人和其他证人的时候,应当遵守法定的程序,保护被侵害人或者其他证人的合法权益。

2. 2025年修订后的《治安管理处罚法》的规定。一是,在第一款中增加"可以在现场进行""或者其提出的地点",总结实践经验,扩大了询问地点的选择范围,更好地满足实践需要。二是,将第二款中的"工作证件"明确为"人民警察证"。明确要求出示人民警察证,能够更加清晰地表明执法人员的身份,避免一些不法分子冒充警察进行询问等违法行为,切实保障被侵害人及证人的合法权益。三是,将第三款中的"第八十四条"修改为"第九十八条",根据修订后的法律条文,对引用的法律条文序号作了衔接性修改。

条文释义

本条共分三款。第一款是关于询问被侵害人或者其他证人地点的规定。

被侵害人或者其他证人不是违反治安管理行为人,不能适用传唤等方式进行询问。人民警察询问被侵害人或者其他证人时,应当本着既方便办案,有利于查明违反治安管理行为事实,又便于被侵害人或者其他证人作证,不妨碍被侵害人或者其他证人正常的生活、学习和工作,保障其合法权益的原则,根据实际情况确定询问地点。公安机关对于违反治安管理行为立案后,应当立即进行询问,迅速查明违反治安管理行为的事实,防止因为时过境迁,延误收集证据的最佳时机，节约公安机关的办案时间，提高办理治安案件的效率。

关于询问地点的选择，2025年修改本法时适当扩大了选择范围，由"可以到其所在单位或者住处进行"修改为"可以在现场进行，也可以到其所在单位、住处或者其提出的地点进行"。在治安案件调查中，案发现场往往能够保留最原始的证据和线索，在现场询问被侵害人及证人，能够使他们在案发环境中回忆案件经过，可能获取到更加准确、详细的信息。在被侵害人或者其他证人所在单位或者住所询问，可以节省被侵害人或者其他证人的时间，不妨碍其正常生活、工作和学习。由于所在单位比较熟悉被侵害人或者其他证人的情况，有些案件中违反治安管理行为人和被侵害人同属一个单位，到其所在单位询问，有利于打消其思想顾虑，也便于人民警察全面深入了解与案件相关的各种情况，有利于对证言进行正确的分析判断。同时，根据本法第九条的规定，对于因民间纠纷引起的打架斗殴或者损毁他人财物等违反治安管理行为，情节较轻的，公安机关可以调解处理。对这类能够调解处理的案件，到被侵害人所在单位或者住所询问，可以及时得到所在单位的支持，了解被侵害人的要求和态度，做双方当事人的思想工作，帮助公安机关及时、公正调解处理案件，贯彻治安管理处罚教育与处罚相结合的原则，化解社会矛盾。允许到被侵害人或证人提出的地点进行询问，充分体现了对当事人意愿的尊重，进一步增强了执法的人性化和灵活性。有些当事人可能出于自身特殊考虑，如希望在自己信任的第三方场所接受询问，或者由于自身身体状况等原因，希望在特定的地点提供证言，新规定能够更好地满足这些需求。

对于人民警察不能或者不便于在上述地点询问被侵害人或者其他证人，为了查明案情又需要对其进行询问的，在必要的时候可以通知其到公安机关提供证言。所谓的"必要时"，需要由人民警察根据案件的实际情况确定。比如：案情涉及国家秘密，在其他场所询问，可能泄密，为了保守国家秘密而有必要的；为了防止干扰，保证被侵害人或者其他证人如实提供证言，以及保护被侵害人或者其他证人安全的；治安案件发生后，治安案件的现场、被侵害人或者其他证人所在单位或者住所等秩序混乱，无法保障询问正常进行的；被侵害人或者其他证人在调查阶段不愿公开自己的姓名和作证行为，为了方便保密，防止对被侵害人或者其他证人打击报复，消除其思想顾虑的；案件、证言涉及个人隐私，在其他场所询问可能对被侵害人或者其他证人造成不利影响的；被侵害人或者证人较多，无法在其他场所及时结束询问的，或者在短时间内无法完成询问的；被侵害人或者其他证人因为特殊原因无法及时作证的，可以另行通知到公安机关进行询问。到公安机关进行询问，是指到公安机关的办公场所，包括公安局、公安分局驻地及其派出所等场所。公安机关可以直接将被侵害人或者其他证人带到公安机关进行询问，也可以通知其在规定时间到公安机关接受询问。

第二款是关于人民警察在公安机关以外询问被侵害人或者其他证人应当出示人民警察证的规定。2025年修订后的《治安管理处罚法》将原来规定的"工作证件"明确为"人民警察证"。《行政处罚法》对执法人员在调查时出示执法证件做了规定。《行政处罚法》第五十五条规定，执法人员在调查或者进行检查时，应当主动向当事人或者有关人员出示执法证件。当事人或者有关人员有权要求执法人员出示执法证件。执法人员不出示执法证件的，当事人或者有关人员有权拒绝接受调查或者检查。本条关于出示人民警察证的规定是对上述规定的具体化。人民警察证是人民警察身份和执法权力的法定凭证，具有权威性和更高的辨识度。《人民警察法》第二十三条规定，人民警察必须按照规定着装，佩带人民警察标志或者持有人民警察证件，保持警容严整，举止端庄。《公安机关人民警察证使用管理规定》第四条规定，人民警察证是公安机关人民警察身份和依法执行职务的凭证和标志。公安机关人民警察在依法执行职务时，除法律、法规另有规定外，应当随身携带人民警察证，主动出示并表明人民警察身份。在治安管理案件中，任何接受人民警察治安处罚或者协助、配合人民警察执法活动的人员，有权知悉人民警察的执法者身份，确认其执法资格。特别是在公安机关外进行询问，如果不出示工作证件，就可能造成被侵害人或者其他证人对询问人身份的误解，造成思想顾虑，出现被侵害人或者其他证人不配合的情况。规定人民警察在公安机关外询问时出示人民警察证，有利于督促公安机关依法履行职责，防止不法分子冒用人民警察的名义实施违法犯罪行为，保护公民、法人或者其他组织的合法权益。根据本条的规定，人民警察如果在公安机关外询问被侵害人或者其他证人，在开始询问前，就应当主动出示人民警察证，证明自己的执法身份；被侵害人或者其他证人也可以要求人民警察出示人民警察证。在人民警察没有携带或者没有出示证件的情况下，被侵害人或者其他证人有权拒绝接受询问。本款的规定有助于规范执法行为，提升执法的严肃性和专业性，使执法活动更加透明、规范，增强公众对执法工作的信任。

第三款是关于询问被侵害人或者其他证人时应当遵守的程序事项的规定。人民警察在询问被侵害人或者其他证人的时候，除在询问的时间、地点方面应当遵守上述规定外，由于被侵害人或者其他证人所进行的陈述与违反治安管理行为人的陈述和申辩均属于言辞证据的范围，因此，在询问的方式、内容、笔录的制作，以及其他应当遵守的程序事项等方面均无太大的差异，本条不再单独规定，而是参照第九十八条关于询问违反治安管理行为人的规定执行，既便于法律的统一执行，又便于公安机关以及公民理解和执行法律。

● 实践中需要注意的问题

实践中需要注意的是，询问被侵害人或者其他证人地点的选择应当合理、恰当。虽然修订后的条文扩展了询问地点，但执法人员应当根据案件的具体情况，综合考虑被侵害人、证人的身体状况、心理状态、案件的复杂程度等因素，在本法规定的范围内选择最合适的询问地点。例如，对于身体虚弱的证人，尽量选择在其住处进行询问；对于涉及敏感信息的案件，在公安机关进行询问可能更为妥当。在出示人民警察证时，要确保证件的真实性和完整性，并且以规范、礼貌的方式向证人展示，避免引起证人的误解或反感。执法人员应当根据本法第九十八条的规定，严格按照规定的程序进行询问，确保询问笔录的制作、证据的收集等环节符合法律要求。同时，要充分保障证人的各项权利，如告知证人有权拒绝回答与案件无关的问题，尊重证人的隐私等。

● 相关规定

《中华人民共和国刑事诉讼法》第一百二十四条；《中华人民共和国行政处罚法》第五十五条；《中华人民共和国人民警察法》第二十三条；《公安机关办理行政案件程序规定》第七十九条

第一百条 违反治安管理行为人、被侵害人或者其他证人在异地的，公安机关可以委托异地公安机关代为询问，也可以通过公安机关的视频系统远程询问。

通过远程视频方式询问的，应当向被询问人宣读询问笔录，被询问人确认笔录无误后，询问的人民警察应当在笔录上注明。询问和宣读过程应当全程同步录音录像。

条文主旨

本条是关于代为询问、远程视频方式询问违反治安管理行为人、被侵害人或者其他证人的规定。

立法背景

本条是 2025 年修订后的《治安管理处罚法》新增加的规定。

随着经济社会的快速发展，人员流动日益频繁，治安管理案件的复杂性和跨区域性显著增加。在治安管理处罚程序中，对违反治安管理行为人、被侵害人及证人的询问是获取证据、查明案件事实的关键环节。然而，当违反治安管理行为人、被侵害人及证人身处异地时，传统的询问方式面临诸多挑战，如办案成本高、效率低，难以保障询问的及时性和有效性等。执法实践中，为应对这些问题，公安机关也对代为询问、远程视频方式询问等进行了探索，积累了有益经验，如《公安机关办理行政案件程序规定》等已经对代为询问、远程视频方式询问的程序、要求作了规定。在 2025 年修法过程中，立法机关在征求各方面意见的基础上，新增了委托异地公安机关代为询问、通过远程视频方式询问的规定，这一举措对于提升治安管理执法效能、保障当事人合法权益具有重要意义。

在传统的治安管理模式下，当违反治安管理行为人、被侵害人或者其他证人处于异地时，公安机关进行询问往往需要耗费大量的人力、物力和时间成本。这不仅增加了民警的工作负担，还可能导致案件办理周期延长，影响案件的及时处理。同时，对于一些紧急案件，传统询问方式的时效性不足，可能导致关键证据的流失或案件情况的复杂化。

委托异地公安机关代为询问，能够充分发挥协作地公安机关的地缘优势，实现资源的优化配置。随着信息技术的飞速发展和警务信息化建设的不断推进，公安机关之间的协作交流更加紧密和高效。委托异地公安机关代为询问正是顺应这一发展趋势的体现，它加强了不同地区公安机关之间的协作配合，形成了打击违法犯罪的合力。通过建立规范化的委托询问机制，能够实现信息共享、优势互补，提升公安机关整体的治安管理能力和水平。

随着科技的发展，远程视频技术在各个领域得到了广泛应用，其高效、便捷、实时的特点为公安机关解决异地询问难题提供了可能。通过远程视频方式，公安机关可以突破地域限制，实现与异地相关人员的实时交流，及时获取案件信息。这种方式一方面能够节省大量的资源，另一方面还能提高询问的效率和准确性。因此，利用科技手段创新治安管理工作方式，成为时代发展的必然选择。同时，远程视频询问可以通过全程同步录音录像，确保询问过程的合法性和规范性。

● 条文释义

本条共分两款。第一款是关于委托异地公安机关代为询问和远程视频询问的规定。包含以下几层意思：

一是，当出现违反治安管理行为人、被侵害人或者其他证人在异地的情形时，办案地公安机关有权决定是否委托异地公安机关代为询问。办案地公安机关由于地域限制，无法直接对异地人员进行询问，此时通过委托异地公安机关，可以充分利用当地公安机关的资源和优势，完成询问工作。根据本条规定，委托主体为办理治安管理案件的公安机关，即办案地公安机关。委托对象则是被询问人所在地的公安机关，即异地公安机关。委托过程应当遵循相关的程序规定，如出具正式的委托函件，明确委托事项、要求和期限等，以确保委托询问工作的合法性和规范性。异地公安机关在接到委托后，应当依法履行代为询问的职责。这里的"异地"，通常是指超出办案地公安机关管辖区域的其他地区，包括不同的省、市、县等。参考《公安机关办理行政案件程序规定》的相关规定，办案地公安机关决定委托异地公安机关代为询问时，应当列出明确具体的询问、辨认、告知提纲，提供被辨认对象的照片和陪衬照片。

二是，违反治安管理行为人、被侵害人或者其他证人在异地的，公安机关也可以通过公安机关的视频系统远程询问。根据案件的具体情况，公安机关想要直接询问位于异地的违反治安管理行为人、被侵害人或者其他证人的，可以采用远程视频方式询问。为保证远程视频询问的权威性，防止他人通过视频方式进行诈骗，本条这里规定的远程视频询问应当通过"公安机关的视频系统"进行。远程视频询问是借助现代信息技术手段实现的一种新型询问方式。它打破了地域限制，使办案地公安机关能够直接与异地人员进行实时交流。在进行远程视频询问时，公安机关应当确保视频设备的正常运行，保障询问过程的清晰、流畅。同时，要注意保护当事人的隐私和合法权益。

第二款是关于远程视频询问的笔录确认程序及同步录音录像要求的规定。包含以下两层意思：

一是，公安机关通过远程视频询问的，在询问结束时应当向被询问人宣读询问笔录，并注明有关情况。这是确保被询问人对询问内容的准确理解和确认的重要环节。由于远程视频询问与传统现场询问存在一定差异，被询问人无法像在现场那样直接查看笔录内容，因此通过宣读的方式，让被询问人清楚了解笔录记录的情况，便于其提出补充或更正意见。被询问人确认笔录无误后，询问的人民警察应当在笔录上注明，注明的内容应当包括询问的时间、地点、方式以及被询问人的确认情况等，以保证笔录的完整性和法律效力。

二是，询问和宣读过程应当全程同步录音录像。一方面，全程同步录音录像可以对询问过程进行全面记录，防止出现询问程序违法或笔录内容与实际询问情况不符等问题，为后续案件处理提供可靠的证据支持。另一方面，同步录音录像也是对公安机关执法活动的一种监督，促使民警依法依规进行询问，保障当事人的合法权益。在录音录像过程中，要确保设备的稳定性和录音录像的质量，妥善保存相关资料，以备后续查阅和使用。

● 实践中需要注意的问题

在该条的理解适用中，需要注意以下几个方面的问题：

一是，无论是委托异地公安机关代为询问还是进行远程视频询问，都离不开不同地区公安机关之间的协作配合和沟通协调。办案地公安机关应当与异地公安机关保持密切联系，及时通报案件情况和询问要求，提供必要的协助和支持。异地公安机关要积极履行职责，按照委托要求认真开展询问工作，并及时反馈询问结果。在协作过程中，要建立良好的沟通机制，及时解决出现的问题和分歧，确保询问工作的顺利进行。

二是，在远程视频询问中，要准确核实被询问人的身份。公安机关应当采取多种方式进行身份核实，如要求被询问人出示有效身份证件、通过公安信息系统进行比对验证等，确保被询问人身份真实可靠。

● 相关规定

《中华人民共和国刑事诉讼法》第八十三条；《公安机关办理行政案件程序规定》第一百一十七条、第一百二十条至第一百二十二条

第一百零一条 询问聋哑的违反治安管理行为人、被侵害人或者其他证人，应当有通晓手语等交流方式的人提供帮助，并在笔录上注明。

询问不通晓当地通用的语言文字的违反治安管理行为人、被侵害人或者其他证人，应当配备翻译人员，并在笔录上注明。

● 条文主旨

本条是关于询问聋哑人和不通晓当地通用的语言文字的人，应当为其提供语言帮助的规定。

● 立法背景

1. 本条是 2005 年《治安管理处罚法》的规定。第八十六条规定："询问聋哑的违反治安管理行为人、被侵害人或者其他证人，应当有通晓手语的人提供帮助，并在笔录上注明。询问不通晓当地通用的语言文字的违反治安管理行为人、被侵害人或者其他证人，应当配备翻译人员，并在笔录上注明。"

语言是人们进行沟通交流、传递信息的重要载体。公安机关办理治安案件，应当注意收集与案件有关的各方面的证据材料等信息，包括听取被侵害人或者其他证人的证言，听取违反治安管理人的陈述和申辩。案件当事人、证人如果因为听觉、表达或者语言文字理解等方面的原因造成沟通障碍，就可能妨碍公安机关正确查明案情。同时，依法参与到案件处理当中的人员，不仅有依法接受询问等的义务，也有权了解自己在案件处理中的法律地位、执法人员问题的真实含义。对可能造成沟通障碍的人员进行询问，为其提供必要的语言帮助，既可以保证被询问人正确理解应当回答的相关问题，保障公安机关公正、准确查明案情，又可以充分保障相关人员的知情权和自愿陈述的权利。

2. 2025 年修订《治安管理处罚法》，将第一款中的"应当有通晓手语的人提供帮助"修改为"应当有通晓手语等交流方式的人提供帮助"。手势语沟通是聋哑人对外交流的重要方式，同时，随着科技的发展，一些电子通讯工具如助听器、语言交流板等，也在一定程度上帮助聋哑人进行表达和沟通。此外，部分聋哑人识字，还可以通过文字进行交流，表达想法；也有部分聋哑人可能不熟悉手语，通晓手语的人无法为其提供帮助。根据这些情况，对本条作了修改完善，增加了"等交流方式"，使交流方式更加全面，也更符合实际情况。

● 条文释义

本条共分两款。第一款是关于询问聋哑人应当有通晓手语等交流方式的人提供帮助规定。

所谓的聋，是指双耳失聪，不能像正常人那样感受语音信息，导致公安人员不能像对普通人那样通过语言方式直接发问；哑，是指因为生理上的缺陷不能说话，因此不能通过口语形式来回答人民警察的提问。聋哑人由于生理上的缺陷，理解能力和表达能力都会受到一定的影响或者限制，在接受询问查证的过程中，这些生理缺陷不仅影响其正确、准确表达自己意思和意志，也影响其对自己应当享有的权利的主张和维护。虽然他们丧失了听力或者语言表达能力，但是他们仍然具有一定的感受能力和正常的思维能力，比如，聋人和哑人都可以看到案件的事实。聋哑人也可以通过自己的表达方式对自己感知的事实进行表达，只是有时难以被他人正确理解，因此需要一定的帮助。

我国法律并不排除对聋哑人的询问，《刑事诉讼法》《民事诉讼法》等法律都有相关规定，凡是知道案件情况的人，都有作证的义务。因此，虽然由于生理上的缺陷，聋哑人只能感受一定程度的案件事实，不能像正常人那样通过一般的表达方式作证，但这只是在作证的具体方式上存在困难，如果办案的人民警察为了查明案件事实等，需要对其依法进行询问，则该聋哑人也应当配合人民警察的工作。具体到接受询问的方式，就涉及让被询问的聋哑人能准确了解办案人员提出的问题，也要让办案人员准确把握聋哑人对其所提问题的回答。为了保证聋哑人准确理解和回答问题，保证公安机关准确理解聋哑人的回答，正确查明违反治安管理行为的事实，本条规定，询问聋哑的违反治安管理行为人、被侵害人或者其他证人，应当有通晓手语等交流方式的人参加，为询问人员和被询问人提供帮助，以保证询问的公正、客观和顺利进行。

手语是一种通过手势等身体语言进行交流的信息表达方式，是聋哑人常用的交流方式。随着残疾人权益保障的不断加强和面向残疾人士的特殊教育事业的发展，我国很多聋哑人接受了专门手语训练，能够通过手语方式开展交流。手语这种表达方式，必须经过专门训练的人才能理解和使用，办案民警往往不具备这方面的专业技能，为此，需要请通晓手语的人为办案民警与被询问聋哑人之间的沟通交流提供语言帮助。此外，部分聋哑人识字，还可以选择通过文字交流表达想法，也可以请能与聋哑人正常进行文字交流的人提供帮助。提供帮助的核心是促进沟通，帮助被询问人正确表达自己的想法。为聋哑的被询问人提供帮助，是调查人员的法定义务，也是聋哑人的权利。提供帮助的人员应当如实为双方进行有效沟通，保证准确表达询问人和被询问人的意思。为相关人员提供交流帮助对各方都是有利的，这对于违反治安管理行为人来说，陈述和辩解是其合法权利；对于被侵害人来说，有利于维护其合法权益；对于证人来说，有利于其表达所见事实；对于调查人员来说，有利于其听取各方意见，查明案情。如果在询问聋哑人时没有为其提供手语等交流方式的帮助，询问所获得陈述等言辞证据不能作为定案的根据。

为聋哑人提供帮助的规定体现了保障被询问人依法享有的公民权利和公民在法律上一律平等的原则。公安人员在询问的时候，应当遵守这些规定，首先查明被询问人聋哑的情况，指定或者聘请通晓手语等交流方式的人等为聋哑人提供帮助，做好聋哑人的询问工作。同时，对聋哑人进行询问，并为其提供帮助的情况，应当在笔录中注明，以备核实。注明的内容包括被询问的违反治安管理行为人、被侵害人或者其他证人的聋哑情况，帮助人员的姓名、工作单位和职业等基本情况。

第二款是关于为不通晓当地通用语言文字的人配备翻译人员的规定。

本条规定的不通晓当地通用语言文字的人可分为两种情况，一是相关人员为我国公民，且不通晓办案所在地的通用语言文字。二是相关人员为外国人，不通晓当地使用的语言文字。第一种情况，一般发生在相关人员为少数民族，或者办案地方为民族自治地方的情况。第二种情况，则是随着对外开放和国际化的发展，涉及外国人的治安管理处罚案件的情况。为了解决语言障碍对询问的影响，不仅本法，我国《刑事诉讼法》《民事诉讼法》等均有相关规定，人民法院、人民检察院和公安机关对于不通晓当地通用的语言文字的诉讼参与人，应当为他们翻译。本条规定为不通晓当地语言文字的违反治安管理行为人、被侵害人或者其他证人配备翻译人员，既是对其合法权利的保障，也有利于全面查明案情，正确处理案件，更好地进行法治宣传教育，增强法治观念。

关于"通用的语言文字"，根据我国《宪法》《通用语言文字法》《民族区域自治法》的规定，国家通用语言文字是普通话和规范汉字。同时，我国是统一的多民族国家，不少民族都有本民族的语言文字。国家在少数民族聚居的地方实行民族区域自治制度。在民族自治地方，国家通用语言文字的法律地位为《宪法》、法律所确认。另外，根据《宪法》、法律的规定，民族自治地方的自治机关在执行职务的时候，依照本民族自治地方自治条例的规定，使用当时通用的一种或者几种语言文字。这样，在民族自治地方，当地国家机关，包括权力机关、行政机关、司法机关及其工作人员，在行使权力和履行职责时，除应当依法使用国家通用语言文字外，还可能有使用当地通用语言文字的情况。这种情况下，如果相关人员不通晓当地语言文字，就需要配备翻译人员。所谓通晓，是指可以较为熟练地对询问所使用的语言文字进行听说和翻译，正确理解询问人和被询问人的提问及回答。对于外国人，即使询问人通晓其使用的语言，或者外国人通晓当地通用的语言文字的，也应当根据其意愿为其提供翻译。

在询问中，应当对被询问人是否通晓当地通用语言文字的情况进行调查。对于上述情况，应当连同翻译人员的姓名、工作单位和职业等基本情况，一同记入询问笔录。翻译人员应当如实进行翻译，保证准确表达询问人和被询问人的意思。根据《公安机关办理行政案件程序规定》，询问结束，翻译人员应当在笔录上签字。

● 实践中需要注意的问题

在该条的理解适用中，需要注意以下几个方面的问题：

第一，当前我国专业的手语人才和通晓当地通用语言文字的翻译人才还比较缺乏，实践中，聘请通晓手语交流方式的人员和通晓当地通用语言文字的翻译人员时，还需注重鉴别，从有经验的、有相关资质的、口碑好的人员中挑选，如从当地的语言学校中选择等，以保证提供语言帮助和翻译的质量，保障聋哑人和不通晓当地通用语言文字人员的合法权益。

第二，对于外国人，应当格外注重核实其是否通晓当地通用的语言文字。有的外国人在当地工作生活，可能日常会话和工作相关的用语使用比较顺畅，但对违反治安管理行为相关的场景用语并不一定熟悉。若是少数民族语言通用的地方，情况则更为复杂。外国人自称通晓当地通用的语言文字的，也需注意核实，并根据其意愿为其提供翻译。

● 相关规定

《中华人民共和国宪法》第四条第四款、第一百二十一条、第一百三十九条；《中华人民共和国刑事诉讼法》第九条、第六十二条、第一百二十一条；《中华人民共和国民事诉讼法》第七十五条；《中华人民共和国国家通用语言文字法》第三条、第四条；《中华人民共和国民族区域自治法》第四十七条；《中华人民共和国无障碍环境建设法》第二十九条

第一百零二条 为了查明案件事实，确定违反治安管理行为人、被侵害人的某些特征、伤害情况或者生理状态，需要对其人身进行检查，提取或者采集肖像、指纹信息和血液、尿液等生物样本的，经公安机关办案部门负责人批准后进行。对已经提取、采集的信息或者样本，不得重复提取、采集。提取或者采集被侵害人的信息或者样本，应当征得被侵害人或者其监护人同意。

● 条文主旨

本条是关于对违反治安管理行为人、被侵害人进行人身检查，提取或者采集肖像、指纹信息和血液、尿液等生物样本的规定。

● 立法背景

（一）立法背景及修改情况

本条是 2025 年新增加的内容。增加本条规定，主要是针对公安机关办理治安案件，查明案件事实过程中，有时需要对相关人员身体进行检查，以及需要提取相关生物信息、样本的实际情况，对相关调查行为作出明确规定，以规范和保障执法行为。本条规定的人身检查是一种重要的身体查验调查措施，对于发现案件线索，及时提取与案件有关的证据具有重要价值。在进行人身检查过程中，提取或者采集肖像、指纹信息和血液、尿液等生物样本，经化验、鉴定，可以确定行为人的某些特征、伤害情况等，并作为证据使用，有利于治安案件查办。这种措施是公安机关开展治安案件调查经常使用的措施手段。同时，考虑到提取、采集上述生物识别信息和样本，涉及公民的身体权利、隐私和敏感个人信息，必须严格规范，防止侵犯公民合法权利。为此，本条对其适用进行了严格限制。一是，可提取或者采集的范围仅限于为了查明案件事实，确需通过这种方式确定违反治安管理行为人、被侵害人的某些特征、伤害情况或者生理状态。除此之外，不得随意提取或者采集。二是，程序上得经公安机关办案部门负责人批准。三是，不得重复提取、采集，且提取或者采集被侵害人的信息或者样本，应当征得被侵害人或者其监护人同意。

（二）有关国家和地区的规定

国外对生物识别信息的强制采样进行了较为明确的分类，从适用对象、条件和采样范围等方面进行了详细的区别规定。

1. 美国华盛顿州《生物识别隐私法》对生物识别标识的收集作出规定，

要求需要事前告知并取得个人的同意，且需要建立防止生物识别标识被用于商业目的之机制，除非基于联邦或州法规、法院命令的明确要求等。总的来说，美国强制采样主要规定在《联邦宪法》第四修正案和联邦法院的判例中，将强制采样置于搜查和扣押的章节进行研究，对公民采取强制采样应受到人身搜查和扣押的规定限制。美国对人身进行搜查应遵循令状原则，将"相当理由"作为搜查、扣押令下发的依据，由法官签发令状，同时也规定了例外情形，在具备相当的理由认为有证据存在、因情况紧急而来不及申请令状且适用了合理的方法时，可进行无令状的人身搜查。为了维持公共利益和个人权利平衡，警方的采样应尽量以被采样人的同意为前提，在确实需要强制进行的情况下，尽量使用侵害性较小的方法。

2. 英国《1984年警察与刑事证据法》第六十一条至第六十五条规定了指纹、隐私性样品、非隐私性样品、指纹与样品的损毁及补充规定的强制采样。《1994年刑事审判与公共秩序法》第五十四条至第五十九条对此进行了修正。英国将强制采样作为一种独立的专门的侦查手段予以规制，侦查中搜集到的客观信息符合"合理依据"足以构成特定罪名，可以启动强制采样。另外对采集样本之前应当履行的告知义务，对采样人员的资格条件以及样本的使用、保存和销毁等均作了具体规定。英国将采样分为指纹的采集、非隐私性样品的采集和隐私性样品的采集并进行区别规定。对样品的采集，除非法律另有规定，均应取得被采集人同意方可进行。对非隐私性样品的采集，对被羁押或被监禁的人员的采样需要取得警司以上的警官授权。对隐私性样品的采集，必须是警司以上级别的警官授权提取，同时受到罪名的限制。

3. 德国的强制采样遵循令状原则，由法官签发令状。根据采样对象的不同，将强制采样分为对被追诉人和对第三人的强制采样。对被追诉人进行强制采样，目的是确定对程序具有重要性的事实，而对于犯罪嫌疑人以外的第三人，只有他们可能充当证人，在"查明事实真相必不可少的条件下"才允许进行检查。同时对强制采样必须遵循比例原则作了明确规定，实施强制采样不得给被采样人的身体健康带来严重损害。

4. 日本对强制采样的令状原则进行了较为详尽的说明，追诉机关不需要令状也可以对指纹进行强制采集；对血液、吞咽物等样本的采集，需要身体检查令状和鉴定措施许可证的双重许可。另外规定，强制采样应当根据案件的严重性、存在的犯罪嫌疑、证据的重要性及取证的必要性、不存在可以替代的手段等进行判断，对侦查犯罪属于不得已的情况时，强制采样应作为最终手段。同时，对犯罪嫌疑人身体安全及其人格应当给予充分保护。

德国和日本将强制采样规定在《刑事诉讼法》的鉴定章节，认为强制采样独立于搜查和扣押，是为鉴定做准备的人身检查行为，启动强制采样程序需要符合"实质上的必要性"要求。

● 条文释义

本条主要包含以下三个方面的内容：

一是，为了查明案件情况，确定违反治安管理行为人、被侵害人的某些特征、伤害情况或者生理状态，需要对其人身进行检查，提取或者采集肖像、指纹信息和血液、尿液等生物样本的，经批准后可以进行。

人身检查是一种重要的身体查验调查措施，对于发现案件线索，及时提取与案件有关的证据具有重要意义。但人身检查，特别是有的检查措施带有对人的身体的侵入性，有的情况下检查需要带有一定强制性，这就涉及公民人身自由权、健康权、隐私权等权利。因此，公安机关调查人员行使这项权力，必须经过法律授权，严格依照法定程序进行，文明执法，规范执法，在履行职责的同时，充分尊重和保障当事人的人格尊严等各项权利。

本条规定的人身检查的目的是确定违反治安管理行为人、被侵害人的某些特征、伤害情况或者生理状态，以查明案件事实。"某些特征"主要是指违反治安管理行为人、被侵害人的与案件事实相关的身体特征，如相貌、肤色、特殊体征或痕迹、肌体有无缺损等；"伤害情况"主要是指伤害的位置、程度、伤势形态等，实践中，检查人身伤害情况多是针对被害人进行的，但也不排除互有伤害情况下，双方当事人都有"创伤"；"生理状态"主要是指有无生理缺陷，如智力发育情况、各种生理机能、意识状态、是否醉酒、是否吸毒等。通过人身检查，确定以上问题，有利于查明相关行为人、案件性质、违法手段和方法、违法工具、危害后果及案件其他相关情节，这对于确定违反治安管理行为人、认定违法事实等，具有重要意义。

根据本条规定，在人身检查过程中，需要时可提取或者采集相关人员的肖像、指纹信息和血液、尿液等生物样本。肖像、指纹可以用于识别和确定特定人，是重要的人体生物识别信息；生物样本包括血液、尿液、脱落细胞、唾液、毛发、DNA等，和肖像、指纹一样，生物样本经化验、鉴定，可以确定行为人的某些特征或者生理状态，可以与其他证据相互印证，形成证据链。本条关于生物样本只列举了血液、尿液，实践中，常见的还有唾液、毛发等其他生物样本。采集这些信息和生物样本，是公安机关开展治安案件调查经常使用的措施手段。

由于提取、采集上述生物识别信息和样本，涉及公民权利，为防止侵犯公民合法权利的情况发生，有关人员必须严格遵守相关法律规定。第一，程序上得经公安机关办案部门负责人批准。"公安机关办案部门负责人"是指在公安机关中，具体负责办理该违反治安管理案件的部门的负责人。只有经过该办案部门负责人的批准，才能进行上述提取、采集工作。第二，执行主体只能是办案人员，而不能是其他人员。第三，可提取或者采集的范围仅限于为了查明案件事实，确定违反治安管理行为人、被侵害人的某些特征、伤害情况或者生理状态的需要。除此之外，不得随意提取或者采集。采集的标本应当妥善管理，按照规定使用和处理。

二是，对已经提取、采集的信息或者样本，不得重复提取、采集。

一方面，信息或者样本提取、采集应当严格按照操作规程进行，以保障办案需要，避免因提取、采集的不规范等而再次提取、采集。另一方面，有的治安案件可能因管辖等多方面原因先后经多个派出所、办案部门处理，已经提取、采集有关信息或者样本，程序合法，提取、采集操作规范，信息、样本可信赖的，也不得重复提取、采集。对已经提取、采集的信息或者样本，不得重复提取、采集，有利于保护违反治安管理行为人、被害人的权利，也有利于公安机关节约资源成本，符合办案经济的实际需要。

三是，提取或者采集被侵害人的信息或者生物样本，应当征得被侵害人或者其监护人同意。

在案件的调查过程中，需要提取或者采集被侵害人信息或者生物样本的，经法定程序，可以提取、采集。考虑到被侵害人本身是案件中的受害者，而非违反治安管理行为人，对其的人身检查不宜强制进行，并应当注意避免其因为案件的调查而再受到生理或心理伤害。因此，本条规定，提取或者采集被害人的生物信息或样本，应当征得被侵害人或者其监护人同意，即不得使用强制手段。如果被害人不愿检查，公安机关调查人员应当耐心地做好解释和说明工作，使其充分了解相关检查对于查明案件事实、公正处理案件、依法维护其合法权益的必要性，了解相关检查措施的手法、对身体的影响等，使其打消顾虑，积极配合检查工作。另外，必要的时候，也可以请其家属配合，一同做好被侵害人的思想工作。

实践中需要注意的问题

在该条的理解适用中，需要注意以下几个方面的问题：

第一，根据本条规定，公安机关办理治安管理处罚案件，并不是所有的治安案件都需要进行人身检查，提取或者采集肖像、指纹和血液、尿液等生物识别信息、样本，应当区分不同情况和实际需要，只有确有需要时才能提取或者采集。如对醉酒、吸毒等特定人员，需要进行血液、尿液、毛发等样本采集，以确定行为人是否饮酒或者吸食、注射毒品等。

第二，从程序上来讲，需经公安机关办案部门负责人批准，才可以进行人身检查，提取或者采集生物信息或样本。在治安管理处罚法修订草案审议的过程中，曾有意见提出，提取生物样本事关公民人身权利，为规范执法，应进一步严格审批程序，提高审批层级为公安机关负责人批准。应该说这一意见对于保障公民权利，规范执法行为具有重要积极意义。最终立法机关考虑到治安案件数量巨大，基层公安机关案件负担重，在严格限定条件、对象等前提下，规定由办案部门负责人批准，也能够做到规范执法，并符合公安工作的实际情况。因此，实践中，公安机关办案部门负责人、办案民警应当充分认识到提取、采集案件相关人员的生物信息、样本的调查行为，涉及公民权利，具有相当的敏感性，工作中要严格规范执法，严格按照法律规定进行提取、采集生物信息或样本的工作。

第三，对公安机关提取或者采集的生物信息或样本的运用、保存、处理等应当严格依照有关规定进行。

根据《个人信息保护法》的规定，肖像、指纹、血液、尿液等生物识别信息是敏感个人信息，只有在具有特定的目的和充分的必要性，并采取严格保护措施的情形下，个人信息处理者方可处理。高度敏感性的生物识别信息的汇集本身存在重大风险，一旦泄露，将严重危害公民个人信息安全或危害国家安全。对个人生物识别信息的提取、运用等也应严格依照法律规范进行。根据本法第一百三十九条的规定，将在办理治安案件过程中获得的个人信息，依法提取、采集的相关信息、样本用于与治安管理、查处犯罪无关的用途，或者出售、提供给其他单位或者个人的，将依法给予处分；构成犯罪的，依法追究刑事责任。

相关规定

《中华人民共和国刑事诉讼法》第一百三十二条；《中华人民共和国反恐怖主义法》第五十条；《中华人民共和国个人信息保护法》第二十八条、第二十

九条;《公安机关办理刑事案件程序规定》第二百一十三条;《公安机关办理行政案件程序规定》第八十三条

第一百零三条 公安机关对与违反治安管理行为有关的场所或者违反治安管理行为人的人身、物品可以进行检查。检查时,人民警察不得少于二人,并应当出示人民警察证。

对场所进行检查的,经县级以上人民政府公安机关负责人批准,使用检查证检查;对确有必要立即进行检查的,人民警察经出示人民警察证,可以当场检查,并应当全程同步录音录像。检查公民住所应当出示县级以上人民政府公安机关开具的检查证。

检查妇女的身体,应当由女性工作人员或者医师进行。

● 条文主旨

本条是关于公安机关进行检查应当遵守的要求和程序的规定。

● 立法背景

1. 本条是 2005 年《治安管理处罚法》的规定。第八十七条规定:"公安机关对与违反治安管理行为有关的场所、物品、人身可以进行检查。检查时,人民警察不得少于二人,并应当出示工作证件和县级以上人民政府公安机关开具的检查证明文件。对确有必要立即进行检查的,人民警察经出示工作证件,可以当场检查,但检查公民住所应当出示县级以上人民政府公安机关开具的检查证明文件。检查妇女的身体,应当由女性工作人员进行。"

公安机关对与违反治安管理行为有关的场所、物品、人身进行检查,是发现案件线索,获得原始证据,顺利、及时、准确查明违反治安管理行为事实,查获违法行为人,作出正确的处罚决定的重要保障。根据本条的规定,公安机关为了查明案件事实,收集案件的证据,可以对与违反治安管理行为有关的场所、物品、人身进行检查。为了保证检查的顺利进行,应当做好必要的准备,比如,现场保护、证据保存、取样、人员通知、技术准备等。另一方面,场所、人身和物品往往涉及最基本的公民权利,比如,财产权、隐私权、人格尊严等,公安机关在检查时应当遵循相应的程序,防止对公民的这些合法权益造成非法侵害。

2. 2025 年修订《治安管理处罚法》,根据实践情况和需要,进一步明确了公安机关对与违反治安管理行为有关的场所或者违反治安管理行为人的人身、物品进行检查的办案程序和要求。

主要作了以下修改：一是，近年来，随着公安机关人民警察法律素养和执法能力的提高，以及科技信息化在公安工作中的广泛运用，为在保证程序公正的前提下完善有关办案程序提供了基础和保障。一方面，考虑到对违反治安管理行为人的人身、物品的检查往往现场性、及时性强，有必要区分对场所的检查和对人身、物品检查的不同情况和需要，将对人身、物品检查的证件要求由原来不加区分，一律出示"工作证件和县级以上人民政府公安机关出具的检查证明文件"修改为出示"人民警察证"，即简化程序，取消了出示检查证的要求。另一方面，根据原有规定，关于对场所进行检查，明确需要出示人民警察证和检查证。同时，考虑到有的案件情况紧迫的实际需要，增加了当场检查的规定。即确有必要立即进行检查时，出示人民警察证。考虑到当场检查是紧急情况下的特殊程序，为防止权力被滥用，出现人民警察随意检查他人场所，导致侵犯他人合法权益的情况，对这种情况下的执法规范性作出严格要求，同时规定当场检查应当全程同步录音录像，以严格实践中当场检查的程序。二是，将可以检查人身、物品的人员范围由"与违反治安管理行为有关的"修改为"违反治安管理行为人的"，这主要是为了防止检查他人人身、物品的范围过于宽泛，导致侵犯他人合法权益事件发生。三是，根据实践情况和需要，将检查妇女身体的主体，由"女性工作人员"修改为"女性工作人员或者医师"，增加了医师可以作为检查妇女身体的主体。

● **条文释义**

本条共分三款。第一款是关于检查的具体范围、主体、证件要求的规定。

第一，关于检查的具体范围。根据本规定，公安机关可以对与违法治安管理行为有关的场所或者违反治安管理行为人的人身、物品进行检查。与违反治安管理行为有关的"场所"，主要是指违反治安管理行为发生现场及其他可能留有相关痕迹、物品等证据的地方。违反治安管理行为人的"人身、物品"，主要是指违反治安管理行为本人及其携带的物品、工具、现场遗留物等。检查不能突破必要的范围，对无关的场所等不能进行检查。因此，在进行检查之前，为了保证检查工作的顺利进行，检查人员应当熟悉已有的案件材料，明确检查的场所等范围，严格按照法律的规定进行检查。

第二，进行检查是公安机关的职权。"可以进行检查"是指公安机关根据违反治安管理行为的情况和调查处理案件的需要,认为进行检查对查明违反治安管理行为、正确处理治安案件是有必要的,有权决定进行检查。违反治安管理行为人以及与被检查事项有关的人员有义务配合公安机关的检查。违反治安管理行为人拒绝接受检查甚至阻挠公安机关进行检查的,公安机关可以根据《治安管理处罚法》第六十一条的规定,视情况给予相应的治安管理处罚;情节严重的,根据《刑法》的相关规定定罪处罚。

第三,检查时人民警察不得少于二人。《行政处罚法》第四十二条规定,行政处罚应当由具有行政执法资格的执法人员实施。执法人员不得少于两人,法律另有规定的除外。本法进一步规定,对与违反治安管理行为有关的场所、物品、人身进行检查时,人民警察不得少于二人。根据上述规定,人民警察单独进行的检查是违反法律规定的。这样规定,便于人民警察互相监督,有利于规范人民警察依法开展检查工作,防止人民警察在检查中出现非法检查、侵犯公民和法人合法权益的行为;同时,要求不少于二人,也是对办案人民警察的保护,有利于防止一人执法造成现场情况无法说明,甚至被诬陷、贿赂等行为的发生。

第二款是关于对场所进行检查的有关程序和证件的要求。

第一,对场所进行检查,应当经县级以上人民政府公安机关负责人批准,使用检查证检查。《行政处罚法》第五十五条规定,执法人员在调查或者进行检查时,应当主动向当事人或者有关人员出示执法证件。当事人或者有关人员有权要求执法人员出示执法证件。执法人员不出示执法证件的,当事人或者有关人员有权拒绝接受调查或者检查。根据规定,人民警察应当向被检查人和见证人出示证件,用于证明检查人员的身份,确认执法资格。如果拒绝出示证件,则被检查人有权根据本法的规定拒绝接受检查。因为检查涉及公民、法人或者其他组织的财产、隐私等重要权利,应当慎重,除人民警察证外,人民警察还应当出示检查证。这样可以防止警察随意对场所进行检查。公安机关开具的检查证,是指专门用来证明检查经过合法批准的文件。检查证应当载明检查的事由、检查的对象和范围、检查人员、检查的时间等内容,具体格式由公安机关制定。只有同时出示人民警察证和检查证,才能对场所进行检查,否则,被检查人可以拒绝检查。

第二,对确有必要立即进行检查的,人民警察经出示人民警察证后,可以当场检查。在特殊情况下,例如,人民警察在治安巡逻时发现违反治安管理行为,需要当场对有关场所进行检查的,如果要求人民警察先返回机关开具检证，则可能会贻误时机，导致无法查明案件事实。所谓"确有必要"，一般是指情况紧急，不立即采取措施，危害后果可能发生，证据可能毁损灭失，现场可能遭到破坏，人员可能逃离等，从而确为办案所必需。比如，违反治安管理行为人随身携带或者在他处储存有爆炸物等危险物品，需要及时查找并排除险情；违反治安管理行为人有可能毁弃、转移证据等对抗案件调查，不立即检查可能丧失获取证据时机等。当场进行检查，主要是指在发现或者接到报案到达现场后直接进行的检查。如果已经离开现场回到公安机关后重返检查场所，就必须开具检查证，然后前往相关场所进行检查。

根据规定，当场检查的，应当全程同步录音录像。这主要是为了保证检查工作的合法性，避免检查权力被滥用，出现人民警察随意检查他人场所，导致侵犯他人合法权益的情况发生。进行全程同步录音录像，也有利于记录对场所进行检查的情况，固定和保存证据，作为检查工作合法性的证明。

第三，根据规定，无论在何种情况下对公民住所进行检查，都必须出示公安机关开具的检查证。因为住所是涉及人的财产、隐私、人格尊严等多种权利的重要场所，随意进行检查可能对这些权利造成不可弥补的损失。依照各国的惯例，对住所的检查一般应当履行严格的程序。因此，要检查他人的住所，必须出示公安机关的检查证，否则不得进行检查。

第三款是关于对妇女的身体进行检查的特殊规定。检查妇女的身体，应当由女性工作人员或者医师进行。女性工作人员，是指女性人民警察；医师，是指接受公安机关委托或者指定进行检查的工作人员，一般也应当为女性。另外，根据本法第一百零四条的规定，检查时需要有见证人在场，见证人一般也应当是女性，男性以及与检查无关的人员不得在场。这一规定体现了对妇女权益的特殊保护。其意义主要有两点：一是在对妇女人身进行检查过程中，难免出现身体接触、隐私部位查看等情况，由男性进行不妥当，这也是维护被侵害妇女或者违反治安管理行为妇女的人身权利和人格尊严的需要；二是有利于防止不必要的误解，防止被检查人诬告陷害检查人员，保证检查的顺利进行。

实践中需要注意的问题

在该条的理解适用中，需要注意以下几个方面的问题：

第一，规定检查时人民警察不得少于二人，并不排除其他人参与检查活动。根据本法第一百零四条的规定，检查的情况应当制作检查笔录，由人民警察、被检查人和见证人签名、盖章或者按指印。可见，除人民警察不得少于两名以外，在检查的时候，人民警察可以要求被检查人或者他的家属在场，并且邀请其邻居或者其他与治安管理案件或者检查事项没有利害关系的人作为见证人参加。有被检查人或者其亲属在场，可以及时说明检查过程中出现的情况，如果对人民警察的检查有异议，也可以当场提出，有利于保护被检查人的合法权益。见证人因为和案件没有利害关系，可以客观地监督和评价检查情况，有其在场，有利于证实检查情况，增强检查所取得证据的真实性和可靠性，也有利于监督检查人员严格依法进行检查，防止公安机关及其人民警察在检查中发生违反法律和纪律的行为，也可以防止被检查人诬陷检查人员违法，保证检查活动的顺利进行。

公安机关在进行检查的时候，除了两名以上人民警察之外，如果有必要，还可以指派或者聘请具有专门知识的人协助检查，这些人员，应当在人民警察的指挥下开展检查工作。具有专门知识的人，既可以是人民警察，也可以是公安机关指派或者聘请的人。有些违反治安管理行为较为复杂，如利用现代科学技术手段实施的违反治安管理行为，或者涉及专门性问题，使用常规的检查方法往往难以得出正确结论，必须采用科学的方法和专门技术，运用专门知识，才能查明案件真实情况，需要有专门知识的人在场协助。

第二，检查证应当经县级以上人民政府公安机关负责人批准。在治安管理处罚法修订草案审议过程中，有意见提出，治安案件检查措施的时限性要求较强，为适应执法实践需要，提高执法效率，建议将场所检查的审批权下调为办案部门负责人。考虑到对场所进行检查，涉及公民、法人或者其他组织的财产、隐私等重要权利，应当更加慎重，没有采纳这一意见，保留了原应当经县级以上人民政府公安机关负责人批准的程序要求。

● **相关规定**

《中华人民共和国行政处罚法》第四十二条、第五十五条第一款；《中华人民共和国刑事诉讼法》第一百二十三条第一款、第一百二十八条、第一百三十条、第一百三十二条第三款；《公安机关办理行政案件程序规定》第七章第四节

第一百零四条 检查的情况应当制作检查笔录，由检查人、被检查人和见证人签名、盖章或者按指印；被检查人不在场或者被检查人、见证人拒绝签名的，人民警察应当在笔录上注明。

条文主旨

本条是关于检查笔录制作的规定。

立法背景

1. 本条是 2005 年《治安管理处罚法》的规定。第八十八条规定:"检查的情况应当制作检查笔录,由检查人、被检查人和见证人签名或者盖章;被检查人拒绝签名的,人民警察应当在笔录上注明。"

检查笔录一方面可以规范、约束人民警察的检查活动,确保人民警察的检查工作合法规范进行;另一方面可以作为取证合法的佐证,也可以直接作为治安管理处罚的证据。检查笔录签名或盖章,既是证据发生法律效力的必经程序,同时,也可以加强对检查活动的监督,防止伪造检查结果,以保证正确处理案件。因此,本条对检查笔录作了规定,并明确检查笔录由检查人、被检查人和见证人签名或者盖章。另外,在实践中,有时会出现被检查人因种种原因拒绝签名或者盖章的情形,检查笔录难以都做到被检查人按规定签名、盖章、按指印的要求。为此,本条中对被检查人拒绝签名或者盖章的情况下应当如何处理,专门作了规定。

2. 2025 年修订《治安管理处罚法》,对本条作了以下修改:一是补充规定检查笔录可由检查人、被检查人和见证人按指印。这主要是考虑实践中存在有的检查人、被检查人、见证人不会签名,没有印章,需要通过按指印的方式替代的情况。检查笔录用以客观记述检查活动,防止伪造检查结果,以保证正确处理案件。检查笔录签名后才发生法律效力,没有签名、盖章或者按指印的检查笔录,不具有证明作用。二是将人民警察应当在笔录上注明的情形由"被检查人拒绝签名"修改为"被检查人不在场或者被检查人、见证人拒绝签名",根据实践情况补充规定了被检查人不在场、见证人拒绝签名两种情形。在实践中,并不是每个案件都具备被检查人在检查笔录上签名、盖章或者按指印的条件,有的被检查人已经潜逃,无法通知到场,自然也无法在检查笔录上签名、盖章或者按指印,有的被检查人经通知后因各种原因未到场。本条对这种情况下如何制作检查笔录作出明确规定。另外,实践中也存在见证人拒绝签名的情况,见证人虽见证了检查的全程,可能因不认可检查事项、笔录记述或怕承担责任等事由拒绝签名。对于这类情况,人民警察就可以在笔录上注明见证人拒绝签名、盖章或者按指印的情况。这种情况下,不影响检查笔录的效力。

● 条文释义

检查笔录是公安机关及其人民警察在进行场所、物品、人身检查过程中制作的，用以记载检查过程、结果以及相关程序和实体事项的文书。对于办理治安案件中的检查是否需要制作检查笔录以及如何制作检查笔录，本法作了明确规定。本条主要包括以下三个方面的内容：

一是，对于检查的情况，公安机关应当制作检查笔录。

在查处治安案件的过程中，人民警察为了迅速查明案情，正确进行处罚，可以对与违反治安管理行为有关的场所，违反治安管理行为人的人身、物品进行检查。检查的情况直接关系证据的取得是否合法，证据材料是否真实可靠，进一步的调查方案如何确定以及处罚决定如何作出等问题。如果在检查中出现警察违法的现象，不仅可能影响检查的准确性，还可能对公安机关和人民警察的威信造成不良影响。通过检查笔录记载检查事项以及检查的进行情况，可以规范警察的检查活动，固定和保存检查获得的相关证据，将警察主观检查获得的信息，通过固定的载体和形式记录下来，变为客观的证据形式，为作出治安管理处罚提供稳定的依据，便于人民警察、当事人进行查对，也便于在可能的行政复议或者行政诉讼中作为证据使用。

人民警察应当按照规定的格式如实制作检查笔录。一般来说，检查笔录应当包括以下内容：（1）检查的事由、范围、时间、地点、检查人员、其他参加人员的在场情况。比如，被检查人、见证人是否在场，以及他们的姓名、年龄、性别、住址、工作单位等基本信息。（2）检查的过程和结果。比如，检查方法、检查事项或者检查范围内的基本情况，现场物品、痕迹等的清单，发现的证据、提取和扣押证据的名称、数量、特征以及其他线索，以留存备查和分析案情。在制作检查笔录时，如果有多个检查事项或者检查获得多项结果的，可以针对各个检查项目，逐项写明检查的要求、过程和结果。如果在检查的时候，被检查人或者其他见证人对检查提出意见或者看法，或者对某些事项作出说明的，也应当记录在检查笔录中。（3）附录。在必要的时候，检查笔录中还可以包括其他对检查情况具有意义的说明事项，比如，现场的方位和基本情况图、照片等。检查笔录的制作应当格式准确，内容翔实、可靠。此外，针对不同的检查对象包括场所、物品、人身制作检查笔录时，需要记录的具体项目和重点会存在一些差异，应当根据具体案件的情况予以把握。

二是，检查笔录应当由检查人、被检查人和见证人签名、盖章或者按指印。

签名、盖章或者按指印是检查笔录发生法律效力的要件之一。在检查笔录制作完成以后，应当交由被检查人和见证人阅读，如果被检查人或者见证人不识字的，应当读给他们听，对其中存在的疏漏、错误等进行补正，并在补正的地方盖章或者按手印，表明该处已经被修改。如果对检查笔录没有异议，上述人员应当在笔录的末页签名、盖章或者按指印，证明笔录的记载属实。

签名、盖章或者按指印有四个方面的意义：一是固定检查获得的信息，已经制作的检查笔录，只有经过检查人、被检查人和见证人签名、盖章或者按指印才是发生法律效力的证据。而且，经过上述人员签名、盖章或者按指印，检查笔录上的内容就被固定，可以防止有关人员伪造或者篡改检查笔录。二是签名、盖章或者按指印可以表明笔录的出处、来源，在以后查处治安案件的时候，如果需要进行询问，可以及时核查。如果在行政复议或者行政诉讼中对检查过程和检查事项以及结论产生争议，可以通知相关人员作证。三是有利于加强检查人员的责任心，获得科学、准确的检查结果，保证正确处理案件。人民警察等开展检查工作，应当对检查程序合法以及结论正确负责，在检查笔录上签名、盖章或者按指印，可以表明其对检查结果负责的态度。四是见证人一般是指与被检查人、被检查事项以及案件的结果没有利害关系的人，包括被检查人的邻居、同事、所在单位、村委会或者居委会的工作人员等，在现场见证检查，可以发挥监督作用，督促检查人员认真、负责、依法开展检查工作。

三是，如果被检查人不在场或者被检查人、见证人拒绝签名的，人民警察应当在笔录上注明。

在实践中，并不是每个被检查人都能在检查笔录上签名、盖章或者按指印。有的被检查人已经潜逃，无法通知到场，自然也无法在检查笔录上签名、盖章或者按指印，有的被检查人经通知后因各种原因不到场，有的被检查人不同意对自己的场所、物品或者人身进行检查，或者不认可检查的结果，从而拒绝在检查笔录上签名、盖章或者按指印。同样地，也存在见证人拒绝签名的情况，见证人虽见证了检查的全程，也可能因不认可检查事项等事由拒绝签名。对于这类情况，人民警察就可以在笔录上注明被检查人、见证人拒绝签名、盖章或者按指印的情况。这种情况，不影响检查笔录的效力。

▋ 实践中需要注意的问题

在该条的理解适用中，需要注意以下几个方面的问题：

第一，实践中，见证人不一定容易找到，但公安机关在对场所、物品、人身开展检查时，见证人在场并签名是法律规定的必备条件。根据本条规定，检查工作必须要有见证人在场，这是发挥社会的监督作用，督促检查人员认真、负责、依法进行检查的客观需要。

第二，本条虽然规定在被检查人不在场或者被检查人、见证人拒绝签名的情况下，人民警察在笔录中注明，以替代签名。但这是一种特殊和例外情况。原则上，还是应当尽量让检查人、被检查人和见证人签名、盖章或者按指印。此外，《公安机关办理行政案件程序规定》第八十六条规定，检查时的全程录音录像可以替代书面检查笔录，但应当对视听资料的关键内容和相应时间段等作文字说明。

◐ 相关规定

《中华人民共和国刑事诉讼法》第一百三十三条；《中华人民共和国人民调解法》第二十九条第二款；《中华人民共和国民法典》第四百九十条第一款；《公安机关办理行政案件程序规定》第八十五条、第八十六条

第一百零五条 公安机关办理治安案件，对与案件有关的需要作为证据的物品，可以扣押；对被侵害人或者善意第三人合法占有的财产，不得扣押，应当予以登记，但是对其中与案件有关的必须鉴定的物品，可以扣押，鉴定后应当立即解除。对与案件无关的物品，不得扣押。

对扣押的物品，应当会同在场见证人和被扣押物品持有人查点清楚，当场开列清单一式二份，由调查人员、见证人和持有人签名或者盖章，一份交给持有人，另一份附卷备查。

实施扣押前应当报经公安机关负责人批准；因情况紧急或者物品价值不大，当场实施扣押的，人民警察应当及时向其所属公安机关负责人报告，并补办批准手续。公安机关负责人认为不应当扣押的，应当立即解除。当场实施扣押的，应当全程同步录音录像。

对扣押的物品，应当妥善保管，不得挪作他用；对不宜长期保存的物品，按照有关规定处理。经查明与案件无关或者经核实属于被侵害人或者他人合法财产的，应当登记后立即退还；满六个月无人对该财产主张权利或者无法查清权利人的，应当公开拍卖或者按照国家有关规定处理，所得款项上缴国库。

条文主旨

本条是关于公安机关在办理治安案件时扣押物品的范围、程序、保管及处理的规定。

立法背景

1. 本条是 2005 年《治安管理处罚法》的规定。第八十九条规定："公安机关办理治安案件，对与案件有关的需要作为证据的物品，可以扣押；对被侵害人或者善意第三人合法占有的财产，不得扣押，应当予以登记。对与案件无关的物品，不得扣押。对扣押的物品，应当会同在场见证人和被扣押物品持有人查点清楚，当场开列清单一式二份，由调查人员、见证人和持有人签名或者盖章，一份交给持有人，另一份附卷备查。对扣押的物品，应当妥善保管，不得挪作他用；对不宜长期保存的物品，按照有关规定处理。经查明与案件无关的，应当及时退还；经核实属于他人合法财产的，应当登记后立即退还；满六个月无人对该财产主张权利或者无法查清权利人的，应当公开拍卖或者按照国家有关规定处理，所得款项上缴国库。"

治安处罚与刑罚相比严厉程度较轻，但与其他行政处罚相比，又具有特殊严厉性，其不仅涉及对公民或者单位的财产罚，如治安案件中的罚款涉及公民、单位的财产权，而且严重者还可能涉及对公民的行政拘留，即剥夺公民的人身自由，而吊销公安机关发放的许可证则涉及有关单位的经营资格。因此，公安机关办理治安案件，必须重视证据的收集，只有证据确实充分的，才可以作出治安处罚的决定。本法对公安机关收集证据提出了严格的要求，相应地，也必须赋予公安机关一定的收集证据的手段，扣押就属于公安机关办理治安案件时的重要调查手段。在赋予公安机关扣押权力的同时，也需要对扣押措施进行规范，本条对公安机关办理治安案件时扣押物品的范围、程序、保管及处理作了明确规定。

2. 2025 年修订《治安管理处罚法》，根据执法实践情况和需要，补充完善了公安机关扣押物品程序要求方面的规定。一是进一步完善鉴定扣押的要求，明确对被侵害人或者善意第三人合法占有的财产中，与案件有关的必须鉴定的物品，可以扣押，但又规定鉴定后应当立即解除。这是基于对有关物品进行鉴定，以查明案情的实践需要。二是为提高办案效率，解决紧急情况下的扣押问题，参照《行政强制法》的规定，规定了当场扣押的程序。对与案件有关的物品的扣押，一般应当在实施扣押前报公安机关负责人批准，但因情况紧急或者物品价值不大,当场实施扣押的,可以在事后及时报告并补办批准手续。同时又规定,公安机关负责人认为不应当扣押的,应当立即解除;当场实施扣押的,应当全程同步录音录像。三是对应当登记后立即退还的物品范围规定作了调整,将"属于他人合法财产"修改为"属于被侵害人或者他人合法财产",以明确对被侵害人的合法财产,应当登记后立即退还。

● 条文释义

本条共分四款。第一款是关于公安机关办理治安案件扣押物品的范围的规定。

本款主要包括四个方面的内容:第一,扣押的范围是与案件有关的需要作为证据的物品。这里所说的"物品",主要是指由违反治安管理行为人占有的或者在违反治安管理行为发生的场所发现的任何实物,包括赃物、工具、文件等。这些物品,如果与案件有关联,需要在办理治安案件中作为证据使用的,公安机关可以依据本条规定予以扣押。第二,对被侵害人或者善意第三人合法占有的财产,不得扣押,应当予以登记。规定公安机关在办理治安案件时有扣押物品的权力,最主要的目的是保全证据,防止证据被隐匿或者毁损等情况发生。但对于被侵害人或者善意第三人合法占有的财产,一般不存在隐匿、毁损的情况,可以保证在办理治安案件时随时进行查验,没有必要进行扣押,只需予以登记注明即可。扣押物品势必影响物品占有人对物品的使用权等权益,从而也会影响物的使用可能产生的总体社会效益。因此,扣押应在确有必要时进行,对于不扣押并不影响案件办理的,则没有必要一律进行扣押。本款这一规定有利于对被侵害人或者善意第三人合法权益的保护。第三,对被侵害人或者善意第三人合法占有的财产中,与案件有关的必须鉴定的物品,可以扣押。这是本法此次修改总结实践经验和实际需求,专门作出的修改完善。办案实践中,经常涉及需要对相关物品进行鉴定的情况,鉴定一般需要将物品交由具有专门知识的人员进行,也需要花费一定的时间,为此,就需要进行扣押。本次修改,为了适应查明案件的需要,保障有关物品鉴定工作的进行,作了上述规定。第四,对与案件无关的物品,不得扣押。公安机关扣押物品时,不得随意扩大扣押的范围,与案件无关的物品,不需要在办理治安案件中作为证据使用,因此不得扣押。

第二款是关于扣押物品的法律手续的规定。

主要包括以下两个方面的要求:第一,扣押物品应当有见证人在场,以加强监督，并证明扣押情况。第二，调查人员应当会同在场见证人和被扣押物品的持有人对扣押的物品查点清楚，并当场开列清单一式二份。在清单中写明扣押物品的名称、规格、特征、质量、数量，以及物品发现的地点、扣押的时间等，并由调查人员、见证人和持有人签名或者盖章。扣押清单一份交给持有人，另一份附卷备查。当场开列的清单，不得涂改，凡是必须更正的，须有调查人员、持有人和见证人共同签名或者盖章，或者重新开列清单。这样规定，一方面有利于证明作为证据使用的物品的来源，以体现证据的证明力，保证扣押的与案件有关的物品经核实可以作为定案根据使用，另一方面可以防止被扣押物品遗失或者个别调查人员将扣押物品私自截留，也可以防止与被扣押物品人产生争执。

第三款是关于当场扣押的程序规定。

根据本款规定，对与案件有关的需要作为证据使用的物品实施扣押前，应当报经公安机关负责人批准。因此，在一般情况下，实施扣押需要有书面决定。但在一些紧急情况下，为制止紧急事态或违法行为，需要当场实施扣押，直接对当事人的物品采取扣押措施的，来不及履行报告批准程序；对于一些价值不大的物品，当场实施扣押，也有助于提高办案效率。因此，本款对当场扣押作了明确规定。

根据规定，实施当场扣押需要遵守以下几个基本要求：第一，符合法律规定的情形，具备必要性。共两种情形，一是因情况紧急，如果不马上采取扣押措施可能会损害他人利益，不利于案件办理。何谓情况紧急，实践中情况复杂，需要由人民警察根据当场情况和常情常理进行判断。同时，上级公安机关也要加强指导和规范。二是物品价值不大，需要当场实施扣押，这主要是为了提高办案效率。

第二，必须遵循法定程序。一是，在当场实施扣押后，应当及时向其所属公安机关负责人报告，并补办批准手续。这里的"及时"是指在条件允许的范围内尽快履行法定程序。实施当场扣押的，也可以当场报告。此外，根据《行政强制法》第十九条的规定，情况紧急，需要当场实施行政强制措施的，行政执法人员应当在二十四小时内向行政机关负责人报告，并补办批准手续。二是，当场实施扣押的，应当全程同步录音录像。这主要是为了保证扣押工作的合法性，避免权力被滥用。同时，进行全程同步录音录像，也有利于记录当场扣押的有关情况，作为扣押工作合法性的证明。

第三，按照规定进行事后救济。根据规定，对于当场扣押，公安机关负责人认为不应当扣押的，应当立即解除，这是为了尽量减少对当事人的损害。造成损害的，当事人可以按照规定提出赔偿或者补偿请求。

第四款是关于对扣押物品的保管及处理的规定。

关于对扣押物品的保管。依照本条规定，对扣押的物品，应当妥善保管。这里的"妥善保管"，主要是指将扣押的物品放置于安全设施比较完备的地方保管，以备随时核查，防止证据遗失、毁灭或者被偷换。对于扣押的物品，任何人不得挪作他用。扣押物品的目的是作为证据使用，不得将扣押物品用于其他目的。这里所说的"挪作他用"，既包括挪作公用，也包括挪作私用。

关于对扣押物品的处理。主要有以下三种办法：第一，对不宜长期保存的物品，按照有关规定处理。这里所说的"不宜长期保存的物品"，是指易腐烂变质及其他不宜长期保存的物品。对于这类物品，很难妥善保管，时间一长，这些物品就会失去其使用价值，其证明力也难以保证，从而会带来不必要的财产损失，也会给办案带来麻烦。因此，对于不宜长期保存的物品，应当在通过拍照、录像、清点登记等方式加以固定和保全后，依照国家有关规定予以处理。

第二，经查明与案件无关或者经核实属于被侵害人或者他人合法财产的，应当登记后立即退还。首先，经查明与案件无关的，应当登记后及时退还。根据本条第一款的规定，对与案件无关的物品，不得扣押。但在实践中，有时会发生在扣押时以为与案件有关联，但在事后的调查工作中，发现有的物品实际上与案件无关。在这种情况下，公安机关一经查明扣押物品与案件无关，应当尽快将扣押的物品退还给该物品的原持有人。其次，经核实属于被侵害人或者他人合法财产的，应当登记后立即退还。经核实属于被侵害人或者他人合法财产的，主要是指从违反治安管理行为人或者违反治安管理行为发生的场所扣押的物品，有些是属于从被侵害人偷来、骗来或者通过其他非法手段得到的被侵害人的合法财产，有些在扣押时难以查清其所有人或者其他权利人，在扣押后查清其权利人的。虽然这些物品在扣押时不认为是属于被侵害人的合法财产，但根据本条第一款关于"对被侵害人或者善意第三人合法占有的财产，不得扣押，应当予以登记"的规定的精神，这些物品经核实属于他人的，也应当在进行登记后立即退还给他人。

第三，满六个月无人对该财产主张权利或者无法查清权利人的，应当公开拍卖或者按照国家有关规定处理，所得款项上缴国库。对于违反治安管理行为人的违法所得，如果经核实属于被侵害人或者他人合法财产的，应当登记后立即退还。但有些情况下，在一定期限内很难查找到被侵害人，对于这种情况应当如何处理，本条作了明确规定。这一规定所针对的物品范围是"满六个月无人对该财产主张权利或者无法查清权利人的"。这里所说的"主张权利"，包括主张对扣押的物品有所有权或者有其他合法的财产权益，如享有担保权益等。这里所说的"权利人"包括财产所有人，或者其他对该财产享有担保权益或者因合同等对财产享有权利的人，包括自然人和单位。对于扣押的物品，公安机关一方面应当及时向社会公布，让权利人了解到有关情况后，主动来公安机关主张权利，另一方面公安机关也应当积极主动去查找权利人。只有在满六个月后，既没有权利人来主张权利，公安机关也无法查清权利人的，才可以依照本款规定对扣押物品公开拍卖或者按照国家有关规定处理。同时，依照本款规定，不论是进行公开拍卖，还是按照国家有关规定处理，所得的款项都应当上缴国库，公安机关不得截留或者私分。

实践中需要注意的问题

在该条的理解适用中，需要注意以下几个方面的问题：

第一，除本条规定的对扣押物品的处理措施外，对于扣押的作为证据使用的违反治安管理行为人使用的工具，以及违禁品等，依照本法第十一条的规定，应当收缴，并按照规定处理。

第二，根据本法第一百零八条的规定，公安机关开展扣押工作，人民警察不得少于二人，在规范设置、严格管理的执法办案场所进行扣押的，可以由一名人民警察进行，但应当全程同步录音录像。

第三，我国《行政强制法》第三章第二节对查封、扣押的程序作了专门规定，如第二十四条规定了扣押决定书的制作，第二十五条规定了扣押期限，第二十六条规定了扣押财物的保管，第二十七条、第二十八条规定了扣押决定的解除。根据本法第四条的规定，治安管理处罚的程序，本法没有规定的，适用行政强制法的有关规定。

相关规定

《中华人民共和国行政强制法》第十八条、第十九条、第二十四条至第二十八条；《中华人民共和国刑事诉讼法》第一百四十一条、第一百四十二条、第一百四十五条；《公安机关办理行政案件程序规定》第七章第七节

第一百零六条 为了查明案情，需要解决案件中有争议的专门性问题的，应当指派或者聘请具有专门知识的人员进行鉴定；鉴定人鉴定后，应当写出鉴定意见，并且签名。

● 条文主旨

本条是关于鉴定的规定。

● 立法背景

本条是 2005 年《治安管理处罚法》第九十条的规定，2025 年修订《治安管理处罚法》时未作修改。

鉴定是公安机关在查处治安管理案件时，为了解决案件的专门性问题，指派或者聘请具有专门知识的人进行鉴别和判断，并提供专门性意见的活动。鉴定对查明事实真相，正确处理治安案件，维护社会治安，保护公民权利具有重要作用。鉴定意见是否科学准确，直接关系能否正确认定案件的事实，尤其涉及专门性问题的时候，充分运用相关科学技术手段进行鉴定，可以收到其他证据无法取代的效果。鉴定必须严格依照法律规定进行。本条对鉴定人的要求、鉴定意见的出具作了明确规定。鉴定意见应当由鉴定人签名，签名后鉴定意见发生法律效力。

● 条文释义

本条主要包括以下三个方面的内容：

一是，对案件中涉及的专门性问题，应当进行鉴定。

"专门性问题"是指公安机关在查处治安案件时，需要证明的，仅凭直观、直觉或者逻辑推理无法作出肯定或者否定的判断，必须运用科学技术手段或者专门知识进行鉴别和判断才能得出正确结论的事项，如血型的确定、精神疾病的认定等。专门性问题不属于大众知晓的知识范畴，要对这些问题作出正确的认识和判断，一般来说需要具有某些方面的专门知识或者具有专门技能。在查处治安管理案件时往往会涉及专门性问题，比如，对人身伤害的认定、对毒品等物品性质的认定等。如果涉及专门性问题，公安机关就应当按照本条的规定进行鉴定。案件的当事人如果对某项专门性问题有争议，也可以要求公安机关进行鉴定。当然，并不是每个案件都会涉及鉴定问题，有的案件不存在专门性问题，就不需要进行鉴定；有的案件比较复杂，可能要进行多项鉴定。对于案件中哪些事项属于需要鉴定的专门性问题，根据案件的具体情况决定。

对于诉讼活动和执法活动中涉及的专门性问题，我国法律一般规定通过鉴定的方式解决。比如，《刑事诉讼法》第一百四十六条规定："为了查明案情，需要解决案件中某些专门性问题的时候，应当指派、聘请有专门知识的人进行鉴定。"《民事诉讼法》第七十九条规定："当事人可以就查明事实的专门性问题向人民法院申请鉴定。当事人申请鉴定的，由双方当事人协商确定具备资格的鉴定人；协商不成的，由人民法院指定。当事人未申请鉴定，人民法院对专门性问题认为需要鉴定的，应当委托具备资格的鉴定人进行鉴定。"为了查明案情，对治安管理处罚案件中涉及的专门性问题，也应当指派或者聘请具有专门知识的人进行鉴定。这样规定，既保持了《治安管理处罚法》与其他法律的一致性，又体现了治安管理处罚以事实为依据处理案件的原则，有利于保障处罚的公正性，提高人民警察的执法威信。

二是，公安机关应当指派或者聘请具有专门知识的人进行鉴定。

鉴定需要运用科学技术或者专门知识进行鉴别和判断，并不是任何人都可以从事的活动。作为重要的调查取证活动，有些问题不能凭着直观、直觉或逻辑推理认识和判断，必须借助科学技术或者专门知识进行鉴别。所谓"专门知识"，是指人们在某一领域的专门研究和实践中积累起来的理论、实践经验和知识。比如，通过医学设备检查被侵害人的伤害程度或者通过血型同一性认定确定违反治安管理行为人，这是专门知识。在长年的生活、学习和工作中，掌握了某项技能，因此对脚印、指纹等具有超常的识别和辨认能力，这也是专门知识。具有专门知识的人一般掌握了某个专业领域较为全面深入的知识，或者熟练掌握某些技能，因此，可以对常人不能解决的问题作出解释。

关于鉴定人的要求，首先，可以是由公安机关指派的内部专业技术人员。我国各级公安机关为了工作需要，在内部普遍设立了技术部门，对专门性问题提出意见，协助办案警察查明案情。这些机构的形式是多样的，既包括设在侦查机关内部的职能部门，如技术鉴定处、科、室等；也包括侦查机关所属的事业单位，如研究所等；也包括侦查机关设立的鉴定机构。如果案件中涉及专门性问题，公安机关可以指派相关人员进行技术认定。其次，可以是公安机关聘请的具有专门知识的人，包括专门从事鉴定业务的人员比如符合全国人大常委会《关于司法鉴定管理问题的决定》第四条规定条件的人员，也包括教学科研机构、专业技术部门的相关人员。

三是，鉴定人鉴定后，应当写出鉴定意见并签名。

1. 鉴定人应当独立作出鉴定。鉴定是具有专门知识的鉴定人接受指派或者聘请，对查处治安管理案件中遇到的专门性问题进行鉴别和判断并提供鉴定意见的活动。一方面，鉴定意见实质上是一种个人意见，是鉴定人凭借其专门知识对某个问题作出的认识和判断。鉴定意见是否客观、准确，取决于鉴定人的科学技术水平和判断能力，其客观性和准确性应当由鉴定人自己负责。另一方面，为了保障鉴定人科学准确进行鉴定，必须防止权势、人情和金钱的干扰。鉴定人应当完全依据科学知识、科学规律以及操作规程进行鉴定，以保障鉴定意见的客观性和公正性。接受委托后，检材的提取、保管、检验、甄别等，都应由鉴定人按照鉴定的技术操作规范进行，其他任何人不得干涉或施加影响，更不得指令鉴定人一定要作出某种鉴定意见或代替鉴定人进行鉴定。

2. 鉴定人应当提出鉴定意见。鉴定人在完成鉴定工作后，应当依法向委托人提供本人签名的书面鉴定意见。本条规定的"鉴定意见"，是指鉴定人在对专门性问题进行鉴别和判断的基础上得出的结论性意见。鉴定意见作为鉴定人个人的认识和判断，表达的只是鉴定人个人的意见。对整个案件来说，鉴定意见只是诸多证据中的一种。人民警察应当就案件的全部证据，进行综合审查判断，从而正确认定案件事实。需要注意的是，公安机关不能把鉴定意见理解为认定案件事实的唯一根据，不能以鉴定意见代替对全案证据的审查判断。若对鉴定意见不加分析判断，不对鉴定意见进行必要的质证和审查，盲目地予以认定，就容易导致查处案件完全受鉴定意见左右，最终在事实认定上出现差错。

3. 鉴定人应当在鉴定意见上签名。鉴定是鉴定人依据自己具有的专门知识进行的判断和鉴别活动，鉴定意见必须以鉴定人个人名义作出，并由鉴定人本人负责。由鉴定人在鉴定意见书上签名，既可以保证鉴定的真实性，防止其他人员伪造或者篡改鉴定意见，也可以表明鉴定人对鉴定意见负责的态度，在对鉴定意见出现争议时，还可以及时找鉴定人进行核实。

在案件查处过程中，有时会遇到特别疑难、复杂的问题，为了获得更加客观、公正的证据，需要几个鉴定人对该问题共同进行鉴定。对于多人共同鉴定的，鉴定人在鉴定过程中可以互相研究讨论，但每个人都有提出自己的鉴定意见的权利，任何人不能以年龄、职务、学历、职称、技术水平、工作经历等差别要求别人服从自己的意见。如果大家的鉴定意见是一致的，每个鉴定人应当在鉴定书上签名。对不同的鉴定意见，也应当在鉴定书中予以注明，并由该鉴定人签名。

◐ 实践中需要注意的问题

在该条的理解适用中,需要注意以下几个方面的问题:

第一,公安机关不能对鉴定人进行技术上的干预,更不能要求或暗示鉴定人作出某种不真实的倾向性意见;鉴定人只能就案件中的专门性问题提出意见,不能就法律适用问题提出意见。此外,鉴定人应当与案件无利害关系。

第二,鉴定意见不同于行政认定,鉴定意见是鉴定人个人的认识和判断,表达的只是鉴定人个人的意见。办案人员应当对鉴定意见进行审查后再决定是否采纳。此外,对整个案件来说,鉴定意见只是诸多证据中的一种证据,办案人员应当就案件的全部证据,加以综合审查判断,从而正确认定案件事实,并作出决定。

第三,办理治安管理案件可以选择从事司法鉴定的鉴定人。关于诉讼活动中的司法鉴定,我国相关法律制度已有明确规定。2005年全国人大常委会通过了《全国人民代表大会常务委员会关于司法鉴定管理问题的决定》。之后,司法部出台了《司法鉴定人登记管理办法》和《司法鉴定机构登记管理办法》,对法医类、物证类、声像资料类等的鉴定人和鉴定机构进行了规范。实践中,有关部门在作行政认定和处罚时,对这几类事项的鉴定事宜,也可以选择按照有关规定进行了登记的鉴定人,这有利于促进鉴定工作的规范化运行,是值得肯定的做法。

第四,鉴定期间,不计入办理治安案件的期限。本法第一百一十八条规定了办理治安案件的期限,其中第二款明确规定,为了查明案情进行鉴定的期间,不计入办理治安案件的期限。这里的"鉴定期间"是指公安机关提交鉴定之日至鉴定机构作出鉴定结论并送达公安机关的期间。

◐ 相关规定

《中华人民共和国刑事诉讼法》第一百四十六条、第一百四十七条;《中华人民共和国民事诉讼法》第七十九条、第八十条;《全国人民代表大会常务委员会关于司法鉴定管理问题的决定》第一条、第二条;《司法鉴定机构登记管理办法》第二条;《公安机关执行〈中华人民共和国治安管理处罚法〉有关问题的解释》第十二条;《公安机关办理行政案件程序规定》第七章"调查取证"第五节

第一百零七条 为了查明案情，人民警察可以让违反治安管理行为人、被侵害人和其他证人对与违反治安管理行为有关的场所、物品进行辨认，也可以让被侵害人、其他证人对违反治安管理行为人进行辨认，或者让违反治安管理行为人对其他违反治安管理行为人进行辨认。

辨认应当制作辨认笔录，由人民警察和辨认人签名、盖章或者按指印。

● 条文主旨

本条是关于辨认的规定。

● 立法背景

本条是2025年修订《治安管理处罚法》时新增加的内容。实践中，公安机关为了查明案件真实情况，常常需要让违反治安管理行为人、被侵害人或者其他证人对与违反治安管理行为有关的场所、物品或者违反治安管理行为人等进行辨别确认。辨认情况经过审查核实，可以有效印证其他证据，从而查明案件的真实情况。《公安机关办理行政案件程序规定》第七章第六节对辨认制度及其具体操作规则作了规定。辨认制度有助于确认违反治安管理行为人身份、识别涉案物品或场所、查明案件事实，为公安机关作出治安管理处罚决定提供证据。为了给辨认制度提供法律上的依据，并进一步规范辨认制度，保证辨认结果客观、准确，本条对辨认制度的适用及其程序要求作了规定。

● 条文释义

本条分两款。第一款是关于辨认主体和范围的规定。

本款包含以下两个方面的内容：第一，组织开展辨认工作的主体是人民警察，辨认工作的目的是查明案情。辨认是公安机关开展违反治安管理案件调查取证工作的手段和方法之一，应当适用本法关于调查取证的基本原则和要求。人民警察是调查取证工作的主体，也是组织开展辨认工作的主体。不具有警察身份的其他人员不能组织开展辨认工作。

第二，辨认制度的适用范围三个方面。一是，违反治安管理行为人、被侵害人和其他证人对与违反治安管理行为有关的场所、物品进行辨认。这是为了对场所和物品进行确认，根据规定，相关人员和证人都可以进行辨认。二是，被侵害人、其他证人对违反治安管理行为人进行辨认。这是为了对行为人进行确认，根据规定，被侵害人和证人可以进行辨认。三是，违反治安管理行为人对其他违反治安管理行为人进行辨认。这适用于存在共同违反治安管理行为人的情况，多个违反治安管理行为人相互进行辨认，可以更进一步确认行为人。

《公安机关办理行政案件程序规定》第一百零二条至第一百零六条对辨认的操作规则作了规定，具体包括组织辨认前，应当向辨认人详细询问辨认对象的具体特征，并避免辨认人见到辨认对象。多名辨认人对同一辨认对象或者一名辨认人对多名辨认对象进行辨认时，应当个别进行。辨认违法嫌疑人时，被辨认的人数不得少于七人；对违法嫌疑人照片进行辨认的，不得少于十人的照片；辨认每一件物品时，混杂的同类物品不得少于五件。同一辨认人对与同一案件有关的辨认对象进行多组辨认的，不得重复使用陪衬照片或者陪衬人。实践中，公安机关人民警察开展辨认工作，应当遵守相关规定。

此外，辨认人不愿意暴露身份的，对违法嫌疑人的辨认可以在不暴露辨认人的情况下进行，公安机关及其人民警察应当为其保守秘密。《公安机关办理行政案件程序规定》第一百零五条对此作了规定。

第二款是关于辨认的程序要求。第一，辨认应当制作辨认笔录。一般来说，辨认笔录涵盖的要素应当包括辨认的时间、地点、主体、辨认对象的照片、辨认结果等。辨认的主体是否适格，辨认的程序是否合法、符合要求，辨认形成的证据是否可以作为证据使用，公安机关需要对其进行审查。公安机关审查的载体是辨认笔录，辨认笔录是法定证据种类之一，根据规定，辨认应当制作辨认笔录。通过辨认笔录对辨认活动进行记载，可以规范人民警察组织开展的辨认活动，也可以固定和保存相关证据，为作出治安管理处罚提供稳定的证据，便于人民警察、当事人进行查对，也便于在可能的行政复议或者行政诉讼中将辨认笔录作为证据使用。

第二，辨认笔录应当由人民警察和辨认人签名、盖章或者按指印。签名、盖章或者按指印是辨认笔录发生法律效力的要件之一。在辨认笔录制作完成以后，应当交由辨认人阅读，如果辨认人不识字，应当读给他们听，如果对辨认笔录没有异议，辨认人应当签名、盖章或者按指印，证明笔录的记载属实。

人民警察和辨认人签名、盖章或者按指印，一是可以固定辨认工作成果，已经制作的辨认笔录，只有人民警察和辨认人签名、盖章或者按指印才发生法律效力。二是可以表明辨认笔录的出处、来源，在以后查处治安案件的时候，如果需要进行询问，可以及时核查。如果在行政复议或者行政诉讼中对检查过程和检查事项以及结论产生争议，可以通知相关人员作证。三是便于加强人民警察的责任心，人民警察开展辨认工作，应当对辨认程序合法以及结果正确负责，在辨认笔录上签名、盖章或者按指印，可以表明其对辨认结果负责的态度。

● 实践中需要注意的问题

在该条的理解适用中，需要注意以下几个方面的问题：

第一，根据本法第九十一条的规定，公安机关及其人民警察对治安案件的调查，应当依法进行。严禁刑讯逼供或者采用威胁、引诱、欺骗等非法手段收集证据。这确立了依法调查、严禁非法取证的基本原则，公安机关开展辨认工作也必须遵守该条规定，严格依法进行。

第二，根据本法第一百零八条的规定，公安机关开展辨认工作，人民警察不得少于二人，在规范设置、严格管理的执法办案场所进行辨认的，可以由一名人民警察进行，但应当全程同步录音录像。

● 相关规定

《中华人民共和国刑事诉讼法》第一百九十五条；《公安机关办理刑事案件程序规定》第二百五十八条至第二百六十二条；《公安机关办理行政案件程序规定》第一百零一条至第一百零六条。

第一百零八条 公安机关进行询问、辨认、勘验，实施行政强制措施等调查取证工作时，人民警察不得少于二人。

公安机关在规范设置、严格管理的执法办案场所进行询问、扣押、辨认的，或者进行调解的，可以由一名人民警察进行。

依照前款规定由一名人民警察进行询问、扣押、辨认、调解的，应当全程同步录音录像。未按规定全程同步录音录像或者录音录像资料损毁、丢失的，相关证据不能作为处罚的根据。

● 条文主旨

本条是关于对公安机关开展调查取证、调解等执法工作的具体要求的规定。

▶ 立法背景

本条是 2025 年修订《治安管理处罚法》新增加的内容。一方面，明确公安机关开展调查取证工作，人民警察不得少于二人。《行政处罚法》第四十二条对行政处罚应当由两名以上具有行政执法资格的执法人员实施作了规定，根据该规定，公安机关开展治安管理案件调查取证工作，应当由两名以上执法人员进行。本条结合治安管理处罚案件调查取证的特点，对此进一步予以明确。

另一方面，近年来，公安机关执法规范化建设持续推进，社会治安智能化管理水平大大提升。公安机关设置的供执法办案部门共同使用的执法办案中心，以及在公安机关内设机构和派出所设置的专门办案区域，在保障办案规范化方面有了很大提升。从实践的情况看，管理运行比较好的执法办案中心，都制定有严格的管理规范，配备专门民警、辅警和巡查人员，且均配备了录音录像及视频监控设备。在执法办案中心或专门办案区域开展询问、扣押、辨认、调解等活动，依靠同步录音录像设备的支持，允许由一名人民警察带其他相关人员进行，可以在较大程度上缓解案多警少的压力，及时有效化解社会治安矛盾纠纷。同时，考虑到一人执法的局限性，为确保程序公正，本条将可由一名人民警察执法的情形限定在询问、扣押、辨认、调解四类活动，并将场所限定在"规范设置、严格管理"的执法办案场所，并明确要求由一名人民警察开展有关工作的，应当全程同步录音录像。本法第一百三十七条对公安机关履行同步录音录像运行安全管理职责，完善技术措施，定期维护设施设备，保障录音录像设备运行连续、稳定、安全作了规定。在此基础上，本条进一步明确，未按规定全程同步录音录像或者录音录像资料损毁、丢失的，相关证据不能作为处罚的根据。

▶ 条文释义

本条分三款。第一款是关于公安机关开展调查取证工作，人民警察不得少于二人的规定。

开展调查取证工作，人民警察不得少于二人。《行政处罚法》第四十二条规定，行政处罚应当由具有行政执法资格的执法人员实施。执法人员不得少于两人，法律另有规定的除外。本法进一步规定，公安机关进行询问、辨认、勘验、实施行政强制措施等调查取证工作时，人民警察不得少于二人。根据上述规定，一名人民警察单独开展或者在辅警的帮助下开展调查取证工作不符合法律规定。由两名以上人民警察执法，一方面，有利于相互配合、协助，客观、真实地获取和固定证据；另一方面，有利于互相监督，规范人民警察依法开展调查取证工作，防止人民警察在调查取证中出现侵犯公民和法人合法权益的行为；同时，要求不少于二人，也是对办案人民警察的保护，有利于缓解一人执法造成的现场情况难以证明的问题，并有利于防止执法人员被诬陷等行为的发生。

这里的"行政强制措施"，根据《行政强制法》第九条的规定，包括限制公民人身自由，查封场所、设施或者财物，扣押财物，冻结存款、汇款等。根据规定，公安机关在调查取证适用行政强制措施时，人民警察不得少于二人。

第二款是关于公安机关在特定办案场所进行询问、扣押等，可以由一名人民警察进行的规定。

根据本款规定，可以由一名人民警察进行的工作包括：一是，在规范设置、严格管理的执法办案场所进行询问、扣押、辨认。"规范设置、严格管理的执法办案场所"是指公安机关规范设置的供执法办案部门使用的执法办案中心，以及在公安机关内设机构和公安派出所设置的专门办案区域。这些区域管理严格，一般设有辅警和巡查人员，有助于发挥监督作用。本法第九十七条至第一百零一条对询问作了规定，第一百零五条对扣押作了规定，第一百零七条对辨认作了规定，人民警察在执法办案场所内开展相关工作，应当严格依照法律的规定进行。二是进行调解。根据《公安机关办理行政案件程序规定》第五十二条的规定，接报案、受案登记、接受证据、信息采集、调解、送达文书等工作，可以由一名人民警察带领警务辅助人员进行。根据本法第九条的规定，对于因民间纠纷引发的打架斗殴或者损毁他人财物等违反治安管理行为，情节较轻的，公安机关可以调解处理。调解可以由一名人民警察进行，主要是考虑到调解时有双方当事人在场，且调解达成协议的，会签订调解协议书，双方当事人都会在调解协议书上签名。双方当事人的参与可以监督调解工作依法进行。本条对实践中的做法在法律中予以明确。

第三款是关于一名人民警察执法应当全程同步录音录像的规定。

本款规定主要包括两个方面的内容。一是，由一名人民警察进行询问、扣押、辨认、调解的，应当全程同步录音录像。全程同步录音录像是为了保证相关工作开展的合法性，避免公安机关的权力被滥用。同时，进行全程同步录音录像，也有利于记录相关工作开展的情况，作为工作开展合法性的证明。第二款规定的执法办案场所，都配备了录音录像及视频监控设备，这是工作开展的基础。

二是，未按规定全程同步录音录像或者录音录像资料损毁、灭失的，相关证据不能作为处罚的根据。本法第一百三十七条对公安机关履行同步录音录像运行安全管理职责，完善技术措施，定期维护设施设备，保障录音录像设备运行连续、稳定、安全作了规定。第一百三十九条对人民警察办理治安案件，剪接、删改、损毁、丢失办理治安案件的同步录音录像资料的法律责任作了规定。这两条规定都是为了确保同步录音录像设备正常运行，录音录像资料完整。在此前提下，根据本条规定，若未按规定全程同步录音录像或者录音录像资料损毁、灭失的，相关证据不能作为处罚的根据，即相关证据将被作为非法证据予以排除，全程同步录音录像是一名人民警察执法所取得的证据合法的必备条件。

实践中需要注意的问题

实践中需要注意的是，一名人民警察执法限定在规范设置、严格管理的执法办案场所开展的询问、扣押、辨认、调解工作中。在《治安管理处罚法修订草案》审议过程中，有意见提出，公安机关在外执法的，有执法记录仪，也可以记录执法情况，规范公安机关的执法行为。建议进一步放开对一名人民警察开展调查取证、调解等执法工作的限制，通过执法记录仪全程记录执法情况的，也应当可以一人执法，以减轻案多警少的压力。对此，考虑到不同于对在执法办案场所的录音录像设备管理的严格要求，用于公安机关在外执法的执法记录仪的管理还需进一步规范，执法记录仪还存在拍不清、数据留存不到位的可能，进而影响调查取证所得证据的效力，不利于治安案件的办理。因此，未采纳这一意见。公安机关在外执法，开展调查取证工作，应当依照第一款的规定进行，人民警察不得少于二人。

相关规定

《中华人民共和国刑事诉讼法》第一百一十八条第一款；《中华人民共和国行政处罚法》第四十二条第一款；《中华人民共和国行政强制法》第二条第二款、第九条；《公安机关办理刑事案件程序规定》第二百五十九条第一款；《公安机关办理行政案件程序规定》第五十二条、第十章

第二节 决 定

第一百零九条 治安管理处罚由县级以上地方人民政府公安机关决定；其中警告、一千元以下的罚款，可以由公安派出所决定。

● **条文主旨**

本条是关于治安管理处罚的决定机关的规定。

● **立法背景**

本条是 2005 年《治安管理处罚法》的规定。第九十一条规定，"治安管理处罚由县级以上人民政府公安机关决定；其中警告、五百元以下的罚款可以由公安派出所决定"。这是关于治安管理处罚主体的规定。治安管理处罚坚持处罚法定原则，明确公安机关治安管理处罚的主体地位，这既明确了公安机关的职权，又表明了公安机关的执法主体身份，防止治安管理处罚权的滥用。同时，根据公安工作实际，授权公安派出所对警告、五百元以下的罚款等较轻的处罚种类的处罚决定权。派出所熟悉辖区情况，能及时发现违反治安管理处罚的行为，迅速展开调查，赋予其一定的处罚决定权，有利于违法行为的及时处置和社会矛盾纠纷化解，并提高工作效率。

2025 年修订《治安管理处罚法》，主要作了以下修改：一是，将治安管理处罚的决定机关由"县级以上人民政府公安机关"修改为"县级以上地方人民政府公安机关"。2005 年《治安管理处罚法》规定的治安处罚决定主体，包括各级公安机关，上至公安部，下至派出所。有关部门提出，《治安管理处罚法》施行后，省级以上公安机关并未直接办理过治安案件，且多年的实践表明，由基层公安机关办理治安案件，更有利于高效处理案件，及时维护当事人合法权益，有效解决纠纷。因此，根据有关部门建议，将"县级以上人民政府公安机关"修改为"县级以上地方人民政府公安机关"。

二是，将可以由公安派出所决定的罚款范围由"五百元以下"修改为"一千元以下"。这主要是考虑到本次修订《治安管理处罚法》对现行法罚款幅度统一作了修改，提高了罚款的数额。这样，由公安派出所决定的罚款范围也有必要相应地作调整。本次修订《治安管理处罚法》，罚款幅度的调整是考虑到《治安管理处罚法》施行已有近二十年，随着经济、社会的发展，需要适当提高违反治安管理行为的罚款数额，以加强罚款处罚的惩戒作用。这次修法对治安管理处罚数额的调整按照适度提高的原则，一般是将原治安管理处罚由二百元修改为五百元，五百元修改为一千元，一千元修改为二千元或者三千元，二千元修改为三千元或者五千元，三千元修改为五千元，五千元的未修改。此外，也有一部分修改是根据治安管理的实践情况，提高罚款的幅度相对高一些。总体上看，由于治安管理处罚的罚款数额普遍有所提高，授权公安派出所可以决定罚款处罚的数额也相应适当作了提高。

● **条文释义**

治安管理处罚，涉及剥夺公民、法人或者其他组织财产、人身自由等权利，具有特殊严重性，必须严格依法加以规范，以保障公民、法人和其他组织的合法权益不受非法或者不当治安管理处罚的侵害。本条对治安管理处罚的决定主体作出明确规定，涉及处罚法定原则的要求。处罚法定首先要求处罚主体的法定。关于处罚法定，《行政处罚法》第四条规定，公民、法人或者其他组织违反行政管理秩序的行为，应当给予行政处罚的，依照该法由法律、法规、规章规定，并由行政机关依照该法规定的程序实施。这是关于处罚法定的规定，其中一项重要内容就是处罚主体法定。《行政处罚法》是行政处罚领域的基础性法律，行政处罚法关于行政处罚的基本原则、一般要求等，在《治安管理处罚法》中也都有相应体现。《治安管理处罚法》第四条规定，治安管理处罚的程序，适用本法的规定；本法没有规定的，适用《行政处罚法》《行政强制法》的有关规定。可见，治安管理处罚也应当坚持处罚法定原则。明确公安机关的治安管理处罚主体地位，既可以明确公安机关的职权，又可以向全社会明确公安机关的执法主体身份，为处罚的正确实施提供法律依据。

第一，治安管理处罚的决定机关是公安机关。

《治安管理处罚法》第七条第一款规定，国务院公安部门负责全国的治安管理工作。县级以上地方各级人民政府公安机关负责本行政区域内的治安管理工作。本条进一步规定，治安管理处罚由县级以上地方人民政府公安机关决定。这样规定，主要有以下考虑：《行政处罚法》第十七条规定，行政处罚由具有行政处罚权的行政机关在法定职权范围内实施。但是，该法并没有对各种行政处罚权如何行使作出明确规定，而是在第十八条中规定，国务院或者省、自治区、直辖市人民政府可以决定一个行政机关行使有关行政机关的行政处罚权。在我国，治安管理是公安机关的基本任务之一，决定对违反治安管理行为的处罚，是公安机关的应有职权。如此规定，既对《行政处罚法》予以具体化，又考虑了我国行政处罚权分配的现实情况。此外，我国的治安管理处罚包括警告、罚款、行政拘留、吊销公安机关发放的许可证件等几种，其中，行政拘留是剥夺公民人身自由的处罚。根据《行政处罚法》第十八条第三款的规定，限制人身自由的行政处罚权只能由公安机关和法律规定的其他机关行使。规定由公安机关行使治安管理处罚权，可以保持执法主体的统一性，规范执法行为，防止其他机关滥用职权限制公民的人身自由。

第二，治安管理处罚由县级以上地方人民政府公安机关决定。

首先，县级人民政府公安机关可以作出治安管理处罚。这一级公安机关，是按照县级行政区划设立的公安机关，是基层公安机关，负责具体实施社会治安管理工作，由他们进行处罚，有利于处罚的实施，可以有效保障治安管理工作的开展。其次，这些公安机关组织机构严密，有自己独立的地域管辖范围，由他们行使治安管理处罚权，有利于发挥处罚的社会效应，也有利于协调案件的查处。实践中，大部分案件由基层公安机关受理，这样规定，便于由其根据案情决定是作为刑事案件立案侦查还是作为治安案件查处，实事求是处理案件。此外，县级人民政府公安机关的上级机关也可以作出处罚决定。公安机关上下级之间是领导关系，上级机关可以对县、市公安局、公安分局管辖的案件作出决定，如果认为这些机关的决定错误，也可以改变其决定，作出新的处罚决定。

第三，警告、一千元以下的罚款可以由公安派出所决定。

根据我国《行政处罚法》等相关法律的规定，行政执法有三种形式：一是行政机关根据法律赋予的职权执法；二是委托执法，由行政机关委托符合条件的组织执法，执法者以行政机关的名义从事行政行为，后果由委托机关承担；三是授权执法，由法律、法规授权的具有管理公共事务职能的组织在法定授权范围内实施行政处罚。

警告、一千元以下的罚款可以由公安派出所决定，属于授权执法的范围。公安派出所并不是一级公安机关，而是县级公安机关的派出机构，代表其所属的公安机关对其辖区内的治安事项进行管理。本条以法律明确规定的形式，授权公安派出所行使相应的治安管理处罚权。根据本条的授权，公安派出所可以作为行政处罚的主体，以自己的名义作出处罚决定并承担法律责任。超过一千元的罚款、行政拘留、吊销许可证件等涉及公民的人身自由权、重大财产权或者企业正常经营权，属于严厉的处罚，应当慎重，因此，未授权由公安派出所决定。实践中，大多数案件都是可以处以警告或者一千元以下罚款的案件，而公安派出所熟悉辖区内的情况，能够及时发现违反治安管理的行为，及时接受群众举报和违反治安管理行为人投案，迅速展开调查，处理案件。警告等一些较轻的处罚还可以当场作出，根据本法第一百一十九条的规定，违反治安管理行为事实清楚，证据确凿，处警告或者五百元以下罚款的，可以当场作出治安管理处罚决定。这些处罚由公安派出所决定，既可以减轻公安机关的工作压力，又可以及时处置违法行为，减少社会危害，化解社会矛盾，提高工作效率。

实践中需要注意的问题

在该条的理解适用中，应当注意以下几个方面的问题：

第一，公安派出所以自己的名义实施处罚，并独立承担相应的法律责任，并以自己的名义参加行政复议和行政诉讼。根据本条规定，公安派出所可以决定处罚的范围是警告和一千元以下的罚款。公安派出所应当在法定授权范围内实施行政处罚，不得超越规定的处罚的种类和幅度，否则就是超越法定权限实施行政处罚。

第二，公安派出所可以在授权的"警告和一千元以下的罚款"的处罚范围内行使处罚决定权，但这并不意味着县级以上地方人民政府公安机关没有这个处罚范围内的处罚决定权。一方面，县级以上地方人民政府公安机关可以直接作出这个处罚范围内的处罚决定，另一方面，县级以上地方人民政府公安机关可以根据法定程序变更、撤销派出所作出的不合法、不适当的处罚决定。

相关规定

《中华人民共和国行政处罚法》第四条，第十七条，第十八条第二款、第三款，第十九条；《中华人民共和国行政复议法》第二十四条第四款、第六十三条第一款、第六十四条第一款；《公安机关办理行政案件程序规定》第一百九十五条

第一百一十条 对决定给予行政拘留处罚的人，在处罚前已经采取强制措施限制人身自由的时间，应当折抵。限制人身自由一日，折抵行政拘留一日。

条文主旨

本条是关于采取强制措施限制人身自由的时间折抵行政拘留的规定。

立法背景

本条是 2005 年《治安管理处罚法》第九十二条的规定，2025 年修订《治安管理处罚法》时未作修改。

在治安管理处罚中，一个人不能因为同一违法行为而受到重复处罚。拘留是限制被决定拘留的人一定时间人身自由的处罚，如果基于同一违法行为，行为人在被决定拘留前已经被采取了强制措施限制人身自由，应当将其被限制人身的时间从拘留期限中予以扣减，具体应当根据本条规定进行折抵。规定予以折抵，一是体现公平公正；二是符合强制措施与拘留处罚不同功能和性质定位；三是避免因简单相加导致实际执行的剥夺行为人人身自由的期限超过应有严厉程度，违反过罚相当原则。例如，根据本条规定，行为人先因涉嫌犯罪被采取刑事强制措施中的拘留、逮捕等措施，后发现情节显著轻微尚不构成犯罪，依照本法给予拘留处罚的，就应当将此前限制人身自由的天数与拘留天数进行折抵。采取强制措施时限制人身自由一日的，折抵行政拘留一日，这也体现了公正、理性、权利保障的原则和精神。

条文释义

本条主要包括以下几个方面的内容：

第一，只有被采取强制措施限制人身自由的时间可以折抵行政拘留，其他处罚不能折抵行政拘留。

强制措施是为了保障查处案件的顺利进行而采取的临时限制被处罚人人身自由的保障措施，包括刑事强制措施，即在刑事诉讼中被采取刑事拘留、逮捕、取保候审和监视居住等强制措施。其中，拘留、逮捕与剥夺人身自由的刑罚、治安管理处罚中的行政拘留等，都限制、剥夺了涉案人员一定时间的人身自由。根据《刑法》的规定，在刑事诉讼中限制人身自由的强制措施的时间，应当在判决中予以折抵。在治安管理处罚中，同样存在限制人身自由的时间折抵行政拘留的问题。比如，被采取刑事拘留、逮捕等措施后，发现犯罪嫌疑人、被告人的行为不够刑事处罚，公安机关给予治安管理处罚的情况下，就涉及之前为保障刑事诉讼正常进行而采取的限制人身自由措施的时间如何处理的问题。根据《治安管理处罚法》的规定，治安管理处罚必须以事实为依据，与违反治安管理的事实、性质、情节以及社会危害程度相当。与《刑法》中的罪责刑相适应原则一样，这一规定可以理解为治安管理处罚中的过罚相当原则。

被处罚人因同一行为之前被采取强制措施之后依法受到治安管理处罚的情况下，不予折抵就会造成治安管理处罚与强制措施的简单累加，最后实际执行的剥夺人身自由的期限很可能超过与其行为严重程度相适应的处罚，违反过罚相当原则。

这里所说的限制人身自由的强制措施，并不是单指采取了某一种强制措施，而是指限制人身自由的强度和形式与拘留基本相当的强制措施，比如刑事强制措施中的拘留、逮捕等羁押性措施。我国《刑法》规定，判处有期徒刑和拘役的，羁押一日折抵刑期一日；判处管制的，羁押一日折抵刑期二日。其折抵的也是指羁押的时间。至于取保候审，由于只是在一定程度上限制了公民的活动范围，强度较低，法律上一般不予折抵。

第二，应当折抵的是行政拘留，其他处罚不能互相折抵或者折抵行政拘留。

治安管理处罚有警告、罚款、行政拘留、吊销公安机关发放的许可证件等四种，其中，可以折抵的只有行政拘留一种。如果在处罚决定中，同时有警告、罚款和吊销许可证件三种处罚的，由于这三种处罚与限制人身自由的强制措施性质不同，无法进行折抵。行政拘留与其他种类的处罚并处的，应当分别执行；有多个警告的，执行警告一次即可；有多个罚款的，累计执行；有多个拘留的，合并执行，但是最长不能超过二十日。罚款和行政拘留等也不能互相折抵，防止"以钱代拘"、"以拘代罚"，以维护公安机关执法的公正性。

第三，折抵的计算方法：限制人身自由一日，折抵一日。

限制人身自由的强制措施和行政拘留虽然性质不同，但是剥夺或者限制人身自由的强度是相同的，因此，对于行政拘留与强制措施之间的折抵，按照限制人身自由一日折抵行政拘留一日的方法计算。折抵应当从行政拘留执行之日算起。比如，被处罚人因为违法行为被公安机关立案侦查，刑事拘留七天，后来公安机关认为行为不够刑事处罚，作出行政拘留十五天的治安管理处罚，由于刑事拘留七天应当折抵行政拘留，按照限制人身自由一日折抵行政拘留一日计算，还应当执行行政拘留八天。公安机关在作出治安管理处罚决定的同时，就应当在处罚决定书中对行政拘留的折抵作出决定。

◗ 实践中需要注意的问题

实践中需要注意的是：除本法外，其他法律也有一些限制人身自由措施时间折抵最后决定的处罚期限的规定，其中体现的精神和原则是相似的。如《刑法》第四十四条规定，判决执行以前先行羁押的，羁押一日折抵刑期一日。这里的先行羁押包括刑事拘留、逮捕、留置等强制措施，也包括因同一行为受过的行政拘留处罚。刑期折抵制度是各国普遍采用的重要制度，体现了公正、理性、权利保障的原则和精神。

▶ 相关规定

《中华人民共和国刑法》第四十四条、第四十七条、第七十六条；《中华人民共和国行政处罚法》第三十五条；《中华人民共和国人民警察法》第九条；《中华人民共和国行政强制法》第二十条；《公安机关办理行政案件程序规定》第一百六十三条

第一百一十一条 公安机关查处治安案件，对没有本人陈述，但其他证据能够证明案件事实的，可以作出治安管理处罚决定。但是，只有本人陈述，没有其他证据证明的，不能作出治安管理处罚决定。

▶ 条文主旨

本条是关于如何处理违反治安管理行为人的陈述与其他证据的关系的规定。

▶ 立法背景

本条是 2005 年《治安管理处罚法》第九十三条的规定，2025 年修订《治安管理处罚法》时未作修改。

本条规定主要是明确了没有本人陈述，有其他证据证明案件事实的，可以作出治安管理处罚决定，但只有本人陈述，没有其他证据的，不能作出治安管理处罚决定。《行政处罚法》明确规定，给予行政处罚的，行政机关必须查明事实；违法事实不清、证据不足的，不得给予行政处罚。《行政诉讼法》也明确规定，作为被告的行政机关对作出的行政行为负有举证责任。本人陈述只是证据的一种，且具有自身的特点和局限性，认定事实必须还要有其他证据加以佐证。本条这样规定，主要强调了公安机关办案应当全面搜集证据，不能依赖本人陈述。我国《刑事诉讼法》对于刑事案件的办理，一直有重证据，不轻信口供的要求，也有关于公诉案件中被告人有罪的举证责任由人民检察院承担；只有被告人供述，没有其他证据的，不能认定被告人有罪和处以刑罚；没有被

告人供述，证据确实、充分的，可以认定被告人有罪和处以刑罚的规定。因此，《治安管理处罚法》针对的虽然是尚不构成犯罪的治安违法行为，公安机关在执法时也应当遵循相关规定精神，在查处治安案件中，重视全面搜集证据，而不仅仅是本人陈述。这一规定对人民警察办理治安案件提出要求，即要根据证据认定案件事实。这样规定也有利于防止人民警察办案过于依赖口供甚至采用非法手段逼取口供，进一步规范公安机关和人民警察的执法活动，养成良好的执法意识和素养，提高执法能力和办案水平。同时，也有利于根据案件证据情况，实事求是处理案件，有效防止出现错案，防止对公民的人身、财产等合法权利造成侵害。

条文释义

本条主要包括以下几个方面的内容：

第一，公安机关查处治安案件，应当全面搜集证据。

以事实为依据，以法律为准绳是我国诉讼制度的一项基本原则。查处治安管理处罚案件，也应当根据这一原则，坚持重证据，重视案件调查，特别是不轻易根据陈述认定案件事实。在确定案件事实之前，公安机关应当展开充分的调查工作，全面、细致收集相关证据，认真审查核实各个证据的来源、内容和收集的程序是否合法，在确定单个证据真实、合法，与案件事实具有关联的情况下，综合全案的证据进行比较、分析、印证和判断，认定案件的事实。根据证据认定案情，符合人类的思维规律，只有在所有证据形成一个完整、明确的证据链，从相关证据可以合乎逻辑地推出相应的案件事实，并且能够相互印证的情况下，才能据以作出治安管理处罚，不能凭着自己的主观臆断或者猜测定案。

第二，关于如何处理违反治安管理行为人的陈述与其他证据的关系。

本人陈述在治安案件中是重要的证据，有时对查明案件事实起到非常重要的作用，公安机关应当重视对本人陈述的收集。但本人陈述有以下特点：一是，由于陈述的主体是实施违反治安管理行为而可能被公安机关给予治安管理处罚的人，与案件的处理结果具有直接的利害关系。本人在陈述，提供证据时，往往会考虑到对自己是否有利，有意对相关证据和事实进行取舍，有意隐瞒对自己不利的事实，或者编造对自己有利的事实，意图影响公安机关对治安案件事实的认定。此外，在调查案件的过程中，因为警察的态度不好甚至威胁、引诱等情况，也可能造成本人陈述的虚假性。所以，本人提供的证据，有可能会掺杂虚假的成分，甚至有完全虚假的可能。二是，本人陈述具有不确定性，存在随时变化的可能。如果依赖于本人陈述，没有其他证据予以印证形成证据链，一旦本人推翻此前所作陈述，案件可能就会陷入事实不清或者结论错误的境地。因此，在对本人陈述进行审查的时候，应当注意考虑各种复杂因素。对于本人陈述在认定案件事实中起到关键作用的，应当格外谨慎。

关于本人陈述与其他证据的关系，本条规定了两种情形：

一是没有本人陈述，如本人拒绝或者拒不承认实施了违法行为，但其他证据能够证明案件事实的，可以作出治安管理处罚决定。在这种情况下，如果其他证明其实施了违反治安管理行为的证据充分、确实，可以相互印证并经过质证是确实可信的，并且形成了一个有效的证据推理链条，就可以认定实施了违反治安管理行为的事实，并据此作出处罚决定。如果据以定案的证据不足，因此形成"疑案"的，则尚未达到本法第一百一十三条第一项中"确有依法应当给予治安处罚的违法行为"的要求，宜按照该条第二项中"违法事实不能成立"的情形处理，以避免形成错案，规避冤枉好人的风险。

二是对只有本人陈述，没有其他证据证明的，不能作出治安管理处罚决定。公安机关在查处治安案件时，对于本人自己承认实施了违反治安管理行为，或者自己陈述了违反治安管理行为事实，而没有其他证据证明、佐证的，不能认定其违法并给予其处罚，也就是不能仅凭本人陈述进行处罚，这是由本人陈述的特点决定的。本人陈述本身就有虚假的可能，若其真实性无法查实，不能根据本人陈述认定违反治安管理行为事实，避免造成冤假错案；本人陈述也具有不确定性，如果仅以本人陈述作为治安管理处罚的依据，既没有证据证明本人陈述是自愿、真实的，也缺乏其他证据印证，在逻辑上不能形成唯一、排他的结论，一旦本人翻供，或者有任何证据证明其他事实，案件就会重新陷入事实不清或者结论错误的境地，置公安机关于被动状态。

本条所说的"只有本人陈述"，不能简单理解为只有本人陈述这一项证据，它也包括有其他一些证据，但其陈述仍然是违反治安管理行为的孤证，相互之间不能印证，不能形成有效的证据链，从一般人的逻辑规则无法直接根据这些证据推出案件事实的情况。有的案件可能同时有本人陈述和其他证据，但是两项证据没有紧密的联系，分别证明不同的事实，不能相互佐证，导致本人陈述成为孤证。

该规定体现了实事求是的精神和对违反治安管理行为嫌疑人权利的充分保

护。虽然这样严格的规定很可能使一些违反治安管理行为人逃脱处罚，但是在实际执行中，这一规则具有重要的指导意义：人民警察在查处治安管理案件时应当注重对本人陈述之外的其他证据的收集，而不能只把注意力盯在本人陈述上。特别是在本人不承认实施了违反治安管理行为的情况下，更应当重视其他证据的收集、核实。如果确实无法收集到证明其违反治安管理行为的证据，因而存在疑问的，也不能不顾证据情况作出处罚决定。这样规定，可以有效防止出现错案，防止对公民的人身、财产等权利造成损害。

◐ 实践中需要注意的问题

实践中需要注意的是，本条规定并没有否定本人陈述作为证据的重要性。本人陈述在治安案件中是重要的证据，有时对查明案件事实起到关键的作用，公安机关应当重视对本人陈述的收集。本人自愿悔过，主动陈述有关案件事实的，公安机关可以根据本人陈述提供的信息和线索，搜集相关证据，让案件的证据形成证据链，案件事实得以查实。本人作虚假陈述的，公安机关也可以根据其陈述的漏洞，对其进行批评教育，让其如实陈述自己的违法行为。若最终本人不承认自己的违法行为，公安机关则需要根据其他相关证据，来判断能否认定案件事实，对其予以治安处罚。

◐ 相关规定

《中华人民共和国刑事诉讼法》第五十五条第一款；《公安机关办理行政案件程序规定》第二十七条、第七十八条

第一百一十二条 公安机关作出治安管理处罚决定前，应当告知违反治安管理行为人拟作出治安管理处罚的内容及事实、理由、依据，并告知违反治安管理行为人依法享有的权利。

违反治安管理行为人有权陈述和申辩。公安机关必须充分听取违反治安管理行为人的意见，对违反治安管理行为人提出的事实、理由和证据，应当进行复核；违反治安管理行为人提出的事实、理由或者证据成立的，公安机关应当采纳。

违反治安管理行为人不满十八周岁的，还应当依照前两款的规定告知未成年人的父母或者其他监护人，充分听取其意见。

公安机关不得因违反治安管理行为人的陈述、申辩而加重其处罚。

▶ 条文主旨

本条是关于公安机关的告知义务和违反治安管理行为人享有陈述与申辩权的规定。

▶ 立法背景

1. 2005年《治安管理处罚法》的规定。第九十四条规定："公安机关作出治安管理处罚决定前，应当告知违反治安管理行为人作出治安管理处罚的事实、理由及依据，并告知违反治安管理行为人依法享有的权利。违反治安管理行为人有权陈述和申辩。公安机关必须充分听取违反治安管理行为人的意见，对违反治安管理行为人提出的事实、理由和证据，应当进行复核；违反治安管理行为人提出的事实、理由或者证据成立的，公安机关应当采纳。公安机关不得因违反治安管理行为人的陈述、申辩而加重处罚。"

2005年《治安管理处罚法》规定了公安机关作出治安管理处罚决定前，应当告知违反治安管理行为人的具体事项，并明确了违反治安管理行为人的陈述和申辩权利，同时公安机关不得因违反治安管理行为人的陈述、申辩而影响处罚裁量。上述规定是根据《行政处罚法》中行政机关在作出行政处罚之前告知违反治安管理行为人行政处罚决定的事实、理由及依据并告知违反治安管理行为人依法享有的权利的相关要求，在《治安管理处罚法》中的进一步明确。在治安管理处罚中，告知公民权利与义务，并且认真听取其陈述和申辩，不仅是查明案情的需要，也是公正审理案件的保障。

实践中，存在个别行政机关及其执法人员因为违反治安管理行为人的态度不好而给予更重处罚的现象，这是对违反治安管理行为人正当权利的漠视，不利于维护违反治安管理行为人合法权益，损害行政机关公信力，阻碍法治政府建设进程，必须加以制止，因此本法进行了严格的程序规范。

2. 2025年修订后的《治安管理处罚法》的规定。一是，将第一款"应当告知违反治安管理行为人作出治安管理处罚的事实、理由及依据"修改为"应当告知违反治安管理行为人拟作出治安管理处罚的内容及事实、理由、依据"。这样修改是为了保障违反治安管理行为人全面知晓拟作出治安管理处罚的内容及事实、理由、依据，保障其获悉即将接受处罚的内容及性质，同时也与行政处罚法规定保持一致。这样的程序规定便于人民群众对行政执法情况进行监督，对行政主体加以约束，防止权力滥用。

二是，增加一款"违反治安管理行为人不满十八周岁的，还应当依照前两款的规定告知未成年人的父母或者其他监护人，充分听取其意见"。增加本款规定是为了确保未成年人在法律程序中的合法权益不受侵害，避免年龄因素导致权利行使障碍。同时，监护人到场制度既能保障未成年人陈述申辩权的实现，又能通过法定代理人参与程序监督，防止公安机关滥用职权，体现了"教育与处罚相结合"的执法理念及对未成年人特殊保护需求的精细化考量。

三是，将第四款"加重处罚"修改为"加重其处罚"。进一步明确不得因违反治安管理行为人的陈述、申辩而给予其更重的处罚，也与《行政处罚法》相衔接。

条文释义

本条分四款。第一款是关于在作出治安管理处罚决定之前公安机关告知义务的规定。

第一款对公安机关的告知义务作了以下三个方面的明确：

第一，事前告知，即在作出治安管理处罚之前的告知。规定"应当告知"，说明告知上述事项是公安机关的法定义务，是公安机关治安管理处罚法定程序的要求，对违反治安管理行为人来说，公安机关的这项义务正好是其应享有的被告知的权利，是法律规定的违反治安管理行为人的知情权的重要内容。任何公民都有权知道公安机关正在准备对自己决定一项处罚，从而有充分准备和进行抗辩的机会。公安机关应当履行这一规定要求，履行其告知义务，充分尊重和保障违反治安管理行为人被告知的权利。

告知的目的是确保违反治安管理行为人能提前知道处罚的内容、事实、理由和依据，听取违反治安管理行为人的陈述和申辩，慎重作出处罚决定。这样才能充分保障其陈述和申辩的权利。在公安机关已经调查完结，案件事实已经查清，认定违反治安管理行为成立的法律依据已经充足，公安机关准备作出治安管理处罚时，就应当告知违反治安管理行为人上述事项，充分听取其意见。如果在作出处罚决定之后才告知违反治安管理行为人，就违反了法定的程序，其处罚决定是无效的。

公安机关在调查结束后，决定给予治安管理处罚时，就应当在合理的时间内告知违反治安管理行为人在治安管理处罚程序中的权利和义务，而且在告知后，应当保障违反治安管理行为人有必要的时间行使这些权利或者承担相应的义务。

第二，告知的对象。告知的对象是"违反治安管理行为人"，主要是治安管理处罚法律关系中的被处罚人。从相关规定可以看出，告知的目的是听取违反治安管理行为人对拟作出治安管理处罚的内容及事实、理由和依据的意见，并且不得因为其陈述和申辩而加重处罚。可见，这里规定的主要告知对象并不是其他人员，而是被处罚人。根据《行政处罚法》的规定，行政机关将要作出对当事人科以义务或者损害权益的行政处罚时，应当通知当事人。所以，根据上述规定，除法律有特殊规定的外，都应当通知违反治安管理行为人上述事项。

第三，告知的内容。包括两个方面：一是告知拟作出治安管理处罚的内容及事实、理由和依据。"内容"，一般包括处罚的种类、具体数额或数量，如罚款的数额、拘留的时长等，这是当事人保护自身权利的前提，应当告知。"事实"，是指违反治安管理行为人应当受到治安管理处罚的事实依据，也就是违反治安管理行为的事实，包括行为人的主观方面、客观行为方面、危害后果以及行为与危害后果之间的因果关系。"理由"，是指必须作出治安管理处罚的理由，也就是行为触犯了《治安管理处罚法》具有社会危险性、应当受到治安管理处罚。"依据"，是指作出治安管理处罚决定的法律依据，也就是所依据的法律条文，包括总则进行处罚的依据，从重、从轻、减轻或者不予处罚的规定以及分则中具体行为和程序的规定等。

二是告知应当享有的权利。根据《行政处罚法》和《治安管理处罚法》的规定，违反治安管理行为人的权利包括：申请回避的权利、要求听证的权利、获得告知的权利、提供证据的权利、陈述和申辩的权利、申请复议的权利、提起行政诉讼的权利等。在告知这些权利的同时，还应当告知违反治安管理行为人行使这些权利的方式等。

在《行政处罚法》第四十四条明确规定了行政机关作出处罚决定之前的告知义务的情况下，《治安管理处罚法》重申这一原则，是为了督促公安机关确实告知违反治安管理行为人应有的权利，切实保证违反治安管理行为人有机会进行陈述和申辩。向其进行必要的通知，使其有陈述意见、提出反证等发表意见的机会，有助于澄清事实和正确适用法律，作出公正处理，也有利于违反治安管理行为人得到法治教育、服从正确的处罚决定，减少行政争讼。告知程序的规定，有利于促使公安机关以事实为依据，以法律为准绳，作出正确的治安管理处罚决定。公安机关履行告知义务的过程，也是对违反治安管理行为人进行普法教育的过程，符合办理治安案件应当坚持教育与处罚相结合的原则，化解社会矛盾，增进社会和谐，也可以使违反治安管理行为人知道自己哪些行为违反了《治安管理处罚法》，提高其法治观念，进而自觉服从和履行正确的处罚决定。同时，告知也可以使违反治安管理行为人明白自己享有的权利，有助于其进一步运用法律维护自己的权利。

第二款是关于违反治安管理行为人陈述和申辩权利及公安机关的保障义务的规定。

第二款包含以下两个方面的内容：

第一，对治安管理处罚提出陈述和申辩是违反治安管理行为人的权利。所谓"陈述和申辩"，是指在公安机关作出治安管理处罚之前，违反治安管理行为人有权提出自己的意见和看法，提出自己掌握的事实、证据或者线索，并对公安机关的指控进行解释、辩解，表明自己的主张，反驳对自己不利的意见和证据，坚持对自己有利的意见和证据的活动。陈述和申辩是法律赋予违反治安管理行为人的一种程序权利，是用以对抗行政指控的方法，案件的客观、真实与全面，就是在这种指控和申辩的过程中实现的。应当说，陈述和申辩制度是保障处罚合法正确的重要制度，有兼听则明的意思。

从违反治安管理行为人的角度讲，陈述和申辩是违反治安管理行为人享有的重要权利。在公安机关作出治安管理处罚决定之前，应当告知并保证违反治安管理行为人的这项权利，违反治安管理行为人有权为自己的行为做出陈述、说明、解释和辩解。违反治安管理行为人可以行使或者放弃陈述和申辩权，是否行使由其自己决定；从行政机关的角度讲，听取违反治安管理行为人的陈述和申辩，是《行政处罚法》以及本法规定的必须履行的法定义务。在违反治安管理行为人未明确表示放弃此项权利的情况下，未经告知其享有陈述和申辩的权利，行政机关不应给予其任何种类的行政处罚，包括治安管理处罚。

第二，对违反治安管理行为人的意见，公安机关必须充分听取并复核，对事实、理由和证据成立的应当采纳。公安机关不能对违反治安管理行为人的陈述和申辩置之不理，而必须认真听取，对违反治安管理行为人提出的事实、理由和证据，包括违法行为较轻，应当受较轻的处罚的事实、理由和证据等，都应当进行调查复核，以确定其是否真实。这种态度既表现为充分地听，也表现为必要地查，更重要的是如果经过复核调查，发现违反治安管理行为人提供的事实、理由和证据成立的，公安机关应当采纳，作为是否作出治安管理处罚，以及作出怎样的治安管理处罚的理由和依据。

在治安管理中，公安机关及其人民警察处于主导地位，违反治安管理行为人处于被动的地位，因此，更需要在治安管理处罚程序中注意保护违反治安管理行为人的合法权益。在是否应给予治安管理处罚这一问题上，公安机关及其人民警察与违反治安管理行为人之间可能会有不同意见。这种情况，应当允许违反治安管理行为人陈述和申辩，公安机关及其人民警察应当充分听取和认真审查违反治安管理行为人提出的意见。如果违反治安管理行为人提出的事实、理由和证据能够成立，公安机关就应当予以采纳。

先听取违反治安管理行为人的意见，然后才能进行处理，是行政处罚"先调查，后裁决"原则的具体体现。赋予违反治安管理行为人陈述权和申辩权，有利于督促公安机关依法行使治安管理处罚权，正确运用治安管理处罚手段，减少和防止错误的治安管理处罚决定，充分保障和维护被处罚人的合法权益。

另外，没有告知或者没有充分保障违反治安管理行为人的陈述和申辩的权利，或者没有充分审查核实其事实、理由和证据的情况如何处理，本法没有明确规定。对于公安机关出现这些情况的，可以按照其他法律的规定处理。《行政处罚法》第六十二条规定："行政机关及其执法人员在作出行政处罚决定之前，未依照本法第四十四条、第四十五条的规定向当事人告知拟作出的行政处罚内容及事实、理由、依据，或者拒绝听取当事人的陈述、申辩，不得作出行政处罚决定；当事人明确放弃陈述或者申辩权利的除外。"在治安管理处罚中，也应当适用这一原则。

第三款是关于违反治安管理行为人不满十八周岁的特殊规定。

第三款包含以下三个方面的内容：

第一，本款针对的主体是不满十八周岁的违反治安管理行为人。针对不满十八周岁未成年人主体的程序设计旨在保护未成年人在治安管理处罚行为中的合法权益。

第二，需要告知未成年人的父母或者其他监护人的内容。由于未成年人的认知能力方面的限制，同时为了强调监护人责任，公安机关作出治安管理处罚决定前，应当告知未成年人的父母或者其他监护人拟作出治安管理处罚的内容及事实、理由、依据，并告知其依法享有的权利，如申请回避的权利、要求听证的权利、获得告知的权利、提供证据的权利、陈述和申辩的权利、申请复议的权利、提起行政诉讼的权利等。未成年人的父母或者其他监护人可以帮助未成年人进行陈述和申辩。

关于未成年人的监护人，《民法典》第二十七条对未成年人的监护人及其监护顺序进行了规定，其中父母是未成年子女的监护人。未成年人的父母已经死亡或者没有监护能力的，由下列有监护能力的人按顺序担任监护人：（1）祖父母、外祖父母；（2）兄、姐；（3）其他愿意担任监护人的个人或者组织，但是须经未成年人住所地的居民委员会、村民委员会或者民政部门同意。对于未满十八周岁的违反治安管理行为人，公安机关作出治安管理处罚决定前，应当告知未成年人监护人拟作出治安管理处罚的内容及事实、理由、依据，并告知其依法享有的权利。

第三，公安机关应充分听取未成年人父母或者其他监护人意见。对未成年人父母或者其他监护人提出的事实、理由和证据，应当进行复核；提出的事实、理由或者证据成立的，公安机关应当采纳。监护人到场制度既能保障未成年人陈述申辩权的实现，又能通过法定代理人参与程序监督，防止公安机关滥用职权，体现了"教育与处罚相结合"的执法理念。处罚前听取监护人意见，既是对监护人履行管教责任的督促，也为后续执行处罚决定奠定教育基础。通过监护人参与程序，可以增强处罚决定的可接受性，减少执行阻力。

第四款是关于公安机关不得因违反治安管理行为人的陈述和申辩而加重其处罚的规定。

第四款的含义主要是陈述和申辩不加重违反治安管理行为人处罚的原则，是为了防止公安机关及其人民警察因为违反治安管理行为人陈述和申辩而加重对其处罚，打消其思想顾虑，保障违反治安管理行为人真正充分行使自己的陈述、申辩权。既然陈述和申辩是违反治安管理行为人的权利，就不能因为其行使这些权利而加重其处罚。在决定治安管理处罚时，公安机关应当避免"态度罚"的现象，违反治安管理行为人的陈述和申辩不是判断违法情节的依据。对态度好，承认错误，表示改正或者认识深刻的，从轻处罚是应当的，但对于敢于争辩或者态度不好，拒不改正的，从重处罚是不符合本条规定及本法第六条规定的过罚相当原则的。

实践中需要注意的问题

在该条的理解适用中，需要注意以下几个方面的问题：

第一，告知违反治安管理行为人的相关内容要全面准确。公安机关在作出治安管理处罚决定前，必须明确、详细地告知违反治安管理行为人拟作出处罚的内容及事实、理由和依据。这要求对事实的描述要精准到事件发生的具体时间、地点、参与人员及行为细节等。例如，在打架斗殴案件中，要清晰说明冲突发生的准确时间、地点，谁先动手，使用何种工具，双方的攻击行为及造成的后果等。同时，准确引用《治安管理处罚法》等相关法律法规的具体条款作为处罚依据，并对条款内容作出通俗易懂的解释，让行为人明白为何其行为违法。此外，还应告知行为人依法享有的陈述权、申辩权，以及可能涉及的听证权等其他权利。

第二，执法中要注意未成年人权利保障。民警在听取未成年人陈述和申辩时，要更加耐心、温和。由于未成年人可能表达能力有限或紧张，民警可通过引导性提问帮助其完整表达想法。在整个过程中，要严格保护未成年人的隐私。无论是询问、记录还是后续处理，都不应公开未成年人的姓名、照片等可识别身份的信息。在制作法律文书时，也应使用化名等方式保护其隐私，避免对未成年人未来的学习、生活造成负面影响。考虑到未成年人可能产生心理压力，公安机关可联合专业心理咨询师或学校心理老师对其进行心理疏导，同时对未成年人进行法治教育，引导其认识错误，树立正确的法律观念，避免再次犯错。

◗ **相关规定**

《中华人民共和国行政处罚法》第五条、第四十一条、第四十四条、第四十五条、第六十二条；《中华人民共和国民法典》第二十七条；《公安机关办理行政案件程序规定》第三十八条、第一百五十七条、第一百六十七条、第一百六十九条

第一百一十三条 治安案件调查结束后，公安机关应当根据不同情况，分别作出以下处理：

（一）确有依法应当给予治安管理处罚的违法行为的，根据情节轻重及具体情况，作出处罚决定；

（二）依法不予处罚的，或者违法事实不能成立的，作出不予处罚决定；

（三）违法行为已涉嫌犯罪的，移送有关主管机关依法追究刑事责任；

（四）发现违反治安管理行为人有其他违法行为的，在对违反治安管理行为作出处罚决定的同时，通知或者移送有关主管机关处理。

对情节复杂或者重大违法行为给予治安管理处罚，公安机关负责人应当集体讨论决定。

● 条文主旨

本条是关于公安机关在治安案件调查结束后，区分不同情况作出处理的规定。

● 立法背景

1. 2005 年《治安管理处罚法》的规定。第九十五条规定："治安案件调查结束后，公安机关应当根据不同情况，分别作出以下处理：（一）确有依法应当给予治安管理处罚的违法行为的，根据情节轻重及具体情况，作出处罚决定；（二）依法不予处罚的，或者违法事实不能成立的，作出不予处罚决定；（三）违法行为已涉嫌犯罪的，移送主管机关依法追究刑事责任；（四）发现违反治安管理行为人有其他违法行为的，在对违反治安管理行为作出处罚决定的同时，通知有关行政主管部门处理。"

公安机关对治安案件调查结束后应当作出处理，这是治安管理处罚程序中重要环节之一。本条明确了治安案件调查结束后的法律程序规定，公安机关在对治安案件调查结束后，应当根据调查结果，区分四种不同的情况，分别作出：处罚决定、不予处罚决定、移送主管机关追究刑事责任以及通知有关行政主管部门对涉及的其他违法行为进行处理。这样规定有利于公安机关依照法定程序执法，可以使公安机关在区分不同情况后，客观、公正地依法作出处理。

2. 2025 年修订后的《治安管理处罚法》的规定。

一是将第一款第四项中"通知有关行政主管部门处理"修改为"通知或者移送有关主管机关处理"，修改扩大了处理违反治安管理行为人其他违法行为的途径，不仅局限于通知有关行政主管部门，还增加了移送有关主管机关处理的方式，使执法过程中对于案件的处理更加灵活和全面，能够根据具体情况将案件移送至更合适的机关进行处理，提高执法效率和准确性。

二是增加一款作为第二款："对情节复杂或者重大违法行为给予治安管理处罚，公安机关负责人应当集体讨论决定。"增加本款规定主要是考虑到情节复杂或重大违法行为往往涉及众多因素与复杂情况，对此类案件的处理需要持极为慎重的态度。集体讨论时，可以从各自专业背景、工作经验出发，多角度分析案件，综合权衡证据采信、法律适用、处罚裁量等问题，能提升处罚的科学性，既保障行政机关依法行政，又能维护公民、法人或者其他组织的合法权益。

● 条文释义

本条共分两款。第一款是关于公安机关对治安案件调查结束后应当作出的具体处理的规定。

第一款主要对公安机关在对治安案件调查结束后，根据调查结果的处理方式进行了规定，共区分四种不同的情况。

第一，作出处罚决定。对治安案件"调查结束后"，是指公安机关依照本法规定的调查程序对相关案件调查终结。公安机关认为确有依法应当给予治安管理处罚的违法行为的，按照情节轻重及具体情况，应当作出处罚决定。这里所说的"依法应当给予治安管理处罚的违法行为"，是指本法第三章规定的需要给予治安管理处罚的违反治安管理行为。包含两层意思：一是"违法行为"是特指违反治安管理的行为，也即本法第三章规定的违反治安管理的行为。如果不是违反治安管理的其他违法行为，则不适用本法进行处罚。二是违反治安管理的行为需要给予治安管理处罚的。如果依法不需要给予治安管理处罚，则不能作出处罚决定。只有满足上述两个条件，才能作出处罚决定。同时，作出处罚决定时，还要遵循一个原则，即处罚决定要根据违法行为的情节轻重及具体情况来作出。根据本法第六条规定，治安管理处罚必须以事实为依据，与违反治安管理事实、性质、情节以及社会危害程度相当。即处罚应当遵循过罚相当原则。作出处罚决定的过程，也是一个如何适用处罚的过程。根据本法第三章的规定，按照情节轻重及具体情况的不同，罚款和行政拘留都有一定的处罚幅度。应当在处罚幅度内作出处罚决定。公安机关在作出处罚决定的时候，应当考虑被处罚人从轻、减轻或者从重处罚的情节。

第二，作出不予处罚决定。根据调查结果，公安机关认为依法不予处罚的，或者违法事实不能成立的，应当作出不予处罚的决定。这里包括两种情况：一是公安机关认为依法不予处罚的，应当作出不予处罚的决定。所谓"依法不予处罚的"，根据本法规定可以包括如下情形：（1）不满十四周岁的人违反治安管理的，精神病人、智力残疾人在不能辨认或者不能控制自己行为的时候违反治安管理的，不予处罚。其特点是上述主体都不具有法定责任能力，因而不予处罚。(2) 盲人或者又聋又哑的人违反治安管理的，可以不予处罚。(3) 具有情节轻微的；主动消除或者减轻违法后果的；取得被侵害人谅解的；出于他人胁迫或者诱骗的；主动投案，向公安机关如实陈述自己的违法行为的；有立功表现的；这些情形可以不予处罚。(4) 为了免受正在进行的不法侵害而采取的制止行为，明显超过必要限度，情节较轻的，不予处罚。(5) 经公安机关调解，当事人达成协议的，不予处罚。对于因民间纠纷引起的打架斗殴或者损毁他人财物等违反治安管理行为，情节较轻的，经公安机关调解，当事人达成协议的，不予处罚；或者在公安机关作出处理决定前，当事人自行和解或者经人民调解委员会调解达成协议并履行，书面申请经公安机关认可的，不予处罚。二是公安机关认为违法事实不能成立的，应当作出不予处罚的决定。所谓"违法事实不能成立"，是指没有违法事实或者证据不足以证明有违法事实两种情况。如公安机关接到报警后前往现场，经调查发现没有违法事实，决定对当事人不予处罚。

另外，还需要注意，根据本法的规定，违反治安管理行为在六个月内没有被公安机关发现的，不再处罚。如果公安机关经过调查后发现，违法行为超过追究时效的，公安机关也应当作出不予处罚的决定。

第三，移送有关主管机关依法追究刑事责任。根据调查结果，办理治安案件的公安机关认为违法行为已经涉嫌犯罪的，应当移送有关主管机关依法追究刑事责任。这样规定主要是考虑，治安管理处罚与刑罚是两种不同性质的处罚。治安管理处罚权是行政权的重要组成部分，而刑事处罚权则是司法权的重要组成部分，两者实施主体不同。同时，也应当避免产生"以行政处罚代替刑事处罚"的负面作用。因此，如果违法行为已经涉嫌犯罪，应当移送有关主管机关依法追究刑事责任。这里所讲的"主管机关"，是指根据《刑事诉讼法》的规定具有管辖权的公安机关和检察机关等。

第四，通知或者移送有关主管机关对涉及的其他违法行为进行处理。根据调查结果，公安机关发现违反治安管理行为人有其他违法行为的，在对违反治安管理行为作出处罚决定的同时，应通知或者移送有关主管机关处理。我国实行的是多主体的行政处罚体制。根据法律的授权，不同的行政机关有各自的处罚权。根据《行政处罚法》的规定，限制人身自由的行政处罚，由公安机关执行。而吊销营业执照的处罚根据目前的法律法规规定，主要由市场监督管理部门行使，公安机关没有这个职权。还有一些其他行政处罚的种类，也都由相应的行政机关依法行使。为了保证对各类违法行为的处罚，行政机关相互之间的配合与沟通是完全必要的。这里规定的"其他违法行为"是指违反除本法规定外的其他行政管理法律法规的行为。公安机关一旦发现违反治安管理行为同时涉及违反其他行政管理法律法规的，应当通知有关主管机关对违法行为进行处理或者将案件直接移送有关主管机关处理。

第二款是关于对情节复杂或者重大违法行为给予治安管理处罚的要求。

根据第二款规定，当出现情节复杂或者重大的违反治安管理的行为需要给予治安处罚时，不能由单个公安机关负责人或者经办人员擅自决定处罚内容及方式等，而必须由公安机关的负责人以集体讨论的形式，综合各方面因素和意见，来作出最终的处罚决定，以确保处罚的合法性、合理性和公正性。关于"情节复杂"，通常是指案件在事实认定、证据采信、法律适用等方面存在一定的复杂性或争议性。例如，案件涉及多个违法主体且责任划分不明确，或者存在多种违法手段相互交织；证据方面存在相互矛盾、证明力难以判断的情况；在法律适用上，可能涉及多个法律条款的竞合或对法律条款的理解存在不同观点等。

关于"重大违法行为"，一般是指违法性质严重、危害后果较大、社会影响较广的违反治安管理行为。比如，造成他人重伤等严重后果的治安案件、涉及众多人员参与的群体性治安违法事件、在公共场所实施的严重扰乱社会秩序且引起较大社会恐慌的行为，或者是涉及特殊群体、敏感领域等可能引发重大社会关注的治安违法行为。

关于"集体讨论决定"，一般意味着要召集相关的公安机关负责人，通过正式的会议等形式，对案件的具体情况进行全面、深入的讨论。各负责人需充分发表自己的观点和意见，综合考虑案件的事实、证据、法律规定以及社会影响等多方面因素，按照少数服从多数等原则形成最终的处罚决定意见。

实践中需要注意的问题

在该条的理解适用中，需要注意以下问题：

第一，注意把握违反治安管理行为与涉嫌犯罪追究刑事责任的关系。由于本法规定的违反治安管理行为与犯罪行为具有极大的关联性，罪与非罪界限的把握非常重要，要正确理解不同的适用条件。本法规定的违反治安管理行为，是具有社会危害性，尚不够刑事处罚的行为，包括：扰乱公共秩序的行为，妨害公共安全的行为，侵犯人身权利、财产权利的行为，妨害社会管理的行为。而与此相对应，《刑法》规定了扰乱公共秩序罪，危害公共安全罪，侵犯公民人身权利、民主权利罪，妨害社会管理秩序罪等犯罪行为。公安机关应当根据违法行为的情节和危害后果，来确定是否涉嫌犯罪。这里要注意区分两种情况。一是某种行为本法和《刑法》都作了规定的，只是危害程度和结果不同，比如，本法规定非法限制他人人身自由的，是违反治安管理的行为，而《刑法》规定非法拘禁他人或者以其他方法非法剥夺他人人身自由的，是犯罪行为。虽然在立法用语方面，也通过使用"非法限制"和"非法剥夺"表明了两者在情节和程度上的区别。在实践中，需要从具体的情节和危害后果区分罪与非罪，将涉嫌犯罪的移送有关主管机关依法追究刑事责任。二是只有《本法》规定为违法的行为以及只有《刑法》规定为犯罪行为的，应当分别适用不同的法律进行处理，比如，反复纠缠或者以其他滋扰他人的方式干扰他人正常生活的行为，只是本法规定的违反治安管理的行为，适用本法，而一旦发现有强奸妇女的行为则属于犯罪行为，应当移送有关主管机关，适用《刑法》，追究刑事责任。

第二，有的治安案件涉及复杂的社会关系或利益纠葛，如涉及多个家族之间的矛盾、企业之间的商业竞争引发的治安问题等，这些背后的社会关系和利益因素会对案件的处理产生影响，需要综合考虑各种因素来平衡各方利益，确保处理结果既符合法律规定，又能妥善解决矛盾。

第三，有的案件社会关注度高，可能引发较大的社会关注或舆论压力，处理结果可能对社会产生广泛的影响。例如，发生在公共场所的重大治安案件，可能会引起公众的广泛关注和讨论，处理不当可能会引发社会不稳定因素或对公安机关的执法形象产生负面影响，因此需要更加谨慎地处理，综合考虑法律效果和社会效果的统一。

● **相关规定**

《中华人民共和国行政处罚法》第三十条至第三十三条、第五十七条；《公安机关办理行政案件程序规定》第一百七十二条；《公安机关执行〈中华人民共和国治安管理处罚法〉有关问题的解释》第三部分

第一百一十四条 有下列情形之一的，在公安机关作出治安管理处罚决定之前，应当由从事治安管理处罚决定法制审核的人员进行法制审核；未经法制审核或者审核未通过的，不得作出决定：

（一）涉及重大公共利益的；

（二）直接关系当事人或者第三人重大权益，经过听证程序的；

（三）案件情况疑难复杂、涉及多个法律关系的。

公安机关中初次从事治安管理处罚决定法制审核的人员，应当通过国家统一法律职业资格考试取得法律职业资格。

● 条文主旨

本条是关于公安机关在作出治安管理处罚决定前的法制审核要求的规定。

● 立法背景

2025 年《治安管理处罚法》修订后新增加本条规定。法制审核是行政处罚的重要程序性制度，有利于保障行政处罚决定的合法公正，有助于保护当事人的合法权益。《中共中央关于全面推进依法治国若干重大问题的决定》明确提出"全面推行重大执法决定法制审核制度"要求。《行政处罚法》2017 年修改中也增加规定了法制审核，本次《治安管理处罚法》修改也在治安案件办理中进一步完善了法制审核制度。治安管理处罚涉及公安机关的公权力行使，法制审核作为一道关键的"把关"程序，能够通过依法行政的理念，确保权力在法律框架内运行，防止处罚不当等情况，维护法律的严肃性和公正性。同时，随着社会发展，治安案件呈现多样化、复杂化趋势。法制审核人员在处理复杂案件时可以对法律适用和证据判断进行进一步把关，发现案件办理中的问题并提出改进建议，从而整体提升公安机关的执法质量。公正合理的治安管理处罚决定是公众信任公安机关执法的基础。通过法制审核保障处罚决定的合法性和公正性，能够让公众看到法律的公平正义得到彰显，增强公众对公安机关执法工作的认可和支持。

● 条文释义

本条共分两款。第一款是关于法制审核的适用情形。

第一款包含以下三个方面的内容。

第一，关于法制审核的前提。法制审核是事前审核，不能先作出治安管理处罚决定，事后再补办法制审核手续。为了强化法制审核制度的刚性，使法制审核制度发挥应有作用，第一款明确规定应当进行法制审核的情形，未经法制审核或者审核未通过的，不得作出决定。通过法制审核能够及时发现并纠正办案过程中的不当行为，保护当事人合法权益不受侵犯，确保执法活动的合法性和正当性，也可以减少因执法不当而引发的纠纷和诉讼。

第二，关于法制审核的主体。法制审核的主体是从事治安管理处罚决定法制审核的人员。一方面，要求法制审核人员应当相对固定，以保障法制审核的专业性、连贯性、统一性。另一方面，没有统一要求成立法制审核机构，避免"一刀切"，但也应当配备必要的法制审核人员，提高执法质量和效率。通过专业的法制审核人员对治安案件进行审核，对治安案件的性质、违法行为认定、处罚建议等方面提出专业建议，有助于公安机关作出正确的处理决定，从而提高执法质量和效率。

第三，关于法制审核的适用情形。2019年《国务院办公厅关于全面推行行政执法公示制度执法全过程记录制度重大执法决定法制审核制度的指导意见》明确了法制审核的范围，落脚点在重大执法决定上。根据改革新要求和各方面意见，凡涉及重大公共利益，可能造成重大社会影响或引发社会风险，直接关系行政相对人或第三人重大权益，经过听证程序作出行政执法决定，以及案件情况疑难复杂、涉及多个法律关系的，都要进行法制审核。根据本款规定的具体情形来看：

一是案件涉及重大公共利益的。在治安管理领域，涉及重大公共利益的治安案件通常是指针对不特定多数人的利益、社会正常运转和公共秩序等方面产生重大影响的案件。比如，在人员密集的大型活动现场、商场、车站、广场等公共场所，投放危险物质等行为，容易引发人群恐慌，此类行为极易引发踩踏、伤人等严重后果，扰乱社会公共秩序，危及众多群众的生命安全和身体健康。这类案件往往影响范围广，一旦处理不当，容易引发较大的社会负面效应，通过法制审核有助于处罚决定合法、合理，维护公共利益。

二是案件直接关系当事人或者第三人重大权益，经过听证程序的。此类案件结果对当事人（如被处罚的个人、法人或其他组织）或第三人（与案件处理结果有法律上利害关系的主体）的重大权益，如重大财产权益、人身权益等，会产生直接影响，并且已经过听证程序，就需要进行法制审核。听证程序是为保障当事人及第三人重大权益而设置的重要环节，在经过听证后，通过法制审核进一步审查处罚决定在事实认定、法律适用、程序遵循等方面是否正确，以确保重大权益得到妥善保护。例如，在吊销某企业治安相关许可证的案件中，该企业的经营权益受到重大影响，且经过听证，此时就须法制审核。

三是案件情况疑难复杂、涉及多个法律关系的。有些治安案件可能出现事实认定困难，证据的收集、判断较为复杂，或者案件涉及多种法律关系交织的情况，如涉及《治安管理处罚法》的同时还涉及其他行政法律法规，还可能与民事法律关系存在交叉。一些涉及多方纠纷的治安案件中，可能既涉及违反治安管理的行为，又涉及民事赔偿等法律关系，此类案件处理难度大，往往更需要专业的法制审核来把关，确保处罚决定准确无误。

第四，关于法制审核的主要内容。根据《公安机关办理行政案件程序规定》对行政案件进行审核、审批时，应当审查下列内容：（1）违法嫌疑人的基本情况；（2）案件事实是否清楚，证据是否确实充分；（3）案件定性是否准确；（4）适用法律、法规和规章是否正确；（5）办案程序是否合法；（6）拟作出的处理决定是否适当。

《国务院办公厅关于全面推行行政执法公示制度执法全过程记录制度重大执法决定法制审核制度的指导意见》也针对法制审核内容提出要严格审核行政执法主体是否合法，行政执法人员是否具备执法资格；行政执法程序是否合法；案件事实是否清楚，证据是否合法充分；适用法律、法规、规章是否准确，裁量基准运用是否适当；执法是否超越执法机关法定权限；行政执法文书是否完备、规范；违法行为是否涉嫌犯罪、需要移送司法机关等。

第二款是关于初次从事法制审核人员的资质要求。

根据第二款规定，公安机关中初次从事治安管理处罚决定法制审核的人员，应当通过国家统一法律职业资格考试取得法律职业资格。这里的"初次从事治安管理处罚决定的法制审核人员"，是指 2017 年《行政处罚法》修改后，自 2018 年 1 月 1 日施行以来，公安机关中第一次从事治安管理处罚决定法制审核的人员，不包括 2018 年 1 月 1 日以前已经在公安机关从事治安管理处罚决定法制审核的人员，对这些人员实行"老人老办法"，未取得法律职业资格的，可继续从事法制审核工作。

党的十八届四中全会决定中提出，完善法律职业准入制度，健全国家统一法律职业资格考试制度。之所以要求法制审核人员通过国家统一法律职业资格考试，这既是决定的要求，也是因为国家统一法律职业资格考试是对法律专业知识和素养的全面且严格的考查，考试内容涵盖法理学、宪法、民法、刑法、行政法、诉讼法等众多法律学科领域，对参考人员的法律基础知识掌握程度、综合分析能力以及运用法律解决实际问题的能力均有较高要求。通过该考试，才能证明相关人员具备较为扎实的法律专业知识，同时也能熟悉各类法律规范，具备准确运用法律对治安管理处罚案件进行审核的能力素养。

实践中需要注意的问题

在该条的理解适用中，需要注意的是，在实际执行过程中，部分地区的公安机关需要加强对配置法制审核人员重要性的认识。法律职业资格考试难度较高，公安机关内部工作人员日常工作繁忙，难以抽出大量时间系统复习备考，且相关人员知识结构可能相对单一，与考试全面性要求存在差距，通过考试获取资格难度较大。此外，由于行政编制与岗位设置局限，编制总量固定且严格管控，法制审核岗位在编制分配竞争中处于不利地位，一些基层公安机关甚至难以满足基本执法岗位编制需求，无暇顾及法制审核岗位；部分公安机关对法制审核岗位性质、职责和重要性认识不清，岗位定位模糊，将其与其他行政事务性岗位混同或作为附加职责，导致岗位专业性难以彰显，吸引力不足，不利于吸引高素质法律专业人才。国家统一法律职业资格考试是对法律专业知识和素养的全面、严格考查，通过该考试取得资格，意味着相关人员具备扎实的法律专业知识，熟悉各类法律规范，能够准确运用法律对治安管理处罚案件进行审核。这一要求旨在从人员专业素质层面保障法制审核工作的质量，使法制审核人员能够胜任对复杂治安案件处罚决定的审查工作，防止因专业能力不足导致审核能力缺失，进而确保治安管理处罚决定合法、公正。

相关规定

《中华人民共和国行政处罚法》第四十一条、第五十八条；《公安机关办理行政案件程序规定》第四十四条、第一百七十条、第一百七十一条；《公安机关法制部门工作规范》第五十三条至第五十六条；《国务院办公厅关于全面推行行政执法公示制度执法全过程记录制度重大执法决定法制审核制度的指导意见》第四部分

第一百一十五条 公安机关作出治安管理处罚决定的，应当制作治安管理处罚决定书。决定书应当载明下列内容：

（一）被处罚人的姓名、性别、年龄、身份证件的名称和号码、住址；

（二）违法事实和证据；

（三）处罚的种类和依据；

（四）处罚的执行方式和期限；

（五）对处罚决定不服，申请行政复议、提起行政诉讼的途径和期限；

（六）作出处罚决定的公安机关的名称和作出决定的日期。

决定书应当由作出处罚决定的公安机关加盖印章。

● 条文主旨

本条是关于治安管理处罚决定书内容的规定。

● 立法背景

本条是 2005 年《治安管理处罚法》第九十六条的规定，2025 年修订后的《治安管理处罚法》对本条没有修改。治安管理处罚决定书是公安机关行使治安管理处罚权的法定表现形式，对被处罚人具有法律约束力，同时也是被处罚人申请行政复议、提起行政诉讼的重要证据。明确治安管理处罚决定书的制作要求及具体内容有利于督促公安机关依法行政，体现了治安管理处罚的公开原则，有利于保证处罚过程有据可依、有章可循，避免处罚的随意性。

● 条文释义

本条共分两款。第一款是关于公安机关在治安案件调查结束后制作治安管理处罚决定书的内容要求。

第一款包含以下两个方面的内容。

第一，对违反治安管理行为人作出治安管理处罚决定的，公安机关应当制作治安管理处罚决定书。

强调公安机关一定要制作治安管理处罚决定书，这是因为，治安管理处罚决定书是公安机关行使公权力，对违反治安管理行为人进行治安处罚的法律表现形式，具有法律效力。同时，决定书对违反治安管理行为人也具有重要法律意义，一方面决定书对其具有法律约束力，被处罚的违反治安管理行为人应当按决定书要求接受处罚；另一方面决定书也是其提起行政复议、行政诉讼以及国家赔偿的重要凭证。因此，公安机关在作出治安管理处罚决定时，无论是当场处罚还是按照一般程序作出处罚，都必须制作治安管理处罚决定书。所谓"治安管理处罚决定书"，是指公安机关对违反治安管理行为人违反何种治安管理行为、适用何种处罚种类所作出的书面决定，是具有法律效力的文书。

第二，治安管理处罚决定书载明的内容应当符合法定要求。根据本款规定，治安管理处罚决定书应当载明以下六类事项。

一是被处罚人的身份信息。包括被处罚人的姓名、性别、年龄、身份证件的名称和号码、住址。这里的"身份证件"主要是用于证明个人身份的法定证件，包括居民身份证、户口簿、护照等证件。姓名、性别、年龄应当与居民身份证上的一致，如果不一致的需要加以说明。对事实清楚，证据充分，但不能如实提供真实姓名的，可以按其供认的姓名填写。住址应当是被处罚人被处罚时的常住地址。

二是违法事实和证据。这里的"违法事实"是指被处罚人违反治安管理的具体行为和经过。"证据"是指具体证明治安案件真实情况的一切事实。证据应当是客观事实的反映，不能是主观推断，不能是伪证。作出处罚决定所依据的证据必须能够充分证明违法事实的存在。根据《行政处罚法》第四十六条第一款的规定，证据的种类包括：（1）书证；（2）物证；（3）视听资料；（4）电子数据；（5）证人证言；（6）当事人的陈述；（7）鉴定意见；（8）勘验笔录、现场笔录。

三是处罚的种类和依据。主要是指公安机关给予被处罚人何种治安管理处罚以及公安机关作出处罚决定所依据的法律。"处罚的种类"包括：警告、罚款、行政拘留和吊销公安机关发放的许可证。对违反治安管理的外国人，可以附加适用限期出境或者驱逐出境。处罚的依据主要是指本法第三章规定的违反治安管理的行为和处罚，即违法事实涉及的具体条文和处罚，也包括其他章节规定的适用处罚的有关原则等。处罚种类及依据不能超出本法及有关法律规定的范围。

四是处罚的执行方式和期限。处罚的"执行方式"是指公安机关以什么形式来执行处罚，主要是指对被处罚人处以罚款、行政拘留处罚的执行方式。比如，受到罚款处罚的人应当自收到处罚决定书之日起十五日内，到指定的银行或者通过电子支付系统缴纳罚款。

治安管理处罚决定的执行期限是指处罚决定生效后，公安机关依法实施处罚的具体时间规定，涉及不同处罚类型的执行规则、特殊情形的处理及法律后果。以行政拘留的执行期限为例，行政拘留的执行期限为 1 日以上 15 日以下。若存在两种以上违反治安管理的行为，合并执行时最长不超过 20 日。例如，某被处罚人因盗窃被拘留 10 日，同时因殴打他人被拘留 10 日，合并执行总期限仍为 20 日。被处罚人不服行政拘留处罚决定，申请行政复议、提起行政诉讼的，或者遇有参加升学考试、子女出生或者近亲属病危、死亡等情形的，可以向公安机关提出暂缓执行行政拘留的申请。

五是对处罚决定不服，申请行政复议、提起行政诉讼的途径和期限。本项规定是要求公安机关在作出治安管理处罚决定时，应当向被处罚人告知对处罚决定不服的法律救济途径，也就是向被处罚人告知可以向哪级行政机关申请行政复议或者向哪级人民法院提起行政诉讼，同时，还要依照法律的规定，向被处罚人告知申请行政复议或者提起行政诉讼的期限。告知被处罚人可以申请行政复议和提起行政诉讼，是公安机关应当履行的法定义务。在治安管理处罚决定书中载明该事项，有利于维护当事人的合法权益；加强对公安机关及人民警察的监督，实现治安处罚的规范化。

六是作出处罚决定的公安机关的名称和作出决定的日期。本项是对处罚主体及处罚日期的规定。只有具有行政处罚主体资格的公安机关才能作出治安处罚决定。作出决定的日期也是必须载明的事项，对公安机关按照法定期限送达处罚决定书、被处罚人在法定期限内申请行政复议或者提起行政诉讼具有重要意义。

在具体实施时，公安部门应当形成规范的、统一的决定书文书格式，载明上述法律规定的内容，做到清楚、规范、有理、有据。

第二款是关于公安机关在治安案件调查结束后制作治安管理处罚决定书加盖印章的要求。

公安机关印章是具有法律效力的签名。没有加盖作出处罚决定的公安机关印章的决定书不具有法律效力。如果印章与作出处罚决定的公安机关的名称不一致，处罚决定也无效。"作出处罚决定的公安机关"包括作出治安管理处罚决定的公安派出所和县、市公安局、公安分局或者其他县级以上地方人民政府公安机关。根据本条规定，警告或者处一千元以下的罚款可以由公安派出所决定，其作出的决定书应加盖公安派出所的印章。县、市公安局、公安分局或者其他县级以上地方人民政府公安机关作出处罚决定的应加盖该县、市公安局、公安分局或者其他县级以上地方人民政府公安机关的印章。

实践中需要注意的问题

在该条的理解适用中，应当注意以下几个方面的问题：

第一，治安管理处罚决定书要避免信息错漏。决定书上被处罚人信息至关重要，一旦出现错误，如姓名同音不同字、身份证号码有误，会导致处罚对象错误，损害当事人权益，影响执法公信力。要避免因户籍系统信息更新不及时，民警未仔细核对，处罚决定书写错被处罚人姓名，引发当事人的不满并申诉。

第二，公安机关要增强对违法事实与证据表述的精确性。对违法事实描述若过于简略，未清晰呈现行为的时间、地点、具体情节，难以让被处罚人信服，也不利于后续被处罚人可能提起的复议、诉讼。例如，在打架斗殴案件中，仅记录"双方发生冲突"，未提及冲突起因、谁先动手、使用何种工具等关键细节。同时，证据部分若未明确证据种类、来源及证明内容，无法形成完整证据链支撑处罚决定。比如某盗窃案，决定书仅写"有相关证据证明"，未说明是监控录像、指纹鉴定还是证人证言等，这样的表述无法有力支撑处罚。

相关规定

《中华人民共和国行政处罚法》第四十六条、第五十九条；《公安机关办理行政案件程序规定》第一百六十一条、第一百七十五条

第一百一十六条 公安机关应当向被处罚人宣告治安管理处罚决定书，并当场交付被处罚人；无法当场向被处罚人宣告的，应当在二日以内送达被处罚人。决定给予行政拘留处罚的，应当及时通知被处罚人的家属。

有被侵害人的，公安机关应当将决定书送达被侵害人。

条文主旨

本条是关于处罚决定书的宣告、通知和送达的规定。

立法背景

1. 2005 年《治安管理处罚法》的规定。第九十七条规定："公安机关应当向被处罚人宣告治安管理处罚决定书，并当场交付被处罚人；无法当场向被处罚人宣告的，应当在二日内送达被处罚人。决定给予行政拘留处罚的，应当及时通知被处罚人的家属。有被侵害人的，公安机关应当将决定书副本抄送被侵害人。"

公安机关制作好治安管理处罚决定书后，及时向被处罚人宣告，并送达给被处罚人，是治安管理处罚的必经程序。交付和送达是治安管理处罚决定发生法律效力的基本前提，未交付和送达的治安管理处罚决定书对被处罚人没有法律约束力，这也是依法行政的要求。

2. 2025 年《治安管理处罚法》的规定。本次修订后的《治安管理处罚法》主要作了两处修改。一是第一款将"二日内送达被处罚人"修改为"二日以内

送达被处罚人"。二是将第二款"公安机关应当将决定书副本抄送被侵害人"修改为"公安机关应当将决定书送达被侵害人"。原规定中的"抄送",意味着被侵害人只是收到决定书的副本,而"送达"一词则明确了公安机关有责任采取合法、有效的方式,确保给被侵害人送达决定书,且知晓决定书的内容及自身所拥有的相关权利,以保障送达的有效性和合法性。这种明确的规定使得被侵害人能更好地参与到案件处理后续环节中,充分维护自身合法权益,同时也增强了公安机关执法的规范性和严谨性,保障整个案件处理流程在法治轨道上规范运行,提升执法公信力。

● 条文释义

本条共分两款。第一款是关于公安机关送达治安管理处罚决定书的规定。

本款包含以下三个方面的内容:

第一,公安机关应当当场向被处罚人宣告并交付治安管理处罚决定书。所谓"当场交付",是指与被处罚人面对面交付。既可以是当场宣告治安管理处罚决定的人民警察向被处罚人交付治安管理处罚决定书,也可以通知被处罚人到公安机关,向其宣告和交付治安管理处罚决定书。公安机关向被处罚人当场宣告后,经被处罚人在处罚决定书上签字,即视为当场送达被处罚人。被处罚人拒绝接收处罚决定书的,应当记录在案,视为当场交付。

第二,公安机关无法当场宣告处罚决定书的处理,根据本款规定,无法当场向被处罚人宣告的,应当在二日以内送达被处罚人。参照《民事诉讼法》的有关规定,治安管理处罚决定书的送达可以有:直接送达、留置送达、转交送达、委托送达、邮寄送达和公告送达等几种方式。直接送达也称交付送达,是指公安机关将治安管理处罚决定书直接交付给被处罚人。如被处罚人不在,可以交付给其成年家属签收。留置送达是指被处罚人或者他的同住成年家属拒绝接收治安管理处罚决定书的,公安机关应当邀请有关基层组织或者所在单位的代表到场,说明情况,在送达回证上记明拒收事由和日期,由送达人、见证人签名或者盖章,把治安管理处罚决定书留在被处罚人的住所,即视为送达。转交送达是指如果被处罚人的身份不便于公安机关直接送达,可以通过其所在的单位转交,代为转交的单位在收到治安管理处罚决定书后,必须立即交被处罚人签收。委托送达是指直接送达确有困难的,公安机关可以委托被处罚人居住地的公安机关代为送达。邮寄送达是通过邮寄方式将处罚决定书送达被处罚人的一种方式,邮寄回执为送达凭证。公告送达是被处罚人下落不明,或者用其他方式无法送达的，可以将处罚决定书予以公告送达，通过张贴公告、登报等方式，通知被处罚人，自发出公告之日起，经过三十日，即视为送达，公告送达应在案卷中记明原因和过程。

对于无法当场宣告的送达的期限，公安机关应当在二日以内送达被处罚人。这样规定是考虑到治安管理处罚是公安机关常用手段，几乎每天都使用，为了提高公安机关行政效率，使治安案件尽快得到处理，对公安机关提出高要求是应当的，也是能够办到的。

第三，决定给予被处罚人行政拘留处罚的，应当及时通知被处罚人的家属。根据本款规定，对被决定给予行政拘留处罚的人，由作出决定的公安机关将其送拘留所执行。执行拘留具有强制力和即时性，且限制被处罚人的人身自由。对于治安管理处罚决定书由公安机关当场交付给被决定给予行政拘留处罚人的，除本法第二十三条、第一百二十六条规定的有关情形外，一般由公安机关立即送达拘留所执行。对此，公安机关应当及时通知被处罚人的家属。这里的"及时通知"，是指公安机关应当将被处罚人拘留的原因、时间以及执行拘留的场所，在二十四小时以内通知到被处罚人的家属。这样规定，主要是为了便于被处罚人的家属及时了解情况，避免不必要的心理恐慌，有利于社会稳定。

第二款是关于对有被侵害人的案件公安机关的送达要求。

本款主要通过明确公安机关对于被侵害人的送达义务来保障被侵害人的知情权。治安案件有的是扰乱公共秩序，妨害公共安全，有的是侵犯人身权利和财产权利，妨害社会管理，多数具有社会危害性。因而，许多治安案件有被侵害人。治安案件的处理结果与被侵害人有直接利害关系。对有被侵害人的，法律明确规定，公安机关应当将治安管理处罚决定书送达被侵害人，同时方便被侵害人根据本法第一百二十一条的规定进行救济。办理治安案件的一个总目标就是维护社会治安，化解社会矛盾，增进社会和谐。将治安管理处罚决定书送达被侵害人，有利于惩治违法，弘扬正气；有利于治安案件结果的公开、公正；有利于得到被侵害人的理解，化解社会矛盾；有利于增进社会和谐。

▇ 实践中需要注意的问题

在该条的理解适用中应当注意的是，实践中，公安机关需严格按照规定选择送达方式。例如，不能通过电话通知受送达人到派出所签收处罚决定书，而受送达人又没有到达时，就将处罚决定在电话中向受送达人宣读并将此电话通知视为电子送达，或在附卷文书上备注受送达人拒收事由从而视为直接送达，这不符合规范送达的程序规定。此外，直接送达具有前置性，只有在直接送达无法实现的情况下，才能选择邮寄送达或电子送达，而邮寄送达和电子送达二者可平行选择，并无递进关系。对于被侵害人，送达方式同样需遵循法律规定，确保被侵害人能切实收到决定书，保障其知情权。

● 相关规定

《中华人民共和国行政处罚法》第六十一条；《公安机关办理行政案件程序规定》第三十六条、第一百六十一条、第一百七十二条；《中华人民共和国民事诉讼法》第八十七条至第九十五条；《最高人民法院关于适用〈中华人民共和国行政诉讼法〉的解释》第五十一条、第五十二条

第一百一十七条 公安机关作出吊销许可证件、处四千元以上罚款的治安管理处罚决定或者采取责令停业整顿措施前，应当告知违反治安管理行为人有权要求举行听证；违反治安管理行为人要求听证的，公安机关应当及时依法举行听证。

对依照本法第二十三条第二款规定可能执行行政拘留的未成年人，公安机关应当告知未成年人和其监护人有权要求举行听证；未成年人和其监护人要求听证的，公安机关应当及时依法举行听证。对未成年人案件的听证不公开举行。

前两款规定以外的案情复杂或者具有重大社会影响的案件，违反治安管理行为人要求听证，公安机关认为必要的，应当及时依法举行听证。

公安机关不得因违反治安管理行为人要求听证而加重其处罚。

● 条文主旨

本条是关于公安机关进行治安管理处罚听证的范围的规定。

● 立法背景

1. 2005年《治安管理处罚法》的规定。第九十八条规定："公安机关作出吊销许可证以及处二千元以上罚款的治安管理处罚决定前，应当告知违反治安管理行为人有权要求举行听证；违反治安管理行为人要求听证的，公安机关应当及时依法举行听证。"

2005年《治安管理处罚法》规定了公安机关进行治安管理处罚需要举行听证的案件范围以及对违反治安管理行为人有权要求举行听证的告知义务。行政处罚听证制度是我国《行政处罚法》1996年确立的一项重要制度。设立听证制度的主要意义在于，一方面有利于保障公民的基本权利，使得受行政处罚的一方有权为自己的行为辩护；另一方面有利于对行政权的行使加以控制，规范行政权的使用，行政机关在作出行政处罚之前，应当通过听证程序听取当事人的意见。通过听证程序，行政机关和相对人、相关人之间建立起一种平等协商的机制，听证各方在听证过程中加强了沟通，使根据听证作出的决定更有说服力。听证基于其自身的说服力和公正性，可以促使处罚决定的实施，缓解社会矛盾。同时通过公开透明的程序，监督公安机关依法审慎行使裁量权。治安管理处罚是行政处罚的重要组成部分，本法根据《行政处罚法》的规定对听证制度作了原则规定。

2. 2025年修订后的《治安管理处罚法》的规定。

一是将第一款"处二千元以上罚款的治安管理处罚决定前"修改为"处四千元以上罚款的治安管理处罚决定或者采取责令停业整顿措施前"。本次修改，提高了违反治安管理行为人被罚款后有权要求举行听证的罚款金额起点，同时新增了"采取责令停业整顿措施前"作为可以申请听证的情形。

二是增加第二款"公安机关对依照本法第二十三条第二款规定可能执行行政拘留的未成年人，应当告知未成年人和其监护人有权要求举行听证；未成年人和其监护人要求听证的，公安机关应当及时依法举行听证。对未成年人案件的听证不公开举行"。本款修改是针对未成年人主体的特殊程序设计的，旨在确保未成年人在治安管理处罚行为中的合法权益不受侵害，避免因年龄因素导致权利行使障碍。同时对未成年人的听证程序还能更有效地评估对未成年人是否有必要适用行政拘留处罚措施。

三是增加第三款"前两款规定以外的案情复杂或者具有重大社会影响的案件，违反治安管理行为人要求听证，公安机关认为必要的，应当及时依法举行听证"。本款修改是针对案情复杂或者具有重大社会影响的案件听证的特殊程序规定。

四是增加第四款"公安机关不得因违反治安管理行为人要求听证而加重其处罚"。与《刑事诉讼法》的"上诉不加刑原则"一样，是为了防止公安机关及其人民警察因为违反治安管理行为人要求听证而加重其处罚，打消其思想顾虑，保障违反治安管理行为人真正充分行使自己的听证权。

● 条文释义

本条共分四款。第一款是关于治安管理处罚可以举行听证的范围的规定。

本款包含以下三个方面的内容：

第一，关于可以适用听证程序的范围。根据我国《行政处罚法》的规定，并不是所有的行政处罚案件都必须经过听证程序，听证不是行政处罚的必经程序，只有符合法律规定的适用范围内的行政处罚案件，才可以举行听证。《行政处罚法》第六十三条规定了六种当事人要求听证，行政机关应当组织听证的情形：（1）较大数额罚款；（2）没收较大数额违法所得、没收较大价值非法财物；（3）降低资质等级、吊销许可证件；（4）责令停产停业、责令关闭、限制从业；（5）其他较重的行政处罚；（6）法律、法规、规章规定的其他情形。法律规定听证的范围，主要是由于：一是要考虑公平与效率兼顾，一般只有在可能严重侵害相对人利益的情况下才适用听证程序，没有将所有的行政处罚都规定适用听证程序；二是要考虑我国国情，治安案件的特点是危害社会秩序，且数量较大，违法事实比较简单，容易查清，对这些不构成犯罪的案件，应采取简便程序及时处理。因此将听证范围加以一定限制是完全必要的。本法结合《行政处罚法》并根据治安管理处罚的特点，进一步明确了治安管理处罚可以举行听证的适用范围。本款规定适用听证的治安管理处罚的范围包括：（1）公安机关拟作出吊销许可证件决定的；（2）公安机关拟作出处四千元以上罚款决定的；（3）公安机关拟采取责令停业整顿措施的。

第二，关于告知违反治安管理行为人有权要求举行听证的规定。公安机关对符合听证范围的治安管理处罚，在作出处罚前应当告知违反治安管理行为人有权要求举行听证。根据本法第一百一十二条的规定，公安机关作出治安管理处罚决定前，应当告知违反治安管理行为人拟作出治安管理处罚的内容及事实、理由、依据，并告知违反治安管理行为人依法享有的权利。这是告知制度的必然要求。这样规定，一方面要求公安机关必须履行告知的义务；另一方面赋予违反治安管理行为人在被治安管理处罚过程中享有被告知的权利。对符合上述听证范围的处罚，违反治安管理行为人有权要求举行听证，这是违反治安管理行为人依法享有的权利，属于公安机关在作出治安管理处罚决定前应当告知的内容，公安机关有义务告知。根据《行政处罚法》规定的精神，公安机关应当告知而没有告知，属于程序违法，可导致行政处罚决定不能成立。

第三，违反治安管理行为人要求听证的，公安机关应当及时依法举行听证。在本款规定的范围内，违反治安管理行为人要求听证的，公安机关应当进行听证。如果违反治安管理行为人虽有异议，但没有要求听证，就不需要举行听证。听证的主动权在违反治安管理行为人一方。

公安机关对有权要求听证的违反治安管理行为人的听证要求，应当及时做出回应，即依法举行听证。所谓"依法举行听证"，是指根据《行政处罚法》第六十四条关于听证程序的规定，结合本法，听证依照以下程序组织：

一是违反治安管理行为人要求听证的，应当在公安机关告知后五日内提出；提出"要求听证"的时间，应当是公安机关对治安案件已经调查终结，在作出治安管理处罚决定之前。

二是公安机关应当在听证的七日前，通知违反治安管理行为人举行听证的时间、地点，这是为了保证违反治安管理行为人有时间准备听证。由于从违反治安管理行为人提出要求听证，到公安机关通知违反治安管理行为人举行听证之间没有规定期限，本条特别规定公安机关应当"及时"依法举行听证。以防公安机关无故拖延。

三是除案件的内容涉及国家秘密、商业秘密、个人隐私，或者涉及未成年人外，听证公开举行。

四是听证由公安机关指定的非本案调查人员主持，违反治安管理行为人认为主持人与本案有直接利害关系的，有权申请回避。比如，主持人是一方当事人的近亲属的，或者主持人与一方当事人有其他关系，可能影响案件公正处理的等，另一方当事人都可向公安机关申请回避。处理回避的程序，可依照本法第九十五条及其他有关规定进行。

五是违反治安管理行为人可以亲自参加听证，也可以委托一人至二人代理。

六是举行听证时，公安机关应提出违反治安管理行为人违法的事实、证据和治安处罚建议，违反治安管理行为人进行申辩和质证。听证过程中应当充分调查核实证据，对证据应进行充分的质证，允许辩论，以达到查清事实、正确适用法律的目的。

七是听证应当制作笔录，笔录应当交违反治安管理行为人审核无误后签字或者盖章。

此外，根据《行政处罚法》的规定，违反治安管理行为人不承担公安机关组织听证的费用。

第二款是关于对未成年人案件进行听证的程序规定。

本款包括以下四个方面的内容：

第一，本款涉及的可能执行行政拘留的未成年人范围。根据本法第二十三条的规定，已满十四周岁不满十六周岁的以及已满十六周岁不满十八周岁，初次违反治安管理的未成年人，原则上不执行行政拘留处罚。只有在上述人员违反治安管理情节严重、影响恶劣的，或者一年内二次以上违反治安管理的，才可以执行行政拘留处罚。针对未成年人主体的听证程序设计旨在确保在限制未成年人人身自由前，充分评估处罚的必要性和适当性，保障未成年人在治安管理处罚行为中的合法权益不受侵害，同时为未成年人及其监护人提供了申辩、质证的权利，确保处罚决定基于充分的事实和法律依据，也能够更好评估是否有必要对未成年人适用行政拘留处罚措施，避免因草率决定对未成年人造成不可逆伤害。

第二，公安机关有告知未成年人和其监护人有权要求举行听证的义务。由于未成年人的认知能力限制，同时为了强调监护人责任，对于可能执行行政拘留的违反治安管理行为的未成年人，公安机关在作出治安管理处罚决定前，应当告知未成年人及其监护人要求听证的权利。关于未成年人的监护人，《民法典》第二十七条对未成年人的监护人及其监护顺序进行了规定，其中父母是未成年子女的监护人。未成年人的父母已经死亡或者没有监护能力的，由下列有监护能力的人按顺序担任监护人：（1）祖父母、外祖父母；（2）兄、姐；（3）其他愿意担任监护人的个人或者组织，但是须经未成年人住所地的居民委员会、村民委员会或者民政部门同意。

第三，对未成年人听证权利的保障。当违反治安管理行为的未成年人和其监护人提出听证要求时，公安机关有义务及时依法组织听证。听证是指行政机关在作出有关行政决定之前，听取行政相对人陈述、申辩、质证的程序。在治安管理领域，这一程序能确保当事人充分表达意见，对可能面临的治安管理处罚等决定有机会进行陈述、提供证据、申辩等。若未成年人和监护人要求听证，公安机关应迅速安排听证时间、地点，通知相关人员参与，按照法定听证程序开展，保障违反治安管理行为的未成年人对处罚决定的知情权、参与权和陈述申辩权，使处罚决定更公正合理。

第四，对涉及未成年人案件的听证程序不公开举行的要求。不公开举行听证主要是考虑到未成年人身心发育尚未成熟，其隐私和名誉等权益需要特殊保护，同时为了避免公开处理对其未来发展造成负面影响，对于未成年人涉及的违反治安管理等案件，不公开进行。在调查、审理等各个环节，公安机关不应向公众披露未成年人的身份信息、案件细节等内容。比如，在询问未成年人时，应当通知其监护人到场，在相对封闭、保护未成年人心理的环境下进行，案件材料也会严格保密，不能随意公开传播，以最大程度减少案件处理对未成年人成长的不利影响，给予其改过自新、回归正常生活的机会。

第三款是关于案情复杂或者具有重大社会影响的案件适用听证的规定。

本款包含以下三个方面的内容：

第一，适用的案件范围。"前两款规定以外"指的是除了本条第一款、第二款明确规定的，公安机关作出吊销许可证件、处四千元以上罚款的治安管理处罚决定或者采取责令停业整顿措施的，以及可能执行行政拘留的未成年人相关案件。也就是说，本款可能适用的案件是除上述情形外的其他案情复杂或者具有重大社会影响的案件，比如，涉及多方当事人、法律关系错综复杂、证据链庞杂难以梳理清晰，或者案件具有重大社会影响，在当地引发广泛关注、舆论热议，可能影响公众对社会治安的信心，或涉及公共利益、群体利益等情况的案件。

第二，听证的申请与决定。本款规定听证程序的启动有两个条件：一是违反治安管理行为人提出要求。对于本款可能涉及要求听证的案件需要依当事人申请，也就是说，当此类案件中的违反治安管理行为人向公安机关提出听证要求时，就表明行为人希望通过听证这一程序，充分阐述自身观点、提供相关证据，对案件处理发表意见，以维护自身合法权益。这是行为人主动行使权利，试图影响案件处理结果的行为。二是公安机关认为必要的。本款规定是否需要进行听证程序是由公安机关决定的。公安机关需要对案件进行综合评估，判断是否有必要举行听证。公安机关会从案件事实查明的难度、证据收集的完整性、法律适用的复杂性，以及案件处理结果对社会秩序、公众认知等方面的潜在影响等多维度考量。比如，如果案件虽复杂，但关键事实和证据已清晰，举行听证对案件处理影响不大，公安机关可能认为无听证必要；反之，若案件存在诸多疑点，听证有助于进一步查明事实，或者案件受社会关注度极高，听证能够彰显执法公正、回应社会关切，公安机关则会认为有举行听证的必要。

值得注意的是，本款规定的听证情形是否进行在行为人申请的基础上还需要公安机关综合判断，而本条前两款的听证程序只要当事人申请，公安机关就需要启动。

第三，听证的举行。一旦公安机关认为必要，就必须及时依法举行听证。"及时"意味着在合理的时间范围内尽快安排，不能无故拖延，以免影响当事人权益和案件处理效率。"依法"要求整个听证过程严格遵循《治安管理处罚法》《行政处罚法》等相关法律法规中关于听证程序的规定，包括通知当事人听证的时间、地点、参与人员的权利义务，听证主持人的选任，听证过程中的陈述、申辩、质证环节等，以确保听证的公正性和合法性，使案件得到公平、公正的处理。

第四款是关于公安机关不得因违反治安管理行为人要求听证而加重其处罚的规定。

根据本款规定，要求听证是违反治安管理行为人的法定的申辩、质证权利，公安机关不得以行为人要求听证为由而加重处罚，也就是在听证后不能作出比原拟处罚更重的处罚决定。这样规定旨在消除行为人对行使权利的顾虑，避免因主张程序权利而遭受不利后果。在决定治安管理处罚时，公安机关应当避免"态度罚"的现象，对态度好，承认错误，表示改正或者认识深刻的，从轻处罚是应当的，但对于敢于争辩或者态度不好，拒不改正的，从重处罚是不符合本款及本法规定的过罚相当原则的。

▶ 实践中需要注意的问题

在该条的理解适用中，需要注意以下几个方面的问题：

第一，实践中公安机关需要注意把握"案情复杂"与"重大社会影响"的界线标准。"案情复杂"主要是从案件本身的事实认定、法律适用或证据审查的难度上考虑，如案件涉及多个法律关系、众多证人且证言相互矛盾、证据链条烦琐需大量时间梳理等情况；"重大社会影响"主要是从案件处理结果可能引发的社会效应、舆情反应或者公共利益关系等方面判断，如案件引发当地广泛关注、在社交媒体上引发舆论热潮、涉及公共利益群体利益等。对于行为人提交的听证申请，公安机关应及时审查，不能无故拖延，避免影响行为人权益和案件处理进程。

第二，执法中要注意未成年人权利保障。民警在听取未成年人陈述和申辩时，要更加耐心、温和。由于未成年人可能表达能力有限或紧张，民警可通过引导性提问帮助其完整表达想法。在整个过程中，要严格保护未成年人的隐私。无论是询问、记录还是后续处理，都不应公开未成年人的姓名、照片等可识别身份的信息。在制作法律文书时，也应使用化名等方式保护其隐私，避免对未成年人未来的学习、生活造成负面影响。考虑到未成年人可能产生心理压力，公安机关可联合专业心理咨询师或学校心理老师对其进行心理疏导，同时对未成年人进行法治教育，引导其认识错误，树立正确的法律观念，避免再次犯错。

● 相关规定

《中华人民共和国行政处罚法》第四十五条、第六十三条至第六十五条；《中华人民共和国民法典》第二十七条；《公安机关办理行政案件程序规定》第一百二十三条至第一百五十三条；《中华人民共和国行政复议法》第六十一条；《道路交通安全违法行为处理程序规定》第五十一条

第一百一十八条 公安机关办理治安案件的期限，自立案之日起不得超过三十日；案情重大、复杂的，经上一级公安机关批准，可以延长三十日。期限延长以二次为限。公安派出所办理的案件需要延长期限的，由所属公安机关批准。

为了查明案情进行鉴定的期间、听证的期间，不计入办理治安案件的期限。

● 条文主旨

本条是关于公安机关办理治安案件期限的规定。

● 立法背景

1. 2005年《治安管理处罚法》的规定。第九十九条规定："公安机关办理治安案件的期限自受理之日起不得超过三十日；案情重大、复杂的，经上一级公安机关批准，可以延长三十日。为了查明案情进行鉴定的期间，不计入办理治安案件的期限。"

本条规定明确了公安机关办理治安案件的一般期限和延长期限，同时也明确了鉴定期间不计入办理治安案件期限。治安案件多涉及民间纠纷、违反治安管理等行为，及时办结案件有助于快速定分止争，防止矛盾激化升级为刑事案件或长期社会隐患，维护社会秩序稳定。本条明确公安机关办理治安案件的期限，既有助于防止案件久拖不决、执法随意性等问题，也考虑到公安机关办理案件的实践需要，规定了延长办案期限，同时为了避免基层公安机关随意延长时限，确保延长事由确实属于"案情重大、复杂"的情形，防止权力滥用，明

确由上一级公安机关批准。此外，考虑到鉴定，如伤情鉴定、物证鉴定等，往往需要专业机构和时间，明确规定鉴定期间不计入办案期限，既保证了鉴定意见的科学性和准确性，避免因时间压力仓促得出鉴定意见，又确保当事人有充分时间配合鉴定，保障其对鉴定结果的异议权和救济权。

2. 2025 年修订后的《治安管理处罚法》的规定。一是将第一款"自受理之日起不得超过三十日"修改为"自立案之日起不得超过三十日"。这样修改主要是考虑明确将立案时间作为办案程序的起点，能解决实践中因受理与立案时间差导致的期限争议问题，确保执法标准统一。

二是第一款增加规定"期限延长以二次为限。公安派出所办理的案件需要延长期限的，由所属公安机关批准"。这样规定是为了明确公安派出所延长办理治安案件的审批程序。公安派出所是县级以上公安机关的派出机构，实践中大量的治安案件都是由公安派出所处理的，明确由所属公安机关批准延长期限及延长次数，能够清晰地界定派出所与所属公安机关之间的职责和权限，避免出现权力滥用或责任推诿的情况。同时所属公安机关对派出所的工作情况和辖区治安状况更为了解，能够从全局角度判断案件是否确实需要延长办理期限，确保审批结果的合理性和公正性。期限延长次数的明确也是为了确保案件不通过报请延长程序无限期延长，保证了办案效率。

三是第二款将"为了查明案情进行鉴定的期间，不计入办理治安案件的期限"修改为"为了查明案情进行鉴定的期间、听证的期间，不计入办理治安案件的期限"。听证程序是为了保障当事人的合法权益，让其有机会对案件事实、证据和法律适用等方面进行陈述、申辩和质证。如果将听证期间计入办案期限，可能会导致公安机关因担心超期而在安排听证以及听证程序中过于仓促，无法充分听取当事人的意见，影响听证的质量和公正性。不计入办案期限可以让听证程序能够按照其自身的要求和节奏进行，确保当事人能够充分行使权利，公安机关也能全面、客观地审查案件情况。明确听证期间排除在办案期限外，既符合程序正义原则，也与《行政处罚法》中"保障当事人合法权益"的立法精神相符合。

● 条文释义

本条共分两款。第一款是关于公安机关办理治安案件的一般期限和延长期限的规定。

本款包含以下三个方面的内容：

第一，关于治安案件办理的一般期限。办理治安案件的期限是指公安机关自立案之日起，至办结治安案件的期限。所谓"立案"的情形，根据本法第九十条的规定，公安机关对报案、控告、举报或者违反治安管理行为人主动投案，以及其他国家机关移送的违反治安管理案件，应当立即立案并进行调查；认为不属于违反治安管理行为的，应当告知报案人、控告人、举报人、投案人，并说明理由。

根据本款规定，公安机关办理治安案件的期限自受理之日起不得超过三十日。这样规定主要是考虑：一是根据治安案件的特点，治安案件大量属于即时发现的案件，案情比较简单，调查起来相对容易，因此办理治安案件的期限不宜太长。二是实践中，公安机关对大部分治安案件能够在一个月内办结。其中相当一部分治安案件能当场处罚完毕，还有很多治安案件可在二十四小时内办结。三是敦促公安机关高效率地处理治安案件，有利于及时化解社会矛盾，避免治安案件久拖不决，保持一个稳定的社会治安环境。

第二，关于公安机关办理治安案件的延长期限及次数。根据本款规定，在特殊情况下，对案情重大、复杂的治安案件，经上一级公安机关批准，可以延长三十日，也就是说公安机关办理治安案件的期限可以达到六十日。这是考虑到，有些治安案件由于案情重大、复杂，如团伙作案的案件、流窜作案的案件、群体性案件以及有些涉外治安案件等，在一个月内办结确有一定困难。对这些案情重大、复杂的案件，本款特别规定经上一级公安机关批准，可以延长三十日。同时，期限延长次数以两次为限，即公安机关办理治安案件的期限最长不超过九十日。

应当注意的是，这里规定的办案期限，是指在正常情况下的办案期限，公安机关应当切实提高办案效率，保证在法定期限内办结治安案件。对因违反治安管理行为人逃跑等客观原因造成案件不能在法定期限内办结的，公安机关应当继续进行调查取证，及时依法作出处理决定，不能因已超过法定办案期限就不再调查取证。因违反治安管理行为人在逃，导致无法查清案件事实，无法收集足够证据而结不了案的，公安机关应当向被侵害人说明原因。对调解未达成协议或者达成协议后不履行的治安案件的办案期限，应当从调解未达成协议或者达成协议后不履行之日起开始计算。

第三，关于公安派出所延长办案期限的审批程序要求。根据本款规定，公安派出所办理的案件需要延长期限的，由所属公安机关批准。也就是说，如公安派出所承办的案情重大、复杂的案件需要延长办案期限的，应当报所属县级以上公安机关负责人批准，这样修改也是为了适应执法实践需要。

第二款规定的是为了查明案情不计入办理治安案件期限的情形。

本款包含以下两个方面的内容：

第一，涉及鉴定的期间不计入办理治安案件期限。根据本法第一百零六条的规定，为了查明案情，需要解决案件中有争议的专门性问题的，应当指派或者聘请具有专门知识的人员进行鉴定；鉴定人鉴定后，应当写出鉴定意见，并且签名。这里的"鉴定的期间"，是指公安机关提交鉴定之日至鉴定机构作出鉴定意见并送达公安机关的期间。启动鉴定程序通常需要一定的时间，根据鉴定内容的不同，短的需要几天，长的需要几个月，如果将鉴定时间计算在办理治安案件的期限内，有的案件办理期限很可能不足。因此本条明确规定，鉴定的期间不计入办理治安案件的期限。

第二，涉及听证的期间不计入办理治安案件的期限。这里的"听证的期间"，可以包括听证程序启动、组织和实施的时间（如申请、受理、通知、举行听证等）。听证是行政处罚的特殊程序，旨在保障当事人的陈述、申辩权。听证程序较为复杂，在当事人提出申请后，通常需要一定时间来准备和组织，且听证过程本身也需要确保当事人的合法权益得到充分保障，所以需要将听证的期间排除在办案期限之外，以保证公安机关能够在不受时间限制的情况下，组织和实施听证，保障公正、全面地处理治安案件。

◐ **实践中需要注意的问题**

在该条的理解适用中，需要注意以下几个问题：

第一，要注意鉴定程序的合法性。在治安案件中确保鉴定程序的合法性，直接关系到证据的效力和案件的处理结果，包括是否要重新鉴定或处罚决定是否会被撤销。出现以下情况，可能需要重新鉴定：在鉴定中出现鉴定程序违法或者违反相关专业技术要求，可能影响鉴定意见正确性的；鉴定机构、鉴定人不具备鉴定资质和条件的；鉴定意见明显依据不足的；鉴定人故意作虚假鉴定的；鉴定人应当回避而没有回避的；检材虚假或者被损坏的等情形的。

第二，并非所有的治安案件都需要鉴定。只有为了查明案情，需要解决案件中有争议的专门性的问题时，才需要鉴定。对于当事人没有争议的，应在办案程序合法高效的前提下尽快推动案件办理。在办理治安案件时，应当避免为了延长办案期限对不需要进行鉴定的而任意进行鉴定。

相关规定

《公安机关办理行政案件程序规定》第九十六条至第一百条、第一百六十五条；《全国人民代表大会常务委员会关于司法鉴定管理问题的决定》；《公安机关执行〈中华人民共和国治安管理处罚法〉有关问题的解释》第十二条

第一百一十九条 违反治安管理行为事实清楚，证据确凿，处警告或者五百元以下罚款的，可以当场作出治安管理处罚决定。

条文主旨

本条是关于人民警察可以当场作出治安管理处罚决定适用条件的规定。

立法背景

1. 2005 年《治安管理处罚法》的规定。第一百条规定："违反治安管理行为事实清楚，证据确凿，处警告或者二百元以下罚款的，可以当场作出治安管理处罚决定。"

2005 年制定《治安管理处罚法》时，1994 年《治安管理处罚条例》的程序设计已难以满足基层公安机关处理大量轻微治安案件的效率需求。设置当场处罚程序，目的是提高行政效率，促进行政机关有效地履行维护行政秩序的职责，有利于及时处理社会矛盾。当场处罚程序通过简化流程，将事实清楚、证据确凿的小额罚款案件（二百元以下）和警告案件纳入快速处理范围，有助于减少行政资源消耗。同时，规定二百元的罚款标准与当时的居民收入水平相适应，也可以提升基层执法办案效率。

设置行政处罚程序，一方面是为了控制和规范行政处罚权力的行使，防止行政处罚的滥用，减少行政处罚的随意性；另一方面是为了提高行政效率。从这个角度出发，在一般行政处罚程序之外，还设定了行政处罚的简易程序。针对许多治安案件案情简单，情节较轻的特点，本法设置了当场处罚程序，可以说，当场处罚是一般行政处罚程序的简化程序。当场处罚与一般行政处罚程序一样，都具有法律约束力，但并不是所有行政处罚都应当适用当场处罚程序，对当场处罚的适用范围应当严格遵守规定的条件。

2. 2025 年修订后的《治安管理处罚法》的规定。将"二百元以下罚款的，可以当场作出治安管理处罚决定"修改为"五百元以下罚款的，可以当场作出治安管理处罚决定"。这样修改，一是将经济社会发展水平与罚款数额相匹配。

2005年《治安管理处罚法》制定时，按照当时的经济发展水平与居民收入水平相应确定了罚款数额。随着经济发展水平提升以及居民收入水平提高，二百元罚款对部分违法行为的威慑力逐渐减弱，提高罚款上限可增强处罚的实际效果，更好地适应现在的经济社会发展状况。二是提高执法效率，高效化解社会矛盾。这样修改赋予了一线民警更大的执法裁量空间，可以减少"小案大办"的程序冗余，与本法第三章一般情节的违反行为处罚标准进行衔接，提升基层执法灵活性的同时，释放警力用于更复杂案件，提高化解社会矛盾的效率。

● 条文释义

本条主要包含以下两个方面的内容：

第一，关于当场作出治安管理处罚决定的适用条件。一是违反治安管理的行为事实清楚，证据确凿。事实清楚，证据确凿的核心要求在于执法机关通过合法程序收集充分证据，准确认定违法事实。对于当事人而言，应积极保存证据，行使陈述、申辩权等法定权利；对于执法机关，则需严格遵循法定程序准确认定事实，确保处罚决定的合法性与公正性。这一标准的贯彻，既维护了社会秩序，也保障了公民的合法权益。所谓"违反治安管理行为事实清楚，证据确凿"，是指执法机关在处理案件的现场就已经掌握了确凿、充分的证据，案件经过已经很清楚。案情比较简单，因果关系明确，证据确凿，不需要进行更多的查证，也不需要进行鉴定，也不涉及其他违法犯罪案件的。在此基础上，对于符合一定处罚标准的案件，可以适用当场处罚。

二是违法行为适用警告或五百元以下罚款。本法中适用警告或五百元以下罚款的违法行为主要集中在情节轻微、未造成严重后果的扰乱秩序、妨害安全、侵犯人身财产权利等领域。执法机关在适用时需严格遵循"违法事实确凿、程序合规、过罚相当"原则，确保处罚既维护公共秩序，又保障当事人的合法权益。

根据《行政处罚法》第五十一条的规定，违法事实确凿并有法定依据，对公民处以二百元以下、对法人或者其他组织处以三千元以下罚款或者警告的行政处罚的，可以当场作出行政处罚决定。法律另有规定的，从其规定。考虑到治安管理工作的特点，以及《行政处罚法》有关精神，本法规定的当场处罚的适用范围是警告或者五百元以下罚款，相较于《行政处罚法》适用当场处罚的罚款数额上限更高。这一规定，属于专门立法，按照特别法的效力优于一般法的原则，对违反治安管理行为人当场处罚的适用范围，应当依照本条的规定，不适用《行政处罚法》第五十一条的规定。值得注意的是，涉及卖淫、嫖娼、赌博、毒品的案件，不适用当场处罚。

第二，关于执法主体。本条规定的执法主体是人民警察。本条规定的当场处罚必须是人民警察在依法执行职务时查处的违反治安管理行为，才可以行使当场处罚权。依法执行职务是指人民警察根据治安管理有关规定担任的具体工作，主要是指公安派出所、公安机关的治安部门的人民警察在职责范围内查处的违反治安管理行为。人民警察在非工作时间发现有违反治安管理行为的，应当予以制止，并将违法行为人送交当地公安机关或者正在执勤的具有治安案件办案权限的人民警察处理。

实践中需要注意的问题

在该条的理解适用中，应当注意：一是要坚持过罚相当的处罚原则。实施治安管理处罚应当以事实为根据，以法律为准绳，根据违反治安管理行为的事实、性质、情节和社会危害性，作出过罚相当的处罚决定。同时，实施治安管理处罚应当宽严相济，做到该宽则宽、当严则严，确保法律效果和社会效果的统一。要全面、客观把握不同时期不同地区的经济社会发展和治安形势变化，以有效发挥治安管理处罚对维护社会治安秩序的作用。对同一地区、同一时期案情相似的案件，所作出的治安管理处罚应当基本均衡。

二是要明确区分当场处罚和当场执行的概念。当场处罚和当场执行是两个不同的概念，它们之间既有联系又有区别。当场处罚属于处罚权限的分配，是处罚的决定程序；当场执行是对处罚的一种执行方式，是处罚的执行程序。当场执行主要是指根据本法第一百二十三条的规定，对有下列情形之一的，人民警察可以当场收缴罚款：（1）被处二百元以下罚款，被处罚人对罚款无异议的；（2）在边远、水上、交通不便地区，旅客列车或者口岸，公安机关及其人民警察依照本法的规定作出罚款决定后，被处罚人向指定的银行或者通过电子支付系统缴纳罚款确有困难，经被处罚人提出的；（3）被处罚人在当地没有固定住所，不当场收缴事后难以执行的。这里规定的"可以当场作出治安管理处罚决定"，是指人民警察作为当场处罚的主体在办理治安案件时，对当场违反治安管理的行为，可以单独作出处罚决定。具体执法中，公安机关应通过制定裁量基准、推行电子执法、加强培训考核等方式，确保法律修改后的实践效果，避免因程序简化导致执法争议。

● 相关规定

《中华人民共和国行政处罚法》第五十一条；《公安机关办理行政案件程序规定》第三十七条、第三十八条

第一百二十条 当场作出治安管理处罚决定的，人民警察应当向违反治安管理行为人出示人民警察证，并填写处罚决定书。处罚决定书应当当场交付被处罚人；有被侵害人的，并应当将决定书送达被侵害人。

前款规定的处罚决定书，应当载明被处罚人的姓名、违法行为、处罚依据、罚款数额、时间、地点以及公安机关名称，并由经办的人民警察签名或者盖章。

适用当场处罚，被处罚人对拟作出治安管理处罚的内容及事实、理由、依据没有异议的，可以由一名人民警察作出治安管理处罚决定，并应当全程同步录音录像。

当场作出治安管理处罚决定的，经办的人民警察应当在二十四小时以内报所属公安机关备案。

● 条文主旨

本条是关于人民警察当场作出治安管理处罚决定程序的规定。

● 立法背景

1. 2005 年《治安管理处罚法》的规定。第一百零一条规定："当场作出治安管理处罚决定的，人民警察应当向违反治安管理行为人出示工作证件，并填写处罚决定书。处罚决定书应当当场交付被处罚人；有被侵害人的，并将决定书副本抄送被侵害人。前款规定的处罚决定书，应当载明被处罚人的姓名、违法行为、处罚依据、罚款数额、时间、地点以及公安机关名称，并由经办的人民警察签名或者盖章。当场作出治安管理处罚决定的，经办的人民警察应当在二十四小时内报所属公安机关备案。"

当场处罚的特点在于程序简化，但当场处罚程序不能忽略必要的环节和步骤，因此 2005 年制定《治安管理处罚法》时对此进行了明确。此外，当场处罚决定书是预先制作好的格式文书，明确其应当载明的内容，更符合执法规范化的要求。同时，明确案件备案要求既可以帮助所属公安机关随时了解人民警

察实施当场处罚的情况，防止随意当场处罚，又可以为公安机关在日后的行政复议或行政诉讼中保留必要的资料。

2. 2025年修订后的《治安管理处罚法》的规定。一是第一款将"工作证件"修改为"人民警察证"，人民警察证是公安机关人民警察身份和依法执行职务的凭证和标志，将"工作证件"修改为"人民警察证"不仅对执法证件规定更加明确细致，与执法实际保持一致，同时也进一步强化了执法规范性。将"并将决定书副本抄送被侵害人"修改为"并应当将决定书送达被侵害人"，公安机关作出处罚决定后，在有被侵害人的案件中，应当同时将处罚决定书送达被侵害人，而非仅作副本抄送，送达行为有助于充分保障被侵害人的知情权。二是增加一款作为第三款"适用当场处罚，被处罚人对拟作出治安管理处罚的内容及事实、理由、依据没有异议的，可以由一名人民警察作出治安管理处罚决定，并应当全程同步录音录像"。这样修改，既简化了适用当场处罚的处置流程，提高了办案效率，又通过技术手段确保了执法的透明公正。同时还作出了一处文字修改，第四款将"应当在二十四小时内报所属公安机关备案"修改为"应当在二十四小时以内报所属公安机关备案"。

● 条文释义

本条共分四款。第一款是关于当场处罚程序的规定。

本款包括以下四个方面内容：

第一，对人民警察向违反治安管理行为人出示人民警察证的要求。出示人民警察证表明身份是当场处罚程序的前提。这样规定主要是考虑：一是当场处罚往往发生在治安管理违法行为的现场，具有合法处罚主体资格的人民警察必须通过适当方式表明自己的身份，并以此确认其具备对违反治安管理行为人进行管理和处罚的身份资格。违反治安管理的行为应当依法给予治安管理处罚，但并不是任何人都有处罚权，也不是任何公务员或执法人员都有处罚权，只有依法履行治安管理职责的人民警察才有处罚权。二是表明身份程序便于违反治安管理行为人不服处罚的，申请行政复议或提起行政诉讼。另外，出示人民警察证表明身份也能体现对当事人的尊重，树立人民警察为人民服务的形象。需要注意的是，法定的着装有时也能表明身份，如在执勤场所着交通警察服的交警，但作为治安管理当场处罚的执法主体，法律明确规定人民警察应当出示人民警察证。所谓"出示人民警察证"是指人民警察在从事职务活动时，向当事人出示执法身份证件，以表明自己的身份、所在的公安机关以及相应的行政管理职权。

第二，确认违法事实。违法事实是进行治安管理处罚的基础。适用当场处罚程序的违法行为，一般都是当场被人民警察发现或者有人当场指认某人违法的，属于情节简单、事实清楚、证据确凿的。人民警察即可通过当场调查取证，用证据证明、确认违法事实。对于符合本法第一百一十九条规定可以适用当场处罚程序的，即可进行当场处罚。

第三，告知违反治安管理行为人处罚理由以及陈述和申辩的权利。根据本法第一百一十二条的规定，公安机关作出治安管理处罚决定前，应当告知违反治安管理行为人拟作出治安管理处罚的内容及事实、理由、依据，并告知违反治安管理行为人依法享有的权利，这是告知制度的要求。作为简易程序的当场处罚程序，人民警察也应当根据规定履行告知义务，在作出治安管理处罚决定前，告知违反治安管理行为人处罚的事实和法律依据以及依法享有的权利。告知处罚理由，即事实根据和法律依据，既体现了执法公开；又给违反治安管理行为人提出异议或申辩提供了机会，同时，通过告知处罚的法律依据，也使违反治安管理行为人能了解法律和遵守法律。值得注意的是，由于当场处罚的特殊要求，违反治安管理行为人陈述和申辩采用口头形式。人民警察要认真听取违反治安管理行为人的意见，对违反治安管理行为人的申辩意见要给予全面耐心的回答。对违反治安管理行为人提出的事实、理由和证据，应当认真听取核对；违反治安管理行为人提出的事实、理由或者证据成立的，人民警察应当采纳。人民警察不得因违反治安管理行为人的陈述、申辩而加重其处罚。

第四，当场处罚决定书的制作与交付。当场处罚决定书是人民警察当场处罚的唯一书面证明材料，一般采用由公安机关预先统一制作好的格式文书，具有固定格式和编号，由人民警察在当场处罚时填写。当场处罚决定书制作好后，应当当场交付被处罚人，有被侵害人的，应当将处罚决定书送达被侵害人。

第二款是关于当场处罚决定书应当载明事项的规定。

本款包括以下内容：当场处罚决定书是公安机关在违反治安管理行为发生的现场，按照当场处罚程序，对被处罚人给予治安管理处罚时制作的法律文书。如上所述，当场处罚决定书也是预先制作好的格式文书，是执法规范化的要求。根据本条规定，当场处罚决定书应当载明被处罚人的姓名、违法行为、处罚依据、罚款数额、时间、地点以及公安机关名称，并由经办的人民警察签名或者盖章。本法第一百一十五条规定了一般的处罚决定书应当载明的内容，本条规定了当场处罚决定书应当载明的内容。二者的相同之处是法律效力一样，对被处罚人都具有约束力，即使当事人有异议，也不影响当场处罚的效力。不同之处是：适用场合不同，当场处罚决定书仅用于当场处罚，一般的处罚决定书不是在现场作出的；署名方式不同，当场处罚决定书由经办的人民警察签名或者盖章，一般的处罚决定书由作出处罚决定的公安机关加盖印章。本款所说"应当载明"是指处罚决定书必须具备的或者说是不可缺少的事项，当然在应当载明事项以外还可以增加其他事项，如身份证号、过去是否受过处罚等。"违法行为"是指被处罚人违反治安管理法律法规的具体行为。主要包括违法行为的种类、违法行为的性质、主要情节以及时间、地点等。"处罚依据"是指作出治安管理处罚的法律依据，即治安管理处罚决定所依据的法律条款。"时间、地点"是指制作处罚决定书的时间和地点。"公安机关名称"是指作出治安管理处罚的人民警察所属的公安机关名称，包括公安派出所、县级以上地方人民政府公安机关。"由经办的人民警察签名或者盖章"是指作出当场处罚的人民警察必须在处罚决定书上签署本人的姓名或者加盖本人的姓名印章。

第三款是关于由一名人民警察作出治安管理处罚决定的适用情形及程序要求。

本款包括以下三个方面的内容：

第一，由一名人民警察作出治安管理处罚决定。这样修改主要是考虑：一是在实际执法办案中缓解警力不足的压力。在实际执法工作中，公安机关面临着警力严重不足的客观现实，对于适用当场处罚，被处罚人对拟作出治安管理处罚的内容及事实、理由、依据没有异议的案件，如果要求必须由两名人民警察实施，在警力紧张的情况下难以做到，会影响执法效率和工作的正常开展。允许一名人民警察作出部分治安管理处罚决定，可以在一定程度上缓解警力不足的问题，使有限的警力资源得到更合理的配置，更好地维护社会治安秩序。

二是提高执法效率。一些简单的治安案件，事实清楚、证据确凿，处罚决定相对明确，由一名人民警察依法作出决定，可以减少不必要的程序环节，节省时间和人力成本，使案件能够得到及时处理，提高执法效率，及时化解社会矛盾纠纷，维护社会稳定。

三是经过总结实践经验，将现行做法上升为法律具有可行性。根据《公安机关办理行政案件程序规定》的有关规定，对接报案、受案登记、接受证据、信息采集、调解、送达文书等工作，可以由一名人民警察带领警务辅助人员进行，但应当全程录音录像。适用简易程序处罚的，可以由人民警察一人作出行政处罚决定。《治安管理处罚法》的修改进一步从法律层面明确了一名人民警察执法的合法性和规范性，使公安机关在办理治安案件时能够更加顺畅地开展工作。

一人执法固然有提高执法效率，加快化解社会矛盾等优越性，但是由于一人执法程序中，被处罚人与人民警察在身份上存在不对等，严格限制适用一人执法的案件范围以及利用科技手段全程录音录像，以加强对一人执法程序全方位的监督尤为重要。除了科技手段，公安机关还应加强对一人执法的内部监督，建立健全执法监督机制，上级公安机关要定期对一名人民警察作出的治安管理处罚决定进行检查和审核，发现问题及时纠正，情节严重的严肃追责。同时，要充分发挥外部监督的作用，接受社会公众、媒体等的监督，确保执法权力在阳光下运行。通过严格限制人民警察的执法权，以保护人民群众的合法权益不受不必要的干预，确保案件处理的公正性和合法性。

第二，由一名人民警察作出治安管理处罚决定的适用情形。根据本款规定，由一名人民警察当场作出处罚决定的前提是被处罚人对拟作出治安管理处罚的内容及事实、理由、依据没有异议。也就是说，只要当事人对于拟作出治安管理处罚的内容及事实、理由、依据存在异议，就不应适用一名人民警察作出治安管理处罚决定。本款规定的治安管理处罚的"内容"，一般包括处罚的种类、具体数额或数量，比如，罚款的数额、拘留的时长等，这是当事人应当知晓也是保护自身权利的前提。"事实"，是指违反治安管理行为人应当受到治安管理处罚的事实依据，也就是违反治安管理行为的事实，包括行为人的主观方面、客观行为方面、危害后果以及行为与危害后果之间的因果关系。"理由"，是指必须作出治安管理处罚的理由，也就是行为触犯了《治安管理处罚法》具有社会危险性、应当受到治安管理处罚。"依据"，是指作出治安管理处罚决定的法律依据，也就是所依据的法律条文，包括总则进行处罚的依据，从重、从轻、减轻或者不予处罚的规定以及分则中具体行为和程序的规定等。

第三，由一名人民警察作出治安管理处罚决定的特殊程序。在治安管理处罚领域，允许单警独立作出处罚决定的特殊程序设计必须配套严格的监督机制以确保权力规范运行。例如，通过执法记录仪等设备完整记录执法全过程，包括表明身份、告知权利、听取陈述申辩等关键环节，因此本法规定了全程同步录音录像的要求。

关于录音录像的方式，对执法过程应全程不间断地记录，自到达现场开展执法活动时开始，至执法活动结束时停止；从现场带回违法犯罪嫌疑人的，应当记录至将违法犯罪嫌疑人带入公安机关执法办案场所的办案区时停止。内容方面，录音录像应包含执法现场环境、涉案物品特征、法律文书送达等要素，确保执法行为的可回溯性。

第四款是关于人民警察应当在二十四小时以内将当场处罚决定报所属公安机关备案的规定。

本款包括以下两个方面的内容：

第一，人民警察应当将当场处罚决定报所属公安机关备案。"备案"是指将处罚决定书报所属公安机关存档，以备核查，而不是指报所属公安机关批准。当场处罚决定书一经作出，即发生法律效力。备案的意义在于：一是为所属公安机关可以随时了解人民警察实施当场处罚情况提供依据，防止随意当场处罚；二是为公安机关在日后的行政复议或行政诉讼中提供资料。

第二，人民警察应当在二十四小时以内报所属公安机关备案。对备案时间作出要求，主要是考虑：一是所属公安机关能及时了解情况，避免产生当事人不服处罚申请行政复议时，所属公安机关不知情的现象；二是便于所属公安机关及时监督人民警察的执法行为。当场处罚既是人民警察行使职权，履行职责的行政行为，又是代表公安机关对当事人实施的处罚。其行为具有法律约束力和执行强制力。在行政复议和行政诉讼活动中，由公安机关应诉及承担相关法律责任，因此，规定及时备案是非常重要的。

▶ 实践中需要注意的问题

在实际执行需要注意以下问题：

第一，本条增加规定了"一人执法"，即人民警察对于适用当场处罚，被处罚人没有异议的，可以由一名人民警察作出决定。如何确定被处罚人对拟作出治安管理处罚的内容及事实、理由、依据没有异议，即如何充分保障被处罚人"没有异议"的真实性与自愿性。在实际执行中，被处罚人可能面临以下情况：一是异议表达真实性与自愿性不足。被处罚人面对身着制服、代表国家强制力的警察时，天然处于弱势地位。即使内心有异议或不理解，也可能因害怕、紧张、想尽快脱身、对法律程序不了解等原因，不敢或不愿表达异议，从而违心表示"没有异议"，这种"没有异议"并非完全自愿和真实。二是信息不对称与告知不充分。警察在现场告知处罚内容、事实、理由和依据时，可能语速过快、表述过于专业或简略，或者环境嘈杂，导致被处罚人未能完全理解其权利，如陈述申辩权、申请回避权、复议诉讼权，在不完全理解的情况下表示的这种"没有异议"，其有效性是否也存在疑问。三是异议表达时间不充分。

当场处罚要求快速处理，留给被处罚人思考和咨询，如联系家人或律师的时间有限，可能导致其在仓促间作出"没有异议"的表示，事后又后悔。上述情形都有可能导致被处罚人并不是真对处罚决定没有异议，人民警察在一人执法时要注意了解被处罚人的真实想法，正确作出判断。"一人执法、当场决定"的制度设计旨在提高处理治安案件的效率，人民警察在执行中必须充分保障当事人权利、规范自由裁量权、确保事实认定的准确性和执法公正性等方面的问题，最大限度地保障当场处罚的公正性和当事人的合法权益，防止该制度在实践中变形走样。

第二，人民警察在当场作出处罚决定时，还需要注意的是要充分保障被侵害人的知情权。治安案件有的是扰乱公共秩序、妨害公共安全，有的是侵犯人身权利和财产权利，但都妨害社会管理，具有社会危害性，因而，许多治安案件有被侵害人。治安案件的处理结果与被侵害人有直接的利害关系，而且办理治安案件的一个总目标，就是维护社会治安，化解社会矛盾，增进社会和谐。所以，将治安管理处罚决定书送达被侵害人，有利于惩治违法以及实现治安案件结果的公开、公正。

▶ 相关规定

《中华人民共和国行政处罚法》第五十二条、第五十三条；《公安机关办理行政案件程序规定》第三十七条至第三十九条、第五十二条；《公安机关人民警察证使用管理规定》第四条

第一百二十一条 被处罚人、被侵害人对公安机关依照本法规定作出的治安管理处罚决定，作出的收缴、追缴决定，或者采取的有关限制性、禁止性措施等不服的，可以依法申请行政复议或者提起行政诉讼。

▶ 条文主旨

本条是关于被处罚人、被侵害人对治安管理处罚决定及其他相关措施决定不服，可以依法申请行政复议，提起行政诉讼的规定。

▶ 立法背景

1. 2005年《治安管理处罚法》的规定。第一百零二条规定："被处罚人对治安管理处罚决定不服的，可以依法申请行政复议或者提起行政诉讼。"

治安管理处罚作为一种行政权，在公安机关和人民警察行使这种权力时，

不可避免地会出现被处罚人对治安管理处罚决定不服，以及公安机关、人民警察在执法过程中可能出现的某些违法或不当的处罚决定，给被处罚人的权利造成损害的情况，因此，需赋予被处罚人一定的救济手段。1986 年制定《治安管理处罚条例》时采用的是复议前置的做法，即"先复议、后诉讼"，被处罚人对治安管理处罚决定不服的，要先提出行政复议，不能直接向人民法院提起行政诉讼。只有在对行政复议决定仍不服的情况下，才可以再向人民法院提起行政诉讼。该条例的规定是在尚未制定《行政复议法》《行政诉讼法》《行政处罚法》的情况下规定的，在当时对于规范执法行为，纠正不当处罚，维护当事人的合法权益起了积极作用。但随着《行政诉讼法》《行政处罚法》《行政复议法》的相继出台，法治建设的逐步完善，法律对行政管理相对人的救济手段作了进一步的规定，其中一个重要方面就是以当事人自主选择行政复议或行政诉讼为原则，以"复议前置"为例外，即原则上由当事人自己选择行政复议还是行政诉讼。为维护法制的进步和统一，方便被处罚人行使权利，2005 年制定《治安管理处罚法》时对上述条例规定的"复议前置"做法作了修改。被处罚人可以自主选择法律救济的方式。

  2. 2025 年修订后的《治安管理处罚法》的规定。一是将"被处罚人"修改为"被处罚人、被侵害人"，增加了被侵害人作为申请权利救济的主体。被侵害人作为治安案件的受害者，其合法权益在案件中受到了侵害，公安机关作出的治安管理处罚决定是否公正、合理，与被侵害人有直接利害关系，如果对加害人的处罚过轻，未能充分惩戒违法者或不足以弥补被侵害人所遭受的损失，赋予被侵害人申请行政复议或提起行政诉讼的权利，有利于其维护自身的人身权、财产权等合法权益。同时，也促使公安机关在执法过程中综合考虑各种因素，作出合理的处罚决定，使法律关系中的各方利益得到更合理的调整。二是，增加对"作出的收缴、追缴决定，或者规定采取的有关限制性、禁止性措施等不服的"也可以依法申请行政复议或者提起行政诉讼，扩大了可以依法申请行政复议或者提起行政诉讼的情形。收缴、追缴决定直接涉及公民的财产权益，限制性、禁止性措施等，如限制进入特定场所、禁止从事某种活动等，会对当事人的生活、工作、经营产生重大影响，赋予当事人行政复议和行政诉讼权利，能及时发现和纠正公安机关在收缴、追缴及采取限制性、禁止性措施中可能存在的错误，避免当事人因缺乏救济途径导致权益受损无法弥补，保障《治安管理处罚法》及相关法律法规正确实施，以维护法律的严肃性和权威性。

条文释义

本条包含以下几个方面的内容：

第一，关于被处罚人、被侵害人对各类治安管理处罚决定不服的救济途径。我国建立了行政复议制度和行政诉讼制度为行政管理相对人提供法律救济。《行政复议法》和《行政诉讼法》对此分别作了具体规定。被处罚人、被侵害人如果对治安管理处罚决定及相关措施不服，采取救济手段，可以依法申请行政复议，对行政复议决定不服的，再向人民法院提起行政诉讼；也可以直接向人民法院提起行政诉讼。即被处罚人对处罚决定不服的，可以选择进行行政复议或者行政诉讼。

第二，关于可申请复议或诉讼的事项范围。根据本条规定，可以依法申请行政复议或者提起行政诉讼的范围主要包括两项：一是被处罚人、被侵害人对公安机关依照本法规定作出的治安管理处罚决定不服的。对于处罚种类，根据本法第十条的规定，治安管理处罚的种类分为：警告，罚款，行政拘留，吊销公安机关发放的许可证件。

二是被处罚人、被侵害人对公安机关依照本法规定作出的收缴、追缴决定，或者采取的有关限制性、禁止性措施等不服的。对于作出收缴、追缴决定的范围，根据本法第十一条的规定，办理治安案件所查获的毒品、淫秽物品等违禁品，赌具、赌资，吸食、注射毒品的用具以及直接用于实施违反治安管理行为的本人所有的工具，应当收缴，按照规定处理。违反治安管理所得的财物，追缴退还被侵害人。

对于限制性、禁止性措施，本法第二十八条规定了因扰乱体育比赛、文艺演出活动秩序被处以拘留处罚的，可以同时责令其六个月至一年内不得进入体育场馆、演出场馆观看同类比赛、演出；第四十四条对举办体育、文化等大型群众性活动，违反有关规定，有发生安全事故危险，规定了责令停止活动，立即疏散，责令六个月至一年内不得举办大型群众性活动等相关措施；第五十条对采取滋扰、纠缠、跟踪等方法，干扰他人正常生活的行为人规定了责令其一定期限内禁止接触被侵害人的禁止性措施；第八十四条规定了吸食、注射毒品的，可以同时责令其六个月至一年内不得进入娱乐场所、不得擅自接触涉及毒品违法犯罪人员的有关措施。

第三，关于被处罚人、被侵害人申请行政复议的程序。《行政复议法》对行政复议的申请、受理和决定等作出了具体规定。当事人申请行政复议，应当依据《行政复议法》的有关规定申请。行政复议是运用行政机关系统内部的层级监督关系，依行政管理相对人的申请，由上一级国家行政机关或者法律、法规规定的其他机关依法对引起争议的具体行政行为进行审查并作出处理决定的一种活动，是行政系统内部对行政权的监督形式。行政复议在范围、程序等方面有自身特有的优势，它具有及时、方便、成本低等特点。本条原则规定了被处罚人对各类处罚决定和有关措施不服的，可以依法申请行政复议。这一规定也明确表示，对治安管理处罚决定不服而依法申请行政复议的，复议机关对符合申请条件的应当受理。具体如何依法申请行政复议，需要根据《行政复议法》的规定进行。根据行政复议法的有关规定，并结合本法的规定，对治安管理处罚决定不服的行政复议的程序主要包括下列内容：

一是关于提起行政复议的期限。根据《行政复议法》第二十条的有关规定，被处罚人、被侵害人认为行政行为侵犯其合法权益的，可以自知道或者应当知道该行政行为之日起六十日内提出行政复议申请；但是法律规定的申请期限超过六十日的除外。因不可抗力或者其他正当理由耽误法定申请期限的，申请期限自障碍消除之日起继续计算。行政机关作出行政行为时，未告知公民、法人或者其他组织申请行政复议的权利、行政复议机关和申请期限的，申请期限自公民、法人或者其他组织知道或者应当知道申请行政复议的权利、行政复议机关和申请期限之日起计算，但是自知道或者应当知道行政行为内容之日起最长不得超过一年。

二是关于申请方式。根据《行政复议法》第二十二条的有关规定，被处罚人、被侵害人申请行政复议，可以书面申请；书面申请有困难的，也可以口头申请。书面申请的，可以通过邮寄或者行政复议机关指定的互联网渠道等方式提交行政复议申请书，也可以当面提交行政复议申请书。行政机关通过互联网渠道送达行政行为决定书的，应当同时提供提交行政复议申请书的互联网渠道。口头申请的，行政复议机关应当当场记录申请人的基本情况、行政复议请求、申请行政复议的主要事实、理由和时间。申请人对两个以上行政行为不服的，应当分别申请行政复议。

三是关于受理行政复议申请的部门。根据《行政复议法》第二十四条的有关规定，县级以上地方各级人民政府管辖本级公安机关作出的行政行为。对县级以上公安机关依法设立的派出机构（公安派出机构）依照法律、法规、规章规定，以派出机构的名义作出的行政行为不服的行政复议案件，由本级人民政府管辖；其中，对直辖市、设区的市的公安机关按照行政区划设立的派出机构作出的行政行为不服的，也可以由其所在地的人民政府管辖。

四是行政复议与行政诉讼程序不可同时申请。根据《行政复议法》第二十九条的有关规定，公民、法人或者其组织申请行政复议，行政复议机关已经依法受理的，在行政复议期间不得向人民法院提起行政诉讼。公民、法人或者其组织向人民法院提起行政诉讼，人民法院已经依法受理的，不得申请行政复议。

五是关于复议期间不停止执行的例外。根据《行政复议法》第四十二条的有关规定，行政复议期间治安管理处罚决定不停止执行；但是，有下列情形之一的，可以停止执行：（1）作出处罚决定的公安机关认为需要停止执行的；（2）行政复议机关认为需要停止执行的；（3）被处罚人、被侵害人或者第三人申请停止执行，行政复议机关认为其要求合理，决定停止执行的；（4）法律规定停止执行的。如符合本法第一百二十六条规定的遇有升学考试、子女出生或者近亲属病危、死亡等情形的，行政拘留可以暂缓执行。

六是关于行政复议决定的作出期限。根据《行政复议法》的有关规定，适用普通程序审理的行政复议案件，行政复议机关应当自受理申请之日起六十日内作出行政复议决定；但是法律规定的行政复议期限少于六十日的除外。情况复杂，不能在规定期限内作出行政复议决定的，经行政复议机构的负责人批准，可以适当延长，并书面告知当事人；但是延长期限最多不得超过三十日。适用简易程序审理的行政复议案件，行政复议机关应当自受理申请之日起三十日内作出行政复议决定。

第四，关于被处罚人、被侵害人提起行政诉讼的程序。我国《行政诉讼法》对行政诉讼程序作了具体规定。当事人提起行政诉讼，应当依据《行政诉讼法》的有关规定，提起行政诉讼。在我国，行政诉讼是由人民法院对引起争议的具体行政行为进行审查，以保护相对人的合法权益，这是一种司法救济，是行政系统外部对行政权的监督形式，也是行政相对人获得救济的一个途径。由行政系统外部对行政权的行使进行监督，更有利于客观、公正地保护行政相对人的合法权益。本条规定了被处罚人对治安管理处罚决定不服的，除可以申请行政复议外，也可以依法直接向人民法院提起行政诉讼，这与《行政处罚法》的规定是一致的。具体如何依法提起行政诉讼，需要根据行政诉讼法的规定进行。根据《行政诉讼法》的有关规定，并结合本法的规定，对治安管理处罚决定不服提起行政诉讼的程序主要包括下列内容：

一是关于提起行政诉讼的主体。根据《行政诉讼法》第二十五条的有关规定，行政行为的相对人以及其他与行政行为有利害关系的公民、法人或者其他组织，有权提起诉讼。在治安管理领域，被处罚人和被侵害人都有权提起行政诉讼。

二是关于提起行政诉讼的期限。根据《行政诉讼法》第四十五条、第四十六条的规定，被处罚人、被侵害人不服复议决定的，可以在收到复议决定书之日起十五日内向人民法院提起诉讼。被处罚人、被侵害人直接向人民法院提起诉讼的，应当自知道或者应当知道作出行政行为之日起六个月内提出。

三是关于行政诉讼不停止执行的例外。根据《行政诉讼法》第五十六条的有关规定，行政诉讼期间，不停止治安管理处罚决定的执行。但有下列情形之一的，停止治安管理处罚决定的执行：（1）被告（公安机关）认为需要停止执行的；（2）原告或者利害关系人（治安案件的被处罚人、被侵害人）申请停止执行，人民法院认为该行政行为的执行会造成难以弥补的损失，并且停止执行不损害国家利益、社会公共利益的；（3）人民法院认为该行政行为的执行会给国家利益、社会公共利益造成重大损害的；（4）法律、法规规定停止执行的。

四是关于诉讼期间。根据《行政诉讼法》的相关规定，人民法院应当在立案之日起六个月内作出第一审判决。有特殊情况需要延长的，由高级人民法院批准，高级人民法院审理第一审案件需要延长的，由最高人民法院批准。如果被诉行政行为是依法当场作出的或者案件涉及款额二千元以下的，人民法院认为事实清楚、权利义务关系明确、争议不大的，可以适用简易程序，由审判员一人独任审理，并应当在立案之日起四十五日内审结。

实践中需要注意的问题

在该条的理解适用中，应当注意的是：在行政复议程序和行政诉讼程序中，一般情况下，行政复议不是终局裁决，被处罚人对行政复议决定仍不服的，可以向人民法院提起行政诉讼，最终由人民法院来作出决定。但是，根据《行政复议法》和《行政诉讼法》的规定，被处罚人直接提起行政诉讼，人民法院已经依法受理的，不得申请行政复议；被处罚人申请行政复议，在行政复议期间，不得提起行政诉讼。

相关规定

《中华人民共和国行政处罚法》第七条；《中华人民共和国行政复议法》第十一条、第二十条、第二十三条、第二十四条、第二十九条、第四十二条、第六十二条、第六十四条；《中华人民共和国行政诉讼法》第十二条、第二十五条、第四十四条至第四十六条、第五十六条、第八十二条至第八十四条

第三节　执　　行

第一百二十二条　对被决定给予行政拘留处罚的人，由作出决定的公安机关送拘留所执行；执行期满，拘留所应当按时解除拘留，发给解除拘留证明书。

被决定给予行政拘留处罚的人在异地被抓获或者有其他有必要在异地拘留所执行情形的，经异地拘留所主管公安机关批准，可以在异地执行。

条文主旨

本条是关于行政拘留处罚执行程序的规定。

立法背景

1. 2005年《治安管理处罚法》的规定。第一百零三条规定："对被决定给予行政拘留处罚的人，由作出决定的公安机关送达拘留所执行。"

关于行政拘留处罚的执行，《治安管理处罚条例》第三十五条规定："受拘留处罚的人应当在限定的时间内，到指定的拘留所接受处罚。对抗拒执行的，强制执行。在拘留期间，被拘留人的伙食费由自己负担。"2005年制定《治安管理处罚法》时，对行政拘留处罚的执行作了两个方面的修改：一是考虑到实践情况和实际需要，制定《治安管理处罚法》时，取消了被处罚人履行自行报道的行政拘留处罚执行方式，直接规定对被决定给予行政拘留处罚的人，由作出决定的公安机关送达拘留所执行。二是删去了"被拘留人的伙食费由自己负担的相关规定"，执行行政拘留期间的伙食费由国家负担，体现了我国法治水平与人权保障意识的不断进步。

2. 2025年修订后的《治安管理处罚法》的规定。这次修改，一是第一款将"由作出决定的公安机关送达拘留所执行"修改为"由作出决定的公安机关

送拘留所执行"。避免了"送达"可能引发的文书传递与实际执行的混淆，直接强调公安机关必须完成将被拘留人送交拘留所收拘的行为，而非仅完成文书送达。二是第一款增加"执行期满，拘留所应当按时解除拘留，发给解除拘留证明书"。明确了执行拘留期满后的证明文件要求。三是增加一款"被决定给予行政拘留处罚的人在异地被抓获或者有其他有必要在异地拘留所执行情形的，经异地拘留所主管公安机关批准，可以在异地执行"。这样修改是考虑到实践中执法的需要以及异地执法的便利性，明确异地执行拘留的适用情形及拘留的审批程序，提升依法行政水平，也保障了被执行异地拘留处罚人的合法权益。

条文释义

本条共分两款。第一款是关于送被决定给予行政拘留处罚人执行拘留处罚的规定。

本款主要包含以下三个方面的内容：

第一，明确送被决定给予行政拘留处罚人执行拘留处罚的机关为公安机关。根据本款规定，对被决定给予行政拘留处罚的人，由作出决定的公安机关送拘留所执行。"作出决定的公安机关"，是指有权决定行政拘留处罚的公安机关，即县级以上人民政府公安机关，公安派出所无权自己决定行政拘留处罚。本款所规定的"送"，是指作出行政拘留决定的公安机关，派出工作人员将被处罚人送至拘留所执行处罚的行为。《刑事诉讼法》第八十五条第二款规定："拘留后，应当立即将被拘留人送看守所羁押……"此处"送"之表述逻辑一致。

第二，由拘留所执行行政拘留处罚。根据本款规定，对被决定给予行政拘留处罚的人，由作出决定的公安机关送拘留所执行。"拘留所"，是指对被决定行政拘留处罚的人执行拘留的专门场所。根据国家有关规定，县级以上地方人民政府根据需要设置拘留所。公安部主管全国拘留所的管理工作。县级以上地方人民政府公安机关主管本行政区域拘留所的管理工作。铁路、交通、森林系统公安机关和公安边防部门主管本系统拘留所的管理工作。拘留所依照规定配备武器、警械，配备交通、通信、技术防范、医疗和消防等装备和设施。

按照有关规定，拘留所对被处罚人进行人身自由限制的同时，还应当依法保障被拘留人的人身安全和合法权益，不得侮辱、体罚、虐待被拘留人或者指使、纵容他人侮辱、体罚、虐待被拘留人。拘留所收拘被拘留人，应当告知被拘留人依法享有的权利和应当遵守的规定。此外，拘留所收拘被拘留人后，拘留决定机关应当及时通知被拘留人家属。

第三，执行期满后的解除程序。当被拘留人的法定拘留期限届满时，拘留所必须立即终止对其人身自由的限制，在核实其身份后，向其出具解除拘留的官方证明文件。这一规定体现了法律对公民人身自由权利的保障，防止超期羁押等违法行为的发生，确保拘留这一限制人身自由的措施严格在法律规定的范围内实施。

第二款是关于对被决定给予行政拘留处罚人执行异地拘留的规定。

本款包含以下四个方面的内容：

第一，被执行异地拘留的情形。异地执行行政拘留处罚的主要有两种情形：一是被处罚人在异地被抓获。在此种情形下，被决定给予行政拘留处罚的人在异地被抓获，且有必要在异地拘留所执行的，经异地拘留所主管公安机关批准，可以在异地执行。比如，犯罪嫌疑人因在逃被通缉，在外地被当地警方抓获，而其案件需要进行行政拘留处罚，此时可考虑异地执行拘留。

二是其他有必要在异地执行的。这是一个相对灵活的规定，具体情况需根据案件的实际情况和公安机关的判断来确定。例如，铁路公安机关决定行政拘留的人交由铁路公安机关所辖拘留所执行，确有困难的，可以凭拘留决定机关的法律文书就近交铁路沿线地方公安机关所辖拘留所执行。

第二，送异地执行拘留的程序。根据本款规定，送异地执行拘留的，应当经异地拘留所主管公安机关批准。对此《拘留所条例》第九条也作了规定，需要异地收拘的，拘留决定机关应当出具相关法律文书和需要异地收拘的书面说明，并经异地拘留所主管公安机关批准。也就是说，如果存在异地执行拘留的必要，拘留决定机关应当将行政处罚决定书、需要异地收拘的书面说明等材料提交给异地拘留所主管公安机关进行审批。

第三，异地拘留所的审查程序。异地拘留所主管公安机关需要审查的内容包括行政处罚决定书的合法性、异地执行的必要性以及被处罚人是否具备不予收监情形等，如果审查通过，将会批准异地执行拘留。收拘时，拘留所应当查验送拘人员的工作证件和法律文书，核实被拘留人的身份。异地收押在实践中还存在"临时寄押"的情形，对此拘留所收拘异地办案机关临时寄押被拘留人的，应当经拘留所主管公安机关批准，凭拘留决定机关的法律文书或者其他相关寄押证明收拘，临时寄押的时间一般不超过3天。

第四，不予收拘的情形。《拘留所条例实施办法》第十八条规定，被拘留人有下列情形之一的，拘留所不予收拘，并出具不予收拘通知书，通知拘留决定机关：（1）不满16周岁或者已满70周岁的；（2）已满16周岁不满18周岁，初次违反治安管理的；（3）怀孕或者哺乳自己不满一周岁婴儿的；（4）被拘留审查的人患有严重疾病的；（5）不宜适用拘留审查的其他情形。收拘后发现被拘留人具有上述情形之一的，拘留所应当立即出具建议另行处理通知书，通知拘留决定机关。拘留决定机关应当立即处理并通知拘留所。规定上述情形，体现了对特殊群体的保护与依法行政的兼顾。

实践中需要注意的问题

在该条的理解适用中，应当注意的是"有其他有必要在异地拘留所执行情形"，需要在实践中灵活掌握，但仍应在执行细则中细化相关法定情形，加强异地执法间的配合。例如，部分地区可能将"异地"定义为跨县级行政区，而其他地区可能以市级为界。通过出台相关细则，明确"异地"范围及适用情形，可以有效避免因异地执行标准模糊导致执法争议。虽然本法规定的是被决定给予行政拘留处罚的人在异地被抓获或者有其他有必要在异地拘留所执行情形的，经异地拘留所主管公安机关批准，"可以"在异地执行，不具有在异地执行的必然性。但在有一定异地执行拘留的必要性或者更适合进行异地拘留的情况下，异地拘留所对于异地执行应尽量配合，保证异地拘留的顺利进行，提高执法效率。

相关规定

《公安机关办理行政案件程序规定》第二百二十条；《拘留所条例》第二条至第五条、第九条、第十条、第三十条；《拘留所条例实施办法》第二条、第五条、第六条、第十三条、第十四条、第十八条、第六十四条

第一百二十三条 受到罚款处罚的人应当自收到处罚决定书之日起十五日以内，到指定的银行或者通过电子支付系统缴纳罚款。但是，有下列情形之一的，人民警察可以当场收缴罚款：

（一）被处二百元以下罚款，被处罚人对罚款无异议的；

（二）在边远、水上、交通不便地区，旅客列车上或者口岸，公安机关及其人民警察依照本法的规定作出罚款决定后，被处罚人到指定的银行或者通过电子支付系统缴纳罚款确有困难，经被处罚人提出的；

（三）被处罚人在当地没有固定住所，不当场收缴事后难以执行的。

条文主旨

本条是关于罚款处罚的执行程序及人民警察当场收缴罚款的情形的规定。

立法背景

1. 2005 年《治安管理处罚法》的规定。第一百零四条规定："受到罚款处罚的人应当自收到处罚决定书之日起十五日内，到指定的银行缴纳罚款。但是，有下列情形之一的，人民警察可以当场收缴罚款：（一）被处五十元以下罚款，被处罚人对罚款无异议的；（二）在边远、水上、交通不便地区，公安机关及其人民警察依照本法的规定作出罚款决定后，被处罚人向指定的银行缴纳罚款确有困难，经被处罚人提出的；（三）被处罚人在当地没有固定住所，不当场收缴事后难以执行的。"

关于罚款处罚的执行问题，1996 年《行政处罚法》确立了作出罚款决定的行政机关与收缴罚款的机构相分离的原则。1996 年《行政处罚法》第四十六条规定，"作出罚款决定的行政机关应当与收缴罚款的机构分离"。同时规定，"除依照本法第四十七、第四十八条的规定当场收缴的罚款外，作出行政处罚决定的行政机关及其执法人员不得自行收缴罚款。当事人应当自收到行政处罚决定书之日起十五日内，到指定的银行缴纳罚款。银行应当收受罚款，并将罚款直接上缴国库"。罚缴分离制度的建立，是《行政处罚法》总结我国长期以来的执法经验，为进一步规范执法行为，防止腐败，而作出的重要规定。关于当场收缴罚款的情形，1996 年《行政处罚法》第四十七条规定，"依照本法第三十三条的规定当场作出行政处罚决定，有下列情形之一的，执法人员可以当场收缴罚款：（一）依法给予二十元以下的罚款的；（二）不当场收缴事后难以执行的"。第四十八条规定，"在边远、水上、交通不便地区，行政机关及其执法人员依照本法第三十三条、第三十八条的规定作出罚款决定后，当事人向指定的银行缴纳罚款确有困难，经当事人提出，行政机关及其执法人员可以当场收缴罚款"。治安管理处罚中的罚款也属于行政处罚中的罚款，应当按照《行政处罚法》的相关规定执行。本条规定在治安管理处罚活动中确立了作出罚款决定的公安机关与收缴罚款的机构相分离的制度，并根据治安案件的特点，具体规定了到银行缴纳罚款和人民警察当场收缴罚款的适用情形和程序。

2. 2025 年修订后的《治安管理处罚法》的规定。2021 年修改《行政处罚法》时，根据经济社会发展以及执法办案实际情况，便利当事人，缴纳罚款的方式增加了"通过电子支付系统",当场作出行政处罚决定可以当场收缴罚款的数额由"二十元以下"提高至"一百元以下"。根据《行政处罚法》的精神以及办理治安案件的情况和需要,本次修订对本条作了以下修改:一是作文字修改,将"十五日内"修改为"十五日以内"。二是缴纳罚款的方式增加"通过电子支付系统",以适应信息社会的要求,方便当事人,确认在实践中大量使用的这一支付方式的合法性。三是将第一项可以当场收缴罚款的数额从"五十元以下"提高到"二百元以下"。本次《治安管理处罚法》修订根据社会经济发展和人均收入提升情况,适度提高了对违法行为的罚款数额。与社会经济条件和消费水平变化相适应,与本次修法适度提高罚款数额相协调,也符合实际执法需要,便利当事人。四是考虑到旅客出行,停留时间较短不方便缴纳罚款的特殊情况,第二项可以当场收缴罚款的情形中增加在"旅客列车上或者口岸"作出罚款决定后。五是与缴纳罚款的方式增加"通过电子支付系统"相衔接,将第二项中的"向指定的银行缴纳罚款"修改为"到指定的银行或者通过电子支付系统缴纳罚款"。

◑ 条文释义

本条主要包含以下两个方面的内容:

1. 受到罚款处罚的人如何缴纳罚款及缴纳罚款的期限。

依照本条规定,受到罚款处罚的人应当自收到处罚决定书之日起十五日以内,到指定的银行或者通过电子支付系统缴纳罚款。根据这一规定,受到罚款处罚的人缴纳罚款的期限为自收到罚款决定书之日起十五日以内。这里所规定的"罚款",是指罚款处罚,包括公安派出所决定的一千元以下的罚款和县级以上地方人民政府公安机关决定的罚款,但依照本条规定人民警察可以当场收缴的罚款除外。"收到处罚决定书",是指决定罚款的公安机关(包括公安派出所)将罚款的处罚决定书送达受到罚款处罚的人。证明受到罚款处罚的人收到处罚决定书的主要依据,通常是受到罚款处罚的人在该处罚决定书上的签字。处罚决定书在当场交付或者事后送达被处罚人时,都应当由被处罚人签收。对于被处罚人拒绝签收的情形,可以按照有关规定履行手续后视为被处罚人已经收到。关于缴纳罚款的程序,依照这一规定,被处罚人应当到指定的银行或者通过电子支付系统缴纳。这里所说的"指定的银行",是指罚款的处罚决定书上标明的办理代收罚款业务的银行。"通过电子支付系统"缴纳罚款是本次修订新增加的缴纳罚款的方式。当事人通过电子支付系统支付的账户,实际是财政部门在银行开具的对公账户。在操作层面，电子支付码可以直接印在行政处罚决定书上，以便于当事人自觉履行行政处罚决定；也可以通过手机短信、微信等方式发送支付链接。电子支付成功后，应当通知当事人成功缴纳罚款。

本条关于受到罚款处罚的人如何缴纳罚款的规定，确立了在治安案件中的罚缴分离制度。这一制度，是现代行政法制发展的趋势和要求。综观世界各国，除个别特殊情况外，作出罚款的机关与收缴罚款的机构都是分离的，一般都不允许自罚自收的现象存在。自罚自收弊病很大，容易造成滥罚款的问题。采取作出罚款决定的公安机关与收缴罚款的机构相分离的制度，改变自罚自收的状况，有利于促进公安机关廉政建设，防止腐败；有利于避免公安机关罚款的随意性，尽量减少和最终杜绝滥罚款的现象，促进公安机关依法行政。同时，这一制度对于改善公安机关形象，密切公安机关同人民群众的关系，也是非常有利的。实行罚缴两条线，还有利于消除被处罚人的误解和抵触情绪。因此，各方面必须对这一规定高度重视，认真落实。

2. 可以当场收缴罚款的情形。

根据本条规定，在三种情形下，人民警察可以当场收缴罚款：

一是被处二百元以下罚款，被处罚人对罚款无异议的，人民警察可以当场收缴罚款。根据这一规定，人民警察当场收缴罚款必须同时具备两项条件。首先，罚款金额只能是二百元以下。在实践中，人民警察可以根据本法第一百一十九条的规定，违反治安管理行为事实清楚、证据确凿，对违反治安管理行为人当场作出二百元以下的罚款决定。在这种情况下，人民警察当场作出罚款决定，被处罚人对罚款无异议的，人民警察就可以在作出罚款决定后当场进行收缴。需要注意的是，本条并未将当场收缴罚款限于当场处罚的情形。也就是说，对于不属于当场处罚，但罚款金额在二百元以下，被处罚人无异议的，人民警察也可以当场收缴罚款。其次，被处罚人对罚款决定无异议。这是指被处罚人对罚款的处罚没有异议，同意当场缴纳罚款。本条的这一规定，是根据《行政处罚法》相关规定的精神作出的，但与《行政处罚法》规定的当场收缴罚款的最高额一百元是不一致的。相对于《行政处罚法》而言，本法属于特别法，根据特别法的效力优于一般法的原则，应当适用本法的规定。

二是在边远、水上、交通不便地区，旅客列车上或者口岸，公安机关及其人民警察依照本法的规定作出罚款决定后，被处罚人到指定的银行或者通过电子支付系统缴纳罚款确有困难，经被处罚人提出的，人民警察可以当场收缴罚款。这是关于应被处罚人要求而当场收缴罚款的规定，是针对特殊地区收缴罚款所遇到的特殊情况而作出的特别规定。在边远、水上、交通不便地区，或者是设置的银行网点少，或者是地理位置偏远，交通不便，互联网不发达。"旅客列车"是以客车（包括代用客车）编组，在铁路上运送旅客及行李、包裹的列车，包括动车组列车、普通旅客列车、城际列车、旅游列车、国际联运列车等；"口岸"是供人员、货物和交通工具出入国境的港口、机场、车站、通道等，旅客列车上或者口岸的旅客出行，停留时间较短，不方便缴纳罚款。上述情况下，公安机关及其人民警察依法作出罚款决定或者送达罚款的处罚决定书后，如果要求被处罚人到指定的银行或者通过电子支付系统缴纳罚款，对被罚款人来说确有实际困难，不好执行，而且往往会给被处罚人造成不必要的负担，反而背离了建立罚缴分离制度的初衷。在这种情况下，为了保证严肃执法，同时，为了方便被处罚人履行罚款决定，被处罚人可以向人民警察提出当场缴纳罚款。经被处罚人要求后，人民警察可以当场收缴罚款。根据这一规定，人民警察当场收缴罚款必须同时具备三项条件：首先，只限于边远、水上、交通不便地区，旅客列车上或者口岸；其次，被处罚人到指定的银行或者通过电子支付系统缴纳罚款确有困难的，对于虽然属于边远、水上、交通不便地区，旅客列车上或者口岸，但根据案件情况或者被处罚人的个人情况，被处罚人到指定的银行或者通过电子支付系统缴纳罚款不存在困难的，人民警察不得当场收缴罚款；最后，必须是被处罚人提出要求的，这是当场收缴罚款的必备条件，如果被处罚人没有提出当场缴纳罚款的要求，愿意自己到银行或者通过电子支付系统缴纳的，人民警察也不得当场收缴罚款。本次修法增加的可以"通过电子支付系统"缴纳罚款客观上限缩了本项的适用范围，由于信息技术的发展，在有互联网的地方，基本都可以实施电子支付，必须证明通过电子支付等存在困难，才可以依据本项当场收缴罚款。

三是被处罚人在当地没有固定住所，不当场收缴事后难以执行的。这主要是针对在当地没有固定住所的临时外来人员。这里所说的"当地"，是指作出处罚决定的公安机关所在地。这些人在当地没有固定住所，流动性较强，可能在很短的时间内就会离开该地。因此，在实践中，如果对罚款决定不当场收缴，事后可能很难再找到被处罚人，当然更谈不上执行罚款决定了。

人民警察当场收缴罚款，在性质上属于代收。当场收缴罚款的人民警察必须依照本法第一百二十四条的规定，按期如数将收缴的罚款交至所属的公安机关，由公安机关再按期如数将罚款缴付指定的银行。同时，人民警察当场收缴罚款，还必须依照本法第一百二十五条的规定，向被处罚人出具省级以上人民政府财政部门统一制发的专用票据。对于违反本条规定的行为，本法第一百三十九条规定，人民警察办理治安案件，不执行罚款决定与罚款收缴分离制度或者不按规定将依法收缴的罚款全部上缴国库，或者私分、侵占、挪用、故意损毁收缴的款物的，依法给予处分；构成犯罪的，依法追究刑事责任。办理治安案件的公安机关有上述行为的，对负有责任的领导人员和直接责任人员依法给予处分。

● 实践中需要注意的问题

实践中需要注意的是，本条第二项和第三项的适用对象是公安机关及其人民警察依照本法规定作出的罚款决定，既包括人民警察对于违反治安管理行为事实清楚，证据确凿，当场作出的五百元以下的罚款决定，也包括由公安派出所作出的一千元以下的罚款决定，以及县级以上地方人民政府公安机关作出的其他数额的罚款决定。

● 相关规定

《中华人民共和国行政处罚法》第六十七条至第六十九条；《公安机关办理行政案件程序规定》第二百一十四条

第一百二十四条 人民警察当场收缴的罚款，应当自收缴罚款之日起二日以内，交至所属的公安机关；在水上、旅客列车上当场收缴的罚款，应当自抵岸或者到站之日起二日以内，交至所属的公安机关；公安机关应当自收到罚款之日起二日以内将罚款缴付指定的银行。

● 条文主旨

本条是关于上交当场收缴的罚款的规定。

● 立法背景

1. 2005年《治安管理处罚法》的规定。第一百零五条规定："人民警察当场收缴的罚款，应当自收缴罚款之日起二日内，交至所属的公安机关；在水上、旅客列车上当场收缴的罚款，应当自抵岸或者到站之日起二日内，交至所属的公安机关；公安机关应当自收到罚款之日起二日内将罚款缴付指定的银行。"

行政处罚以罚缴分离为原则，作出行政处罚决定的行政机关及其执法人员不得自行收缴罚款；在法律规定的特殊情形下，可由执法人员进行当场收缴。人民警察当场收缴罚款，实质上是一种代收罚款的行为。规定这一制度，主要是考虑到实际执行中的特殊情况，为了减少执法成本，方便被处罚人，或者保证罚款决定的执行，而由人民警察代收罚款。为规范当场收缴罚款行为，本条明确规定了当场收缴罚款后的上交程序和期限。人民警察代收罚款后，应当及时将当场收缴的罚款上交所属的公安机关，再由公安机关及时缴付指定的银行。否则，就有可能发生所罚款项被截留、挪用甚至流失的问题，严重损害国家利益，破坏廉政建设，影响公安机关的威信和人民警察的形象。与此同时，考虑到人民警察负担的执法任务比较繁重，工作量也比较大，如果要求他们在当场收缴罚款的当日就上交所属的公安机关，可能会存在一定的困难，特别是在一些比较边远的农村、山区、牧区等，交通不便，人民警察在收缴罚款的当日上交罚款，困难会更大。因此，对人民警察上交所收缴的罚款规定了一个比较合理的期限。

2. 2025 年修订后的《治安管理处罚法》的规定。对本条作了文字修改，将"二日内"修改为"二日以内"。

条文释义

本条包含两个方面的内容：

1. 人民警察向公安机关上交当场收缴的罚款。

根据本条规定，人民警察当场收缴的罚款，应当自收缴罚款之日起二日以内，交至所属的公安机关；在水上、旅客列车上当场收缴的罚款，应当自抵岸或者到站之日起二日以内，交至所属的公安机关。关于当场收缴罚款的情形，本法第一百二十三条作了具体规定。人民警察当场收缴罚款后，应当及时将收缴的罚款交至所属的公安机关。只有在及时上交罚款有困难的情况下，根据本条规定，可以在一定期限内上交罚款。本条规定了两种上交罚款的期限。一是在一般情况下，人民警察当场收缴的罚款，应当自收缴罚款之日起二日以内，交至所属的公安机关。这里所规定的"二日"，指的是两个工作日。如果期满日期是节假日时，节假日后的第一个工作日为期满日期。二是对于在水上、旅客列车上当场收缴的罚款，人民警察应当自抵岸或者到站之日起二日以内，交至所属的公安机关。针对水上执法情况作出特别规定，人民警察在水上当场收缴的罚款，应当自抵岸之日起，而不是当场收缴之日起二日以内交至所属的公安机关。这一规定主要是考虑到水上执法时，人民警察可能需要在水上工作时间较长，无法在短期内赶回所属的公安机关，所以明确规定水上当场收缴的罚款交付所属公安机关的起算点为抵岸之日。对于这种情况，《行政处罚法》只规定了"水上"一种情形。考虑到由于旅客列车的运行一般需要比较长的时间，在列车运行期间人民警察还要继续执行职务，人民警察在旅客列车上当场收缴的罚款，如果自收缴罚款之日起二日以内就交至所属的公安机关，实践中可能有困难。因此，本法增加规定了在"旅客列车上"这种情形。

2. 公安机关将罚款缴付指定银行。

公安机关在收到人民警察上交的当场收缴的罚款后，应当及时上缴国库。根据本条规定，人民警察将收缴的罚款交至所属的公安机关后，该公安机关应当自收到罚款之日起二日以内将罚款缴付指定的银行，不得将罚款长时间扣留在公安机关，更不得将罚款挪作他用，如充作办公经费、发放福利等。这里所规定的"二日"，指的也是两个工作日。如果期满日期是节假日时，节假日后的第一个工作日为期满日期。这一规定与《行政处罚法》的规定以及财政部关于罚没财物管理的要求是一致的。根据财政部 2020 年 12 月 17 日发布的《罚没财物管理办法》中第二十九条的规定，执法人员依法当场收缴罚款的，执法机关应当自收到款项之日起 2 个工作日内缴入财政专户或者国库。

为了防止截留、私分或者变相私分罚款，本法还规定了相应的法律责任。本法第一百三十九条规定，人民警察办理治安案件，不按规定将依法收缴的罚款全部上缴国库，或者私分、侵占、挪用、故意损毁收缴的款物的，依法给予处分；构成犯罪的，依法追究刑事责任。办理治安案件的公安机关有上述行为的，对负有责任的领导人员和直接责任人员依法给予处分。如根据国务院《违反行政事业性收费和罚没收入收支两条线管理规定行政处分暂行规定》，不按照规定将罚没收入上缴国库的，对直接负责的主管人员和其他直接责任人员给予记大过处分；情节严重的，给予降级或者撤职处分。截留、挪用、坐收坐支罚没收入的，对直接负责的主管人员和其他直接责任人员给予降级处分；情节严重的，给予撤职或者开除处分。违反规定，将罚没收入用于提高福利补贴标准或者扩大福利补贴范围、滥发奖金实物、挥霍浪费或者有其他超标准支出行为的，对直接负责的主管人员和其他直接责任人员给予记大过处分；情节严重的，给予降级或者撤职处分。

● 实践中需要注意的问题

实践中需要注意的以下几个方面的问题：

第一，为了确保当场收缴的罚款能够及时缴付银行，具有罚款权的公安机关应当在辖区范围内确定收缴罚款的银行网点，并在银行建立罚款专户，将收缴的罚款存放专户，集中上交国库。

第二，人民警察当场收缴罚款后应当妥善保管，在规定期限内完整无缺地将收缴的罚款交至所属公安机关，同时要做好交接记录，详细记载罚款金额、收缴时间、地点等信息，以便追溯和查询。同时，公安机关在接收罚款时，要认真核对相关信息，如罚款数额与处罚决定书是否一致，收缴程序是否符合规定等，确保罚款来源合法、数额准确。

第三，人民警察当场收缴罚款后遇到不可抗力等特殊原因，如发生意外事件，无法在规定期限内完成罚款上交或缴付银行的，应当及时向上级机关报告，并在不可抗力因素消除后尽快完成相关工作。对于一些复杂或者有争议的罚款收缴情况，如被处罚人对罚款金额、处罚决定有异议但仍当场缴纳罚款的，要做好记录和解释工作，同时按照正常程序完成罚款的上交和缴付，后续根据相关规定处理异议问题。

● 相关规定

《中华人民共和国行政处罚法》第七十一条；《公安机关办理行政案件程序规定》第二百一十六条；《罚没财物管理办法》第二十九条；《违反行政事业性收费和罚没收入收支两条线管理规定行政处分暂行规定》第十四条、第十六条、第十七条

第一百二十五条 人民警察当场收缴罚款的，应当向被处罚人出具省级以上人民政府财政部门统一制发的专用票据；不出具统一制发的专用票据的，被处罚人有权拒绝缴纳罚款。

● 条文主旨

本条是关于人民警察当场收缴罚款时应当出具专用票据的规定。

● 立法背景

1. 2005 年《治安管理处罚法》的规定。第一百零六条规定："人民警察当

场收缴罚款的，应当向被处罚人出具省、自治区、直辖市人民政府财政部门统一制发的罚款收据；不出具统一制发的罚款收据的，被处罚人有权拒绝缴纳罚款。"

关于收缴罚款时出具罚款收据的问题，原《治安管理处罚条例》第三十六条第二款规定："公安机关或者公安人员收到罚款后，应当给被罚款人开具罚款收据。"这一规定比较原则，而且对不出具罚款收据时被处罚人的权利未作规定。对于罚款收据问题，1996年《行政处罚法》作了更为具体的规定。1996年《行政处罚法》第四十九条规定："行政机关及其执法人员当场收缴罚款的，必须向当事人出具省、自治区、直辖市财政部门统一制发的罚款收据；不出具财政部门统一制发的罚款收据的，当事人有权拒绝缴纳罚款。"治安管理处罚中的罚款也属于行政处罚的一种，应当按照《行政处罚法》的相关规定执行。

2. 2025年修订后的《治安管理处罚法》的规定。对本条作了两处修改，一是将"省、自治区、直辖市人民政府财政部门统一制发的罚款收据"修改为"省级以上人民政府财政部门统一制发的专用票据"；二是将"不出具统一制发的罚款收据"修改为"不出具统一制发的专用票据"。根据《财政票据管理办法》第三条、第十条规定，财政票据是指由财政部门监（印）制、发放、管理，国家机关、事业单位、具有公共管理或者公共服务职能的社会团体及其他组织依法收取政府非税收入或者从事非营利性活动收取财物时，向公民、法人和其他组织开具的凭证。财政票据由省级以上财政部门按照管理权限分别监（印）制。2021年新修订的《行政处罚法》将"省、自治区、直辖市财政部门统一制发的罚款收据"修改为"国务院财政部门或者省、自治区、直辖市人民政府财政部门统一制发的专用票据"。收据并不等同于财政票据，在商业活动中也会使用收据。用统一制发的专用票据代替收据，是规范化的制度表现。本次修订《治安管理处罚法》，与《行政处罚法》保持一致，将"罚款收据"修改为"专用票据"。

● 条文释义

本条包含两个方面的内容：

1. 人民警察当场收缴罚款的，应当向被处罚人出具省级以上人民政府财政部门统一制发的专用票据。

本法和《行政处罚法》均确立了罚缴分离制度，当场收缴罚款是罚缴分离制度的例外情形。当场收缴罚款的情况，更容易出现监管缺少、执法腐败等问题，所以本条对当场收缴罚款的票据作出专门规定，即人民警察当场收缴罚款的，应当向被处罚人出具省级以上人民政府财政部门统一制发的专用票据，禁止使用自制、过期或未授权的票据。本条作这样的规定，主要是为了防止不开或者乱开罚款票据从而导致罚款不入账或者不上缴国库，防止滥罚款以及截留、挪用、贪污罚款，促进廉政建设，改善公安机关及其人民警察的形象。之所以规定由省级以上人民政府财政部门统一制发专用票据，主要是为了对罚款情况进行财政监控。无论是人民警察当场收缴罚款，还是被处罚人自行到银行或者通过电子支付系统缴纳罚款，最终这些罚款都要全部上缴财政。因此，由财政部门统一制发专用票据，可以规范当场收缴罚款行为，对罚款进行严格控制，加强对公安机关及其人民警察当场收缴罚款的监督管理，保证收缴的罚款能够如数上缴国库，防止出现个别公安机关或者人民警察将当场收缴的罚款截留、私分或者据为己有等情况。罚没收入属于政府非税收入，要按照国库集中收缴管理有关规定，全额上缴国库，纳入一般公共预算管理。

　　本条适用于人民警察当场收缴罚款的情形。本法第一百二十三条对人民警察可以当场收缴罚款的情形作了规定。人民警察当场收缴罚款的，必须依照本条的规定出具专用票据，不得未出具专用票据而收缴罚款。同时，人民警察出具的专用票据必须是省级以上人民政府财政部门，即国务院财政部门或者省、自治区、直辖市人民政府财政部门统一制发的专用票据，不得使用擅自印制的或者其他非法定罚款票据。这里所说的"统一制发"，是指专用票据由省级以上人民政府财政部门统一制作和发放，其他行政机关无权制发罚款票据。根据《财政票据管理办法》的规定，财政票据由省级以上财政部门按照管理权限分别监（印）制。财政部门是财政票据的主管部门。财政部负责全国财政票据管理工作，承担中央单位财政票据的印制、发放、核销、销毁和监督检查等工作，指导地方财政票据管理工作。省、自治区、直辖市人民政府财政部门负责本行政区域财政票据的印制、发放、核销、销毁和监督检查等工作，指导下级财政部门财政票据管理工作。省级以下财政部门负责本行政区域财政票据的申领、发放、核销、销毁和监督检查等工作，但无权制发票据。

　　2. 不出具统一制发的专用票据的，被处罚人有权拒绝缴纳罚款。

　　除要求人民警察在当场收缴罚款时应当出具法定的专用票据外，本条还规定，不出具统一制发的专用票据的，被处罚人有权拒绝缴纳罚款。这一规定有两层含义：第一，不出具专用票据的，被处罚人有权拒绝缴纳罚款。这里所谓的"有权拒绝缴纳罚款"，是指被处罚人拒绝缴纳罚款的行为属于行使法律规定的合法权利，对该行为后果不负任何法律责任。第二，对于出具的专用票据不是省级以上人民政府财政部门统一制发的，被处罚人也有权拒绝缴纳罚款。专用票据实行统一制发、统一申领，只有具有行政处罚权的行政主体才能领取到票据，这是行政处罚的内部控制程序。领购非税收入类票据，收取罚没收入的，要提交证明本单位具有罚没处罚权限的法律依据。为了保证领取主体自己使用，而不是借给他人使用，《财政票据管理办法》还专门规定，财政票据使用单位不得转让、出借、代开、买卖、擅自销毁、涂改财政票据；不得串用财政票据，不得将财政票据与其他票据互相替代。

此外，本法第一百三十九条规定，人民警察办理治安案件，当场收缴罚款不出具专用票据或者不如实填写罚款数额的，依法给予处分；构成犯罪的，依法追究刑事责任。办理治安案件的公安机关有上述行为的，对负有责任的领导人员和直接责任人员依法给予处分。

● **实践中需要注意的问题**

实践中需要注意以下几个方面的问题：

第一，人民警察当场收缴罚款的，应当在省级以上人民政府财政部门统一制发的专用票据上准确填写罚款金额、事由、时间、地点及执法人员信息等内容，并由执法人员签名确认。如果当事人因票据问题拒绝缴纳，执法人员不得采取威胁、强制手段当场收缴，应当开具书面处罚通知让当事人到银行缴纳。

第二，人民警察当场收缴罚款，但不依法出具财政部门统一制发的票据的，属于违法行为，当事人不但有权拒绝缴纳，还可以根据本法第一百三十三条的规定予以检举、控告，由有关机关对相关责任人员依法给予处分。对于使用的非法单据，根据《行政处罚法》第七十七条规定，应当由上级行政机关或者有关机关予以收缴销毁。

第三，本条规定的目的在于通过规范票据使用，平衡执法效率与当事人合法权利保障，人民警察应当严格按照程序办理，确保每一笔罚款的合法性与透明度，避免因程序瑕疵引发争议。同时，公安机关也应当强化监督与培训机制，保障法律的有效实施。

● **相关规定**

《中华人民共和国行政处罚法》第七十条、第七十七条；《财政票据管理办法》第三条、第十条、第三十条

第一百二十六条 被处罚人不服行政拘留处罚决定，申请行政复议、提起行政诉讼的，遇有参加升学考试、子女出生或者近亲属病危、死亡等情形的，可以向公安机关提出暂缓执行行政拘留的申请。公安机关认为暂缓执行行政拘留不致发生社会危险的，由被处罚人或者其近亲属提出符合本法第一百二十七条规定条件的担保人，或者按每日行政拘留二百元的标准交纳保证金，行政拘留的处罚决定暂缓执行。

正在被执行行政拘留处罚的人遇有参加升学考试、子女出生或者近亲属病危、死亡等情形，被拘留人或者其近亲属申请出所的，由公安机关依照前款规定执行。被拘留人出所的时间不计入拘留期限。

● **条文主旨**

本条是关于暂缓执行行政拘留处罚和出所的规定。

● **立法背景**

1. 2005 年《治安管理处罚法》的规定。第一百零七条规定："被处罚人不服行政拘留处罚决定，申请行政复议、提起行政诉讼的，可以向公安机关提出暂缓执行行政拘留的申请。公安机关认为暂缓执行行政拘留不致发生社会危险的，由被处罚人或者其近亲属提出符合本法第一百零八条规定条件的担保人，或者按每日行政拘留二百元的标准交纳保证金，行政拘留的处罚决定暂缓执行。"

申请行政复议、提起行政诉讼暂缓执行行政拘留处罚，属于行政处罚的一项例外原则。关于申请行政复议或者提起行政诉讼，行政处罚不停止执行的原则，1996 年《行政处罚法》作了明确规定。1996 年《行政处罚法》第四十五条规定："当事人对行政处罚决定不服申请行政复议或者提起行政诉讼的，行政处罚不停止执行，法律另有规定的除外。"《行政处罚法》作这样的规定，主要是考虑到，在行政处罚活动中，一方面，为了及时纠正违法行为，维护行政机关的权威和行政效率，行政处罚一般不停止执行；但另一方面，由于任何国

家机关在决定处罚时都有可能出现错误，为了体现权力制约，防止腐败行为的发生，必须赋予当事人充分的救济手段。如果申请行政复议或者提起行政诉讼后原行政处罚一律都予以执行，由于限制人身自由的行政处罚具有难以执行回转的特殊性，对于限制人身自由的处罚来说，即使经过行政复议或者行政诉讼被认为是错误的，也不可挽回，会给当事人造成难以弥补的损失。因此，法律另有规定的除外。本条规定就属于"法律另有规定"的情形，根据《行政处罚法》的精神，对申请行政复议、提起行政诉讼可以申请暂缓执行行政拘留作了规定。

2. 2025年修订后的《治安管理处罚法》的规定。对本条作了三处修改，一是申请暂缓执行行政拘留的情形中增加被处罚人"遇有参加升学考试、子女出生或者近亲属病危、死亡等情形的"；二是根据条文序号的变化，将"符合本法第一百零八条规定条件的担保人"中的"第一百零八条"修改为"第一百二十七条"；三是增加一款作为第二款，对正在被执行行政拘留处罚的人遇有参加升学考试、子女出生或者近亲属病危、死亡等情形，可以申请出所作出规定。参加升学考试、子女出生或者近亲属病危、死亡等，要么对当事人前途有重大影响，要么对当事人有特殊重要意义，对于当事人来说属于重大事务。行政拘留性质上属于行政处罚，违法行为的社会危害性、行为人的人身危险性等总体上要小于犯罪行为。如果因为执行行政拘留而使被处罚人不能及时处理一些有特殊重要意义的事务，可能会给当事人带来重大的、终身的，甚至是难以弥补的损害和遗憾，不符合"尊重和保障人权"的要求，不符合"过罚相当"原则，也不符合立法"以人为本、立法为民"的理念。《拘留所条例》中规定，被拘留人遇有参加升学考试、子女出生或者近亲属病危、死亡等情形的，被拘留人或者其近亲属可以提出请假出所的申请。为充分保障被拘留人合法权益，本条增加了申请暂缓执行行政拘留的情形，并将《拘留所条例》的有关规定上升为法律，增加了申请出所有关规定。

◐ 条文释义

本条共分两款。第一款是关于暂缓执行行政拘留处罚的规定。本款主要有以下几层意思：

1. 暂缓执行只限于行政拘留处罚。

行政拘留，是本法第十条所规定的四种治安管理处罚种类中的一种，是将被处罚人送至拘留所在一定期限内剥夺其人身自由的处罚方式。之所以将暂缓执行处罚限于行政拘留，主要是考虑到行政拘留处罚的严厉性。而且行政拘留处罚与罚款等其他处罚的一个重要区别是其具有不可恢复性，罚款错了还可以返还，行政拘留错了，被处罚人已被剥夺的人身自由却不可能予以返还，而只能给予一定的经济补偿。考虑到行政拘留处罚的性质和特点，从更有利于保障公民的合法权益出发，本款作了暂缓执行行政拘留处罚的规定。

2. 暂缓执行行政拘留适用于被处罚人不服行政拘留处罚决定，申请行政复议、提起行政诉讼，或者遇有参加升学考试、子女出生或者近亲属病危、死亡等情形。

根据本款规定，被处罚人可以向公安机关提出暂缓执行行政拘留申请的几种情形：一是被处罚人不服行政拘留处罚决定，申请行政复议、提起行政诉讼。本款所规定的"申请行政复议"，是指被处罚人不服行政拘留处罚决定，依照《行政复议法》和本法的有关规定，提出行政复议申请。《行政复议法》第十一条明确规定，对行政机关作出的行政处罚决定不服的，公民可以申请行政复议。行政拘留属于行政处罚的一种。本法第一百二十一条规定，被处罚人对公安机关依照本法规定作出的治安管理处罚决定不服的，可以依法申请行政复议。本款所规定的"提起行政诉讼"，是指被处罚人不服行政拘留处罚规定，直接向人民法院提起行政诉讼，或者在申请行政复议后对行政复议决定不服的向人民法院提起行政诉讼。《行政诉讼法》第十二条明确规定，人民法院受理公民对行政拘留等行政处罚不服提起的诉讼。同时，根据《行政诉讼法》第十八条的规定，被处罚人提起行政案件，由最初作出行政拘留处罚的公安机关所在地人民法院管辖。经复议的案件，也可以由复议机关所在地人民法院管辖。根据本款规定，被处罚人申请行政复议或者提起行政诉讼的，有可能暂缓执行对其决定的行政拘留处罚。暂缓执行的效力适用于行政复议、行政诉讼期间。

二是被处罚人"遇有参加升学考试、子女出生或者近亲属病危、死亡等情形"。这是本次修法新增加的可以申请暂缓执行行政拘留的情形。"升学考试"是指由学校或者教育行政部门组织的选拔性考试，一般实行择优录取原则，主要考查学生的学习能力并为高一级学校选拔人才，其代表性考试包括初中毕业升学考试（中考）、全国普通高等学校招生统一考试（高考）等。"子女出生"是指被处罚人的子女即将出生或者刚刚出生。根据《民法典》的规定，"近亲属"是指被处罚人的配偶、父母、子女、兄弟姐妹、祖父母、外祖父母、孙子女、外孙子女。"病危"是指病情极其严重，生命体征不稳定，随时可能危及生命，需要立即采取紧急医疗措施的状态。在实践中，除本款明确列举的情形外，其他与明确列举情形在重要性、紧迫性等方面具有相当性的情形，也可以作为申请暂缓执行行政拘留的事由。被处罚人以参加升学考试、子女出生或者近亲属病危、死亡等为由申请暂缓执行行政拘留的，不以申请行政复议、提起行政诉讼为前提，也就是说，即使被处罚人认可行政拘留处罚决定，没有申请行政复议、提起行政诉讼，也可以上述情形为由申请暂缓执行行政拘留。根据本款规定，被处罚人遇有参加升学考试、子女出生或者近亲属病危、死亡等情形的，有可能暂缓执行对其决定的行政拘留处罚。暂缓执行的效力适用于公安机关根据实际情况确定的暂缓执行期间。

3. 公安机关认为暂缓执行行政拘留不致发生社会危险的，行政拘留的处罚决定才可以暂缓执行。

根据这一规定，被处罚人申请暂缓执行行政拘留的，即使可以按照规定提出符合条件的担保人，或者按照法定标准交纳保证金，并不必然导致行政拘留处罚被暂缓执行。暂缓执行行政拘留处罚的一个必要条件，是公安机关认为暂缓执行行政拘留不致发生社会危险。这里的"公安机关"，是指作出行政拘留决定的公安机关。这里所说的"发生社会危险"，主要是指被处罚人有可能阻碍、逃避公安机关、行政复议机关或者人民法院的传唤、复议、审理和执行的，如逃跑、干扰证人、串供、毁灭、伪造证据、又实施其他违法犯罪行为等。判断被处罚人是否会发生社会危险，要根据被处罚人各方面情况综合考虑，作出判断。通常需要考虑的因素包括违反治安管理行为的性质、社会危害、被处罚人的一贯表现、与所居住区域的联系等。如果公安机关认为暂缓执行行政拘留可能会发生社会危险的，行政拘留处罚不得暂缓执行。

4. 向公安机关申请暂缓执行行政拘留，必须提供一定的保证措施。

本款共规定了两种保证措施：一是担保人。被处罚人或者其近亲属可以提出符合本法第一百二十七条规定条件的担保人来保证被处罚人不阻碍、逃避公安机关、行政复议机关或者人民法院的传唤、复议、审理和执行。本法第一百二十七条规定了担保人应当符合的条件。第一百二十八条规定了担保人的义务以及对担保人不履行担保义务的处罚。二是保证金。根据本款规定，被处罚人或者其近亲属选择交纳保证金的，应当按照每日行政拘留二百元的标准交纳，即交纳的保证金数额为被决定行政拘留的天数乘二百元所得的数额。关于保证金的没收和退还，本法第一百二十九条、第一百三十条作了具体规定。对于本款规定的两种保证措施，被处罚人及其近亲属只需要选择其中一种。公安机关不得要求被处罚人或者其近亲属同时提出担保人和交纳保证金。此外，还需要注意的是，虽然暂缓执行行政拘留的申请只能由被处罚人提出，但担保人的提出或者保证金的交纳既可以由被处罚人进行，也可以由被处罚人的近亲属进行。

5. 被处罚人申请暂缓执行行政拘留符合条件的，行政拘留的处罚决定暂缓执行。

根据本款规定，被处罚人提出申请的，公安机关认为暂缓执行行政拘留不致发生社会危险，同时，被处罚人或者其近亲属提供的保证措施符合法律规定，如担保人符合法定条件，或者交纳了足够的保证金的，行政拘留的处罚决定暂缓执行。被处罚人可以书面提出暂缓执行行政拘留的申请，也可以口头提出，对于口头申请的，人民警察应当予以记录，并由申请人签名或者捺指印。公安机关应当在收到被处罚人提出暂缓执行行政拘留申请之时起二十四小时内作出决定。所谓"暂缓执行"，是指在行政复议、行政诉讼或者暂缓执行期间暂不予执行，而不是不再执行。对于行政拘留处罚决定经行政复议后维持，被处罚人未提起行政诉讼的，行政拘留处罚决定经行政诉讼后维持的，或者公安机关确定的暂缓执行期限届满的，该行政拘留处罚决定应当交付执行。但对于行政拘留处罚决定经行政复议或者行政诉讼被撤销的，在行政复议或者行政诉讼之后，也不再对被处罚人执行行政拘留。

第二款是关于正在被执行行政拘留处罚的人出所的规定。

本款规定了以下两个方面的内容：第一，被拘留人或者其近亲属申请出所的条件和程序。根据本款规定，虽然被处罚人已经被送拘留所执行行政拘留处罚，在处罚执行完毕前，如果遇有参加升学考试、子女出生或者近亲属病危、死亡等情形，可以按照第一款规定的条件和程序申请出所，即由被拘留人或者其近亲属提出申请，并提出符合条件的担保人或者按标准交纳保证金，作出拘留决定的公安机关认为被拘留人出所不致发生社会危险的，作出准予出所的决定。根据《拘留所条例》规定，请假出所的申请由拘留所提出审核意见，报拘留决定机关决定是否批准。拘留决定机关应当在被拘留人或者其近亲属提出申请的12小时内作出是否准予请假出所的决定。根据《拘留所条例实施办法》规定，准假出所的时间一般不超过7天，保证金按照剩余拘留期限每日200元的标准交纳。第二，被拘留人出所的时间不计入拘留期限。"不计入拘留期限"，是指被拘留人出所的时间不计算在给予拘留处罚的期限内，拘留期限以被拘留人实际在拘留所执行拘留的时间计算，被拘留人出所期满后，应当回到拘留所继续执行剩余的拘留期限。

● 实践中需要注意的问题

实践中需要注意以下几个方面的问题：

第一，本条规定了行政拘留处罚决定暂缓执行的条件与程序。但对于行政拘留或者其他治安管理处罚决定，还存在依照行政复议法或者行政诉讼法停止执行的可能性。《行政复议法》第四十二条规定："行政复议期间行政行为不停止执行；但是有下列情形之一的，应当停止执行：（一）被申请人认为需要停止执行；（二）行政复议机关认为需要停止执行；（三）申请人、第三人申请停止执行，行政复议机关认为其要求合理，决定停止执行；（四）法律、法规、规章规定停止执行的其他情形。"《行政诉讼法》第五十六条第一款规定："诉讼期间，不停止行政行为的执行。但有下列情形之一的，裁定停止执行：（一）被告认为需要停止执行的；（二）原告或者利害关系人申请停止执行，人民法院认为该行政行为的执行会造成难以弥补的损失，并且停止执行不损害国家利益、社会公共利益的；（三）人民法院认为该行政行为的执行会给国家利益、社会公共利益造成重大损害的；（四）法律、法规规定停止执行的。"根据上述规定，在行政复议、行政诉讼期间，对于符合《行政复议法》《行政诉讼法》规定的，行政复议机关、人民法院以及作出原行政处罚决定的机关也可以决定停止执行行政拘留或者其他治安管理处罚决定。

第二，被处罚人不服行政拘留处罚决定，申请行政复议、提起行政诉讼，并申请暂缓执行行政拘留的，既可以在行政拘留尚未开始执行时提出暂缓申请，也可以在行政拘留已经开始执行但尚未执行完毕期间提出。被处罚人在行政拘留执行期间提出暂缓执行行政拘留申请的，拘留所应当在 24 小时内将有关材料转送作出行政拘留决定的公安机关，不得检查或者扣押。拘留决定机关批准被拘留人暂缓执行行政拘留的，应当制作暂缓执行决定书送达拘留所。

● 相关规定

《中华人民共和国行政复议法》第十一条、第四十二条；《中华人民共和国行政诉讼法》第十二条第一款、第十八条第一款、第五十六条；《中华人民共和国行政处罚法》第七十三条第一款、第二款；《中华人民共和国民法典》第一千零四十五条第二款；《拘留所条例》第二十七条、第二十九条；《拘留所条例实施办法》第四十条、第五十六条、第五十七条第一款；《公安机关办理行政案件程序规定》第二百二十二条至第二百二十四条

第一百二十七条 担保人应当符合下列条件：
（一）与本案无牵连；
（二）享有政治权利，人身自由未受到限制；
（三）在当地有常住户口和固定住所；
（四）有能力履行担保义务。

条文主旨

本条是关于暂缓执行行政拘留处罚或者正在被执行行政拘留处罚的人出所中对担保人的条件的规定。

立法背景

本条是 2005 年《治安管理处罚法》第一百零八条的规定，2025 年修订《治安管理处罚法》时未作修改。

被处罚人不服行政拘留处罚决定，申请行政复议、提起行政诉讼的，对行政拘留处罚决定予以暂缓执行，一方面要考虑到被处罚人合法权益的保护，另一方面还要考虑到保证行政复议、行政诉讼的正常进行，保证行政拘留处罚在经过行政复议、行政诉讼后被维持时能够顺利得以执行。原《治安管理处罚条例》对暂缓执行行政拘留处罚担保人的条件未作具体规定。在实践中，担保人各式各样，有的本身与案件有牵连，有的实际上根本没有履行担保义务的能力。为了使暂缓执行行政拘留处罚更便于操作，更好地发挥担保人的作用，2005 年《治安管理处罚法》根据各方面的意见，总结多年来的执法经验，并借鉴《刑事诉讼法》关于取保候审保证人条件的规定，在本条中增加规定了暂缓执行行政拘留处罚担保人的条件。

2025 年修订《治安管理处罚法》时，申请暂缓执行行政拘留的情形中增加了被处罚人"遇有参加升学考试、子女出生或者近亲属病危、死亡等情形的"，同时增加了上述情形可以申请出所的规定。本条规定的担保人的条件同样适用于上述情形。

● 条文释义

根据本条规定，暂缓执行行政拘留处罚或者正在被执行行政拘留处罚的人出所的担保人必须同时符合以下四个条件：

1. 担保人必须与本案无牵连。

与本案无牵连，是指担保人与被处罚人所涉及的治安案件没有任何利害关系，担保人既不能是同一治安案件的当事人，也不能是该治安案件的证人，否则，由于其本身与该治安案件有利害关系或者其他关系，就难以保证其认真履行担保义务。同时，在实际执行中也要注意把握，担保人应与所要处理的案件无牵连，而不是与被处罚人无牵连，如被处罚人的亲戚、朋友等，只要与案件无关，也是可以成为担保人的。

2. 担保人必须享有政治权利，人身自由未受到限制。

担保人在为被暂缓执行行政拘留处罚或者出所的被处罚人承担担保义务时，他本人必须是没有因为违法犯罪行为而被剥夺政治权利或者被限制人身自由。这里所说的"享有政治权利"，是指享有下列权利：选举权和被选举权；言论、出版、集会、结社、游行、示威自由的权利；担任国家机关职务的权利；担任国有公司、企业、事业单位和人民团体领导职务的权利。上述政治权利，只能依照法律的规定予以剥夺。《刑法》第五十六条规定："对于危害国家安全的犯罪分子应当附加剥夺政治权利；对于故意杀人、强奸、放火、爆炸、投毒、抢劫等严重破坏社会秩序的犯罪分子，可以附加剥夺政治权利。独立适用剥夺政治权利的，依照本法分则的规定。"第五十七条规定："对于被判处死刑、无期徒刑的犯罪分子，应当剥夺政治权利终身。在死刑缓期执行减为有期徒刑或者无期徒刑减为有期徒刑的时候，应当把附加剥夺政治权利的期限改为三年以上十年以下。"凡是未经人民法院定罪判决剥夺政治权利的，即可认为"享有政治权利"。这里所说的"人身自由未受到限制"，是指担保人未受到任何剥夺或者限制其人身自由的刑罚处罚，未被采取任何剥夺或者限制其人身自由的刑事、监察、行政强制措施，也未受到任何限制其人身自由的行政处罚。具体来讲，是指担保人未被判处管制、拘役或者有期徒刑以上的刑罚处罚并在服刑的，未被采取拘传、取保候审、监视居住、拘留、逮捕刑事强制措施，未被采取强制到案、责令候查、管护、留置监察强制措施，也未受到行政拘留等处罚的。也就是说，担保人既要享有政治权利，其人身自由权未受到限制。只有这样，担保人才有可能履行担保义务。

3. 担保人必须在当地有常住户口和固定住所。

这里所说的"当地",是指办理该治安案件的公安机关所在地。担保人在当地有常住户口并有固定住所,便于保持他与公安机关之间的联系,有利于保证他履行担保义务。

4. 担保人必须有能力履行担保义务。

有能力履行担保义务,包括担保人必须达到一定年龄并具有民事行为能力,而且担保人对被处罚人有一定的影响力,以及担保人的身体状况能使他完成监督被处罚人行为的任务,等等。如果担保人对被处罚人没有影响力,他说的话被处罚人根本就不会听,或者担保人卧病在床对被处罚人的行为无力监督、督促,或者担保人长期在外经商或者务工对被处罚人的行为无暇顾及,等等,都很难说担保人有能力履行担保义务。因此,是否有能力履行担保义务需要综合进行判断,而绝不能仅仅凭担保人本人的说法来判断其是否有履行担保义务的能力。

根据本条的规定,只有同时具备上述四项条件的人,才有资格担任担保人。

实践中需要注意的问题

实践中需要注意以下问题:

第一,本条规定的"享有政治权利,人身自由未受到限制",是指担保人在为暂缓执行行政拘留处罚或者出所的被处罚人提供担保期间,享有政治权利,人身自由未受到限制。对于曾经被剥夺过政治权利,或者其人身自由曾经受到过限制,但在为暂缓执行行政拘留处罚或者出所的被处罚人提供担保期间,享有政治权利,人身自由未受到限制的,不能认为是不具备本条所规定的这一条件。

第二,办案机关应当核查担保人的有关情况,实践中,由于相关信息分散在不同的部门中,可能存在信息沟通不畅、获取不及时的情况,或者可能存在担保人的情形发生变化,如担保人因违法犯罪行为被限制人身自由或被剥夺政治权利,或者发现担保人与本案有牵连,或者担保人住所发生变动迁离当地等,办案机关一旦发现担保人不符合本条规定的条件,应当通知被处罚人及时更换担保人。

相关规定

《中华人民共和国刑法》第五十四条、第五十六条、第五十七条

第一百二十八条 担保人应当保证被担保人不逃避行政拘留处罚的执行。

担保人不履行担保义务，致使被担保人逃避行政拘留处罚的执行的，处三千元以下罚款。

● 条文主旨

本条是关于暂缓执行行政拘留处罚或者正在被执行行政拘留处罚的人出所担保人的义务及不履行义务的法律责任的规定。

● 立法背景

1. 2005 年《治安管理处罚法》的规定。第一百零九条规定："担保人应当保证被担保人不逃避行政拘留处罚的执行。担保人不履行担保义务，致使被担保人逃避行政拘留处罚的执行的，由公安机关对其处三千元以下罚款。"

原《治安管理处罚条例》对暂缓执行行政拘留处罚担保人应当履行哪些担保义务未作规定，担保人应当承担哪些责任不明确。而且担保人不履行担保义务，致使被担保人逃避处罚的，要对担保人进行处罚也没有法律依据。因此，本条对暂缓执行行政拘留担保人的义务及不履行义务的法律责任作出规定。

2. 2025 年修订后的《治安管理处罚法》的规定。对本条作了一处文字修改，与本法其他条款关于罚则规定的表述相一致，删除第二款中的"由公安机关对其"，法律条文的含义不变。

此外，2025 年修订《治安管理处罚法》时，申请暂缓执行行政拘留的情形中增加了被处罚人"遇有参加升学考试、子女出生或者近亲属病危、死亡等情形的"，同时增加了上述情形可以申请出所的规定。本条规定的担保人的义务及不履行义务的法律责任同样适用于上述情形。

● 条文释义

本条共分两款。第一款是关于担保人应当履行的义务的规定。

根据本款规定，担保人的义务是保证被担保人不逃避行政拘留处罚的执行。这一规定，是从担保目标的角度来规定担保人的保证义务。担保人应当通过多种方式，包括语言劝解、监督、督促、提醒等，来实现其担保目标，即保证被担保人不逃避行政拘留处罚的执行。这里所说的"被担保人"是指由担保人提供保证的被处罚人。"逃避"主要是指被处罚人采取逃跑或者躲避等方式，使行政拘留处罚的执行无法进行的行为。担保人应当保证被担保人不得有上述行为。"执行"是指对于行政拘留处罚决定经行政复议后维持，被处罚人未提起行政诉讼的，行政拘留处罚决定经行政诉讼后维持的，或者被处罚人因参加升学考试、子女出生或者近亲属病危、死亡等情形暂缓执行行政拘留或者出所期限届满的，执行该行政拘留处罚决定的活动。

《公安机关办理行政案件程序规定》对担保人应当履行的义务作了进一步细化。根据《公安机关办理行政案件程序规定》第二百二十九条规定，暂缓执行行政拘留的担保人应当履行下列义务：（1）保证被担保人遵守本规定第二百二十六条的规定；（2）发现被担保人伪造证据、串供或者逃跑的，及时向公安机关报告。《公安机关办理行政案件程序规定》第二百二十六条中规定，在暂缓执行行政拘留期间，被处罚人应当遵守下列规定：（1）未经决定机关批准不得离开所居住的市、县；（2）住址、工作单位和联系方式发生变动的，在二十四小时以内向决定机关报告；（3）在行政复议和行政诉讼中不得干扰证人作证、伪造证据或者串供；（4）不得逃避、拒绝或者阻碍处罚的执行。

第二款是关于担保人不履行义务的法律责任的规定。

根据本款规定，担保人不履行担保义务，致使被担保人逃避行政拘留处罚的执行的，处三千元以下罚款。根据这一规定，对担保人进行处罚，必须同时具备两个条件：一是担保人不履行担保义务，即担保人未采取任何担保措施或者严重不负责任，敷衍了事等；二是致使被担保人逃避行政拘留的执行。这里所说的"逃避行政拘留处罚的执行"，是指被处罚人采取逃跑或者躲避等方式，使经行政复议或者行政诉讼后维持，或者被处罚人因参加升学考试、子女出生或者近亲属病危、死亡等情形暂缓执行行政拘留或者出所期限届满后的行政拘留处罚无法执行。根据本款的规定，担保人不履行担保义务，致使被担保人逃避行政拘留处罚的执行的，处三千元以下罚款。公安机关是本法的执法主体，也是暂缓行政拘留和出所的批准主体，这里对担保人作出罚款处罚的主体是公安机关。在实践中，具体的罚款数额应当根据被担保人逃避处罚的严重程度、担保人的责任大小等来确定，做到过罚相当。此外，根据《公安机关办理行政案件程序规定》第二百二十九条规定，担保人不履行担保义务，致使被担保人逃避行政拘留处罚执行的，对担保人处罚款后，应当对被担保人恢复执行行政拘留。

● 实践中需要注意的问题

实践中应当注意两个方面的问题：首先，如果担保人积极履行其担保义务，但被担保人还是通过逃跑或者躲避等方式逃避行政拘留处罚的执行的，不应对担保人进行处罚。其次，担保人不履行担保义务，虽然被担保人有其他违法行为，如干扰复议、扰乱法庭秩序等，但未逃避行政拘留处罚的执行的，也不能对担保人进行处罚。

● 相关规定

《公安机关办理行政案件程序规定》第二百二十六条第一款，第二百二十九条第一款、第二款

第一百二十九条 被决定给予行政拘留处罚的人交纳保证金，暂缓行政拘留或者出所后，逃避行政拘留处罚的执行的，保证金予以没收并上缴国库，已经作出的行政拘留决定仍应执行。

● 条文主旨

本条是关于没收暂缓执行行政拘留和出所保证金适用的情形及法律后果的规定。

● 立法背景

1. 2005年《治安管理处罚法》的规定。第一百一十条规定："被决定给予行政拘留处罚的人交纳保证金，暂缓行政拘留后，逃避行政拘留处罚的执行的，保证金予以没收并上缴国库，已经作出的行政拘留决定仍应执行。"

原《治安管理处罚条例》规定了暂缓执行行政拘留处罚时的保证金制度，但只规定了退还保证金的条件，没有对没收保证金的情形作出明确规定，缺乏可操作性。行政拘留是一种行政处罚决定，应当得到有效执行，暂缓行政拘留只是基于特殊情况暂时不执行，并非免除处罚，如果被执行人在暂缓期间逃避处罚，就会破坏法律的权威性和严肃性，同时被处罚人逃避行政拘留处罚，使行政机关为寻找和重新执行耗费更多的时间、精力和资源，降低行政效率。2005年《治安管理处罚法》规定了没收保证金，并对没收保证金的情形及后果作出具体规定，使保证金制度更具有可操作性，对被执行人具有一定的约束力，如果被执行人逃避处罚，没收保证金就是对其违约的惩罚，从而强化了担保机制的有效性，更好地维护法律的严肃性。同时，也增强被处罚人的责任意识，促使其认识到在享受权利的同时也需要履行义务，实现权利与义务的平衡。

2. 2025 年修订后的《治安管理处罚法》的规定。对本条作了一处修改，没收保证金的情形增加被拘留人"出所"后逃避行政拘留处罚的执行的。2005 年《治安管理处罚法》对被处罚人不服行政拘留处罚决定，"申请行政复议、提起行政诉讼的"，可以向公安机关提出暂缓执行行政拘留的申请作了规定。2025 年修订《治安管理处罚法》时，申请暂缓执行行政拘留的情形中增加了被处罚人"遇有参加升学考试、子女出生或者近亲属病危、死亡等情形的"，同时增加了上述情形可以申请出所的规定。本条根据上述修改对没收保证金的情形作了相应修改完善。

条文释义

本条包含三个方面的内容：

1. 没收保证金的情形。

根据本条的规定，被决定给予行政拘留处罚的人交纳保证金，暂缓行政拘留或者出所后，逃避行政拘留处罚的执行的，保证金予以没收。具体来说，公安机关决定没收保证金，必须同时具备以下两项条件：一是被处罚人交纳了保证金，已决定的行政拘留处罚被暂缓执行或者正在被执行行政拘留处罚的人出所。本条适用于本法第一百二十六条中规定的被处罚人或者其近亲属交纳保证金的情形。被处罚人或者其近亲属提出担保人，行政拘留处罚暂缓执行或者被拘留人出所的，不适用本条规定。二是被处罚人在暂缓行政拘留或者出所后逃避行政拘留处罚的执行的。这里所说的"逃避行政拘留处罚的执行"，是指被处罚人采取逃跑或者躲避等方式，使经行政复议或者行政诉讼后维持，或者被处罚人因参加升学考试、子女出生或者近亲属病危、死亡等情形暂缓执行行政拘留或者出所期限届满后的行政拘留处罚无法执行。要求被处罚人或者其近亲属交纳保证金，其主要目的就在于保证被处罚人在行政复议、行政诉讼、因参加升学考试、子女出生或者近亲属病危、死亡等情形暂缓执行行政拘留或者出所期间不逃避未来行政拘留处罚的执行，因此，被处罚人逃避行政拘留处罚的执行的，所交纳的保证金应当予以没收。

2. 没收的保证金上缴国库。

没收保证金也属于一种行政处罚，在性质上与罚款处罚类似。对于罚款收入，国家一直要求执法机关将罚款全部上缴国库。1993 年 10 月 9 日，中共中央办公厅、国务院办公厅转发了财政部《关于对行政性经费、罚没收入实行预算管理的规定》，强调罚没收入必须全部上缴财政，严禁搞任何形式的提留、分成和收支挂钩，对罚没收入实行预算管理。2020年12月17日，财政部发布了《罚没财物管理办法》，明确规定执法机关依法取得的罚款、罚金等现金收入，罚没财物处置收入及其孳息等罚没收入，属于政府非税收入，应当按照国库集中收缴管理有关规定，全额上缴国库，纳入一般公共预算管理。根据上述原则和规定，本条规定，没收的保证金上缴国库。

3. 没收保证金的后果。

本条规定，在没收保证金的同时，已经作出的行政拘留决定仍应执行。对于暂缓执行行政拘留的被处罚人，应当执行治安管理处罚决定确定的拘留期限；对于出所的被处罚人，应当执行剩余的拘留期限。这样规定，主要是因为，没收保证金是对被处罚人在暂缓执行行政拘留或者出所期间逃避未来行政拘留处罚执行的一种处罚措施，并不能替代其因违反治安管理行为应受的行政拘留处罚。行政拘留处罚针对的是被处罚人违反治安管理的行为，其目的是对被处罚人进行惩罚和教育，仅仅没收保证金不能够达到这一效果，不能免除行政拘留处罚的执行。

◼ 实践中需要注意的问题

第一，实践中需要注意把握"逃避行政拘留处罚的执行"的具体认定标准，常见的情形有公安机关通知其按照指定时间到指定地点执行拘留处罚时，无正当理由拒不按要求执行；或者故意更换联系方式、住址，使公安机关无法联系、无法找到；或者公安机关到场时，采取暴力等方法抗拒执行等。公安机关在认定"逃避"时，应当严格把握，且必须有充分证据证明被执行人是故意实施逃避行为，如果被执行人由于突发严重疾病或不可抗力等原因，无法按要求执行的，不能认定为"逃避"行为。

第二，公安机关在作出没收保证金决定前，应当告知被处罚人没收保证金的事实、理由和依据，以及依法享有的陈述权、申辩权等权利，并应当认真听取被处罚人的陈述和申辩，对其提出的事实、理由和依据进行审查，如果被处罚人提出的理由成立，应当予以采纳，重新考虑没收保证金的决定。对于符合没收保证金条件的，公安机关在作出没收保证金决定后，应当告知被处罚人不服决定的，可以在法定期限内申请行政复议或提起行政诉讼。

第三，在暂缓执行行政拘留或者出所期间被处罚人逃避行政拘留处罚的执行的，应当先将保证金予以没收。在没收保证金后，公安机关还应当查找被处罚人的下落，在找到被处罚人后，仍然要依照本法第一百二十二条的规定将被处罚人送达拘留所执行行政拘留处罚。例如，对于出所不归或者不按时回所的被拘留人，根据《拘留所条例实施办法》规定，保证金予以没收并上缴国库，由拘留决定机关负责将其带回拘留所继续执行拘留。

▶ 相关规定

《拘留所条例实施办法》第五十七条第四款、第五十八条；《罚没财物管理办法》第三条、第二十四条

第一百三十条 行政拘留的处罚决定被撤销，行政拘留处罚开始执行，或者出所后继续执行的，公安机关收取的保证金应当及时退还交纳人。

▶ 条文主旨

本条是关于公安机关退还暂缓执行行政拘留和出所保证金的规定。

▶ 立法背景

1. 2005年《治安管理处罚法》的规定。第一百一十一条规定："行政拘留的处罚决定被撤销，或者行政拘留处罚开始执行的，公安机关收取的保证金应当及时退还交纳人。"

被处罚人不服行政拘留处罚决定，申请行政复议、提起行政诉讼的，可以依照原《治安管理处罚法》第一百零七条的规定，由本人或者其近亲属按照法定标准交纳保证金，申请暂缓执行行政拘留。在这里，保证金的主要作用是保证被处罚人在行政复议、行政诉讼期间不逃避未来行政拘留处罚的执行。保证金的收取是一种临时性的措施，当某一治安案件中不再存在这种需要时，保证金就应当及时退还交纳人。明确规定及时退还保证金，能确保当事人的财产权益得到保障，既能避免给当事人造成不必要的财产损失，也能避免保证金长期滞留在公安机关账户，滋生管理风险，体现执法的严肃性和公信力。

2. 2025年修订后的《治安管理处罚法》的规定。对本条作了一处修改，退还保证金的情形增加被拘留人"出所后继续执行"的。2005年《治安管理处罚法》对被处罚人不服行政拘留处罚决定，"申请行政复议、提起行政诉讼的"，可以向公安机关提出暂缓执行行政拘留的申请作了规定。2025年修订《治安管理处罚法》时，申请暂缓执行行政拘留的情形中增加了被处罚人"遇有参加升学考试、子女出生或者近亲属病危、死亡等情形的"，同时增加了上

述情形可以申请出所的规定。本条根据上述修改对退还保证金的情形作了相应修改完善。

条文释义

根据本条规定，行政拘留的处罚决定被撤销，行政拘留处罚开始执行，或者出所后继续执行的，公安机关收取的保证金应当及时退还交纳人。本条规定的退还保证金的情形包括三种：

一是行政拘留的处罚决定被撤销，即经过行政复议或者行政诉讼，原先决定的行政拘留处罚被撤销。根据《行政复议法》第六十四条的规定，对于行政拘留处罚决定有下列情形之一的，行政复议机关决定撤销该处罚决定：（1）主要事实不清、证据不足；（2）违反法定程序；（3）适用的依据不合法；（4）超越职权或者滥用职权。此外，根据《行政复议法》第七十条规定，作出处罚决定的公安机关不按《行政复议法》的有关规定向行政复议机关提出书面答复、提交作出行政拘留处罚决定的证据、依据和其他有关材料的，视为该处罚决定没有证据、依据，行政复议机关决定撤销该处罚决定，但是该处罚决定涉及第三人合法权益，第三人提供证据的除外。根据《行政诉讼法》第七十条的规定，对于行政拘留处罚决定有下列情形之一的，人民法院判决撤销：（1）主要证据不足的；（2）适用法律、法规错误的；（3）违反法定程序的；（4）超越职权的；（5）滥用职权的；（6）明显不当的。本条所规定的行政拘留的处罚决定被撤销，既包括在行政复议程序中被行政复议机关依法撤销，也包括在行政诉讼程序中被人民法院依法撤销。行政拘留的处罚决定被撤销的，原处罚决定就不再有效，公安机关不得对被处罚人执行原处罚决定。在这种情况下，保证金的收取就失去了必要性，因此，公安机关必须及时将保证金予以退还。

二是行政拘留处罚开始执行的，即经过行政复议或者行政诉讼，行政拘留处罚决定被维持，或者处罚幅度被变更但保留行政拘留处罚；或者被处罚人因参加升学考试、子女出生或者近亲属病危、死亡等情形暂缓执行行政拘留期限届满，公安机关依法开始执行行政拘留处罚的。收取保证金的目的是保证行政拘留处罚能够得以执行，在行政拘留处罚开始执行的情况下，保证金的收取就不再是必要的，因此，公安机关也必须及时将保证金予以退还。

三是出所后继续执行的，即被拘留人因参加升学考试、子女出生或者近亲属病危、死亡等情形出所期限届满，公安机关依法继续执行行政拘留处罚的。根据《拘留所条例实施办法》规定，被拘留人出所后按时返回的，拘留决定机关应当将收取的保证金及时退还交纳人。收取保证金的目的是保证因被拘留人出所而尚未执行完毕的行政拘留处罚出所期满后能够得以继续执行，在行政拘留处罚继续执行的情况下，保证金的收取也就不再是必要的，因此，公安机关也必须及时将保证金予以退还。

依照本条规定，退还保证金的，公安机关应当"及时"退还，不得扣留、拖延，损害当事人的合法权益。

实践中需要注意的问题

实践中需要注意的是，一旦确定行政拘留的处罚决定被撤销，行政拘留处罚开始执行，或者出所后继续执行的，公安机关应当立即启动保证金退还程序，不能拖延，要明确负责退还保证金的部门和人员，确保流程畅通，并及时通知保证金交纳人相关事宜，如退还时间、方式及需要提供的证明材料和手续等。如果在暂缓行政拘留或者出所期间被处罚人逃避行政拘留的执行的，依照本法第一百二十九条的规定，保证金应当予以没收，但已经作出的行政拘留决定仍应执行。在这种情况下执行行政拘留处罚的，已没收的保证金不再退还。

相关规定

《中华人民共和国行政复议法》第六十四条、第七十条；《中华人民共和国行政诉讼法》第七十条；《拘留所条例实施办法》第五十七条第四款

第五章　执法监督

第一百三十一条　公安机关及其人民警察应当依法、公正、严格、高效办理治安案件，文明执法，不得徇私舞弊、玩忽职守、滥用职权。

▍条文主旨

本条是关于公安机关及其人民警察在办理治安案件时应当遵循的执法原则的规定。

▍立法背景

1. 2005年《治安管理处罚法》的规定。第一百一十二条规定："公安机关及其人民警察应当依法、公正、严格、高效办理治安案件，文明执法，不得徇私舞弊。"

公安机关作为国家的治安行政力量和刑事司法力量，肩负着维护社会和谐稳定，打击违法犯罪活动，保护人民的生命财产安全和人民群众的合法权利的重大政治和社会责任。民主法治、公平正义是构建社会主义和谐社会的重要内容，在维护民主法治，保护公平正义中，公安机关是一支重要力量，只有建立一支思想作风过硬，业务素质精良的公安队伍，才能承担起这一重任。总的来看，随着我国社会主义民主法治建设的日趋完善，广大公安干警依法行政的意识不断增强，"立警为公，执法为民"的自觉性也有所提高。但同时也应看到，公安机关的执法水平离人民群众的期望还有一定差距，在执法过程中仍然存在着一些不容忽视的问题，有的严重影响了公安机关及人民警察在群众中的形象，影响了警民关系，必须坚决予以纠正。本条从执法准则、行为规范方面对公安机关及其人民警察的执法活动提出了更严的要求和更高的标准，要求其做到：依法、公正、严格、高效办理治安案件，文明执法，不得徇私舞弊。

2. 2025年修订后的《治安管理处罚法》的规定。对本条作了一处修改，增加规定公安机关及其人民警察办理治安案件不得"玩忽职守、滥用职权"。玩忽职守和滥用职权是公职人员在履行职责过程中常见的职务违法行为。公安机关及其人民警察在办理治安案件中玩忽职守、滥用职权，不仅直接损害当事人的合法权益，激化社会矛盾、造成社会不公，而且破坏法治权威、削弱政府公信力，必须坚决予以防止和制止。本次修订《治安管理处罚法》，明确规定这两种实践中常见的、典型的渎职行为，有利于进一步加强对公安机关及其人民警察的监督。

条文释义

本条规定，公安机关及其人民警察办理治安案件应当遵守以下原则：

一是依法、公正、严格、高效办理治安案件。"依法"就是要求公安机关及其人民警察办理治安案件要依法进行。首先，要依照本法规定的处罚行为、处罚机关和幅度等办理治安案件，既不能超越职权、滥用职权，也不能不履行其应当履行的职责，对违法行为视而不见。其次，要依照本法对违反治安管理行为的处罚程序的规定办理治安案件。程序合法是实体合法的保证，只有程序公正才能保障实体的公正，才能切实保障公民的合法权益。此次修订本法的一个重要方面，就是增加了许多程序方面的规定，使办理治安案件的程序更加合理和完善。公安机关及其人民警察在办理治安案件过程中，一定要对执法程序予以高度重视，严格履行办案手续，遵守程序规定，提高执法水平。同时，"依法"还包括依照《人民警察法》《行政处罚法》《行政强制法》等法律、行政法规的有关规定。公安机关的人民警察是人民警察的重要组成部分，在职权、义务和纪律等方面应当遵守《人民警察法》的相关规定。治安管理处罚属于行政处罚。在治安案件的调查中，有时需要采取行政强制措施，对公民的人身自由实施暂时性限制，对公民、法人或者其他组织的财物实施暂时性控制，如强制传唤违反治安管理行为人、扣押与治安案件有关的需要作为证据的物品，公安机关给予治安管理处罚、采取行政强制措施，本法没有规定的，应当适用《行政处罚法》《行政强制法》的有关规定。

"公正"，就是要求公安机关及其人民警察在办理治安案件的过程中，要体现"立警为公，执法为民"这一执法的核心思想，要把维护好、实现好、发展好广大人民群众的利益作为处理各种问题的出发点，大公无私。同时，这里的"公正"还包括公平。要求公安机关及其人民警察在办理治安案件过程中，对各方当事人一律平等对待，不偏不倚，不能让执法的天平失衡。

"严格"，就是要求公安机关及其人民警察在办理治安案件过程中，要严格依照本法和有关法律、行政法规执法，一丝不苟。

"高效"，是指在公正、严格的基础上，公安机关及其人民警察还应通过提高自身的业务素质和办案能力，改进工作作风，增强服务意识，本着对工作高度负责的精神，提高执法的效率，及时办理治安案件。

二是文明执法，不得徇私舞弊、玩忽职守、滥用职权。"文明执法"，就是要求公安机关及其人民警察在办理治安案件过程中，要尊重当事人，以理服人，以法服人，而不是以权力压人，要讲究语言、行为的方式，讲究工作方法，使被处罚人服气服法，让人民群众满意，这样才能真正体现全心全意为人民服务的宗旨，做到人民公安为人民。本条将文明执法作为公安机关及其人民警察的执法准则和行为规范加以规定，有利于解决实践中存在的个别公安民警执法态度差，执法方法简单粗暴，行为举止不够端庄等问题。

"不得徇私舞弊、玩忽职守、滥用职权"，就是要求公安机关及其人民警察在办理治安案件过程中，要秉公执法，不徇私情、私利；不得违反或者超越法律规定的权限和程序执法办案；不得不负责任，不履行或者不认真履行法定的执法办案职责。徇私舞弊，指的是为个人私利或者亲友私情的行为；玩忽职守，指的是国家机关工作人员不履行、不正确履行或者放弃履行职责的行为；滥用职权，指的是国家机关工作人员违反法律规定的权限和程序行使职权或者超越职权的行为。在执法实践中，存在着一些公安民警办"人情案""关系案"，甚至在办案中谋取私利的现象，特别是在社会风气不太好的情况下，有的警察在办理案件过程中，因一方当事人托关系、走后门，就枉法作出处理，严重侵害另一方当事人的合法权益，这些都是严重违背职责的行为，是法律所不允许的。公安机关及其人民警察在办理治安案件中徇私舞弊、玩忽职守、滥用职权的，本法还规定了相应的法律责任。本法第一百三十九条规定，人民警察办理治安案件，有徇私舞弊、玩忽职守、滥用职权，不依法履行法定职责的情形的，依法给予处分；构成犯罪的，依法追究刑事责任。办理治安案件的公安机关有上述行为的，对负有责任的领导人员和直接责任人员依法给予处分。

要贯彻好、执行好本条的规定，真正做到依法、公正、严格、高效、文明执法，必须彻底转变执法观念。树立公仆意识，增强服务意识，处理好管理与服务的关系，寓管理于服务之中，切实从最广大人民群众的根本利益出发。只有这样，才能在执法活动中做到急人民群众所盼，帮人民群众所需，解人民群众所难，助人民群众所求。要提高广大公安民警的执法业务水平，提高执法质量，强化执法意识，使执法活动不受其他因素的干扰。同时，还要进一步强化制约机制，多角度、全方位对公安机关及其人民警察的执法活动进行规范和制约，从根本上保障依法、公正、严格、高效、文明执法。

◐ 实践中需要注意的问题

实践中需要注意的是，玩忽职守的行为人在主观上存在疏忽大意或者过于自信的过失，滥用职权的行为人在主观上明知自己违反或者超越了法定权限。如果人民警察在办理治安案件时主观上没有过错，只是由于业务水平低下，工作能力不高造成失误的，不属于玩忽职守或者滥用职权。

◐ 相关规定

《中华人民共和国人民警察法》第四条；《公安机关办理行政案件程序规定》第四条

第一百三十二条 公安机关及其人民警察办理治安案件，禁止对违反治安管理行为人打骂、虐待或者侮辱。

◐ 条文主旨

本条是关于公安机关及其人民警察办理治安案件中的禁止性行为的规定。

◐ 立法背景

本条是 2005 年《治安管理处罚法》第一百一十三条的规定，2025 年修订《治安管理处罚法》时未作修改。

尊重和保障人权是我们党和国家的一贯方针，《宪法》将尊重和保障人权作为一项宪法原则加以规定，为进一步确立各方面的法律制度提供了依据和保障，也体现了社会主义制度的本质要求。公民的人身权是最为重要、最为基本的人权。《宪法》规定，公民的人格尊严不受侵犯，禁止用任何方法对公民进行侮辱、诽谤和诬告陷害。公安机关作为国家治安行政力量和刑事司法力量，拥有采取限制人身自由的强制措施的权力，如果不能正确行使这一权力，很容易给公民的人身造成损害。本法针对实践中有的公安机关及其人民警察在办案过程中，对违法行为人采取打骂、虐待或者侮辱的情况作出明确规定，公安机关及其人民警察对治安案件的调查，应当依法进行。严禁刑讯逼供或者采用威胁、引诱、欺骗等非法手段收集证据。同时，本条进一步重申禁止公安机关及其人民警察在办理治安案件时，对违反治安管理行为人打骂、虐待或者侮辱，这既是对公安机关及其人民警察执法活动的规范要求，同时，也是人民警察作为一个公民应当遵守的行为准则。

▶ 条文释义

国家在打击违法犯罪行为，维护社会繁荣稳定的同时，一贯重视保护违法犯罪行为人合法的权利。我国《刑法》《刑事诉讼法》《人民警察法》等法律对此都有相关的规定。《刑事诉讼法》规定，审判人员、检察人员、侦查人员必须依照法定程序，收集能够证实犯罪嫌疑人、被告人有罪或者无罪、犯罪情节轻重的各种证据。严禁刑讯逼供和以威胁、引诱、欺骗以及其他非法方法收集证据，不得强迫任何人证实自己有罪。必须保证一切与案件有关或者了解案情的公民，有客观地充分地提供证据的条件。对于刑讯逼供的，我国《刑法》规定，司法工作人员对犯罪嫌疑人、被告人实行刑讯逼供或者使用暴力逼取证人证言的，处三年以下有期徒刑或者拘役。致人伤残、死亡的，依照故意伤害罪和故意杀人罪的规定从重处罚。同时，《刑法》还规定，监狱、拘留所、看守所等监管机构的监管人员对被监管人进行殴打或者体罚虐待，情节严重的，处三年以下有期徒刑或者拘役；情节特别严重的，处三年以上十年以下有期徒刑。致人伤残、死亡的，依照故意伤害罪和故意杀人罪的规定从重处罚。《人民警察法》对这些内容也有相应的规定。

法律之所以对此从不同角度反复作出规定，正是因为这种行为严重地侵犯了公民的人身权利，破坏了司法公正，亵渎了司法权威，导致司法腐败，同时，很容易造成冤、假、错案。造成这种现象的原因是多方面的，有极个别的公安机关及其人民警察以管理者自居，对人民群众态度冷淡；有的执法意识淡薄，存在重实体，轻程序，重打击，轻保护，重尽快破案，轻依法办案的现象；有的是为了在法定的时间内查清案情，收集证据，或是完成上级下达的指令，在规定的时间内破案，对违法行为人采取打骂、虐待、侮辱的手段，使其迫于压力，作出供述。

实践证明，体罚、虐待、侮辱、打骂违法行为人不仅严重侵犯了违法行为人的人身权利，而且极易造成错案，同时还会破坏政府和人民群众的关系，破坏党群关系、干群关系、警群关系，严重损害公安机关的声誉，影响党和政府的形象，危害极大。人民警察在办案中必须坚持"以事实为根据，以法律为准绳"的原则，实事求是，重证据，重调查研究，努力提高自身的办案水平和能力。

实践中需要注意的问题

实践中需要注意的是，公安机关及其人民警察在办理治安案件中对违反治安管理行为人打骂、虐待或者侮辱的，除应当依照本法第一百三十九条的规定对有关责任人员依法给予处分、构成犯罪的依法追究刑事责任外，对于以上述非法手段取得的证据，《行政处罚法》和本法明确规定不得作为认定案件事实和处罚的根据。以违法方式收集的证据，虽然也可能证明部分案件事实，但侵犯了当事人合法权益，损害了法律秩序，不符合证据的合法性要求，不应采纳，这是证据规则的基本要求。将通过打骂、虐待或者侮辱违反治安管理行为人的方式获取的证据予以排除，也有利于从根本上杜绝公安机关及其人民警察为突破案件、查清案情而实施上述行为。

相关规定

《中华人民共和国刑事诉讼法》第五十二条；《中华人民共和国刑法》第二百四十七条、第二百四十八条第一款；《中华人民共和国行政处罚法》第四十六条第三款

第一百三十三条 公安机关及其人民警察办理治安案件，应当自觉接受社会和公民的监督。

公安机关及其人民警察办理治安案件，不严格执法或者有违法违纪行为的，任何单位和个人都有权向公安机关或者人民检察院、监察机关检举、控告；收到检举、控告的机关，应当依据职责及时处理。

条文主旨

本条是关于公安机关及其人民警察办理治安案件应当接受社会监督以及监督方式的规定。

立法背景

1. 2005 年《治安管理处罚法》的规定。第一百一十四条规定："公安机关及其人民警察办理治安案件，应当自觉接受社会和公民的监督。公安机关及其人民警察办理治安案件，不严格执法或者有违法违纪行为的，任何单位和个人都有权向公安机关或者人民检察院、行政监察机关检举、控告；收到检举、控告的机关，应当依据职责及时处理。"

《宪法》规定，一切国家机关和国家工作人员必须依靠人民的支持，经常保持同人民的密切联系，倾听人民的意见和建议，接受人民的监督，努力为人民服务。本条规定公安机关及其人民警察办理治安案件应当接受社会和公民监督，也是《宪法》原则的具体体现。人民警察是国家公务员，是人民的公仆，公安机关及其人民警察肩负着维护社会治安秩序，保障公共安全，保护人民群众生命财产安全，保护公民、法人和其他社会组织的合法权益的艰巨任务，其依法执行职务行为的根本目的是为人民服务，因此应该也必须接受社会和公民的广泛监督。监督是规范执法活动的重要环节，公安机关及其人民警察办理治安案件及日常的执法活动与社会组织和公民之间的联系较其他行政机关更为广泛和紧密，其执行职务的行为更是与公民和社会组织的切身利益密切相关。人民警察执行职务的活动是否违法违纪，群众最了解，对其执法活动的评价，也最有发言权，他们的工作人民群众是否满意，对构建社会主义和谐社会有着十分重要的意义。因此，本条规定任何单位和个人都有权向公安机关或者人民检察院、监察机关检举、控告，收到检举、控告的机关，应当依据职责及时查处，这对于防止和纠正执法腐败，提高执法质量和执法效率，建设一支高素质的人民警察队伍都是十分必要和重要的。

2. 2025 年修订《治安管理处罚法》对该条作了以下修改：将第二款"任何单位和个人都有权向公安机关或者人民检察院、行政监察机关检举、控告"修改为"任何单位和个人都有权向公安机关或者人民检察院、监察机关检举、控告"。2018 年 3 月 11 日，十三届全国人民代表大会第一次会议通过宪法修正案，在《宪法》中增加规定"监察委员会"一节，确立了监察委员会作为国家机构的法律地位。随后，2018 年 3 月 20 日，十三届全国人民代表大会第一次会议通过了《监察法》，并同时废止《行政监察法》。根据《监察法》的规定，由监察机关对公职人员依法履职、秉公用权等情况进行监督检查，对违法的公职人员依法作出政务处分决定。因此，本条将"行政监察机关"修改为"监察机关"，与有关法律做好衔接。

条文释义

本条共分两款。第一款是关于公安机关及其人民警察办理治安案件应当接受社会和公民的监督的规定。

监督是规范执法活动的重要环节，监督包含内部的监督和外部的监督两个方面。内部监督主要是公安机关内部上级对下级的监督。《人民警察法》第四十三条规定，人民警察的上级机关对下级机关的执法活动进行监督，发现其作出的处理或者决定有错误的，应当予以撤销或者变更。内部监督也包括公安机关内设机构的一些工作监督，即在公安机关内部设立的，旨在对人民警察执行法律、遵守纪律的情况进行监督的督察制度。《公安机关内部执法监督工作规定》规定，公安机关开展内部监督，包括上级公安机关对下级公安机关，上级业务部门对下级业务部门，本级公安机关对所属业务部门、派出机构及其人民警察的各项执法活动实施的监督。监督范围包括适用和执行行政拘留、罚款、没收非法财物、吊销许可证、查封、扣押、冻结财物等行政处罚和行政强制措施是否合法和适当。同时，本法第四章处罚程序中规定的回避制度等内容也是内部监督的一种形式。

外部监督主要包括检察机关的监督、监察机关的监督以及社会的监督。检察机关的监督，是人民检察院行使的，对司法工作人员执法行为的合法性和正当性进行的司法监督。监察机关的监督，是监察机关根据《监察法》的规定，对公职人员依法履职、秉公用权、廉洁从政从业以及道德操守情况进行监督检查，提出监察建议，依法对公职人员进行调查、处置的行为。社会的监督主要是指人民群众及社会上其他单位、团体或组织对公安机关及其人民警察执法活动的监督，包括通过社会舆论对人民警察执行职务的行为提出批评、建议，对人民警察违法行为进行申诉、控告、检举等一系列活动。《宪法》第四十一条第一款规定，公民对于任何国家机关和国家工作人员，有提出批评和建议的权利；对于任何国家机关和国家工作人员的违法失职行为，有向有关国家机关提出申诉、控告或者检举的权利。公民和各种社会组织对公安机关及其人民警察的监督形式是多样的，渠道是多种的，既可以对各项工作提出批评、建议和改进的意见，也可以通过具体的案件进行监督，还可对其不严格执法以及违法违纪行为向有关部门检举、控告。

本款规定包含以下几个方面的内容：

第一，监督主体是社会和公民。这里的监督主体具有广泛性，是指不特定的广大的社会组织和人民群众，包括任何组织和个人，这是来自人民群众的一种自下而上的监督。

第二，监督的对象是公安机关及其人民警察。包括治安案件的受理、调查、取证、处罚决定、执行等全流程执法行为及其办理治安案件的人民警察。

第三，监督的强制性要求。应当自觉接受社会和公民的监督，这是一种义务性的规定,这里的"应当"表明这是法定义务,非选择性遵守;"自觉"强调公安机关需主动建立监督机制,而非被动应付。公安机关及其人民警察应当虚心接受,本着有则改之、无则加勉的态度,有针对性地改进自身的工作,纠正错误,不能想接受监督便接受,不想接受监督便自行其是。而且本款还强调应当自觉接受监督,不能只停留在形式上、口头上接受监督,而实际上拒不改正错误。

第二款是关于单位和个人有权对公安机关及其人民警察不严格执法以及违法违纪的行为进行检举、控告和有关部门应当及时处理的规定。本款有以下几层含义:

第一,检举、控告的主体是任何单位和个人。依照本款的规定,任何单位和个人发现或者知道公安机关及其人民警察有不严格执法的行为或者是违法违纪的行为,都有权向公安机关或者人民检察院、监察机关检举、控告。主要有两种情况:一是公安机关及其人民警察,在办理治安案件时,其不严格执法或者有违法违纪行为给单位和公民个人的合法权益造成损害的,受到侵害的单位或者个人依法向公安机关或者人民检察院、监察机关提出检举、控告。这时检举、控告的内容与检举、控告者的利益密切相关。二是公安机关及其人民警察在办理治安案件时的不严格执法或者违法违纪行为,给社会或他人的合法权益造成损害的,非直接受害者依法向公安机关或者人民检察院、监察机关提出的检举、控告。这时检举、控告的内容与检举、控告者本人自身利益并没有直接的关系。无论是哪种情况,单位和个人都有权提出检举和控告。检举和控告既可以口头形式提出,也可以书面形式提出,这样既方便群众,又有利于及时纠正不严格执法的行为,及时处理违法违纪行为。

第二,检举、控告的内容是公安机关及其人民警察执行职务的行为,即办理治安案件过程中出现的不严格执法或者违法违纪行为,包括作为和不作为。具体有以下类型:一是违反法定程序。例如,拒绝接受报案、不及时登记或故意隐瞒案件;使用非法手段收集证据、伪造或篡改证据;在作出处罚决定前,未依法告知当事人享有陈述、申辩和听证的权利,或者未按规定组织听证等行为。二是滥用职权或玩忽职守。例如,随意改变处罚种类、幅度,或者对不符合处罚条件的当事人进行处罚;对应当受理的案件不予受理,或者对已经受理的案件不进行调查处理,导致案件久拖不决或者处理不当等行为。三是侵犯当事人合法权益。例如,无故扣留当事人、非法拘禁;公开披露当事人隐私信息、捏造事实诽谤当事人等行为。四是其他违法违纪行为。例如,为了个人私利或者他人利益,故意歪曲事实、隐瞒真相或者违反规定处理案件;在办理案件过程中,接受当事人或者其代理人的财物或者其他利益;将查封、扣押、冻结的财物据为己有、私分或者用于其他非法用途等行为。

第三,收到检举、控告的机关应当依据职责及时处理。检举控告权是《宪法》和法律赋予公民和组织的一项基本权利,为了更好地行使这一权利,公民或组织进行检举控告时必须忠于事实,不得捏造或者歪曲事实进行诬告陷害。任何人、任何部门都不得对控告人、检举人进行压制和打击报复。本款所说的"收到检举、控告的机关",主要是指公安机关及其上级机关、人民检察院及监察机关等有权查处违法违纪行为的机关。"及时处理",是指公安机关、检察机关、监察机关在法定期限内迅速办理治安案件,主要是强调处理检举、控告的时效性。一方面,对于当事人而言,及时处理能让其感受到自身权益得到重视,避免因长时间等待而对执法监督机制失去信心;另一方面,对于维护执法秩序和法律尊严也很重要,及时查处违法违纪行为可以及时纠正错误,防止不良影响扩大,提高执法公信力。根据《公职人员政务处分法》《公安机关信访工作规定》《人民检察院举报工作规定》《纪检监察机关处理检举控告工作规则》等法律法规的要求及时处理检举、控告,其中对于不属于本机关职责的检举、控告,也不能置之不理,应当及时转交有权查处的机关处理。同时,公安机关、检察机关、监察机关也有必要将处理结果及时告知检举人、控告人。

◧ 实践中需要注意的问题

在该条的理解适用中,需要注意以下几个方面的问题:

第一,处理好内部监督与外部监督的平衡。公安机关及其人民警察办理治安案件,应当自觉接受监督,内部监督与外部监督对于维护社会秩序、促进公平正义等方面发挥了各自独特的作用。内部监督可以及时发现和纠正人民警察在执法过程中存在的问题,提高执法质量和效率;外部监督可以确保公安机关执法合法、合规,促进执法的公开、透明,防止公安机关滥用权力和腐败行为,维护公共利益和社会秩序。内部监督与外部监督是相互联系、相互补充的两种监督机制,共同构成了确保公安机关及其人民警察依法履行职责、行使职权和遵守纪律的完整机制。这些监督机制的实施有助于维护社会治安秩序,保护公民权益,促使公安机关在办理治安案件中公正执法和廉洁执法。

第二,妥善处理检举、控告,及时回应社会关切。收到检举、控告的机关应当依规依纪依法严肃认真办理每一件检举控告,及时回应群众关切,把群众利益坚决维护到位，有力推动公安机关执法规范化建设。对检举控告的材料，要第一时间予以核实、办理，依照法律法规和职权及时处置、给予答复。对涉及检举控告人的姓名、单位、住址、电话等个人信息以及检举控告内容严格保密，保护检举控告人不受非法侵害。

● 相关规定

《中华人民共和国宪法》第二十七条、第四十一条；《中华人民共和国监察法》第十一条、第十三条；《中华人民共和国公职人员政务处分法》第三条；《中华人民共和国人民警察法》第三条、第四十二条至第四十四条、第四十七条；《中华人民共和国行政处罚法》第七十五条；《中华人民共和国行政复议法》第二条；《中华人民共和国人民检察院组织法》第二十条；《中华人民共和国监察法实施条例》第二十四条；《公安机关内部执法监督工作规定》第二条、第五条、第六条；《公安机关督察条例》第四条、第八条；《公安机关督察条例实施办法》第八条、第十二条

第一百三十四条 公安机关作出治安管理处罚决定，发现被处罚人是公职人员，依照《中华人民共和国公职人员政务处分法》的规定需要给予政务处分的，应当依照有关规定及时通报监察机关等有关单位。

● 条文主旨

本条是关于违反治安管理的公职人员需要给予政务处分的，公安机关应当及时通报监察机关等有关单位的规定。

● 立法背景

本条是 2025 年修订《治安管理处罚法》时增加的规定。

增加本条规定，主要是与《公职人员政务处分法》做好衔接，加强对公职人员的监督，从根本上体现对公职人员从严管理的要求。公职人员在国家的经济、政治和社会生活中行使公共职权、履行公共职责等，在国家治理体系中处于特殊重要位置。按照深化国家监察体制改革关于实现对所有行使公权力的公职人员监察全覆盖的要求，《监察法》明确规定，各级监察委员会是行使国家监察职能的专责机关，依法对所有行使公权力的公职人员进行监察。政务处分是对违法公职人员的惩戒措施，其适用范围是所有行使公权力的公职人员。

《公职人员政务处分法》将《监察法》的原则规定具体化，把法定对象全面纳入处分范围，对实施政务处分的主体，应当坚持的法律原则，处分事由、权限和程序等作出了规定。根据《公职人员政务处分法》的规定，如果公职人员有某些违反治安管理行为的，在给予治安处罚的同时，还应当给予政务处分。两种责任性质、定位、内容等不同，不能相互替代。为强化对公职人员的管理和监督，确保监察机关等能够及时、准确、全面掌握违反治安管理应当给予政务处分的公职人员的情况，防止违法的公职人员逃避责任追究，本次修法新增加一条，对治安处罚与政务处分的衔接作出规定。

条文释义

本条主要包含以下几个方面的内容：

1. 被处罚人是公职人员。

公职人员在国家的经济、政治和社会生活中行使公共职权，履行公共职责。根据《监察法》和《监察法实施条例》的规定，公职人员包括中国共产党机关、人民代表大会及其常务委员会机关、人民政府、监察委员会、人民法院、人民检察院、中国人民政治协商会议各级委员会机关、民主党派机关和工商业联合会机关的公务员，以及参照《公务员法》管理的人员；法律、法规授权或者受国家机关依法委托管理公共事务的组织中从事公务的人员；国有企业管理人员；公办的教育、科研、文化、医疗卫生、体育等单位中从事管理的人员；基层群众性自治组织中从事管理的人员；履行人民代表大会职责的各级人民代表大会代表，履行公职的中国人民政治协商会议各级委员会委员、人民陪审员、人民监督员；虽未列入党政机关人员编制，但在党政机关中从事公务的人员；在集体经济组织等单位、组织中，由党组织或者国家机关，国有独资、全资公司、企业，国家出资企业中负有管理监督国有和集体资产职责的组织，事业单位提名、推荐、任命、批准等，从事组织、领导、管理、监督等工作的人员；在依法组建的评标、谈判、询价等组织中代表国家机关，国有独资、全资公司、企业，事业单位，人民团体临时履行公共事务组织、领导、管理、监督等职责的人员；其他依法行使公权力的人员。

实践中，需要注意准确把握公职人员的范围，如公办的教育、科研、文化、医疗卫生、体育等单位中具体哪些人员属于从事管理的人员，需要把握依法行使公权力的本质特征，结合多方因素准确判断。对于"其他依法行使公权力的人员"也不能无限制地扩大解释，判断一个人是不是公职人员，关键看他是不是行使公权力、履行公共职责。公权力是国家权力或公共权力的总称，是法律法规规定的特定主体基于维护公共利益的目的对公共事务管理行使的强制性支配力量。

2. 公职人员违反治安管理需要给予政务处分。

首先，必须是公职人员实施了违反治安管理行为，公安机关作出治安管理处罚决定。违反治安管理行为是指各种扰乱公共秩序，妨害公共安全，侵犯人身权利、财产权利，妨害社会管理，具有社会危害性，尚不够刑事处罚的行为。本法第三章按照扰乱公共秩序，妨害公共安全，侵犯人身权利，财产权利，妨害社会管理设四节并以具体列举的方式对违反治安管理的行为和处罚予以规定。公职人员实施本法第三章规定的违法行为，公安机关应当依照法律规定的权限和程序调查取证，并根据违法行为的性质、情节、危害程度等，在法律规定的处罚幅度内作出治安管理处罚决定，给予违法的公职人员治安管理处罚。"公安机关作出治安管理处罚决定"表明公职人员违反治安管理行为已经查证属实并作出处罚决定，而不是尚在办理过程当中。

其次，违反治安管理的行为需要给予政务处分。本法调整的是危害社会治安秩序的行为，涵盖较多具体行业或者管理事项，涉及面广，往往一个条文、某一项中就包含多个违法行为。公安部于 2020 年印发《违反公安行政管理行为的名称及其适用意见》，其中明确 2005 年《治安管理处罚法》共有 152 个违法行为。本次修法补充完善了有关违法行为，违法行为数量进一步增加。这些规定是全体公民都必须遵守的行为规范，与公职人员履职行为没有直接联系。公职人员违反本法，并不必然要给予政务处分。《公职人员政务处分法》第三章"违法行为及其适用的政务处分"对应当给予政务处分的违法行为作了具体规定。从两部法律的规定看，有的违反治安管理行为，同时也是应当给予政务处分的行为，如参与赌博、实施家庭暴力、卖淫嫖娼等，对于公职人员有这类违反治安管理行为的，公安机关应当通报监察机关等有关单位；有的违反治安管理行为，不需要给予政务处分，对于公职人员的这类违反治安管理行为，公安机关就不需要通报监察机关等有关单位。

3. 公安机关依照有关规定及时通报监察机关等有关单位。"监察机关"是指各级监察委员会，是行使国家监察职能的专责机关。"监察机关"之外的"有关单位"主要是指有关的组织部门。对于违法的公职人员，我国实行政务处分和处分并行的体制。监察机关对违法的公职人员追究法律责任，作出的是政务处分；公职人员任免机关、单位对违法的公职人员追究法律责任，作出的是处分。《公职人员政务处分法》关于政务处分种类、规则、情形的规定适用于任免机关、单位对公职人员的处分工作。任免机关、单位可以依据《公职人员政务处分法》第三章的规定，对发生相关违法情形的公职人员给予处分。监察机关和任免机关、单位应当按照干部管理权限，根据各自的职能、职责依法开展政务处分和处分工作。这里的"有关规定"，主要是指关于公安机关向监察机关等有关单位通报公职人员违反治安管理情况方面的规定，具体对需要通报的违反治安管理行为种类、通报的内容、通报的时间要求、通报的主体等作出进一步明确，方便实践操作和执行。

● 实践中需要注意的问题

实践中需要注意的是，《公职人员政务处分法》第三章从第二十八条至第四十条，详细规定了公职人员违法行为的具体情形及其适用的政务处分，并在第四十一条作出兜底性规定"公职人员有其他违法行为，影响公职人员形象，损害国家和人民利益的，可以根据情节轻重给予相应政务处分"。这里的"其他违法行为"，就包括《公职人员政务处分法》明确规定以外的违反治安管理行为。公职人员有这类违反治安管理行为的，并不是都要给予政务处分，只有当公职人员有其他违法行为，情节恶劣，影响了公职人员形象，损害国家和人民利益的，才需要根据情节轻重给予相应政务处分。具体如何认定"影响公职人员形象，损害国家和人民利益"，可由公安机关根据公职人员违反治安管理案件的具体情况进行判断，也可在"有关规定"中予以进一步明确和细化。

● 相关规定

《中华人民共和国监察法》第三条、第十五条；《中华人民共和国公职人员政务处分法》第二条、第三条、第三十二条、第四十条、第四十一条；《中华人民共和国监察法实施条例》第四十六条

第一百三十五条 公安机关依法实施罚款处罚，应当依照有关法律、行政法规的规定，实行罚款决定与罚款收缴分离；收缴的罚款应当全部上缴国库，不得返还、变相返还，不得与经费保障挂钩。

● 条文主旨

本条是关于公安机关实施罚款的决定与罚款收缴相分离以及收缴的罚款应当上缴国库、不得返还、不得与经费保障挂钩的规定。

立法背景

1. 2005年《治安管理处罚法》的规定。第一百一十五条规定："公安机关依法实施罚款处罚，应当依照有关法律、行政法规的规定，实行罚款决定与罚款收缴分离；收缴的罚款应当全部上缴国库。"

决定罚款的机关与收缴罚款的机构相分离，是《行政处罚法》确立的一项重要制度，它是指除法律规定的个别情况以外，作出行政处罚的行政机关不得自行收缴罚款，而是由当事人自己在法律、行政法规规定的时间内，到指定的银行缴纳罚款。同时，罚款必须上缴国库，任何行政机关或者个人都不得以任何形式截留、私分，财政部门不得以任何形式向作出行政处罚决定的机关返还罚款。这项制度的确立，有利于解决有些行政机关及其工作人员乱罚款、以罚款作为创收手段等问题，有利于提高行政执法的质量，也有利于加强廉政建设，从源头上预防和治理腐败，建设一支高素质的执法队伍。但现实中仍然存在个别行政机关及其工作人员乱罚款、滥罚款的现象。公安机关执法与其他行政部门执法相比更有其特殊性，涉及社会治安管理的方方面面，面对更为广大的普通百姓，在百姓心目中更代表着政府的形象。实践中，个别公安机关为了小团体的利益，制定或变相制定罚款指标，使警察对可罚可不罚的行为都进行罚款，并且一律按最高罚款限额处罚；个别警察甚至以权谋私，对当场处罚的，不给行为人出具罚款收据，或者在出具的罚款收据上不如实填写罚款数额；还有的公安机关不严格执行罚款决定与收缴机关分离制度，罚没收入不上缴或者不完全上缴等。这些问题的存在，严重地影响了公安部门及其人民警察在群众中的形象，而且也不利于公正、有效地执法。为了解决上述实践中存在的问题，《治安管理处罚法》制定本条重申了罚款决定与收缴机关相分离这项制度。

2. 2025年修订《治安管理处罚法》对本条作了以下修改：增加收缴的罚款"不得返还、变相返还，不得与经费保障挂钩"的规定。近年来，部分地方出现逐利性执法现象，执法机关在执法过程中，出于追求经济利益或其他非法律目的的考虑，以经济利益为主要目标，通过超范围罚款获利。例如，一些地方执法机关"以罚代管"，轻微违法行为被罚款处理，下限处罚被顶格执行，将罚款作为创收手段，甚至与绩效考核挂钩。这种逐利性执法不仅违反了法律法规，也损害了法律的权威性和公正性，偏离了公正、公平、公开的执法原则；同时，也破坏了市场的公平竞争环境，损害了公共利益和公民的合法权益，严重损害了公安机关的执法公信力。因此，此次《治安管理处罚法》修改增加了对收缴的罚款不得返还、变相返还，不得与经费保障挂钩的规定，严禁将罚没收入与执法经费直接或者变相挂钩等做法，严格按照罚没收入管理要求，确保罚没收入与执法人员的绩效评价脱钩。

● 条文释义

本条规定包括以下几个方面的内容：

第一，公安机关依法实施罚款处罚，应当依照有关法律、行政法规的规定，实行处罚决定与罚款收缴相分离。依照本法第一百零九条的规定，治安管理处罚由县级以上地方人民政府公安机关决定；其中警告、一千元以下的罚款可以由公安派出所决定。这种情况下，违反治安管理行为人要到公安机关接受处罚。为了提高效率，节约执法成本，同时也方便违反治安管理行为人缴纳罚款，本法第一百一十九条还规定，对于违反治安管理行为事实清楚，证据确凿，处警告或者五百元以下罚款的，可以当场作出治安管理处罚决定。无论以上述何种形式处罚，都应当依照本法及《行政处罚法》等法律以及《罚款决定与罚款收缴分离实施办法》等行政法规的规定，实行处罚决定与罚款收缴相分离。也就是说，由公安机关作出处罚决定，但不直接收取罚款，而是由违反治安管理行为人本人到指定的银行或者通过电子支付系统缴纳罚款。本法第一百二十三条也作了例外规定，即对于被处二百元以下罚款，被处罚人对罚款无异议的；在边远、水上、交通不便地区，旅客列车上或者口岸，公安机关及其人民警察依照本法的规定作出罚款决定后，被处罚人到指定的银行或者通过电子支付系统缴纳罚款确有困难，经被处罚人提出的；被处罚人在当地没有固定住所，不当场收缴事后难以执行的，人民警察可以当场收缴罚款。这样规定，是为了防止公安机关及其人民警察利用职权进行处罚而为自身谋取经济利益，杜绝个别单位和警察滥罚款的现象。

第二，收缴的罚款应当全部上缴国库，不得返还、变相返还，不得与经费保障挂钩。罚款是对违反法律、法规，不履行法定义务的当事人的一种经济上的处罚。由于罚款既不影响被处罚人的人身自由及其合法的活动，又能起到对违法行为的惩戒作用，因此成为行政处罚中应用最广泛的一种。在治安管理处罚、市场监督管理处罚、财政金融管理处罚等许多方面都有罚款的规定，罚款这种行政处罚方式是各行政机关进行管理使用最多的手段，同时也是人民群众反映最多、意见最大的行政处罚方式。为了杜绝滥罚款这一现象，国家曾多次发文予以制止，要求执法部门将罚款收入全部上缴国库。1986 年 12 月 31 日，财政部发布了《罚没财物和追回赃款赃物管理办法》（已失效），规定了罚没收入与执法机关的行政经费、办案经费开支分开，罚没收入全部上缴财政，行政执法机关所需经费由财政部门另行拨给的制度。执法机关依法收缴的罚没款、赃款和没收财物、赃物的变价款一律作为国家"罚没收入"或"追回赃款和赃物变价收入"，如数上缴国库。任何机关都不得截留、坐支。对截留、坐支或者拖交的，财政机关有权扣发其机关经费或通知银行从其经费存款中扣交。除因错案可予以退还外，财政机关不得办理收入退库。1993 年 10 月 9 日，中共中央办公厅、国务院办公厅转发了财政部《关于对行政性收费、罚没收入实行预算管理的规定》，再次强调罚没收入必须全部上缴财政，严禁搞任何形式的提留。分成和收支挂钩，对罚没收入实行预算管理。实行处罚机关与收缴罚款的机构相分离的制度一定程度上改变了过去行政执法人员在行使罚款权过程中的随意性，极大减少了罚款不给收据或者用过期失效的收据，以及贪污截留、挪用、坐支罚款等现象，改善了行政执法人员的形象，促进了执法队伍的廉政建设，提高了行政执法的效率。

但近年来，地方政府财政压力大，有的地方政府没有真正树立过紧日子的理念，把收缴的罚款与公安机关的办案经费保障挂钩，试图依靠非税收入特别是罚没收入来弥补财政缺口。虽然《行政处罚法》规定罚没收入一律上缴国库，任何行政机关或者个人不得以任何形式截留、私分或者变相私分，但实际运行中，有的地方财政部门将罚没收入作为办案经费部分或全部返还给办案机关，使罚没收入和办案经费变相挂钩。因此，财政部于 2020 年 12 月 17 日颁布的《罚没财物管理办法》第四条规定，罚没财物管理工作应遵循罚款决定与罚款收缴相分离，执法与保管、处置岗位相分离，罚没收入与经费保障相分离的原则。此次《治安管理处罚法》修改，增加了收缴的罚款不得返还、变相返还，不得与经费保障挂钩的规定，严格依法行政，防止逐利性执法，与财政部《罚没财物管理办法》第四条规定做好衔接。同时，也是为了保证执法的公正严明，对于违反处罚决定与罚款收缴相分离的规定收缴罚款、不按照规定将罚款上缴国库或者截留、私分、挪用罚款的，根据本法第一百三十九条的规定，给予处分，构成犯罪的，依法追究有关人员的刑事责任。

实践中需要注意的问题

实践中需要注意的是，一方面，公安机关要注意纠正实践中存在的错误政绩观及其考核指标要求，坚持公平正义的执法理念，科学设置治安执法及相应绩效的评价考核机制，不得以处罚数量、罚没数额等指标作为主要考核依据。另一方面，地方政府在严格落实"收支两条线"的基础上，进一步强化对治安执法部门的经费保障力度，完善公安机关内部财务制度，科学合理核定治安执法支出标准，并足额供给经费，保障治安执法机关的人员、经费、办公条件等与其职责任务相匹配。对于将罚没收入截留、违规下达罚没指标等行为，应当在党规党纪、政务处分方面加大力度，从制度上消除治安执法机关及其人员法外谋利的冲动。

▶ 相关规定

《中华人民共和国行政处罚法》第七十四条；《罚没财物管理办法》第四条

第一百三十六条 违反治安管理的记录应当予以封存，不得向任何单位和个人提供或者公开，但有关国家机关为办案需要或者有关单位根据国家规定进行查询的除外。依法进行查询的单位，应当对被封存的违法记录的情况予以保密。

▶ 条文主旨

本条是关于公安机关应当对违反治安管理的记录予以封存的规定。

▶ 立法背景

本条是 2025 年修订后的《治安管理处罚法》新增的规定。主要作出以下的规定：第一，违反治安管理的记录应当予以封存。根据党的二十届三中全会通过的《中共中央关于进一步全面深化改革 推进中国式现代化的决定》提出"建立轻微犯罪记录封存制度"。根据党的二十届三中全会精神，相比轻微犯罪案件，治安违法案件社会危害更小、违法责任更轻，治安违法行为人悔过可能性较大、重新融入社会较快，社会关系较好修复。因此，此次《治安管理处罚法》修改，结合实践情况，新增了治安违法记录封存制度。第二，违反治安管理的记录不得向任何单位和个人提供或者公开，但有关国家机关为办案需要或者有关单位根据国家规定进行查询的除外。治安违法记录封存，有助于消除"标签效应"，给违法行为人改过自新的机会，使其能够相对平等地参与社会生活，最大限度实现社会和谐稳定。治安违法记录封存制度体现了法治的人文关怀，引导全社会以更包容、更理性的态度看待违法行为人。因此，本法明确公安机关不得向任何单位和个人提供违反治安管理的记录，但规定了两种特殊情况：一是有关国家机关为办案需要；二是有关单位根据国家规定进行查询。第三，依法进行查询的单位，应当对被封存的违法记录的情况予以保密。这既有助于惩罚治安违法行为人，又可以保护治安违法行为人的个人隐私，避免因治安违法记录给有过治安违法行为的人带来法律规定以外的后果，使其依法享有权利、履行义务，达到预防和减少违法行为的目的。

条文释义

本条包含以下三个方面的内容：

第一，违反治安管理的记录应当予以封存。治安违法记录是公安机关对当事人违反《治安管理处罚法》的客观记录。封存是指通过控制和限缩违法记录的查询机制，避免违法记录的不良后果。实践中，犯罪的附随后果有时会很严重，被判刑人员无论其所犯之罪是重罪还是轻罪，不仅会有行业禁入、资格受限、利益减损的惩罚，其犯罪附随后果有时也会殃及其亲属。与犯罪记录一样，虽然目前没有法律法规明确规定对违法前科者的资格限制和行业禁入，但违法记录的影响仍然十分深远，有时除了影响当事人的入学、就业、入党、参军、晋升外，有无违法记录甚至还会被作为能否担任小区业主委员会委员、能否悬挂退役军人光荣牌、能否参选村干部等事项的前提条件。

党的二十届三中全会通过了《中共中央关于进一步全面深化改革 推进中国式现代化的决定》，明确提出建立轻微犯罪记录封存制度。需要说明的是，当前法律层面规定的犯罪记录封存制度仅仅适用于符合特定条件的未成年人犯罪。根据《刑事诉讼法》第二百八十六条第一款的规定，适用未成年人犯罪记录封存的条件具体是指犯罪的时候不满十八周岁，被判处五年有期徒刑以下刑罚的未成年人犯罪记录，应当依法予以封存。但对于违法记录的封存法律并未进行规定。此次《治安管理处罚法》修改，正是贯彻党的二十届三中全会精神，在本条明确违反治安管理的记录应当予以封存，封存范围不再区分未成年人违反治安管理记录和成年人违反治安管理记录。

第二，违反治安管理的记录不得向任何单位和个人提供或者公开，但有关国家机关为办案需要或者有关单位根据国家规定进行查询的除外。本条明确了公安机关不得向任何单位和个人提供或者公开违反治安管理的记录，但规定了两种特殊情况：一是有关国家机关为办案需要。这里的"有关国家机关"是指监察机关、司法机关等办案机关。司法机关根据《刑事诉讼法》的规定，在办理具体案件需要从违反治安管理行为人的违法记录中获取线索及有关定罪量刑的信息时，可查询其违反治安管理的记录。根据《监察法》第十八条第一款的规定，监察机关行使监督、调查职权，有权依法向有关单位和个人了解情况，收集、调取证据。有关单位和个人应当如实提供。二是有关单位根据国家规定进行查询。在这种情况下，相关单位要查询违反治安管理的记录，必须有相应的国家规定作为法律依据，只有确有国家规定确定的事由的，方能查询。

第三，依法进行查询的单位，应当对被封存的违法记录的情况予以保密。本条明确了查询单位的保密义务。依法进行查询的单位，应当对封存的违反治安管理的记录情况予以保密，其经查询获得的信息只能用于特定事项、特定范围。

实践中需要注意的问题

实践中需要注意以下几个方面的内容：第一，根据本条规定，有关国家机关为办案需要可以查询行为人违反治安管理的记录。这里所说的"办案需要"包括：一是主体的特定性，主要是指监察机关、人民法院、人民检察院、公安机关、国家安全机关等具有调查、执法、司法等职能的机关。二是查询的目的必须是办理案件，监察案件、治安案件和刑事案件的调查、侦查、起诉、审判等各个环节。例如，公安机关在侦查时，为准确认定犯罪事实和情节，可能需要查询犯罪嫌疑人的治安违法记录，以判断其是否存在多次违法等情节；法院在量刑时，也可能参考相关记录来综合考量被告人的人身危险性和社会危害性，作出公正判决。三是查询的内容应与正在办理的案件具有直接或间接的关联性，且必须是有必要的。也就是说，并不是办理所有案件都需要查询行为人违反治安管理的记录，违反治安管理行为很多都是轻微违法行为，只有根据办理案件的实际需要，或者与所办案件相关等情形，才需要查询。

第二，违反治安管理记录封存不等于消灭，封存的目的是限制查询和使用。本法虽然规定了违反治安管理的记录应当封存，但也规定了在符合特定条件下，有关机关按照法律规定仍然可以查询。这对违反治安管理行为人起到震慑作用，对避免其再次违反治安管理发挥重要作用，具有重要积极意义。

相关规定

《中华人民共和国刑事诉讼法》第二百八十六条；《中华人民共和国监察法》第十八条

第一百三十七条 公安机关应当履行同步录音录像运行安全管理职责，完善技术措施，定期维护设施设备，保障录音录像设备运行连续、稳定、安全。

● **条文主旨**

本条是关于公安机关应当履行同步录音录像运行安全管理职责的规定。

● **立法背景**

本条是 2025 年修订后的《治安管理处罚法》新增的规定。党的十八届四中全会通过的《中共中央关于全面推进依法治国若干重大问题的决定》提出了关于建立执法全过程记录制度的要求。这次修改《治安管理处罚法》，明确规定了公安机关应当履行同步录音录像运行安全管理的职责，完善设备技术、定期维护设备设施、保障设备连续、稳定、安全运行。这样规定，一是保证治安案件证据的真实性和完整性，确保在办理治安案件过程中所记录的音频和视频资料真实可靠，避免因设备故障或人为因素导致证据被篡改、损坏或丢失，有助于全面、客观地还原现场的真实情况，减少因记忆偏差或其他因素导致的争议。二是规范人民警察办理治安案件的行为，促使人民警察更加规范、严谨，严格按照法定程序进行操作，提高办理治安案件的质量。三是维护当事人的合法权益，如果当事人对处罚结果不服或认为自己的权益受到了侵害，同步录音录像资料可以为其提供有力的申诉和维权依据，使其能够更有效地维护自己的合法权益。同时，能够减少社会矛盾和纠纷，进一步提升公安机关的执法公信力和执法安全水平，促进社会的和谐稳定。

● **条文释义**

本条包含以下两个方面的内容：

第一，公安机关应当履行同步录音录像运行安全管理职责。《中共中央关于全面推进依法治国若干重大问题的决定》提出建立执法全过程记录制度。各地区、各部门不断加强行政执法规范化建设，执法能力和水平有了较大提高，但执法中不严格、不规范、不文明、不透明等问题仍然较为突出，损害了人民群众利益和政府公信力。2018 年，国务院办公厅印发了《关于全面推行行政执法公示制度执法全过程记录制度重大执法决定法制审核制度的指导意见》，作出了具体部署，提出了明确要求。该指导意见聚焦行政执法过程等关键环节，严格规范公正文明执法，对于切实保障人民群众合法权益，维护政府公信力，营造更加公开透明、规范有序、公平高效的法治环境具有重要意义。公安部也于 2020 年 8 月 6 日修正了《公安机关办理行政案件程序规定》。因此，本条也明确规定了公安机关应当履行同步录音录像运行安全管理职责。本条规定的"同步录音录像"，是指公安机关在办理治安管理案件的过程中，利用录音录像设备对执法过程进行全程音视频同步记录。其目的是保证公安机关依法处理治安管理案件，规范执法过程，防止非法询问、取证等行为的发生，同时保障违反治安管理行为人的合法权益。同时，本法其他条款还规定，公安机关在询问查证违反治安管理行为人、当场检查场所和由一名人民警察作出治安管理处罚决定等情形时，应当全程同步录音录像，也规定了剪接、删改、损毁、丢失录音录像资料的法律责任。

第二，公安机关应当完善技术措施，定期维护设施设备，保障录音录像设备运行连续、稳定、安全。近年来，随着社会对执法规范化、透明化的要求不断提高，以及科技设备的更新换代，公安机关纷纷配备相关仪器设备，并不断完善相关技术措施，定期维护设施设备。这里所说的"完善技术措施"，主要是指公安机关通过系统性的技术手段和管理机制，确保同步录音录像设备的全流程运行，实现执法过程的真实记录、证据保全和权力监督，包括硬件设备标准化、数据安全防护、系统运维机制等。"设施设备"，包括照相机、录音机、摄像机、执法记录仪、视频监控等记录设备，可以对治安案件执法过程进行实时记录。"定期维护设施设备"，主要是指公安机关按照预先设定的周期（如每日、每周、每月或每季度等），对同步录音录像相关的硬件设备（如摄像头、存储服务器、录音设备、传输线路等）进行系统性的检查、保养、维修及更新，以确保设备始终处于正常运行状态。公安机关应当定期维护设施设备，以避免设备故障、损坏或者电量、存储空间不足等原因而导致设备中止记录。公安机关应当保障录音录像设备运行连续、稳定、安全，也就是公安机关开展现场执法视音频记录时，应当对执法过程进行全程不间断记录，且性能持续可靠，数据及设备不受干扰，自到达现场开展执法活动时开始，至执法活动结束时停止，从而实现执法记录的全程有效留存与证据效力保障。

▶ 实践中需要注意的问题

实践中需要注意的是，公安机关在处理治安管理案件过程中，一是注意录制的全程性。录音录像应从执法活动开始，到执法活动结束的整个过程连续不间断地进行，不能根据录制人员个人喜好任意取舍，同时禁止执法活动结束后再进行补录，应保证画面清楚、音质清晰。二是注意录制的客观性。在录像中应有反映执法过程的全貌画面，保证违反治安管理的行为人全程都在画面上，以避免执法行为的合法性及录像的真实性被怀疑。

● 相关规定

《公安机关办理行政案件程序规定》

第一百三十八条 公安机关及其人民警察不得将在办理治安案件过程中获得的个人信息，依法提取、采集的相关信息、样本用于与治安管理、查处犯罪无关的用途，不得出售、提供给其他单位或者个人。

● 条文主旨

本条是关于公安机关及人民警察办理治安案件应当保护个人信息的规定。

● 立法背景

本条是 2025 年修订后的《治安管理处罚法》新增的规定，明确公安机关及其人民警察保护个人信息的职责，不得将在办理治安案件过程中获得的个人信息，依法提取、采集的相关信息、样本用于与治安管理、查处犯罪无关的用途，不得出售、提供给其他单位或者个人。个人信息受法律保护，保护个人信息就是维护公民的隐私权和信息安全。公安机关作为治安管理的执法机关，有责任和义务保护公民的个人信息。这样规定，一方面要求公安机关及其人民警察规范信息使用，在办理治安案件过程中，必须严格依照法律规定的程序和条件进行，依法提取、采集的相关信息、样本只能用于与治安管理、查处犯罪有关的用途，促使公安机关依法依规行使权力，避免权力滥用，保证执法活动的合法性和公正性。另一方面也是维护当事人的个人利益，个人信息属于个人隐私的范畴，公安机关在办理治安案件时获取的这些信息，如果被随意使用或泄露，或者出售、提供给其他单位或者个人，将可能使相关人员的人身和财产利益受到侵害。公安机关通过严格保护公民个人信息，可以赢得公众的信任和尊重，提升执法公信力。这有助于建立良好的警民关系，促进社会的和谐稳定。

● 条文释义

本条包含以下两个方面的内容：

第一，公安机关及其人民警察不得将在办理治安案件过程中获得的个人信息，依法提取、采集的相关信息、样本用于与治安管理、查处犯罪无关的用途。随着互联网的快速发展和信息技术的普及，个人信息保护变得越来越重要。为了确保公民的个人信息权益得到合法有效地保护，我国制定了一系列的法律法规。《民法典》第一百一十一条规定，自然人的个人信息受法律保护。《个人信息保护法》第三十四条明确规定，国家机关为履行法定职责处理个人信息，应当依照法律、行政法规规定的权限、程序进行，不得超出履行法定职责所必需的范围和限度。这次修改《治安管理处罚法》增加了本条规定，核心在于严格限制公安机关及其人民警察在办理治安案件过程中获取的个人信息和样本的使用范围。

根据本条规定，公安机关及其人民警察在办理治安案件中获得的个人信息及相关信息、样本只能有两种用途：一是用于治安管理。这里所说的"治安管理"，根据本法及有关规定，是指运用行政手段，维护社会治安秩序，保障社会生活正常进行的行政管理活动，如处理治安纠纷、查处违反治安管理行为、危险物品管控等。根据本法第一百零二条的规定，为了查明案件事实，确定违反治安管理行为人、被侵害人的某些特征、伤害情况或者生理状态，需要对其人身进行检查，提取或者采集肖像、指纹信息和血液、尿液等生物样本的，经公安机关办案部门负责人批准后进行。二是用于查处犯罪。这里所说的"查处犯罪"，主要是指根据《刑事诉讼法》及有关规定，有关机关依法对涉嫌犯罪的行为进行侦查、起诉、审判等活动。根据《刑事诉讼法》第五十四条的规定，在刑事侦查过程中，有权向有关单位和个人收集、调取证据，这自然包括了个人信息的采集。根据《人民警察法》第九条的规定，公安机关的人民警察对有违法犯罪嫌疑的人员，经出示相应证件，可以当场盘问、检查，并在特定情形下将其带至公安机关继续盘问。这一过程中，涉及对犯罪嫌疑人个人信息的采集，以核实身份、查明案情。公安机关采集个人信息必须遵循合法、正当、必要原则，不得违反本法的规定。

第二，公安机关及其人民警察不得将在办理治安案件过程中获得的个人信息，依法提取、采集的相关信息、样本出售、提供给其他单位或者个人。这是为了防止公民个人信息从公安机关非法流出，旨在杜绝公安机关利用其在执法中获取的信息进行牟利或非授权扩散，防止信息被用于侵害个人和组织权益。"出售"强调以牟利为目的的交易行为；"提供"则涵盖任何形式的无偿给予、交付、披露、共享、泄露或使其被获取的行为，无论是否获利。"其他单位"

主要是指公安机关系统以外的任何组织、机构、团体；"其他个人"主要是指公安机关内部非该案件直接经办人、非因职责需要知晓的领导或同事、辅警、文职、技术维护人员等以及公安机关以外其他的人员。《个人信息保护法》第十条规定，任何组织、个人不得非法收集、使用、加工、传输他人个人信息，不得非法买卖、提供或者公开他人个人信息；不得从事危害国家安全、公共利益的个人信息处理活动。也就是说，公安机关作为国家机关，负有保护公民个人信息的职责。其收集、使用公民信息必须严格依法进行，并仅限于履行其法定职责所需。公安机关不得将公民信息提供给其他单位或个人，除非是基于法律明确规定或法定程序的需要，如监察调查、国家安全等。如果公安机关或其工作人员违反规定，私自将公民信息提供、出售给其他个人或单位，根据本法第一百三十九条的规定，将依法给予处分，构成犯罪的，依法追究刑事责任。

● 实践中需要注意的问题

实践中需要注意的是，如何理解与治安管理、查处犯罪无关的用途的范围。本条规定的目的是保护公民个人信息安全，防止公安机关在履行治安管理和犯罪查处职责过程中获取的信息被不当使用，侵害个人和组织的权益。因此，对"无关的用途"的解释应严格遵循最小必要原则和目的限制原则，即信息的使用范围应严格限定在为达成特定、明确的治安管理或犯罪查处目的所绝对必需的范围内。同时，信息的使用也应当与本条规定的目的相一致，任何超出本条规定的目的的使用，原则上都应视为"无关"，如将案件当事人的信息用于公安机关内部与具体执法无关的绩效考核、评优评先、工作汇报等；或者将信息提供给城管、市场监管、税务、人社等单位，用于其各自领域的行政管理、社会管控、重点人员监控等。"无关的用途"的范围非常广泛，它涵盖了所有不是直接、合理、必要的法定目的的信息使用行为。在实际执行中，公安机关应秉持审慎、克制的态度，对信息的使用目的进行严格审查，并建立完善的内部审批、记录和问责机制，确保公民个人信息安全。

● 相关规定

《中华人民共和国个人信息保护法》第十条、第三十四条；《中华人民共和国民法典》第一百一十一条

第一百三十九条 人民警察办理治安案件，有下列行为之一的，依法给予处分；构成犯罪的，依法追究刑事责任：

（一）刑讯逼供、体罚、打骂、虐待、侮辱他人的；

（二）超过询问查证的时间限制人身自由的；

（三）不执行罚款决定与罚款收缴分离制度或者不按规定将罚没的财物上缴国库或者依法处理的；

（四）私分、侵占、挪用、故意损毁所收缴、追缴、扣押的财物的；

（五）违反规定使用或者不及时返还被侵害人财物的；

（六）违反规定不及时退还保证金的；

（七）利用职务上的便利收受他人财物或者谋取其他利益的；

（八）当场收缴罚款不出具专用票据或者不如实填写罚款数额的；

（九）接到要求制止违反治安管理行为的报警后，不及时出警的；

（十）在查处违反治安管理活动时，为违法犯罪行为人通风报信的；

（十一）泄露办理治安案件过程中的工作秘密或者其他依法应当保密的信息的；

（十二）将在办理治安案件过程中获得的个人信息，依法提取、采集的相关信息、样本用于与治安管理、查处犯罪无关的用途，或者出售、提供给其他单位或者个人的；

（十三）剪接、删改、损毁、丢失办理治安案件的同步录音录像资料的；

（十四）有徇私舞弊、玩忽职守、滥用职权，不依法履行法定职责的其他情形的。

办理治安案件的公安机关有前款所列行为的，对负有责任的领导人员和直接责任人员，依法给予处分。

● **条文主旨**

本条是关于人民警察办理治安案件存在违法行为依法进行处罚的规定。

● **立法背景**

1. 2005 年《治安管理处罚法》的规定。第一百一十六条规定："人民警察办理治安案件，有下列行为之一的，依法给予行政处分；构成犯罪的，依法追究刑事责任：（一）刑讯逼供、体罚、虐待、侮辱他人的；（二）超过询问查证的时间限制人身自由的；（三）不执行罚款决定与罚款收缴分离制度或者不按规定将罚没的财物上缴国库或者依法处理的；（四）私分、侵占、挪用、故意损毁收缴、扣押的财物的；（五）违反规定使用或者不及时返还被侵害人财物的；（六）违反规定不及时退还保证金的；（七）利用职务上的便利收受他人财物或者谋取其他利益的；（八）当场收缴罚款不出具罚款收据或者不如实填写罚款数额的；（九）接到要求制止违反治安管理行为的报警后，不及时出警的；（十）在查处违反治安管理活动时，为违法犯罪行为人通风报信的；（十一）有徇私舞弊、滥用职权，不依法履行法定职责的其他情形的。办理治安案件的公安机关有前款所列行为的，对直接负责的主管人员和其他直接责任人员给予相应的行政处分。"

本条对人民警察在办理治安案件中存在十一种违法行为及其处分、刑事处罚作了规定。同时，明确规定对办理治安案件的公安机关直接负责的主管和直接责任人员，依法给予相应的行政处分。实践中，除了人民警察在办理治安案件，依法履行职务中作为个人违法的情况，还存在公安机关以单位名义作为执法主体时出现违法的情况。因此，第二款规定了公安机关以单位名义作为执法主体时出现违法情况的处分规定。

2. 2025年修订《治安管理处罚法》对该条作了以下修改：一是将"依法给予行政处分"修改为"依法给予处分"。根据《公职人员政务处分法》《监察法》以及《公务员法》的规定，对于违法的人民警察予以处分，此次修改与上述法律有关规定相衔接。二是在第一款第一项中增加"打骂"行为。本法第一百三十二条规定，公安机关及人民警察办理治安案件，禁止对违反治安管理行为人打骂、虐待或者侮辱。本条与第一百三十二条的规定相衔接，规定了具有上述行为的法律责任。三是将第一款第四项中"故意损毁收缴、扣押的财物的"修改为"故意损毁所收缴、追缴、扣押的财物的"。根据本法第十一条第二款的规定，违反治安管理所得的财物，追缴退还给被侵害人。为规范公安机关及人民警察的执法，故在本条增加了故意损毁所追缴的财物的行为的法律责任。四是将"罚款收据"修改为"专用票据"。根据《行政处罚法》第七十条的规定，行政机关及其执法人员当场收缴罚款的，必须向当事人出具国务院财政部门或者省、自治区、直辖市人民政府财政部门统一制发的专用票据。为了保证罚款的合法性、透明性以及便于后续的财务管理和审计，此次《治安管理处罚法》修改将"罚款收据"修改为"专用票据"，与《行政处罚法》的规定相衔接。五是增加"泄露办理治安案件过程中的工作秘密或者其他依法应当保密的信息的"行为。本法第九十四条规定，公安机关及其人民警察在办理治安案件时，对涉及的国家秘密、商业秘密、个人隐私或者个人信息，应当予以保密。因此，明确泄露办理治安案件过程中的工作秘密或者其他依法应当保密的信息的法律责任。六是增加"将在办理治安案件过程中获得的个人信息，依法提取、采集的相关信息、样本用于与治安管理、查处犯罪无关的用途，或者出售、提供给其他单位或者个人的"行为。此次《治安管理处罚法》修改，增加了公安机关及其人民警察不得将在办理治安案件过程中获得的个人信息，依法提取、采集的相关信息、样本用于与治安管理、查处犯罪无关的用途，不得出售、提供给其他单位或者个人的规定。因此，明确将在办理治安案件过程中获得的个人信息，依法提取、采集的相关信息、样本用于与治安管理、查处犯罪无关的用途，或者出售、提供给其他单位或者个人的法律责任。七是增加"剪接、删改、损毁、丢失办理治安案件的同步录音录像资料的"的行为。此次《治安管理处罚法》修改，增加了公安机关应当履行同步录音录像运行安全管理职责，完善技术措施，定期维护设施设备，保障录音录像设备运行连续、稳定、安全的规定。因此，明确剪接、删改、损毁、丢失办理治安案件的同步录音录像资料的法律责任。八是增加"玩忽职守"，作为不依法履行法定职责的其他情形。我国《刑法》规定了玩忽职守、滥用职权、徇私舞弊的刑事责任，此次修改《治安管理处罚法》，明确玩忽职守、滥用职权、徇私舞弊等行为构成犯罪的，追究刑事责任，与《刑法》的规定相衔接。九是将"对直接负责的主管人员和其他直接责任人员给予相应的行政处分"修改为"对负有责任的领导人员和直接责任人员，依法给予处分"。根据《公职人员政务处分法》第六十一条的规定，有关机关、单位无正当理由拒不采纳监察建议的，由其上级机关、主管部门责令改正，对该机关、单位给予通报批评，对负有责任的领导人员和直接责任人员依法给予处理。《监察法》第七十一条规定，有关单位拒不执行监察机关作出的处理决定，或者无正当理由拒不采纳监察建议的，由其主管部门、上级机关责令改正，对单位给予通报批评；对负有责任的领导人员和直接责任人员依法给予处理。此次《治安管理处罚法》修改，与《公职人员政务处分法》和《监察法》的规定相衔接。

● 条文释义

本条共分两款。本条第一款是关于人民警察在办理治安案件中的违法行为及给予处分、刑事责任的规定。

根据本款的规定，人民警察在办理治安案件中的违法行为主要表现在以下十四个方面：

第一，刑讯逼供、体罚、打骂、虐待、侮辱他人的。这里的他人，既包括违反治安管理行为人，也包括其他证人、被侵害人等。尽管法律明确规定，公安机关办理治安案件，应当严格依法进行，严禁采用刑讯逼供等非法手段，公安机关也三令五申禁止采用非法手段办案，但在执法过程中，仍有个别公安干警无视法律和纪律的规定，为了得到违反治安管理行为人的陈述，对其实施体罚、打骂、虐待；有的为了得到证词，甚至威胁、侮辱证人、被侵害人。这种违法的做法，不仅侵犯了公民的合法权益，而且很容易造成错案，公民在不堪体罚、打骂、虐待、侮辱的情况下，出于恐惧，迫于压力，提供虚假的陈述、证词的可能性极大，因此本法明确规定，以非法手段收集的证据不得作为处罚的根据。不仅如此，对于刑讯逼供、体罚、打骂、虐待、侮辱他人的，根据本条的规定还应依法给予处分，直至追究其刑事责任。

第二，超过询问查证的时间限制人身自由的。根据本法第九十七条第一款的规定，对违反治安管理行为人，公安机关传唤后应当及时询问查证，询问查证的时间不得超过八小时；涉案人数众多、违反治安管理行为人身份不明的，询问查证的时间不得超过十二小时；情况复杂的，依据本法规定可能适用行政拘留处罚的，询问查证的时间不得超过二十四小时。法律之所以这样规定，主要是考虑到治安案件在总体上情节比较简单，社会危害性较轻，许多案件在现场发现，容易调查取证，因此不宜规定太长的限制人身自由的调查时间。对治安案件的调查，主要应采取现场询问，到违法行为人的住处或所在单位进行询问的方法，不应把限制人身自由作为主要的调查方法。实践中，有的公安民警对工作采取极不负责任的态度，在被传唤人到达公安机关后，不及时对其进行询问，又不让被传唤人离开，使其长时间滞留于公安机关，严重地限制了其人身自由；有的不在如何运用新的技术，提高调查取证能力，提高询问水平上下功夫，而是为了获得陈述，超过上述法定的询问时间，采用"车轮战术"，对被传唤人进行连续的询问，摧残了被传唤人的生理与心理，实际上就是一种变相的体罚、虐待。

第三，不执行罚款决定与罚款收缴分离制度或者不按规定将罚没财物上缴国库或者依法处理的。这一规定包括两种情况：一是不执行罚款决定与罚款收缴分离的规定；二是不按规定将罚没的财物上缴国库或依法处理。为了严肃行政执法，严格罚没财物的管理，《行政处罚法》明确规定了对行政罚款实行罚缴分离制度。本法也重申了这一制度。这一规定，对于纠正、约束某些公安机关及其人民警察为追求经济利益滥罚款、利用罚款搞创收或从罚款中获取个人好处等不正之风，具有积极意义，应当坚决执行。本条规定的"罚没的财物"，主要包括依法对违反治安管理的行为人处以的罚款、没收的保证金、收缴的违禁品、收缴或追缴违反治安管理所得的财物、收缴直接用于实施违反治安管理行为的工具等财物。根据本法及其他有关法律的规定，这些罚没的财物，应当上缴国库或按有关规定处理，如违禁品就应当按照有关规定予以销毁。

第四，私分、侵占、挪用、故意损毁所收缴、追缴、扣押的财物的。对于与违反治安案件有关的物品，需要作为证据使用的，公安机关可以依照本法的有关规定予以扣押；对于查获的毒品、淫秽物品等违禁品，赌具、赌资，吸食、注射毒品的用具以及直接用于实施违反治安管理行为的本人所有的工具，应当收缴；违反治安管理所得的财物，追缴退还被侵害人。对于上述财物，公安机关有责任妥善保管，不得挪作他用，更不得私分、侵占、故意损毁，对于未履行保管义务，造成被收缴、追缴、扣押的财物遗失或者损毁的，应依法承担赔偿责任，有私分、侵占、挪用行为，构成犯罪的，还应依法承担刑事责任。

第五，违反规定使用或者不及时返还被侵害人财物的。对于追缴的违反治安管理所得的财物，以及被扣押的有关财物，对于其中被侵害人的合法财物，应当及时退还给被侵害人，防止办案时间的拖延而影响和损害被侵害人的利益。对于需要作为证据使用的被侵害人的财物，应当在登记并固定证据后立即退还。

第六，违反规定不及时退还保证金的。依照本法的规定，被决定给予行政拘留处罚的人交纳暂缓执行的保证金后，能够履行义务，随传随到，不逃避处罚，在行政拘留的处罚决定被撤销，或者行政拘留处罚开始执行的，公安机关应当及时将保证金退还给交纳人。对于应当退还保证金，但当事人出于某种原因没有提出申请或要求，公安机关应主动通知有关人员取回保证金。

第七，利用职务上的便利收受他人财物或者谋取其他利益的。"利用职务上的便利"主要是指利用与履行职务有关的方便条件；"收受他人财物或者谋取其他利益",包括收受他人的金钱、有价证券、礼品及各种物品,或者接受他人提供的免费旅游、服务等。

第八,当场收缴罚款不出具专用票据或者不如实填写罚款数额的。为了简化办理治安案件的一些手续,既方便当事人,也有利于高效办案,节约执法成本,根据本法规定,对于被处二百元以下罚款,被处罚人没有异议的;在边远、水上、交通不便地区,旅客列车上或者口岸,公安机关及其人民警察依照本法的规定作出罚款决定后,被处罚人到指定的银行或者通过电子支付系统缴纳罚款确有困难,经被处罚人提出的;在当地没有固定的住所,不当场收缴事后难以执行的,可以由人民警察当场收缴罚款。并规定,当场收缴罚款的,应向被处罚人出具省级以上人民政府财政部门统一制发的专用票据。这一制度实际上已经执行多年,但实际执行中还存在一些执法人员采取罚款不开具专用票据行为,从中牟利,这实际上是一种贪污行为。针对这种情况,本法重申了这一规定,并规定,不出具统一制发的专用票据的,被处罚人有权拒绝缴纳罚款。

第九,接到要求制止违反治安管理行为的报警后,不及时出警的。人民警察在接到要求制止违反治安管理行为的报警后,应当立即出警,这是人民警察应当履行的一项重要职责。这里规定的"报警",包括人民群众在受到违反治安管理行为的侵害,处于危难之中向人民警察发出的求助,也包括人民群众发现有违反治安管理行为发生,向人民警察报案,要求人民警察予以制止;还包括发生了民间纠纷,人民群众要求调解等。针对实践中有个别公安民警漠视人民群众的疾苦,对人民群众的求助不予理睬的不作为行为,这种行为有时会给群众利益造成不可弥补的损失,为此,本条规定,人民警察有这种行为要给予处分,构成犯罪的要追究其刑事责任,如因玩忽职守,没有及时出警给人民群众利益造成重大损失的。

第十,在查处违反治安管理活动时,为违法犯罪行为人通风报信的。实践中,有些违法犯罪人员为了逃避法律的制裁,往往寻找一些意志比较薄弱的公安干警作"保护伞",相互勾结、利用,谋取各自的利益。有个别公安干警放任、纵容违法犯罪行为人进行违反治安管理的行为,有的甚至在公安机关决定采取行动时,给违法犯罪行为人通风报信。这种情况往往发生在公安机关打击卖淫嫖娼、非法制售淫秽物品、非法倒卖各种票证活动时。针对这种情况,本条作了专门规定,对人民警察的这种行为给予处分。应当注意的是,如果警察与其共谋,应按共犯处理。这里的"为违法犯罪行为人通风报信"是指在依法查处违反治安管理活动时，将采取行动的时间、地点、对象等部署情况以及有关的消息告知违法行为人本人或与其相关的人。这里所讲的"在查处违反治安管理活动时"是指依法查处的全过程中的任何阶段，既包括部署阶段，也包括实施阶段。无论在哪一个阶段向违法行为人通风报信，以使他们及时隐藏、逃避查处的行为都应按照本条的规定给予处罚，而不能仅仅理解为具体实施查处行动的时刻。此外，"通风报信"包括采用各种传递消息的方法和手段，如打电话、发送短信、发送邮件或事先规定的各种联系暗号等。

第十一，泄露办理治安案件过程中的工作秘密或者其他依法应当保密的信息的。本法第九十四条规定，公安机关及其人民警察在办理治安案件时，对涉及的国家秘密、商业秘密、个人隐私或者个人信息，应当予以保密。国家秘密的泄露可能导致国家安全和利益受损，商业秘密的泄露会影响相关单位和个人的经营和生产，造成经济损失，而个人隐私的泄露则可能损害当事人的名誉，影响其生活，带来心理压力。保密工作的重要性不容忽视，公安机关及其人民警察应当提高保密意识，确保在处理治安案件过程中，能够妥善保护涉及的秘密和隐私，避免任何可能的泄露。

第十二，将在办理治安案件过程中获得的个人信息，依法提取、采集的相关信息、样本用于与治安管理、查处犯罪无关的用途，或者出售、提供给其他单位或者个人的情形。本法第一百三十八条规定，公安机关及其人民警察不得将在办理治安案件过程中获得的个人信息，依法提取、采集的相关信息、样本用于与治安管理、查处犯罪无关的用途，不得出售、提供给其他单位或者个人。个人信息泄露会带来诸多危害，包括频繁受到骚扰、财产安全风险、个人名誉和隐私受损以及法律风险和安全问题。因此，保护个人信息至关重要，本条规定了相关法律责任。

第十三，剪接、删改、损毁、丢失办理治安案件的同步录音录像资料的。本法第一百三十七条规定，公安机关应当履行同步录音录像运行安全管理职责，完善技术措施，定期维护设施设备，保障录音录像设备运行连续、稳定、安全。公安机关在办理治安管理案件的过程中，利用录音录像设备对执法过程进行全程音视频同步记录。其目的是保证公安机关依法处理治安管理案件，规范执法过程，防止非法询问、取证等行为的发生，同时保障违反治安管理行为人的合法权益。剪接、删改、损毁、丢失录音录像资料的，侵害了人民群众合法权益，不利于维护政府公信力。因此，为了营造更加公开透明、规范有序、公平高效的法治环境，明确了剪接、删改、损毁、丢失录音录像资料的法律责任。

第十四，徇私舞弊、玩忽职守、滥用职权，不依法履行法定职责的其他情形的。依法办理治安案件，查处违反治安管理行为，维护良好的社会治安秩序是人民警察的重要职责。人民警察在办理治安案件的过程中，应当严格依照法律规定的权限和程序，不折不扣地履行自己的法定职责。本条前十三项规定的行为主要是针对实践中比较常见的情况，也是群众反映比较多的情况。除此以外，对于其他违法情况，也同样应当依法处理，所以本条第十四项对其他滥用职权，超越职权，利用职权寻求个人私利，不履行、不正确履行法定职责的行为，作了进一步规定。

根据本款规定，人民警察有上述十四种违法行为之一的，应当依法给予处分。这里所说的"依法"，主要是指依照《人民警察法》《警衔条例》《公务员法》《监察法》《公职人员政务处分法》《行政处罚法》等法律法规中有关对违法的人民警察以及公务员予以处分的规定。根据《公务员法》的规定，对公务员的处分有警告、记过、记大过、降级、撤职和开除。其中警告的期间为六个月，记过的期间为十二个月，记大过的期间为十八个月，降级、撤职的期间为二十四个月。"降级"是指降低行政级别的处分；"撤职"是指撤销其担任的行政职务的处分；"开除"不仅要撤销其行政职务，取消其行政级别，而且要开除出人民警察队伍。对国家公务员的处分，由任用该公务员的行政机关或者监察机关决定。处分决定应当做到事实清楚、证据确凿、定性正确、处理恰当、程序合法、手续完备，并应当以书面形式通知公务员本人。

根据本款的规定，人民警察有上述十四种违法行为之一，除应依法给予处分外，对情节严重或危害后果严重，构成犯罪的，还应当依法追究其刑事责任。本款列举的十四种违法行为，可能涉及的犯罪主要有：故意伤害罪、过失致人死亡罪、侮辱罪、刑讯逼供罪、虐待被监管人罪、贪污罪、挪用资金罪、受贿罪、私分国有资产罪、滥用职权罪、玩忽职守罪等。

本条第二款是关于公安机关有第一款所列行为如何处理的规定。

第一款主要是针对人民警察在办理治安案件，依法履行职务中作为个人违法的情况作出的规定。在实际执法过程中，除人民警察个人可能出现违法的情形外，公安机关以单位名义作为执法主体时也同样有可能出现违法的情况，如出现个别公安机关不执行罚款收缴与罚款决定分离制度，私设小金库，私分罚款等情况时，就面临对单位如何处理的问题。根据本款的规定，如果办理治安案件的公安机关有第一款所列的十四项行为之一的，对负有责任的领导人员和直接责任人员，依法给予处分。这里规定的"负有责任的领导人员"，主要是指在以单位名义作出决定时起决策、领导作用的人，一般是单位的领导或者负责人，如公安局的局长、副局长等。所谓"直接责任人员"，主要是指直接负责办理某项事务或某个案件的公安民警，即通常所说的"经办人"。

● 实践中需要注意的问题

实践中需要注意的是，有关机关应严格按照相关程序和法律规定进行处分，对人民警察在办理治安管理案件中的违法行为，要进行调查和取证，确保事实清楚、证据确凿。处分决定应遵循公平、公正、公开的原则，不得因个人主观臆断而影响决定的有效性和公正性。当事人有权依法陈述和申辩，有权申请复核和申诉，有关机关应认真听取并处理当事人的意见和申诉，确保处分的公正性和有效性。

● 相关规定

《中华人民共和国监察法》第七十一条；《中华人民共和国公职人员政务处分法》第十条；《中华人民共和国公务员法》第六十二条

第一百四十条 公安机关及其人民警察违法行使职权，侵犯公民、法人和其他组织合法权益的，应当赔礼道歉；造成损害的，应当依法承担赔偿责任。

● 条文主旨

本条是关于公安机关及其人民警察违法行使职权，造成公民、组织合法权益损害的应当承担赔偿责任的规定。

● 立法背景

本条是 2005 年《治安管理处罚法》第一百一十七条的规定，2025 年修订《治安管理处罚法》时未作修改。

公安机关及其人民警察违法行使职权，侵犯公民、法人和其他组织合法权益的，应当赔礼道歉；造成损害的应当承担赔偿责任。《宪法》第四十一条规定，公民对于任何国家机关和国家工作人员的违法失职行为，都有向国家机关提出申诉、控告或者检举的权利。由于国家机关和国家工作人员侵犯公民权利而受到损失的，公民有依照法律规定取得赔偿的权利。《国家赔偿法》第二条第一款也规定，国家机关和国家机关工作人员违法行使职权侵犯公民、法人和其他组织的合法权益造成损害的，受害人有取得国家赔偿的权利。公民能否真正享有《宪法》和法律规定的权利，这种权利能否得到切实的保护，是衡量一个国家民主政治制度和法治是否健全的重要标志。公安机关作为国家行政机关，依据法律对社会治安进行管理，维护社会秩序，其最终目的是维护广大人民群众的根本利益，但在日常的执法活动中，个别公安机关及其人民警察存在有法不依、违法行使职权，甚至以权谋私、徇私枉法、玩忽职守等违法、违纪行为，影响了公安机关在人民群众中的形象，破坏了广大公安干警与群众的密切联系。对此，公安机关及其人民警察有责任予以纠正，对给公民、法人和其他组织的合法权益造成损害的，理应承担赔偿责任。由于公安机关及其人民警察在办理治安案件时作出的决定与公民、法人和其他组织的切身利益息息相关，因此本条规定，公安机关及其人民警察违法行使职权，造成公民、法人和其他组织合法权益损害的，应当承担赔偿责任。这对于促进公安机关及其人民警察依法行政，推动公安队伍的廉政建设，切实保障公民、法人和其他组织行使取得国家赔偿的权利，化解社会矛盾，有着十分重要的意义。

▶ 条文释义

本条包含以下两个方面的内容：

第一，公安机关及其人民警察违法行使职权，侵犯公民、法人和其他组织合法权益的，应当赔礼道歉。从办理治安案件的过程来看，公安机关及其人民警察违法行使职权主要有以下几种情况：超过了本法规定的询问时间限制人身自由；在办理治安案件时，采用刑讯逼供、体罚、打骂、虐待、侮辱等手段；违反法律规定，对不应当给予拘留处罚的给予拘留处罚；违法实施罚款、吊销许可证的处罚；违法处理罚没、扣押的财物等。根据本条规定，公安机关及其人民警察违法行使职权，侵犯公民、法人和其他组织合法权益的，首先应当赔礼道歉；对造成损害的，应当依法承担赔偿责任。根据这一规定，不管是公安机关作出的决定违法，还是办理治安案件的人民警察作出的决定违法，只要公民、组织认为其合法权益受到损害的，都有权提出要求赔偿。

第二，公安机关及其人民警察违法行使职权，造成损害的，应当依法承担赔偿责任。根据有关法律的规定，公民、法人和其他组织提出赔偿请求的途径主要有以下几种：一是直接向作出具体决定的有关公安机关提出，公安机关经核查后，认为其请求合理的，应当对本部门及其办案的人民警察因违法行为造成公民、法人和其他组织的损失予以赔偿。二是在依法向有关行政机关提起行政复议的同时，提出赔偿请求。行政复议机关经复议认为原行政机关作出的决定是错误的或有违法的情形，在作出撤销、变更原行政决定或者确认原行政决定违法的同时，决定原作出行政决定的公安机关予以赔偿。三是在依法向人民法院提起行政诉讼时，提出赔偿请求。也可以在行政机关不予赔偿时，单独就损害赔偿问题向人民法院提起诉讼，由人民法院判决原行政机关予以赔偿。此外，《国家赔偿法》第十六条第一款规定，赔偿义务机关赔偿后，应当责令故意或者有重大过失的工作人员或者受委托的组织或者个人承担部分或者全部赔偿费用，即有关公安机关对公民、法人和其他组织进行赔偿后，应当责令对违法行为负有直接责任的人民警察承担部分或者全部赔偿费用。这样可以对人民警察依法办案起到更好的警示和教育作用。

根据《国家赔偿法》等有关法律规定，财产赔偿的形式主要包括：一是返还非法处以的罚款、非法扣押的财物以及非法追缴的财产，如果应当返还的财产有损坏的，应当恢复原状，无法恢复原状的，按照损害的程度给付相应的赔偿金。应当返还的财产灭失的，应当给付相应的赔偿金。二是赔偿违法吊销许可证而引起的停产停业期间必要的经常性费用开支，以及赔偿其他造成公民、组织财产权的直接损失。三是错误拘留或者违法限制他人人身自由需要赔偿的，每日赔偿金按照国家上年度职工日平均工资计算。

● **实践中需要注意的问题**

在该条的理解适用中，需要注意以下几个方面的问题：

第一，本法第一百三十九条对人民警察在办理治安案件中的违法行为规定了处分，同时规定，对构成犯罪的，依法追究刑事责任。本条规定的是行政赔偿责任，它是指行政机关及其工作人员执行职务的具体行政行为违法，侵犯公民、法人和其他组织的合法权益，造成了损害而应当承担的赔偿责任，属于国家赔偿。发生国家赔偿的原因，必须是国家机关及其工作人员实施了违法行使职权的行为。也就是说，国家仅对国家机关及其工作人员行使职权时的侵权行为负赔偿责任，国家机关及其工作人员与行使职权无关的侵权行为，不发生国家赔偿问题，而应当由该机关或者该机关的工作人员对损害后果负民事上的赔偿责任。

第二，侵权行为发生损害后果，且损害后果与侵权行为之间具有因果关系，国家才承担赔偿责任，否则也不发生国家赔偿的问题。关于损害，必须是现实的、直接的损害，将来可能受到的损害不包括在国家赔偿的范围以内。国家赔偿的主要方式是支付赔偿金，特别是对人身造成损害的，应当采用支付赔偿金的方式。对于其他的责任形式，要根据不同的情况，应当返还的财产损坏的，能够恢复原状的恢复原状，不能恢复原状的，按照损害程度给付相应的赔偿金。

● 相关规定

《中华人民共和国国家赔偿法》第二条、第七条；《中华人民共和国行政处罚法》第七条、第八十条、第八十一条；《公安机关办理国家赔偿案件程序规定》；《公安机关国家赔偿案由规定》

第六章 附 则

第一百四十一条 其他法律中规定由公安机关给予行政拘留处罚的，其处罚程序适用本法规定。

公安机关依照《中华人民共和国枪支管理法》、《民用爆炸物品安全管理条例》等直接关系公共安全和社会治安秩序的法律、行政法规实施处罚的，其处罚程序适用本法规定。

本法第三十二条、第三十四条、第四十六条、第五十六条规定给予行政拘留处罚，其他法律、行政法规同时规定给予罚款、没收违法所得、没收非法财物等其他行政处罚的行为，由相关主管部门依照相应规定处罚；需要给予行政拘留处罚的，由公安机关依照本法规定处理。

● 条文主旨

本条是关于公安机关实施行政处罚程序与本法衔接的规定。

● 立法背景

本条是 2025 年修订后的《治安管理处罚法》新增的规定。《治安管理处罚法》调整事项为社会治安领域，由于社会治安领域本身涉及面宽，有的治安领域同时涉及行业管理，再加上历史和实践的原因，这部法律往往会涉及与其他有关行政法律法规调整事项的交叉，涉及公安执法与行业监管部门执法的关系，因此，本条对其他法律规定由公安机关给予行政拘留处罚的，其处罚程序适用本法规定。对于公安机关依照《枪支管理法》《民用爆炸物品安全管理条例》等直接关系公共安全和社会治安秩序的法律、行政法规实施处罚的，其处罚程序适用本法规定。同时强调本法第三十二条、第三十四条、第四十六条、第五十六条规定给予行政拘留处罚，在其他法律、行政法规同时规定给予罚款、没收违法所得、没收非法财物等其他行政处罚的行为，由相关主管部门依照相应规定处罚；需要给予行政拘留处罚的，由公安机关依照本法规定处理。

● 条文释义

本条共分三款。第一款是明确其他法律中规定由公安机关给予行政拘处罚的，其处罚程序适用《治安管理处罚法》的规定。

按照《行政处罚法》第十八条第三款的规定，限制人身自由的行政处罚权只能由公安机关和法律规定的其他机关行使。除了《治安管理处罚法》外，近年来不断有行政管理类法律规定了拘留措施，如《反电信网络诈骗法》《农产品质量安全法》《反有组织犯罪法》《陆地国界法》《安全生产法》《消防法》《教育法》《食品安全法》《国旗法》《国徽法》《固体废物污染环境防治法》《药品管理法》《疫苗管理法》《劳动法》等，但这些法律中规定的拘留仍统一由公安机关行使，并没有赋予相关行业部门决定拘留权。实践中，拘留措施也是由公安机关来决定执行。一般是相关行业主管部门先作出其他措施的处罚后将案件移送公安机关，依照《治安管理处罚法》的规定决定是否作出拘留处罚。因此，在本条中明确，对于其他法律规定可由公安机关作出行政拘留的，公安机关应当根据本法的处罚程序规定执行。

第二款是关于公安机关依照《枪支管理法》《民用爆炸物品安全管理条例》等直接关系公共安全和社会治安秩序的法律、行政法规实施处罚的，其处罚程序适用本法的规定。

由于一些行业主管部门多倾向于倚重公安机关的强制力量保障本领域或行业的治理，不少法律对治安管理处罚责任作了规定，有多部法律规定了治安管理处罚责任的衔接性条款，包括笼统规定依法给予治安管理处罚、列明情形并规定依法给予治安管理处罚、规定阻碍履职的依法给予治安管理和规定相应程序适用《治安管理处罚法》。

（1）笼统规定依法给予治安管理处罚。笼统规定的典型表述为："违反本法规定，构成违反治安管理行为的，依法给予治安管理处罚"（有的会列明公安机关，表述为"由公安机关依法给予治安管理处罚"），位置通常放在该法中法律责任部分的最后。如《民用爆炸物品安全管理条例》第四十四条第一款规定，非法制造、买卖、运输、储存民用爆炸物品，构成犯罪的，依法追究刑事责任；尚不构成犯罪，有违反治安管理行为的，依法给予治安管理处罚。

（2）列明情形并规定依法给予治安管理处罚。有多种情形（行为）的，通常表述为："有下列情形（行为）之一的，依法给予治安管理处罚"；只有一种情形（行为）的，通常写出具有情形（行为）后，写"依法给予治安管理处罚"，没有规定具体的处罚种类和幅度，因此也是衔接性规定，并不意味着所列情形一定要给予治安管理处罚，是否和如何处罚还是应当依照《治安管理处罚法》的规定去判断。如果《治安管理处罚法》中没有规定，找不到相应处罚依据，即便其他法律列举了情形，也不能给予治安管理处罚。一种是列举的情形明显属于违反《治安管理处罚法》规定的。如《老年人权益保障法》第七十七条规定："家庭成员盗窃、诈骗、抢夺、侵占、勒索、故意损毁老年人财物，构成违反治安管理行为的，依法给予治安管理处罚；构成犯罪的，依法追究刑事责任。"另一种是列举的情形，《治安管理处罚法》没有明确规定，或者没有一一对应。如《教育法》第七十九条规定："考生在国家教育考试中有下列行为之一，……构成违反治安管理行为的，由公安机关依法给予治安管理处罚：（一）非法获取考试试题或者答案的；（二）携带或者使用考试作弊器材、资料的；（三）抄袭他人答案的；（四）让他人代替自己参加考试的；（五）其他以不正当手段获得考试成绩的作弊行为。"上述五种行为并不必然都要给予治安管理处罚，具体需要根据《治安管理处罚法》的规定作认定，如抄袭行为就难以在《治安管理处罚法》中找到相应条款给予处罚。其中"让他人代替自己参加考试的"行为，此次《治安管理处罚法》修订才将其增加规定为违反治安管理处罚行为。还有《枪支管理法》第四十四条规定，在禁止携带枪支的区域、场所携带枪支的，由公安机关对个人或者单位负有直接责任的主管人员和其他直接责任人员处警告或者十五日以下拘留；构成犯罪的，依法追究刑事责任。这里规定的十五日以下拘留，其处罚程序适用本法的规定。

（3）规定阻碍履职的依法给予治安管理处罚。其他法律中规定阻碍履职给予治安管理处罚的情况比较多。如《证券法》第二百一十八条规定："拒绝、阻碍证券监督管理机构及其工作人员依法行使监督检查、调查职权，由证券监督管理机构责令改正，处以十万元以上一百万元以下的罚款，并由公安机关依法给予治安管理处罚。"这说明，其他行政性法律对阻碍行业管理执法的处罚较为重视，以此保障部门执法权威，因此在这些法律中对阻碍执法的治安管理处罚作出衔接性规定。

（4）规定相应程序适用《治安管理处罚法》。《治安管理处罚法》是实体和程序相结合的综合性法律。有的法律规定相关执法程序依照《治安管理处罚法》的规定执行。如《出境入境管理法》第五十九条第三款规定："县级以上地方人民政府公安机关或者出入境边防检查机关需要传唤涉嫌违反出境入境管理的人员的，依照《中华人民共和国治安管理处罚法》的有关规定执行。"又如，其他法律规定了行政拘留，由公安机关执行，相应程序适用《治安管理处罚法》的规定，如《安全生产法》第一百一十五条规定，本法规定的行政处罚，由应急管理部门和其他负有安全生产监督管理职责的部门按照职责分工决定；给予拘留的行政处罚，由公安机关依照治安管理处罚的规定决定。因此，对于有关法律、行政法规规定了治安管理处罚责任的衔接性条款，明确公安机关依照有关直接关系公共安全和社会治安秩序的法律、行政法规实施处罚的，其处罚程序适用本法规定。

第三款是关于《治安管理处罚法》部分条文与其他法律、行政法规同时规定给予罚款、没收违法所得、没收非法财物等其他行政处罚的行为，由相关主管部门依照相应规定处罚；需要给予行政拘留处罚的，由公安机关依照本法规定处理的规定。

明确本法第三十二条与《无线电管理条例》第八十一条、本法第三十四条与《禁止传销条例》第二十八条、本法第四十六条与《无人驾驶航空器飞行管理暂行条例》第五十六条、本法第五十六条与《个人信息保护法》第七十一条相衔接的规定。如《无线电管理条例》第七十三条规定，违反本条例规定，使用无线电发射设备、辐射无线电波的非无线电设备干扰无线电业务正常进行的，由无线电管理机构责令改正，拒不改正的，没收产生有害干扰的设备，并处5万元以上20万元以下的罚款，吊销无线电台执照；对船舶、航天器、航空器、铁路机车专用无线电导航、遇险救助和安全通信等涉及人身安全的无线电频率产生有害干扰的，并处20万元以上50万元以下的罚款。同时根据第八十一条规定，违反本条例规定，构成违反治安管理行为的，依法给予治安管理处罚。而本法第三十二条规定，违反国家规定，故意干扰无线电业务正常进行的，处五日以上十日以下拘留；情节严重的，处十日以上十五日以下拘留。公安机关可以根据具体情节作出行政拘留的处罚决定。综上所述，上述条文与其他法律、行政法规同时规定给予其他罚款、没收违法所得、没收非法财物等行政处罚的行为，则是由相关主管部门依照相应规定处罚，但涉及需要给予行政拘留处罚的，公安机关只能依照本法的规定处理。

实践中需要注意的问题

在该条的理解和适用中，需要注意以下几个方面的问题：

一是均属于衔接性规定。其他法律中涉及治安管理处罚的规定，都属于衔接性规定。是否给予治安管理处罚应当根据《治安管理处罚法》的规定执行，其他法律不创设违反治安管理处罚行为。

二是所有法律规定的行政拘留均由公安机关执行（反间谍等由国家安全机关执行）。这种集中由公安机关执行的制度安排，主要是考虑到公安机关的性质、职能、执法力量以及统一拘留适用的需要。

三是作出处罚决定的程序应当依照《治安管理处罚法》的程序进行。《治安管理处罚法》以外的法律中规定拘留处罚，一般没有对拘留程序作出规定。

☛ 相关规定

《中华人民共和国个人信息保护法》第七十一条；《无线电管理条例》第七十三条、第八十一条；《禁止传销条例》第二十八条；《无人驾驶航空器飞行管理暂行条例》第五十六条

第一百四十二条 海警机构履行海上治安管理职责，行使本法规定的公安机关的职权，但是法律另有规定的除外。

☛ 条文主旨

本条是关于海警机构履行海上治安管理职责有权行使本法规定的公安机关职权的规定。

☛ 立法背景

本条是 2025 年修订后的《治安管理处罚法》新增的规定。明确了海警机构在海上履行治安管理职责有权行使本法规定的属于公安机关的职权。中国既是陆地大国，也是海洋大国，由于历史的原因，长期以来，国家海上维权执法力量和机制建设不够统一，海上维权执法职责比较分散，分别归属国家海洋、公安、农业、海关、交通等不同部门，这种状况不利于提高海洋维权能力和有效维护海洋权益。为推进海上统一执法，提高执法效能，2018 年 6 月，全国人大常委会《关于中国海警局行使海上维权执法职权的决定》授权中国海警局统一履行海上维权执法职责。海警队伍整体划归武警部队领导指挥，调整组建中国人民武装警察部队海警总队，对外称中国海警局，统一履行海上维权执法职责。《海警法》第二条第一款明确规定，"人民武装警察部队海警部队即海警机构，统一履行海上维权执法职责"，依法行使海上行政执法权和刑事侦查权。因此，本次《治安管理处罚法》修改，与《海警法》相关规定相衔接。

☛ 条文释义

本条包含以下三个方面的内容：

第一，海警机构履行海上治安管理职责。海警机构主要是指人民武装警察部队海警部队，由其统一履行海上维权执法职责。海警机构包括中国海警局及其海区分局和直属局、省级海警局、市级海警局、海警工作站。根据《海警法》的规定，海警机构依法履行实施海上治安管理职责，包括查处海上违反治安管理、入境出境管理的行为，防范和处置海上恐怖活动，维护海上治安秩序。海警机构在我国管辖海域及其上空开展海上维权执法活动，也就是说海警机构有权我国管辖海域及其上空对违反海上治安管理规定的行为进行查处。

第二，海警机构履行海上治安管理职责，有权行使本法规定的公安机关的职权。即海警机构可以对扰乱海上公共秩序的行为、妨害海上公共安全的行为、海上侵犯人身安全和财产权的行为、妨害海上管理的行为等依法进行管理和处罚，处罚种类包括警告、罚款、行政拘留等。海警机构有权按照本法规定的程序，有权向有关组织和个人收集、调取证据；对有违法犯罪嫌疑的人员进行当场盘问、检查或者继续盘问；对在我国管辖海域航行、停泊、作业的船舶依法登临、检查；划定海上临时警戒区，限制或者禁止船舶、人员通行、停留；对涉嫌违法正在接受调查处理的船舶，海警机构可以责令其暂停航行、作业，在指定地点停泊或者禁止其离港。必要时，海警机构可以将嫌疑船舶押解至指定地点接受调查处理等。

第三，法律另有规定的除外。根据本条规定，海警机构履行海上治安管理职责，行使本法规定的公安机关的职权，但是法律另有规定的除外。"法律另有规定的除外"主要是指根据《海警法》等有关法律的规定。根据《海警法》规定，海警机构除了履行《治安管理处罚法》中规定的公安机关类似的海上治安管理职权外，还承担着在我国管辖海域开展巡航、警戒，值守重点岛礁，管护海上界线等多项职责。例如，对海上有走私嫌疑的运输工具或者货物、物品、人员进行检查，查处海上走私违法行为等，这些职责在《海警法》中有明确且详细的规定，与一般公安机关在陆地的职责有所不同。同时，海警机构因开展行政执法需要登临、检查、拦截、紧追相关船舶时，依照《海警法》的规定执行。例如，对非法进入我国领海及其以内海域的外国船舶，海警机构有权责令其立即离开，或者采取扣留、强制驱离、强制拖离等措施，这是海警机构在维护国家海洋权益方面特有的执法措施，在《治安管理处罚法》中没有针对此类情况的具体规定。

此外，在一些涉及海上特定领域的管理规定中，如果有与海警机构职权相关且与《治安管理处罚法》不一致的内容，也属于"法律另有规定"的情况。例如，根据《海洋环境保护法》第四条第六款规定，海警机构在职责范围内对海洋工程建设项目、海洋倾倒废弃物对海洋环境污染损害、自然保护地海岸线向海一侧保护利用等活动进行监督检查，查处违法行为，按照规定权限参与海洋环境污染事故的应急处置和调查处理。

● 实践中需要注意的问题

在该条的理解和适用中，需要注意以下几个方面的问题：

一是海上环境的特殊性。海上治安管理处罚不同于一般的陆地治安管理处罚，其涉及的情况更为复杂，包括海域管辖范围、执法条件特殊以及可能涉及的外国船舶等。这要求海警机构在执法过程中要严格依法行使职权。

二是证据的收集与审查。在海事行政处罚中，证据的收集具有海事证据的特点，如涉及船舶航行记录、海上通信记录等。这些证据的收集和审查除了遵循《治安管理处罚法》的相关规定外，可能需要遵循特定的程序和标准，以确保其合法性和有效性。

三是与国际法的衔接。在处理涉及外国船舶的违法行为时，海警机构不仅需要依据国内法，还需考虑国际法及国际惯例，确保执法活动的合法性和妥善处置国际关系。

● 相关规定

《中华人民共和国海警法》第二条、第三条；《中华人民共和国海洋环境保护法》第四条；《海警机构行政执法程序规定》

第一百四十三条　本法所称以上、以下、以内，包括本数。

● 条文主旨

本条是关于"以上、以下、以内"含义的规定。

● 立法背景

本条是 2005 年《治安管理处罚法》第一百一十八条的规定，2025 年修订《治安管理处罚法》时未作修改。

本条规定，一是统一法律术语解释，消除歧义。在日常用语中"以上""以下"等词是否包括本数可能存在歧义，如"五日以下拘留"是否包含五日，通过立法明确定义"包括本数"，确保法律语言的精确性。二是保障执法统一性与公平性。治安管理处罚涉及大量日常执法，如拘留、罚款、吊销许可等，需要在全国范围内实现标准统一，防止不同地区或执法人员对法律条文范围理解不一致，导致"同案不同罚"，引起执法争议，降低当事人对处罚范围的质疑。三是保护当事人合法权益。法律规定明确，当事人可以清晰预判行为后果，防止执法机关在临界点上滥用自由裁量权，符合"处罚法定原则"。

● 条文释义

根据本条规定，本法所称的"以上、以下、以内"均包括本数在内。如，本法第八十五条第一款规定，引诱、教唆、欺骗或者强迫他人吸食、注射毒品的，处十日以上十五日以下拘留，并处一千元以上五千元以下罚款。根据"以上、以下"均包括本数在内的规定，这时拘留最低可处十日，最高可处十五日；罚款最低可罚一千元，最高可罚五千元。再如，本法第二十五条规定，违反治安管理行为在六个月以内没有被公安机关发现的，不再处罚。根据"以内"包括本数在内的规定，这里规定的违反治安管理行为的追诉时效为六个月。

● 实践中需要注意的问题

实践中需要注意的是，这一规定为法律条文和适用提供了明确指导，有助于维护法律的稳定性和统一性。公安机关及其人民警察在实践中，应当严格按照这一规定适用，以确保法律的正确实施。如本法第二十三条第三项规定的"七十周岁以上"不执行拘留的规定时，根据"以上"包括本数的规定，在年龄计算时应包含生日当天。

● 相关规定

《中华人民共和国民法典》第一千二百五十九条

第一百四十四条　本法自 2026 年 1 月 1 日起施行。

● 条文主旨

本条是关于本法生效日期的规定。

● 立法背景

1. 2005 年《治安管理处罚法》的规定。第一百一十九条规定："本法自 2006 年 3 月 1 日起施行。1986 年 9 月 5 日公布、1994 年 5 月 12 日修订公布的

《中华人民共和国治安管理处罚条例》同时废止。"

一是规定了 2005 年《治安管理处罚法》的具体生效日期。关于法律的实施时间，《立法法》有明确规定。《立法法》第六十一条规定："法律应当明确规定施行日期。"法律的施行时间及生效时间，是法律效力的起点。一部法律何时开始生效，一般是由该法律的具体性质和实际需要决定的，我国立法实践中通常有两种做法：一种是法律公布的时间与法律生效的时间是一致的，也就是说，法律自公布之日起施行。另一种是法律公布的时间与法律生效的时间不一致，即法律公布后经过一段时间后才生效，其目的是给法律的实施以必要的准备时间。本条即采用这种做法。二是规定了 2005 年《治安管理处罚法》施行前全国人大常委会制定的《治安管理处罚条例》自本法开始施行之日起予以废止，不再有效。原《治安管理处罚条例》于 1986 年 9 月 5 日经第六届全国人大常委会第十七次会议通过，1994 年 5 月 12 日第八届全国人大常委会第七次会议修改。随着我国社会、经济的不断发展，社会治安出现了许多新的情况和问题。原《治安管理处罚条例》有关违反治安管理的行为、处罚种类和处罚幅度、处罚程序等方面的规定都有待完善，以适应社会治安形势发展的需要。按照立法技术规范，修订的法律如果法律名称变更的，需要明确规定原相关法律停止施行。从立法实践的情况看，对类似情况，绝大多数法律都采取了明示废止的方式。

2. 2025 年修订《治安管理处罚法》对该条作了以下修改：第一，规定了 2025 年修订后《治安管理处罚法》的具体生效日期。2025 年修订《治安管理处罚法》按照立法技术规范重新规定了本法的施行日期，将 2025 年修订后《治安管理处罚法》的施行日期确定为 2026 年 1 月 1 日。从修订通过到实施留了 6 个多月的准备期，主要是考虑到：一是，2025 年修订《治安管理处罚法》对 2005 年《治安管理处罚法》作了较大幅度修改，既有新增加违法行为、执法程序的规定，也有对原有违法行为、执法程序规定的进一步完善，涉及社会层面的内容较多，人民群众需要有一段时间知悉和了解，需要做好宣传、解读工作。二是，2025 年修订《治安管理处罚法》增加了许多新规定，有的规定较为原则，有关方面需要修改或制定与本法配套的行政执法规章制度，细化本法的有关规定，将本法切实落到实处。第二，删去"1986 年 9 月 5 日公布、1994 年 5 月 12 日修订公布的《中华人民共和国治安管理处罚条例》同时废止"的规定。1986 年通过的《治安管理处罚条例》是 2005 年制定《治安管理处罚法》时废止的，这次修订《治安管理处罚法》没有必要再写对该条例的废止。

条文释义

法律的施行日期，即法律的生效时间，是法律效力的起点，是指法律何时开始生效，以及法律对于其生效前的事件或者行为是否具有溯及力的问题，是任何一部法律都要涉及的问题，是一部法律的重要组成部分。

本条包含以下几个方面的内容：

第一，法律的施行时间。目前，我国法律生效的时间一般都单独写一条，放在附则里作为最后一条。没有附则的法律，施行时间放在法律的最后一条中规定。法律施行的时间是根据某法律的具体性质和实际情况及需要决定的，实践中通常有以下几种做法：一是，法律公布后并不立即生效施行，经过一定时间后才开始施行，法律中明确规定生效施行的日期。我国的大多数法律采取该种方式，本次修订《治安管理处罚法》也是采取这种方式。二是，法律明确规定从其公布之日起生效施行。这种表示方法也有很多，如 2024 年修订的《国务院组织法》第二十条规定"本法自公布之日起施行"。但法律何时公布，根据我国《宪法》和《立法法》关于法律由国家主席公布的规定，是由国家主席签署主席令予以公布。目前，国家主席一般都是于全国人大或者全国人大常委会通过法律当天签署主席令公布法律，同时在主席令中再次明确法律生效施行的日期。三是，法律的施行时间以另一法律的施行为条件。例如，1986年 12 月 2 日第六届全国人大常委会第十八次会议通过的《企业破产法（试行）》（已失效），该法第四十三条规定："本法自全民所有制工业企业法实施满三个月之日起试行……"这样的法律施行日期，在党的十一届三中全会以后我国法治建设刚刚恢复的时期多一些，在中国特色社会主义法律体系已经形成的今天，这样的情况就不多了。四是，比照其他法律确定本法的生效时间。例如，1982 年 2 月 21 日公布的《外国企业所得税法施行细则》（已失效）第五十条规定："本细则以《中华人民共和国外国企业所得税法》的公布施行日期为施行日期。"《外国企业所得税法》（已失效）第十九条规定："本法自一九八二年一月一日起施行。"也就是说，《外国企业所得税法施行细则》于 1982 年 2 月 21 日公布，但却于 1982 年 1 月 1 日开始施行。五是，法律公布后先予以试行或者暂行，而后由立法部门加以补充修改，再通过为正式法律，公布施行，在试行期间也具有约束力。例如，1982 年五届全国人大常委会第二十五次会议通过的《食品卫生法（试行）》（已失效）第四十五条第一款规定："本法自一九八三年七月一日起试行。"经过 12 年的试行，在 1995 年八届全国人大常委会第十六次会议上通过了正式的《食品卫生法》（已失效）。此外，国外有的法律曾规定自法律文件到达之日起生效，一般是在通信、交通极其不便的情况下采取此种方式。法律文件到达之日并非指法律文件的实际到达日，而是法律所确定的一定日期。例如，1804年《法国民法典》规定，在首都，自公布的次日生效；外地则按距发布地的距离计算，每一百公里增加一天。这种方式在现代社会已经很少见了。

有意见认为前两种施行时间是确定的实施时间，立法应明确确定施行时间。为此，《立法法》第六十一条规定："法律应当明确规定施行日期。"只有明确了施行时间，才能做好准备，使法律进入实施状态，使其得到执行、适用和遵守。如果没有明确施行时间，法律就难以进入实施状态，难以发挥应有的调整、规范社会关系的作用。

修改后法律的生效时间由修改法律的形式决定。目前，我国立法实践中修改法律的形式主要有以下三种：一是以修正案的形式，即通过一个单独的修正案文本对法律作出修改，如修改《刑法》等采用修正案形式；二是以修正的方式，即通过一个关于修改法律的决定对法律作出修改，如修改《刑事诉讼法》等采用修正形式；三是以修订的形式，即直接对法律进行全面修改并代替原法律文本，如修改《反洗钱法》等采用修订形式。采用修正形式修改的法律由于只涉及部分条文的修改，一般不改变原法律的施行日期，只规定修正案或者修改法律的决定的施行日期，该施行日期仅对修改的部分适用，未修改的部分仍然适用原法律规定的施行日期；采用修订形式修改的法律，由于修改的内容较多，涉及法律原则、制度的修改，一般是重新规定法律施行日期。

2025年对《治安管理处罚法》进行修改采取的是修订的方式，因此重新规定了法律的施行日期。2025年《治安管理处罚法》于2025年6月27日修订通过，并于同日经中华人民共和国主席令予以公布，距离2026年1月1日生效有6个多月的时间。在这段准备期内，有关部门、地方和单位应当做好施行前的准备工作：一是本法新增加规定的一些制度措施和新增加一些违法行为，需要进一步作出具体配套规定和法律适用标准的，有关部门应当抓紧制定有关的配套规章制度，细化本法的有关规定，将本法切实落到实处；二是修改涉及本法的相关处罚文书模板等，或者在公安机关办案系统中嵌入新文书模板，自动关联修订后的法律条款，以保障按照修订后的《治安管理处罚法》的规定实施；三是为一线民警配备便携式执法记录仪，确保当场扣押、一人执法等场景的录音录像全覆盖；四是加强对从事或者参与治安管理工作的部门、单位、人员的培训，使其充分了解、学习、掌握法律的各项规定和精神，建立健全有关制度和工作机制，加深对条文的理解，提高业务能力，在工作中贯彻落实好法律规定的相关制度；五是做好本法的宣传解读工作，使社会公众增加对本法的了解。通过以上工作，确保执法规范、技术支撑到位、公众知晓，实现法律效果与社会效果的统一。

第二，法的溯及力。法的溯及力是关于法是否有溯及既往的效力的问题，即法对它生效前所发生的事件和行为是否适用的问题，适用即有溯及力，不适用即没有溯及力。

法的溯及力是法的效力的一个重要方面。法作为社会的行为规范，通过对违反者的惩戒来促使人们遵守执行。人们之所以对自己的违法行为承担不利后果，接受惩戒，就是因为事先已经知道或者应当知道哪些行为是法律允许的，哪些行为是法律不允许的，可见法律对人们的行为起指导和警示作用不能要求人们遵守还没有制定出来的法律，法只对其生效后的人们的行为起规范作用。如果允许法律具有溯及力，人们就无法知道自己的哪些行为将要受到惩罚，就会没有安全感，也没有行为的自由。因此，"法不溯及既往"是一项基本的法治原则，也是世界上大多数国家通行的原则。在我国，"法无溯及力"适用于民事、刑事、行政等方面的立法，包括本法。无论是法律、行政法规、地方性法规、自治条例和单行条例还是规章，不论其效力等级是高还是低，都没有溯及既往的效力。

但是，法不溯及既往原则存在例外。对于法不溯及既往原则来说，主要是从轻例外，即当新的法律规定减轻行为人的责任或增加公民的权利时，作为法律不溯及既往原则的一种例外，新法可以溯及既往。我国《立法法》第一百零四条规定："法律、行政法规、地方性法规、自治条例和单行条例、规章不溯及既往，但为了更好地保护公民、法人和其他组织的权利和利益而作的特别规定除外。"这里规定的"公民、法人和其他组织"是指法律法规、规章等在具体事件中所直接指向的个别公民、法人和其他组织，是法律法规、规章等特定的调整对象，不是泛指，不是说为了保护多数人的利益而使法律法规规章等具有溯及力。

从轻例外通常适用于公法领域，如在刑法的溯及力问题上，各国普遍采取从轻原则。我国《刑法》第十二条第一款规定了"从旧兼从轻"的原则："中华人民共和国成立以后本法施行以前的行为，如果当时的法律不认为是犯罪的，适用当时的法律；如果当时的法律认为是犯罪的，依照本法总则第四章第八节的规定应当追诉的，按照当时的法律追究刑事责任，但是如果本法不认为是犯罪或者处刑较轻的，适用本法。"也就是对犯罪行为原则上应当适用行为时的法律规定，但如果适用新的法律规定对犯罪人更为有利、处罚更轻应适用新的法律规定。这一原则体现了法律的公平性，也符合罪刑法定原则的基本要求。

● 相关规定

《中华人民共和国立法法》第六十一条、第一百零四条；《中华人民共和国刑法》第十二条

附 录

中华人民共和国主席令

第四十九号

《中华人民共和国治安管理处罚法》已由中华人民共和国第十四届全国人民代表大会常务委员会第十六次会议于 2025 年 6 月 27 日修订通过，现予公布，自 2026 年 1 月 1 日起施行。

中华人民共和国主席　习近平

2025 年 6 月 27 日

中华人民共和国治安管理处罚法

（2005年8月28日第十届全国人民代表大会常务委员会第十七次会议通过　根据2012年10月26日第十一届全国人民代表大会常务委员会第二十九次会议《关于修改〈中华人民共和国治安管理处罚法〉的决定》修正　2025年6月27日第十四届全国人民代表大会常务委员会第十六次会议修订）

目　　录

第一章　总　　则
第二章　处罚的种类和适用
第三章　违反治安管理的行为和处罚
　　第一节　扰乱公共秩序的行为和处罚
　　第二节　妨害公共安全的行为和处罚
　　第三节　侵犯人身权利、财产权利的行为和处罚
　　第四节　妨害社会管理的行为和处罚
第四章　处罚程序
　　第一节　调　　查
　　第二节　决　　定
　　第三节　执　　行
第五章　执法监督
第六章　附　　则

第一章　总　　则

第一条　为了维护社会治安秩序，保障公共安全，保护公民、法人和其他组织的合法权益，规范和保障公安机关及其人民警察依法履行治安管理职责，根据宪法，制定本法。

第二条　治安管理工作坚持中国共产党的领导，坚持综合治理。

各级人民政府应当加强社会治安综合治理，采取有效措施，预防和化解社会矛盾纠纷，增进社会和谐，维护社会稳定。

第三条 扰乱公共秩序，妨害公共安全，侵犯人身权利、财产权利，妨害社会管理，具有社会危害性，依照《中华人民共和国刑法》的规定构成犯罪的，依法追究刑事责任；尚不够刑事处罚的，由公安机关依照本法给予治安管理处罚。

第四条 治安管理处罚的程序，适用本法的规定；本法没有规定的，适用《中华人民共和国行政处罚法》、《中华人民共和国行政强制法》的有关规定。

第五条 在中华人民共和国领域内发生的违反治安管理行为，除法律有特别规定的外，适用本法。

在中华人民共和国船舶和航空器内发生的违反治安管理行为，除法律有特别规定的外，适用本法。

在外国船舶和航空器内发生的违反治安管理行为，依照中华人民共和国缔结或者参加的国际条约，中华人民共和国行使管辖权的，适用本法。

第六条 治安管理处罚必须以事实为依据，与违反治安管理的事实、性质、情节以及社会危害程度相当。

实施治安管理处罚，应当公开、公正，尊重和保障人权，保护公民的人格尊严。

办理治安案件应当坚持教育与处罚相结合的原则，充分释法说理，教育公民、法人或者其他组织自觉守法。

第七条 国务院公安部门负责全国的治安管理工作。县级以上地方各级人民政府公安机关负责本行政区域内的治安管理工作。

治安案件的管辖由国务院公安部门规定。

第八条 违反治安管理行为对他人造成损害的，除依照本法给予治安管理处罚外，行为人或者其监护人还应当依法承担民事责任。

违反治安管理行为构成犯罪，应当依法追究刑事责任的，不得以治安管理处罚代替刑事处罚。

第九条 对于因民间纠纷引起的打架斗殴或者损毁他人财物等违反治安管理行为，情节较轻的，公安机关可以调解处理。

调解处理治安案件，应当查明事实，并遵循合法、公正、自愿、及时的原则，注重教育和疏导，促进化解矛盾纠纷。

经公安机关调解，当事人达成协议的，不予处罚。经调解未达成协议或者达成协议后不履行的，公安机关应当依照本法的规定对违反治安管理行为作出处理，并告知当事人可以就民事争议依法向人民法院提起民事诉讼。

对属于第一款规定的调解范围的治安案件，公安机关作出处理决定前，当事人自行和解或者经人民调解委员会调解达成协议并履行，书面申请经公安机关认可的，不予处罚。

第二章　处罚的种类和适用

第十条　治安管理处罚的种类分为：

（一）警告；

（二）罚款；

（三）行政拘留；

（四）吊销公安机关发放的许可证件。

对违反治安管理的外国人，可以附加适用限期出境或者驱逐出境。

第十一条　办理治安案件所查获的毒品、淫秽物品等违禁品，赌具、赌资，吸食、注射毒品的用具以及直接用于实施违反治安管理行为的本人所有的工具，应当收缴，按照规定处理。

违反治安管理所得的财物，追缴退还被侵害人；没有被侵害人的，登记造册，公开拍卖或者按照国家有关规定处理，所得款项上缴国库。

第十二条　已满十四周岁不满十八周岁的人违反治安管理的，从轻或者减轻处罚；不满十四周岁的人违反治安管理的，不予处罚，但是应当责令其监护人严加管教。

第十三条　精神病人、智力残疾人在不能辨认或者不能控制自己行为的时候违反治安管理的，不予处罚，但是应当责令其监护人加强看护管理和治疗。间歇性的精神病人在精神正常的时候违反治安管理的，应当给予处罚。尚未完全丧失辨认或者控制自己行为能力的精神病人、智力残疾人违反治安管理的，应当给予处罚，但是可以从轻或者减轻处罚。

第十四条　盲人或者又聋又哑的人违反治安管理的，可以从轻、减轻或者不予处罚。

第十五条 醉酒的人违反治安管理的，应当给予处罚。

醉酒的人在醉酒状态中，对本人有危险或者对他人的人身、财产或者公共安全有威胁的，应当对其采取保护性措施约束至酒醒。

第十六条 有两种以上违反治安管理行为的，分别决定，合并执行处罚。行政拘留处罚合并执行的，最长不超过二十日。

第十七条 共同违反治安管理的，根据行为人在违反治安管理行为中所起的作用，分别处罚。

教唆、胁迫、诱骗他人违反治安管理的，按照其教唆、胁迫、诱骗的行为处罚。

第十八条 单位违反治安管理的，对其直接负责的主管人员和其他直接责任人员依照本法的规定处罚。其他法律、行政法规对同一行为规定给予单位处罚的，依照其规定处罚。

第十九条 为了免受正在进行的不法侵害而采取的制止行为，造成损害的，不属于违反治安管理行为，不受处罚；制止行为明显超过必要限度，造成较大损害的，依法给予处罚，但是应当减轻处罚；情节较轻的，不予处罚。

第二十条 违反治安管理有下列情形之一的，从轻、减轻或者不予处罚：

（一）情节轻微的；

（二）主动消除或者减轻违法后果的；

（三）取得被侵害人谅解的；

（四）出于他人胁迫或者诱骗的；

（五）主动投案，向公安机关如实陈述自己的违法行为的；

（六）有立功表现的。

第二十一条 违反治安管理行为人自愿向公安机关如实陈述自己的违法行为，承认违法事实，愿意接受处罚的，可以依法从宽处理。

第二十二条 违反治安管理有下列情形之一的，从重处罚：

（一）有较严重后果的；

（二）教唆、胁迫、诱骗他人违反治安管理的；

（三）对报案人、控告人、举报人、证人打击报复的；

（四）一年以内曾受过治安管理处罚的。

第二十三条 违反治安管理行为人有下列情形之一，依照本法应当给予行政拘留处罚的，不执行行政拘留处罚：

（一）已满十四周岁不满十六周岁的；

（二）已满十六周岁不满十八周岁，初次违反治安管理的；

（三）七十周岁以上的；

（四）怀孕或者哺乳自己不满一周岁婴儿的。

前款第一项、第二项、第三项规定的行为人违反治安管理情节严重、影响恶劣的，或者第一项、第三项规定的行为人在一年以内二次以上违反治安管理的，不受前款规定的限制。

第二十四条 对依照本法第十二条规定不予处罚或者依照本法第二十三条规定不执行行政拘留处罚的未成年人，公安机关依照《中华人民共和国预防未成年人犯罪法》的规定采取相应矫治教育等措施。

第二十五条 违反治安管理行为在六个月以内没有被公安机关发现的，不再处罚。

前款规定的期限，从违反治安管理行为发生之日起计算；违反治安管理行为有连续或者继续状态的，从行为终了之日起计算。

第三章 违反治安管理的行为和处罚

第一节 扰乱公共秩序的行为和处罚

第二十六条 有下列行为之一的，处警告或者五百元以下罚款；情节较重的，处五日以上十日以下拘留，可以并处一千元以下罚款：

（一）扰乱机关、团体、企业、事业单位秩序，致使工作、生产、营业、医疗、教学、科研不能正常进行，尚未造成严重损失的；

（二）扰乱车站、港口、码头、机场、商场、公园、展览馆或者其他公共场所秩序的；

（三）扰乱公共汽车、电车、城市轨道交通车辆、火车、船舶、航空器或者其他公共交通工具上的秩序的；

（四）非法拦截或者强登、扒乘机动车、船舶、航空器以及其他交通工具，影响交通工具正常行驶的；

（五）破坏依法进行的选举秩序的。

聚众实施前款行为的，对首要分子处十日以上十五日以下拘留，可以并处二千元以下罚款。

第二十七条　在法律、行政法规规定的国家考试中，有下列行为之一，扰乱考试秩序的，处违法所得一倍以上五倍以下罚款，没有违法所得或者违法所得不足一千元的，处一千元以上三千元以下罚款；情节较重的，处五日以上十五日以下拘留：

（一）组织作弊的；

（二）为他人组织作弊提供作弊器材或者其他帮助的；

（三）为实施考试作弊行为，向他人非法出售、提供考试试题、答案的；

（四）代替他人或者让他人代替自己参加考试的。

第二十八条　有下列行为之一，扰乱体育、文化等大型群众性活动秩序的，处警告或者五百元以下罚款；情节严重的，处五日以上十日以下拘留，可以并处一千元以下罚款：

（一）强行进入场内的；

（二）违反规定，在场内燃放烟花爆竹或者其他物品的；

（三）展示侮辱性标语、条幅等物品的；

（四）围攻裁判员、运动员或者其他工作人员的；

（五）向场内投掷杂物，不听制止的；

（六）扰乱大型群众性活动秩序的其他行为。

因扰乱体育比赛、文艺演出活动秩序被处以拘留处罚的，可以同时责令其六个月至一年以内不得进入体育场馆、演出场馆观看同类比赛、演出；违反规定进入体育场馆、演出场馆的，强行带离现场，可以处五日以下拘留或者一千元以下罚款。

第二十九条　有下列行为之一的，处五日以上十日以下拘留，可以并处一千元以下罚款；情节较轻的，处五日以下拘留或者一千元以下罚款：

（一）故意散布谣言，谎报险情、疫情、灾情、警情或者以其他方法故意扰乱公共秩序的；

（二）投放虚假的爆炸性、毒害性、放射性、腐蚀性物质或者传染病病原体等危险物质扰乱公共秩序的；

（三）扬言实施放火、爆炸、投放危险物质等危害公共安全犯罪行为扰乱公共秩序的。

第三十条 有下列行为之一的，处五日以上十日以下拘留或者一千元以下罚款；情节较重的，处十日以上十五日以下拘留，可以并处二千元以下罚款：

（一）结伙斗殴或者随意殴打他人的；

（二）追逐、拦截他人的；

（三）强拿硬要或者任意损毁、占用公私财物的；

（四）其他无故侵扰他人、扰乱社会秩序的寻衅滋事行为。

第三十一条 有下列行为之一的，处十日以上十五日以下拘留，可以并处二千元以下罚款；情节较轻的，处五日以上十日以下拘留，可以并处一千元以下罚款：

（一）组织、教唆、胁迫、诱骗、煽动他人从事邪教活动、会道门活动、非法的宗教活动或者利用邪教组织、会道门、迷信活动，扰乱社会秩序、损害他人身体健康的；

（二）冒用宗教、气功名义进行扰乱社会秩序、损害他人身体健康活动的；

（三）制作、传播宣扬邪教、会道门内容的物品、信息、资料的。

第三十二条 违反国家规定，有下列行为之一的，处五日以上十日以下拘留；情节严重的，处十日以上十五日以下拘留：

（一）故意干扰无线电业务正常进行的；

（二）对正常运行的无线电台（站）产生有害干扰，经有关主管部门指出后，拒不采取有效措施消除的；

（三）未经批准设置无线电广播电台、通信基站等无线电台（站）的，或者非法使用、占用无线电频率，从事违法活动的。

第三十三条 有下列行为之一，造成危害的，处五日以下拘留；情节较重的，处五日以上十五日以下拘留：

（一）违反国家规定，侵入计算机信息系统或者采用其他技术手段，获取计算机信息系统中存储、处理或者传输的数据，或者对计算机信息系统实施非法控制的；

（二）违反国家规定，对计算机信息系统功能进行删除、修改、增加、干扰的；

（三）违反国家规定，对计算机信息系统中存储、处理、传输的数据和应用程序进行删除、修改、增加的；

（四）故意制作、传播计算机病毒等破坏性程序的；

（五）提供专门用于侵入、非法控制计算机信息系统的程序、工具，或者明知他人实施侵入、非法控制计算机信息系统的违法犯罪行为而为其提供程序、工具的。

第三十四条 组织、领导传销活动的，处十日以上十五日以下拘留；情节较轻的，处五日以上十日以下拘留。

胁迫、诱骗他人参加传销活动的，处五日以上十日以下拘留；情节较重的，处十日以上十五日以下拘留。

第三十五条 有下列行为之一的，处五日以上十日以下拘留或者一千元以上三千元以下罚款；情节较重的，处十日以上十五日以下拘留，可以并处五千元以下罚款：

（一）在国家举行庆祝、纪念、缅怀、公祭等重要活动的场所及周边管控区域，故意从事与活动主题和氛围相违背的行为，不听劝阻，造成不良社会影响的；

（二）在英雄烈士纪念设施保护范围内从事有损纪念英雄烈士环境和氛围的活动，不听劝阻的，或者侵占、破坏、污损英雄烈士纪念设施的；

（三）以侮辱、诽谤或者其他方式侵害英雄烈士的姓名、肖像、名誉、荣誉，损害社会公共利益的；

（四）亵渎、否定英雄烈士事迹和精神，或者制作、传播、散布宣扬、美化侵略战争、侵略行为的言论或者图片、音视频等物品，扰乱公共秩序的；

（五）在公共场所或者强制他人在公共场所穿着、佩戴宣扬、美化侵略战争、侵略行为的服饰、标志，不听劝阻，造成不良社会影响的。

第二节　妨害公共安全的行为和处罚

第三十六条 违反国家规定，制造、买卖、储存、运输、邮寄、携带、使用、提供、处置爆炸性、毒害性、放射性、腐蚀性物质或者传染病病原体等危险物质的，处十日以上十五日以下拘留；情节较轻的，处五日以上十日以下拘留。

第三十七条　爆炸性、毒害性、放射性、腐蚀性物质或者传染病病原体等危险物质被盗、被抢或者丢失，未按规定报告的，处五日以下拘留；故意隐瞒不报的，处五日以上十日以下拘留。

第三十八条　非法携带枪支、弹药或者弩、匕首等国家规定的管制器具的，处五日以下拘留，可以并处一千元以下罚款；情节较轻的，处警告或者五百元以下罚款。

非法携带枪支、弹药或者弩、匕首等国家规定的管制器具进入公共场所或者公共交通工具的，处五日以上十日以下拘留，可以并处一千元以下罚款。

第三十九条　有下列行为之一的，处十日以上十五日以下拘留；情节较轻的，处五日以下拘留：

（一）盗窃、损毁油气管道设施、电力电信设施、广播电视设施、水利工程设施、公共供水设施、公路及附属设施或者水文监测、测量、气象测报、生态环境监测、地质监测、地震监测等公共设施，危及公共安全的；

（二）移动、损毁国家边境的界碑、界桩以及其他边境标志、边境设施或者领土、领海基点标志设施的；

（三）非法进行影响国（边）界线走向的活动或者修建有碍国（边）境管理的设施的。

第四十条　盗窃、损坏、擅自移动使用中的航空设施，或者强行进入航空器驾驶舱的，处十日以上十五日以下拘留。

在使用中的航空器上使用可能影响导航系统正常功能的器具、工具，不听劝阻的，处五日以下拘留或者一千元以下罚款。

盗窃、损坏、擅自移动使用中的其他公共交通工具设施、设备，或者以抢控驾驶操纵装置、拉扯、殴打驾驶人员等方式，干扰公共交通工具正常行驶的，处五日以下拘留或者一千元以下罚款；情节较重的，处五日以上十日以下拘留。

第四十一条　有下列行为之一的，处五日以上十日以下拘留，可以并处一千元以下罚款；情节较轻的，处五日以下拘留或者一千元以下罚款：

（一）盗窃、损毁、擅自移动铁路、城市轨道交通设施、设备、机车车辆配件或者安全标志的；

（二）在铁路、城市轨道交通线路上放置障碍物，或者故意向列车投掷物品的；

（三）在铁路、城市轨道交通线路、桥梁、隧道、涵洞处挖掘坑穴、采石取沙的；

（四）在铁路、城市轨道交通线路上私设道口或者平交过道的。

第四十二条 擅自进入铁路、城市轨道交通防护网或者火车、城市轨道交通列车来临时在铁路、城市轨道交通线路上行走坐卧，抢越铁路、城市轨道，影响行车安全的，处警告或者五百元以下罚款。

第四十三条 有下列行为之一的，处五日以下拘留或者一千元以下罚款；情节严重的，处十日以上十五日以下拘留，可以并处一千元以下罚款：

（一）未经批准，安装、使用电网的，或者安装、使用电网不符合安全规定的；

（二）在车辆、行人通行的地方施工，对沟井坎穴不设覆盖物、防围和警示标志的，或者故意损毁、移动覆盖物、防围和警示标志的；

（三）盗窃、损毁路面井盖、照明等公共设施的；

（四）违反有关法律法规规定，升放携带明火的升空物体，有发生火灾事故危险，不听劝阻的；

（五）从建筑物或者其他高空抛掷物品，有危害他人人身安全、公私财产安全或者公共安全危险的。

第四十四条 举办体育、文化等大型群众性活动，违反有关规定，有发生安全事故危险，经公安机关责令改正而拒不改正或者无法改正的，责令停止活动，立即疏散；对其直接负责的主管人员和其他直接责任人员处五日以上十日以下拘留，并处一千元以上三千元以下罚款；情节较重的，处十日以上十五日以下拘留，并处三千元以上五千元以下罚款，可以同时责令六个月至一年以内不得举办大型群众性活动。

第四十五条 旅馆、饭店、影剧院、娱乐场、体育场馆、展览馆或者其他供社会公众活动的场所违反安全规定，致使该场所有发生安全事故危险，经公安机关责令改正而拒不改正的，对其直接负责的主管人员和其他直接责任人员处五日以下拘留；情节较重的，处五日以上十日以下拘留。

第四十六条 违反有关法律法规关于飞行空域管理规定，飞行民用无人驾驶航空器、航空运动器材，或者升放无人驾驶自由气球、系留气球等升空物体，情节较重的，处五日以上十日以下拘留。

飞行、升放前款规定的物体非法穿越国（边）境的，处十日以上十五日以下拘留。

第三节　侵犯人身权利、财产权利的行为和处罚

第四十七条　有下列行为之一的，处十日以上十五日以下拘留，并处一千元以上二千元以下罚款；情节较轻的，处五日以上十日以下拘留，并处一千元以下罚款：

（一）组织、胁迫、诱骗不满十六周岁的人或者残疾人进行恐怖、残忍表演的；

（二）以暴力、威胁或者其他手段强迫他人劳动的；

（三）非法限制他人人身自由、非法侵入他人住宅或者非法搜查他人身体的。

第四十八条　组织、胁迫未成年人在不适宜未成年人活动的经营场所从事陪酒、陪唱等有偿陪侍活动的，处十日以上十五日以下拘留，并处五千元以下罚款；情节较轻的，处五日以下拘留或者五千元以下罚款。

第四十九条　胁迫、诱骗或者利用他人乞讨的，处十日以上十五日以下拘留，可以并处二千元以下罚款。

反复纠缠、强行讨要或者以其他滋扰他人的方式乞讨的，处五日以下拘留或者警告。

第五十条　有下列行为之一的，处五日以下拘留或者一千元以下罚款；情节较重的，处五日以上十日以下拘留，可以并处一千元以下罚款：

（一）写恐吓信或者以其他方法威胁他人人身安全的；

（二）公然侮辱他人或者捏造事实诽谤他人的；

（三）捏造事实诬告陷害他人，企图使他人受到刑事追究或者受到治安管理处罚的；

（四）对证人及其近亲属进行威胁、侮辱、殴打或者打击报复的；

（五）多次发送淫秽、侮辱、恐吓等信息或者采取滋扰、纠缠、跟踪等方法，干扰他人正常生活的；

（六）偷窥、偷拍、窃听、散布他人隐私的。

有前款第五项规定的滋扰、纠缠、跟踪行为的，除依照前款规定给予处罚外，经公安机关负责人批准，可以责令其一定期限内禁止接触被侵害

人。对违反禁止接触规定的，处五日以上十日以下拘留，可以并处一千元以下罚款。

第五十一条 殴打他人的，或者故意伤害他人身体的，处五日以上十日以下拘留，并处五百元以上一千元以下罚款；情节较轻的，处五日以下拘留或者一千元以下罚款。

有下列情形之一的，处十日以上十五日以下拘留，并处一千元以上二千元以下罚款：

（一）结伙殴打、伤害他人的；

（二）殴打、伤害残疾人、孕妇、不满十四周岁的人或者七十周岁以上的人的；

（三）多次殴打、伤害他人或者一次殴打、伤害多人的。

第五十二条 猥亵他人的，处五日以上十日以下拘留；猥亵精神病人、智力残疾人、不满十四周岁的人或者有其他严重情节的，处十日以上十五日以下拘留。

在公共场所故意裸露身体隐私部位的，处警告或者五百元以下罚款；情节恶劣的，处五日以上十日以下拘留。

第五十三条 有下列行为之一的，处五日以下拘留或者警告；情节较重的，处五日以上十日以下拘留，可以并处一千元以下罚款：

（一）虐待家庭成员，被虐待人或者其监护人要求处理的；

（二）对未成年人、老年人、患病的人、残疾人等负有监护、看护职责的人虐待被监护、看护的人的；

（三）遗弃没有独立生活能力的被扶养人的。

第五十四条 强买强卖商品，强迫他人提供服务或者强迫他人接受服务的，处五日以上十日以下拘留，并处三千元以上五千元以下罚款；情节较轻的，处五日以下拘留或者一千元以下罚款。

第五十五条 煽动民族仇恨、民族歧视，或者在出版物、信息网络中刊载民族歧视、侮辱内容的，处十日以上十五日以下拘留，可以并处三千元以下罚款；情节较轻的，处五日以下拘留或者三千元以下罚款。

第五十六条 违反国家有关规定，向他人出售或者提供个人信息的，处十日以上十五日以下拘留；情节较轻的，处五日以下拘留。

窃取或者以其他方法非法获取个人信息的，依照前款的规定处罚。

第五十七条 冒领、隐匿、毁弃、倒卖、私自开拆或者非法检查他人邮件、快件的，处警告或者一千元以下罚款；情节较重的，处五日以上十日以下拘留。

第五十八条 盗窃、诈骗、哄抢、抢夺或者敲诈勒索的，处五日以上十日以下拘留或者二千元以下罚款；情节较重的，处十日以上十五日以下拘留，可以并处三千元以下罚款。

第五十九条 故意损毁公私财物的，处五日以下拘留或者一千元以下罚款；情节较重的，处五日以上十日以下拘留，可以并处三千元以下罚款。

第六十条 以殴打、侮辱、恐吓等方式实施学生欺凌，违反治安管理的，公安机关应当依照本法、《中华人民共和国预防未成年人犯罪法》的规定，给予治安管理处罚、采取相应矫治教育等措施。

学校违反有关法律法规规定，明知发生严重的学生欺凌或者明知发生其他侵害未成年学生的犯罪，不按规定报告或者处置的，责令改正，对其直接负责的主管人员和其他直接责任人员，建议有关部门依法予以处分。

第四节 妨害社会管理的行为和处罚

第六十一条 有下列行为之一的，处警告或者五百元以下罚款；情节严重的，处五日以上十日以下拘留，可以并处一千元以下罚款：

（一）拒不执行人民政府在紧急状态情况下依法发布的决定、命令的；

（二）阻碍国家机关工作人员依法执行职务的；

（三）阻碍执行紧急任务的消防车、救护车、工程抢险车、警车或者执行上述紧急任务的专用船舶通行的；

（四）强行冲闯公安机关设置的警戒带、警戒区或者检查点的。

阻碍人民警察依法执行职务的，从重处罚。

第六十二条 冒充国家机关工作人员招摇撞骗的，处十日以上十五日以下拘留，可以并处一千元以下罚款；情节较轻的，处五日以上十日以下拘留。

冒充军警人员招摇撞骗的，从重处罚。

盗用、冒用个人、组织的身份、名义或者以其他虚假身份招摇撞骗的，处五日以下拘留或者一千元以下罚款；情节较重的，处五日以上十日以下拘留，可以并处一千元以下罚款。

第六十三条　有下列行为之一的，处十日以上十五日以下拘留，可以并处五千元以下罚款；情节较轻的，处五日以上十日以下拘留，可以并处三千元以下罚款：

（一）伪造、变造或者买卖国家机关、人民团体、企业、事业单位或者其他组织的公文、证件、证明文件、印章的；

（二）出租、出借国家机关、人民团体、企业、事业单位或者其他组织的公文、证件、证明文件、印章供他人非法使用的；

（三）买卖或者使用伪造、变造的国家机关、人民团体、企业、事业单位或者其他组织的公文、证件、证明文件、印章的；

（四）伪造、变造或者倒卖车票、船票、航空客票、文艺演出票、体育比赛入场券或者其他有价票证、凭证的；

（五）伪造、变造船舶户牌，买卖或者使用伪造、变造的船舶户牌，或者涂改船舶发动机号码的。

第六十四条　船舶擅自进入、停靠国家禁止、限制进入的水域或者岛屿的，对船舶负责人及有关责任人员处一千元以上二千元以下罚款；情节严重的，处五日以下拘留，可以并处二千元以下罚款。

第六十五条　有下列行为之一的，处十日以上十五日以下拘留，可以并处五千元以下罚款；情节较轻的，处五日以上十日以下拘留或者一千元以上三千元以下罚款：

（一）违反国家规定，未经注册登记，以社会团体、基金会、社会服务机构等社会组织名义进行活动，被取缔后，仍进行活动的；

（二）被依法撤销登记或者吊销登记证书的社会团体、基金会、社会服务机构等社会组织，仍以原社会组织名义进行活动的；

（三）未经许可，擅自经营按照国家规定需要由公安机关许可的行业的。

有前款第三项行为的，予以取缔。被取缔一年以内又实施的，处十日以上十五日以下拘留，并处三千元以上五千元以下罚款。

取得公安机关许可的经营者，违反国家有关管理规定，情节严重的，公安机关可以吊销许可证件。

第六十六条　煽动、策划非法集会、游行、示威，不听劝阻的，处十日以上十五日以下拘留。

第六十七条　从事旅馆业经营活动不按规定登记住宿人员姓名、有效身份证件种类和号码等信息的，或者为身份不明、拒绝登记身份信息的人提供住宿服务的，对其直接负责的主管人员和其他直接责任人员处五百元以上一千元以下罚款；情节较轻的，处警告或者五百元以下罚款。

实施前款行为，妨害反恐怖主义工作进行，违反《中华人民共和国反恐怖主义法》规定的，依照其规定处罚。

从事旅馆业经营活动有下列行为之一的，对其直接负责的主管人员和其他直接责任人员处一千元以上三千元以下罚款；情节严重的，处五日以下拘留，可以并处三千元以上五千元以下罚款：

（一）明知住宿人员违反规定将危险物质带入住宿区域，不予制止的；

（二）明知住宿人员是犯罪嫌疑人员或者被公安机关通缉的人员，不向公安机关报告的；

（三）明知住宿人员利用旅馆实施犯罪活动，不向公安机关报告的。

第六十八条　房屋出租人将房屋出租给身份不明、拒绝登记身份信息的人的，或者不按规定登记承租人姓名、有效身份证件种类和号码等信息的，处五百元以上一千元以下罚款；情节较轻的，处警告或者五百元以下罚款。

房屋出租人明知承租人利用出租房屋实施犯罪活动，不向公安机关报告的，处一千元以上三千元以下罚款；情节严重的，处五日以下拘留，可以并处三千元以上五千元以下罚款。

第六十九条　娱乐场所和公章刻制、机动车修理、报废机动车回收行业经营者违反法律法规关于要求登记信息的规定，不登记信息的，处警告；拒不改正或者造成后果的，对其直接负责的主管人员和其他直接责任人员处五日以下拘留或者三千元以下罚款。

第七十条　非法安装、使用、提供窃听、窃照专用器材的，处五日以下拘留或者一千元以上三千元以下罚款；情节较重的，处五日以上十日以下拘留，并处三千元以上五千元以下罚款。

第七十一条　有下列行为之一的，处一千元以上三千元以下罚款；情节严重的，处五日以上十日以下拘留，并处一千元以上三千元以下罚款：

（一）典当业工作人员承接典当的物品，不查验有关证明、不履行登记手续的，或者违反国家规定对明知是违法犯罪嫌疑人、赃物而不向公安机关报告的；

（二）违反国家规定，收购铁路、油田、供电、电信、矿山、水利、测量和城市公用设施等废旧专用器材的；

（三）收购公安机关通报寻查的赃物或者有赃物嫌疑的物品的；

（四）收购国家禁止收购的其他物品的。

第七十二条 有下列行为之一的，处五日以上十日以下拘留，可以并处一千元以下罚款；情节较轻的，处警告或者一千元以下罚款：

（一）隐藏、转移、变卖、擅自使用或者损毁行政执法机关依法扣押、查封、冻结、扣留、先行登记保存的财物的；

（二）伪造、隐匿、毁灭证据或者提供虚假证言、谎报案情，影响行政执法机关依法办案的；

（三）明知是赃物而窝藏、转移或者代为销售的；

（四）被依法执行管制、剥夺政治权利或者在缓刑、暂予监外执行中的罪犯或者被依法采取刑事强制措施的人，有违反法律、行政法规或者国务院有关部门的监督管理规定的行为的。

第七十三条 有下列行为之一的，处警告或者一千元以下罚款；情节较重的，处五日以上十日以下拘留，可以并处一千元以下罚款：

（一）违反人民法院刑事判决中的禁止令或者职业禁止决定的；

（二）拒不执行公安机关依照《中华人民共和国反家庭暴力法》、《中华人民共和国妇女权益保障法》出具的禁止家庭暴力告诫书、禁止性骚扰告诫书的；

（三）违反监察机关在监察工作中、司法机关在刑事诉讼中依法采取的禁止接触证人、鉴定人、被害人及其近亲属保护措施的。

第七十四条 依法被关押的违法行为人脱逃的，处十日以上十五日以下拘留；情节较轻的，处五日以上十日以下拘留。

第七十五条 有下列行为之一的，处警告或者五百元以下罚款；情节较重的，处五日以上十日以下拘留，并处五百元以上一千元以下罚款：

（一）刻划、涂污或者以其他方式故意损坏国家保护的文物、名胜古迹的；

（二）违反国家规定，在文物保护单位附近进行爆破、钻探、挖掘等活动，危及文物安全的。

第七十六条 有下列行为之一的，处一千元以上二千元以下罚款；情节严重的，处十日以上十五日以下拘留，可以并处二千元以下罚款：

(一) 偷开他人机动车的；

(二) 未取得驾驶证驾驶或者偷开他人航空器、机动船舶的。

第七十七条 有下列行为之一的，处五日以上十日以下拘留；情节严重的，处十日以上十五日以下拘留，可以并处二千元以下罚款：

(一) 故意破坏、污损他人坟墓或者毁坏、丢弃他人尸骨、骨灰的；

(二) 在公共场所停放尸体或者因停放尸体影响他人正常生活、工作秩序，不听劝阻的。

第七十八条 卖淫、嫖娼的，处十日以上十五日以下拘留，可以并处五千元以下罚款；情节较轻的，处五日以下拘留或者一千元以下罚款。

在公共场所拉客招嫖的，处五日以下拘留或者一千元以下罚款。

第七十九条 引诱、容留、介绍他人卖淫的，处十日以上十五日以下拘留，可以并处五千元以下罚款；情节较轻的，处五日以下拘留或者一千元以上二千元以下罚款。

第八十条 制作、运输、复制、出售、出租淫秽的书刊、图片、影片、音像制品等淫秽物品或者利用信息网络、电话以及其他通讯工具传播淫秽信息的，处十日以上十五日以下拘留，可以并处五千元以下罚款；情节较轻的，处五日以下拘留或者一千元以上三千元以下罚款。

前款规定的淫秽物品或者淫秽信息中涉及未成年人的，从重处罚。

第八十一条 有下列行为之一的，处十日以上十五日以下拘留，并处一千元以上二千元以下罚款：

(一) 组织播放淫秽音像的；

(二) 组织或者进行淫秽表演的；

(三) 参与聚众淫乱活动的。

明知他人从事前款活动，为其提供条件的，依照前款的规定处罚。

组织未成年人从事第一款活动的，从重处罚。

第八十二条 以营利为目的，为赌博提供条件的，或者参与赌博赌资较大的，处五日以下拘留或者一千元以下罚款；情节严重的，处十日以上十五日以下拘留，并处一千元以上五千元以下罚款。

第八十三条 有下列行为之一的，处十日以上十五日以下拘留，可以并处五千元以下罚款；情节较轻的，处五日以下拘留或者一千元以下罚款：

(一) 非法种植罂粟不满五百株或者其他少量毒品原植物的；

（二）非法买卖、运输、携带、持有少量未经灭活的罂粟等毒品原植物种子或者幼苗的；

（三）非法运输、买卖、储存、使用少量罂粟壳的。

有前款第一项行为，在成熟前自行铲除的，不予处罚。

第八十四条 有下列行为之一的，处十日以上十五日以下拘留，可以并处三千元以下罚款；情节较轻的，处五日以下拘留或者一千元以下罚款：

（一）非法持有鸦片不满二百克、海洛因或者甲基苯丙胺不满十克或者其他少量毒品的；

（二）向他人提供毒品的；

（三）吸食、注射毒品的；

（四）胁迫、欺骗医务人员开具麻醉药品、精神药品的。

聚众、组织吸食、注射毒品的，对首要分子、组织者依照前款的规定从重处罚。

吸食、注射毒品的，可以同时责令其六个月至一年以内不得进入娱乐场所、不得擅自接触涉及毒品违法犯罪人员。违反规定的，处五日以下拘留或者一千元以下罚款。

第八十五条 引诱、教唆、欺骗或者强迫他人吸食、注射毒品的，处十日以上十五日以下拘留，并处一千元以上五千元以下罚款。

容留他人吸食、注射毒品或者介绍买卖毒品的，处十日以上十五日以下拘留，可以并处三千元以下罚款；情节较轻的，处五日以下拘留或者一千元以下罚款。

第八十六条 违反国家规定，非法生产、经营、购买、运输用于制造毒品的原料、配剂的，处十日以上十五日以下拘留；情节较轻的，处五日以上十日以下拘留。

第八十七条 旅馆业、饮食服务业、文化娱乐业、出租汽车业等单位的人员，在公安机关查处吸毒、赌博、卖淫、嫖娼活动时，为违法犯罪行为人通风报信的，或者以其他方式为上述活动提供条件的，处十日以上十五日以下拘留；情节较轻的，处五日以下拘留或者一千元以上二千元以下罚款。

第八十八条 违反关于社会生活噪声污染防治的法律法规规定，产生社会生活噪声，经基层群众性自治组织、业主委员会、物业服务人、有关部门依法劝阻、调解和处理未能制止，继续干扰他人正常生活、工作和学习的，处五日以下拘留或者一千元以下罚款；情节严重的，处五日以上十日以下拘留，可以并处一千元以下罚款。

第八十九条 饲养动物，干扰他人正常生活的，处警告；警告后不改正的，或者放任动物恐吓他人的，处一千元以下罚款。

违反有关法律、法规、规章规定，出售、饲养烈性犬等危险动物的，处警告；警告后不改正的，或者致使动物伤害他人的，处五日以下拘留或者一千元以下罚款；情节较重的，处五日以上十日以下拘留。

未对动物采取安全措施，致使动物伤害他人的，处一千元以下罚款；情节较重的，处五日以上十日以下拘留。

驱使动物伤害他人的，依照本法第五十一条的规定处罚。

第四章 处罚程序

第一节 调　查

第九十条 公安机关对报案、控告、举报或者违反治安管理行为人主动投案，以及其他国家机关移送的违反治安管理案件，应当立即立案并进行调查；认为不属于违反治安管理行为的，应当告知报案人、控告人、举报人、投案人，并说明理由。

第九十一条 公安机关及其人民警察对治安案件的调查，应当依法进行。严禁刑讯逼供或者采用威胁、引诱、欺骗等非法手段收集证据。

以非法手段收集的证据不得作为处罚的根据。

第九十二条 公安机关办理治安案件，有权向有关单位和个人收集、调取证据。有关单位和个人应当如实提供证据。

公安机关向有关单位和个人收集、调取证据时，应当告知其必须如实提供证据，以及伪造、隐匿、毁灭证据或者提供虚假证言应当承担的法律责任。

第九十三条 在办理刑事案件过程中以及其他执法办案机关在移送案件前依法收集的物证、书证、视听资料、电子数据等证据材料，可以作为治安案件的证据使用。

第九十四条 公安机关及其人民警察在办理治安案件时，对涉及的国家秘密、商业秘密、个人隐私或者个人信息，应当予以保密。

第九十五条　人民警察在办理治安案件过程中，遇有下列情形之一的，应当回避；违反治安管理行为人、被侵害人或者其法定代理人也有权要求他们回避：

（一）是本案当事人或者当事人的近亲属的；

（二）本人或者其近亲属与本案有利害关系的；

（三）与本案当事人有其他关系，可能影响案件公正处理的。

人民警察的回避，由其所属的公安机关决定；公安机关负责人的回避，由上一级公安机关决定。

第九十六条　需要传唤违反治安管理行为人接受调查的，经公安机关办案部门负责人批准，使用传唤证传唤。对现场发现的违反治安管理行为人，人民警察经出示人民警察证，可以口头传唤，但应当在询问笔录中注明。

公安机关应当将传唤的原因和依据告知被传唤人。对无正当理由不接受传唤或者逃避传唤的人，经公安机关办案部门负责人批准，可以强制传唤。

第九十七条　对违反治安管理行为人，公安机关传唤后应当及时询问查证，询问查证的时间不得超过八小时；涉案人数众多、违反治安管理行为人身份不明的，询问查证的时间不得超过十二小时；情况复杂，依照本法规定可能适用行政拘留处罚的，询问查证的时间不得超过二十四小时。在执法办案场所询问违反治安管理行为人，应当全程同步录音录像。

公安机关应当及时将传唤的原因和处所通知被传唤人家属。

询问查证期间，公安机关应当保证违反治安管理行为人的饮食、必要的休息时间等正当需求。

第九十八条　询问笔录应当交被询问人核对；对没有阅读能力的，应当向其宣读。记载有遗漏或者差错的，被询问人可以提出补充或者更正。被询问人确认笔录无误后，应当签名、盖章或者按指印，询问的人民警察也应当在笔录上签名。

被询问人要求就被询问事项自行提供书面材料的，应当准许；必要时，人民警察也可以要求被询问人自行书写。

询问不满十八周岁的违反治安管理行为人，应当通知其父母或者其他监护人到场；其父母或者其他监护人不能到场的，也可以通知其他成年亲属，所在学校、单位、居住地基层组织或者未成年人保护组织的代表等合适成年人到场，并将有关情况记录在案。确实无法通知或者通知后未到场的，应当在笔录中注明。

第九十九条 人民警察询问被侵害人或者其他证人，可以在现场进行，也可以到其所在单位、住处或者其提出的地点进行；必要时，也可以通知其到公安机关提供证言。

人民警察在公安机关以外询问被侵害人或者其他证人，应当出示人民警察证。

询问被侵害人或者其他证人，同时适用本法第九十八条的规定。

第一百条 违反治安管理行为人、被侵害人或者其他证人在异地的，公安机关可以委托异地公安机关代为询问，也可以通过公安机关的视频系统远程询问。

通过远程视频方式询问的，应当向被询问人宣读询问笔录，被询问人确认笔录无误后，询问的人民警察应当在笔录上注明。询问和宣读过程应当全程同步录音录像。

第一百零一条 询问聋哑的违反治安管理行为人、被侵害人或者其他证人，应当有通晓手语等交流方式的人提供帮助，并在笔录上注明。

询问不通晓当地通用的语言文字的违反治安管理行为人、被侵害人或者其他证人，应当配备翻译人员，并在笔录上注明。

第一百零二条 为了查明案件事实，确定违反治安管理行为人、被侵害人的某些特征、伤害情况或者生理状态，需要对其人身进行检查，提取或者采集肖像、指纹信息和血液、尿液等生物样本的，经公安机关办案部门负责人批准后进行。对已经提取、采集的信息或者样本，不得重复提取、采集。提取或者采集被侵害人的信息或者样本，应当征得被侵害人或者其监护人同意。

第一百零三条 公安机关对与违反治安管理行为有关的场所或者违反治安管理行为人的人身、物品可以进行检查。检查时，人民警察不得少于二人，并应当出示人民警察证。

对场所进行检查的，经县级以上人民政府公安机关负责人批准，使用检查证检查；对确有必要立即进行检查的，人民警察经出示人民警察证，可以当场检查，并应当全程同步录音录像。检查公民住所应当出示县级以上人民政府公安机关开具的检查证。

检查妇女的身体，应当由女性工作人员或者医师进行。

第一百零四条 检查的情况应当制作检查笔录，由检查人、被检查人和见证人签名、盖章或者按指印；被检查人不在场或者被检查人、见证人拒绝签名的，人民警察应当在笔录上注明。

第一百零五条 公安机关办理治安案件，对与案件有关的需要作为证据的物品，可以扣押；对被侵害人或者善意第三人合法占有的财产，不得扣押，应当予以登记，但是对其中与案件有关的必须鉴定的物品，可以扣押，鉴定后应当立即解除。对与案件无关的物品，不得扣押。

对扣押的物品，应当会同在场见证人和被扣押物品持有人查点清楚，当场开列清单一式二份，由调查人员、见证人和持有人签名或者盖章，一份交给持有人，另一份附卷备查。

实施扣押前应当报经公安机关负责人批准；因情况紧急或者物品价值不大，当场实施扣押的，人民警察应当及时向其所属公安机关负责人报告，并补办批准手续。公安机关负责人认为不应当扣押的，应当立即解除。当场实施扣押的，应当全程同步录音录像。

对扣押的物品，应当妥善保管，不得挪作他用；对不宜长期保存的物品，按照有关规定处理。经查明与案件无关或者经核实属于被侵害人或者他人合法财产的，应当登记后立即退还；满六个月无人对该财产主张权利或者无法查清权利人的，应当公开拍卖或者按照国家有关规定处理，所得款项上缴国库。

第一百零六条 为了查明案情，需要解决案件中有争议的专门性问题的，应当指派或者聘请具有专门知识的人员进行鉴定；鉴定人鉴定后，应当写出鉴定意见，并且签名。

第一百零七条 为了查明案情，人民警察可以让违反治安管理行为人、被侵害人和其他证人对与违反治安管理行为有关的场所、物品进行辨认，也可以让被侵害人、其他证人对违反治安管理行为人进行辨认，或者让违反治安管理行为人对其他违反治安管理行为人进行辨认。

辨认应当制作辨认笔录，由人民警察和辨认人签名、盖章或者按指印。

第一百零八条 公安机关进行询问、辨认、勘验，实施行政强制措施等调查取证工作时，人民警察不得少于二人。

公安机关在规范设置、严格管理的执法办案场所进行询问、扣押、辨认的，或者进行调解的，可以由一名人民警察进行。

依照前款规定由一名人民警察进行询问、扣押、辨认、调解的，应当全程同步录音录像。未按规定全程同步录音录像或者录音录像资料损毁、丢失的，相关证据不能作为处罚的根据。

第二节 决　　定

第一百零九条　治安管理处罚由县级以上地方人民政府公安机关决定；其中警告、一千元以下的罚款，可以由公安派出所决定。

第一百一十条　对决定给予行政拘留处罚的人，在处罚前已经采取强制措施限制人身自由的时间，应当折抵。限制人身自由一日，折抵行政拘留一日。

第一百一十一条　公安机关查处治安案件，对没有本人陈述，但其他证据能够证明案件事实的，可以作出治安管理处罚决定。但是，只有本人陈述，没有其他证据证明的，不能作出治安管理处罚决定。

第一百一十二条　公安机关作出治安管理处罚决定前，应当告知违反治安管理行为人拟作出治安管理处罚的内容及事实、理由、依据，并告知违反治安管理行为人依法享有的权利。

违反治安管理行为人有权陈述和申辩。公安机关必须充分听取违反治安管理行为人的意见，对违反治安管理行为人提出的事实、理由和证据，应当进行复核；违反治安管理行为人提出的事实、理由或者证据成立的，公安机关应当采纳。

违反治安管理行为人不满十八周岁的，还应当依照前两款的规定告知未成年人的父母或者其他监护人，充分听取其意见。

公安机关不得因违反治安管理行为人的陈述、申辩而加重其处罚。

第一百一十三条　治安案件调查结束后，公安机关应当根据不同情况，分别作出以下处理：

（一）确有依法应当给予治安管理处罚的违法行为的，根据情节轻重及具体情况，作出处罚决定；

（二）依法不予处罚的，或者违法事实不能成立的，作出不予处罚决定；

（三）违法行为已涉嫌犯罪的，移送有关主管机关依法追究刑事责任；

（四）发现违反治安管理行为人有其他违法行为的，在对违反治安管理行为作出处罚决定的同时，通知或者移送有关主管机关处理。

对情节复杂或者重大违法行为给予治安管理处罚，公安机关负责人应当集体讨论决定。

第一百一十四条 有下列情形之一的，在公安机关作出治安管理处罚决定之前，应当由从事治安管理处罚决定法制审核的人员进行法制审核；未经法制审核或者审核未通过的，不得作出决定：

（一）涉及重大公共利益的；

（二）直接关系当事人或者第三人重大权益，经过听证程序的；

（三）案件情况疑难复杂、涉及多个法律关系的。

公安机关中初次从事治安管理处罚决定法制审核的人员，应当通过国家统一法律职业资格考试取得法律职业资格。

第一百一十五条 公安机关作出治安管理处罚决定的，应当制作治安管理处罚决定书。决定书应当载明下列内容：

（一）被处罚人的姓名、性别、年龄、身份证件的名称和号码、住址；

（二）违法事实和证据；

（三）处罚的种类和依据；

（四）处罚的执行方式和期限；

（五）对处罚决定不服，申请行政复议、提起行政诉讼的途径和期限；

（六）作出处罚决定的公安机关的名称和作出决定的日期。

决定书应当由作出处罚决定的公安机关加盖印章。

第一百一十六条 公安机关应当向被处罚人宣告治安管理处罚决定书，并当场交付被处罚人；无法当场向被处罚人宣告的，应当在二日以内送达被处罚人。决定给予行政拘留处罚的，应当及时通知被处罚人的家属。

有被侵害人的，公安机关应当将决定书送达被侵害人。

第一百一十七条 公安机关作出吊销许可证件、处四千元以上罚款的治安管理处罚决定或者采取责令停业整顿措施前，应当告知违反治安管理行为人有权要求举行听证；违反治安管理行为人要求听证的，公安机关应当及时依法举行听证。

对依照本法第二十三条第二款规定可能执行行政拘留的未成年人，公安机关应当告知未成年人和其监护人有权要求举行听证；未成年人和其监护人要求听证的，公安机关应当及时依法举行听证。对未成年人案件的听证不公开举行。

前两款规定以外的案情复杂或者具有重大社会影响的案件，违反治安管理行为人要求听证，公安机关认为必要的，应当及时依法举行听证。

公安机关不得因违反治安管理行为人要求听证而加重其处罚。

第一百一十八条 公安机关办理治安案件的期限，自立案之日起不得超过三十日；案情重大、复杂的，经上一级公安机关批准，可以延长三十日。期限延长以二次为限。公安派出所办理的案件需要延长期限的，由所属公安机关批准。

为了查明案情进行鉴定的期间、听证的期间，不计入办理治安案件的期限。

第一百一十九条 违反治安管理行为事实清楚，证据确凿，处警告或者五百元以下罚款的，可以当场作出治安管理处罚决定。

第一百二十条 当场作出治安管理处罚决定的，人民警察应当向违反治安管理行为人出示人民警察证，并填写处罚决定书。处罚决定书应当当场交付被处罚人；有被侵害人的，并应当将决定书送达被侵害人。

前款规定的处罚决定书，应当载明被处罚人的姓名、违法行为、处罚依据、罚款数额、时间、地点以及公安机关名称，并由经办的人民警察签名或者盖章。

适用当场处罚，被处罚人对拟作出治安管理处罚的内容及事实、理由、依据没有异议的，可以由一名人民警察作出治安管理处罚决定，并应当全程同步录音录像。

当场作出治安管理处罚决定的，经办的人民警察应当在二十四小时以内报所属公安机关备案。

第一百二十一条 被处罚人、被侵害人对公安机关依照本法规定作出的治安管理处罚决定，作出的收缴、追缴决定，或者采取的有关限制性、禁止性措施等不服的，可以依法申请行政复议或者提起行政诉讼。

第三节 执 行

第一百二十二条 对被决定给予行政拘留处罚的人，由作出决定的公安机关送拘留所执行；执行期满，拘留所应当按时解除拘留，发给解除拘留证明书。

被决定给予行政拘留处罚的人在异地被抓获或者有其他有必要在异地拘留所执行情形的，经异地拘留所主管公安机关批准，可以在异地执行。

第一百二十三条 受到罚款处罚的人应当自收到处罚决定书之日起十五日以内，到指定的银行或者通过电子支付系统缴纳罚款。但是，有下列情形之一的，人民警察可以当场收缴罚款：

（一）被处二百元以下罚款，被处罚人对罚款无异议的；

（二）在边远、水上、交通不便地区，旅客列车上或者口岸，公安机关及其人民警察依照本法的规定作出罚款决定后，被处罚人到指定的银行或者通过电子支付系统缴纳罚款确有困难，经被处罚人提出的；

（三）被处罚人在当地没有固定住所，不当场收缴事后难以执行的。

第一百二十四条 人民警察当场收缴的罚款，应当自收缴罚款之日起二日以内，交至所属的公安机关；在水上、旅客列车上当场收缴的罚款，应当自抵岸或者到站之日起二日以内，交至所属的公安机关；公安机关应当自收到罚款之日起二日以内将罚款缴付指定的银行。

第一百二十五条 人民警察当场收缴罚款的，应当向被处罚人出具省级以上人民政府财政部门统一制发的专用票据；不出具统一制发的专用票据的，被处罚人有权拒绝缴纳罚款。

第一百二十六条 被处罚人不服行政拘留处罚决定，申请行政复议、提起行政诉讼的，遇有参加升学考试、子女出生或者近亲属病危、死亡等情形的，可以向公安机关提出暂缓执行行政拘留的申请。公安机关认为暂缓执行行政拘留不致发生社会危险的，由被处罚人或者其近亲属提出符合本法第一百二十七条规定条件的担保人，或者按每日行政拘留二百元的标准交纳保证金，行政拘留的处罚决定暂缓执行。

正在被执行行政拘留处罚的人遇有参加升学考试、子女出生或者近亲属病危、死亡等情形，被拘留人或者其近亲属申请出所的，由公安机关依照前款规定执行。被拘留人出所的时间不计入拘留期限。

第一百二十七条 担保人应当符合下列条件：

（一）与本案无牵连；

（二）享有政治权利，人身自由未受到限制；

（三）在当地有常住户口和固定住所；

（四）有能力履行担保义务。

第一百二十八条　担保人应当保证被担保人不逃避行政拘留处罚的执行。

担保人不履行担保义务，致使被担保人逃避行政拘留处罚的执行的，处三千元以下罚款。

第一百二十九条　被决定给予行政拘留处罚的人交纳保证金，暂缓行政拘留或者出所后，逃避行政拘留处罚的执行的，保证金予以没收并上缴国库，已经作出的行政拘留决定仍应执行。

第一百三十条　行政拘留的处罚决定被撤销，行政拘留处罚开始执行，或者出所后继续执行的，公安机关收取的保证金应当及时退还交纳人。

第五章　执法监督

第一百三十一条　公安机关及其人民警察应当依法、公正、严格、高效办理治安案件，文明执法，不得徇私舞弊、玩忽职守、滥用职权。

第一百三十二条　公安机关及其人民警察办理治安案件，禁止对违反治安管理行为人打骂、虐待或者侮辱。

第一百三十三条　公安机关及其人民警察办理治安案件，应当自觉接受社会和公民的监督。

公安机关及其人民警察办理治安案件，不严格执法或者有违法违纪行为的，任何单位和个人都有权向公安机关或者人民检察院、监察机关检举、控告；收到检举、控告的机关，应当依据职责及时处理。

第一百三十四条　公安机关作出治安管理处罚决定，发现被处罚人是公职人员，依照《中华人民共和国公职人员政务处分法》的规定需要给予政务处分的，应当依照有关规定及时通报监察机关等有关单位。

第一百三十五条　公安机关依法实施罚款处罚，应当依照有关法律、行政法规的规定，实行罚款决定与罚款收缴分离；收缴的罚款应当全部上缴国库，不得返还、变相返还，不得与经费保障挂钩。

第一百三十六条　违反治安管理的记录应当予以封存，不得向任何单位和个人提供或者公开，但有关国家机关为办案需要或者有关单位根据国家规定进行查询的除外。依法进行查询的单位，应当对被封存的违法记录的情况予以保密。

第一百三十七条　公安机关应当履行同步录音录像运行安全管理职责，

完善技术措施，定期维护设施设备，保障录音录像设备运行连续、稳定、安全。

第一百三十八条 公安机关及其人民警察不得将在办理治安案件过程中获得的个人信息，依法提取、采集的相关信息、样本用于与治安管理、查处犯罪无关的用途，不得出售、提供给其他单位或者个人。

第一百三十九条 人民警察办理治安案件，有下列行为之一的，依法给予处分；构成犯罪的，依法追究刑事责任：

（一）刑讯逼供、体罚、打骂、虐待、侮辱他人的；

（二）超过询问查证的时间限制人身自由的；

（三）不执行罚款决定与罚款收缴分离制度或者不按规定将罚没的财物上缴国库或者依法处理的；

（四）私分、侵占、挪用、故意损毁所收缴、追缴、扣押的财物的；

（五）违反规定使用或者不及时返还被侵害人财物的；

（六）违反规定不及时退还保证金的；

（七）利用职务上的便利收受他人财物或者谋取其他利益的；

（八）当场收缴罚款不出具专用票据或者不如实填写罚款数额的；

（九）接到要求制止违反治安管理行为的报警后，不及时出警的；

（十）在查处违反治安管理活动时，为违法犯罪行为人通风报信的；

（十一）泄露办理治安案件过程中的工作秘密或者其他依法应当保密的信息的；

（十二）将在办理治安案件过程中获得的个人信息，依法提取、采集的相关信息、样本用于与治安管理、查处犯罪无关的用途，或者出售、提供给其他单位或者个人的；

（十三）剪接、删改、损毁、丢失办理治安案件的同步录音录像资料的；

（十四）有徇私舞弊、玩忽职守、滥用职权，不依法履行法定职责的其他情形的。

办理治安案件的公安机关有前款所列行为的，对负有责任的领导人员和直接责任人员，依法给予处分。

第一百四十条 公安机关及其人民警察违法行使职权，侵犯公民、法人和其他组织合法权益的，应当赔礼道歉；造成损害的，应当依法承担赔偿责任。

第六章 附 则

第一百四十一条 其他法律中规定由公安机关给予行政拘留处罚的，其处罚程序适用本法规定。

公安机关依照《中华人民共和国枪支管理法》、《民用爆炸物品安全管理条例》等直接关系公共安全和社会治安秩序的法律、行政法规实施处罚的，其处罚程序适用本法规定。

本法第三十二条、第三十四条、第四十六条、第五十六条规定给予行政拘留处罚，其他法律、行政法规同时规定给予罚款、没收违法所得、没收非法财物等其他行政处罚的行为，由相关主管部门依照相应规定处罚；需要给予行政拘留处罚的，由公安机关依照本法规定处理。

第一百四十二条 海警机构履行海上治安管理职责，行使本法规定的公安机关的职权，但是法律另有规定的除外。

第一百四十三条 本法所称以上、以下、以内，包括本数。

第一百四十四条 本法自 2026 年 1 月 1 日起施行。

关于《中华人民共和国治安管理处罚法（修订草案）》的说明

——2023年8月28日在第十四届全国人民代表大会常务委员会第五次会议上

司法部部长 贺 荣

全国人民代表大会常务委员会：

我受国务院委托，现对《中华人民共和国治安管理处罚法（修订草案）》（以下简称修订草案）作说明。

一、修订的必要性和工作过程

党中央、国务院高度重视社会治安管理工作。习近平总书记强调，要强化社会治安整体防控，依法严惩群众反映强烈的各类违法犯罪活动。李强总理要求强化社会治安综合治理。现行治安管理处罚法自2006年3月1日施行以来，在维护社会治安秩序，保障公共安全，保护公民、法人和其他组织的合法权益等方面发挥了重要作用。随着全面依法治国深入推进、社会治安形势发展变化，在工作中也发现一些问题，急需通过修改完善治安管理处罚法加以解决。一是我国社会治安管理领域出现了新情况新问题，诸如高空抛物、无人机"黑飞"、"软暴力"、侵害个人信息权益等情形需要纳入治安管理处罚范围。二是国家治理体系和治理能力现代化水平不断提高，治安管理工作中一些好的机制和做法需要通过法律形式予以确认。三是公安机关执法规范化建设持续推进，治安管理智能化水平不断提升，治安管理处罚程序需要予以优化、完善。

修订治安管理处罚法是全国人大常委会和国务院2023年度立法工作计划项目。按照党中央、国务院决策部署，针对治安管理工作面临的新形势、新要求，公安部在深入研究论证和公开征求意见的基础上，起草并向国务院报送了治安管理处罚法（修订送审稿）。收到此件后，司法部先后两次大范围征求各地区、各部门意见，赴地方进行实地调研，多次听取专家和企业、行业协会意见，与全国人大有关方面反复沟通，会同公安部修改形成了修订草案。修订草案已经国务院常务会议讨论通过。

二、修订的总体思路和主要内容

修订草案深入贯彻习近平法治思想，全面贯彻落实总体国家安全观，一是强调社会治安综合治理工作要坚持党的领导；二是立足及时有效化解矛盾纠纷、维护社会治安秩序，将新出现的影响社会治安的行为纳入管理范围，并增加相应的处罚措施；三是与新修订的行政处罚法等其他法律衔接协调，进一步合理设定处罚措施和幅度，优化处罚程序。修订草案共六章一百四十四条，修订的主要内容包括：

（一）坚持党的领导。在现行法规定"各级人民政府应当加强社会治安综合治理，采取有效措施，化解社会矛盾，增进社会和谐，维护社会稳定"的基础上，明确规定"社会治安综合治理工作坚持中国共产党领导"，并规定县级以上人民政府有关部门在各自职责范围内做好社会治安综合治理相关工作。

（二）增列违反治安管理应予处罚的行为。一是将考试作弊、组织领导传销、从事有损英雄烈士保护等行为增列为扰乱公共秩序的行为并给予处罚。二是将以抢夺方向盘等方式妨碍公共交通工具驾驶、升放携带明火的孔明灯、高空抛物、治安保卫重点单位拒不整改治安隐患、无人机"黑飞"等行为增列为妨害公共安全的行为并给予处罚。三是将违反证人保护措施、采取滋扰纠缠等方法干扰他人正常生活、虐待所监护的幼老病残人员、违法出售或者提供公民个人信息等行为增列为侵犯人身、财产权利的行为并给予处罚。四是将娱乐场所和特定行业经营者不履行信息登记或者报送义务、非法使用窃听窃照器材、非法生产经营制毒物品等行为增列为妨害社会管理的行为并给予处罚。

（三）合理设定处罚措施和幅度。一是推进治安管理处罚与当事人自行和解、人民调解委员会调解相衔接，明确对于因民间纠纷引起的打架斗殴或者损毁他人财物等情节较轻的违反治安管理行为，当事人自行和解或者经人民调解委员会调解达成协议并履行，书面申请经公安机关认可的，不予处罚。二是增加从轻处罚规定，建立认错认罚从宽制度。三是将六个月内曾受过治安管理处罚的从重处罚情形延长至一年；规定已满十四周岁不满十六周岁或者七十周岁以上的违反治安管理行为人，一年内二次以上违反治安管理的，可以执行行政拘留。四是根据经济社会发展水平适当提高罚款幅度，并重点针对非法携带枪支弹药进入公共场所、拒不整改大型群众性活动安全事故隐患、非法以社会组织名义活动、在公共场所拉客招嫖等行为加大处罚力度。

（四）优化处罚程序。一是完善立案、集体讨论决定、法制审核等程序规定，与新修订的行政处罚法相衔接。二是增加规定对事实清楚、违反治安管理行为人自愿认错认罚并同意适用快速办理的，公安机关可以通过简化取证方式和审核审批手续等措施快速办理，同时明确不适用快速办理的情形。三是明确公安机关进行调解、当场处罚和在执法办案场所进行询问等可由一名人民警察处理的情形，并要求公安机关履行安全管理职责，保障录音录像设备运行连续、稳定、安全。四是完善强制传唤、询问查证、场所检查程序，增加对异地询问及远程视频询问制度的规定。五是增加公安机关实施人身检查、采集人体生物识别信息的职权，并对个人信息保护提出要求。六是将参加升学考试、子女出生或者近亲属病危、死亡等增加为被处罚人可以提出暂缓执行行政拘留的情形。

（五）加强对未成年人的保护。一是对涉及损害未成年人权益的行为，明确规定从重处罚。二是规定询问不满十六周岁的违反治安管理行为人，其父母或者其他监护人不能到场的，可以通知其他合适成年人到场。三是增加对未成年人违反治安管理记录封存制度的规定。

此外，为进一步做好治安管理处罚法与刑法的衔接，修订草案增加规定：违反治安管理的行为构成犯罪，应当依法追究刑事责任的，不得以治安管理处罚代替刑事处罚。

修订草案和以上说明是否妥当，请审议。

全国人民代表大会宪法和法律委员会
关于《中华人民共和国治安管理处罚法
（修订草案）》审议结果的报告

全国人民代表大会常务委员会：

常委会第十次会议对治安管理处罚法修订草案进行了二次审议。会后，法制工作委员会将修订草案印发部分省（自治区、直辖市）人大常委会、中央有关部门和部分高等院校、研究机构、基层立法联系点等征求意见。在中国人大网全文公布修订草案，征求社会公众意见。宪法和法律委员会、法制工作委员会到广西、贵州、海南、天津、北京、四川、内蒙古、广东等地调研，宪法和法律委员会、监察和司法委员会、法制工作委员会联合召开座谈会听取意见，就一些重要问题会同有关方面共同研究，就修订草案有关问题作好解释说明，积极回应社会关切。宪法和法律委员会于4月1日召开会议，根据常委会组成人员的审议意见和各方面的意见，对修订草案进行了逐条审议。监察和司法委员会、司法部、公安部有关负责同志列席了会议。6月16日，宪法和法律委员会召开会议，再次进行了审议。宪法和法律委员会认为，修订草案经过两次审议修改，已经比较成熟。同时，提出以下主要修改意见：

一、有的常委委员、部门、地方建议进一步规范和加强治安案件调解工作。宪法和法律委员会经研究，建议增加规定，"调解处理治安案件，应当查明事实，并遵循合法、公正、自愿、及时的原则"。

二、有的常委委员、部门、地方和专家学者提出，修订草案二次审议稿第三十二条、第三十四条、第四十七条、第五十六条对相应违法行为规定了罚款、拘留等处罚，其他有关法律、行政法规对同样行为也规定了罚款等处罚，为做好衔接，建议罚款等处罚由有关主管部门依照相关规定进行，对其中情节严重，应当给予拘留处罚的，由公安机关依照本法处罚。宪法和法律委员会经研究，建议采纳上述意见，本法有关条文中不再设置罚款处罚，同时在附则有关法律适用衔接的规定中增加一款，明确这种情况下的法律适用。

三、有的部门、地方和专家学者提出，实践中有的酒吧、歌厅等经营场所存在组织、胁迫未成年人从事陪酒陪唱等有偿陪侍的情况，危害未成年人身心健康，扰乱社会秩序，建议将这种行为纳入治安管理处罚。宪法和法律委员会经研究，建议采纳上述意见。

四、有的部门、地方、专家学者和社会公众提出，本法和反恐怖主义法均对提供住宿服务未按规定登记、查验住宿人员身份信息规定了处罚，建议进一步明确适用，对日常工作中发现不履行治安防范责任的行为适用本法规定给予处罚，反恐怖主义法应当适用于妨害反恐怖主义工作的行为。宪法和法律委员会经研究，建议采纳上述意见。

五、有的常委会组成人员、部门、地方、单位、专家学者和社会公众建议进一步规范和保障执法，完善有关处罚程序规定。宪法和法律委员会经研究，建议作以下修改补充：一是将人民警察依照本法出示的"执法证件"明确为"人民警察证"。二是完善关于扣押的审批手续，并增加规定当场扣押应当全程同步录音录像。三是进一步严格规范适用"一人执法"的情形和条件。四是进一步明确涉未成年人案件举行听证的情形，并增加规定听证不公开举行、听证期间不计入办案期限。

六、党的二十届三中全会决定提出，建立轻微犯罪记录封存制度。有的常委会组成人员、部门、地方、专家学者和社会公众提出，贯彻落实党的二十届三中全会精神，对治安违法记录也应予以封存。宪法和法律委员会经研究，建议采纳上述意见。

此外，还对修订草案二次审议稿作了一些文字修改。

6月6日，法制工作委员会召开会议，邀请部分全国人大代表、基层执法部门人员、企业和相关专家学者等就修订草案主要制度规范的可行性、出台时机、实施的社会效果和可能出现的问题等进行评估。普遍认为，修订草案坚持问题导向，坚持尊重和保障人权，坚持处罚法定、过罚相当，积极回应人民群众关切，及时补充新的违法行为，完善处罚幅度，加强规范和保障执法，针对性、可操作性强，非常及时、必要，出台后将为提高治安管理处罚工作法治化水平、建设更高水平平安中国提供有力保障。修订草案充分吸收了各方面意见，已经比较成熟，建议尽快通过。与会人员还对修订草案提出了一些具体修改意见，有的意见已经采纳。

修订草案三次审议稿已按上述意见作了修改，宪法和法律委员会建议提请本次常委会会议审议通过。

修订草案三次审议稿和以上报告是否妥当，请审议。

全国人民代表大会宪法和法律委员会
2025年6月24日

全国人民代表大会宪法和法律委员会
关于《中华人民共和国治安管理处罚法（修订草案）》修改情况的汇报

全国人民代表大会常务委员会：

　　常委会第五次会议对治安管理处罚法修订草案进行了初次审议。会后，法制工作委员会将修订草案印发各省（自治区、直辖市）人大常委会、中央有关部门和部分高等院校、研究机构、基层立法联系点等征求意见。在中国人大网全文公布修订草案，征求社会公众意见。宪法和法律委员会、法制工作委员会到湖南、广东、江苏、云南、山东等地调研，召开座谈会听取意见，就一些重要问题会同有关方面共同研究。宪法和法律委员会于5月31日召开会议，根据常委会组成人员的审议意见和各方面的意见，对修订草案进行了逐条审议。中央政法委、全国人大监察司法委、司法部、公安部有关负责同志列席了会议。6月18日，宪法和法律委员会召开会议，再次进行了审议。现将治安管理处罚法修订草案主要问题修改情况汇报如下：

　　一、有的部门、地方提出，为适应实践需要，与有关航空安全等国际条约衔接，建议在修订草案中增加规定，"在外国船舶和航空器内发生的违反治安管理行为，依照中华人民共和国缔结或者参加的国际条约，中华人民共和国行使管辖权的，适用本法。"宪法和法律委员会经研究，建议采纳上述意见。

　　二、有的常委会组成人员、地方、单位、专家学者和社会公众提出，为保护公民合法权益，维护社会公平正义，有必要在本法中明确公民对不法侵害行为有权采取防卫性措施。宪法和法律委员会经研究，建议增加一条规定，"为了免受正在进行的不法侵害而采取的制止行为，造成损害的，不属于违反治安管理行为，明显超过必要限度，造成不应有的损害的，应当减轻或者免除处罚。"

　　三、有的常委委员、部门、地方和社会公众提出，当前未成年人违法犯罪的形势严峻，现行的治安管理处罚措施不足以教育和惩戒违法的未成年人，建议本法与预防未成年人犯罪法规定的相关矫治教育措施做好衔接。宪法和法律委员会经研究，建议增加规定，对依法不予处罚或者不执行行政拘留处罚的未成年人，公安机关应当"依照《中华人民共和国预防未成年人犯罪法》的规定采取相应矫治教育措施。"

四、有的常委委员、全国人大代表、部门、地方、单位和社会公众提出，对于违反无线电管理、违规飞行"无人机"、侵害公民个人信息、行业经营者不按规定登记信息、违反规定产生社会生活噪声等行为，有关法律、行政法规等规定了法律责任，建议本法根据过罚相当原则，完善处罚层次，与其他有关处罚规定做好衔接。宪法和法律委员会经研究，建议对于上述违法行为，在原来只规定了拘留处罚的基础上，增加警告、罚款处罚方式。

五、修订草案第三十四条对"在公共场所或者强制他人在公共场所穿着、佩戴有损中华民族精神、伤害中华民族感情的服饰、标志"、"制作、传播、宣扬、散布有损中华民族精神、伤害中华民族感情的物品或者言论"等行为规定了治安管理处罚。有的常委委员、全国人大代表、部门、地方、单位、专家学者和社会公众提出，"有损中华民族精神"、"伤害中华民族感情"等表述，主观色彩较强，各有各的理解，其含义在立法上不易界定、在执法中不易把握，担心执法中会损害公众的正当权益和正常生活。宪法和法律委员会经研究，综合考虑各种因素和执法需要，建议不再使用"有损中华民族精神"、"伤害中华民族感情"的表述，将修订草案第三十四条应予治安管理处罚的行为修改为：（一）在国家举行庆祝、纪念、缅怀、公祭等重要活动的场所及周边管控区域，故意从事与活动主题和氛围相违背的行为，不听劝阻，造成严重不良社会影响的；（二）在英雄烈士纪念设施保护范围内从事有损纪念英雄烈士环境和氛围的活动，不听劝阻的，或者侵占、破坏、污损英雄烈士纪念设施的；（三）以侮辱、诽谤或者其他方式侵害英雄烈士的姓名、肖像、名誉、荣誉，损害社会公共利益的；（四）亵渎、否定英雄烈士事迹和精神，或者制作、传播、散布宣扬、美化侵略战争、侵略行为的言论或者物品，扰乱公共秩序的；（五）在公共场所或者强制他人在公共场所穿着、佩戴宣扬、美化侵略战争、侵略行为的服饰、标志，造成不良社会影响的。

六、修订草案第八十七条对饲养动物干扰他人正常生活以及放任动物恐吓他人、驱使动物伤害他人规定了治安管理处罚。有的常委委员、部门和地方提出，违规养犬、犬只伤人事件时有发生，危害他人人身安全，修订草案规定的处罚范围过窄，建议修改完善。宪法和法律委员会经研究，建议增加规定对"违反有关法律法规规定，出售、饲养烈性犬等危险动物"，以及"致使动物伤害他人"的治安管理处罚。

七、有的常委会组成人员、部门、地方、单位、专家学者和社会公众建议，按照规范和保障执法，尊重和保障人权的要求，进一步完善有关处罚程序规定。宪法和法律委员会经研究，建议作以下修改：一是增加规定，询问查证违反治安管理行为人、当场检查场所和由一名人民警察作出治安管理处罚决定等三类情形，应当全程同步录音录像，并规定了剪接、删改、损毁、丢失录音录像资料的法律责任。二是规范提取、采集有关信息、样本的程序规定，明确条件和范围。三是进一步扩大治安管理处罚听证的案件范围，保障当事人合法权益和公正执法。四是增加规定，正在执行行政拘留处罚的人遇有特定情形可以申请出所。

此外，还对修订草案作了一些文字修改。

修订草案二次审议稿已按上述意见作了修改，宪法和法律委员会建议提请本次常委会会议继续审议。

修订草案二次审议稿和以上汇报是否妥当，请审议。

全国人民代表大会宪法和法律委员会
2024 年 6 月 25 日

全国人民代表大会宪法和法律委员会
关于《中华人民共和国治安管理处罚法
（修订草案三次审议稿）》修改意见的报告

全国人民代表大会常务委员会：

　　本次常委会会议于6月24日下午对治安管理处罚法修订草案三次审议稿进行了分组审议。普遍认为，修订草案已经比较成熟，建议进一步修改后，提请本次常委会会议表决通过。同时，有些常委会组成人员和列席人员还提出了一些修改意见和建议。宪法和法律委员会于6月24日晚召开会议，逐条研究了常委会组成人员和列席人员的审议意见，对修订草案进行统一审议。监察和司法委员会、司法部、公安部有关负责同志列席了会议。宪法和法律委员会认为，修订草案是可行的，同时，提出以下修改意见：

　　一、修订草案三次审议稿第十九条对制止不法侵害行为的责任问题作了规定。有的常委委员建议进一步明确规定，制止不法侵害行为不受处罚，同时进一步完善本条文字表述。宪法和法律委员会经研究，建议采纳上述意见，将本条修改为："为了免受正在进行的不法侵害而采取的制止行为，造成损害的，不属于违反治安管理行为，不受处罚；制止行为明显超过必要限度，造成较大损害的，依法给予处罚，但是应当减轻处罚；情节较轻的，不予处罚。"

　　二、修订草案三次审议稿第一百条对公安机关通过远程视频方式询问有关人员作了规定。有的常委委员提出，远程视频询问应当通过公安机关的视频系统进行，以保障执法活动的规范和严肃性。宪法和法律委员会经研究，建议采纳上述意见。

　　三、根据审议意见，对修订草案三次审议稿作了若干表述性修改：一是将第十三条中"严加看管"修改为"加强看护管理"；二是将第五十三条第一项中"被虐待人"修改为"被虐待人或者其监护人"；三是将第六十条第一款中"实施学生欺凌，有殴打、侮辱、恐吓等行为"修改为"以殴打、侮辱、恐吓等方式实施学生欺凌"；四是将第七十一条第一项中"明知是违法犯罪嫌疑人、赃物，不向公安机关报告的"修改为"违反国家规定对明知是违法犯罪嫌疑人、赃物而不向公安机关报告的"。

有的常委会组成人员还对本法通过后加强宣传解读、及时出台配套实施细则等提出了意见。宪法和法律委员会建议有关部门认真研究常委会组成人员的有关意见建议，在法律实施过程中，扎实做好法律宣传工作，及时出台配套规定，切实保障法律的贯彻实施。

经与有关部门研究，建议将修订后的治安管理处罚法的施行时间确定为2026年1月1日。

此外，根据常委会组成人员的审议意见，还对修订草案三次审议稿作了个别文字修改。

修订草案修改稿已按上述意见作了修改，宪法和法律委员会建议提请本次常委会会议审议通过。

修订草案修改稿和以上报告是否妥当，请审议。

全国人民代表大会宪法和法律委员会
2025年6月26日

《中华人民共和国治安管理处罚法》
新旧对照表

（左栏阴影部分为删除的内容，右栏黑体字为增加或修改的内容）

修订前	修订后
目　录	目　录
第一章　总　　则 第二章　处罚的种类和适用 第三章　违反治安管理的行为和处罚 　第一节　扰乱公共秩序的行为和处罚 　第二节　妨害公共安全的行为和处罚 　第三节　侵犯人身权利、财产权利的行为和处罚 　第四节　妨害社会管理的行为和处罚 第四章　处罚程序 　第一节　调　　查 　第二节　决　　定 　第三节　执　　行 第五章　执法监督 第六章　附　　则	第一章　总　　则 第二章　处罚的种类和适用 第三章　违反治安管理的行为和处罚 　第一节　扰乱公共秩序的行为和处罚 　第二节　妨害公共安全的行为和处罚 　第三节　侵犯人身权利、财产权利的行为和处罚 　第四节　妨害社会管理的行为和处罚 第四章　处罚程序 　第一节　调　　查 　第二节　决　　定 　第三节　执　　行 第五章　执法监督 第六章　附　　则
第一章　总　　则	第一章　总　　则
第一条　为维护社会治安秩序，保障公共安全，保护公民、法人和其他组织的合法权益，规范和保障公安机关及其人民警察依法履行治安管理职责，制定本法。	**第一条**　为了维护社会治安秩序，保障公共安全，保护公民、法人和其他组织的合法权益，规范和保障公安机关及其人民警察依法履行治安管理职责，**根据宪法**，制定本法。
第六条　各级人民政府应当加强社会治安综合治理，采取有效措施，化解社会矛盾，增进社会和谐，维护社会稳定。	**第二条**　**治安管理工作坚持中国共产党的领导，坚持综合治理。** 　　各级人民政府应当加强社会治安综合治理，采取有效措施，**预防和化解**社会矛盾**纠纷**，增进社会和谐，维护社会稳定。

修订前	修订后
第二条 扰乱公共秩序，妨害公共安全，侵犯人身权利、财产权利，妨害社会管理，具有社会危害性，依照《中华人民共和国刑法》的规定构成犯罪的，依法追究刑事责任；尚不够刑事处罚的，由公安机关依照本法给予治安管理处罚。	第三条 扰乱公共秩序，妨害公共安全，侵犯人身权利、财产权利，妨害社会管理，具有社会危害性，依照《中华人民共和国刑法》的规定构成犯罪的，依法追究刑事责任；尚不够刑事处罚的，由公安机关依照本法给予治安管理处罚。
第三条 治安管理处罚的程序，适用本法的规定；本法没有规定的，适用《中华人民共和国行政处罚法》的有关规定。	第四条 治安管理处罚的程序，适用本法的规定；本法没有规定的，适用《中华人民共和国行政处罚法》、**《中华人民共和国行政强制法》**的有关规定。
第四条 在中华人民共和国领域内发生的违反治安管理行为，除法律有特别规定的外，适用本法。 在中华人民共和国船舶和航空器内发生的违反治安管理行为，除法律有特别规定的外，适用本法。	第五条 在中华人民共和国领域内发生的违反治安管理行为，除法律有特别规定的外，适用本法。 在中华人民共和国船舶和航空器内发生的违反治安管理行为，除法律有特别规定的外，适用本法。 **在外国船舶和航空器内发生的违反治安管理行为，依照中华人民共和国缔结或者参加的国际条约，中华人民共和国行使管辖权的，适用本法。**
第五条 治安管理处罚必须以事实为依据，与违反治安管理行为的性质、情节以及社会危害程度相当。 实施治安管理处罚，应当公开、公正，尊重和保障人权，保护公民的人格尊严。 办理治安案件应当坚持教育与处罚相结合的原则。	第六条 治安管理处罚必须以事实为依据，与违反治安管理的**事实**、性质、情节以及社会危害程度相当。 实施治安管理处罚，应当公开、公正，尊重和保障人权，保护公民的人格尊严。 办理治安案件应当坚持教育与处罚相结合的原则，**充分释法说理，教育公民、法人或者其他组织自觉守法**。
第七条 国务院公安部门负责全国的治安管理工作。县级以上地方各级人民政府公安机关负责本行政区域内的治安管理工作。 治安案件的管辖由国务院公安部门规定。	第七条 国务院公安部门负责全国的治安管理工作。县级以上地方各级人民政府公安机关负责本行政区域内的治安管理工作。 治安案件的管辖由国务院公安部门规定。

修订前	修订后
第八条 违反治安管理的行为对他人造成损害的，行为人或者其监护人应当依法承担民事责任。	**第八条** 违反治安管理行为对他人造成损害的，**除依照本法给予治安管理处罚外**，行为人或者其监护人**还**应当依法承担民事责任。 **违反治安管理行为构成犯罪，应当依法追究刑事责任的，不得以治安管理处罚代替刑事处罚。**
第九条 对于因民间纠纷引起的打架斗殴或者损毁他人财物等违反治安管理行为，情节较轻的，公安机关可以调解处理。经公安机关调解，当事人达成协议的，不予处罚。经调解未达成协议或者达成协议后不履行的，公安机关应当依照本法的规定对违反治安管理行为人给予处罚，并告知当事人可以就民事争议依法向人民法院提起民事诉讼。	**第九条** 对于因民间纠纷引起的打架斗殴或者损毁他人财物等违反治安管理行为，情节较轻的，公安机关可以调解处理。 **调解处理治安案件，应当查明事实，并遵循合法、公正、自愿、及时的原则，注重教育和疏导，促进化解矛盾纠纷。** 经公安机关调解，当事人达成协议的，不予处罚。经调解未达成协议或者达成协议后不履行的，公安机关应当依照本法的规定对违反治安管理行为**作出处理**，并告知当事人可以就民事争议依法向人民法院提起民事诉讼。 **对属于第一款规定的调解范围的治安案件，公安机关作出处理决定前，当事人自行和解或者经人民调解委员会调解达成协议并履行，书面申请经公安机关认可的，不予处罚。**
第二章 处罚的种类和适用	**第二章 处罚的种类和适用**
第十条 治安管理处罚的种类分为： （一）警告； （二）罚款； （三）行政拘留； （四）吊销公安机关发放的许可证。 对违反治安管理的外国人，可以附加适用限期出境或者驱逐出境。	**第十条** 治安管理处罚的种类分为： （一）警告； （二）罚款； （三）行政拘留； （四）吊销公安机关发放的许可**证件**。 对违反治安管理的外国人，可以附加适用限期出境或者驱逐出境。

修订前	修订后
第十一条　办理治安案件所查获的毒品、淫秽物品等违禁品，赌具、赌资，吸食、注射毒品的用具以及直接用于实施违反治安管理行为的本人所有的工具，应当收缴，按照规定处理。 违反治安管理所得的财物，追缴退还被侵害人；没有被侵害人的，登记造册，公开拍卖或者按照国家有关规定处理，所得款项上缴国库。	第十一条　办理治安案件所查获的毒品、淫秽物品等违禁品，赌具、赌资，吸食、注射毒品的用具以及直接用于实施违反治安管理行为的本人所有的工具，应当收缴，按照规定处理。 违反治安管理所得的财物，追缴退还被侵害人；没有被侵害人的，登记造册，公开拍卖或者按照国家有关规定处理，所得款项上缴国库。
第十二条　已满十四周岁不满十八周岁的人违反治安管理的，从轻或者减轻处罚；不满十四周岁的人违反治安管理的，不予处罚，但是应当责令其监护人严加管教。	第十二条　已满十四周岁不满十八周岁的人违反治安管理的，从轻或者减轻处罚；不满十四周岁的人违反治安管理的，不予处罚，但是应当责令其监护人严加管教。
第十三条　精神病人在不能辨认或者不能控制自己行为的时候违反治安管理的，不予处罚，但是应当责令其监护人**严加看管**和治疗。间歇性的精神病人在精神正常的时候违反治安管理的，应当给予处罚。	第十三条　精神病人、**智力残疾人**在不能辨认或者不能控制自己行为的时候违反治安管理的，不予处罚，但是应当责令其监护人**加强看护管理**和治疗。间歇性的精神病人在精神正常的时候违反治安管理的，应当给予处罚。**尚未完全丧失辨认或者控制自己行为能力的精神病人、智力残疾人违反治安管理的，应当给予处罚，但是可以从轻或者减轻处罚。**
第十四条　盲人或者又聋又哑的人违反治安管理的，可以从轻、减轻或者不予处罚。	第十四条　盲人或者又聋又哑的人违反治安管理的，可以从轻、减轻或者不予处罚。
第十五条　醉酒的人违反治安管理的，应当给予处罚。 醉酒的人在醉酒状态中，对本人有危险或者对他人的人身、财产或者公共安全有威胁的，应当对其采取保护性措施约束至酒醒。	第十五条　醉酒的人违反治安管理的，应当给予处罚。 醉酒的人在醉酒状态中，对本人有危险或者对他人的人身、财产或者公共安全有威胁的，应当对其采取保护性措施约束至酒醒。

修订前	修订后
第十六条 有两种以上违反治安管理行为的，分别决定，合并执行。行政拘留处罚合并执行的，最长不超过二十日。	第十六条 有两种以上违反治安管理行为的，分别决定，合并执行处罚。行政拘留处罚合并执行的，最长不超过二十日。
第十七条 共同违反治安管理的，根据违反治安管理行为人在违反治安管理行为中所起的作用，分别处罚。 教唆、胁迫、诱骗他人违反治安管理的，按照其教唆、胁迫、诱骗的行为处罚。	第十七条 共同违反治安管理的，根据行为人在违反治安管理行为中所起的作用，分别处罚。 教唆、胁迫、诱骗他人违反治安管理的，按照其教唆、胁迫、诱骗的行为处罚。
第十八条 单位违反治安管理的，对其直接负责的主管人员和其他直接责任人员依照本法的规定处罚。其他法律、行政法规对同一行为规定给予单位处罚的，依照其规定处罚。	第十八条 单位违反治安管理的，对其直接负责的主管人员和其他直接责任人员依照本法的规定处罚。其他法律、行政法规对同一行为规定给予单位处罚的，依照其规定处罚。
	第十九条 为了免受正在进行的不法侵害而采取的制止行为，造成损害的，不属于违反治安管理行为，不受处罚；制止行为明显超过必要限度，造成较大损害的，依法给予处罚，但是应当减轻处罚；情节较轻的，不予处罚。
第十九条 违反治安管理有下列情形之一的，减轻处罚或者不予处罚： （一）情节特别轻微的； （二）主动消除或者减轻违法后果，并取得被侵害人谅解的； （三）出于他人胁迫或者诱骗的； （四）主动投案，向公安机关如实陈述自己的违法行为的； （五）有立功表现的。	第二十条 违反治安管理有下列情形之一的，从轻、减轻或者不予处罚： （一）情节轻微的； （二）主动消除或者减轻违法后果的； （三）取得被侵害人谅解的； （四）出于他人胁迫或者诱骗的； （五）主动投案，向公安机关如实陈述自己的违法行为的； （六）有立功表现的。
	第二十一条 违反治安管理行为人自愿向公安机关如实陈述自己的违法行为，承认违法事实，愿意接受处罚的，可以依法从宽处理。

修订前	修订后
第二十条 违反治安管理有下列情形之一的，从重处罚： （一）有较严重后果的； （二）教唆、胁迫、诱骗他人违反治安管理的； （三）对报案人、控告人、举报人、证人打击报复的； （四）六个月内曾受过治安管理处罚的。	第二十二条 违反治安管理有下列情形之一的，从重处罚： （一）有较严重后果的； （二）教唆、胁迫、诱骗他人违反治安管理的； （三）对报案人、控告人、举报人、证人打击报复的； （四）一年以内曾受过治安管理处罚的。
第二十一条 违反治安管理行为人有下列情形之一，依照本法应当给予行政拘留处罚的，不执行行政拘留处罚： （一）已满十四周岁不满十六周岁的； （二）已满十六周岁不满十八周岁，初次违反治安管理的； （三）七十周岁以上的； （四）怀孕或者哺乳自己不满一周岁婴儿的。	第二十三条 违反治安管理行为人有下列情形之一，依照本法应当给予行政拘留处罚的，不执行行政拘留处罚： （一）已满十四周岁不满十六周岁的； （二）已满十六周岁不满十八周岁，初次违反治安管理的； （三）七十周岁以上的； （四）怀孕或者哺乳自己不满一周岁婴儿的。 前款第一项、第二项、第三项规定的行为人违反治安管理情节严重、影响恶劣的，或者第一项、第三项规定的行为人在一年以内二次以上违反治安管理的，不受前款规定的限制。
	第二十四条 对依照本法第十二条规定不予处罚或者依照本法第二十三条规定不执行行政拘留处罚的未成年人，公安机关依照《中华人民共和国预防未成年人犯罪法》的规定采取相应矫治教育等措施。
第二十二条 违反治安管理行为在六个月内没有被公安机关发现的，不再处罚。	第二十五条 违反治安管理行为在六个月以内没有被公安机关发现的，不再处罚。

修订前	修订后
前款规定的期限，从违反治安管理行为发生之日起计算；违反治安管理行为有连续或者继续状态的，从行为终了之日起计算。	前款规定的期限，从违反治安管理行为发生之日起计算；违反治安管理行为有连续或者继续状态的，从行为终了之日起计算。
第三章　违反治安管理的行为和处罚	**第三章　违反治安管理的行为和处罚**
第一节　扰乱公共秩序的行为和处罚	第一节　扰乱公共秩序的行为和处罚
第二十三条　有下列行为之一的，处警告或者**二百元**以下罚款；情节较重的，处五日以上十日以下拘留，可以并处**五百元**以下罚款： （一）扰乱机关、团体、企业、事业单位秩序，致使工作、生产、营业、医疗、教学、科研不能正常进行，尚未造成严重损失的； （二）扰乱车站、港口、码头、机场、商场、公园、展览馆或者其他公共场所秩序的； （三）扰乱公共汽车、电车、火车、船舶、航空器或者其他公共交通工具上的秩序的； （四）非法拦截或者强登、扒乘机动车、船舶、航空器以及其他交通工具，影响交通工具正常行驶的； （五）破坏依法进行的选举秩序的。 聚众实施前款行为的，对首要分子处十日以上十五日以下拘留，可以并处**一千元**以下罚款。	**第二十六条**　有下列行为之一的，处警告或者**五百元**以下罚款；情节较重的，处五日以上十日以下拘留，可以并处**一千元**以下罚款： （一）扰乱机关、团体、企业、事业单位秩序，致使工作、生产、营业、医疗、教学、科研不能正常进行，尚未造成严重损失的； （二）扰乱车站、港口、码头、机场、商场、公园、展览馆或者其他公共场所秩序的； （三）扰乱公共汽车、电车、**城市轨道交通车辆**、火车、船舶、航空器或者其他公共交通工具上的秩序的； （四）非法拦截或者强登、扒乘机动车、船舶、航空器以及其他交通工具，影响交通工具正常行驶的； （五）破坏依法进行的选举秩序的。 聚众实施前款行为的，对首要分子处十日以上十五日以下拘留，可以并处二千元以下罚款。
	第二十七条　在法律、行政法规规定的国家考试中，有下列行为之一，扰乱考试秩序的，处违法所得一倍以上五倍以下罚款，没有违法所得或者违法所得不足一千元的，处一千元以上三千元以下罚款；情节较重的，处五日以上十

修订前	修订后
	五日以下拘留： （一）组织作弊的； （二）为他人组织作弊提供作弊器材或者其他帮助的； （三）为实施考试作弊行为，向他人非法出售、提供考试试题、答案的； （四）代替他人或者让他人代替自己参加考试的。
第二十四条　有下列行为之一，扰乱文化、体育等大型群众性活动秩序的，处警告或者二百元以下罚款；情节严重的，处五日以上十日以下拘留，可以并处五百元以下罚款： （一）强行进入场内的； （二）违反规定，在场内燃放烟花爆竹或者其他物品的； （三）展示侮辱性标语、条幅等物品的； （四）围攻裁判员、运动员或者其他工作人员的； （五）向场内投掷杂物，不听制止的； （六）扰乱大型群众性活动秩序的其他行为。 因扰乱体育比赛秩序被处以拘留处罚的，可以同时责令其十二个月内不得进入体育场馆观看同类比赛；违反规定进入体育场馆的，强行带离现场。	第二十八条　有下列行为之一，扰乱体育、文化等大型群众性活动秩序的，处警告或者五百元以下罚款；情节严重的，处五日以上十日以下拘留，可以并处一千元以下罚款： （一）强行进入场内的； （二）违反规定，在场内燃放烟花爆竹或者其他物品的； （三）展示侮辱性标语、条幅等物品的； （四）围攻裁判员、运动员或者其他工作人员的； （五）向场内投掷杂物，不听制止的； （六）扰乱大型群众性活动秩序的其他行为。 因扰乱体育比赛、文艺演出活动秩序被处以拘留处罚的，可以同时责令其六个月至一年以内不得进入体育场馆、演出场馆观看同类比赛、演出；违反规定进入体育场馆、演出场馆的，强行带离现场，可以处五日以下拘留或者一千元以下罚款。
第二十五条　有下列行为之一的，处五日以上十日以下拘留，可以并处五百元以下罚款；情节较轻的，处五日以下拘留或者五百元以下罚款：	第二十九条　有下列行为之一的，处五日以上十日以下拘留，可以并处一千元以下罚款；情节较轻的，处五日以下拘留或者一千元以下罚款：

修订前	修订后
（一）散布谣言，谎报险情、疫情、警情或者以其他方法故意扰乱公共秩序的； （二）投放虚假的爆炸性、毒害性、放射性、腐蚀性物质或者传染病病原体等危险物质扰乱公共秩序的； （三）扬言实施放火、爆炸、投放危险物质扰乱公共秩序的。	（一）**故意**散布谣言，谎报险情、疫情、**灾情**、警情或者以其他方法故意扰乱公共秩序的； （二）投放虚假的爆炸性、毒害性、放射性、腐蚀性物质或者传染病病原体等危险物质扰乱公共秩序的； （三）扬言实施放火、爆炸、投放危险物质**等危害公共安全犯罪行为**扰乱公共秩序的。
第二十六条　有下列行为之一的，处五日以上十日以下拘留，可以并处五百元以下罚款；情节较重的，处十日以上十五日以下拘留，可以并处一千元以下罚款： （一）结伙斗殴的； （二）追逐、拦截他人的； （三）强拿硬要或者任意损毁、占用公私财物的； （四）其他寻衅滋事行为。	第三十条　有下列行为之一的，处五日以上十日以下拘留**或者一千元以下**罚款；情节较重的，处十日以上十五日以下拘留，可以并处二千元以下罚款： （一）结伙斗殴**或者随意殴打他人**的； （二）追逐、拦截他人的； （三）强拿硬要或者任意损毁、占用公私财物的； （四）其他**无故侵扰他人、扰乱社会秩序的**寻衅滋事行为。
第二十七条　有下列行为之一的，处十日以上十五日以下拘留，可以并处一千元以下罚款；情节较轻的，处五日以上十日以下拘留，可以并处五百元以下罚款： （一）组织、教唆、胁迫、诱骗、煽动他人从事邪教、会道门活动或者利用邪教、会道门、迷信活动，扰乱社会秩序、损害他人身体健康的； （二）冒用宗教、气功名义进行扰乱社会秩序、损害他人身体健康活动的。	第三十一条　有下列行为之一的，处十日以上十五日以下拘留，可以并处二千元以下罚款；情节较轻的，处五日以上十日以下拘留，可以并处一千元以下罚款： （一）组织、教唆、胁迫、诱骗、煽动他人从事邪教**活动**、会道门活动、**非法的宗教活动**或者利用邪教**组织**、会道门、迷信活动，扰乱社会秩序、损害他人身体健康的； （二）冒用宗教、气功名义进行扰乱社会秩序、损害他人身体健康活动的； （三）**制作、传播宣扬邪教、会道门内容的物品、信息、资料的**。

修订前	修订后
第二十八条 违反国家规定，故意干扰无线电业务正常进行的，或者对正常运行的无线电台（站）产生有害干扰，经有关主管部门指出后，拒不采取有效措施消除的，处五日以上十日以下拘留；情节严重的，处十日以上十五日以下拘留。	第三十二条 违反国家规定，有下列行为之一的，处五日以上十日以下拘留；情节严重的，处十日以上十五日以下拘留： （一）故意干扰无线电业务正常进行的； （二）对正常运行的无线电台（站）产生有害干扰，经有关主管部门指出后，拒不采取有效措施消除的； （三）未经批准设置无线电广播电台、通信基站等无线电台（站）的，或者非法使用、占用无线电频率，从事违法活动的。
第二十九条 有下列行为之一的，处五日以下拘留；情节较重的，处五日以上十日以下拘留： （一）违反国家规定，侵入计算机信息系统，造成危害的； （二）违反国家规定，对计算机信息系统功能进行删除、修改、增加、干扰，造成计算机信息系统不能正常运行的； （三）违反国家规定，对计算机信息系统中存储、处理、传输的数据和应用程序进行删除、修改、增加的； （四）故意制作、传播计算机病毒等破坏性程序，影响计算机信息系统正常运行的。	第三十三条 有下列行为之一，造成危害的，处五日以下拘留；情节较重的，处五日以上十五日以下拘留： （一）违反国家规定，侵入计算机信息系统或者采用其他技术手段，获取计算机信息系统中存储、处理或者传输的数据，或者对计算机信息系统实施非法控制的； （二）违反国家规定，对计算机信息系统功能进行删除、修改、增加、干扰的； （三）违反国家规定，对计算机信息系统中存储、处理、传输的数据和应用程序进行删除、修改、增加的； （四）故意制作、传播计算机病毒等破坏性程序的； （五）提供专门用于侵入、非法控制计算机信息系统的程序、工具，或者明知他人实施侵入、非法控制计算机信息系统的违法犯罪行为而为其提供程序、工具的。

修订前	修订后
	第三十四条　组织、领导传销活动的，处十日以上十五日以下拘留；情节较轻的，处五日以上十日以下拘留。 　　胁迫、诱骗他人参加传销活动的，处五日以上十日以下拘留；情节较重的，处十日以上十五日以下拘留。
	第三十五条　有下列行为之一的，处五日以上十日以下拘留或者一千元以上三千元以下罚款；情节较重的，处十日以上十五日以下拘留，可以并处五千元以下罚款： 　　（一）在国家举行庆祝、纪念、缅怀、公祭等重要活动的场所及周边管控区域，故意从事与活动主题和氛围相违背的行为，不听劝阻，造成不良社会影响的； 　　（二）在英雄烈士纪念设施保护范围内从事有损纪念英雄烈士环境和氛围的活动，不听劝阻的，或者侵占、破坏、污损英雄烈士纪念设施的； 　　（三）以侮辱、诽谤或者其他方式侵害英雄烈士的姓名、肖像、名誉、荣誉，损害社会公共利益的； 　　（四）亵渎、否定英雄烈士事迹和精神，或者制作、传播、散布宣扬、美化侵略战争、侵略行为的言论或者图片、音视频等物品，扰乱公共秩序的； 　　（五）在公共场所或者强制他人在公共场所穿着、佩戴宣扬、美化侵略战争、侵略行为的服饰、标志，不听劝阻，造成不良社会影响的。

修订前	修订后
第二节　妨害公共安全的行为和处罚	第二节　妨害公共安全的行为和处罚
第三十条　违反国家规定，制造、买卖、储存、运输、邮寄、携带、使用、提供、处置爆炸性、毒害性、放射性、腐蚀性物质或者传染病病原体等危险物质的，处十日以上十五日以下拘留；情节较轻的，处五日以上十日以下拘留。	**第三十六条**　违反国家规定，制造、买卖、储存、运输、邮寄、携带、使用、提供、处置爆炸性、毒害性、放射性、腐蚀性物质或者传染病病原体等危险物质的，处十日以上十五日以下拘留；情节较轻的，处五日以上十日以下拘留。
第三十一条　爆炸性、毒害性、放射性、腐蚀性物质或者传染病病原体等危险物质被盗、被抢或者丢失，未按规定报告的，处五日以下拘留；故意隐瞒不报的，处五日以上十日以下拘留。	**第三十七条**　爆炸性、毒害性、放射性、腐蚀性物质或者传染病病原体等危险物质被盗、被抢或者丢失，未按规定报告的，处五日以下拘留；故意隐瞒不报的，处五日以上十日以下拘留。
第三十二条　非法携带枪支、弹药或者弩、匕首等国家规定的管制器具的，处五日以下拘留，可以并处**五百元**以下罚款；情节较轻的，处警告或者**二百元**以下罚款。 　　非法携带枪支、弹药或者弩、匕首等国家规定的管制器具进入公共场所或者公共交通工具的，处五日以上十日以下拘留，可以并处**五百元**以下罚款。	**第三十八条**　非法携带枪支、弹药或者弩、匕首等国家规定的管制器具的，处五日以下拘留，可以并处**一千元**以下罚款；情节较轻的，处警告或者五百元以下罚款。 　　非法携带枪支、弹药或者弩、匕首等国家规定的管制器具进入公共场所或者公共交通工具的，处五日以上十日以下拘留，可以并处**一千元**以下罚款。
第三十三条　有下列行为之一的，处十日以上十五日以下拘留： 　　（一）盗窃、损毁油气管道设施、电力电信设施、广播电视设施、水利**防汛**工程设施或者水文监测、测量、气象测报、环境监测、地质监测、地震监测等公共设施的； 　　（二）移动、损毁国家边境的界碑、界桩以及其他边境标志、边境设施或者领土、领海标志设施的； 　　（三）非法进行影响国（边）界线走向的活动或者修建有碍国（边）境管理的设施的。	**第三十九条**　有下列行为之一的，处十日以上十五日以下拘留；**情节较轻的，处五日以下拘留**： 　　（一）盗窃、损毁油气管道设施、电力电信设施、广播电视设施、水利工程设施、**公共供水设施、公路及附属设施**或者水文监测、测量、气象测报、**生态**环境监测、地质监测、地震监测等公共设施，**危及公共安全**的； 　　（二）移动、损毁国家边境的界碑、界桩以及其他边境标志、边境设施或者领土、领海**基点**标志设施的；

修订前	修订后
	（三）非法进行影响国（边）界线走向的活动或者修建有碍国（边）境管理的设施的。
第三十四条 盗窃、损坏、擅自移动使用中的航空设施，或者强行进入航空器驾驶舱的，处十日以上十五日以下拘留。 在使用中的航空器上使用可能影响导航系统正常功能的器具、工具，不听劝阻的，处五日以下拘留或者五百元以下罚款。	第四十条 盗窃、损坏、擅自移动使用中的航空设施，或者强行进入航空器驾驶舱的，处十日以上十五日以下拘留。 在使用中的航空器上使用可能影响导航系统正常功能的器具、工具，不听劝阻的，处五日以下拘留或者一千元以下罚款。 盗窃、损坏、擅自移动使用中的其他公共交通工具设施、设备，或者以抢控驾驶操纵装置、拉扯、殴打驾驶人员等方式，干扰公共交通工具正常行驶的，处五日以下拘留或者一千元以下罚款；情节较重的，处五日以上十日以下拘留。
第三十五条 有下列行为之一的，处五日以上十日以下拘留，可以并处五百元以下罚款；情节较轻的，处五日以下拘留或者五百元以下罚款： （一）盗窃、损毁或者擅自移动铁路设施、设备、机车车辆配件或者安全标志的； （二）在铁路线路上放置障碍物，或者故意向列车投掷物品的； （三）在铁路线路、桥梁、涵洞处挖掘坑穴、采石取沙的； （四）在铁路线路上私设道口或者平交过道的。	第四十一条 有下列行为之一的，处五日以上十日以下拘留，可以并处一千元以下罚款；情节较轻的，处五日以下拘留或者一千元以下罚款： （一）盗窃、损毁、擅自移动铁路、**城市轨道交通**设施、设备、机车车辆配件或者安全标志的； （二）在铁路、**城市轨道交通**线路上放置障碍物，或者故意向列车投掷物品的； （三）在铁路、**城市轨道交通**线路、桥梁、**隧道**、涵洞处挖掘坑穴、采石取沙的； （四）在铁路、**城市轨道交通**线路上私设道口或者平交过道的。

修订前	修订后
第三十六条　擅自进入铁路防护网或者火车来临时在铁路线路上行走坐卧、抢越铁路，影响行车安全的，处警告或者二百元以下罚款。	第四十二条　擅自进入铁路、**城市轨道交通**防护网或者火车、**城市轨道交通列车**来临时在铁路、**城市轨道交通**线路上行走坐卧，抢越铁路、**城市轨道**，影响行车安全的，处警告或者五百元以下罚款。
第三十七条　有下列行为之一的，处五日以下拘留或者五百元以下罚款；情节严重的，处五日以上十日以下拘留，可以并处五百元以下罚款： （一）未经批准，安装、使用电网的，或者安装、使用电网不符合安全规定的； （二）在车辆、行人通行的地方施工，对沟井坎穴不设覆盖物、防围和警示标志的，或者故意损毁、移动覆盖物、防围和警示标志的； （三）盗窃、损毁路面井盖、照明等公共设施的。	第四十三条　有下列行为之一的，处五日以下拘留或者一千元以下罚款；情节严重的，处十日以上十五日以下拘留，可以并处一千元以下罚款： （一）未经批准，安装、使用电网的，或者安装、使用电网不符合安全规定的； （二）在车辆、行人通行的地方施工，对沟井坎穴不设覆盖物、防围和警示标志的，或者故意损毁、移动覆盖物、防围和警示标志的； （三）盗窃、损毁路面井盖、照明等公共设施的； （四）违反有关法律法规规定，升放携带明火的升空物体，有发生火灾事故危险，不听劝阻的； （五）从建筑物或者其他高空抛掷物品，有危害他人人身安全、公私财产安全或者公共安全危险的。
第三十八条　举办**文化**、体育等大型群众性活动，违反有关规定，有发生安全事故危险**的**，责令停止活动，立即疏散；对**组织者**处五日以上十日以下拘留，并处**二百元以上五百元以下罚款；情节较轻的，处五日以下拘留或者五百元以下罚款**。	第四十四条　举办体育、**文化**等大型群众性活动，违反有关规定，有发生安全事故危险，**经公安机关责令改正而拒不改正或者无法改正的**，责令停止活动，立即疏散；对**其直接负责的主管人员和其他直接责任人员**处五日以上十日以下拘留，并处一千元以上三千元以下罚款；情节较重的，处十日以上十五日以下拘留，并处三千元以上五千元以下罚款，可以同时责令六个月至一年以内不得举办大型群众性活动。

修订前	修订后
第三十九条　旅馆、饭店、影剧院、娱乐场、运动场、展览馆或者其他供社会公众活动的场所的经营管理人员，违反安全规定，致使该场所有发生安全事故危险，经公安机关责令改正，拒不改正的，处五日以下拘留。	第四十五条　旅馆、饭店、影剧院、娱乐场、**体育场馆**、展览馆或者其他供社会公众活动的场所违反安全规定，致使该场所有发生安全事故危险，经公安机关责令改正**而**拒不改正的，**对其直接负责的主管人员和其他直接责任人员**处五日以下拘留；**情节较重的，处五日以上十日以下拘留**。
	第四十六条　违反有关法律法规关于飞行空域管理规定，飞行民用无人驾驶航空器、航空运动器材，或者升放无人驾驶自由气球、系留气球等升空物体，情节较重的，处五日以上十日以下拘留。 飞行、升放前款规定的物体非法穿越国（边）境的，处十日以上十五日以下拘留。
第三节　侵犯人身权利、财产权利的行为和处罚	第三节　侵犯人身权利、财产权利的行为和处罚
第四十条　有下列行为之一的，处十日以上十五日以下拘留，并处五百元以上一千元以下罚款；情节较轻的，处五日以上十日以下拘留，并处二百元以上五百元以下罚款： （一）组织、胁迫、诱骗不满十六周岁的人或者残疾人进行恐怖、残忍表演的； （二）以暴力、威胁或者其他手段强迫他人劳动的； （三）非法限制他人人身自由、非法侵入他人住宅或者非法搜查他人身体的。	第四十七条　有下列行为之一的，处十日以上十五日以下拘留，并处一千元以上二千元以下罚款；情节较轻的，处五日以上十日以下拘留，并处一千元以下罚款： （一）组织、胁迫、诱骗不满十六周岁的人或者残疾人进行恐怖、残忍表演的； （二）以暴力、威胁或者其他手段强迫他人劳动的； （三）非法限制他人人身自由、非法侵入他人住宅或者非法搜查他人身体的。

修订前	修订后
	第四十八条　组织、胁迫未成年人在不适宜未成年人活动的经营场所从事陪酒、陪唱等有偿陪侍活动的，处十日以上十五日以下拘留，并处五千元以下罚款；情节较轻的，处五日以下拘留或者五千元以下罚款。
第四十一条　胁迫、诱骗或者利用他人乞讨的，处十日以上十五日以下拘留，可以并处一千元以下罚款。 反复纠缠、强行讨要或者以其他滋扰他人的方式乞讨的，处五日以下拘留或者警告。	第四十九条　胁迫、诱骗或者利用他人乞讨的，处十日以上十五日以下拘留，可以并处二千元以下罚款。 反复纠缠、强行讨要或者以其他滋扰他人的方式乞讨的，处五日以下拘留或者警告。
第四十二条　有下列行为之一的，处五日以下拘留或者五百元以下罚款；情节较重的，处五日以上十日以下拘留，可以并处五百元以下罚款： （一）写恐吓信或者以其他方法威胁他人人身安全的； （二）公然侮辱他人或者捏造事实诽谤他人的； （三）捏造事实诬告陷害他人，企图使他人受到刑事追究或者受到治安管理处罚的； （四）对证人及其近亲属进行威胁、侮辱、殴打或者打击报复的； （五）多次发送淫秽、侮辱、恐吓或者其他信息，干扰他人正常生活的； （六）偷窥、偷拍、窃听、散布他人隐私的。	第五十条　有下列行为之一的，处五日以下拘留或者一千元以下罚款；情节较重的，处五日以上十日以下拘留，可以并处一千元以下罚款： （一）写恐吓信或者以其他方法威胁他人人身安全的； （二）公然侮辱他人或者捏造事实诽谤他人的； （三）捏造事实诬告陷害他人，企图使他人受到刑事追究或者受到治安管理处罚的； （四）对证人及其近亲属进行威胁、侮辱、殴打或者打击报复的； （五）多次发送淫秽、侮辱、恐吓等信息或者采取滋扰、纠缠、跟踪等方法，干扰他人正常生活的； （六）偷窥、偷拍、窃听、散布他人隐私的。 有前款第五项规定的滋扰、纠缠、跟踪行为的，除依照前款规定给予处罚外，经公安机关负责人批准，可以责令其一定期限内禁止接触被侵害人。对违

修订前	修订后
	反禁止接触规定的，处五日以上十日以下拘留，可以并处一千元以下罚款。
第四十三条　殴打他人的，或者故意伤害他人身体的，处五日以上十日以下拘留，并处二百元以上五百元以下罚款；情节较轻的，处五日以下拘留或者五百元以下罚款。 　　有下列情形之一的，处十日以上十五日以下拘留，并处五百元以上一千元以下罚款： 　　（一）结伙殴打、伤害他人的； 　　（二）殴打、伤害残疾人、孕妇、不满十四周岁的人或者六十周岁以上的人的； 　　（三）多次殴打、伤害他人或者一次殴打、伤害多人的。	第五十一条　殴打他人的，或者故意伤害他人身体的，处五日以上十日以下拘留，并处五百元以上一千元以下罚款；情节较轻的，处五日以下拘留或者一千元以下罚款。 　　有下列情形之一的，处十日以上十五日以下拘留，并处一千元以上二千元以下罚款： 　　（一）结伙殴打、伤害他人的； 　　（二）殴打、伤害残疾人、孕妇、不满十四周岁的人或者七十周岁以上的人的； 　　（三）多次殴打、伤害他人或者一次殴打、伤害多人的。
第四十四条　猥亵他人的，或者在公共场所故意裸露身体，情节恶劣的，处五日以上十日以下拘留；猥亵智力残疾人、精神病人、不满十四周岁的人或者有其他严重情节的，处十日以上十五日以下拘留。	第五十二条　猥亵他人的，处五日以上十日以下拘留；猥亵精神病人、智力残疾人、不满十四周岁的人或者有其他严重情节的，处十日以上十五日以下拘留。 　　在公共场所故意裸露身体隐私部位的，处警告或者五百元以下罚款；情节恶劣的，处五日以上十日以下拘留。
第四十五条　有下列行为之一的，处五日以下拘留或者警告： 　　（一）虐待家庭成员，被虐待人要求处理的； 　　（二）遗弃没有独立生活能力的被扶养人的。	第五十三条　有下列行为之一的，处五日以下拘留或者警告；情节较重的，处五日以上十日以下拘留，可以并处一千元以下罚款： 　　（一）虐待家庭成员，被虐待人或者其监护人要求处理的； 　　（二）对未成年人、老年人、患病的人、残疾人等负有监护、看护职责的人虐待被监护、看护的人的； 　　（三）遗弃没有独立生活能力的被扶养人的。

修订前	修订后
第四十六条 强买强卖商品，强迫他人提供服务或者强迫他人接受服务的，处五日以上十日以下拘留，并处**二百元**以上**五百**元以下罚款；情节较轻的，处五日以下拘留或者**五百**元以下罚款。	第五十四条 强买强卖商品，强迫他人提供服务或者强迫他人接受服务的，处五日以上十日以下拘留，并处三千元以上五千元以下罚款；情节较轻的，处五日以下拘留或者一千元以下罚款。
第四十七条 煽动民族仇恨、民族歧视，或者在出版物、**计算机**信息网络中刊载民族歧视、侮辱内容的，处十日以上十五日以下拘留，可以并处**一千元**以下罚款。	第五十五条 煽动民族仇恨、民族歧视，或者在出版物、信息网络中刊载民族歧视、侮辱内容的，处十日以上十五日以下拘留，可以并处三千元以下罚款；**情节较轻的，处五日以下拘留或者三千元以下罚款。**
	第五十六条 违反国家有关规定，向他人出售或者提供个人信息的，处十日以上十五日以下拘留；情节较轻的，处五日以下拘留。 窃取或者以其他方法非法获取个人信息的，依照前款的规定处罚。
第四十八条 冒领、隐匿、毁弃、私自开拆或者非法检查他人邮件的，处**五日以下拘留或者五百**元以下罚款。	第五十七条 冒领、隐匿、毁弃、**倒卖**、私自开拆或者非法检查他人邮件、**快件**的，处警告或者一千元以下罚款；**情节较重的，处五日以上十日以下拘留。**
第四十九条 盗窃、诈骗、哄抢、抢夺、敲诈勒索**或者故意损毁公私财物**的，处五日以上十日以下拘留，**可以并处五百**元以下罚款；情节较重的，处十日以上十五日以下拘留，可以并处**一千**元以下罚款。	第五十八条 盗窃、诈骗、哄抢、抢夺**或者**敲诈勒索的，处五日以上十日以下拘留**或者二千元以下罚款**；情节较重的，处十日以上十五日以下拘留，可以并处三千元以下罚款。
	第五十九条 故意损毁公私财物的，处五日以下拘留**或者一千元以下罚款**；情节较重的，处五日以上十日以下拘留，可以并处三千元以下罚款。

修订前	修订后
	第六十条 以殴打、侮辱、恐吓等方式实施学生欺凌，违反治安管理的，公安机关应当依照本法、《中华人民共和国预防未成年人犯罪法》的规定，给予治安管理处罚、采取相应矫治教育等措施。 学校违反有关法律法规规定，明知发生严重的学生欺凌或者明知发生其他侵害未成年学生的犯罪，不按规定报告或者处置的，责令改正，对其直接负责的主管人员和其他直接责任人员，建议有关部门依法予以处分。
第四节 妨害社会管理的行为和处罚	第四节 妨害社会管理的行为和处罚
第五十条 有下列行为之一的，处警告或者二百元以下罚款；情节严重的，处五日以上十日以下拘留，可以并处五百元以下罚款： （一）拒不执行人民政府在紧急状态情况下依法发布的决定、命令的； （二）阻碍国家机关工作人员依法执行职务的； （三）阻碍执行紧急任务的消防车、救护车、工程抢险车、警车等车辆通行的； （四）强行冲闯公安机关设置的警戒带、警戒区的。 阻碍人民警察依法执行职务的，从重处罚。	第六十一条 有下列行为之一的，处警告或者五百元以下罚款；情节严重的，处五日以上十日以下拘留，可以并处一千元以下罚款： （一）拒不执行人民政府在紧急状态情况下依法发布的决定、命令的； （二）阻碍国家机关工作人员依法执行职务的； （三）阻碍执行紧急任务的消防车、救护车、工程抢险车、警车或者执行上述紧急任务的专用船舶通行的； （四）强行冲闯公安机关设置的警戒带、警戒区或者检查点的。 阻碍人民警察依法执行职务的，从重处罚。
第五十一条 冒充国家机关工作人员或者以其他虚假身份招摇撞骗的，处五日以上十日以下拘留，可以并处五百元以下罚款；情节较轻的，处五日以下拘留或者五百元以下罚款。 冒充军警人员招摇撞骗的，从重处罚。	第六十二条 冒充国家机关工作人员招摇撞骗的，处十日以上十五日以下拘留，可以并处一千元以下罚款；情节较轻的，处五日以上十日以下拘留。 冒充军警人员招摇撞骗的，从重处罚。

修订前	修订后
	盗用、冒用个人、组织的身份、名义或者以其他虚假身份招摇撞骗的，处五日以下拘留**或者一千元以下罚款**；**情节较重的，处五日以上十日以下拘留，可以并处一千元以下罚款。**
第五十二条　有下列行为之一的，处十日以上十五日以下拘留，可以并处**一千元**以下罚款；情节较轻的，处五日以上十日以下拘留，可以并处**五百元**以下罚款： （一）伪造、变造或者买卖国家机关、人民团体、企业、事业单位或者其他组织的公文、证件、证明文件、印章的； （二）买卖或者使用伪造、变造的国家机关、人民团体、企业、事业单位或者其他组织的公文、证件、证明文件的； （三）伪造、变造、倒卖车票、船票、航空客票、文艺演出票、体育比赛入场券或者其他有价票证、凭证的； （四）伪造、变造船舶户牌，买卖或者使用伪造、变造的船舶户牌，或者涂改船舶发动机号码的。	第六十三条　有下列行为之一的，处十日以上十五日以下拘留，可以并处**五千元**以下罚款；情节较轻的，处五日以上十日以下拘留，可以并处**三千元**以下罚款： （一）伪造、变造或者买卖国家机关、人民团体、企业、事业单位或者其他组织的公文、证件、证明文件、印章的； （二）**出租、出借国家机关、人民团体、企业、事业单位或者其他组织的公文、证件、证明文件、印章供他人非法使用的；** （三）买卖或者使用伪造、变造的国家机关、人民团体、企业、事业单位或者其他组织的公文、证件、证明文件、**印章**的； （四）伪造、变造**或者**倒卖车票、船票、航空客票、文艺演出票、体育比赛入场券或者其他有价票证、凭证的； （五）伪造、变造船舶户牌，买卖或者使用伪造、变造的船舶户牌，或者涂改船舶发动机号码的。
第五十三条　船舶擅自进入、停靠国家禁止、限制进入的水域或者岛屿的，对船舶负责人及有关责任人员处**五百元以上一千元**以下罚款；情节严重的，处五日以下拘留，并处**五百元以上一千元**以下罚款。	第六十四条　船舶擅自进入、停靠国家禁止、限制进入的水域或者岛屿的，对船舶负责人及有关责任人员处**一千元以上二千元**以下罚款；情节严重的，处五日以下拘留，**可以**并处**二千元**以下罚款。

修订前	修订后
第五十四条 有下列行为之一的，处十日以上十五日以下拘留，并处五百元以上一千元以下罚款；情节较轻的，处五日以下拘留或者五百元以下罚款： （一）违反国家规定，未经注册登记，以社会团体名义进行活动，被取缔后，仍进行活动的； （二）被依法撤销登记的社会团体，仍以社会团体名义进行活动的； （三）未经许可，擅自经营按照国家规定需要由公安机关许可的行业的。 有前款第三项行为的，予以取缔。 取得公安机关许可的经营者，违反国家有关管理规定，情节严重的，公安机关可以吊销许可证。	第六十五条 有下列行为之一的，处十日以上十五日以下拘留，可以并处五千元以下罚款；情节较轻的，处五日以上十日以下拘留或者一千元以上三千元以下罚款： （一）违反国家规定，未经注册登记，以社会团体、基金会、社会服务机构等社会组织名义进行活动，被取缔后，仍进行活动的； （二）被依法撤销登记或者吊销登记证书的社会团体、基金会、社会服务机构等社会组织，仍以原社会组织名义进行活动的； （三）未经许可，擅自经营按照国家规定需要由公安机关许可的行业的。 有前款第三项行为的，予以取缔。被取缔一年以内又实施的，处十日以上十五日以下拘留，并处三千元以上五千元以下罚款。 取得公安机关许可的经营者，违反国家有关管理规定，情节严重的，公安机关可以吊销许可证件。
第五十五条 煽动、策划非法集会、游行、示威，不听劝阻的，处十日以上十五日以下拘留。	第六十六条 煽动、策划非法集会、游行、示威，不听劝阻的，处十日以上十五日以下拘留。
第五十六条 旅馆业的工作人员对住宿的旅客不按规定登记姓名、身份证件种类和号码的，或者明知住宿的旅客将危险物质带入旅馆，不予制止的，处二百元以上五百元以下罚款。 旅馆业的工作人员明知住宿的旅客是犯罪嫌疑人员或者被公安机关通缉的人员，不向公安机关报告的，处二百元以上五百元以下罚款；情节严重的，处五日以下拘留，可以并处五百元以下罚款。	第六十七条 从事旅馆业经营活动不按规定登记住宿人员姓名、有效身份证件种类和号码等信息的，或者为身份不明、拒绝登记身份信息的人提供住宿服务的，对其直接负责的主管人员和其他直接责任人员处五百元以上一千元以下罚款；情节较轻的，处警告或者五百元以下罚款。 实施前款行为，妨害反恐怖主义工作进行，违反《中华人民共和国反恐怖主义法》规定的，依照其规定处罚。

修订前	修订后
	从事旅馆业经营活动有下列行为之一的，对其直接负责的主管人员和其他直接责任人员处一千元以上三千元以下罚款；情节严重的，处五日以下拘留，可以并处三千元以上五千元以下罚款： （一）明知住宿人员违反规定将危险物质带入住宿区域，不予制止的； （二）明知住宿人员是犯罪嫌疑人员或者被公安机关通缉的人员，不向公安机关报告的； （三）明知住宿人员利用旅馆实施犯罪活动，不向公安机关报告的。
第五十七条　房屋出租人将房屋出租给无身份证件的人居住的，或者不按规定登记承租人姓名、身份证件种类和号码的，处二百元以上五百元以下罚款。 房屋出租人明知承租人利用出租房屋进行犯罪活动，不向公安机关报告的，处二百元以上五百元以下罚款；情节严重的，处五日以下拘留，可以并处五百元以下罚款。	第六十八条　房屋出租人将房屋出租给身份不明、拒绝登记身份信息的人的，或者不按规定登记承租人姓名、有效身份证件种类和号码等信息的，处五百元以上一千元以下罚款；情节较轻的，处警告或者五百元以下罚款。 房屋出租人明知承租人利用出租房屋实施犯罪活动，不向公安机关报告的，处一千元以上三千元以下罚款；情节严重的，处五日以下拘留，可以并处三千元以上五千元以下罚款。
	第六十九条　娱乐场所和公章刻制、机动车修理、报废机动车回收行业经营者违反法律法规关于要求登记信息的规定，不登记信息的，处警告；拒不改正或者造成后果的，对其直接负责的主管人员和其他直接责任人员处五日以下拘留或者三千元以下罚款。
	第七十条　非法安装、使用、提供窃听、窃照专用器材的，处五日以下拘留或者一千元以上三千元以下罚款；情节较重的，处五日以上十日以下拘留，并处三千元以上五千元以下罚款。

《中华人民共和国治安管理处罚法》新旧对照表 | 643

修订前	修订后
第五十九条　有下列行为之一的，处**五百**元以上**一千**元以下罚款；情节严重的，处五日以上十日以下拘留，并处**五百**元以上**一千**元以下罚款： （一）典当业工作人员承接典当的物品，不查验有关证明、不履行登记手续，或者明知是违法犯罪嫌疑人、赃物，不向公安机关报告的； （二）违反国家规定，收购铁路、油田、供电、电信、矿山、水利、测量和城市公用设施等废旧专用器材的； （三）收购公安机关通报寻查的赃物或者有赃物嫌疑的物品的； （四）收购国家禁止收购的其他物品的。	第七十一条　有下列行为之一的，处一千元以上三千元以下罚款；情节严重的，处五日以上十日以下拘留，并处**一千**元以上**三千**元以下罚款： （一）典当业工作人员承接典当的物品，不查验有关证明、不履行登记手续**的**，或者**违反国家规定对**明知是违法犯罪嫌疑人、赃物**而**不向公安机关报告的； （二）违反国家规定，收购铁路、油田、供电、电信、矿山、水利、测量和城市公用设施等废旧专用器材的； （三）收购公安机关通报寻查的赃物或者有赃物嫌疑的物品的； （四）收购国家禁止收购的其他物品的。
第六十条　有下列行为之一的，处五日以上十日以下拘留，并处**二百**元以上**五百**元以下罚款： （一）隐藏、转移、变卖或者损毁行政执法机关依法扣押、查封、冻结的财物的； （二）伪造、隐匿、毁灭证据或者提供虚假证言、谎报案情，影响行政执法机关依法办案的； （三）明知是赃物而窝藏、转移或者代为销售的； （四）被依法执行管制、剥夺政治权利或者在缓刑、暂予监外执行中的罪犯或者被依法采取刑事强制措施的人，有违反法律、行政法规或者国务院有关部门的监督管理规定的行为。	第七十二条　有下列行为之一的，处五日以上十日以下拘留，**可以**并处一千元以下罚款；**情节较轻的，处警告或者一千元以下罚款**： （一）隐藏、转移、变卖、**擅自使用**或者损毁行政执法机关依法扣押、查封、冻结、**扣留、先行登记保存**的财物的； （二）伪造、隐匿、毁灭证据或者提供虚假证言、谎报案情，影响行政执法机关依法办案的； （三）明知是赃物而窝藏、转移或者代为销售的； （四）被依法执行管制、剥夺政治权利或者在缓刑、暂予监外执行中的罪犯或者被依法采取刑事强制措施的人，有违反法律、行政法规或者国务院有关部门的监督管理规定的行为**的**。

修订前	修订后
	第七十三条　有下列行为之一的，处警告或者一千元以下罚款；情节较重的，处五日以上十日以下拘留，可以并处一千元以下罚款： （一）违反人民法院刑事判决中的禁止令或者职业禁止决定的； （二）拒不执行公安机关依照《中华人民共和国反家庭暴力法》、《中华人民共和国妇女权益保障法》出具的禁止家庭暴力告诫书、禁止性骚扰告诫书的； （三）违反监察机关在监察工作中、司法机关在刑事诉讼中依法采取的禁止接触证人、鉴定人、被害人及其近亲属保护措施的。
	第七十四条　依法被关押的违法行为人脱逃的，处十日以上十五日以下拘留；情节较轻的，处五日以上十日以下拘留。
第六十一条　协助组织或者运送他人偷越国（边）境的，处十日以上十五日以下拘留，并处一千元以上五千元以下罚款。	
第六十二条　为偷越国（边）境人员提供条件的，处五日以上十日以下拘留，并处五百元以上二千元以下罚款。 偷越国（边）境的，处五日以下拘留或者五百元以下罚款。	
第六十三条　有下列行为之一的，处警告或者二百元以下罚款；情节较重的，处五日以上十日以下拘留，并处二百元以上五百元以下罚款： （一）刻划、涂污或者以其他方式故意损坏国家保护的文物、名胜古迹的；	第七十五条　有下列行为之一的，处警告或者五百元以下罚款；情节较重的，处五日以上十日以下拘留，并处五百元以上一千元以下罚款： （一）刻划、涂污或者以其他方式故意损坏国家保护的文物、名胜古迹的；

《中华人民共和国治安管理处罚法》新旧对照表 | 645

修订前	修订后
（二）违反国家规定，在文物保护单位附近进行爆破、挖掘等活动，危及文物安全的。	（二）违反国家规定，在文物保护单位附近进行爆破、**钻探**、挖掘等活动，危及文物安全的。
第六十四条　有下列行为之一的，处五百元以上一千元以下罚款；情节严重的，处十日以上十五日以下拘留，并处五百元以上一千元以下罚款： （一）偷开他人机动车的； （二）未取得驾驶证驾驶或者偷开他人航空器、机动船舶的。	第七十六条　有下列行为之一的，处一千元以上二千元以下罚款；情节严重的，处十日以上十五日以下拘留，**可以**并处二千元以下罚款： （一）偷开他人机动车的； （二）未取得驾驶证驾驶或者偷开他人航空器、机动船舶的。
第六十五条　有下列行为之一的，处五日以上十日以下拘留；情节严重的，处十日以上十五日以下拘留，可以并处一千元以下罚款： （一）故意破坏、污损他人坟墓或者毁坏、丢弃他人尸骨、骨灰的； （二）在公共场所停放尸体或者因停放尸体影响他人正常生活、工作秩序，不听劝阻的。	第七十七条　有下列行为之一的，处五日以上十日以下拘留；情节严重的，处十日以上十五日以下拘留，可以并处二千元以下罚款： （一）故意破坏、污损他人坟墓或者毁坏、丢弃他人尸骨、骨灰的； （二）在公共场所停放尸体或者因停放尸体影响他人正常生活、工作秩序，不听劝阻的。
第六十六条　卖淫、嫖娼的，处十日以上十五日以下拘留，可以并处五千元以下罚款；情节较轻的，处五日以下拘留或者五百元以下罚款。 在公共场所拉客招嫖的，处五日以下拘留或者五百元以下罚款。	第七十八条　卖淫、嫖娼的，处十日以上十五日以下拘留，可以并处五千元以下罚款；情节较轻的，处五日以下拘留或者一千元以下罚款。 在公共场所拉客招嫖的，处五日以下拘留或者一千元以下罚款。
第六十七条　引诱、容留、介绍他人卖淫的，处十日以上十五日以下拘留，可以并处五千元以下罚款；情节较轻的，处五日以下拘留或者五百元以下罚款。	第七十九条　引诱、容留、介绍他人卖淫的，处十日以上十五日以下拘留，可以并处五千元以下罚款；情节较轻的，处五日以下拘留或者一千元以上二千元以下罚款。
第六十八条　制作、运输、复制、出售、出租淫秽的书刊、图片、影片、音像制品等淫秽物品或者利用计算机信	第八十条　制作、运输、复制、出售、出租淫秽的书刊、图片、影片、音像制品等淫秽物品或者利用信息网络、

修订前	修订后
息网络、电话以及其他通讯工具传播淫秽信息的，处十日以上十五日以下拘留，可以并处三千元以下罚款；情节较轻的，处五日以下拘留或者五百元以下罚款。	电话以及其他通讯工具传播淫秽信息的，处十日以上十五日以下拘留，可以并处五千元以下罚款；情节较轻的，处五日以下拘留或者一千元以上三千元以下罚款。 　　前款规定的淫秽物品或者淫秽信息中涉及未成年人的，从重处罚。
第六十九条　有下列行为之一的，处十日以上十五日以下拘留，并处五百元以上一千元以下罚款： 　　（一）组织播放淫秽音像的； 　　（二）组织或者进行淫秽表演的； 　　（三）参与聚众淫乱活动的。 　　明知他人从事前款活动，为其提供条件的，依照前款的规定处罚。	第八十一条　有下列行为之一的，处十日以上十五日以下拘留，并处一千元以上二千元以下罚款： 　　（一）组织播放淫秽音像的； 　　（二）组织或者进行淫秽表演的； 　　（三）参与聚众淫乱活动的。 　　明知他人从事前款活动，为其提供条件的，依照前款的规定处罚。 　　组织未成年人从事第一款活动的，从重处罚。
第七十条　以营利为目的，为赌博提供条件的，或者参与赌博赌资较大的，处五日以下拘留或者五百元以下罚款；情节严重的，处十日以上十五日以下拘留，并处五百元以上三千元以下罚款。	第八十二条　以营利为目的，为赌博提供条件的，或者参与赌博赌资较大的，处五日以下拘留或者一千元以下罚款；情节严重的，处十日以上十五日以下拘留，并处一千元以上五千元以下罚款。
第七十一条　有下列行为之一的，处十日以上十五日以下拘留，可以并处三千元以下罚款；情节较轻的，处五日以下拘留或者五百元以下罚款： 　　（一）非法种植罂粟不满五百株或者其他少量毒品原植物的； 　　（二）非法买卖、运输、携带、持有少量未经灭活的罂粟等毒品原植物种子或者幼苗的； 　　（三）非法运输、买卖、储存、使用少量罂粟壳的。	第八十三条　有下列行为之一的，处十日以上十五日以下拘留，可以并处五千元以下罚款；情节较轻的，处五日以下拘留或者一千元以下罚款： 　　（一）非法种植罂粟不满五百株或者其他少量毒品原植物的； 　　（二）非法买卖、运输、携带、持有少量未经灭活的罂粟等毒品原植物种子或者幼苗的； 　　（三）非法运输、买卖、储存、使用少量罂粟壳的。

修订前	修订后
有前款第一项行为，在成熟前自行铲除的，不予处罚。	有前款第一项行为，在成熟前自行铲除的，不予处罚。
第七十二条 有下列行为之一的，处十日以上十五日以下拘留，可以并处二千元以下罚款；情节较轻的，处五日以下拘留或者五百元以下罚款： （一）非法持有鸦片不满二百克、海洛因或者甲基苯丙胺不满十克或者其他少量毒品的； （二）向他人提供毒品的； （三）吸食、注射毒品的； （四）胁迫、欺骗医务人员开具麻醉药品、精神药品的。	第八十四条 有下列行为之一的，处十日以上十五日以下拘留，可以并处三千元以下罚款；情节较轻的，处五日以下拘留或者一千元以下罚款： （一）非法持有鸦片不满二百克、海洛因或者甲基苯丙胺不满十克或者其他少量毒品的； （二）向他人提供毒品的； （三）吸食、注射毒品的； （四）胁迫、欺骗医务人员开具麻醉药品、精神药品的。 聚众、组织吸食、注射毒品的，对首要分子、组织者依照前款的规定从重处罚。 吸食、注射毒品的，可以同时责令其六个月至一年以内不得进入娱乐场所、不得擅自接触涉及毒品违法犯罪人员。违反规定的，处五日以下拘留或者一千元以下罚款。
第七十三条 教唆、引诱、欺骗他人吸食、注射毒品的，处十日以上十五日以下拘留，并处五百元以上二千元以下罚款。	第八十五条 引诱、教唆、欺骗或者强迫他人吸食、注射毒品的，处十日以上十五日以下拘留，并处一千元以上五千元以下罚款。 容留他人吸食、注射毒品或者介绍买卖毒品的，处十日以上十五日以下拘留，可以并处三千元以下罚款；情节较轻的，处五日以下拘留或者一千元以下罚款。
	第八十六条 违反国家规定，非法生产、经营、购买、运输用于制造毒品的原料、配剂的，处十日以上十五日以下拘留；情节较轻的，处五日以上十日以下拘留。

修订前	修订后
第七十四条　旅馆业、饮食服务业、文化娱乐业、出租汽车业等单位的人员，在公安机关查处吸毒、赌博、卖淫、嫖娼活动时，为违法犯罪行为人通风报信的，处十日以上十五日以下拘留。	第八十七条　旅馆业、饮食服务业、文化娱乐业、出租汽车业等单位的人员，在公安机关查处吸毒、赌博、卖淫、嫖娼活动时，为违法犯罪行为人通风报信的，**或者以其他方式为上述活动提供条件的**，处十日以上十五日以下拘留；**情节较轻的，处五日以下拘留或者一千元以上二千元以下罚款**。
第五十八条　违反关于社会生活噪声污染防治的法律规定，制造噪声干扰他人正常生活的，处警告；警告后不改正的，处二百元以上五百元以下罚款。	第八十八条　违反关于社会生活噪声污染防治的法律**法规**规定，**产生社会生活噪声，经基层群众性自治组织、业主委员会、物业服务人、有关部门依法劝阻、调解和处理未能制止，继续干扰他人正常生活、工作和学习的，处五日以下拘留或者一千元以下罚款；情节严重的，处五日以上十日以下拘留，可以并处一千元以下罚款**。
第七十五条　饲养动物，干扰他人正常生活的，处警告；警告后不改正的，或者放任动物恐吓他人的，处二百元以上五百元以下罚款。 驱使动物伤害他人的，依照本法第四十三条第一款的规定处罚。	第八十九条　饲养动物，干扰他人正常生活的，处警告；警告后不改正的，或者放任动物恐吓他人的，处一千元以下罚款。 **违反有关法律、法规、规章规定，出售、饲养烈性犬等危险动物的，处警告；警告后不改正的，或者致使动物伤害他人的，处五日以下拘留或者一千元以下罚款；情节较重的，处五日以上十日以下拘留。** **未对动物采取安全措施，致使动物伤害他人的，处一千元以下罚款；情节较重的，处五日以上十日以下拘留。** 驱使动物伤害他人的，依照本法第**五十一条**的规定处罚。

修订前	修订后
第七十六条 有本法第六十七条、第六十八条、第七十条的行为，屡教不改的，可以按照国家规定采取强制性教育措施。	
第四章　处罚程序	第四章　处罚程序
第一节　调　查	第一节　调　查
第七十七条 公安机关对报案、控告、举报或者违反治安管理行为人主动投案，以及其他行政主管部门、司法机关移送的违反治安管理案件，应当及时受理，并进行登记。 **第七十八条** 公安机关受理报案、控告、举报、投案后，认为属于违反治安管理行为的，应当立即进行调查；认为不属于违反治安管理行为的，应当告知报案人、控告人、举报人、投案人，并说明理由。	**第九十条** 公安机关对报案、控告、举报或者违反治安管理行为人主动投案，以及其他**国家**机关移送的违反治安管理案件，应当立即**立案并**进行调查；认为不属于违反治安管理行为的，应当告知报案人、控告人、举报人、投案人，并说明理由。
第七十九条 公安机关及其人民警察对治安案件的调查，应当依法进行。严禁刑讯逼供或者采用威胁、引诱、欺骗等非法手段收集证据。 　　以非法手段收集的证据不得作为处罚的根据。	**第九十一条** 公安机关及其人民警察对治安案件的调查，应当依法进行。严禁刑讯逼供或者采用威胁、引诱、欺骗等非法手段收集证据。 　　以非法手段收集的证据不得作为处罚的根据。
	第九十二条 公安机关办理治安案件，有权向有关单位和个人收集、调取证据。有关单位和个人应当如实提供证据。 　　公安机关向有关单位和个人收集、调取证据时，应当告知其必须如实提供证据，以及伪造、隐匿、毁灭证据或者提供虚假证言应当承担的法律责任。

修订前	修订后
	第九十三条　在办理刑事案件过程中以及其他执法办案机关在移送案件前依法收集的物证、书证、视听资料、电子数据等证据材料，可以作为治安案件的证据使用。
第八十条　公安机关及其人民警察在办理治安案件时，对涉及的国家秘密、商业秘密**或者**个人隐私，应当予以保密。	第九十四条　公安机关及其人民警察在办理治安案件时，对涉及的国家秘密、商业秘密、个人隐私**或者个人信息**，应当予以保密。
第八十一条　人民警察在办理治安案件过程中，遇有下列情形之一的，应当回避；违反治安管理行为人、被侵害人或者其法定代理人也有权要求他们回避： （一）是本案当事人或者当事人的近亲属的； （二）本人或者其近亲属与本案有利害关系的； （三）与本案当事人有其他关系，可能影响案件公正处理的。 人民警察的回避，由其所属的公安机关决定；公安机关负责人的回避，由上一级公安机关决定。	第九十五条　人民警察在办理治安案件过程中，遇有下列情形之一的，应当回避；违反治安管理行为人、被侵害人或者其法定代理人也有权要求他们回避： （一）是本案当事人或者当事人的近亲属的； （二）本人或者其近亲属与本案有利害关系的； （三）与本案当事人有其他关系，可能影响案件公正处理的。 人民警察的回避，由其所属的公安机关决定；公安机关负责人的回避，由上一级公安机关决定。
第八十二条　需要传唤违反治安管理行为人接受调查的，经公安机关办案部门负责人批准，使用传唤证传唤。对现场发现的违反治安管理行为人，人民警察经出示**工作证件**，可以口头传唤，但应当在询问笔录中注明。 公安机关应当将传唤的原因和依据告知被传唤人。对无正当理由不接受传唤或者逃避传唤的人，可以强制传唤。	第九十六条　需要传唤违反治安管理行为人接受调查的，经公安机关办案部门负责人批准，使用传唤证传唤。对现场发现的违反治安管理行为人，人民警察经出示**人民警察证**，可以口头传唤，但应当在询问笔录中注明。 公安机关应当将传唤的原因和依据告知被传唤人。对无正当理由不接受传唤或者逃避传唤的人，**经公安机关办案部门负责人批准**，可以强制传唤。

修订前	修订后
第八十三条 对违反治安管理行为人，公安机关传唤后应当及时询问查证，询问查证的时间不得超过八小时；情况复杂，依照本法规定可能适用行政拘留处罚的，询问查证的时间不得超过二十四小时。 公安机关应当及时将传唤的原因和处所通知被传唤人家属。	第九十七条 对违反治安管理行为人，公安机关传唤后应当及时询问查证，询问查证的时间不得超过八小时；**涉案人数众多、违反治安管理行为人身份不明的，询问查证的时间不得超过十二小时**；情况复杂，依照本法规定可能适用行政拘留处罚的，询问查证的时间不得超过二十四小时。**在执法办案场所询问违反治安管理行为人，应当全程同步录音录像。** 公安机关应当及时将传唤的原因和处所通知被传唤人家属。 **询问查证期间，公安机关应当保证违反治安管理行为人的饮食、必要的休息时间等正当需求。**
第八十四条 询问笔录应当交被询问人核对；对没有阅读能力的，应当向其宣读。记载有遗漏或者差错的，被询问人可以提出补充或者更正。被询问人确认笔录无误后，应当签名或者盖章，询问的人民警察也应当在笔录上签名。 被询问人要求就被询问事项自行提供书面材料的，应当准许；必要时，人民警察也可以要求被询问人自行书写。 询问不满十六周岁的违反治安管理行为人，应当通知其父母或者其他监护人到场。	第九十八条 询问笔录应当交被询问人核对；对没有阅读能力的，应当向其宣读。记载有遗漏或者差错的，被询问人可以提出补充或者更正。被询问人确认笔录无误后，应当签名、盖章**或者按指印**，询问的人民警察也应当在笔录上签名。 被询问人要求就被询问事项自行提供书面材料的，应当准许；必要时，人民警察也可以要求被询问人自行书写。 询问不满**十八**周岁的违反治安管理行为人，应当通知其父母或者其他监护人到场；**其父母或者其他监护人不能到场的，也可以通知其他成年亲属，所在学校、单位、居住地基层组织或者未成年人保护组织的代表等合适成年人到场，并将有关情况记录在案。确实无法通知或者通知后未到场的，应当在笔录中注明。**

修订前	修订后
第八十五条　人民警察询问被侵害人或者其他证人，可以到其所在单位或者住处进行；必要时，也可以通知其到公安机关提供证言。 人民警察在公安机关以外询问被侵害人或者其他证人，应当出示工作证件。 询问被侵害人或者其他证人，同时适用本法第八十四条的规定。	第九十九条　人民警察询问被侵害人或者其他证人，**可以在现场进行，也**可以到其所在单位、住处**或者其提出的地点**进行；必要时，也可以通知其到公安机关提供证言。 人民警察在公安机关以外询问被侵害人或者其他证人，应当出示**人民警察证**。 询问被侵害人或者其他证人，同时适用本法第九十八条的规定。
	第一百条　违反治安管理行为人、被侵害人或者其他证人在异地的，公安机关可以委托异地公安机关代为询问，也可以通过公安机关的视频系统远程询问。 通过远程视频方式询问的，应当向被询问人宣读询问笔录，被询问人确认笔录无误后，询问的人民警察应当在笔录上注明。询问和宣读过程应当全程同步录音录像。
第八十六条　询问聋哑的违反治安管理行为人、被侵害人或者其他证人，应当有通晓手语的人提供帮助，并在笔录上注明。 询问不通晓当地通用的语言文字的违反治安管理行为人、被侵害人或者其他证人，应当配备翻译人员，并在笔录上注明。	第一百零一条　询问聋哑的违反治安管理行为人、被侵害人或者其他证人，应当有通晓手语**等交流方式**的人提供帮助，并在笔录上注明。 询问不通晓当地通用的语言文字的违反治安管理行为人、被侵害人或者其他证人，应当配备翻译人员，并在笔录上注明。
	第一百零二条　为了查明案件事实，确定违反治安管理行为人、被侵害人的某些特征、伤害情况或者生理状态，需要对其人身进行检查，提取或者采集肖像、指纹信息和血液、尿液等生物样本的，经公安机关办案部门负责人

修订前	修订后
	批准后进行。对已经提取、采集的信息或者样本，不得重复提取、采集。提取或者采集被侵害人的信息或者样本，应当征得被侵害人或者其监护人同意。
第八十七条　公安机关对与违反治安管理行为有关的场所、物品、人身可以进行检查。检查时，人民警察不得少于二人，并应当出示工作证件和县级以上人民政府公安机关开具的检查证明文件。对确有必要立即进行检查的，人民警察经出示工作证件，可以当场检查，但检查公民住所应当出示县级以上人民政府公安机关开具的检查证明文件。 检查妇女的身体，应当由女性工作人员进行。	第一百零三条　公安机关对与违反治安管理行为有关的场所**或者违反治安管理行为人**的人身、**物品**可以进行检查。检查时，人民警察不得少于二人，并应当出示**人民警察证**。 **对场所进行检查的，经县级以上人民政府公安机关负责人批准，使用检查证检查**；对确有必要立即进行检查的，人民警察经出示**人民警察证**，可以当场检查，**并应当全程同步录音录像**。检查公民住所应当出示县级以上人民政府公安机关开具的检查证。 检查妇女的身体，应当由女性工作人员**或者医师**进行。
第八十八条　检查的情况应当制作检查笔录，由检查人、被检查人和见证人签名或者盖章；被检查人拒绝签名的，人民警察应当在笔录上注明。	第一百零四条　检查的情况应当制作检查笔录，由检查人、被检查人和见证人签名、盖章或者**按指印**；被检查人**不在场或者**被检查人、见证人拒绝签名的，人民警察应当在笔录上注明。
第八十九条　公安机关办理治安案件，对与案件有关的需要作为证据的物品，可以扣押；对被侵害人或者善意第三人合法占有的财产，不得扣押，应当予以登记。对与案件无关的物品，不得扣押。 对扣押的物品，应当会同在场见证人和被扣押物品持有人查点清楚，当场开列清单一式二份，由调查人员、见证人和持有人签名或者盖章，一份交给持有人，另一份附卷备查。	第一百零五条　公安机关办理治安案件，对与案件有关的需要作为证据的物品，可以扣押；对被侵害人或者善意第三人合法占有的财产，不得扣押，应当予以登记，**但是对其中与案件有关的必须鉴定的物品，可以扣押，鉴定后应当立即解除**。对与案件无关的物品，不得扣押。 对扣押的物品，应当会同在场见证人和被扣押物品持有人查点清楚，当场开列清单一式二份，由调查人员、见证

修订前	修订后
对扣押的物品，应当妥善保管，不得挪作他用；对不宜长期保存的物品，按照有关规定处理。经查明与案件无关的，应当及时退还；经核实属于他人合法财产的，应当登记后立即退还；满六个月无人对该财产主张权利或者无法查清权利人的，应当公开拍卖或者按照国家有关规定处理，所得款项上缴国库。	人和持有人签名或者盖章，一份交给持有人，另一份附卷备查。 　　**实施扣押前应当报经公安机关负责人批准；因情况紧急或者物品价值不大，当场实施扣押的，人民警察应当及时向其所属公安机关负责人报告，并补办批准手续。公安机关负责人认为不应当扣押的，应当立即解除。当场实施扣押的，应当全程同步录音录像。** 　　对扣押的物品，应当妥善保管，不得挪作他用；对不宜长期保存的物品，按照有关规定处理。经查明与案件无关**或者**经核实属于**被侵害人或者**他人合法财产的，应当登记后立即退还；满六个月无人对该财产主张权利或者无法查清权利人的，应当公开拍卖或者按照国家有关规定处理，所得款项上缴国库。
第九十条　为了查明案情，需要解决案件中有争议的专门性问题的，应当指派或者聘请具有专门知识的人员进行鉴定；鉴定人鉴定后，应当写出鉴定意见，并且签名。	**第一百零六条**　为了查明案情，需要解决案件中有争议的专门性问题的，应当指派或者聘请具有专门知识的人员进行鉴定；鉴定人鉴定后，应当写出鉴定意见，并且签名。
	第一百零七条　为了查明案情，人民警察可以让违反治安管理行为人、被侵害人和其他证人对与违反治安管理行为有关的场所、物品进行辨认，也可以让被侵害人、其他证人对违反治安管理行为人进行辨认，或者让违反治安管理行为人对其他违反治安管理行为人进行辨认。 　　辨认应当制作辨认笔录，由人民警察和辨认人签名、盖章或者按指印。

修订前	修订后
	第一百零八条　公安机关进行询问、辨认、勘验，实施行政强制措施等调查取证工作时，人民警察不得少于二人。 　　公安机关在规范设置、严格管理的执法办案场所进行询问、扣押、辨认的，或者进行调解的，可以由一名人民警察进行。 　　依照前款规定由一名人民警察进行询问、扣押、辨认、调解的，应当全程同步录音录像。未按规定全程同步录音录像或者录音录像资料损毁、丢失的，相关证据不能作为处罚的根据。
第二节　决　　定	第二节　决　　定
第九十一条　治安管理处罚由县级以上人民政府公安机关决定；其中警告、**五百**元以下的罚款可以由公安派出所决定。	**第一百零九条**　治安管理处罚由县级以上**地方**人民政府公安机关决定；其中警告、**一千**元以下的罚款，可以由公安派出所决定。
第九十二条　对决定给予行政拘留处罚的人，在处罚前已经采取强制措施限制人身自由的时间，应当折抵。限制人身自由一日，折抵行政拘留一日。	**第一百一十条**　对决定给予行政拘留处罚的人，在处罚前已经采取强制措施限制人身自由的时间，应当折抵。限制人身自由一日，折抵行政拘留一日。
第九十三条　公安机关查处治安案件，对没有本人陈述，但其他证据能够证明案件事实的，可以作出治安管理处罚决定。但是，只有本人陈述，没有其他证据证明的，不能作出治安管理处罚决定。	**第一百一十一条**　公安机关查处治安案件，对没有本人陈述，但其他证据能够证明案件事实的，可以作出治安管理处罚决定。但是，只有本人陈述，没有其他证据证明的，不能作出治安管理处罚决定。
第九十四条　公安机关作出治安管理处罚决定前，应当告知违反治安管理行为人作出治安管理处罚的事实、理由**及**依据，并告知违反治安管理行为人依法享有的权利。	**第一百一十二条**　公安机关作出治安管理处罚决定前，应当告知违反治安管理行为人拟作出治安管理处罚的**内容**及事实、理由、依据，并告知违反治安管理行为人依法享有的权利。

修订前	修订后
违反治安管理行为人有权陈述和申辩。公安机关必须充分听取违反治安管理行为人的意见，对违反治安管理行为人提出的事实、理由和证据，应当进行复核；违反治安管理行为人提出的事实、理由或者证据成立的，公安机关应当采纳。 公安机关不得因违反治安管理行为人的陈述、申辩而加重处罚。	违反治安管理行为人有权陈述和申辩。公安机关必须充分听取违反治安管理行为人的意见，对违反治安管理行为人提出的事实、理由和证据，应当进行复核；违反治安管理行为人提出的事实、理由或者证据成立的，公安机关应当采纳。 **违反治安管理行为人不满十八周岁的，还应当依照前两款的规定告知未成年人的父母或者其他监护人，充分听取其意见。** 公安机关不得因违反治安管理行为人的陈述、申辩而加重**其**处罚。
第九十五条　治安案件调查结束后，公安机关应当根据不同情况，分别作出以下处理： （一）确有依法应当给予治安管理处罚的违法行为的，根据情节轻重及具体情况，作出处罚决定； （二）依法不予处罚的，或者违法事实不能成立的，作出不予处罚决定； （三）违法行为已涉嫌犯罪的，移送主管机关依法追究刑事责任； （四）发现违反治安管理行为人有其他违法行为的，在对违反治安管理行为作出处罚决定的同时，通知有关行政主管部门处理。	第一百一十三条　治安案件调查结束后，公安机关应当根据不同情况，分别作出以下处理： （一）确有依法应当给予治安管理处罚的违法行为的，根据情节轻重及具体情况，作出处罚决定； （二）依法不予处罚的，或者违法事实不能成立的，作出不予处罚决定； （三）违法行为已涉嫌犯罪的，移送**有关**主管机关依法追究刑事责任； （四）发现违反治安管理行为人有其他违法行为的，在对违反治安管理行为作出处罚决定的同时，通知**或者移送**有关**主管机关**处理。 **对情节复杂或者重大违法行为给予治安管理处罚，公安机关负责人应当集体讨论决定。**
	第一百一十四条　有下列情形之一的，在公安机关作出治安管理处罚决定之前，应当由从事治安管理处罚决定法制审核的人员进行法制审核；未经法制审核或者审核未通过的，不得作出决定：

修订前	修订后
	（一）涉及重大公共利益的； （二）直接关系当事人或者第三人重大权益，经过听证程序的； （三）案件情况疑难复杂、涉及多个法律关系的。 　　公安机关中初次从事治安管理处罚决定法制审核的人员，应当通过国家统一法律职业资格考试取得法律职业资格。
第九十六条　公安机关作出治安管理处罚决定的，应当制作治安管理处罚决定书。决定书应当载明下列内容： （一）被处罚人的姓名、性别、年龄、身份证件的名称和号码、住址； （二）违法事实和证据； （三）处罚的种类和依据； （四）处罚的执行方式和期限； （五）对处罚决定不服，申请行政复议、提起行政诉讼的途径和期限； （六）作出处罚决定的公安机关的名称和作出决定的日期。 　　决定书应当由作出处罚决定的公安机关加盖印章。	**第一百一十五条**　公安机关作出治安管理处罚决定的，应当制作治安管理处罚决定书。决定书应当载明下列内容： （一）被处罚人的姓名、性别、年龄、身份证件的名称和号码、住址； （二）违法事实和证据； （三）处罚的种类和依据； （四）处罚的执行方式和期限； （五）对处罚决定不服，申请行政复议、提起行政诉讼的途径和期限； （六）作出处罚决定的公安机关的名称和作出决定的日期。 　　决定书应当由作出处罚决定的公安机关加盖印章。
第九十七条　公安机关应当向被处罚人宣告治安管理处罚决定书，并当场交付被处罚人；无法当场向被处罚人宣告的，应当在二日内送达被处罚人。决定给予行政拘留处罚的，应当及时通知被处罚人的家属。 　　有被侵害人的，公安机关应当将决定书**副本抄送**被侵害人。	**第一百一十六条**　公安机关应当向被处罚人宣告治安管理处罚决定书，并当场交付被处罚人；无法当场向被处罚人宣告的，应当在二日**以**内送达被处罚人。决定给予行政拘留处罚的，应当及时通知被处罚人的家属。 　　有被侵害人的，公安机关应当将决定书**送达**被侵害人。
第九十八条　公安机关作出吊销许可证**以及处二**千元以上罚款的治安管理处罚决定前，应当告知违反治安管理行为人有权要求举行听证；违反治安管理	**第一百一十七条**　公安机关作出吊销许可证**件、处四**千元以上罚款的治安管理处罚决定**或者采取责令停业整顿措施**前，应当告知违反治安管理行为人有

修订前	修订后
行为人要求听证的，公安机关应当及时依法举行听证。	权要求举行听证；违反治安管理行为人要求听证的，公安机关应当及时依法举行听证。 　　对依照本法第二十三条第二款规定可能执行行政拘留的未成年人，公安机关应当告知未成年人和其监护人有权要求举行听证；未成年人和其监护人要求听证的，公安机关应当及时依法举行听证。对未成年人案件的听证不公开举行。 　　前两款规定以外的案情复杂或者具有重大社会影响的案件，违反治安管理行为人要求听证，公安机关认为必要的，应当及时依法举行听证。 　　公安机关不得因违反治安管理行为人要求听证而加重其处罚。
第九十九条　公安机关办理治安案件的期限，自受理之日起不得超过三十日；案情重大、复杂的，经上一级公安机关批准，可以延长三十日。 　　为了查明案情进行鉴定的期间，不计入办理治安案件的期限。	第一百一十八条　公安机关办理治安案件的期限，自立案之日起不得超过三十日；案情重大、复杂的，经上一级公安机关批准，可以延长三十日。期限延长以二次为限。公安派出所办理的案件需要延长期限的，由所属公安机关批准。 　　为了查明案情进行鉴定的期间、听证的期间，不计入办理治安案件的期限。
第一百条　违反治安管理行为事实清楚，证据确凿，处警告或者二百元以下罚款的，可以当场作出治安管理处罚决定。	第一百一十九条　违反治安管理行为事实清楚，证据确凿，处警告或者五百元以下罚款的，可以当场作出治安管理处罚决定。
第一百零一条　当场作出治安管理处罚决定的，人民警察应当向违反治安管理行为人出示工作证件，并填写处罚决定书。处罚决定书应当当场交付被处罚人；有被侵害人的，并将决定书副本抄送被侵害人。	第一百二十条　当场作出治安管理处罚决定的，人民警察应当向违反治安管理行为人出示人民警察证，并填写处罚决定书。处罚决定书应当当场交付被处罚人；有被侵害人的，并应当将决定书送达被侵害人。

修订前	修订后
前款规定的处罚决定书，应当载明被处罚人的姓名、违法行为、处罚依据、罚款数额、时间、地点以及公安机关名称，并由经办的人民警察签名或者盖章。 当场作出治安管理处罚决定的，经办的人民警察应当在二十四小时内报所属公安机关备案。	前款规定的处罚决定书，应当载明被处罚人的姓名、违法行为、处罚依据、罚款数额、时间、地点以及公安机关名称，并由经办的人民警察签名或者盖章。 **适用当场处罚，被处罚人对拟作出治安管理处罚的内容及事实、理由、依据没有异议的，可以由一名人民警察作出治安管理处罚决定，并应当全程同步录音录像。** 当场作出治安管理处罚决定的，经办的人民警察应当在二十四小时以内报所属公安机关备案。
第一百零二条 被处罚人对治安管理处罚决定不服的，可以依法申请行政复议或者提起行政诉讼。	第一百二十一条 被处罚人、**被侵害人**对公安机关依照本法规定作出的治安管理处罚决定，**作出的收缴、追缴决定，或者采取的有关限制性、禁止性措施等**不服的，可以依法申请行政复议或者提起行政诉讼。
第三节 执 行	第三节 执 行
第一百零三条 对被决定给予行政拘留处罚的人，由作出决定的公安机关送达拘留所执行。	第一百二十二条 对被决定给予行政拘留处罚的人，由作出决定的公安机关送拘留所执行；**执行期满，拘留所应当按时解除拘留，发给解除拘留证明书。** **被决定给予行政拘留处罚的人在异地被抓获或者有其他有必要在异地拘留所执行情形的，经异地拘留所主管公安机关批准，可以在异地执行。**
第一百零四条 受到罚款处罚的人应当自收到处罚决定书之日起十五日内，到指定的银行缴纳罚款。但是，有下列情形之一的，人民警察可以当场收缴罚款：	第一百二十三条 受到罚款处罚的人应当自收到处罚决定书之日起十五日**以内**，到指定的银行**或者通过电子支付系统**缴纳罚款。但是，有下列情形之一的，人民警察可以当场收缴罚款：

修订前	修订后
（一）被处**五十元**以下罚款，被处罚人对罚款无异议的； （二）在边远、水上、交通不便地区，公安机关及其人民警察依照本法的规定作出罚款决定后，被处罚人**向**指定的银行缴纳罚款确有困难，经被处罚人提出的； （三）被处罚人在当地没有固定住所，不当场收缴事后难以执行的。	（一）被处**二百元**以下罚款，被处罚人对罚款无异议的； （二）在边远、水上、交通不便地区，**旅客列车上或者口岸，**公安机关及其人民警察依照本法的规定作出罚款决定后，被处罚人**到**指定的银行**或者通过电子支付系统**缴纳罚款确有困难，经被处罚人提出的； （三）被处罚人在当地没有固定住所，不当场收缴事后难以执行的。
第一百零五条　人民警察当场收缴的罚款，应当自收缴罚款之日起二日**内**，交至所属的公安机关；在水上、旅客列车上当场收缴的罚款，应当自抵岸或者到站之日起二日**内**，交至所属的公安机关；公安机关应当自收到罚款之日起二日**内**将罚款缴付指定的银行。	第一百二十四条　人民警察当场收缴的罚款，应当自收缴罚款之日起二日**以内**，交至所属的公安机关；在水上、旅客列车上当场收缴的罚款，应当自抵岸或者到站之日起二日**以内**，交至所属的公安机关；公安机关应当自收到罚款之日起二日**以内**将罚款缴付指定的银行。
第一百零六条　人民警察当场收缴罚款的，应当向被处罚人出具**省、自治区、直辖市**人民政府财政部门统一制发的**罚款收据**；不出具统一制发的**罚款收据**的，被处罚人有权拒绝缴纳罚款。	第一百二十五条　人民警察当场收缴罚款的，应当向被处罚人出具**省级以上**人民政府财政部门统一制发的**专用票据**；不出具统一制发的**专用票据**的，被处罚人有权拒绝缴纳罚款。
第一百零七条　被处罚人不服行政拘留处罚决定，申请行政复议、提起行政诉讼的，可以向公安机关提出暂缓执行行政拘留的申请。公安机关认为暂缓执行行政拘留不致发生社会危险的，由被处罚人或者其近亲属提出符合本法第一百零八条规定条件的担保人，或者按每日行政拘留二百元的标准交纳保证金，行政拘留的处罚决定暂缓执行。	第一百二十六条　被处罚人不服行政拘留处罚决定，申请行政复议、提起行政诉讼的，**遇有参加升学考试、子女出生或者近亲属病危、死亡等情形的，**可以向公安机关提出暂缓执行行政拘留的申请。公安机关认为暂缓执行行政拘留不致发生社会危险的，由被处罚人或者其近亲属提出符合本法第一百二十七条规定条件的担保人，或者按每日行政拘留二百元的标准交纳保证金，行政拘留的处罚决定暂缓执行。

修订前	修订后
	正在被执行行政拘留处罚的人遇有参加升学考试、子女出生或者近亲属病危、死亡等情形，被拘留人或者其近亲属申请出所的，由公安机关依照前款规定执行。被拘留人出所的时间不计入拘留期限。
第一百零八条　担保人应当符合下列条件： （一）与本案无牵连； （二）享有政治权利，人身自由未受到限制； （三）在当地有常住户口和固定住所； （四）有能力履行担保义务。	第一百二十七条　担保人应当符合下列条件： （一）与本案无牵连； （二）享有政治权利，人身自由未受到限制； （三）在当地有常住户口和固定住所； （四）有能力履行担保义务。
第一百零九条　担保人应当保证被担保人不逃避行政拘留处罚的执行。 担保人不履行担保义务，致使被担保人逃避行政拘留处罚的执行的，由公安机关对其处三千元以下罚款。	第一百二十八条　担保人应当保证被担保人不逃避行政拘留处罚的执行。 担保人不履行担保义务，致使被担保人逃避行政拘留处罚的执行的，处三千元以下罚款。
第一百一十条　被决定给予行政拘留处罚的人交纳保证金，暂缓行政拘留后，逃避行政拘留处罚的执行的，保证金予以没收并上缴国库，已经作出的行政拘留决定仍应执行。	第一百二十九条　被决定给予行政拘留处罚的人交纳保证金，暂缓行政拘留**或者出所**后，逃避行政拘留处罚的执行的，保证金予以没收并上缴国库，已经作出的行政拘留决定仍应执行。
第一百一十一条　行政拘留的处罚决定被撤销，或者行政拘留处罚开始执行的，公安机关收取的保证金应当及时退还交纳人。	第一百三十条　行政拘留的处罚决定被撤销，行政拘留处罚开始**执行，或者出所后继续执行**的，公安机关收取的保证金应当及时退还交纳人。
第五章　执法监督	第五章　执法监督
第一百一十二条　公安机关及其人民警察应当依法、公正、严格、高效办理治安案件，文明执法，不得徇私舞弊。	第一百三十一条　公安机关及其人民警察应当依法、公正、严格、高效办理治安案件，文明执法，不得徇私舞弊、**玩忽职守、滥用职权**。

修订前	修订后
第一百一十三条 公安机关及其人民警察办理治安案件，禁止对违反治安管理行为人打骂、虐待或者侮辱。	第一百三十二条 公安机关及其人民警察办理治安案件，禁止对违反治安管理行为人打骂、虐待或者侮辱。
第一百一十四条 公安机关及其人民警察办理治安案件，应当自觉接受社会和公民的监督。 公安机关及其人民警察办理治安案件，不严格执法或者有违法违纪行为的，任何单位和个人都有权向公安机关或者人民检察院、行政监察机关检举、控告；收到检举、控告的机关，应当依据职责及时处理。	第一百三十三条 公安机关及其人民警察办理治安案件，应当自觉接受社会和公民的监督。 公安机关及其人民警察办理治安案件，不严格执法或者有违法违纪行为的，任何单位和个人都有权向公安机关或者人民检察院、监察机关检举、控告；收到检举、控告的机关，应当依据职责及时处理。
	第一百三十四条 公安机关作出治安管理处罚决定，发现被处罚人是公职人员，依照《中华人民共和国公职人员政务处分法》的规定需要给予政务处分的，应当依照有关规定及时通报监察机关等有关单位。
第一百一十五条 公安机关依法实施罚款处罚，应当依照有关法律、行政法规的规定，实行罚款决定与罚款收缴分离；收缴的罚款应当全部上缴国库。	第一百三十五条 公安机关依法实施罚款处罚，应当依照有关法律、行政法规的规定，实行罚款决定与罚款收缴分离；收缴的罚款应当全部上缴国库，**不得返还、变相返还，不得与经费保障挂钩**。
	第一百三十六条 违反治安管理的记录应当予以封存，不得向任何单位和个人提供或者公开，但有关国家机关为办案需要或者有关单位根据国家规定进行查询的除外。依法进行查询的单位，应当对被封存的违法记录的情况予以保密。
	第一百三十七条 公安机关应当履行同步录音录像运行安全管理职责，完善技术措施，定期维护设施设备，保障录音录像设备运行连续、稳定、安全。

修订前	修订后
	第一百三十八条 公安机关及其人民警察不得将在办理治安案件过程中获得的个人信息，依法提取、采集的相关信息、样本用于与治安管理、查处犯罪无关的用途，不得出售、提供给其他单位或者个人。
第一百一十六条 人民警察办理治安案件，有下列行为之一的，依法给予行政处分；构成犯罪的，依法追究刑事责任： （一）刑讯逼供、体罚、虐待、侮辱他人的； （二）超过询问查证的时间限制人身自由的； （三）不执行罚款决定与罚款收缴分离制度或者不按规定将罚没的财物上缴国库或者依法处理的； （四）私分、侵占、挪用、故意损毁收缴、扣押的财物的； （五）违反规定使用或者不及时返还被侵害人财物的； （六）违反规定不及时退还保证金的； （七）利用职务上的便利收受他人财物或者谋取其他利益的； （八）当场收缴罚款不出具罚款收据或者不如实填写罚款数额的； （九）接到要求制止违反治安管理行为的报警后，不及时出警的； （十）在查处违反治安管理活动时，为违法犯罪行为人通风报信的； （十一）有徇私舞弊、滥用职权，不依法履行法定职责的其他情形的。 办理治安案件的公安机关有前款所列行为的，对直接负责的主管人员和其他直接责任人员给予相应的行政处分。	第一百三十九条 人民警察办理治安案件，有下列行为之一的，依法给予处分；构成犯罪的，依法追究刑事责任： （一）刑讯逼供、体罚、打骂、虐待、侮辱他人的； （二）超过询问查证的时间限制人身自由的； （三）不执行罚款决定与罚款收缴分离制度或者不按规定将罚没的财物上缴国库或者依法处理的； （四）私分、侵占、挪用、故意损毁所收缴、追缴、扣押的财物的； （五）违反规定使用或者不及时返还被侵害人财物的； （六）违反规定不及时退还保证金的； （七）利用职务上的便利收受他人财物或者谋取其他利益的； （八）当场收缴罚款不出具专用票据或者不如实填写罚款数额的； （九）接到要求制止违反治安管理行为的报警后，不及时出警的； （十）在查处违反治安管理活动时，为违法犯罪行为人通风报信的； （十一）泄露办理治安案件过程中的工作秘密或者其他依法应当保密的信息的；

修订前	修订后
	（十二）将在办理治安案件过程中获得的个人信息，依法提取、采集的相关信息、样本用于与治安管理、查处犯罪无关的用途，或者出售、提供给其他单位或者个人的； （十三）剪接、删改、损毁、丢失办理治安案件的同步录音录像资料的； （十四）有徇私舞弊、玩忽职守、滥用职权，不依法履行法定职责的其他情形的。 办理治安案件的公安机关有前款所列行为的，对**负有责任的领导人员和直接责任人员**，依法给予处分。
第一百一十七条　公安机关及其人民警察违法行使职权，侵犯公民、法人和其他组织合法权益的，应当赔礼道歉；造成损害的，应当依法承担赔偿责任。	第一百四十条　公安机关及其人民警察违法行使职权，侵犯公民、法人和其他组织合法权益的，应当赔礼道歉；造成损害的，应当依法承担赔偿责任。
第六章　附　　则	第六章　附　　则
	第一百四十一条　其他法律中规定由公安机关给予行政拘留处罚的，其处罚程序适用本法规定。 公安机关依照《中华人民共和国枪支管理法》、《民用爆炸物品安全管理条例》等直接关系公共安全和社会治安秩序的法律、行政法规实施处罚的，其处罚程序适用本法规定。 本法第三十二条、第三十四条、第四十六条、第五十六条规定给予行政拘留处罚，其他法律、行政法规同时规定给予罚款、没收违法所得、没收非法财物等其他行政处罚的行为，由相关主管部门依照相应规定处罚；需要给予行政拘留处罚的，由公安机关依照本法规定处理。

修订前	修订后
	第一百四十二条　海警机构履行海上治安管理职责，行使本法规定的公安机关的职权，但是法律另有规定的除外。
第一百一十八条　本法所称以上、以下、以内，包括本数。	第一百四十三条　本法所称以上、以下、以内，包括本数。
第一百一十九条　本法自 2006 年 3 月 1 日起施行。1986 年 9 月 5 日公布、1994 年 5 月 12 日修订公布的《中华人民共和国治安管理处罚条例》同时废止。	第一百四十四条　本法自 2026 年 1 月 1 日起施行。

图书在版编目（CIP）数据

中华人民共和国治安管理处罚法释义与实务指南 / 许永安主编. -- 北京：中国法治出版社，2025.7.
ISBN 978-7-5216-5404-2

Ⅰ．D922.145

中国国家版本馆 CIP 数据核字第 20250WF034 号

责任编辑：王林林　　　　　　　　　　　　　　　　　　　　封面设计：杨鑫宇

中华人民共和国治安管理处罚法释义与实务指南
ZHONGHUA RENMIN GONGHEGUO ZHI'AN GUANLI CHUFAFA SHIYI YU SHIWU ZHINAN

主编/许永安
经销/新华书店
印刷/三河市紫恒印装有限公司
开本/710 毫米×1000 毫米　16 开　　　　　　印张/ 42.25　字数/ 648 千
版次/2025 年 7 月第 1 版　　　　　　　　　　2025 年 7 月第 1 次印刷

中国法治出版社出版
书号 ISBN 978-7-5216-5404-2　　　　　　　　　　　　定价：116.00 元

北京市西城区西便门西里甲 16 号西便门办公区
邮政编码：100053　　　　　　　　　　　　　　　传真：010-63141600
网址：http://www.zgfzs.com　　　　　　　　　编辑部电话：010-63141672
市场营销部电话：010-63141612　　　　　　　　印务部电话：010-63141606

（如有印装质量问题，请与本社印务部联系）